ACCESO GRATIS *a la Lectura en la Nube*

Para visualizar el libro electrónico en la nube de lectura envíe junto a su nombre y apellidos una fotografía del código de barras situado en la contraportada del libro y otra del ticket de compra a la dirección:

ebooktirant@tirant.com

En un máximo de 72 horas laborables le enviaremos el código de acceso con sus instrucciones.

La visualización del libro en **NUBE DE LECTURA** excluye los usos bibliotecarios y públicos que puedan poner el archivo electrónico a disposición de una comunidad de lectores. Se permite tan solo un uso individual y privado.

INNOVACIÓN Y COMPETENCIA EN EL SECTOR AGROALIMENTARIO

HACIA UNA MAYOR COMPETITIVIDAD EN UN ENTORNO NORMATIVO COMPLEJO

Procedimiento de selección de originales, ver página web:
www.tirant.net/index.php/editorial/procedimiento-de-seleccion-de-originales

INNOVACIÓN Y COMPETENCIA EN EL SECTOR AGROALIMENTARIO

HACIA UNA MAYOR COMPETITIVIDAD EN UN ENTORNO NORMATIVO COMPLEJO

Directores
Pilar Martín Aresti
M.ª Mercedes Curto Polo
Martín González-Orús Charro

Coordinadores
Andrés Trujillo Jiménez
Marcos Cruz González

tirant lo blanch
Valencia, 2024

EDITA: TIRANT LO BLANCH
C/ Artes Gráficas, 14 - 46010 - Valencia
TELFS.: 96/361 00 48 - 50
FAX: 96/369 41 51
Email: tlb@tirant.com
www.tirant.com
Librería virtual: www.tirant.es
Depósito legal: V-3731-2024
ISBN: 978-84-1071-297-3

Índice

PARTE II
CONTRATACIÓN Y APLICACIÓN DEL DERECHO DE LA COMPETENCIA EN LA CADENA ALIMENTARIA

Prólogo

PILAR MARTÍN ARESTI
MERCEDES CURTO POLO

La obra que ahora presentamos es uno de los resultados del Proyecto de Investigación SA265P20 titulado "Competencia e Innovación en el Sector Agroalimentario de Castilla y León" del que ha sido investigadora principal la Catedrática de la Universidad de Salamanca Dª Pilar Martín Aresti, y que fue concedido por la Junta de Castilla y León cofinanciado con fondos FEDER.

Uno de los hitos fundamentales de la investigación desarrollada fue el Congreso celebrado en la Universidad de Salamanca durante los días 8 y 9 de junio de 2023, en el que participaron numerosos especialistas en el sector, muchos de los cuales han aportado su contribución escrita a esta obra.

Tanto entonces, como ahora, el análisis de distintos temas de especial relevancia para el sector agroalimentario se ha sistematizado en torno a dos ejes fundamentales: Por un lado, los instrumentos para la mejora de la competitividad del sector agroalimentario, y, por otro, la contratación y la aplicación del Derecho de la Competencia en la cadena alimentaria.

La mejora de la competitividad del sector agroalimentario español, y, en general, europeo, es una asignatura pendiente que debe ser objeto de atención desde el punto de vista institucional y legislativo, pero también académico. Las condiciones climatológicas adversas de los últimos tiempos han puesto de manifiesto que es importante adoptar medidas para mitigar sus efectos en un sector productivo que, más allá de porcentajes en relación con el Producto Interior Bruto de las economías de los países, es esencial para la vida.

En la primera parte de este trabajo se analizan distintos instrumentos o mecanismos a los que se puede recurrir en aras a lograr dicho objetivo, comenzando por un estudio de las formas de asociacionismo que se pueden adoptar a fin de lograr una mayor productividad y, por ende, un mayor poder negociador a la hora de contratar con los distintos partícipes del sector.

Por otro lado, un papel destacado viene representado por la mejora vegetal que en los últimos tiempos está experimentando una importante revolución como consecuencia de la aplicación de las nuevas técnicas genómicas, basadas fundamentalmente en la tecnología CRISPR (*Clustered Regularly Interspaced Short Palindromic Repeats*, o Repeticiones Palindrómicas Cortas Agrupadas y Regularmente Espaciadas, en su traducción al español). Las instituciones comunitarias son conscientes de la necesidad de impulsar el fitomejoramiento buscando una mejora en la eficiencia de la producción agrícola, al tiempo que se logra la sostenibilidad y la protección del medio ambiente. Iniciativas como el "*Pacto Verde Europeo*" o "*De la granja a la mesa*" ponen en valor un uso más eficiente de los recursos agropecuarios a fin de lograr tales objetivos.

La necesidad de adaptar la legislación existente en relación con los Organismos Modificados Genéticamente (OMGs) para adaptarla a los resultados de las nuevas técnicas de edición genómica ha llevado a las instituciones europeas a promulgar la Propuesta de Reglamento del Parlamente Europeo y del Consejo, relativo a los vegetales obtenidos con determinadas nuevas técnicas genómicas y a los alimentos y piensos derivados, publicada el 5 de julio de 2023. Esta propuesta constituye una *lex specialis* con respecto a la legislación de la Unión en materia de OMGs, y está siendo objeto de un intenso debate en el momento actual.

Un tema especialmente controvertido en relación con la aplicación de estas nuevas técnicas a la mejora vegetal es la protección jurídica de los resultados obtenidos a través de las diferentes formas existentes en el ámbito de la propiedad industrial para la protección de las innovaciones vegetales. En este sentido, y con independencia de cuál sea la opción final por la que opte el legislador europeo, interesa reseñar que un apartado de esta obra está dedicado al análisis de distintas instituciones de la propiedad industrial como mecanismos disponibles para la mejora de la competitividad en el sector agroalimentario.

La segunda parte de la presente obra está dedicada al estudio de los distintos problemas detectados en relación con la cadena alimentaria, tanto en sus aspectos contractuales, como los planteados desde la perspectiva de la aplicación del Derecho de la Competencia.

La cadena alimentaria es definida por el artículo 5 a) de la Ley 12/2013 de medidas para mejorar el funcionamiento de la cadena alimentaria como el conjunto de actividades que llevan a cabo los distintos operadores que intervienen en la producción, transformación y distribución de productos agrícolas y alimentarios. Esta definición asume la existencia de relaciones jurídicas sucesivas entre los distintos operadores de la cadena cuyas exigencias regulatorias se proyectan, tanto sobre los aspectos contractuales de dichas relaciones, como sobre sus efectos sobre la competencia.

La obra dedica atención a los aspectos contractuales de la cadena con una referencia a los llamados contratos alimentarios, en especial a las especialidades previstas para los incluidos en la Ley 12/2013 a fin de dotar de protección a la parte en peor posición negociadora – en principio, el productor primario – así como a la obligación de registro de estos contratos en el Registro de Contratos Alimentarios, dirigida a fomentar la transparencia y el control de los contenidos contractuales.

Por lo que se refiere a la aplicación de las normas de competencia a las relaciones de la cadena alimentaria, la perspectiva del tratamiento viene condicionada por un marco regulador de cierta complejidad, tanto en el plano institucional como en el de aplicación de las normas.

Aunque el sector agroalimentario está sujeto tanto a la Ley 15/2007 de Defensa de la Competencia como a la Ley 3/1991 de Competencia Desleal, existe un conjunto de normas sectoriales de trascendencia competitiva específicamente aplicable a las relaciones de la cadena alimentaria que discurre en paralelo a la normativa general y cuya aplicación tiene lugar de forma descentralizada por autoridades administrativas *ad hoc*, bien sean de ámbito estatal (la AICA, O.A.) o autonómico. Así, a pesar de que la aplicación del Derecho de la competencia en el sector agroalimentario ha estado tradicionalmente centrada en las normas de defensa de la competencia–sin perjuicio de la modalización que resulta en esta aplicación de la llamada "excepción agraria"–en los últimos años es destacable la relevancia que ha adquirido en el sector, por efecto de la Directiva 2019/633, el Derecho contra la competencia desleal como instrumento para combatir los desequilibrios del poder negociador en las relaciones entabladas por los operadores de la cadena alimentaria. La calificación como desleales de determinadas prácticas llevadas a cabo en las relaciones establecidas entre los operadores de la cadena ha supuesto un cambio de paradigma en el tratamiento de este tipo de conductas que la Ley 12/2013 calificara en su día como cláusulas abusivas. En este contexto y bajo este nuevo prisma, la obra analiza tanto el contenido de estas prácticas, como el control de cumplimiento de la normativa que las prohíbe, y ello en el doble plano de su aplicación pública y privada.

En Salamanca, a 5 de abril de 2024

PARTE I

INSTRUMENTOS DE MEJORA DE LA COMPETITIVIDAD EN EL SECTOR AGROALIMENTARIO

El reconocimiento de la organización de productores: principales cuestiones societarias

ALFREDO ÁVILA DE LA TORRE[1]
Catedrático de Derecho Mercantil
Universidad de Salamanca
aadlt@usal.es

Sumario: I. INTRODUCCIÓN.- II.- REGULACIÓN JURÍDICA DE LA ORGANIZACIÓN DE PRODUCTORES .- III.- ORGANIZACIÓN DE PRODUCTORES: PRESUPUESTOS DE RECONOCIMIENTO. 1.- La "iniciativa" de los productores.- 2.- El concepto de productor.- 3.- La posición del socio disconforme. IV.- EL NÚMERO MÍNIMO DE PRODUCTORES Y DE PRODUCCIÓN COMERCIALIZABLE .- V.- PERIODO MÍNIMO DE ADHESIÓN.

Bibliografía.- ÁVILA DE LA TORRE, A. "Comentario al art. 285 LSC" en *Comentario de la Ley de Sociedades de Capital*. T.IV, Tirant lo Blanch, 2021, p.4008; CASTAÑER COLINA J. " La adopción de acuerdos de la asamblea general de la cooperativa mediante votación secreta" CIRIEC-España, Revista Jurídica de Economía Social y Cooperativa nº 38/2021, pp. 208 y ss. ; GARCÍA RUIZ, E. "El control de las concentraciones económicas y prácticas colusarias de empresas agroalimentarias en derecho de la competencia", en

---

1 La presente aportación forma parte de los resultados del Proyecto de Investigación SA265P20 "Competencia e Innovación en el Sector Agroalimentario de Castilla y León" concedido por la Junta de Castilla y León y cofinanciado con fondos FEDER (Orden EDU/1192/2020, de 4 de noviembre) del cual es investigadora principal la Profª Drª Dª Pilar Martín Aresti.

Integración y concentración de empresas agroalimentarias estudio jurídico y económico del sector y de la Ley 13-2013 de fomento de la integración cooperativa, Dykinson, Madrid, 2020, pp. 695 y ss.; GUILLÉN CARRAU J. "Las derogaciones a la normativa del Derecho de la Competencia y las Organizaciones de Productores", Revista española de estudios agrosociales y pesqueros, Nº 248, 2017,p.120; MORILLAS JARILLO, "Retos y oportunidades de las sociedades cooperativas andaluzas ante su nuevo marco legal", pág. 88; QUIJANO GONZÁLEZ, J. Baja voluntaria de un socio (en una Sociedad Agraria de Transformación) . Cálculo del valor real de su participación, CCJC, nº 20, 1989, pp. 487 y ss. ; SANTISO SÁNCHEZ, L. "La liquidación del socio en las Sociedades Agrarias de Transformación", https://dictumabogados.com/e-dictum-publicaciones-derecho-mercantil/la-liquidacion-del-socio-en-las-sociedades-agrarias-de-transformacion/29212/; SALINAS CASADO J. / MARCOS VAQUERO Z. "Las organizaciones de productores y su interacción con el derecho de la competencia de la STJUE en el asunto endibias a la resolución de la CNMC en el expediente de acuicultura" en *2021 Práctica Mercantil para abogados: los casos más relevantes en 2020 de los grandes despachos* (Sebastián Quetglas, R.) , 2021, págs. 551-567SARAZÁ JIMENA, R. "Comentario al art. 93 LSC" en *Comentario de la Ley de Sociedades de Capital*. T.IV, Tirant lo Blanch, 2021, pp. 1333-1334; VARGAS VASSEROT C. "La ley 13/2013 de Fomento de la integración cooperativa y las Entidades Asociativas Prioritarias" en *Integración y concentración de empresas agroalimentarias: estudio jurídico y económico del sector y de la Ley 13-2013 de fomento de la integración cooperativa,* Dykinson, Madrid, 2018, pp.207 y ss.; VÁZQUEZ GARRANZO J. "Planificación y bases reguladoras de las subvenciones". Revista española de control externo, pp. 203-248.

I. INTRODUCCIÓN

Se viven tiempos convulsos en el sector. Agricultores y ganaderos toman las carreteras y llenan de tractores las ciudades, en un intento por dar mayor visibilidad a una problemática de compleja solución. Varias son las reivindicaciones de estos operadores económicos, entre las que se atiende a aspectos de distinto alcance. En este sentido, se habla de escasa rentabilidad de las explotaciones, de competencia desleal de terceros países o de objetivos leoninos en las pretensiones de sostenibilidad planteadas por la Agenda 2030. Un amplio abanico de reclamaciones que no hacen sino poner de relieve las graves dificultades que presenta el sector.

Problemática que, sin embargo, no es nueva. Ya desde hace bastante tiempo se tomó conciencia de ella[2], hasta el punto de que hoy en día aparece articulada en torno a uno de los principales objetivos estratégicos que se presentaran en la nueva Política Agraria Común, en concreto el que se refiere a la mejora de la situación de los agricultores en la cadena de valor y con el que se pretende *"mejorar la posición de los agricultores gracias a medidas tales como reforzar la cooperación entre los agricultores, aumentar la transparencia del mercado y garantizar mecanismos eficaces contra las prácticas comerciales desleales".*[3] Un propósito que a nivel interno nacional, dio lugar al Subgrupo de trabajo del objetivo específico 3 que bajo el título "*Mejorar la posición de los agricultores en la cadena de valor*" promoviera la Secretaria General de Agricultura y Alimentación del Ministerio de Agricultura,

---

2 Referido a las cooperativas, vid. el Preámbulo de la Ley 13/2013, de 2 de agosto, de fomento de la integración de cooperativas y de otras entidades asociativas de carácter agroalimentario (BOE 3 de agosto de 2013) en la que se apunta referido al agroalimentario que "*se trata, sin embargo, de un sector caracterizado por su atomización lo que está provocando que ni siquiera las entidades mejor estructuradas estén viendo rentabilizados sus esfuerzos e inversiones, siendo necesario poner en marcha medidas que fomenten la integración y la potenciación de grupos comercializadores de base cooperativa y asociativa*". Vid. VARGAS VASSEROT C. "La ley 13/2013 de Fomento de la integración cooperativa y las Entidades Asociativas Prioritarias" en *Integración y concentración de empresas agroalimentarias: estudio jurídico y económico del sector y de la Ley 13-2013 de fomento de la integración cooperativa*, Dykinson, Madrid, 2018, pp.207 y ss.

3 Brief nº 3 https://www.mapa.gob.es/es/pac/pac-2023-2027/brief_oe3_tcm30-520583.pdf

pesca y alimentación, dando como resultado algún documento de trabajo en el que se daba cuenta del escenario excesivamente atomizado del sector productor y lo que es más relevante, obligando a nuestras instituciones a dibujar un nuevo modelo de tutela de los intereses concurrentes.

Dentro de esta problemática la redimensión se convertía así en una necesidad a promover si se quería evitar que la rentabilidad de las explotaciones fuera escasa, fruto de la denunciada atomización.[4] Parece claro que productores pequeños, individualmente considerados resultan muy poco competitivos a todos los niveles y es por ello que, se hace necesaria una intervención. Tal y como señalara Rossevelt, en el año 1921, para las compañías eléctricas, la propiedad colectiva de una compañía esta justificada cuando el mercado no preste adecuadamente los servicios. Con el simil de la vara y el armario, el presidente americano ponía de relieve una realidad económica de importante traslación jurídica cual era la necesidad de una gestión conjunta de los intereses en aquellas situaciones en la que en el sistema se genere un desequilibrio que para los operadores puede a llegar a ser crónico.

En este nuevo marco, las Organizaciones de productores se revelan como un mecanismo óptimo de actuación a favor de la pretendida integración y concentración de la producción en el sector agroalimentario. Frente a la señalada atomización característica del sector, las fórmula asociativa planteada contribuye a la mejora de la posición de agricultores y ganaderos en la cadena. Tal y como señalara un estudio presentado por la Comisión europea en octubre de 2019, las Organizaciones de pro-

---

4 Buen ejemplo de ello lo encontramos en la Comunidad Autónoma de Castilla y León en la que el 40 por ciento de la producción de cereal de España tiene su origen en Castilla y León y sin embargo, si se atiende a las cifras ofrecidas por el Ministerio de Agricultura, la media de superficie de las explotaciones es muy pequeña.

ductores suponen un importante motor de cambio que junto a la mejor posición en la cadena aportan múltiples ventajas que van desde el mayor acceso a la financiación e inversiones,–lo cual tiene también un impacto muy positivo en aquellas zonas rurales en las que la implantación de un modelo de gestión conjunta genera importantes beneficios económicos y sociales–, al fortalecimiento del poder de negociación con otros actores de la cadena de suministro de alimentos, la mayor seguridad en los pagos, la distribución de inversiones o la asistencia técnica para la producción, almacenamiento y procesamiento.

Ventajas importantes que, en buena lógica, comparten también espacio con ciertos inconvenientes que necesariamente han de ser tenidos en cuenta, en la medida en que estas organizaciones soportan también elevados costes de acción colectiva, en tanto que han de ser varios los productores que, superando las tradicionales reticencias al modelo cooperativo, se integren y coordinen para lograr el reconocimiento. La idea cooperativa se refuerza, si bien mantiene dificultades propias de aquellas tales como que quien organiza no retiene una parte significativa de los beneficios de la empresa, así como el funcionamiento conforme a un modelo democrático que ni siquiera controla. Un contexto no siempre fácil para el que exigir un régimen suficientemente flexible como para que los beneficios obtenidos a través del modelo superen los costes de aceptarlo.

Se dibuja así un panorama de múltiples aristas en el que, dejando al margen otro tipo de incentivos que favorezcan su creación, despierta un cierto interés jurídico que va más allá de sus tradicionales dudas en el ámbito del derecho de la competencia y que alcanza, de forma muy directa, el régimen societario, en tanto que no cabe duda de que el éxito de estas organizaciones de productores ha de pasar necesariamente por la fijación de un régimen normativo que permita que las estructuras cuenten con una base sólida en cuanto al sentido de la propiedad y la iniciativa de los productores, dibujando un escenario estatutario de marcado interés.

II. REGULACIÓN JURÍDICA DE LA ORGANIZACIÓN DE PRODUCTORES

Con las premisas anteriormente expuestas y a fin de afrontar el análisis jurídico de la estructura de integración que es la organización de productores, el primer empeño ha de venir referido a determinar el régimen jurídico de aplicación que, siguiendo el modelo jurídico europeo, se articula en torno a dos niveles. El primero de ellos, de ámbito transnacional, presenta una normativa compleja, fruto de una larga evolución, que en el momento presente toma como referencia el *Reglamento (UE) nº 1308/2013 del Parlamento europeo y del Consejo de 17 de diciembre de 2013, por que se crea la Organización Común de los Mercados de productos agrarios y por el que se derogan distintos Reglamentos comunitarios anteriores*[5] *(Reglamento OCM)*. Régimen que, en modo alguno, ha permanecido invariado sino que ha sido objeto de distintas modificaciones en los años 2016,[6] 2017[7], 2020[8], 2021[9] completando, en términos generales, el régimen actualmente vigente[10].

---

5 Se derogan los Reglamento (CEE) n.º 922/72, (CEE) n.º 234/79, (CE) n.º 1037/2001 (CE) n.º 1234/2007.

6 Reglamento Delegado (UE) 2016/1166 de la Comisión de 17 de mayo de 2016 y el Reglamento Delegado (UE) 2016/1226 de la Comisión de 4 de mayo de 2016.

7 Reglamento (UE) 2017/2393 del Parlamento europeo y del Consejo de 13 de diciembre de 2017

8 Reglamento (UE) 2020/2220 del Parlamento europeo y del Consejo de 23 de diciembre de 2020

9 Reglamento (ue) 2021/2117 del Parlamento europeo y del Consejo de 2 de diciembre de 2021

10 Normativa, en modo alguno, agota la voluntad legislativa europea acerca de la *"desatomización"* del sector agroalimentario, toda vez que la nueva reglamentación de la Unión Europea en materia de política agraria, esencialmente el Reglamento (UE) n.º 2021/2115

De una lectura de la normativa comunitaria se comprueba como, vía reglamentaria, se articula un régimen en que se deja a los Estados Miembros un marco de referencia dentro del cual, y en atención a la realidad de sus mercados, puedan llevar a cabo regulaciones sectoriales de las Organización de Productores. Un marco que en el caso español se concreta en la aprobación de determinados Reales Decretos que, partiendo de la inicial normativa sobre el sector cunícola[11], siguió con el de frutas y hortalizas[12] (actualizado por el *Real Decreto 857/2022, de 11 de octubre, por el que se regulan los fondos y programas operativos de las organizaciones de productores del sector de las frutas y hortalizas y de sus asociaciones en el marco de la intervención sectorial del Plan Estratégico de la Política Agrícola Común*), el que afecta al sector lácteo[13] y más recientemente al Real Decreto 1154/2021 de 28 de diciembre al sector ganadero.[14]

---

del Parlamento Europeo y del Consejo, de 2 de diciembre de 2021, establece normas en relación con la ayuda a los planes estratégicos que deben elaborar los Estados miembros en el marco de la política agrícola común (planes estratégicos de la PAC) estableciendo cambios diversos en los fondos y programas operativos de las organizaciones de productores

11 Real Decreto 541/2016, de 25 de noviembre, por el que se regula el reconocimiento de las organizaciones de productores y sus asociaciones en el sector cunícola.

12 Real Decreto 532/2017, de 26 de mayo, por el que se regulan el reconocimiento y el funcionamiento de las organizaciones de productores del sector de frutas y hortalizas (BOE 31 de mayo de 2017)

13 Real Decreto 95/2019, de 1 de marzo, por el que se establecen las condiciones de contratación en el sector lácteo y se regula el reconocimiento de las organizaciones de productores y de las organizaciones interprofesionales en el sector, y por el que se modifican varios reales decretos de aplicación al sector lácteo.

14 Real Decreto 1154/2021, de 28 de diciembre, por el que se regula el reconocimiento de las organizaciones de productores y sus aso-

Variada normativa, de distinto alcance en función de momento de su promulgación y del sector al que vaya referido, de la que, sin embargo, parece posible establecer un denominador común que podríamos concretar en tres rasgos característicos:

1.- El primero de ellos, atiende al alcance de la entidad jurídica de la pretendida organización. En este extremo, se advierte que cuando nos referimos a este tipo de estructuras no consideramos la existencia de una figura jurídica independiente, sino de un reconocimiento de carácter administrativo de la condición sometido a las reglas del Procedimiento Administrativo Común. La existencia de la entidad jurídica que aspira al reconocimiento administrativo es anterior al mismo, exigiéndose para su consideración el cumplimiento de una serie de presupuestos jurídicos.

2.- Unos presupuestos jurídicos que, en buena lógica, tienen un importante impacto en la autonomía de la voluntad que caracteriza la configuración societaria. Junto a los principios configuradores de los distintas formas jurídicas de aplicación, la normativa incluye determinadas premisas que en atención a otros intereses limitan la capacidad de decisión de la propiedad de la sociedad. La mayoría de estas normas van dirigidas a garantizar el éxito de la Organización en un intento por consolidar la acción colectiva.

3.- En tercer lugar, y junto a la alteración del régimen societario, la organización reclama un régimen jurídico específico en el marco del derecho de la competencia. La ac-

---

ciaciones de determinados sectores ganaderos y se establecen las condiciones para la negociación contractual por parte de estas organizaciones y sus asociaciones.

tuación común sobre distintos aspectos de la producción y comercialización conjunta de las empresas del sector solo es posible si se completa con una cierta flexibilización del derecho antitrust que evite la consideración de ilícita de diferentes actuaciones de la Organización.

Rasgos de indudable incidencia sobre la organización societaria no siempre resuelta adecuadamente, ya que la vinculación práctica de este modelo con algunos tipos particulares, impone la necesaria concreción. La dimensión del problema no es menor, toda vez que, en este punto, se plantean aspectos que afectan tanto a cuestiones previas al reconocimiento como posteriores al mismo. Un amplio elenco de situaciones necesitadas de acotación, a tenor de la dimensión del trabajo ahora propuesto.

En este empeño, nuestra investigación vendrá dirigida al análisis de las principales cuestiones societarias que suscita el reconocimiento, para lo que abandonaremos el empeño de un análisis global para centrar nuestro esfuerzo en dar una serie de "pinceladas" generales con las que advertir al lector de alguno de los principales problemas que el modelo suscita. Igualmente, y dentro de este empeño, tampoco tomaremos como referencia toda la normativa de aplicación, para centrar el objetivo en los tipos sociales más recurrentes y dentro de esta recurrencia, en el carácter autonómico de los mismos cuando se diera, tal y como sucede con la sociedad cooperativa para la que la referencia será la *Ley 4/2002, de 11 de abril, de Cooperativas de la Comunidad de Castilla y León*[15]. Para el resto de tipos sociales recurriremos tanto al *Real Decreto Real Decreto 1776/1981, de 3 de agosto, por el que se aprueba el Estatuto que regula las Sociedades Agrarias de Transforma-*

15 BOE 15 de mayo de 2002

ción[16], como al *Real Decreto legislativo 1/2010, de 2 de julio, por el que se aprueba el Texto refundido de la Ley de Sociedades de Capital.*[17]

III. ORGANIZACIÓN DE PRODUCTORES: PRESUPUESTOS DE RECONOCIMIENTO

Apuntado tanto el contexto normativo de referencia, como el propósito perseguido, se atiende, en primer término, a los presupuestos jurídicos concretos de la Organización, partiendo de la referencia contenida, con carácter general, en el art. 154 del Reglamento 1308/2013 y reproducida a nivel interno, en el que se señala que *"Para ser reconocida por un Estado miembro, la organización de productores que lo haya solicitado deberá ser una entidad jurídica o ser parte claramente definida de una entidad jurídica"*.

Abandona el legislador comunitario el estricto criterio de la persona jurídica que se exigía en el derogado Reglamento 2200/1996[18], dando cabida a la entidad jurídica, determinando que sean los Estados Miembros los encargados que dar contenido a tal entidad. Una posibilidad que, en el caso español, y tras la lectura de los Reales Decretos promulgados sobre la materia, mantinee es esquema central en torno a la necesaria personalidad jurídica, si bien se da cabida a todas las formas societarias. Solución teórica que, sin embargo, en su traslación práctica se concreta en que serán las Sociedades Cooperativas, seguidas de las Sociedades Agrarias de Transformación, las que mayoritariamente hayan solicitado este reconocimiento. En

---

16 BOE 14 de agosto de 1981

17 BOE 3 de julio de 2010

18 Reglamento (CE) núm. 2200/96 del Consejo, de 28 de octubre de 1996, por el que se establece la organización común de mercados en el sector de las frutas y hortalizas.

mucha menor medida encontramos Agrupaciones de Interés Económico y otras formas sociales mercantiles, lo cual parece responder al complejo encaje jurídico de estas estructuras en el modelo pretendido por el legislador.

Ahora bien, el hecho de que el reconocimiento sea fundamentalmente posible en los casos en los que la organización coincida con la persona jurídica, no impide formular soluciones que, acordes con la pretendida flexibilidad para la figura, faciliten la solicitud en otros casos. Previsión normativa que no responde sino al intento por abrir el régimen al mayor número de situaciones y para las que cobraría relevancia el concepto de sección propio de las sociedades cooperativas, materializado en una organización diferenciada que determinaría la existencia autónoma de una actividad económica. La diferente naturaleza de las actividades desarrolladas por cada rama como consecuencia de las especialidades existentes en su explotación económica permitiría un modelo de gestión separado correspondiente a diferentes explotaciones económicas autónomas, existiendo en cada una de ellas una organización de medios materiales y personales diferenciados[19]. Secciones

---

19 En este punto, el art. 6 de la Ley de Cooperativas de Castilla y León establece la posibilidad de crear estas secciones que responderán de las obligaciones, en primer lugar, con su patrimonio separado, sin perjuicio de la responsabilidad general y unitaria de la entidad. Nada dice la ley sobre la de acción de en repetición contra los socios que integren dicha sección, tal y como sucede por ejemplo en la legislación andaluza (art. 12.1º LSCA), planteando dudas acerca de si se produce la exclusión de la responsabilidad de la sección o si por el contrario, existe una graduación de la de ambas, de modo que de las deudas de la sección responderá ésta en primer lugar con su patrimonio separado, agotado el cual responde el patrimonio de la cooperativa. Pero la sociedad puede exigir a los socios de la sección que hagan frente a esa deuda que la sociedad ha asumido, en los términos de imputación de pérdidas y de régimen de responsabili-

cuya dificultad de encaje en otros tipos pareciera resuelta por la propia normativa, toda vez que cabría pensar también en la existencia de grupos de productores en marco de las sociedades agrarias de transformación[20] aunque su régimen jurídico societario no se correspondería con el propio de la sección.

En la línea ya apuntada, se abre así la organización de productores a una mayor flexibilidad en su ámbito de aplicación. Una apertura que, en modo alguno, toma el consideración el origen de la personalidad jurídica o la sección y que en el contexto de una persona jurídica pudiera se logrado a través de dos vías. La primera de ellas, originaria,

---

dad que correspondan a esos socios". Vid. respecto de la legislación andaluza MORILLAS JARILLO, "Retos y oportunidades de las sociedades cooperativas andaluzas ante su nuevo marco legal", pág. 88

20 Real Decreto 1776/1981, de 3 de agosto, por el que se aprueba el Estatuto que regula las Sociedades Agrarias de Transformación. Una normativa de la que se ha señalado que *"el régimen contenido en estas disposiciones, al margen de resultar en la actualidad completamente desfasado, está plagado de extensas lagunas como regulación de un tipo societario y se ha revelado técnicamente muy defectuoso e impreciso, lo que ha suscitado controversia y problemas de seguridad jurídica sobre aspectos esenciales de las sociedades agrarias de transformación, comenzado por su propia caracterización como tipo societario ante la dificultad de identificar sus elementos configuradores. Ello ha conducido a que se haya cuestionado la idoneidad de las SAT como modelo de organización de actividades ligadas al sector agrario e, incluso, su propia subsistencia como un tipo societario autónomo, en la medida en que podía ser discutible que la finalidad perseguida a través de su constitución, no pudiese conseguirse a través de otros tipos societarios ya existentes en el catálogo legal."* Vid. Propuesta de la ponencia para la elaboración del borrador de Anteproyecto de Ley de sociedades agrarias de transformación, elaborado por la *Comisión General de Codificación Sección Segunda, de Derecho Mercantil* Vid. https://www.mjusticia.gob.es/es/AreaTematica/ActividadLegislativa/Documents/1292428955676-Propuesta_de_la_Ponencia_para_la_elaboracion_del_borrador_de_Anteproyecto_de_Ley_de_Sociedades_agra.PDF

concurriría en los casos en los que la persona jurídica o la sección[21] se hubiera constituido con la finalidad de obtener el reconocimiento. Junto a esta, el reconocimiento puede considerarse sobrevenido, en los casos más habituales en los que la sociedad que lo solicite sea preexistente lo solicite. Opciones diferentes que, tratadas de forma conjunta por la normativa reguladora, abandonando a su interpretación la solución jurídica de aplicación.

1. La "iniciativa" de los productores

En este contexto, en primer término, la regulación reclama que la organización de productores se constituya a iniciativa de los productores. Una idea contenida con carácter general en el art. 154 del Reglamento OCM, en remisión a lo previsto en el art. 152, y materializado, a nivel interno, en los ya referidos Reales decretos. Un presupuesto que, a pesar de las dificultades jurídicas que plantea, resulta comprensible en su fundamento, en tanto que no esconde sino el justificado temor legislativo a que la organización no se sostenga en el tiempo. La idea que subyace no es otra que la de considerar que si la organización es impulsada desde fuera, la voluntad constitutiva se podría presentar debilitada, en la medida en que la propia iniciativa a organizarse no va a derivar solo de la legítima intención de abordar los problemas del mercado, sino que también podría ser planteada como una forma de acceder a la ayuda externa, con la consiguiente contaminación de la voluntad constitutiva.

---

[21] El art. 6 de la Ley de cooperativas exige en todo caso el recurso estatutario, original o sobrevenido, para la constitución, funcionamiento y régimen económico de secciones.

Para evitarlo se exige que la organización de productores deba estar constituida a iniciativa de los productores, planteando un modelo necesitado de traducción jurídica. Para ello, la primera dificultad a salvar vendría dada por la legitimación para tal solicitud a lo que habría que responder considerando la necesidad de que sea la sociedad en la que se aglutinan los productores la que promueva la organización. Previsión que necesariamente ha de venir coordinada con el régimen de decisión y representación en el seno de las personas jurídicas y que obliga a dar cierto contenido a un concepto de iniciativa que, a nuestro juicio, debiera articularse en torno a tres niveles.

El primero de ellos, de carácter excluyente, sería el de considerar que la iniciativa de productores ha de tener una lectura en sentido negativo, de manera que no se accederá al reconocimiento de no venir propulsada desde la propia persona jurídica.[22] Queda así excluida cualquier posibilidad de que sea la Administración Pública la que imponga el reconocimiento sin que concurra la voluntad de los interesados[23], en tanto que de admitirse la solución contraria podría

---

22 Nada dice la norma sobre las mayorías exigidas para solicitar el reconocimiento como organización de productores. Aunque el art. 28 de la Ley de cooperativas señala que "*la Asamblea General adoptará los acuerdos por más de la mitad de los votos válidamente expresados, no siendo computables a estos efectos los votos en blanco ni las abstenciones*" lo cierto es que tal previsión solo tendría aplicación en lo que a la solicitud se refiere, por cuanto que para lograrlo sería necesaria una adaptación estatutaria que requeriría la mayoría de dos tercios de los votos presentes y representados.

23 Algo que, en modo alguno, cuestiona el posible recurso a la subvención como estímulo a su creación. La subvención, configurada tradicionalmente como una de las medidas que utiliza la Administración Pública para fomentar la actividad de los particulares hacia fines consi-

ponerse en entredicho el principio de libertad de empresa constitucionalmente reconocido[24].

En segundo término, la referencia a la iniciativa cierra la posibilidad a que sea el órgano de administración de la entidad impulse la petición, por cuanto que la tutela de los intereses concurrentes impide la imputación competencial a éste de la facultad de promover el reconocimiento. La exigencia de aceptación de un contenido obligacional unida a la mayoritariamente exigible adaptación estatutaria de la entidad solicitante obliga a un pronunciamiento de la asamblea de socios que no puede ser suplido por la voluntad del órgano gestor[25], pero no por ello cabe admitir el traslado com-

---

derados de interés general. SSTS 22-11-2004 (RJ 2004/7548) y 7-4-2003 (RJ 2003, 3541) se configuraría como una atribución dineraria al beneficiario a cambio de que éste, dentro del margen de libertad que le es propio, adecue el ejercicio de su actuación a los fines perseguidos con la indicada medida de fomento y que sirve de base a su otorgamiento. Vid. VÁZQUEZ GARRANZO J. "Planificación y bases reguladoras de las subvenciones". Revista española de control externo, p. 203

24 Libertad de empresa entre cuyas manifestaciones se encuentra la liberad de ejercicio conforme a la que se permite al empresario establecer sus propios fines u objetivos económicos, en atención a las condiciones del propio mercado. (STC 225/1993, de 8 de julio). La libertad de empresa faculta para el mantenimiento de la actividad empresarial "en libertad!", pudiendo el empresario establecer su propia planificación y, en función de los recursos con los que cuente, de las demandas actuales o potenciales del mercado o de cualesquiera otras variables a considerar, poder decidir sobre sus objetivos.

25 El debate en torno a la distribución competencial entre órganos no es nuevo, si bien no debe extenderse al caso ahora planteado. Dentro de la organización creada a través del acto fundacional de la sociedad, los socios asumen una posición jurídica integrada en un órgano a quien corresponderá decidir sobre cualquier cambio que afecte a las reglas por las que decidieron regirse. La asamblea de socios,–con las excepciones expresamente previstas–en tanto que

petencial al órgano de administración, que en esta sede es meramente ejecutivo, toda vez que la trascendencia jurídica de la materia parece recomendar el pronunciamiento de la asamblea de socios.

La iniciativa de los productores se situaría así en la órbita de la "propiedad", para la que la vigente normativa determina una serie de presupuestos que, en modo alguno, se agotan en el pronunciamiento a favor de la solicitud del reconocimiento, sino que este se deberá completar, de manera necesaria, con las correspondientes previsiones estatutarias. Exigencia que recibirá distinto tratamiento en función de que la sociedad se constituya de forma específica para lograr el reconocimiento o de que la sociedad que lo pretenda fuera preexistente. En el primero de los casos, y al margen de las cuestiones particulares de las que daremos debida cuenta en un momento posterior, la situación resulta menos complicada, toda vez que en el acto fundacional los socios podrán incluir aquellas menciones estatutarias que, sin alterar los principios configuradores del tipo, resulten necesarias para lograr el pretendido reconocimiento.

Mayor dificultad, sin duda, suscita el supuesto en el que se dé la preexistencia de la sociedad que solicita al reconocimiento como organización de productores. En estos casos, la indisoluble incardinación entre la sociedad y de la organización de productores que se pretende obliga a considerar los efectos de este sobre aquella, en la medida, en que afectaría a todos los socios que la integran, ya sea como persona

---

órgano supremo en el que se manifiesta la voluntad de los socios es la única competente para la modificación de estatutos, sin que la autonomía de la voluntad pueda alterar esa regla. Vid. ÁVILA DE LA TORRE, A. "Comentario al art. 285 LSC" en *Comentario de la Ley de Sociedades de Capital.* T.IV, Tirant lo Blanch, 2021, p.4008

jurídica o como sección. Efectos cuya primera incidencia se dará sobre la base subjetiva de la sociedad, en la que el modelo societario permite que convivan productores con quienes no lo sean–socios colaboradores en las sociedades cooperativas, trabajadores agrícolas en las sociedades agrarias de transformación o simplemente socios sin explotación en el caso de las sociedades de capital- y para las que la iniciativa podría tener un significado diferente.

Se alcanzaría así al tercer nivel en esta "iniciativa" situado en el marco de la determinación de la voluntad social, para la que el término elegido por la norma resulta muy poco preciso en lo que al ámbito de aplicación se refiere, en la medida en que surgen dudas acerca de si la exigencia de tal iniciativa obliga a una alteración de las reglas del funcionamiento societario o no. En este sentido, en los tipos sociales preestablecidos, y salvo previsiones estatutarias al respecto, los acuerdos sociales se adoptarían conforme al régimen de mayorías fijados que, salvo en el caso de la obsoleta sociedad agraria de transformación[26], exigirá una mayoría reforzada, para cuya configuración no se distingue, en términos generales, entre quienes ostentan la condición profesional y los socios que no[27].

---

26 Vid. art. 11 del Real Decreto 1776/1981 conforme al cual, y salvo previsión estatutaria al respecto "los acuerdos de la Asamblea general y de la Junta Rectora, salvo disposición contraria de este Real Decreto, de los Estatutos sociales o de acuerdo expreso de la Asamblea general, se adoptarán por mayoría simple de los asistentes."

27 Al margen de las sociedades de capital en las que esto parece más claro, en las sociedades agrarias de transformación encontramos que pueden ser socios también los trabajadores agrícolas y las personas jurídicas en las que no concurriendo las condiciones expresadas en el número anterior, persigan fines agrarios. Vid. Art. 5
Una solucion que no resulta común a todos los tipos sociales, toda vez que, para los tipos mayoritarios la cuestión resulta menos pro-

Una cuestión, centrada en el caso de las sociedades agrarias de transformación y del resto de sociedades mercantiles que pudiendo parecer menor no lo es tanto, en la medida en que obliga a contestar el tratamiento en la iniciativa de aquellos socios que no realizando actividad de producción, participan en el capital social con el correspondiente derecho de voto. Participación que, a tenor de la normativa vigente, no puede ser tenida en cuenta a efectos de determinar el número mínimo de miembros productores, pero en la que resulta más discutida su exclusión en la conformación de la voluntad social[28].

Las dudas que se suscitan no sitúan en la delimitación de la influencia que en la inicativa de quienes no sean productores pudiera tener en la decisión de solicitar el reconocimiento. Cuestión para la que se ha planteado distintas res-

---

blemática, puesto que, en estricta aplicación del art. 113 de la Ley de cooperativas de Castilla y León, las cooperativas agrarias, *rectius* agroalimentarias, no contemplarían la posibilidad de incluir miembros que *"no fueran titulares de explotaciones agrícolas, ganaderas, forestales y/o de acuicultura"*.

28 El eje del problema gira en torno a la consideración de "mínimo" del derecho de voto, lo cual, a juicio del nuestro Tribunal Supremo, no implica que no pueda ser objeto de restricción ni limitación alguna, llegándose a la privación en determinados casos (Vid. STS 608/2014, de 12 de noviembre). La limitación o la privación del derecho de voto del accionista no es en sí misma y en todo caso contraria a los principios configuradores de la sociedad anónima, no desnaturaliza este tipo societario, y puede ser introducida en una modificación estatutaria, pero solo cuando responda a una justificación razonable y no discriminatoria, considerándose que en ciertos supuestos tasados de conflicto de interés la justificación resultaría razonable. Vid. SARAZÁ JIMENA, R. "Comentario al art. 93 LSC" en *Comentario de la Ley de Sociedades de Capital.* T.IV, Tirant lo Blanch, 2021pp. 1333-1334

puestas, siendo la primera aquella que parte de excluir del posible reconocimiento a las personas jurídicas "mixtas" en la idea de que no podrán formar parte de la persona jurídica solicitante quienes no tengan, directa o indirectamente, la consideración de productores[29]. Respuesta jurídica rígida de difícil aceptación en lo societario, pero comprensible en lo que se refiere a las ventajas jurídicas que ofrece la organización – fundamentalmente en materia de derecho de la competencia[30]–cuyo beneficio económico habría de repercutir en los productores y no a quienes de algún otro modo pudieran obtener otro rédito.

Una solución que, a nuestro juicio, pecaría de cierto simplismo y, en cierto modo, contradicción con la *voluntas legislatoris* favorable a la implantación del modelo, toda vez que parece desconocer la relevancia de la intervención de estos miembros no productores, quienes, en cierto modo, no hacen sino garantizar la viabilidad de la sociedad, para la que, por otra parte, no cabe olvidar que concurren mecanismos de tutela que impiden extraer el control de la medida a quien no fuera productor. Algo que, en determinados sectores, se materializa en el requerimiento estatutario de que los miembros no productores no puedan participar en

---

[29] En en caso de las frutas y hortalizas y en virtud de lo dispuesto en el artículo 16 del Reglamento Delegado (UE) 2017/891 de la Comisión, de 13 de marzo de 2017, solo podrán admitirse miembros no productores en las organizaciones de productores cuya personalidad jurídica sea cooperativa o sociedad agraria de transformación, con lo que el resto de sociedades mercantiles quedarían excluidas.

[30] Vid. GARCÍA RUIZ, E. "El control de las concentraciones económicas y prácticas colusarias de empresas agroalimentarias en derecho de la competencia", en *Integración y concentración de empresas agroalimentarias estudio jurídico y económico del sector y de la Ley 13-2013 de fomento de la integración cooperativa*, Dykinson, Madrid, 2020, pp. 695 y ss.

la toma de decisiones relativas al funcionamiento de la organización.[31] Un supuesto que, en el caso de las sociedades cooperativas, pudiera llevar a reflexionar sobre la posible extensión del art. 35 apartado 7º de la Ley, pero que, en nuestra opinión, no viene a ser sino un complemento específico de aquel.[32]

2. El concepto de productor

De forma complementaria a lo hasta aquí expuesto y atendiendo, a la necesidad de concretar a quien se le debe exigir la iniciativa apuntada, parece necesario referirse brevemente

---

31 En este sentido, el art. 6 del mencionado RD señala que en estos casos los socios no productores no puedan participar en la toma de decisiones relativas al funcionamiento de la organización de productores, y a los programas y fondos operativos establecidos en los artículos 32 y 33 del Reglamento (UE) n.º 1308/2013, del Parlamento Europeo y del Consejo, de 17 de diciembre de 2013, lo cual deberá venir recogido en sus estatutos.

32 Aunque el deber de abstención del socio se incorpora sin especiales fricciones a las estructuras societarias en las que el eventual conflicto de intereses es resuelto en favor de la voluntad social, su encaje en el caso de la organización de productores resulta más complicado, toda vez que es precisamente la ausencia de dicho interés la que debería motivar la abstención. Algo para lo que las soluciones generalistas de exclusión o inclusión parecen insatisfactorias y para las que, en la normativa de aplicación, no se ha hecho especial trabajo de precisión.
De igual manera, se plantea el problema de control de dicha abstención, algo que ha sido especialmente considerado en el caso del voto secreto. Vid. CASTAÑER COLINA J. " La adopción de acuerdos de la asamblea general de la cooperativa mediante votación secreta" CIRIEC-España, Revista Jurídica de Economía Social y Cooperativa nº 38/2021, pp. 208 y ss.

al productor. No es el momento ahora de llevar a cabo un desarrollo del tema que, sin duda, escapa a nuestro objetivo, por lo que para su determinación nos fijaremos a alguno de los modelos elegidos por los distintos Reales Decretos dictados sobre la materia, conforme a los que se consideraría productor a toda persona, física o jurídica, o agrupación de personas físicas o jurídicas, independientemente del régimen jurídico, titular[33] de una o varias explotaciones agrarias o ganaderas[34] que se dedican profesionalmente a la producción de bienes agrícolas, ya sea en pequeña, mediana o gran escala. Sujetos a los que se une Cooperativas Agrarias o Sociedades Agrarias de Transformación y a los denominados miembros agregadores, que de una u otra forma no son necesariamente titulares de explotaciones pero que, en todo caso, responden por ella.

---

33 De conformidad con el art. 5, j de la Ley 1/2014 de 19 de marzo será titular de la explotación: la persona física, ya sea en régimen de titularidad única, ya sea en régimen de titularidad compartida inscrita en el registro correspondiente o la persona jurídica que ejerce la actividad agraria y, en su caso, complementaria, de acuerdo con lo dispuesto en el párrafo segundo de la letra k) de este artículo, organizando los bienes y derechos integrantes de la explotación con criterios empresariales y asumiendo los riesgos y responsabilidades civil, social y fiscal que puedan derivarse de la gestión de la explotación. A los efectos de esta ley, cuando la titularidad de la explotación la compartan varias personas físicas, como es el caso de las Comunidades de bienes, cada una de ellas será considerada cotitular de la explotación.

34 El concepto de explotación se recoge en el mismo texto legal considerándose como tal al conjunto de bienes y derechos organizados empresarialmente por su titular, en el ejercicio de la actividad agraria, primordialmente con fines de mercado y que constituye en sí misma una unidad técnico-económica. (art.5)

No parece necesario que la producción deba ser su actividad principal, aunque la normativa de aplicación sí considera la necesidad de registro[35] , cuyos efectos tienen un alcance material muy limitado, fundamentalmente de carácter administrativo[36] pero que, en ciertos sectores, se configura como como presupuesto necesario para la obtención del reconocimiento[37]. Opción que entendemos informativa en el intento por lograr un mayor control de la base subjetiva de la organización de productores.

---

35 Art. 27.2 de la Ley 1/2014, de 19 de marzo, Agraria de Castilla y León. (BOCYL de 20 de marzo de 2014) . El Registro de explotaciones agrarias de Castilla y León (Reacyl) es un registro único, establecido y gestionado por la Consejería de Agricultura, Ganadería y Desarrollo Rural, que integra y agrupa la información relativa a cada explotación agraria y sus unidades de producción, fue creado por la Ley 1/2014, de 19 de marzo, Agraria de Castilla y León y entró en funcionamiento en 2015.

36 Una vez registrados, los titulares de las explotaciones agrarias quedarán dispensados de presentar, en cualquier procedimiento seguido ante la Consejería competente en materia agraria, la documentación acreditativa acerca de los datos que consten inscritos en el Registro de Explotaciones Agrarias de Castilla y León, siempre que no se hayan producido modificaciones o alteraciones que afecten a dichos datos. 2. La inscripción en el Registro, o la comunicación o solicitud en tal sentido siempre que esté completa, será requisito necesario para acceder a los beneficios y a cuantas ayudas tenga establecidas o se establezcan por la Administración de la Comunidad de Castilla y León en apoyo al sector agrario con cargo a sus Presupuestos. 3. La Consejería competente en materia agraria, a petición del interesado, emitirá, con carácter gratuito, certificación acreditativa de la inscripción de la explotación en el Registro. 4. La inscripción en el Registro mantendrá su vigencia mientras no se proceda a su cancelación o baja, sin perjuicio de las modificaciones que procedan.

37 Vid. Anexo II del RD 532/2017, de 26 de mayo.

3. La posición del socio disconforme

Mayor interés, sin duda, suscita el tratamiento de la alteración estatutaria y obligacional que supone el reconocimiento de la organización de productores, en la que se hace especialmente necesario prestar cierta atención a la situación del socio disconforme con la decisión societaria de solicitar el reconocimiento, toda vez que, de concederse esta, aquel verá alterado sustancialmente su posición en la sociedad.

En este extremo, las previsiones contempladas en algunas de las normativas sectoriales, en las que con carácter general, se exigen determinadas menciones estatutarias precisas para lograr el correcto funcionamiento de la organización[38] tienen

---

[38] En el caso de la organización de productores de frutas y verduras de exigen los Estatutos (o reglamento de régimen interno en caso de las secciones) de funcionamiento, elevados a escritura pública o registrados en el registro correspondiente según disponga la normativa que regula la persona jurídica que sea la entidad solicitante o visados por el órgano competente en su reconocimiento, que recojan, al menos: a) La finalidad específica que persigan de las establecidas en el artículo 152.1 c) incisos i), ii), y iii) del Reglamento (UE) n.º 1308/2013, del Parlamento Europeo y del Consejo, de 17 de diciembre de 2013. b) La exigencia a sus miembros productores de comercializar toda su producción de los productos para los que la organización esté, o vaya a ser reconocida, a través de la organización. En el caso de que la organización autorice a sus miembros productores a realizar ventas de las recogidas en el artículo 12 del presente real decreto, deberán recoger dicha autorización y el compromiso de establecer el procedimiento de control mencionado en dicho artículo. c) Las demás obligaciones a que se someten los miembros productores de manera precisa y clara, en particular: i) Las de aplicar las normas adoptadas por la organización en materia de notificación de la producción, de producción, de comercialización, y de protección al medio ambiente. ii) Pertenecer a una sola organización de productores para la misma categoría de reconocimiento. iii) Facilitar la información que se les

un gran impacto sobre posición del socio ante la modificación propuesta quien se encontrará ante el dilema de optar entre integrarse de forma imperativa en la organización de productores, o abandonar la sociedad.

Solución normativa claramente alineada con la voluntad legislativa de acabar con la atomización del sector que resulta, sin embargo, más comprometida cuando de su plasmación jurídica se trata, en la medida en que el régimen jurídico diferirá en el caso de sociedades en las que existe una fácil salida de la sociedad, para la que el equilibrio de intereses concurrentes hace primar el principio mayoritario, pero de peor acomodo en las situaciones en las que la salida del socio no fuera libre, para la que habría que acudir a otros modelos tutelares.

Así pues, y atendiendo específicamente a los tipos generalmente utilizados, cabría considerar que en las sociedades cooperativas el régimen parece más simplificado. Exigida la mayoría cualificada, el socio disconforme con la modificación estatutaria podrá solicitar la baja voluntaria en los términos del art. 20.3 de la Ley de cooperativas de Castilla y León conforme al cual " *el socio que hubiese salvado expresamente su voto o estuviese ausente por causa justificada, disconforme con cualquier acuerdo de la Asamblea general que implique la asunción de obligaciones o cargas gravemente onerosas, no previstas en los Estatutos, podrá darse de baja, que tendrá la consideración de justificada, mediante escrito diri-*

---

solicite a efectos estadísticos de la organización de productores. iv) Las contribuciones financieras que se les impondrá para financiar la organización de productores. v) El periodo mínimo de adhesión a la organización. vi) El periodo de aviso previo para causar baja en la organización, y las cargas económicas que tendrá que abonar por ello, así como cualquier otro efecto a que dé lugar el hecho de causar baja en la entidad. vii) Las sanciones por incumplimiento de las obligaciones estatutarias.

gido al Consejo Rector, dentro de un mes a contar desde el día siguiente al de la adopción del acuerdo."[39] Plazo de caducidad que permitiría a la sociedad cooperativa, caso de mantenerse lo mínimos de socios y volumen exigido solicitar el reconocimiento.

En el caso de la sociedad agraria de transformación la situación parece igualmente sencilla, toda vez que, de conformidad con lo previsto en el art. 6 de su régimen regulador , la separación voluntaria es causa de baja "*en todo caso*", con lo que el socio disconforme con la decisión asamblearia de buscar el reconocimiento como organización de productores podrá abandonar la sociedad en el plazo que el principio de buena fe determine[40].

La fácil salida del socio de la sociedad permite primar la voluntad social a favor del reconocimiento frente a la tutela individual del socio, lo cual viene en gran medida favorecido por el fundamento protector del sector que persigue la implantación de la organización de productores. Pareciera que el legislador no está dispuesto a que prime la voluntad del socio disconforme frente a un proyecto integrador de mayor alcance. Una respuesta que parece razonable pero que, sin embargo, mal enca-

---

39 Sobre el principio de "puerta abierta" vid. con carácter general, " El socio de cooperativa y el de sociedad de capital, puntos de divergencia y convergencia en torno a los principios que dirigen la dinámica interna cooperativa. libre adhesión, control democrático y participación económica del socio" CIRIEC-España, revista jurídica de economía social y cooperativa, nº 38, 2021.

40 Vid. QUIJANO GONZÁLEZ, J. Baja voluntaria de un socio (en una Sociedad Agraria de Transformación) . Cálculo del valor real de su participación, CCJC, nº 20, 1989, pp. 487 y ss. ; SANTISO SÁNCHEZ, L. "La liquidación del socio en las Sociedades Agrarias de Transformación", https://dictumabogados.com/e-dictum-publicaciones-derecho-mercantil/la-liquidacion-del-socio-en-las-sociedades-agrarias-de-transformacion/29212/

ja con los supuestos en los que, como sucede en las sociedades de capital, la salida del socio puede estar más comprometida. Supuestos en los que la imposición de obligaciones a los socios a través de una modificación estatutaria requeriría un mecanismo tutelar diferente que bien pudiera articularse en torno al art. 291 LSC[41] , sin cuyo cumplimiento no pareciera posible plantear el posible reconocimiento.

IV. EL NÚMERO MÍNIMO DE PRODUCTORES Y DE PRODUCCIÓN COMERCIALIZABLE

Junto a la exigencia en la iniciativa a través de la voluntad social, el reconocimiento de la organización de productores requiere que la misma se corresponda con un número mínimo de productores o de volumen de producción comercializa-

[41] Los socios afectados deberán manifestar su voluntad favorable a la imposición de nuevas obligaciones, lo cual – aunque difícil en la práctica – resulta desvinculado del sentido del voto en el acuerdo de modificación. Obsérvese que nuestro legislador no exige que todos los socios afectados concurran al otorgamiento de la escritura, toda vez que, en un intento por flexibilizar la medida permite que lo hagan en el acta de la junta o bien en escritura separada. No se hace preciso que en el momento de elevar a público el acuerdo de modificación concurra la firma de los implicados, siendo posible que el consentimiento se haga en documento separado que podrá ser firmado antes o después de la elevación a público del acuerdo. El momento en el que se establece el control de validez del acuerdo será cuando el mismo pretenda el acceso al registro, en el que se habrá que justificar para el concurso de todos los consentimientos. De igual modo, nada impide que se pueda hacer por representación, siempre que el poder se haga respetando las mismas garantías exigidas para la manifestación de voluntad, esto es, que el mismo se hubiera hecho ante notario. Vid. ÁVILA DE LA TORRE, A. "Comentario al art. 291 TRLC" , Valencia, 2021, p. 2467

ble[42]. Un presupuesto no exento de ciertas dificultades y que no ha escapado a la crítica, por considerarse, en algunos casos excesivo – sector lácteo–y en otros insuficiente–frutas y verduras–. Al margen de estas consideraciones que dependerán del sector económico al que venga referido, lo cierto es que con esta exigencia de lo que se trata es de buscar un equilibrio mínimo que justifique el particular régimen jurídico al que se ven sometidas. De lo que se trata es de crear estructuras solidas que garanticen una mejor posición en el mercado para la que, en buena lógica, se exigen unos requerimientos mínimos[43]. Un

---

42 No cabe desconocer cómo la necesidad de fortalecer la organización de productores no es absoluta, ya que junto al mínimo fijado se establece también normas de máximos, no pudiendo superarse el 30% de la producción nacional de cada sector. Enlaza así la norma con el régimen de las concentraciones empresariales recogidas en el derecho de la competencia, y que ha sido valorado de forma positiva por la CNMC en repetidos informes. https://www.cnmc.es/sites/default/files/3581015_0.pdf

43 En virtud de lo dispuesto en los artículos 3 y 5.2 Reglamento Delegado (UE) 2017/891, de la Comisión, de 13 de marzo de 2017, se establece que, únicamente a efectos del cumplimiento del número mínimo de miembros productores establecido en el apartado anterior, el cómputo de los mismos deberá realizarse acorde a lo siguiente, teniendo en cuenta que una persona física o jurídica Solo podrá ser computada, o tenida en cuenta para el cómputo de personas jurídicas, una única vez: a) Los miembros productores que sean personas físicas diferentes, no vinculadas según lo dispuesto en el artículo 13 del presente real decreto: cada uno computará como uno. b) Si con ellos no se alcanza el número mínimo de miembros establecido en el apartado 1, se computarán los miembros que sean personas jurídicas, hasta alcanzar el mínimo exigido, de la siguiente forma y en la siguiente secuencia: 1°. Los que sean productores no agregadores de productores: cada uno computará como uno si más del 50 por cien de su capital social, directa y/o indirectamente, está en posesión de personas físicas que no se hayan computado como miembros produc-

aspecto en el que se deja libertad a los Estados Miembros para su determinación, lo cual no resulta tarea sencilla ya que habrá que atender a la realidad económica de cada zona y sector cuyo tratamiento dependerá de los análisis económicos previos que los justifiquen.[44] Análisis que, lógicamente, debería contemplar cierta actualización en función de la evolución del sector.

---

tores en virtud de la letra a), o se hayan utilizado para computar otro miembro productor en virtud de este apartado. En caso de que haya varios miembros de este tipo que al final de su cadena societaria estén integrados por una o más personas físicas coincidentes, el orden en que se aplicará a cada una de ellas lo dispuesto en el párrafo anterior, será el que elija la organización de productores.
2º. Los que sean agregadores de productores, ellos no computarán, y en su lugar lo harán: i) Los socios del miembro agregador que sean personas físicas productoras: cada uno computará como uno con las mismas condiciones fijadas en la letra a), siempre que no se hayan computado ya, o se hayan utilizado para el cómputo de un miembro en virtud de b) 1.º ii) Los socios del miembro agregador que sean personas jurídicas productoras no agregadoras de productores: cada uno computará como uno si más del 50 por cien de su capital social, directa o indirectamente, está en posesión de personas físicas que no hayan sido ya computadas como miembros productores, o hayan sido utilizadas para el cómputo de otro miembro en virtud de los apartados anteriores o del presente apartado. En caso de que haya varios accionistas de este tipo que al final de su cadena societaria posean una, o varias, personas físicas coincidentes, el orden en que se aplicará en cada una de ellas lo dispuesto en este párrafo anterior será el que elija la organización de productores. iii) Los socios del miembro agregador que sean a su vez agregadores de productores: se procederá como en los miembros agregadores acorde a lo dispuesto en los apartados b) 2.º i) y ii), hasta llegar al momento en que ya no haya miembros agregadores en la cadena societaria.

44 El dilema se produce porque cuanto más bajos sean los mínimos, más fácil es que los productores participen en una OP. Como este es el canal por el cual se canalizan los fondos comunitarios, más

Necesidad de revisión que enlaza con el tratamiento jurídico de la variabilidad de la base subjetiva de la sociedad y su incidencia en la organización, ya que, al margen de la estabilidad que imponga el tiempo mínimo de permanencia, concurren situaciones en las que el principio de libre adhesión y baja voluntaria, puede comprometer la estabilidad de la organización. Situación que se complica por el hecho de que los requisitos son cumulativos, de modo que de alterarse a la baja cualquiera de ellos daría lugar al denunciado desequilibrio.

Ahora bien, aunque el incumplimiento del mínimo exigido conforma un veto al reconocimiento de la organización, el intento legislativo por favorecer este tipo de concentraciones, impide la revocación automática del mismo, siendo suplido por un régimen sucesivo en el que se parte del apercibimiento regulado en el art. 59.1 del Reglamento Delegado (UE) 2017/891, de la Comisión, de 13 de marzo de 2017. Apercibimiento del que se derivará la correspondiente obligación por parte de la entidad jurídica reconocida para que adopte las medidas correctoras pertinentes. De no hacerlo en el tiempo asignado, se procederá a la suspensión del reconocimiento, lo cual conllevará la pérdida de las ayudas que como tal le correspondiesen. De mantenerse el defecto se procederá a la retirada del reconocimiento con efectos retroactivos a la fecha en la que se incumplió el presupuesto requerido, debiéndose devolver las ayudas recibidas. Solución lógica en el planteamiento que, sin embargo, a nuestro juicio peca de cierto reduccionismo, en la medida en que parece olvidar otras ventajas competitivas

---

fácil es que lleguen esos fondos al país. Pero si las OPs no tienen dimensión suficiente, no tendrán la capacidad de ajustar en cantidad y calidad la oferta a la demanda, y de contribuir a una cadena alimentaria más equilibrada..

derivadas de la existencia de la organización[45], para las que la retirada del reconocimiento parece no tener respuesta clara.

Una cuestión para la que cabría plantear dos opciones interpretativas, partiendo la primera de ellas de considerar que las consecuencias de la retirada el reconocimiento se agotaría en el apuntado régimen de las ayudas públicas. La razón que justifica tal interpretación vendría justificada por la continuidad de las actividades durante el periodo de suspensión que reconoce la normativa, lo cual pudiera ser interpretado como un reconocimiento de las excepciones al derecho de la competencia, propio de estas organizaciones, también durante el periodo de suspensión.

En contra de esta opción interpretativa, cabría considerar también que la retroacción de los efectos de la retirada del reconocimiento, excluye la aplicación del régimen particular en materia de competencia[46], haciendo a la organización de pro-

---

45 Sobre la cuantificación del daño en los casos de prácticas colusorias vid. el documento publicado por la CNMC bajo el título "Guía sobre cuantificación de daños por infracciones del derecho de la competencia". Un documento preliminar orientativo en el que se aborda la materia. Vid. https://www.cnmc.es/sites/default/files/220915%20Borrador%20Gu%C3%ADa%20cuantificaci%C3%B3n%20da%C3%B1os%20por%20infracciones%20del%20derecho%20de%20la%20competencia.pdf

46 GUILLÉN CARRAU J. "Las derogaciones a la normativa del Derecho de la Competencia y las Organizaciones de Productores", Revista española de estudios agrosociales y pesqueros, Nº 248, 2017,p.120; SALINAS CASADO J. / MARCOS VAQUERO Z. "Las organizaciones de productores y su interacción con el derecho de la competencia de la STJUE en el asunto endibias a la resolución de la CNMC en el expediente de acuicultura" en *2021 Práctica Mercantil para abogados: los casos más relevantes en 2020 de los grandes despachos* (Sebastián Quetglas, R.) , 2021, págs. 551-567

ductores susceptible de responder ante sus autoridades, por las violaciones al mismo producidas durante el periodo de suspensión. Una solución que, con las dudas que suscita, nos parece más razonable, toda vez que nada o poco tiene que ver la continuidad de las actividades en periodo de suspensión con el sometimiento del operador a las normas propias del mercado, en la medida en que, al margen de la libertad que da la norma, es la voluntad de la organización la que decide continuar con la actividad a sabiendas del riesgo de no renovación, por lo que serán los gestores los que deberán valorar la continuidad de dichas actividades en los casos en los que objetivamente peligre la renovación del reconocimiento.

V. PERIODO MÍNIMO DE ADHESIÓN

Finalmente, y como una muestra más de la necesaria implicación de los productores en la organización, el artículo 153 del Reglamento OCM señala que el periodo mínimo de adhesión de los miembros productores que formen parte de una organización de productores. Una vinculación que no ha escapado a cierto debate en tanto que pudiera ser entendida como una solución normativa disuasoria, pero que sin duda persigue garantizar una implicación que permita la consolidación de la estructura colectiva. Para ello, la norma comunitaria considera que el plazo mínimo será de un año[47],si bien cabe su extensión en consideración al sector y sus características. Opción que no es vista con buenos ojos por la CNMC para la que parece más razonable el plazo del año que otros más extendidos.[48]

---

47 Reglamento Delegado de 2017 extiende el plazo a los tres años en su art. 6, introduciendo la posibilidad de reducir el periodo a un año, fijándose ciertas medidas de control.

48 https://www.cnmc.es/sites/default/files/3581015_0.pdf

Al margen de la mayor o menor duración del mismo, lo cierto es que las dificultades societarias vienen dadas por el establecimiento del mismo, toda vez que impone un compromiso que repugna a algunos tipos sociales y que obliga a un pronunciamiento previo acerca de esta radical cláusula estatutaria, cuya naturaleza oscilaría entre su reconocimiento como limitativa de la transmisibilidad de la participación o de imposición de una nueva obligación.

Sin margen para un mayor análisis pareciera que nos situamos ante una cláusula de origen legal que puede ser modulada por la voluntad de los socios, pero mantiene un límite cuyo fundamento vuelve a poner de relieve la primacía del fomento de este tipo de organizaciones sobre el interés del socio. Algo que en ningún caso debería verse absolutamente disminuido, siendo por el contrario preciso articular un mecanismo de tutela, en aquellos tipos en los que no opera el principio de "puerta abierta".

Bien es cierto que el recurso normativo no es nuevo. Ya el art. 108.4 de la LSC reconoce la prohibición temporal de transmisión de las participaciones en los casos de constitución y aumento de capital, pero también es verdad que estos resultan muy marginales y nunca vinculados a la voluntad sobrevenida. Un fundamento que podría resultar extensible a la organización de productores pero que, en determinados tipos resulta más complicado de admitir, por lo que en el caso de la sociedad anónima no debería impedir la operativa de los mecanismos de tutela que correspondan *ex* art. 123 LSC.

La Propuesta de Reglamento del Parlamento Europeo y del Consejo relativo a los vegetales obtenidos con determinadas nuevas técnicas genómicas y a los alimentos y piensos derivados

M.ª MERCEDES CURTO POLO[1]

Catedrática de Derecho Mercantil

UNED

curtopom@der.uned.es

SUMARIO: I. INTRODUCCIÓN. II. LAS NUEVAS TÉCNICAS GENÓMICAS (NTG). III. LA SENTENCIA DEL TRIBUNAL DE JUSTICIA DE 25 DE JULIO DE 2018 Y SUS CONSECUENCIAS. 1. Preliminar: El Concepto de Organismos Modificado Genéticamente (OMG) en la Directiva 2001/18 del Parlamento Europeo y del Consejo, de 12 de marzo de 2001 sobre la liberación intencional en el medio ambiente de organismos modificados genéticamente. 2. La Sentencia del Tribunal de Justicia de 25 de julio de 2018. 3. La reacción de los sectores interesados frente a la Sentencia del Tribunal de Justicia de 25 de julio de 2018. IV. LA PROPUESTA DE REGLAMENTO DEL PARLAMENTO EUROPEO Y DEL CONSEJO RELATIVO A LOS VEGETALES OBTENIDOS CON DETERMINADAS NUEVAS TÉCNICAS GENÓMICAS Y A LOS ALIMENTOS Y PIENSOS DERIVADOS. 1. Ideas introductorias. 2. Análisis de la Propuesta de Reglamento. 2.1. Ámbito de aplicación. 2.2. Procedimientos

---

[1] La presente aportación forma parte de los resultados del Proyecto de Investigación SA265P20 "Competencia e Innovación en el Sector Agroalimentario de Castilla y León" concedido por la Junta de Castilla y León y cofinanciado con fondos FEDER (Orden EDU/1192/2020, de 4 de noviembre) del cual es investigadora principal la Profª Drª Dª Pilar Martín Aresti.

propuestos por la Propuesta de Reglamento. 2.2.1. Vegetales obtenidos con NTG de Categoría 1. 2.2.2. Vegetales obtenidos con NTG de Categoría 2. 3. Cuestiones abiertas en relación con la Propuesta de Reglamento.

BIBLIOGRAFÍA: CROW J., "Plant Breeding Giants: Burbank, the Artist; Vavilov, the Scientist", *Genetics,* VOL. 158. Nº 4, 2001, pp. 1391 y ss.; CURTO POLO M.M., La protección de las innovaciones vegetales en la Unión Europea: Patentes vs. Títulos de obtención vegetal, Tirant lo blanch, 2020; GRAF G.D./ HAMDAN-LIVRAMENTO I., "The Global Roots of Innovation in Plant Biotechnology", *Economics Research Working Paper* nº 59, WIPO 2019. Disponible en https://papers.ssrn.com/sol3/papers.cfm?abstract_id=4422485 ; LLEWELYN M., "The Legal Protection of Biotechnological Inventions: An Alternative Approach", *EIPR,* 19/1997, pp. 115 y ss.; RUIZ DE GALARRETA J.I./ PROHENS J./TIERNO R., *Las variedades locales en la mejora genética de las plantas,* Sociedad Española de Ciencias Hortícolas, Sociedad Española de Genética, Vitoria-Gasteiz, 2016, Disponible en http://www.ogasun.ejgv.euskadi.eus/r51-catpub/es/k75aWebPublicacionesWar/k75aObtenerPublicacionDigitalServlet?R01HNoPortal=true&N_LIBR=051886&N_EDIC=0001&C_IDIOM=es&FORMATO=.pdf

I. INTRODUCCIÓN.

La mejora vegetal (o fitomejoramiento) se ha convertido en una práctica constante en los sectores de la agricultura, la horticultura y la silvicultura. Con ella se pretenden conseguir obtenciones vegetales con un mayor rendimiento, mejor calidad, mayor resistencia a plagas y enfermedades, o a herbicidas, y una mejor adaptación al medio, al tiempo que se mejora la productividad y el ahorro de costes y se minimiza la presión sobre el medio ambiente. En este sentido la mejora vegetal puede considerarse como la ciencia de adaptar la genética de las plantas para el beneficio de la sociedad.

El fitomejoramiento nació intrínsecamente ligado a la agricultura hace miles de años. El hombre sedentario domesticó las variedades silvestres que consideró más adecuadas a fin de obtener alimento con el que subsistir sin tener que desplazarse constantemente en busca de recursos. En este contexto la mejora vegetal nació como un proceso intuitivo. Las modificaciones genéticas que fue introduciendo el hombre en las variedades silvestres fueron pasando de generación en generación sin que supiera muy bien la razón[2].

El proceso de mejora vegetal continuó con el tiempo ligado a la agricultura. La mejora vegetal era realizada por los propios agricultores mediante la selección y reutilización de parte de la cosecha como semilla para sucesivas reproducciones (selección masal), y mediante intercambios informales de dicho material de propagación entre ellos ("*brown bagging*")[3]. Pero poco a poco el fitomejoramiento se fue extendiendo a otras actividades, como la horticultura o la silvicultura. También en estos ámbitos la mejora vegetal se producía de una forma aleatoria mediante el cruzamiento de distintas especies mediante técnicas tradicionales como el injerto.

Sin embargo, este proceso de fitomejoramiento cambió cuando se descubrió que las plantas también tenían sexo y era posible intervenir en el cruzamiento de las plantas con el fin de obtener nuevas variedades. Desde que a mediados del siglo

---

2 CUBERO J.I., "De las plantas silvestres a las variedades tradicionales: domesticación y evolución", en RUIZ DE GALARRETA J.I./ PROHENS J./TIERNO R., *Las variedades locales en la mejora genética de las plantas,* Sociedad Española de Ciencias Hortícolas, Sociedad Española de Genética, Vitoria-Gasteiz, 2016, pp. 9 y ss., p.11. Disponible en http://www.ogasun.ejgv.euskadi.eus/r51-catpub/es/k75aWebPublicacionesWar/k75aObtenerPublicacionDigitalServlet?R01HNoPortal=true&N_LIBR=051886&N_EDIC=0001&C_IDIOM=es&FORMATO=.pdf (Consulta: 15/02/2024)

3 LLEWELYN M., "The Legal Protection of Biotechnological Inventions: An Alternative Approach", *EIPR,* 19/1997, pp. 115 y ss., p. 117.

XIX Gregor Mendel sentara las bases de la genética experimental con sus leyes de segregación y recombinación de los genes, y Friedrich Miescher revelara que el principal componente del núcleo celular es la nucleoproteína[4], se sentaron las bases para que se produjeran importantes mejoras en relación con la producción de productos agrícolas, dado que era posible seleccionar y reproducir las variedades deseadas con el fin de mejorar la calidad, la productividad o la adaptación al medio ambiente de las plantas mejoradas[5].

El redescubrimiento de las leyes de Mendel a principios del siglo XX transformó el modo de seleccionar y modificar genéticamente las variedades vegetales. Poco a poco se irán experimentando nuevas técnicas de mejora vegetal. La necesidad de lograr variedades más rentables y en menor tiempo para alimentar a una población en constante crecimiento determinó que a mediados del siglo XX el proceso de mejora vegetal quedara sometido a una fuerte industrialización.

Desde que se iniciara la llamada "*Revolución Verde*" alrededor de los años 60 y 70 del siglo pasado, la búsqueda de nuevas variedades vegetales, capaces de lograr un uso más eficiente y productivo de la tierra a fin de satisfacer la creciente demanda de alimento de una población en constante aumento ha sido

---

4 Una combinación de proteínas básicas y ácido nucleico, más tarde establecida como Ácido Desoxirribonucleico (ADN).

5 Pese a estos avances teóricos, la mejora vegetal continuó siendo intuitiva durante todo el siglo XIX. Una figura esencial en este tiempo será Luther Burbank quien llevará la mejora por cruzamiento a su plenitud entre el siglo XIX y principios del XX. CROW J., "Plant Breeding Giants: Burbank, the Artist; Vavilov, the Scientist", *Genetics,* VOL. 158. Nº 4, 2001, pp. 1391 y ss.

constante, tanto en los países desarrollados como en los que se encuentran en vías de desarrollo[6].

En este sentido los avances en la actividad de fitomejoramiento se consideran esenciales para asegurar el rendimiento de la tierra y lograr producir alimento para una población que la Organización de Naciones Unidas estima de 8.600 millones para el año 2030[7]. Hay estudios que demuestran que el fitomejoramiento es responsable de un 50 por ciento del aumento de la productividad agrícola en los últimos 100 años[8]. Es importante destacar que, gracias a la mejora vegetal, se logra un mayor rendimiento en menor superficie de suelo y con menor empleo de agua, fertilizantes, etc[9]. También en otros sectores, como la floricultura, se han logrado importantes avances gra-

---

6 La presencia de intereses generales en la actividad de mejora vegetal determinó que, en un primer momento, en todos los países la labor de fitomejoramiento fuera impulsada desde el sector público, concentrando en sus manos en muchas ocasiones las tareas de investigación y desarrollo de nuevas variedades, y dejando en manos privadas las labores de multiplicación y comercialización de semillas. Sin embargo, en los tiempos más recientes, y fundamentalmente en los países industrializados, puede observarse cómo la labor de innovación ha pasado a ser desarrollada también por empresas privadas, de muy diferente dimensión; aunque los institutos públicos de investigación mantienen una importante actividad al respecto.

7 https://www.un.org/sustainabledevelopment/es/2017/06/la-poblacion-mundial-aumentara-en-1000-millones-para-2030 (Consulta: 15/02/2024).

8 http://www.fao.org/3/a-at913s.pdf (Consulta: 15/02/2024).

9 GRAF G.D./ HAMDAN-LIVRAMENTO I., "The Global Roots of Innovation in Plant Biotechnology", *Economics Research Working Paper* nº 59, WIPO 2019. Disponible en https://papers.ssrn.com/sol3/papers.cfm?abstract_id=4422485 (Consulta 15/02/2024).

cias al fitomejoramiento, convirtiéndose en una parte importante de la actividad productiva de países en desarrollo, debido a su climatología idónea para el cultivo de flores.

En los últimos tiempos las nuevas técnicas desarrolladas en el ámbito de la biotecnología en general, y de la ingeniería genética en particular, permiten llegar a resultados que hasta hace unos años requerían mucho más tiempo. Las ventajas de estas nuevas técnicas genómicas son, por tanto, indiscutibles. Con todo, la incertidumbre existente acerca de las consecuencias que la aplicación de dichas técnicas en el ámbito vegetal puedan tener en relación con la salud y el medio ambiente, motivaron que inicialmente las instituciones europeas adoptaran una actitud cautelosa frente a todas ellas, optando por calificar los resultados obtenidos mediante estas nuevas técnicas como Organismos Modificados Genéticamente (OMGs), y, por tanto, sometidos a la estricta regulación establecida en relación con los mismos que exige todo un proceso de autorizaciones administrativas previas a su liberalización en el medio ambiente y, por tanto, también para su comercialización[10].

---

[10] Esta regulación se desenvuelve en tres niveles distintos: internacional, europeo (comunitario) y nacional. En el ámbito internacional el Protocolo de Cartagena sobre Seguridad de la Biotecnología adoptado el 29 de enero del año 2000, en el marco del Convenio sobre Diversidad Biológica hecho en Río de Janeiro el 5 de junio de 1992, trata de garantizar un nivel adecuado de protección en la esfera de la transferencia, manipulación y utilización seguras de los organismos vivos modificados resultantes de la biotecnología moderna que pueden tener efectos adversos para la conservación y la utilización sostenible de la diversidad biológica, teniendo también en cuenta los riesgos para la salud humana, y centrándose concretamente en los movimientos transfronterizos (art. 1). En el ámbito europeo es preciso señalar fundamentalmente la Directiva 2001/18/CE, del Parlamento

Sin embargo, las críticas por parte de los sectores interesados frente a tal posición europea no se hicieron esperar, tal como veremos seguidamente. Y es que se ha puesto de manifiesto que determinadas técnicas genéticas (como la tecnología CRISPR/CAS) simplemente suponen alcanzar en mucho menos tiempo los resultados que se podrían lograr de forma natural o con arreglo a técnicas tradicionales, sin suponer un riesgo para la salud o el medio ambiente distinto. Por otro lado, se insiste en que una regulación demasiado estricta en esta materia por parte de las instituciones europeas pondrá a los obtentores y, en general, a la agricultura europea, en una situación de desventaja respecto a otros países con una regulación menos estricta.

Las reacciones por parte de las instituciones europeas frente a estas críticas no se han demorado en exceso. El 5 de julio de 2023 la Comisión Europea presentó su Propuesta de Reglamento del Parlamento Europeo y del Consejo relativo a los vegetales obtenidos con determinadas nuevas técnicas genó-

---

Europeo y del Consejo de 12 de marzo de 2001, sobre liberación intencional en el medio ambiente de organismos modificados genéticamente, modificada en sucesivas ocasiones, así como Directiva 2009/41/CE, del Parlamento Europeo y del Consejo, de 6 de mayo de 2009, sobre la utilización confinada de microorganismos modificados genéticamente. Estas Directivas establecen un procedimiento de autorización para la utilización confinada de microorganismos modificados genéticamente, la liberación intencional y la comercialización de OMG en el que los Estados miembros tienen un papel protagonista. En la normativa española la regulación de esta materia se halla contenida fundamentalmente en la Ley 9/2003, de 25 de abril, por la que se establece el régimen jurídico de la utilización confinada, liberación voluntaria y comercialización de OMG y por el Real Decreto 178/2004, de 30 de enero, **por el que se aprueba el Reglamento General para el Desarrollo y Ejecución de la Ley 9/2003.**

micas y a los alimentos y piensos derivados, y por el que se modifica el Reglamento (UE) 2017/625. Propuesta que ha sido aprobada con algunas enmiendas de calado por el Parlamento Europeo el 7 de febrero de 2024[11], insistiendo especialmente en el principio de cautela como criterio rector de este régimen jurídico, así como en cuestiones relativas a la propiedad intelectual aplicable a los resultados obtenidos en aplicación de las técnicas de mejora que son objeto del Reglamento, que habían sido completamente omitidas en la propuesta inicial.

Dicha Propuesta se conecta con los objetivos de innovación y sostenibilidad del Pacto Verde Europeo, de la Estrategia "De la Granja a la Mesa", y de la Estrategia sobre Biodiversidad, que se consideran pilares esenciales en la política europea de sostenibilidad agrícola y medio ambiente; y se enmarcan en una propuesta de reforma normativa más amplia que incluye igualmente una Propuesta de Reglamento del Parlamento Europeo y del Consejo sobre la producción y comercialización de materiales de reproducción vegetal en la Unión[12]. No en vano ambas Propuestas legislativas fueron presentadas por la Comisión Europea el mismo día.

El propósito de la presente aportación es dar cuenta de forma sucinta de las razones que han llevado al legislador europeo a presentar esta Propuesta de normativa específica en relación con las llamadas nuevas técnicas genómicas (NTGs), así como del contenido de la dicha Propuesta que, no se nos oculta, puede ser objeto de importantes enmiendas a lo largo

---

11 https://www.europarl.europa.eu/doceo/document/TA-9-2024-0067_ES.html (Consulta: 20/02/2024)

12 https://eur-lex.europa.eu/resource.html?uri=cellar:02951036-1cac-11ee-806b-01aa75ed71a1.0024.02/DOC_1&format=PDF (Consulta: 15/02/2024).

de su proceso legislativo por las especiales sensibilidades e intereses implícitos en la materia.

II. LAS NUEVAS TÉCNICAS GENÓMICAS (NTG)

Como venimos apuntando, las técnicas genómicas son técnicas que permiten modificar el material genético de un organismo buscando normalmente una mejora en su producción, rendimiento, características, etc.

Dichas técnicas genómicas han evolucionado profundamente a lo largo del tiempo. En el contexto europeo se utiliza el término Nueva Técnica Genómica para referirnos a las tecnologías que han sido desarrolladas durante las dos últimas décadas, particularmente tras la adopción de la Directiva 2001/18/CE del Parlamento Europeo y del Consejo, de 12 de marzo de 2001 sobre la liberación intencional en el medio ambiente de organismos modificados genéticamente y por la que se deroga la Directiva 90/220/CEE del Consejo.

Bajo este término se engloban técnicas diversas y cada una de ellas puede ser utilizada de formas distintas para alterar el genoma de un organismo y conseguir diferentes resultados y productos. Las modificaciones genéticas resultantes pueden ir de cambios limitados a modificaciones más profundas. Con todo, estas nuevas técnicas tienen en común que, a diferencia de las técnicas tradicionales, permiten conseguir una modificación del genoma en un lugar preciso y en mucho menos tiempo.

Sin embargo, pueden diferir entre ellas en dos aspectos de suma importancia, como son la inserción o no de material genético en el organismo sobre el que se utiliza la técnica en cuestión, por un lado; y la procedencia de este material genético en el supuesto de que se trate de técnicas consistentes en la inserción de material genético.

Así, por un lado, encontramos las **técnicas de mutagénesis**, en las que los cambios se producen sin insertar material genético. Las técnicas de mutagénesis han evolucionado con el tiempo como resultado del progreso científico en el ámbito de la biotecnología. Junto a los métodos convencionales de mutagénesis y técnicas aleatorias *in vivo,* que implican radiación ionizante o exposición de los vegetales a agentes químicos, que afectan a plantas enteras y que se han empleado durante décadas sin generar riesgos identificables para el medio ambiente o la salud, se han desarrollado nuevas técnicas de mutagénesis que no pudieron ser tenidas en cuenta cuando se aprobó la Directiva 2001/18 por cuanto han ido apareciendo con posterioridad. Entre ellas cabe distinguir las técnicas de mutagénesis aleatoria aplicadas *in vitro* a células vegetales, por un lado; y las técnicas o métodos de mutagénesis dirigida que recurren a nuevas técnicas de ingeniería genética, como la mutagénesis dirigida por oligonucleótidos (ODM)[13] o la mutagénesis dirigida por nucleasa (SDN1)[14], entre la que se encuentra la técnica CRISPR-CAS, por otro. Dichas técnicas de mutagénesis dirigida dan lugar a modificaciones de la secuencia de ADN en lugares precisos del genoma de un organismo.

Con los conocimientos científicos actuales se concluye que estas modificaciones genéticas podrían ocurrir igualmente de forma natural o mediante métodos tradicionales de mutagénesis, por lo que se entiende que no debería ser aplicado el estricto régimen jurídico dispuesto en relación con la liberación en el medio ambiente de OMGs.

---

13 La ODM consiste en introducir en las células una corta secuencia de ADN que provocará en la célula una mutación idéntica a la que lleva el oligonucleótido.

14 La SDN1 utiliza diferentes tipos de proteínas (nucleasas con dedos de zinc, TALEN, CRISPR/Cas9) capaces de cortar o editar el ADN.

Por su parte, las **técnicas de cisgénesis** se incluirían entre las técnicas genómicas que implican la inserción de material genético en el genoma de un organismo, si bien en este caso se trataría de material genético ya presente en el patrimonio genético de los obtentores (sea de la misma especie o de especies sexualmente compatibles).

La intragénesis es un subgrupo de la cisgénesis que da lugar a la inserción en el genoma de una copia reordenada de material genético compuesto por dos o más secuencias de ADN ya presentes en el patrimonio genético de los obtentores (de la misma especie o de especies sexualmente compatibles).

Se entiende que estos cruzamientos podrían acontecer igualmente de forma natural, pero con estas técnicas se consigue de una manera avanzada un resultado que normalmente se lograría en un proceso de selección más duradero.

Por el contrario, existen otras NTGs, como la **transgénesis**, que consisten en la introducción de un organismo en otro organismo sexualmente incompatible por lo que difícilmente el cruce podría producirse en un entorno natural.

Como consecuencia de esta diversidad de técnicas genéticas que caen bajo el concepto de NTG nos encontramos con organismos resultantes de muy diversa naturaleza. Así, puede haber organismos modificados por estas técnicas que presenten escasas diferencias respecto a los organismos originales no modificados, ocurriendo que esas diferencias también podrían haber ocurrido de forma natural o que sean el resultado de procedimientos de obtención tradicionales como el cruce o la selección. Es el caso de los organismos resultantes de mutagénesis dirigida o de cisgénesis. Aunque por estas técnicas también se pueden lograr modificaciones más profundas.

Por otro lado, puede haber organismos que presenten importantes modificaciones por haber transferido material genético de otros organismos sexualmente incompatibles. Estos organismos se asemejan a los que vienen siendo obtenidos como consecuencia de aplicar las técnicas de ingeniería genética conocidas.

Parece claro que la problemática que presentan unas y otras técnicas, así como los organismos resultantes de aplicarlas, no es la misma y, en consecuencia, no deberían recibir el mismo tratamiento.

Sin embargo, hasta el momento presente los resultados de la aplicación de estas nuevas técnicas han sido calificados como OMGs y, por tanto, sometidos a los procedimientos de autorización de los mismos.

Así se puso de manifiesto expresamente por el Tribunal de Justicia en una resolución judicial que supuso un revulsivo en relación con el régimen jurídico aplicable a estas nuevas técnicas genómicas, como veremos a continuación.

III. LA SENTENCIA DEL TRIBUNAL DE JUSTICIA DE 25 DE JULIO DE 2018 Y SUS CONSECUENCIAS

1. Preliminar: El Concepto de Organismos Modificado Genéticamente (OMG) en la Directiva 2001/18 del Parlamento Europeo y del Consejo, de 12 de marzo de 2001 sobre la liberación intencional en el medio ambiente de organismos modificados genéticamente.

De particular interés para el desarrollo de la Sentencia del Tribunal de Justicia de 25 de julio de 2018 que realizaremos a continuación es el concepto de OMG presente en la Directiva 2001/18.

El art. 2.2. de la Directiva 2001/18 establece que, a los efectos de la Directiva, se entenderá por " *"organismo modificado genéticamente (OMG)", el organismo, con excepción de los seres humanos, cuyo material genético haya sido modificado de una manera que no se produce naturalmente en el apareamiento ni en la recombinación natural*[15].

A continuación, partiendo de tal definición, la Directiva establece una triple diferenciación que va a determinar el ámbito de aplicación de la misma. En primer lugar, establece que los OMGs obtenidos conforme a las técnicas de modificación genética enumeradas en la parte 1 del Anexo 1 A entran dentro del ámbito de aplicación de la Directiva. En ella se enumeran las técnicas de modificación genética propias de la ingeniería genética, que se pueden calificar como procedimientos de transgénesis por cuanto de algún modo se insertan uno o varios genes de una especie en el genoma de otra especie[16].

---

15 El artículo 2, punto 2, de la Directiva no exige, por tanto, la inserción de ADN extraño en un organismo para que éste pueda calificarse como OMG. Simplemente indica que el material genético debe haber sido alterado de un modo que no se produce naturalmente. Su carácter abierto permite que los organismos obtenidos por métodos distintos de la transgénesis puedan incluirse en la definición de OMG, como veremos seguidamente.

16 En concreto, se citan las siguientes:
1) Técnicas de recombinación del ácido nucleico, que incluyan la formación de combinaciones nuevas de material genético mediante la inserción de moléculas de ácido nucleico —obtenidas por cualquier medio fuera de un organismo— en un virus, plásmido bacteriano u otro sistema de vector y su incorporación a un organismo hospedador en el que no se encuentren de forma natural, pero puedan seguir reproduciéndose.
2) Técnicas que suponen la incorporación directa en un organismo de material hereditario preparado fuera del orga-

En segundo lugar, establece que los resultados obtenidos conforme a las técnicas enumeradas en la Parte 2 del Anexo 1 A no constituyen un OMG sometido a la aplicación de la Directiva. La Parte 2 del Anexo 1 A enumera las técnicas que no dan lugar a una modificación genética y, por tanto, no tienen como resultado un OMG sometido a la aplicación de la Directiva, con la condición de que no supongan la utilización de moléculas de ácido nucleico recombinante ni de organismos modificados genéticamente obtenidos mediante técnicas o métodos distintos de los que quedan excluidos en virtud del Anexo I B. Se trataría de técnicas tradicionales de mejora vegetal o animal, como la fertilización in vitro, la conjugación, transducción, transformación o cualquier otro proceso natural, o la inducción poliploide. Luego, en principio, estas técnicas no darían lugar a un OMG. Pero si en ellas se utilizaran técnicas de transgénesis u OMG obtenidos mediante técnicas o métodos de modificación genética que no quedan excluidos en virtud del Anexo I B, el resultado sería un OMG sujeto a esta normativa.

En tercer lugar, el Anexo 1 B enumera las técnicas que sí dan lugar a modificación genética y, por tanto, tienen como resultado un OMG que, sin embargo, quedan excluidos del ámbito de aplicación de la Directiva. Estas técnicas serían, por un lado, la mutagénesis, y, por otro, la fusión (incluida la fusión de protoplastos) de células vegetales de organismos que puedan intercambiar material genético mediante métodos

---

nismo, incluidas la microinyección, la macroinyección y la microencapsulación.

3) Técnicas de fusión de células (incluida la fusión de protoplasto) o de hibridación en las que se formen células vivas con combinaciones nuevas de material genético hereditario mediante la fusión de dos o más células utilizando métodos que no se producen naturalmente.

tradicionales de multiplicación[17]. Estas técnicas sí dan lugar a modificación genética y, por tanto, tienen como resultado un OMG, pero quedan excluidos del ámbito de aplicación de la Directiva, a condición de que no impliquen la utilización de moléculas de ácido nucleico recombinante ni de organismos modificados genéticamente distintos de los obtenidos con una o varias de las técnicas o métodos relacionados en este Anexo.

De la interpretación sistemática del Anexo 1 B cabe deducir que un organismo obtenido mediante mutagénesis o fusión de células vegetales puede ser un OMG con arreglo al artículo 2, punto 2, de la Directiva 2001/18 si cumple los criterios sustantivos que establece dicha disposición; esto es, si se trata de un organismo cuyo material genético ha sido modificado de una manera que no se produce naturalmente en el apareamiento ni en la recombinación natural. Con todo, en principio, queda fuera del ámbito de aplicación de la normativa que regula las actividades realizadas con OMG.

2. La Sentencia del Tribunal de Justicia de 25 de julio de 2018.

La exclusión del ámbito de aplicación de la Directiva 2001/18 en relación con la mutagénesis fue objeto de interpretación por el TJUE en su Sentencia de 25 de julio de 2018 en el asunto C-528/16, por cuanto era dudoso que quedaran comprendidas en la misma las nuevas técnicas de mutagénesis desarrolladas fundamentalmente gracias a la tecnología CRISPR/CAS.

---

17 La matización referida a la fusión resulta fundamental en la medida en que, de acuerdo con el apartado c) de la parte 1 del Anexo 1 A, la fusión puede ser también una técnica que da origen a OMG sometidos al ámbito de aplicación de la Directiva.

Como hemos visto, la mutagénesis consiste en la alteración del genoma de una especie viva. Pero, a diferencia de la transgénesis, no implica insertar ADN extraño en un organismo vivo. No obstante, las técnicas de mutagénesis han evolucionado con el tiempo como resultado del progreso científico en el ámbito de la biotecnología. La duda que se planteaba y que fue objeto de pronunciamiento por el TJUE en la resolución que comentamos es si los organismos que son objeto de estas nuevas técnicas de mutagénesis deben quedar excluidos del ámbito de aplicación de la Directiva 2001/18 o no. El Tribunal de Justicia se pronunció de manera clara en sentido negativo, de modo que los resultados de las nuevas técnicas de mutagénesis deberían ser calificados como OMG y, por tanto, sometidos al régimen jurídico de la Directiva 2001/18.

El pronunciamiento del TJUE de 25 de julio de 2018 trae su causa en una cuestión prejudicial planteada por el Conseil d'État francés (Consejo de Estado, actuando como Tribunal de lo Contencioso-Administrativo) en un litigio que enfrentaba a un sindicato agrícola francés (Confédération paysanne) y ocho asociaciones cuyo objetivo es la protección del medio ambiente y la divulgación de información sobre los peligros que entrañan los OMG, por un lado, contra el Primer Ministro francés y el Ministro de Agricultura, Agroalimentación y Silvicultura, por otro. En dicho litigio los primeros solicitaron al Conseil d'État que anulase la decisión denegatoria tácita del Primer Ministro en relación con la solicitud que le habían formulado los actores para que derogara el precepto del Código de Medio Ambiente (artículo D. 5312), por el que se había traspuesto la Directiva 2001/18, conforme al cual se excluía la mutagénesis de la definición de las técnicas que daban lugar a OMG que quedaban sometidos al ámbito de aplicación de esta normativa; y que, en consecuencia, se prohibieran el cultivo y la comercialización de las variedades de colza tolerantes a los herbicidas obtenidas mediante mutagénesis no convencional.

E, igualmente, se solicitaba que el Conseil d´´Etat requiriese al Primer Ministro, con apercibimiento de multa coercitiva, para que adoptase todas las medidas necesarias para establecer una moratoria sobre las variedades tolerantes a los herbicidas obtenidas mediante estas nuevas técnicas de mutagénesis.

Las demandantes alegaron ante el Conseil d'État que las técnicas de mutagénesis han evolucionado y han hecho posible producir, al igual que las técnicas de transgénesis, variedades resistentes a un herbicida. Sin embargo, tal como pusieron de manifiesto, pese las semejanzas en los resultados, conforme a la transposición realizada en Derecho francés, las obligaciones establecidas en la Directiva 2001/18 en relación con los OMG no se aplicaban a estas variedades producidas por las nuevas técnicas de mutagénesis a pesar de que éstas entrañaban riesgos para el medio ambiente o la salud similares a las que planteaban los organismos transgénicos.

Por su parte el Primer Ministro y el Ministro de Agricultura, Agroalimentación y Silvicultura franceses alegaron que la referida solicitud debía denegarse porque los motivos invocados por las demandantes en el litigio principal carecían de fundamento. En su opinión, los riesgos alegados no resultaban de las propiedades de las plantas obtenidas mediante modificaciones genéticas, sino de las prácticas de cultivo de los agricultores. Además, indicaron que las mutaciones obtenidas mediante las nuevas técnicas de mutagénesis dirigida eran similares a las mutaciones espontáneas o inducidas de forma aleatoria y las mutaciones no deseadas pueden eliminarse seleccionando las variedades mediante técnicas de cruzamiento.

Como se puede apreciar, el conflicto se centraba en dilucidar si las nuevas técnicas de mutagénesis, y concretamente, la mutagénesis dirigida, dan origen a OMG que deban ser sometidos a la normativa sobre control de la utilización de OMG, pese a que, en un principio, la Directiva 2001/18 excluye de las medidas de control en ella diseñadas a todos los OMG producidos mediante mutagénesis sin hacer ninguna distinción entre técnicas convencionales y nuevas técnicas de mutación inducida.

El Tribunal de Justicia realiza un análisis de la exclusión contenida en el Anexo 1 B en dos tiempos. En primer lugar, entiende el Tribunal de Justicia que los organismos resultantes de todas las técnicas de mutagénesis son OMG en la medida en que esas técnicas o métodos modifican el material genético de un organismo de una manera que no se produce naturalmente, en el sentido del art. 2.2 de la Directiva.

Ahora bien, la mutagénesis se cita explícitamente en el anexo I B de dicha Directiva entre las técnicas o métodos de "modificación genética" a las que se refiere el artículo 3, apartado 1, de la misma Directiva, relativo a los organismos que han de ser excluidos del ámbito de aplicación de ésta, a condición de que no impliquen la utilización de moléculas de ácido nucleico recombinante ni de OMG distintos de los obtenidos con una o varias de las técnicas o métodos relacionados en dicho anexo. Luego, los OMG producidos mediante mutagénesis pueden quedar excluidos del ámbito de aplicación de la Directiva 2001/18 si entran dentro del anexo 1 B. Con todo, en tanto en cuanto se trata de una exclusión, entiende el Tribunal que el anexo 1 B debe ser objeto de una interpretación estricta, y que dicha exclusión debe interpretarse teniendo en cuenta no solo su tenor literal, sino también su contexto y los objetivos perseguidos por la normativa de la que forma parte.

En relación con el contexto, entiende el Tribunal que es fundamental tener presente el considerando 17 de la Directiva 2001/18, conforme al cual la Directiva no debe aplicarse a los organismos obtenidos mediante determinadas técnicas de modificación genética que han venido siendo utilizadas convencionalmente en varios usos y para las que se dispone de una amplia experiencia de utilización segura.

Por otro lado, respecto a la interpretación teleológica, se señala que el objetivo de la Directiva 2001/18 consiste, como se desprende del artículo 1 de ésta, de conformidad con el principio de cautela[18],–al que se alude en el considerando 8-, en proteger la salud humana y el medio ambiente, por un lado, cuando se produzcan liberaciones intencionales en el medio ambiente de OMG para cualquier otro propósito distinto del de su comercialización en la Unión y, por otro lado, cuando se comercialicen OMG como productos o componentes de productos en la Unión.

Atendiendo a estas premisas, se constata que los riesgos que entraña la utilización de las técnicas o métodos nuevos de mutagénesis, distintas de las que han venido siendo utilizadas convencionalmente en varios usos y para las que se dispone de una amplia experiencia de utilización segura, podrían resultar similares a los derivados de la producción y de la difusión de OMG mediante transgénesis[19]. A este respecto, indica el Tribunal que, de los datos de que dispone en ese momento se desprende, por un lado, que la modificación directa del material genético de un organismo mediante mutagénesis dirigida permite obtener los mismos efectos que la introducción de un gen extraño en dicho organismo; y, por otro lado, que el desarrollo

---

18 De acuerdo con la jurisprudencia del Tribunal de Justicia, el principio de cautela faculta principalmente a los distintos actores, como los Estados miembros, la Comisión o las empresas, a adoptar *medidas provisionales* de gestión de riesgos sin tener que esperar a que se demuestre plenamente la realidad y gravedad de tales riesgos. Así se pronunció el TJUE en el marco de un brote de encefalopatía espongiforme bovina (EEB) en sentencia de 5 de mayo de 1998, National Farmers' Union y otros(C157/96), apartado 63.

19 Dichas técnicas o métodos conllevan, en algunos supuestos, recurrir a agentes mutágenos químicos o físicos y, en otros supuestos, recurrir a la ingeniería genética.

de estas técnicas o métodos nuevos permite producir variedades modificadas genéticamente a un ritmo y en proporciones que no pueden compararse con las resultantes de la aplicación de métodos convencionales de mutagénesis aleatoria.

En consecuencia, entiende el Tribunal de Justicia que la exclusión prevista en el anexo 1 B no sería aplicable a técnicas o métodos de mutagénesis dirigida que implican recurrir a la ingeniería genética, que surgieron o se desarrollaron principalmente desde la adopción de la Directiva 2001/18 y cuyos riesgos para el medio ambiente o para la salud humana no pueden determinarse con certeza en el momento actual.

Interpretar la excepción que figura en el artículo 3, apartado 1, de la Directiva 2001/18, en relación con el anexo I B, punto 1, de ésta, en el sentido de que excluye del ámbito de aplicación de esta Directiva los organismos obtenidos mediante técnicas o métodos de mutagénesis, sin distinción alguna, comprometería el objetivo de protección perseguido por dicha Directiva y vulneraría el principio de cautela con el que hay que aplicarla.

En consecuencia, los OMG obtenidos mediante las nuevas técnicas de mutagénesis quedarán sometidos a la regulación establecida en la Directiva 2001/18. Solamente los organismos obtenidos mediante técnicas o métodos de mutagénesis que han venido siendo utilizados convencionalmente en varios usos y para los que se dispone de una amplia experiencia de utilización segura no tendrán que cumplir con las medidas necesarias para evitar efectos adversos para la salud humana y el medio ambiente que vienen exigidas en virtud de la misma[20].

---

20 No obstante, recuerda el Tribunal de Justicia, que los Estados miembros tendrían la facultad de sujetar los organismos obtenidos mediante técnicas o métodos de mutagénesis que han veni-

Afirmación que ha sido reiterada por el Tribunal de Justicia en su Sentencia de 7 de febrero de 2023, en el asunto C-688/21, que trae su fundamento en la cuestión prejudicial planteada por el Conseil d´État en el conflicto suscitado de nuevo entre las mismas partes que en el asunto anterior que dio lugar a la Sentencia de 25 de julio de 2018, a consecuencia del requerimiento judicial realizado al Primer Ministro para que se adoptaran medidas destinadas, en particular, a establecer la lista de las técnicas o los métodos de mutagénesis utilizados convencionalmente en varios usos y para los que se dispone de una amplia experiencia de utilización segura, que deben excluirse del ámbito de aplicación de la normativa francesa que se considera que transpone la Directiva 2001/18; y ello de acuerdo con el pronunciamiento del Tribunal de Justicia de julio de 2018.

El Tribunal de Justicia en este nuevo pronunciamiento insistió en que el artículo 3, apartado 1, de la Directiva 2001/18/CE del Parlamento Europeo y del Consejo, de 12 de marzo de 2001, sobre la liberación intencional en el medio ambiente de organismos modificados genéticamente y por la que se deroga la Directiva 90/220/CEE del Consejo, en relación con el anexo I B, punto 1, de esta Directiva y a la luz de su considerando 17, debe interpretarse en el sentido de que los organismos obtenidos mediante la aplicación de una técnica o un método de

do siendo utilizados convencionalmente en varios usos y para los que se dispone de una amplia experiencia de utilización segura, que quedan excluidos de la Directiva 2001/18, a las obligaciones establecidas en dicha Directiva o a otras obligaciones, dentro del respeto del Derecho de la Unión, en particular de las normas relativas a la libre circulación de mercancías establecidas en los artículos 34 TFUE a 36 TFUE. Vid. STJUE de 16 de julio de 2009, en el asunto C- 165/08, Comisión c. Polonia.

mutagénesis que se basa en las mismas modalidades de modificación, por el agente mutágeno, del material genético del organismo de que se trate que una técnica o un método de mutagénesis que han venido siendo utilizados convencionalmente en varios usos y para los que se dispone de una amplia experiencia de utilización segura, pero que se diferencia de esta segunda técnica o método de mutagénesis por otras características, están, en principio, excluidos de la exención prevista en esa disposición, siempre que se demuestre que esas características pueden provocar modificaciones del material genético de ese organismo diferentes, por su naturaleza o por el ritmo al que se producen, de las que resultan de la aplicación de esa segunda técnica o método de mutagénesis.

Sin embargo, aclaró que los efectos inherentes a los cultivos *in vitro* no justifican, como tales, que se excluyan de esta exención los organismos obtenidos mediante la aplicación *in vitro* de una técnica o un método de mutagénesis que han venido siendo utilizados convencionalmente en varios usos *in vivo* y para los que se dispone de una amplia experiencia de utilización segura con respecto a dichos usos.

Luego también los organismos modificados genéticamente mediante mutagénesis aleatoria in vitro (los agentes mutágenos se utilizan en células de la planta y a continuación la planta entera se reconstituye artificialmente) quedarán exentos de la aplicación de la Directiva 2001/18, en la medida en que los efectos inherentes a esta técnica de mutagénesis no son diferentes a los producidos por la mutagénesis aleatoria in vivo (os agentes mutágenos se utilizan en la planta entera o en partes de plantas), usados convencionalmente en varios usos y para los que se dispone de una amplia experiencia de utilización segura.

3. La reacción de los sectores interesados frente a la Sentencia del Tribunal de Justicia de 25 de julio de 2018.

Como queda referido, en su sentencia en el asunto C-528/16, *Confédération paysanne y otros*, el Tribunal de Justicia de la Unión Europea sostuvo que los OMG obtenidos mediante nuevas técnicas o métodos de mutagénesis que hubieran aparecido o se hubieran desarrollado en su mayor parte desde la adopción de la Directiva 2001/18/CE no podían considerarse excluidos del ámbito de aplicación de dicha Directiva. Tal pronunciamiento quedó matizado mediante la Sentencia de 7 de febrero de 2023, pero sigue existiendo gran incertidumbre y malestar entre los sectores interesados.

De particular interés en relación con estas críticas es el documento oficial publicado por el Ministerio de Agricultura, Pesca y Alimentación español en 2019, en el que, tras el análisis de las perniciosas consecuencias que la Sentencia del Tribunal de Justicia de 25 de julio de 2018 pudiera tener en distintos ámbitos, instaba a la Comisión Europea a que pusiera en marcha una revisión de más alcance y de modernización de la política europea sobre biotecnología[21].

Interesante igualmente es el análisis realizado en dicho documento sobre las consecuencias que pudieran derivarse de esta Sentencia para la investigación y desarrollo de nuevas innovaciones vegetales, así como para el control del cumplimiento de la normativa prevista para la utilización de OMG en relación con las innovaciones obtenidas a través de las nuevas técnicas de modificación genética.

---

21 https://www.miteco.gob.es/es/calidad-y-evaluacion-ambiental/temas/biotecnologia/informeciomgsentenciamutagenesisdirigida11_02_2019_tcm30-496814.pdf (Consulta: 15/02/2024).

En relación con la investigación se pone de manifiesto cómo la consideración de las nuevas técnicas de edición genética como técnicas que dan como resultado OMG sometidos a la normativa que trata de controlar la utilización de los mismos determinaría que muchas actividades realizadas en los proyectos de investigación que tuvieran por objeto estas técnicas habrían de ser autorizadas conforme a la normativa que regula la utilización confinada de microorganismos modificados genéticamente, con la consiguiente ralentización de la investigación. El impacto de esta traba a la investigación sobre las nuevas técnicas genéticas no sería baladí por cuanto se indicaba que más de 800 proyectos habían sido financiados en este campo por la Agencia Estatal de Investigación en los últimos años.

La aplicación de este marco regulatorio con la consiguiente ralentización de la investigación en este campo determinaría a su vez que la UE se quedara muy rezagada respecto de otras potencias, con la correspondiente pérdida de competitividad por parte de las empresas. Además, llegar demasiado tarde a los resultados de la investigación implicaría la falta de novedad de los resultados conseguidos y, por consiguiente, la imposibilidad de patentarlos. Todo ello probablemente determinaría la deslocalización de los sectores de I+D+I hacia terceros países con una regulación menos estricta al respecto.

En este sentido, un grupo de más de 75 centros e institutos europeos de investigación publicó un documento en el que pedían a los responsables políticos europeos que tomaran las medidas necesarias para salvaguardar la innovación en la ciencia de las plantas y de la agricultura[22].

---

[22] Vid. "Regulating genome edited organisms as GMOs has negative consequences for agriculture, society and economy", disponible en https://www.mpg.de/13748566/position-paper-crispr.pdf (Consulta: 15/02/2024).

Igualmente, ANOVE, la Asociación Nacional de Obtentores Vegetales, que en la actualidad está formada por 60 entidades, entre ellas 57 empresas privadas y 3 centros públicos de investigación, consideraba que "*la Unión Europea ha perdido el tren de la innovación agrícola, ya que las últimas innovaciones en mejora vegetal, tales como CRISPR-Cas, son consideradas herramientas fundamentales para ayudar a los obtentores y a los agricultores a hacer más con menos insumos*"[23]. Y en este sentido ponían de relieve que someter a los organismos obtenidos por estas técnicas a los rigurosos controles que implica la normativa sobre OMG para proceder a su autorización podía comprometer seriamente la innovación vegetal por cuanto se trata de procedimientos muy largos, cuando la realidad es que el sector de la innovación vegetal es muy dinámico y las variedades están en el mercado cuatro o cinco años, para ser sustituidas después por una variedad nueva que la reemplaza porque es mejor.

Tales opiniones son reiteradas también por otros grupos como ASEBIO. E, igualmente, el Grupo Asesor Científico de la UE ponía de relieve la necesidad de proceder a una revisión de la legislación existente, tal como preveía el Considerando 63 de la Directiva 2001/18/CE[24].

---

23 Vid. https://archivo.revistaagricultura.com/anove/innovacion/anove-la-ue-pierde-el-tren-de-la-innovacion-agricola_9900_121_12320_0_1_in.html (Consulta: 15/02/2024).

24 Vid. "Statement by the Group of Chief Scientific Advisors. A Scientific Perspective on the Regulatory Status of Products Derived from Gene Editing and the Implications for the GMO Directive", disponible en https://research-and-innovation.ec.europa.eu/knowledge-publications-tools-and-data/publications/all-publications/scientific-perspective-regulatory-status-products-derived-gene-editing-and-implications-gmo_en (Consulta: 15/02/2024). ASí se pone de manifiesto igualmente en el documento de trabajo de la Comisión del que parte la Propuesta de Reglamento que exa-

Por otro lado, respecto al control del cumplimiento de la normativa prevista para la utilización de OMG en relación con las innovaciones obtenidas a través de las nuevas técnicas de modificación genética, el documento oficial publicado por el Ministerio de Agricultura, Pesca y Alimentación español indicaba, por un lado, que sería bastante difícil discernir los supuestos en los que una mutación genética había sido producida mediante las nuevas técnicas de mutagénesis o mediante las técnicas tradicionales cuando los productos vengan de países terceros cuyas legislaciones sean más laxas al respecto y no obliguen a revelar el origen de la mutación. Además, se ponía de manifiesto que podría llegarse a dar el caso de que dos organismos idénticos genéticamente, pero generados mediante técnicas de mutagénesis distintas, fueran sometidos a distintos procesos regulatorios en la medida en que uno sería considerado OMG y otro no. En todo caso, la incertidumbre existente al respecto podría generar que las importaciones de determinadas materias primas procedentes de países terceros fueran sometidos a mayor número de controles e incluso inmovilizaciones en la frontera, con la consiguiente reducción de materias primas necesarias para la alimentación animal y los problemas que ello podría generar por la fuerte dependencia de la UE respecto de países terceros en ese ámbito. Estas dificultades serían extensibles al procedimiento de inscripción en los correspondientes registros de variedades comerciales para proceder a la comercialización en la Unión

---

minaremos, "Study on the status of new genomic techniques under Union law and in light of the Court of Justice ruling in Case C-528/16", SWD(2021) 92 final, 29.04.2021, disponible en https://food.ec.europa.eu/document/download/5135278b-3098-4011-a286-a316209c01cd_en?filename=gmo_mod-bio_ngt_eu-study.pdf (Consulta: 15/02/2024).

Europea, dado que a lo largo del mismo no es preciso revelar el procedimiento de obtención.

También el Grupo Asesor Científico de la UE puso de manifiesto las trabas para distinguir en el estado de conocimiento actual que las mutaciones genéticas de un determinado organismo han sido provocadas por una técnica de edición genética y no por una técnica convencional de mutagénesis. Por otro lado, el pronunciamiento del Tribunal de Justicia implicaría someter a dos organismos idénticos genéticamente a dos marcos jurídicos diferentes. Y en su opinión, tal discriminación no tendría ningún fundamento científico. Por el contrario, las técnicas de edición genética, a diferencia de las técnicas tradicionales, están específicamente dirigidas a la alteración de una concreta posición del genoma, y, como consecuencia de ello, se producen menos efectos indeseados. Ello implica que los organismos modificados mediante estas técnicas sean más seguros que los producidos mediante técnicas aleatorias tradicionales[25].

---

[25] Vid. "Statement by the Group of Chief Scientific Advisors. A Scientific Perspective…", op.cit., p. 3

IV. LA PROPUESTA DE REGLAMENTO DEL PARLAMENTO EUROPEO Y DEL CONSEJO RELATIVO A LOS VEGETALES OBTENIDOS CON DETERMINADAS NUEVAS TÉCNICAS GENÓMICAS Y A LOS ALIMENTOS Y PIENSOS DERIVADOS

1. Ideas introductorias.

La Propuesta de la Comisión sobre el Reglamento relativo a los vegetales obtenidos con determinadas nuevas técnicas genómicas y a los alimentos y piensos derivados, de 5 de julio de 2023, surge en un contexto internacional en el que la Unión Europea es consciente de la importancia de no quedar atrás en la investigación en el sector agroalimentario. Fuera de la UE varios productos vegetales obtenidos mediante NTG ya están disponibles en el mercado o están en proceso de estarlo (mostaza india menos amarga, plátanos que no se ponen marrones con el paso del tiempo). Estos productos tienen diversas características útiles, como la resistencia a plagas y enfermedades, la resistencia al estrés medioambiental (incluido el cambio climático), la mejora de las cualidades nutricionales, del sabor o de la textura, y una menor necesidad de fitosanitarios.

Pero la iniciativa legislativa parte de un momento anterior, como consecuencia de las críticas surgidas a raíz de la Sentencia del Tribunal de Justicia de 25 de julio de 2018. Mediante Decisión (UE) 2019/1904 de 8 de noviembre de 2019, el Consejo solicitó a la Comisión que presentara, a más tardar el 30 de abril de 2021, un estudio a la luz de dicha sentencia sobre la situación de las nuevas técnicas genómicas con arreglo al Derecho de la Unión, así como una propuesta (acompañada de una evaluación de impacto), si fuera necesario según las conclusiones del estudio.

El estudio de la Comisión sobre las NTG, presentado el 29 de abril de 2021[26], concluyó que la legislación de la Unión en materia de OMG no es adecuada para regular la liberación intencional de vegetales obtenidos con determinadas NTG y la comercialización de productos conexos, como los alimentos y piensos. Específicamente, el estudio concluyó que el procedimiento de autorización y los requisitos de evaluación del riesgo de los OMG con arreglo a la legislación de la Unión en materia de OMG no están adaptados para la variedad de organismos y productos potenciales que pueden obtenerse con algunas NTG, a saber, la mutagénesis dirigida y la cisgénesis (incluida la intragénesis), y que estos requisitos pueden ser desproporcionados o inadecuados; principalmente teniendo en cuenta la cantidad de pruebas científicas ya disponibles, en particular sobre su seguridad.

Además, puso de relieve que la legislación de la Unión en materia de OMG es difícil de aplicar y hacer cumplir en el caso de los vegetales obtenidos mediante mutagénesis dirigida y cisgénesis y los productos conexos. En algunos casos, las modificaciones genéticas introducidas por estas técnicas no pueden distinguirse con métodos analíticos de mutaciones naturales o de modificaciones genéticas introducidas por técnicas convencionales de mejora, mientras que la distinción es generalmente posible en el caso de las modificaciones genéticas introducidas por transgénesis.

---

26 Vid. "Study on the status of new genomic techniques under Union law and in light of the Court of Justice ruling in Case C-528/16", SWD(2021) 92 final, 29.04.2021, disponible en https://food.ec.europa.eu/document/download/5135278b-3098-4011-a286-a316209c01cd_en?filename=gmo_mod-bio_ngt_eu-study.pdf (Consulta: 15/02/2024).

Por otro lado, se argumentaba que la legislación de la Unión en materia de OMG tampoco favorece el desarrollo de productos innovadores y beneficiosos que podrían contribuir a la sostenibilidad, la seguridad alimentaria y la resiliencia de la cadena agroalimentaria.

Estas conclusiones llevaron a las instituciones comunitarias a considerar necesario adoptar un marco jurídico específico para los OMG obtenidos mediante mutagénesis dirigida y cisgénesis y los productos conexos cuando se liberan intencionalmente en el medio ambiente o se comercializan. Marco jurídico que será objeto de la Propuesta de Reglamento presentada por la Comisión el 5 de julio de 2023, y que el Parlamento Europeo ha aprobado con importantes enmiendas el 7 de febrero de 2024.

Dicho Reglamento está concebido como una normativa especial en relación con la normativa general aplicable en relación con los OMGs en el ámbito de la Unión Europea, la cual seguirá siendo de aplicación íntegramente en relación con las técnicas de edición genómica no comprendidas en el ámbito de aplicación de la Propuesta.

Como se ha visto, hasta el momento los vegetales obtenidos con NTG entran en el ámbito de aplicación de la actual legislación de la Unión en materia de OMG [Directiva 2001/18/CE, Reglamento (CE) n.º 1829/2003 (alimentos y piensos), Reglamento (CE) n.º 1830/2003 (trazabilidad y etiquetado) y Directiva 2009/41/CE (relativa a la utilización confinada de OMGs)]. Esta propuesta establece nuevos requisitos específicos para los vegetales obtenidos con NTG mediante mutagénesis dirigida y cisgénesis y los productos que los contengan o se compongan de ellos o los alimentos y piensos que los contengan, se compongan de ellos o se hayan producido a partir de ellos.

No obstante, cuando no existan normas específicas en el Reglamento, los vegetales obtenidos con NTG y sus productos derivados (incluidos los alimentos y piensos) deben seguir sujetos a los requisitos de la legislación de la Unión en materia de OMG y a las normas sobre OMG en la legislación sectorial, como el Reglamento (UE) 2017/625 relativo a los controles oficiales o la legislación sobre determinados productos, como los materiales vegetales y forestales de reproducción.

2. Análisis de la Propuesta de Reglamento.

2.1. Ámbito de aplicación.

La Propuesta de Reglamento sobre nuevas técnicas genómicas se limita a determinadas técnicas genéticas sobre las que existe información suficiente en el momento actual para no dudar de su seguridad. En concreto, se aplica a la mutagéneis y a la cisgénesis, incluida la intragénesis. Quedan, por tanto, fuera todas las técnicas genéticas que suponen la inserción de material genético procedente de especies no compatibles (transgénesis), en la idea de que éstas deben seguir estando sujetas únicamente a la legislación de la Unión en materia de OMG, dado que los vegetales resultantes podrían entrañar riesgos específicos asociados al transgén.

Por otro lado, se aplicará únicamente en relación con los vegetales, es decir, organismos de los grupos taxonómicos *Archaeplastida* o *Phaeophyceae*, dejando fuera los microorganismos, los hongos y los animales sobre los que se dispone de conocimientos más limitados.

2.2. Procedimientos propuestos por la Propuesta de Reglamento

La Propuesta de Reglamento distingue entre dos categorías de vegetales obtenidos con NTG, en función del riesgo potencial que presenten para la salud y el medio ambiente. En este sentido, se parte de la idea de que los riesgos potenciales de los vegetales obtenidos con NTG varían, desde perfiles de riesgo similares a los mejorados de forma convencional hasta diversos tipos y grados de peligros y riesgos que pueden ser similares a los de los vegetales obtenidos mediante transgénesis. Por ello, somete a cada una de estas dos categorías a un procedimiento distinto de autorización en relación con la liberación en el medio ambiente u comercialización.

En todo caso, ambas categorías de plantas y sus productos están prohibidos en la producción ecológica.

2.2.1. *Vegetales obtenidos con NTG de categoría 1*

Son aquellos que también podría obtenerse de forma natural o producirse mediante técnicas convencionales de mejora vegetal. En la medida en que se consideran equivalentes a estos, teniendo presente que sus riesgos son comparables, se someten a un procedimiento que supone una excepción total a la legislación de la Unión en materia de OMG y a los requisitos relacionados con los OMG de la legislación sectorial.

En el Capítulo II de la Propuesta (artículos 5 a 11) se establece un procedimiento y criterios de verificación para verificar si los vegetales obtenidos con NTG producidos mediante mutagénesis dirigida o cisgénesis podrían haberse obtenido también de forma natural o mediante técnicas convencionales de mejora. Establecida la equivalencia, los vegetales obtenidos con NTG de categoría 1 quedan exentos de los requisitos de la legislación sobre OMG y están sujetos a las disposiciones aplicables a los vegetales convencionales[27]. Sin embargo, siguen estando prohibidos en la producción ecológica (artículo 5).

---

[27] Al igual que en el caso de los vegetales y productos convencionales, los vegetales obtenidos con NTG y sus productos están sujetos a la legislación sectorial aplicable en materia de semillas y otros materiales de

En aras de la seguridad jurídica de los operadores y de la transparencia, debe obtenerse una declaración de estado de vegetal obtenido con NTG de categoría 1 antes de la liberación intencional, así como de la comercialización.

Además, para mejorar la transparencia y la libertad de elección, se incluirán en una base de datos pública. Además, se etiquetarán sus semillas y otros materiales de reproducción vegetal, y la información sobre los materiales de reproducción vegetal obtenidos mediante NTG figurará en los catálogos comunes de variedades vegetales, de modo que los agricultores puedan decidir libremente si utilizar dichas plantas o no. A los materiales de reproducción vegetal se les adjuntará una etiqueta de «categoría 1 de NTG», lo que se mencionará en los catálogos comunes de variedades de plantas. Pero estos vegetales no estarán sujetos a trazabilidad ni a etiquetado como OMG.

2.2.2. Vegetales obtenidos con NTG de categoría 2.

Todos los vegetales obtenidos con NTG que entran en el ámbito de aplicación de la Propuesta y que no sean de categoría 1 ("Vegetales obtenidos con NTG de categoría 2") deben seguir sujetos a los requisitos de la legislación de la Unión en materia de OMG, ya que presentan conjuntos más complejos Vegetales obtenidos con NTG de categoría 2 de modificaciones del genoma.

A este respecto la Propuesta de Reglamento desarrolla un procedimiento de autorización con una evaluación del riesgo adaptada al perfil de riesgo de todos los demás vegetales obteni-

---

reproducción vegetal, alimentos, piensos y otros productos, así como a marcos horizontales, como la legislación sobre conservación de la naturaleza y la responsabilidad medioambiental.

dos con NTG y sus productos derivados que supone un procedimiento especial respecto al contenido en la Directiva 2001/18.

Se parte de la premisa de que los vegetales y los productos obtenidos con NTG de categoría 2 deben seguir sujetos a un consentimiento o una autorización, de conformidad con la Directiva 2001/18/CE o el Reglamento (CE) n.º 1829/2003, para su liberación en el medio ambiente o su comercialización.

Sin embargo, se tiene presente que, dada la gran variedad de estos vegetales obtenidos con NTG, la cantidad de información necesaria para la evaluación del riesgo es distinta en cada caso y que los requisitos de seguimiento posterior a la comercialización de los efectos ambientales de estos vegetales deben adaptarse a la luz de la evaluación del riesgo para el medio ambiente y de la experiencia adquirida en los ensayos de campo, las características del vegetal obtenido con NTG en cuestión, las características y la escala de su uso previsto, en particular cualquier historial de uso seguro del vegetal, y las características del entorno receptor.

En consecuencia, los procedimientos de la legislación sobre OMG se aplican con algunas adaptaciones: i) la sección 1 (artículo 13) adapta el procedimiento de la parte B de la Directiva 2001/18/CE para la liberación intencional con fines distintos de la comercialización; ii) la sección 2 (artículos 14 a 17) adapta el procedimiento de la parte C de la Directiva 2001/18/CE para la comercialización de productos que no sean alimentos ni piensos; y iii) la sección 3 (artículos 18 a 21) adapta el procedimiento del Reglamento (CE) n.º 1829/2033/CE para la comercialización de alimentos y piensos modificados genéticamente.

Las plantas de categoría 2 obtenidas por NTG deben etiquetarse como OMG, pero sus etiquetas pueden incluir información sobre el rasgo transmitido por la modificación mediante NTG, para aumentar la transparencia y la información a los consumidores.

Además, las plantas de categoría 2 obtenidas por NTG que presenten características susceptibles de contribuir a un sistema agroalimentario sostenible (como las relacionadas con la tolerancia o la resistencia a las tensiones bióticas y abióticas, la mejora de las características nutricionales o el aumento del rendimiento) pueden beneficiarse de determinados incentivos[28].

Es interesante destacar que, a diferencia de la legislación sobre OMG (establecida en el artículo 26 *ter* de la Directiva 2001/18/CE), los Estados miembros no pueden rechazar que se cultiven en su territorio plantas de categoría 2 obtenidas por NTG. Se exigirá a los Estados miembros que adopten medidas de coexistencia para evitar la presencia accidental de tales vegetales obtenidos con NTG en cultivos ecológicos y convencionales (sección 4, artículo 24).

3. Cuestiones abiertas en relación con la Propuesta de Reglamento.

La Propuesta de la Comisión está siendo objeto de profunda revisión en las instituciones comunitarias a la luz de la problemática específica que presenta la materia, y de las observaciones de los sectores interesados.

---

[28] Los incentivos deben consistir en un procedimiento acelerado de evaluación del riesgo en lo que respecta a las solicitudes tramitadas mediante un procedimiento plenamente centralizado (alimentos y piensos) y en un asesoramiento mejorado previo a la presentación para ayudar a los desarrolladores a preparar el expediente a efectos de las evaluaciones ambientales y de seguridad de los alimentos y los piensos, sin que ello afecte a las disposiciones generales sobre asesoramiento previo a la presentación, notificación de los estudios y consulta a terceros con arreglo a los artículos 32 *bis*, 32 *ter* y 32 *quater* del Reglamento (CE) n.º 178/2002. También se han previsto incentivos adicionales cuando el notificante o solicitante sea una pyme.

En este sentido es preciso tener en cuenta que la innovación en el sector del fitomejoramiento da lugar al constante nacimiento de nuevas técnicas genómicas, de modo que podría ocurrir que el Reglamento nazca obsoleto técnicamente. En la Propuesta la Comisión se atribuye importantes competencias de ejecución que permitirán adaptar de manera ágil los procedimientos establecidos en relación con las dos categorías de organismos vegetales. Con todo, no será impensable que la normativa tenga que ser modificada para adaptarla al estado de la técnica en relación con la mejora vegetal.

No obstante, sin duda una de las principales cuestiones que han quedado abiertas en la Propuesta presentada por la Comisión es la relativa a la protección de los resultados obtenidos mediante la aplicación de estas técnicas genómicas por la Propiedad Intelectual. Laguna que ha sido colmada mediante las enmiendas formuladas a la Propuesta por el Parlamento Europeo en las que de manera asertiva se aboga por negar la patentabilidad de estas invenciones, apostando por la protección mediante el derecho del obtentor. Con todo, falta por conocer la postura del Consejo a este respecto. En todo caso, dado que esta cuestión es tratada profusamente en otro capítulo de esta obra, la dejamos ahora simplemente apuntada.

Oportunidades y retos de la regulación europea en materia de mejoramiento genético aplicado a la agricultura

PAOLA RODAS PAREDES
Prof. Ayudante Doctora
Departamento de Derecho Mercantil "Manuel Broseta Pont"
Universidad de Valencia
paola.rodas@uv.es

BIBLIOGRAFÍA: AMAT LLOMBART, P., "Las principales cuestiones conflictivas que debe afrontar la legislación sobre biotecnología y organismos modificados genéticamente" en AMAT LLOMBART, P. (coord..), *Derecho agrario y alimentario español y de la Unión Europea*, Tirant lo Blanch, Valencia, 2007, p. 627-652. BATALLER GRAU, J., ESPINOSA CALABUIG, R., "La protección comunitaria de las obtenciones vegetales: requisitos paa su concesión" *ADI* nº 26, 2006, p. 59-84. BELLO JANEIRO, D, "Liberalización y comercialización de productos transgénicos" en AMAT LLOMBART,

P. (coord..), *Derecho agrario y alimentario español y de la Unión Europea*, Tirant lo Blanch, Valencia, 2007, p. 613-626. BELLO JANEIRO, D.,"El futuro legal en materia de transgénicos" *Revista de Derecho Agrario y Alimentario*. Núm. 67, 2015, p. 23-38. CAMPBELL, B. et al. "Agriculture production as a major driver of the Earth system exceeding planetary boundaries" *Ecology and Society*, vol. 22 (4), 2017. CARRETERO GARCÍA, A., "La Unión Europea permite a través de la Directiva 2015/412 que los Estados restrinjan o prohíban el cultivo de organismos modificados genéticamente en su territorio" *Revista de Derecho Agrario y Alimentario*, Núm. 67, 2015, p. 39-52. CAZORLA GONZÁLEZ, M. J., "El cultivo de los OMGs en el marco europeo tras la Directiva 2015/412" *Revista de Derecho Agrario y Alimentario* n. 67, 2015, p. 67-82. CHARO, R.; GREELY, H., "CRISPR Critters and CRISPR Cracks", *The American Journal of Bioethics*, Vol. 15 (12), 2015, p. 11-17. COHEN, J., "Mary Mary quite contrary how does your biodiverse garden grow?" *John Marshall Review of Intellectual Property Law*, vol. 2, 2003, p. 320. CURTO POLO, M., La protección de las innovaciones vegetales en la Unión Europea, Tirant Lo Blanch, Valencia, 2020. CURTO POLO, M., "La decisión G 3/19 de la Alta Cámara de los Recursos de la Oficina Europea de Patentes" en CARBAJO CASCÓN, F. (dir.) *Competencia, propiedad intelectual y tutela de consumidores en el sector agroalimentario*, Tirant lo Blanch, Valencia, 2022, p. 156-229. DÍAZ PERALTA, P. "La nueva generación de *gene-edited* GMO. Problemas técnico-jurídicos de la mutagénesis" *RDAA*, núm. 74, 2019, p. 69-94. DÍAZ PERALTA, P., "Mutagénicos versus transgénicos. Sobre el premio Nobel 2020 de Química y el impacto de la edición genética en el marco regulatorio global de OGM" *RDAA* núm. 77, 2020, p. 69-112. EISSENBERG, J., "In our image: The ethics of CRISPR Genome Editing" *Biomolecular Concepts*, vol. 12, no. 1, 2021. FANZO, J., DAVIS, C., *Global food systems, diets and nutrition*, Palgrave Macmillan, 2021. FEDOROFF, N., et al., "Radically rethinking agriculture for the 21st. Century" *Science* Vol. 327, p. 833, DOI: 10.1126/science.1186834. GALLEGO SÁNCHEZ, E., "Nuevas orientaciones en la protección de la innovación en agricultura: ¿agricultura inteligente *versus* agricultura ecológica?" en PALAU RAMÍREZ, F., MARTÍ MIRAVALLS, J. (dirs.) *Retos en el sector agroalimentario: regulación, competencia y propiedad industrial*, Tirant lo Blanch, Valencia, 2022, p. 207-239. GARCÍA VIDAL, A., "El sistema de protección de las variedades vegetales" en GARCÍA VIDAL, A., (dir.) *Derecho de las obtenciones vegetales*, Tirant lo Blanch, 2017, p. 46-109. GARCÍA VIDAL, Á., "Las relaciones entre el sistema de las obtenciones vegetales y el sistema de patentes" en GARCÍA VIDAL, Á., (dir.) *Derecho de las obtenciones vegetales*, Tirant lo Blanch, Valencia, 2017, p. 131-177. GÓMEZ SEGADE, J. A., "Diferencias entre el sistema de patentes y el sistema de obtenciones vegetales" en GARCÍA VIDAL, A., *Derecho de las obtenciones vegetales*, Tirant lo Blanch, 2017, p. 111-129. GÓNZALEZ BUSTOS, M. A., "La protección del consumidor en el ´ámbito agroalimentario" en TERRÓN SANTOS, D. (dir.), *Estudios de Derecho agroalimentario*, Comares, Granada, 2018 p. 205-220. GONZÁLEZ, FERNÁNDEZ, J. C., "Uso de productos alimenticios elaborados con OMG (el caso Codacons)" *Revisa de Derecho agrario y alimentario*, Nº 59, 2011, p. 67-88. GONZÁLEZ VAQUÉ, L., "De nuevo la polémica sobre los organismos obtenidos mediate mutagénesis y los omg: La Sentencia del TJUE "Conféderation paysanne" de 25 de julio de 2018" *Revista de Derecho Agrario y Alimentario*, núm. 73, 2018, p. 33-58. IÑIGUEZ ORTEGA, P., "La especial problemática de la edición genómica en plantas" *ADI 39*, 2018-2019, p. 351-365. KYNDT, T., et al., "The genome of cultivated sweet potato contains Agrobacterium T-DNAs with expressed genes: an example of a naturally transgenic food crop", *Proceedings of the National Academy of Sciences of the United States of America*, Vol. 112, No. 18, 2015, p. 5844. RAMÓN FERNÁNDEZ, F., La variedad vegetal ante el avance biotecnológico y los objetivos de desarrollo sostenible, Reus Editorial, Madrid, 2020. RICROCH, A., "The evolution of agriculture and tools for plant innovation" en RICROCH, A., CHOPRA, S., KUNTZ, M., (eds.), *Plant Biotechnology. Experience and future prospects*, 2da. Ed., Springer, Cham, 2021. ROCKSTRÖM, J. et al. "Planetary boundaries: exploring the safe operating space for humanity" *Ecology and society*, Vol. 14 (2), 2009. SHERKOW, J., GREELY, H., "The history of patenting genetic material", *The Annual Review of Genetics*, Vol. 49, 2015, p. 161-182. STEFFEN et al., "Planetary boundaries: Guiding human development on a changing planet", *Science* Vol. 347, Núm. 6223, 2015. STOKSTAD, E, "After 20 years, Golden rice nears approval", *Science* Vol. 366, 2019, p. 934, DOI: 10.1126/science.366.6468.934. TWARDOWSKI, T., MALYSKA, A., "Uninformed and disinformed society and the GMO market", *Trends in Biotechnology*, vol. 33, 2015, p.2. VAN ECK, J., "Applying gene editing to tailor precise genetic modifications in plants" *Journal of Biological Chemistry* Vol 38, 2020, p. 13267-13276. VIVES VALLÉS, J. A., *Derecho de los cultivos transgénicos*, Dykinson, Madrid, 2016. WESSELER, J. et al., "EU Regulation of genetically modified microorganism in light of new policy developments: Possible implications for EU bioeconomy investments", *Applied Economic Perspective Policy*, 2022.

I. INTRODUCCIÓN

Este estudio se inserta dentro del impulso de renovación regulatoria que las instituciones europeas recientemente han venido adoptando para dotar a la Unión Europea, en este sector, de un marco diversificado de agroindustria[1] que integre los beneficios del avance tecnológico con técnicas de explotación agrícola menos agresivas para el medio ambiente[2]. A nuestro entender, este camino debe ir de la mano de la modificación de un factor regulatorio primordial para la introducción de especies vegetales que impulsen una *bioeconomía* moderna, sostenible y eficiente[3]: la adecuación del sistema regulatorio europeo[4] que permita aprovechar las propiedades que ciertos

1 Véase el análisis propuesto por REINHART, T., "The farm to fork strategy and the digital transformation of the agrifood sector – An assessment from the perspective of innovation systems", *Applied Economic Perspectives and Policy,* 2022, p. 14, en cuanto a la introducción de los criterios de sostenibilidad e innovación tecnológica como nuevos elementos conductores de la política europea en materia agrícola y alimentaria.

2 GALLEGO SÁNCHEZ, E., "Nuevas orientaciones en la protección de la innovación en agricultura: ¿agricultura inteligente versus agricultura ecológica?" en PALAU RAMÍREZ, F., MARTÍ MIRAVALLS, J. (dirs.) Retos en el sector agroalimentario: regulación, competencia y propiedad industrial, Tirant lo Blanch, Valencia, 2022, p. 234.

3 3 CAMPBELL, B. et al. "Agriculture production as a major driver of the Earth system exceeding planetary boundaries" *Ecology and Society,* vol. 22 (4), 2017, p. 8, REINHART, T., "The farm to fork strategy and the digital transformation…" cit., p. 15

4 A pesar de que este trabajo se centrará en comentar un texto prelegislativo europeo dirigido a regular el uso de la biotecnología en vegetales y la liberación de los organismos resultantes, creemos necesario mencionar las otras fuentes jurídicas internacionales que, a pesar de perseguir intereses más generales (bioseguridad, mitigación o reducción de riesgos potenciales para el ser humano y el

microorganismos vegetales pueden adquirir, merced al uso de nuevas técnicas de modificación génica[5].

II. SISTEMAS DE PROTECCIÓN JURÍDICA DE LAS INNOVACIONES BIOTECNOLÓGICAS DE MATERIA VEGETAL

Como sabemos, la biotecnología moderna[6] tiene la capacidad de impulsar una revolución de los métodos de producción en

---

medio ambiente) componen y, potencialmente limitan el ámbito de actuación del legislador europeo y español. En este sentido, el Convenio sobre la Biodiversidad Biológica de Naciones Unidas, 1992, y el Protocolo de Cartagena sobre Seguridad de la Biotecnología de 29 de enero de 2000; el Protocolo de Nagoya sobre acceso a los recursos genéticos y participación justa y equitativa en los beneficios que se deriven de su utilización (Doc. UNEP/CBD/COP/DEC/X/1); el Protocolo de Nagoya-Kuala Lumpur sobre responsabilidad y compensación suplementario al Protocolo de Cartagena (Doc. UNEP/CBD/BS/COP-MOP/5/17), así como el Tratato internacional sobre los recursos fitogenéticos para la alimentación y la agricultura, Roma, 3 de noviembre, 2001.

5 También en este sentido, WESSELER, J. et al., "EU Regulation of genetically modified microorganism in light of new policy developments: Possible implications for EU bioeconomy investments", *Applied Economic Perspective Policy*, 2022, p. 4, SCHIEMANN, J. et al., "Policies and governance for plant genome editing" en RICROCH, A., CHOPRA, S., KUNTZ, M., (eds.), *Plant Biotechnology. Experience and future prospects*, 2da. Ed., Springer, Cham, 2021, p. 259 y sigs.

6 Área de la biología que incorpora avances técnicos que permiten la modificación de la materia viva tal cual los define el Art. 3, i) del Protocolo de Cartagena sobre seguridad de la Biotecnología. Por su parte, el concepto jurídico propuesto por ALMODÓVAR IÑESTA, M., *Régimen jurídico de la biotecnología agroalimentaria*, Granada, Comares, 2002, p. 2, incide en la "aplicación de los principios científicos de

diversos sectores de la industria. En el ámbito del mejoramiento de materia vegetal[7], este potencial afecta no solo a caracteres de interés agronómico, sino también de productividad vegetal[8], en este sentido, el ámbito de protección del resultado será determinante para permitir un adecuado retorno de los medios económicos y técnicos, empleados en su desarrollo, además de permitir alcanzar otros objetivos generales[9] acordes con las necesidades de adaptación a la situación climatológica global[10].

---

ingeniería a los tratamientos de los materiales con agentes biológicos para producir bienes y servicios" pone énfasis en la comercialización del elemento biológico que ha sido mejorado por la técnica, mientras que la Directiva 98/44/CE del Parlamento Europeo y del Consejo relativa a la protección jurídica de las invenciones biotecnológicas, reusó ofrecer un concepto jurídico para establecer, simplemente una descripción general de la técnica utilizada para obtener como producto final materia viva con modificaciones a su estado anterior.

7 Véase la clasificación entre fitomejoramiento *empírico* y fitomejoramiento *científico* en GARCÍA VIDAL, A., "El sistema de protección de las variedades vegetales", en GARCÍA VIDAL, A. (dir.), *Derecho de las obtenciones vegetales,* Tirant Lo Blanch, Valencia, 2017, p. 47.

8 CURTO POLO, M., *La protección de las innovaciones vegetales en la Unión Europea,* Tirant Lo Blanch, Valencia, 2020, p. 18.

9 Estrategia europea *Farm to Fork,* cuyo texto completo puede consultarse en la Carta a la presidencia portuguesa, disponible en https://food.ec.europa.eu/system/files/2021-04/gmo_mod-bio_ngt_letter.pdf; y los Objetivos de Desarrollo Sostenible, Resolución aprobada por la Asamblea General de Naciones Unidas el 25 de septiembre de 2015, "Transformar nuestro mundo: la Agenda 2030 para el Desarrollo Sostenible", A/Res/70/1, disponible en https://www.un.org/ga/search/view_doc.asp?symbol=A/RES/70/1&Lang=S.

10 ROCKSTRÖM, J. et al., "Planetary boundaries: exploring the safe operating space for humanity" *Ecology and society,* Vol. 14 (2), 2009, p. 32 y sigs., propusieron en 2009 la introducción del concepto *planetary boundaries* como indicadores de los "límites de seguridad para la humanidad" [más recientemente STEFFEN et al., "Planetary boundaries:

1. Patentabilidad de la materia biológica

Es ampliamente conocido que desde la creación del sistema *sui generis* de protección de las obtenciones vegetales, la "doble protección"[11] fue una posibilidad discutida *ab initio*[12],

---

Guiding human development on a changing planet", *Science* Vol. 347, Núm. 6223, 2015, p. 737, han ampliado el número de indicadores e incluir la *introducción de nuevos entes* entre ellos. Estos límites de seguridad están llamados a representar procesos sistemáticos planetarios que, una vez rebasados, podrían dar lugar a cambios medioambientales inaceptables que potencialmente podrían amenazar la existencia humana. En la actualidad los nueve límites reconocidos son: [la traducción es propia] cambios en los sistemas terrestres; uso de agua dulce; flujos bioquímicos/ciclo del nitrógeno y fósforo; integridad de la biosfera; cambio climático; acidificación de los océanos; rarefacción del ozono estratosférico; sobrecarga atmosférica de aerosoles y la introducción de nuevas entidades.

11 La redacción original del Art. 2.1 CUPOV (Acta de 1961) disponía que "*cada Estado de la Unión puede reconocer el derecho del obtentor previsto por el Convenio mediante la concesión de un título particular o de una patente*", de manera que cada Estado miembro podía articular la protección a través de uno u otro sistema, sin embargo, el Acta del CUPOV de 1978 fue modificado para introducir el "Acta de excepción" [Art. 37, *...que sin perjuicio de lo dispuesto en el Art. 2.1, todo estado que antes de la expiración del plazo durante el que la presente Acta esté abierta a la firma, prevea la protección bajo las diferentes formas mencionadas en el art. 2.1 para un mismo género o una misma especie, podrá continuar previéndola si, en el momento de la firma de la presente Acta o de la adhesión a esta, notifica ese hecho al Secretario General*]. En abundante detalle, GARCÍA VIDAL, Á., "Las relaciones entre el sistema de las obtenciones vegetales y el sistema de patentes" en GARCÍA VIDAL, Á., (dir.) *Derecho de las obtenciones vegetales,* Tirant lo Blanch, Valencia, 2017, p. 137.

12 BATALLER GRAU, J., ESPINOSA CALABUIG, R., "La protección comunitaria de las obtenciones vegetales: requisitos paa su concesión" *ADI* nº 26, 2006, p. 422; GARCÍA VIDAL, Á., "Las relaciones entre el sistema de las obtenciones vegetales y el sistema de patentes" cit., p. 137.

que ha tomado forma en el texto vigente del CUPOV (Acta de 1991), de manera que, en la actualidad, este texto permite a sus miembros prever este supuesto[13]. A pesar de ello, el devenir regulatorio de ámbito europeo[14], ha elegido excluir esta posibilidad estableciéndose que los derechos otorgados en contra carecerán de eficacia jurídica[15]. Sistema que ha sido replicado en nuestro ordenamiento jurídico interno[16].

Sin embargo, el desarrollo de las invenciones biotecnológicas permitiría su acceso a la protección a través de patente ya sea como procedimiento *microbiológico*[17], si no constituye una variedad vegetal y cumple los requisitos necesarios para la concesión, o si es una secuencia genética que hubiera sido aislada de su entorno natural o producida mediante un procedimiento técnico[18]. A pesar de ello, estas invenciones también estarían

---

13 Sobre el papel que el Art. 27.3.b del Acuerdo sobre los Aspectos de los Derechos de lPropiedad Intelectual relacionados con el Comercio, de 15 de abril de 1994 (ADPIC) ha jugado, CURTO POLO, M., *La protección de las innovaciones vegetales en la Unión Europea,* cit., p. 46.

14 Art. 92.1 del Reglamento (CE) 2100/94 del Consejo, de 27 de julio de 1994, relativo a la protección comunitaria de las obtenciones vegetales, *DO L 227 de 1.9.1994, p. 1/30.*

15 Art. 5.1 Reglamento (CE) 2100/94.

16 En su día a través de la exclusión de patentabilidad contenida en el Art. 5.2 de la Ley 11/1986, de 20 de marzo, de Patentes, reproducida en redacción objetivamente idéntica por la vigente Ley 24/2015, de 24 de julio, de Patentes.

17 *Vid.*, Art 53.b del Convenio de Munich sobre la Patente Europea de 1973 (CPE).

18 Regla 29.3 del Reglamento de ejecución del Convenio sobre la Patente Europea de 5 de octubre de 1973, adoptado por Decisión del Consejo de Administración de la Organización Europea de Patentes de 12 de diciembre de 2002 y modificado por última vez por Decisión del Consejo de Administración de la Organización Europea de Patentes de 14 de diciembre de 2016.

excluidas de patentabilidad si los procedimientos empleados son "esencialmente biológicos"[19].

2. La protección a través del reconocimiento de obtenciones vegetales

Tal y como hemos expuesto de manera sucinta en el apartado anterior, el registro de las variedades vegetales es objeto de exclusión de patentabilidad[20] por encontrarse protegidas ya por un derecho de exclusiva, expresamente configurado para la materia vegetal. En este sentido la Ley 3/2000, de 7 de enero, de régimen jurídico de la protección de las obtenciones vegetales, vino a establecer la normativa interna del sistema de protección de los obtentores que se encontraba recogido en el Convenio Internacional para la protección de las obtenciones vegetales de 2 de diciembre de 1961, aprobado en el seno de la Unión Internacional para la Protección de las Obtenciones Vegetales (UPOV), suscrito y ratificado por el Reino de España, y en la Ley 12/1975, de 12 de marzo, de protección de obtenciones vegetales inspirada en gran medida en aquél[21].

---

19 Sobre el contenido material de la Regla 26.5 del Reglamento de Ejecución del CPE y su interpretación de este concepto, CURTO POLO, M., "La decisión G 3/19 de la Alta Cámara de los Recursos de la Oficina Europea de Patentes" en CARBAJO CASCÓN, F. (dir.) *Competencia, propiedad intelectual y tutela de consumidores en el sector agroalimentario,* Tirant lo Blanch, Valencia, 2022, p. 172

20 Art. 5.3 de la Ley 24/2015, de 24 de julio, de patentes.

21 En sucesivas modificaciones, la ahora vigente Ley 3/2000, de 7 de enero, de régimen jurídico de la protección de las obtenciones vegetales, también tuvo en cuenta, tanto las obligaciones de España ante la UPOV, como el marco regulatorio comunitario surgido del Reglamento (CE) 2100/94, del Consejo, de 27 de julio, relativo a la protección comunitaria de las obtenciones vegetales.

Nuestro sistema de protección define con mayor precisión las facultades de los obtentores relativas a la explotación de sus variedades protegidas, identificando las actuaciones de terceros, relacionadas con su variedad, que requieren autorización del obtentor y reforzando las acciones para perseguir a aquellos que prescindan de ella. También establece una definición de la "excepción del agricultor", como un supuesto en el que los agricultores podrán utilizar el material vegetal producido en sus predios para el uso exclusivo en éstos sin necesidad de autorización del obtentor de la variedad utilizada, o de realizar contribución económica al mismo[22]. Se prevé la posibilidad de poder comercializar en España las variedades vegetales antes de solicitar la protección, circunstancia que permite a los obtentores conocer, por un lado, los resultados prácticos y el valor productivo de dicha variedad antes de acometer unos gastos que, en el caso de variedades de resultados mediocres, no resultarían compensados, y por otro, la respuesta de los agricultores ante la oferta de las nuevas variedades antes de someterse al sistema de protección[23].

---

22 Al respecto el texto actualmente vigente ha clarificado el ámbito de aplicación de algunas de las excepciones al derecho del obtentor que antes estaban poco definidas. La más importante quizás es la del posible uso de las variedades protegidas como material para la creación de nuevas variedades, evitando así cualquier tipo de limitación a la investigación en este campo. El concepto de variedad esencialmente derivada juega sin duda un papel importante en lo que se refiere a la delimitación del derecho de los obtentores y resolverá situaciones que en el pasado presentaron problemas de atribución de la propiedad de variedades.

23 Otros mecanismos ajenos a la discusión aquí tratada, pero que deben ser mencionados al esbozar el contenido regulatorio de ámbito estatal de las obtenciones vegetales en España, son los de la inclusión de un mecanismo de concesión de licencias obligatorias por dependencia, incluido en la Directiva 98/44/CE, del Parlamento Europeo y del Consejo, relativa a la protección jurídica de las invenciones biotecnológicas.

III. REGULACIÓN EUROPEA DEL USO DE VEGETALES OBTENIDOS CON NUEVAS TÉCNICAS GENÓMICAS ("*NEW GENOMIC TECHNICS*", NGTS)

1. El sistema de control de la introducción y comercialización de los "nuevos organismos" vegetales

Explicada la situación legal de acceso a la protección de la innovación biotecnológica, es necesario, en este apartado hacer hincapié en el contenido general del control de su uso y comercialización. Como sabemos, los organismos genéticamente modificados[24] (OMG), han sido objeto de ardientes discusiones no necesariamente basadas en información científicamente contrastada[25]. Lamentablemente, esta percepción negativa es la que se ha trasladado al consumidor medio y es, entre otras, una de las razones que ha inclinado a los reguladores – en nuestro caso, el legislador europeo y español – a introducir una serie de mecanismos de control de los procesos de producción de variedades vegetales mejoradas genéticamente. Este enfoque restrictivo ha mermado la posibilidad de aprovechar sus beneficios[26]. Con todo, es posible que el legislador

---

24 Véase la clasificación entre fitomejoramiento empírico y fitomejoramiento científico en GARCÍA VIDAL, A., "El sistema de protección de las variedades vegetales", en GARCÍA VIDAL, A. (dir.), Derecho de las obtenciones vegetales, Tirant Lo Blanch, Valencia, 2017, p. 47.

25 En su día, exponía entre nosotros ciertos casos extremos, BELLO JANEIRO, D., "El futuro legal en materia de transgénicos", Revista de Derecho Agrario y Alimentario núm. 67, 2015, p. 23.

26 En abundante detalle, VIVES VALLÉS, J. A., *Derecho de los cultivos transgénicos,* Dykinson, Madrid, 2016, p. 21 y sigs, TWARDOWSKI, T., MALYSKA, A., "Uninformed and disinformed society and the

comunitario, adecúe la regulación en esta materia a perseguir la implementación de un mejor sistema de control y trazabilidad del producto, dejando de lado la dispersión normativa permitida en el pasado.

Tal como has sido reflejado ya, la creación de nuevas variedades y plantas a través de biotecnología tiene amplios efectos sociales, económicos y jurídicos[27], en particular, la "modificación genética" que incorpora la "edición" del genoma de la materia viva en cuestión, también incluye la alteración a través de la incorporación de material genético exógeno. En este sentido importa resaltar la distinción entre materia viva que incorpora modificaciones a su genoma – ergo, organismo modificado genéticamente – por eliminación de algún gen que da lugar a una característica específica y aquellos en los que la modificación así realizada incluye la incorporación de un gen proveniente de una especie distinta, al que sí podemos denominar "organismo transgénico", pues la especie viva ha sido receptora de nuevos genes[28].

GMO market", *Trends in Biotechnology,* vol. 33, 2015, p.2, y también AMAT LLOMBART, P., "Las principales cuestiones conflictivas…", cit., p. 650, o GONZÁLEZ, FERNÁNDEZ, J. C., "Uso de productos alimenticios elaborados con OMG (el caso Codacons)" *Revisa de Derecho agrario y alimentario,* N° 59, 2011, p. 68, sin olvidar el Caso Fidenato (Asunto C-111/16 de 13 de septiembre 2017).

27 GARCÍA VIDAL, A., "El sistema de protección de las variedades vegetales" en GARCÍA VIDAL, A., Derecho de las obtenciones vegetales, Tirant lo Blanch, 2017, p. 46.; RAMÓN FERNÁNDEZ, F., La variedad vegetal ante el avance biotecnológico y los objetivos de desarrollo sostenible, Reus Editorial, Madrid, 2020, p. 104.

28 Apunta esta importante distinción, LLOMBART BOSCH, D., "Los organismos modificados genéticamente y los problemas jurídicos que suscitan" en AMAT LLOMBART, P. (coord..), Derecho agrario y alimentario español y de la Unión Europea, Tirant lo Blanch, Valencia, 2007, p. 362, GITTER, D., "Led astray by the moral compass: incor-

Como no podía ser de otra manera, la capacidad disruptiva de estos nuevos organismos en el medio natural preexistente[29], ha sido amplio objeto de regulación[30]. En nuestro ámbito geográfico[31], el desarrollo normativo de las técnicas de OMGs[32] se han concentrado, hasta el momento, en dos conjuntos normativos: la Directiva 2001/18/CE del Parlamento Europeo y del Consejo, de 12 de marzo de 2013, sobre

---

porating morality into European Union Biotechnology Patent Law", Berkeley Journal of International Law, Núm. 1, Vol. 43, 2001, p. 27.

29 Desde el punto de vista de la investigación técnica, el método CRISPR/CAS9 utilizado para alterar las células de ADN de un organismo vivo, es ampliamente ventajoso porque permite una alteración del genoma con un grado de detalle que otras técnicas de edición genética previas, no habían sido capaces de conseguir al aprovechar el mecanismo de auto reparación celular para conseguir alterar el mecanismo de funcionamiento de un determinado gen, a diferencia de los métodos de fitomejoramiento menos avanzados que para conseguir nuevas variaciones afectaban al genoma completo de la especie.

30 También en este sentido, CURTO POLO, M., *La protección de las innovaciones vegetales...* cit., p. 60, CARRETERO GARCÍA, A., "La Unión Europea permite a través de la Directiva 2015/412 que los Estados restrinjan o prohíban el cultivo de organismos modificados genéticamente en su territorio" *Revista de Derecho Agrario y Alimentario,* Núm. 67, 2015, p. 40.

31 Una breve referencia a los problemas regulatorios en Estados Unidos puede encontrarse en HARO, R.; GREELY, H., "CRISPR Critters and CRISPR Cracks", The American Journal of Bioethics, Vol. 15 (12), 2015, p. 14, y SHERKOW, J., GREELY, H., "The history of patenting genetic material", The Annual Review of Genetics, Vol. 49, 2015, p. 164, por su parte, COHEN, J., "Mary Mary quite contrary how does your biodiverse garden grow?" John Marshall Review of Intellectual Property Law, vol. 2, 2003, p. 320, señalaba, respecto del sistema europeo tanto las carencias de protección jurídica como los problemas de procedimiento del sistema diseñado por la Directiva 98/44/CE.

32 Las referencias regulatorias aquí reflejadas, abarcan, exclusivamente, la esfera que afecta a la edición genética de materia vegetal.

la liberación intencional en el medio ambiente de organismos modificados genéticamente y por la que se deroga la Directiva 90/220/CEE del Consejo[33], y la Directiva 2009/41/CE del Parlamento Europeo y del Consejo, de 6 de mayo de 2009, relativa a la utilización confinada de microorganismos modificados genéticamente[34]. Estos textos, a su vez, se han visto afectados por posteriores modificaciones realizadas con el fin de adaptar la regulación al progreso de la técnica[35].

Conocida coloquialmente como la *Directiva OMG*, en conjunto con la normativa comunitaria ya citada, esta norma estableció un procedimiento de autorización para la utilización confinada de microorganismos modificados genéticamente. Estos "OMGs" son organismos, con excepción de los seres humanos, cuyo material genético ha sido alterado de una manera que no se produce naturalmente en el apareamiento ni en la recombinación natural[36]. Enlazando con lo expuesto, dicha disposición también establece que: «*Según esta defini-*

---

33 DOUE L 106, de 17 de abril de 2001. Un comentario al sistema anterior, BELLO JANEIRO, D., "El futuro legal en materia de transgénicos" cit., p. 27.

34 DOUE L 125, de 21 de mayo de 2009.

35 En concreto, la Directiva 2001/18/CE fue parcialmente modificada por la Directiva 2008/27/CE del Parlamento Europeo y del Consejo, de 11 de marzo, sobre liberación intencional en el medio ambiente de organismos modificados genéticamente por lo que se refiere a las competencias de ejecución atribuidas a la Comisión, y más recientemente por la Directiva (UE) 2018/350 de la Comisión de 8 de marzo de 2018 en lo que respecta a la evaluación del riesgo para el medio ambiente de los organismos genéticamente modificados.

36 A mayor abundancia, el Artículo 2.2 de la Directiva señala que «el organismo, con excepción de los seres humanos, cuyo material genético haya sido modificado de una manera que no se produce naturalmente en el apareamiento ni en la recombinación natural».

ción: a) se produce una modificación genética siempre que se utilicen, al menos, las técnicas que se enumeran en la parte 1 del anexo I A; b) se considera que las técnicas enumeradas en la parte 2 del Anexo IA no dan lugar a una modificación genética». Este punto – el enfoque de la Directiva en el *método* o *técnica* para obtener la modificación/alteración genética[37] – es el que se encuentra en proceso de actualización normativa dado que, como ya ha

---

37 Quizás sería necesario retroceder un poco en la cronología legislativa y mencionar otro cuerpo normativo de notable influencia en este ámbito: el Protocolo de Cartagena sobre Seguridad de la Biotecnología, en el cual, la definición de organismos vivos modificados (OVM) señala como "técnicas de modificación genética" a las técnicas de recombinación del ácido nucleico; técnicas que suponen la incorporación directa en un organismo de material hereditario preparado fuera del mismo; técnicas de fusión de células y, ya por último, cualquier técnica o método de modificación genética que conduzcan a la formación de organismo si no implica la utilización de moléculas de ARN ni de OMGs distintos de los obtenidos con una o varias de las técnicas o métodos relacionados a continuación: Mutagénesis; Fusión (incluida la fusión de protoplasto) de células vegetales de organismos que puedan intercambiar material genético mediante métodos tradicionales de multiplicación. Tal como ha quedado reflejado, este cuerpo normativo de ámbito internacional pretende abarcar bajo su ámbito regulatorio, el mayor número de técnicas de edición genética posible, aunque el énfasis normativo se ha centrado en la regulación de los movimientos transfronterizos de estos organismos vivos modificados. Este enfoque ha ejercido enorme influencia en la regulación comunitaria, pues ha sido en estos puntos en los que se ha centrado el control del regulador. Así, la Directiva (UE) 2018/350 de la Comisión, de 8 de marzo, de 2018, formuló la evaluación del riesgo para el medio ambiente de los organismos modificados genéticamente con esos parámetros amplios del Protocolo.

sido ampliamente explicado[38], el tipo de tecnología escogida para obtener una característica o expresión fenotípica no tiene repercusión directa sobre los riesgos ambientales que su liberación podría provocar[39].

2. *La jurisprudencia del TJUE en materia de técnicas de mejoramiento genético vegetal: La STJUE de 25 de julio, 2018 («Confederation paysanne»), C-528/16*[40]

Vigente el panorama regulatorio descrito, es necesario tener en cuenta la interpretación realizada por el TJUE en relación con la mutagénesis dirigida. En detalle, el objeto de la decisión tenía por objeto la confirmación de la validez y la interpretación y de los artículos 2 y 3 y de los anexos IA y IB de la Directiva 2001/18/CE así como la interpretación del artículo 4 de la Directiva 2002/53/CE del Consejo, de 13 de junio, referente al catálogo común de las variedades de especies de plantas agrícolas en la versión modificada por el Reglamento (CE)

---

38 VIVES VALLÉS, J. A., *Derecho de los cultivos* transgénicos, cit., p. 24. A mayor abundamiento, expone CURTO POLO, M., La protección de las innovaciones vegetales ..., cit., p. 38, que los métodos tradicionales de modificación genética anteriores al desarrollo del método CRISPR/CAS9 – que la Directiva 2001/18/CE, considera como inocuos para el ser humano – de hecho representan un mayor grado de peligro biológico, pues el método técnico de alteración no permite un control de todas las posibles alteraciones provocadas en el genoma de la especie sometida a mejoramiento por estas técnicas.

39 Tal como expone SCHIEMANN, J., et al., "Policies and Governance for plant genome editing" en RICROCH, A., CHOPRA, S., KUNTZ, M., (eds.), Plant Biotechnology... cit., p. 260, en más de 30 años de investigación biotecnológica no se ha podido establecer un riesgo genérico de estas innovaciones.

40 ECLI:EU:C:2018:583

núm. 1829/2003 del Parlamento Europeo y del Consejo, de 22 de septiembre, la cual se refería «... a la negativa a derogar una disposición nacional según la cual, en principio, no se consideraba que los organismos obtenidos mediante mutagénesis[41] dieran lugar a una modificación genética y a prohibir el cultivo y la comercialización de las variedades de colza tolerantes a los herbicidas, obtenidas mediante mutagénesis». Según el texto analizado, "solo están excluidos del ámbito de aplicación de la Directiva, los organismos obtenidos mediante técnicas o métodos de mutagénesis *que hayan venido siendo utilizados convencionalmente en varios usos y para los que se dispone de una amplia experiencia de utilización segura*[42]".

---

41 Según nos explica CURTO POLO, M., La protección de las innovaciones vegetales ..., cit., p. 60, a diferencia de la transgénesis – añadir ADN extraño a un organismo vivo – la mutagénesis simplemente altera el genoma natural del organismo vivo sometido a esta técnica. Sus métodos convencionales in vivo implican la radiación ionizante o exposición de la materia viva vegetal a agentes químicos que afectan a todo el organismo. Estas técnicas eran las únicas existentes a fecha de aprobación de la Directiva 2001/18, sin embargo, en la actualidad entre otras, la mutagénesis dirigida por nucleasa que utiliza diferentes tipos de proteínas consigue editar el ADN de la materia viva sin someter a mayores alteraciones a todo el organismo.

42 «el artículo 2.2 de la Directiva sobre OMGs debe interpretarse en el sentido de que los organismos obtenidos mediante técnicas o métodos de mutagénesis constituyen OMGs» y que «el artículo 3, apartado 1, de la Directiva sobre OMG, en relación con el anexo IB, punto 1 de la misma y a la luz su Considerando 17, debe interpretarse en el sentido de que únicamente están excluidos del ámbito de aplicación de dicha Directiva, los organismos obtenidos mediante técnicas o métodos de mutagénesis que han venido siendo utilizados convencionalmente en varios usos y para los que se dispone de una amplia experiencia de utilización segura». Vid. Párrafo 54 y anteriores de la sentencia.

De acuerdo con esta interpretación, las variedades vegetales y cualesquiera otros organismos cuyo genoma es modificado con la técnica de edición genética CRISPR-Cas u otras similares, serán reguladas a la luz de la Directiva 2001/18/CE del Parlamento Europeo y del Consejo, de 12 de marzo, sobre la liberación intencional en el medio ambiente de los organismos modificados genéticamente, estando sujetos a las obligaciones inherentes en la misma y sometiéndose a medidas especiales de trazabilidad y etiquetado[43]. De este resultado tenemos que, la regulación actual, según interpretación del TJUE, no sólo limita el acceso a comercialización del producto en sí – la materia vegetal mejorada genéticamente – sino que tiene el efecto de limitar el tipo de *proceso* por el que se consigue esa mejora genética[44].

Sin embargo, a nuestro entender, un análisis de la normativa en su conjunto permite señalar que es posible entrever como finalidad última del legislador, la división en la categoría de la mutagénesis en función de las técnicas utilizadas y el nivel

---

43 Además de los ya citados en este trabajo, un análisis que destaca la llamativa fragmentación legal aplicable a este tipo de supuesto, GONZÁLEZ VAQUÉ, L., "De nuevo la polémica sobre los organismos obtenidos mediate mutagénesis y los omg: La Sentencia del TJUE "Conféderation paysanne" de 25 de julio de 2018" *Revista de Derecho Agrario y Alimentario*, núm. 73, 2018, p. 51.

44 Ya hemos señalado en este texto las importantes y sólidas críticas vertidas a esta opción legislativa previas al Asunto C 528/16, con posterioridad a la publicación del mismo, el Ministerio de Agricultura y Pesca emitió un documento oficial en el que, analizadas las consecuencias de esta interpretación, conminaba al legislado comunitario a iniciar un serio proceso de actualización normativa en la materia [disponible en https://www.miteco.gob.es/es/calidad-y-evaluacion-ambiental/temas/biotecnologia/informeciomgsentenciamutagenesisdirigida11_02_2019_tcm30-496814.pdf, accedido el 15/03/2024].

de seguridad que ofrecen[45]. De hecho, ya en su artículo 27 está prevista su propia adaptación al exigirse un necesario ajuste normativo en relación con todos los avances técnicos que se vayan produciendo de diversos de sus anexos (pero no, de los anexos IA o IB). En efecto, el art. artículo 27 de forma textual indica: «Las secciones C y D del anexo II, los anexos III a VI y la sección C del anexo VII, se adaptarán a los avances técnicos con arreglo al procedimiento establecido en el apartado 2 del artículo 30», con lo cual, podemos concluir que confirma, sin duda, la urgente necesidad de ajuste normativo en la materia[46].

IV. PARÁMETROS DE RECONFIGURACIÓN DEL SISTEMA VIGENTE

1. Respuesta institucional pre-legislativa

1.1 La Opinión del Grupo Europeo de Ética de la Ciencia y de las Nuevas Tecnologías

A raíz de las reacciones a la interpretación judicial antes comentada, y fruto del avance técnico resultado de aplicar las NGTs al fitomejoramiento, la Comisión Europea solicito al Grupo Europeo de Ética de la Ciencia y de las Nuevas Tecno-

---

45 Véase las Conclusiones del Abogado General Sr. Bobek, presentadas el 18 de enero de 2018, caso C-528/16.

46 También en este sentido, IÑIGUEZ ORTEGA, P., "La especial problemática de la edición genómica en plantas" *ADI* 39, 2018-2019, p. 361.

logías[47] un informe sobre estas nuevas técnicas y su potencial regulación europea. De acuerdo con este organismo, para determinar el futuro de la regulación comunitaria en la materia, debe tenerse en cuenta la seguridad de los productos agrícolas modificados genéticamente; en este ámbito el EGEST destaca la amplitud de productos de consumo humano que han sido ya comercializados – por tanto, consumidos – por el ser humano y que tienen un probado registro de seguridad[48]. A continuación, el texto analiza la capacidad de trazabilidad del material biológico al alcance de los EM y señala que, la falta de medios para efectuarla de manera correcta, no puede ser una excusa para limitar el desarrollo y comercialización de la misma, particularmente si todos los otros criterios para llegar a comercializar el organismo, han sido alcanzados[49].

Con relación a la protección de la biodiversidad, el grupo expone las posturas encontradas que actualmente circulan en el medio, poniendo en evidencia, que estas posturas antagónicas, parten de la misma base argumental, y que, deducimos, por tanto, es necesario una visión de conjunto que no limite las posibilidades de mejora, pero que tenga en cuenta las con-

---

47 Cuyo mandato ha sido renovado a través de la Decisión (UE) 2021/156 de la Comisión de 9 de febrero de 2021 por la que se renueva el mandato del Grupo Europeo de Ética de la Ciencia y de las Nuevas Tecnologías C/2021/715 *DO L 46 de 10.2.2021, p. 34/3.*

48 EGEST, Opinion on Ethics of Genome Editing, cit., p. 60.

49 También es necesario tener en cuenta, como ha apuntado DÍAZ PERALTA, P. "La nueva generación de gene-edited GMO. Problemas técnico-jurídicos de la mutagénesis" *RDAA*, núm. 74, 2019, p. 80, que será necesario determinar si el régimen de responsabilidad derivado del uso de estos nuevos materiales vegetales se adscribirá al sistema ya previsto para responsabilidad medioambiental ("el que contamina paga") o se establecerá un sistema nuevo bajo algún sistema de clasificación de riesgos.

sideraciones necesarias para mantener el medio ecológico[50]. El Grupo también destaca la necesidad de permitir la industrialización del sector agrícola y el aprovechamiento de tecnologías seguras[51] que permiten un control específico de las modificaciones a la variedad vegetal[52]. En este sentido, es innegable que el mayor grado de precisión en la técnica empleada demuestra que es necesario reconfigurar el modelo de control diseñado por la Directiva OMG.

Por último, aunque no menos importante, el EGEST señala la relevancia que se ha de dar a la realización, por parte de las autoridades, y empresas del sector, a un correcto e informado debate público, que permita dar a conocer la realidad práctica y consecuencias del uso de estos organismos.

---

50 EGEST, Opinion on Ethics of Genome Editing, cit., p. 65. Sobre este particular, es necesario, tal cual exponíamos al principio de este trabajo, tener en cuenta que la regulación del mejoramiento genético de las variedades vegetales, en el futuro próximo deberá tener en cuenta el cumplimiento de objetivos de sostenibilidad y nutrición, razón por la que casos como el de Golden rice no deberían volver a repetirse [vid. STOKSTAD, E, "After 20 years, Golden rice nears approval", *Science* Vol. 366, 2019, p. 934, DOI: 10.1126/science.366.6468.934

51 Uno de los argumentos de las asociaciones de obtentores, véase Regulating genoma edited organisms as GMOs has negative consequences for agriculture, society and economy MPG, disponible en wwww.mpg.de/13748566/position-paper-crispr.pdf. También en el mismo sentido, CURTO POLO, M., La protección de las innovaciones vegetales ..., etc., cit., p. 66.

52 Uno de los argumentos científicos a favor de esta técnica es que permite un altísimo grado de precisión en la edición genética, mucho mayor que las técnicas empleadas de manera tradicional, las cuales, a pesar de considerarse seguras, dan lugar a variaciones indeseables, cuestión que no ocurre cuando se emplea la técnica CRISPR/CAS9.

1.2 Actividad de la Dirección de Salud de la Comisión Europea

Se ha hecho referencia al *European Green deal*[53] como uno de los delimitadores que el legislador europeo debe tener en cuenta a la hora de marcar los nuevos límites y contenido de la regulación de los OMGs[54]. Con esta finalidad, la Comisión Europea recibió el encargo del Consejo, a través de la Decisión UE 2019/1904 de 8 de noviembre, de realizar un informe sobre *New Gemomic Technics*[55], cuyas conclusiones más relevantes hacen hincapié en la necesidad de introducir modificaciones regulatorias que permitan diferenciar entre productos sometidos a mejoramiento genético que contengan material genético externo, de aquellos que no; que el sistema de control descentralizado – descrito brevemente en este texto – sobre el uso de NGTs en diferentes Estados de la Unión Europea presenta o puede crear importantes distrupciones, limitaciones y desventajas competitivas a operadores económicos europeos, además de crear barreras técnicas al comercio entre europa y sus socios comerciales; que las limitaciones del sistema vigente tiene un efecto negativo en el desarrollo de la investigación y desarrollo por parte de empresas privadas europeas; y que los beneficios asociados con el uso de las NGTs tiene el potencial para contribuir a la implementación

---

53 Communication from the Commission to the European Parliament, the European Council, the Council, the European Economica and Social Committee and the Committee of the Regions, The European Green Deal, COM (2019) 640 final.

54 A pesar de esta visión optimista personal, no podemos dejar de señalar que, al menos de momento, no hemos sabido encontrar expresión firme por parte de las instituciones europeas que se expresen esta visión.

55 Disponible en https://food.ec.europa.eu/document/download/5135278b-3098-4011-a286-a316209c01cd_en?filename=gmo_mod-bio_ngt_eu-study.pdf

de sistemas agroalimentarios sostenibles en línea con los objetivos del *European Green Deal* y la estrategia *Farm to Fork*.

El texto concluye expresando un compromiso, por parte de la Comisión de iniciar un proceso de adaptación normativa en relación con las variedades vegetales derivadas de mutagénesis y cisgénesis dirigida[56]. En este sentido, una vez publicado el informe de impacto sobre esta prospectiva modificación de política regulatoria y cerrado el plazo para el envío de comentarios y consulta pública, estaba previsto que en el segundo trimestre de 2023, la Comisión exprese el contenido del nuevo marco regulatorio en la materia. A nuestro entender, la nueva normativa *además* de cumplir con esos objetivos regionales tiene la obligación de hacer expresa referencia al cumplimiento de los Objetivos de Desarrollo Sostenible[57] y por tanto, buscar el equilibrio adecuado entre, la necesidad de controlar y garantizar un alto nivel de trazabilidad de materia vegetal modificada genéticamente, y por otro el acceso de productores, distribuidores y ciudadanía, a recursos de calidad que, en su obtención utilicen recursos naturales y artificiales respetando los limitados recursos existentes, pero sin desincentivar el progreso técnico y su recompensa económica a quienes lo procuran a través de los derechos de propiedad industrial pertinentes[58].

---

56 El texto completo puede consultarse en la Carta a la presidencia portuguesa, disponible en https://food.ec.europa.eu/system/files/2021-04/gmo_mod-bio_ngt_letter.pdf

57 Véase la Resolución aprobada por la Asamblea General de Naciones Unidas el 25 de septiembre de 2015, "Transformar nuestro mundo: la Agenda 2030 para el Desarrollo Sostenible", A/Res/70/1, disponible en https://www.un.org/ga/search/view_doc.asp?symbol=A/RES/70/1&Lang=S

58 Contraria a esta postura se ha mostrado, RAMÓN FERNÁNDEZ, F., La variedad vegetal ante el avance biotecnológico...cit., p.148. Por otra parte, desde perspectivas mucho más amplias y con base

2. La Propuesta de Reglamento del Parlamento y del Consejo relativo a los vegetales obtenidos con determinadas nuevas técnicas genómicas y a los alimentos y piensos derivados

Entre las reacciones a la STJUE «Confederation paysanne», la Dirección General de Salud y Seguridad Alimentaria de la Comisión Europea ha presentado una Propuesta de Reglamento sobre las plantas obtenidas mediante determinadas técnicas genómicas nuevas y sus alimentos y piensos y por el que se modifica el Reglamento (UE) 2017/625[59] del que, a continuación, destacaremos los elementos, a nuestro juicio, más relevantes según la exposición de hechos hasta ahora realizada[60].

2.1 Ámbito de aplicación

Señala el artículo 2, como marco regulatorio de aplicación, a vegetales[61] obtenidos con NTG; alimentos que contengan

---

científica indiscutible, la opinión mayoritaria coincide en señalar que la agricultura global sin duda se encamina a la incorporación de estos nuevos organismos FANZO, J., DAVIS, C., *Global food systems, diets and nutrition,* Palgrave Macmillan, 2021, p. 172, FEDOROFF, N., et al., "Radically rethinking agriculture for the 21st. Century" *Science,* Vol. 327, p. 833.

59 Bruselas, 5 de julio, 2023, COM (2023) 411 final 2023/0226 (COD).

60 Al tratarse de una norma en trámite parlamentario, nuestro comentario toma como base el documento publicado por el Parlamento Europeo con enmiendas al texto de la Propuesta, publicado el 7 de febrero, 2024, Documento P9_TA(2024)0067, disponible en: http://www.europarl.europa.eu/RegistreWeb/search/getDocument.htm?reference=P9_TA(2024)0067&fragment=FULL&language=ES, Acceso el 15 de marzo, 2024.

61 El Considerando 9 de la Propuesta señala que la materia viva incluida en esta regulación serán los organismos de los grupos taxonómicos *Archaeplastida* o *Phaeophyceae,* con exclusión de mi-

vegetales obtenidos con NTG, se compongan de ellos o se hayan producido a partir de ellos, o que contengan ingredientes producidos a partir de vegetales obtenidos con NTG; piensos que contengan vegetales obtenidos con NTG, se compongan de ellos o se hayan producido a partir de ellos; o productos, distintos de alimentos y piensos, que contengan vegetales obtenidos con NTG o se compongan de ellos.

El texto no establece un concepto legal de NGTs, señalando simplemente (Considerando 1) que éstas son técnicas de edición genómica que permiten modificar el genoma[62] en lugares precisos. En el siguiente apartado, sin embargo, sí se incluye una relación de las NGTs más recientes señalando que éstas constituyen un grupo diverso de técnicas genómicas, cada una de las cuales puede utilizarse de diversas maneras para lograr resultados y productos diferentes, y que su uso puede dar lugar a organismos con modificaciones equivalentes a las que pueden obtenerse mediante métodos convencionales de mejora vegetal o a organismos con modificaciones más complejas.

La propuesta de Reglamento identifica como NTG, la mutagénesis dirigida y la cisgénesis (así como la intragénesis) explicando que éstas introducen modificaciones genéticas sin insertar material genético de especies no compatibles (transgénesis). Estas tres técnicas basan la edición génica únicamente en el patrimonio genético de los obtentores, es decir, la información genética total disponible para la mejora convencional,

---

croorganismos, hongos y animales, sobre los que se dispone de conocimientos más limitados.

62 Alteraciones que deberán reflejar la diversidad del tamaño del genoma de los vegetales, por tanto incluyendo a los vegetales poliploides: tetraploides, hexaploides y octoploides, de manera que el límite del número total de modificaciones individuales por vegetal deberá reflejar el número de juegos de cromosomas de los vegetales.

incluida la procedente de especies vegetales emparentadas de forma lejana que pueden cruzarse mediante técnicas avanzadas de mejora. De esta manera, estas técnicas de mutagénesis dirigida darían lugar a modificaciones de la secuencia de ADN en lugares precisos del genoma de un organismo, las técnicas de cisgénesis dan lugar a la inserción, en el genoma de un organismo, de material genético ya presente en el patrimonio genético de los obtentores, mientras que la intragénesis sería un subgrupo de la cisgénesis que da lugar a la inserción en el genoma de una copia reordenada de material genético compuesto por dos o más secuencias de ADN ya presentes en el patrimonio genético de los obtentores.

2.2 Procedimientos de autorización

A efectos de aplicación de los procedimientos ya conocidos de autorización y comercialización objeto de la Directiva OMG, el texto propone una recategorización, de manera que los vegetales obtenidos con NTG que también pueden obtenerse de forma natural o producirse mediante técnicas convencionales de mejora vegetal y su descendencia obtenida mediante técnicas convencionales de mejora deberán tratarse como vegetales que se han obtenido de forma natural o han sido producidos mediante técnicas convencionales de mejora vegetal, dado que se les considerará equivalentes[63] y sus riesgos comparables a aquéllos conseguidos con las técnicas convencionales.

---

63 Los criterios para establecer esta equivalencia deben ser objetivos y basarse en la ciencia, abarcar el tipo y el alcance de las modificaciones genéticas que pueden observarse en la naturaleza o en los organismos obtenidos con técnicas convencionales de mejora e incluir umbrales para el tamaño y el número de modificaciones genéticas del genoma de los vegetales obtenidos con NTG. Dado que los conocimientos científicos y técnicos evolucionan rápidamente en este

Los vegetales obtenidos con NTG que no sean de categoría 1 mantendrán su sujeción a los requisitos de la legislación de la Unión en materia de OMG[64], ya que presentan conjuntos más complejos de modificaciones del genoma. Sin embargo, realizado el procedimiento de verificación del estado vegetal obtenido con NGT de categoría 2[65] se obtendrá una autorización de comercialización que, en su segunda renovación tendrá validez por tiempo indefinido.

2.3 Procedimiento de control

En el caso de los vegetales de categoría 1, el texto propone asignarles un número que vincule el vegetal con el método NTG de que se trate con el fin de garantizar la transparencia y la trazabilidad del vegetal cuando figure en la base de datos y a efectos del etiquetado de los materiales de reproducción vegetal derivados de él. También se prevé adscribir los vegetales NTG categoría 1 a cualquier marco reglamentario que se aplique a los vegetales mejorados de forma convencional. Por tanto, estarán sujetos a la legislación sectorial aplicable en materia de semillas y otros materiales de reproducción vegetal, alimentos, piensos y otros productos, así como a marcos hori-

---

ámbito, se propone facultar a la Comisión, de conformidad con el artículo 290 del Tratado de Funcionamiento de la Unión Europea, para que actualice estos criterios a la luz del progreso científico y técnico en lo que se refiere al tipo y al alcance de las modificaciones genéticas que pueden producirse en la naturaleza o mediante la mejora vegetal convencional.

64 Por tanto, sujetos a la Directiva 2001/18/CE o el Reglamento (CE) n.º 1829/2003, para su liberación en el medio ambiente o su comercialización.

65 Art. 19-20 de la Propuesta de Reglamento.

zontales, como la legislación sobre conservación de la naturaleza y la responsabilidad medioambiental.

En cuanto a los alimentos obtenidos con NTG categoría 2 que tengan una composición o estructura significativamente modificada que afecte al valor nutricional, al metabolismo o al nivel de sustancias indeseables del alimento se considerarán *nuevos alimentos* y, por tanto, entrarán en el ámbito de aplicación del Reglamento (UE) 2015/2283 del Parlamento Europeo y del Consejo[66] debiendo ser objeto de una evaluación del riesgo[67] en ese contexto.

De acuerdo con el marco regulatorio de la producción y productos ecológicos[68] tanto los vegetales NGT categoría 1 como categoría 2 no podrán utilizarse en producción ecológica.

En cuanto al plan de seguimiento de los efectos ambientales de los OMG tras su liberación intencional o comercialización, los requisitos que debe incorporar deberán adaptarse a la luz de la evaluación del riesgo para el medio ambiente y de la experiencia adquirida en los ensayos de campo, las características del vegetal obtenido con el NTG en cuestión, las características y la escala de su uso previsto, en particular cualquier historial de uso seguro del vegetal, y las características

---

66 Reglamento (UE) 2015/2283 del Parlamento Europeo y del Consejo, de 25 de noviembre de 2015, relativo a los nuevos alimentos, por el que se modifica el Reglamento (UE) n.º 1169/2011 del Parlamento Europeo y del Consejo y se derogan el Reglamento (CE) n.º 258/97 del Parlamento Europeo y del Consejo y el Reglamento (CE) n.º 1852/2001 de la Comisión (DO L 327 de 11.12.2015, p. 1).

67 *Vid.* Art. 20 de la Propuesta de Reglamento.

68 Reglamento (UE) 2018/848 del Parlamento Europeo y del Consejo, de 30 de mayo de 2018, sobre producción ecológica y etiquetado de los productos ecológicos y por el que se deroga el Reglamento (CE) n.º 834/2007 del Consejo (DO L 150 de 14.6.2018, p. 1).

del entorno receptor. Por ello, no deberá exigirse un plan de seguimiento de los efectos ambientales si es poco probable que el vegetal NTG de categoría 2 plantee riesgos que requieran seguimiento, como efectos indirectos, retardados o imprevistos en la salud humana o en el medio ambiente.

2.4 Las obligaciones de divulgación

Para garantizar que las cadenas de producción que deseen permanecer libres de NTG puedan hacerlo y salvaguardar así la confianza de los en este tipo de producto, los vegetales obtenidos con NTG categoría 1 deberán figurar en una base de datos de acceso que deberá contener datos concretos relativos al organismo NGT. Entre estos encontramos las garantías de trazabilidad, transparencia y la posibilidad de elección de los operadores, tanto durante la investigación y la mejora vegetal, como en el proceso comercial, cuando vendan semillas a los agricultores o pongan materiales de reproducción vegetal a disposición de terceros de cualquier otro modo. En todos estos hitos, los materiales de reproducción vegetal de vegetales obtenidos con NTG de categoría 1 deberán etiquetarse como NTG de categoría 1

Por último, la Propuesta plantea ofrecer incentivos reglamentarios a los posibles notificantes o solicitantes de vegetales y productos obtenidos con NTG de categoría 2 que contengan rasgos que puedan contribuir a un sistema agroalimentario sostenibleo[69], con el fin de orientar el desarrollo de los vegetales NTG categoría 2 hacia esos rasgos. Los criterios para activar estos incentivos deberán centrarse en categorías de rasgos amplios

---

69 *Vid.* Art. 22 de la Propuesta de Reglamento.

con potencial para contribuir a la sostenibilidad[70], y basarse en la contribución al valor para el cultivo y el uso sostenibles. En este sentido, el incentivo principal será un procedimiento acelerado de valoración del riesgo en lo que respecta a las solicitudes tramitadas mediante un procedimiento plenamente centralizado (alimentos y piensos) y en un asesoramiento mejorado previo a la presentación para ayudar a los desarrolladores a preparar el expediente a efectos de las evaluaciones ambientales y de seguridad de los alimentos y los piensos.

Por último, aunque no por ello menos importante, si bien la propuesta inicial incluía, para los vegetales NGTs categoría 2 una excepción de aplicación del artículo 26 *ter* de la Directiva 2001/18/CE, lamentablemente este artículo ha desaparecido del texto de la Propuesta en la versión enmendada de febrero, 2024.

IV. CONCLUSIONES

La brevísima relación aquí realizada plantea, a nuestro entender una enorme oportunidad de adecuar el sistema regulatorio vigente a las necesidades de incorporar al sector agrícola materias primas desarrolladas con mejores y más seguros medios de edición génica, sin dejar de lado la necesaria diligencia en el acceso de estos productos al mercado interior europeo. Sin duda un progreso regulatorio en este sentido permitirá que los ya ingentes medios técnicos que nuestras instituciones públicas de investigación llevan décadas desarrollando, puedan finalmente ser aprovechados tanto por la industria agrícola europea como, sobre todo, por el consumidor final de esta producción.

---

70 Tolerancia o la resistencia a las tensiones bióticas y abióticas, la mejora de las características nutricionales o el aumento del rendimiento.

Dentro de los retos sin respuesta – a falta de un texto definitivo – se encuentra, en relación con la regulación de la base jurídica que sustenta la comercialización del resultado de las investigaciones y mejoramiento vegetal aquí descritos, el de permitir el acceso de estas nuevas técnicas de edición genética al sistema de protección de la propiedad industrial sin menoscabarlo, para ello, la reformulación del contenido del "privilegio del obtentor".

No menos importante será, el reto de convencer a los representantes políticos que el sistema aquí propuesto es, a nuestro entender, no solo estratégicamente necesario, sino casi, imprescindible, para mantener abierta la posibilidad de controlar y, ojalá, disminuir, la dependencia alimentaria, amén de conseguir – como ya hemos expresado en este texto – paliar los efectos del cambio climático en el ámbito geográfico europeo.

El uso sostenible de productos fitosanitarios en la Unión Europea: un proyecto a la deriva

ANDRÉS TRUJILLO JIMÉNEZ
Doctor en Derecho
Profesor Asociado
Universidad de Salamanca
andtruji@usal.es

SUMARIO: I. Introducción. II. Un modelo sostenible en el uso de fitosanitarios. III. La sostenibilidad agroindustrial y la evolución de los Planes de Acción Nacional. IV. Propuesta de reforma legislativa: Un proyecto a la deriva. V. Reflexiones finales.

BIBLIOGRAFÍA: AMANATIDIS, G., CURMEI, M.M., «Los productos químicos y los plaguicidas», Fichas técnicas sobre la Unión Europea, disponible en https://www.europarl.europa.eu/factsheets/es/sheet/78/los-productos-quimicos-y-los-plaguicidas, 2023, p. 5; TRUJILLO JIMÉNEZ, A., «Protección Jurídica y Comercialización de los Productos Fitosanitarios. Especial Referencia al Real Decreto 285/2021 de 20 de abril», en Competencia, Propiedad Intelectual y Tutela de Consumidores en el Sector Agroalimentario, Tirant lo blanch, Valencia, 2022, pp. 309 – 334; NAVAS RUIZ, I., GARCÍA-FERNÁNDEZ, A.: «Plaguicidas y biocidas: generalidades, clasificación toxicológica y de riesgos, legislación europea aplicable», [en línea], (2020), http://hdl.handle.net/10201/88181, [Consulta: 12/02/2024]; GINÉ, J., «Finalidad de la Directiva 2009/128/CE», [en línea], (2010), https://www.phytoma.com/la-revista/phytohemeroteca/222-octubre-2010/finalidad-de-la-directiva-2009-128-ce, [Consulta: 15/02/2024]; ALONSO PRADOS, J.L., «Estado de la cuestión sobre el reglamento de comercialización de productos fitosanitarios», *Phytoma*, nº. 234, diciembre 2011, 68 – 70; LYKOGIANNI, M., BEMPELOU, E., et al.,

«Do pesticides promote or hinder sustainability in agriculture? The challenge of sustainable use of pesticides in modern agriculture», Science of The Total Environment, 795, 148625. [en línea], (2021), https://doi.org/10.1016/j.scitotenv.2021.148625. [Consulta: 15/03/2024]; SYAFRUDIN, M., KRISTANTI, R.A., et al., «Pesticides in Drinking Water—A Review», Int. J. Environ. Res. Public health, 18, 2021, 468; HERNÁNDEZ LOZANO, K., «La mochila tóxica de la producción agraria in-sostenible. Análisis de la inadecuada evaluación de la toxicidad de los plaguicidas en la UE», [En línea], (2022), http://wwww.ecologistasenaccion.org/195457, [Consulta 11/04/2024]; PALOMAR. C., «¿En época de crisis, es posible diseñar un futuro mejor para la agricultura europea?», Phytoma, Nº. 357, Marzo 2024, 7; MARCHAND, P. A., «EU Chemical Plant Protection Products in 2023: Current State and Perspectives», Agrochemicals, 2023, 2(1):106 – 117. Disponible en https://doi.org/10.3390/agrochemicals2010008.

I. INTRODUCCIÓN

El problema medioambiental relacionado con la utilización de productos fitosanitarios tiene dos caras de la misma moneda. Por un lado, los productos fitosanitarios o plaguicidas están destinados a influir en procesos esenciales de los seres vivos y, por esta razón, han sido desarrollados para controlar y eliminar organismos nocivos, como las plagas. Por otro lado, los productos fitosanitarios son capaces de producir efectos peligrosos sobre la salud humana y el medio ambiente; sin embargo, el conjunto de la sociedad entiende y acepta, hasta cierto punto, los posibles riesgos que surgen por el uso de estos productos. A lo largo de los últimos años, se ha ido constituyendo un sistema muy elaborado de evaluación de los riesgos por el uso de plaguicidas sobre la salud de las personas y los efectos perjudiciales para el medio ambiente.

A pesar de los esfuerzos realizados por las autoridades de la Unión Europea para limitar los riesgos por el uso de productos fitosanitarios, sigue siendo posible encontrar cantidades indeseables de determinados plaguicidas en distintos medios, en particular, en el suelo y en las aguas. Por lo tanto, continúa creciendo la cantidad de residuos peligrosos que superan los límites normativos, y que, se encuentran tanto en productos agrícolas, como en las zonas de cultivo[71].

Así las cosas, los objetivos propuestos por las instituciones europeas con relación al uso sostenible de productos fitosanitarios, pueden ser considerados como un eje respecto de las prioridades de políticas públicas, dirigidas a la salvaguarda del medio ambiente y la protección de la salud pública. De este modo, en las últimas décadas, el legislador europeo ha puesto en marcha una variada batería legislativa para que los Estados miembros hagan frente a los retos en materia de sostenibilidad y de competencia en el sector agrícola.

Nos referimos, de este modo, al actual sistema legislativo de la Unión Europea compuesto, en primer lugar, por la Directiva 2009/128/CE del Parlamento Europeo y del Consejo de 21 de octubre, por la que se establece un marco de actuación comunitaria para alcanzar un uso sostenible de fitosanitarios, promueve la reducción de los riesgos y los efectos del uso de plaguicidas e incentiva la aplicación de técnicas de sustitución para la gestión de plagas. En segundo lugar, el Reglamento (CE) Nº. 1107/2009

---

71 AMANATIDIS, G., CURMEI, M.M., «Los productos químicos y los plaguicidas», *Fichas técnicas sobre la Unión Europea,* disponible en https://www.europarl.europa.eu/factsheets/es/sheet/78/los-productos-quimicos-y-los-plaguicidas, 2023, p. 5. «*Contaminantes orgánicos persistentes (COP). Son sustancias químicas que permanecen en el medio ambiente debido a su resistencia a distintas formas de degradación (química, biológica, etc.); se bioacumulan a través de la cadena trófica y pueden tener efectos adversos para la salud humana y el medio ambiente. Este grupo de contaminantes prioritarios consta de plaguicidas (como el DDT), productos químicos industriales (como los policlorobifenilos o PCB) y subproductos accidentales de procesos industriales (como las dioxinas y los furanos)*».

del Parlamento Europeo y del Consejo de 21 de octubre de 2009, relativo a la comercialización de productos fitosanitarios. Igualmente, el más reciente Reglamento Nº. 2021/2015 (CE) del Parlamento Europeo y del Consejo de 2 de diciembre que establece, un marco sobre la política agrícola común y plantea distintos tipos de asesoramiento y asistencia técnica en lo relativo a un control sostenible de plagas y enfermedades.

Asimismo, el denominado *Pacto Verde Europeo* del 11 de diciembre de 2019, diseñado como una estrategia de crecimiento destinada a transformar la Unión Europea en una sociedad eficiente en el uso de los recursos, y cuyos objetivos se abordan por medio de planes estratégicos de uso sostenible de plaguicidas. Y como no, la estrategia *Farm to Fork*, de la granja a la mesa, en la que se idea un sistema alimentario justo, saludable y respetuoso con el medio ambiente.

Sin embargo, la presencia de deficiencias en la implementación de la Directiva de 2009/128, y los Reglamentos 1107/2009 y 2021/2015, instó a la Comisión a proponer un nueva normativa que busca armonizar las políticas nacionales de uso de plaguicidas, con el fin de crecer en el funcionamiento del mercado interior, reducir las distorsiones y los daños ambientales y de salud pública, y promover una agricultura más sostenible. Por estas razones, el 22 de junio de 2022, se presenta la Propuesta de Reglamento del Parlamento Europeo y del Consejo, relativo al uso sostenible de los productos fitosanitarios.

La propuesta presenta cuatro objetivos fundamentales. En primer lugar, reducir el uso de los plaguicidas químicos y el riesgo derivado de ellos, y a su vez, incentivar el uso de alternativas menos peligrosas y no químicas para luchar contra las plagas, siguiendo los objetivos de la Directiva de 2009.

En segundo lugar, mejorar la disponibilidad de datos de seguimiento sobre la aplicación, el uso y el riesgo de los plaguicidas. En este aspecto fundamental, el Estado español se encuentra a la cabeza en innovación legislativa mediante la promulgación de normas pioneras en el marco de la actuación para conseguir un uso sostenible de plaguicidas, como el Real Decreto 1050/2022 y el Real Decreto 285/2021 por el que se establecen condiciones de comercialización, control y autorización de ensayos con productos fitosanitarios. Por su parte, el Real Decreto 1054/2021 regula el registro y control de los operadores profesionales en materia vegetal, las medidas a cumplir por estos operadores autorizados a expedir pasaportes fitosanitarios y las obligaciones de los profesionales en material vegetal de reproducción[72].

El tercer objetivo de la propuesta de Reglamento es mejorar la implementación de las disposiciones legales en todos los Estados miembros. Y, por último, el cuarto objetivo trata de la promoción de nuevas tecnologías como la agricultura de precisión tomando como herramientas los datos y las técnicas de localización geoespacial para disminuir la utilización y el riesgo de los fitosanitarios.

Estas finalidades se enmarcan en una nueva *Política Agrícola Común* que busca promover prácticas agrícolas sostenibles a través del asesoramiento a las explotaciones agrícolas y a los agricultores sobre el uso sostenible de los plaguicidas, la innovación, las tecnologías digitales y la reducción de la exposición a los fitosanitarios y la gestión sostenible de los nutrientes.

Este artículo pretende analizar, de una parte, la evolución legislativa sobre el uso sostenible de fitosanitarios a nivel europeo en los úl-

---

72 TRUJILLO JIMÉNEZ, A., «Protección Jurídica y Comercialización de los Productos Fitosanitarios. Especial Referencia al Real Decreto 285/2021 de 20 de abril», en *Competencia, Propiedad Intelectual y Tutela de Consumidores en el Sector Agroalimentario*, Tirant lo blanch, Valencia, 2022, pp. 309 – 334.

timos veinte años, haciendo hincapié en las más recientes propuestas de reforma reglamentaria, y de otro lado, identificar los retos futuros en el ámbito fitosanitario y agrario y cómo ha respondido la comunidad agraria ante estas propuestas de modificación normativa.

II. UN MODELO SOSTENIBLE EN EL USO DE FITOSANITARIOS

El fortalecimiento del marco normativo en el sector agrario en la Unión Europea surge con la adopción de un grupo de disposiciones legislativas, dirigidas a contrarrestar los efectos nocivos sobre el medio ambiente; así como, en la reducción del riesgo por la aplicación de plaguicidas en los campos de los Estados miembros. De igual manera, estas normas también fueron creadas para fomentar el sistema productivo de los agricultores a través del control en la distribución y en el uso de productos fitosanitarios.

El afán del legislador por establecer un marco jurídico común, tenía su origen en fomentar la adopción de unas medidas dirigidas al uso sostenible de los fitosanitarios. La Directiva 2009/128/CE, puede ser considerada como el principal elemento normativo que buscaba dentro de sus objetivos, asumir un enfoque preventivo y sancionador sobre el uso sostenible de los fitosanitarios; sin embargo, conviene subrayar que la Directiva puntualiza e identifica en su considerando segundo[73] que la aplicación de esta norma está dirigida al uso y control de los

---

73 Directiva 2009/128/CE, considerando segundo. "En la actualidad, la presente Directiva debe aplicarse a los plaguicidas que son productos fitosanitarios. No obstante, está previsto ampliar en el futuro el ámbito de aplicación de la presente Directiva a los productos biocidas".

productos fitosanitarios[74] y al uso y control de los productos biocidas[75], englobando, de esta manera, el concepto de *plaguicidas*[76].

---

74 Reglamento (CE) n.º 1107/2009, art. 2. "se denomina a los «productos fitosanitarios» como aquellos productos que contengan o estén compuestos de sustancias activas, protectores o sinergistas, y que estén destinados a uno de los usos siguientes: (a) proteger los vegetales o los productos vegetales de todos los organismos nocivos o evitar la acción de estos, excepto cuando dichos productos se utilicen principalmente por motivos de higiene y no para la protección de vegetales o productos vegetales; (b) influir en los procesos vitales de los vegetales como, por ejemplo, las sustancias que influyen en su crecimiento, pero de forma distinta de los nutrientes;
(c) mejorar la conservación de los productos vegetales, siempre y cuando las sustancias o productos de que se trata no estén sujetos a disposiciones comunitarias especiales sobre conservantes; (d) destruir vegetales o partes de vegetales no deseados, excepto las algas, a menos que los productos sean aplicados en el suelo o el agua para proteger los vegetales;
(e) controlar o evitar el crecimiento no deseado de vegetales, excepto las algas, a menos que los productos sean aplicados en el suelo o el agua para proteger los vegetales».

75 Reglamento (UE) nº 528/2012 del Parlamento Europeo y del Consejo, de 22 de mayo de 2012, relativo a la comercialización y el uso de los biocidas, «DOUE» núm. 167, de 27 de junio de 2012, pp. 1 a 123, DOUE-L-2012-81145. Art. 3.1.a) *««biocida»–toda sustancia o mezcla, en la forma en que se suministra al usuario, que esté compuesto por, o genere, una o más sustancias activas, con la finalidad de destruir, contrarrestar o neutralizar cualquier organismo nocivo, o de impedir su acción o ejercer sobre él un efecto de control de otro tipo, por cualquier medio que no sea una mera acción física o mecánica,–toda sustancia o mezcla generada a partir de sustancias o mezclas distinta de las contempladas en el primer guion, destinada a ser utilizada con la intención de destruir, contrarrestar o neutralizar cualquier organismo nocivo, o de impedir su acción o ejercer sobre él un efecto de control de otro tipo, por cualquier medio que no sea una mera acción física o mecánica»*.

76 NAVAS RUIZ, I., GARCÍA-FERNÁNDEZ, A.: «Plaguicidas y biocidas: generalidades, clasificación toxicológica y de riesgos, legislación europea aplicable», [en línea], (2020), http://hdl.handle.net/10201/88181, [Consulta: 12/02/2024]. "*Los plaguicidas son*

De este modo, la Directiva pone de manifiesto los requisitos para alcanzar el objetivo de un uso sostenible de estos productos; de una parte, a través de herramientas de carácter jurídico que permitieran la reducción de los riesgos, y los efectos nocivos por el uso de los plaguicidas en la salud humana y el medio ambiente. Por otra parte, poner a disposición de los agricultores técnicas alternativas para la erradicación de plagas, incentivando a éstos al uso de productos de composición no química como alternativa sostenible frente a los plaguicidas.

Otro de los pilares de esta Directiva es el impulso a que los Estados miembros implementen planes de formación de las personas participantes en los procesos de distribución, así como a aquellos usuarios profesionales de plaguicidas[77], para que cuenten con los conocimientos sobre los peligros para el medio ambiente y para la salud de las personas por el uso de estos productos. De igual manera, deben contar con la información, herramientas y alternativas para intentar reducir estos riesgos y los efectos nocivos por el uso indiscriminado de estos plaguicidas.

Los sistemas de formación para usuarios profesionales, distribuidores y asesores, irán acompañados de un sistema de certificación que tendrá como objetivo garantizar que estos

---

sustancias o ingredientes activos, así como las formulaciones o preparados que contengan uno o varios de ellos, destinados a cualquiera de los fines siguientes: a. Combatir los agentes nocivos para los vegetales y productos vegetales o prevenir su acción. b. Favorecer o regular la producción vegetal, con excepción de los nutrientes y los destinados a la enmienda de suelos. c. Conservar los productos vegetales, incluida la protección de las maderas. d. Destruir los vegetales indeseables. e. Destruir parte de los vegetales o prevenir un crecimiento indeseable de los mismos. f. Hacer inofensivos, destruir o prevenir la acción de otros organismos nocivos o indeseables distintos de los que atacan a los vegetales.

77 Directiva 2009/128/CE, art. 5.

operadores cuentan con la preparación esencial sobre las materias relacionadas, con los riesgos por el uso de plaguicidas, los peligros que conlleva el uso de productos fitosanitarios falsificados y los métodos de identificación de éstos, tal como lo expone el Anexo I de la Directiva 2009/128/CE.

En el ámbito de la comercialización de plaguicidas, la Directiva promueve a los Estados a que adopten medidas para el control de ventas de los plaguicidas, sistemas de información de los distribuidores a los usuarios no profesionales con el fin de crear conciencia sobre los peligros del uso de estos productos[78].

Tomando en cuenta las novedades que presentó la Directiva, es oportuno analizar el importante papel que desempeño la inclusión de la obligatoriedad de inspección de los equipos de aplicación con el propósito de reducir los riesgos en la aplicación de los plaguicidas en los cultivos. Actualmente, y según lo expresa el artículo 8 de la Directiva, el procedimiento de inspección cuenta con un límite temporal para su cumplimiento, a partir del año 2020, los equipos deben ser evaluados cada tres años. Al igual que los sistemas de formación, cada Estado deberá implementar un régimen de certificación de las pruebas de evaluación de los equipos para llevar un control de eficiencia y de seguridad de los dispositivos de aplicación de fitosanitarios.

Junto a los sistemas de control, tanto de los elementos formativos como de información y de vigilancia de los plaguicidas, la Directiva ordena a los Estados a garantizar la prohibición de la aplicación de plaguicidas a través de las pulverizaciones aéreas, salvo casos específicos como puede ser que este medio de aplicación presente un impacto menor que la aplicación terrestre de fitosanitarios[79].

---

[78] *Ibid*, art. 6.3.

[79] *Ibid*. Art. 9.2 (a y b).

Bien, pareciera por todo lo anterior, que la Directiva 2009/128/CE diseñó un conjunto de propuestas dirigidas a fomentar un modelo de uso sostenible de fitosanitarios, pero también, generó grandes desafíos para los agricultores. Estos desafíos, estaban basados principalmente en reunir información y conocimientos que les permitiera aplicar métodos alternativos de control de plagas y, de esa forma, alcanzar los objetivos marcados por la Directiva de reducción del uso de plaguicidas en los Estados miembros[80].

Paralelamente a la Directiva, el Reglamento (CE) N.° 1107/2009, se centra en el control de la comercialización de los fitosanitarios, y así, acompaña a los objetivos de sostenibilidad, de protección de la salud humana, animal y del medio ambiente considerados en la Directiva. Se trata por lo tanto, de una norma que busca proteger la competencia en el sector agrícola en la Unión Europea.

Para alcanzar estos objetivos de protección del sistema competitivo en la agricultura comunitaria, el Reglamento apuesta por un control en el conjunto productivo de fitosanitarios, es decir, aplicar un sistema de vigilancia sobre los plaguicidas producidos o comercializados, y de este modo, garantizar que las empresas cumplen con las obligaciones de seguridad impuestas por el Reglamento para este tipo de productos[81].

Ahondemos todavía un poco más en las normas de evaluación de sustancias activas de los plaguicidas, que, para el

---

80 GINÉ, J., «Finalidad de la Directiva 2009/128/CE», [en línea], (2010), https://www.phytoma.com/la-revista/phytohemeroteca/222-octubre-2010/finalidad-de-la-directiva-2009-128-ce, [Consulta: 15/02/2024].

81 Reglamento (CE) N.° 1107/2009. Art. 29.

momento de promulgación del Reglamento, dichas normas de evaluación eran completamente novedosas.

Por una parte, los criterios de aprobación de sustancias activas del artículo cuarto, y expuestos en el Anexo II[82]. Por otra parte, el Reglamento plantea con carácter novedoso un mecanismo de evaluación comunitario por zonas para productos fitosanitarios y reafirma la importancia del reconocimiento mutuo de las autorizaciones de este tipo de productos, como fórmula de eficiencia para, en palabras de ALONSO PRADOS, «*garantizar la libre circulación de bienes en la Unión, evitar duplicidad de trabajo, disminuir la carga administrativa e incrementar la disponibilidad de productos fitosanitarios en la UE*[83]».

La división de las zonas para la autorización de productos fitosanitarios planteadas por el Reglamento, se enmarcan a partir de una división geográfica de los Estados miembros. Así pues, la Zona A – Norte está compuesta por Dinamarca, Estonia, Letonia, Lituania, Finlandia y Suecia. La Zona B – Centro, pertenecen a esta zona Bélgica, República Checa, Alemania,

---

82 ALONSO PRADOS, J.L., «Estado de la cuestión sobre el reglamento de comercialización de productos fitosanitarios», *Phytoma*, nº. 234, diciembre 2011, 68 – 70. «*Solo serán aprobadas sustancias, protectores y sinergistas que no estén o no vayan a ser clasificadas como: Mutágeno categoría 1 A o 1 B, carcinogénico categoría 1 A o 1 B a menos que la exposición de seres humanos sea insignificante y los residuos sobre los alimentos y piensos no superen los valores establecidos por defecto en el Reglamento (CE) nº 396/2005. Tóxico para la reproducción de categoría 1 A o 1 B de conformidad con el Reglamento (CE) nº 1272/2008 a menos que la exposición de seres humanos sea insignificante y los residuos sobre los alimentos y piensos no superen los valores establecidos por defecto en el Reglamento (CE) nº 396/2005. Que no tengan propiedades de alteración endocrina a menos que la exposición de seres humanos sea insignificante y los residuos sobre los alimentos y piensos no superen los valores establecidos por defecto en el Reglamento (CE) nº 396/2005*».

83 *Ibid.*, p. 69.

Irlanda, Luxemburgo, Hungría, Países Bajos, Austria, Polonia, Rumanía, Eslovenia, Eslovaquia y Reino Unido[84]. Por último, la Zona C – Sur, compuesta por Bulgaria, Grecia, España, Francia, Italia, Chipre, Malta y Portugal.

Al ser el reconocimiento mutuo uno de los elementos principales para la comercialización, a partir del cual se busca garantizar una disponibilidad y control de fitosanitarios en todos los Estados miembros. Este es sin duda, el motivo para proponer y aplicar la división por zonas de la Unión. El reconocimiento mutuo se fundamenta en la aceptación de un Estado miembro de las autorizaciones de comercialización de fitosanitarios otorgadas por otro Estado miembro, siempre y cuando, las semejanzas en aspectos relacionados con los elementos del sector agrícola sean determinantes. El considerando (29) del Reglamento, habla de «*comparaciones en las condiciones agrícolas, fitosanitarias, medioambientales en las que se incluyen las climáticas*»[85].

---

[84] Desde el 1 de enero de 2021, el Reglamento 1107/2009 no es de aplicación para el Reino Unido. Sin embargo, un interesante planteamiento se presenta respecto a la comercialización de fitosanitarios en «*circunstancias especiales*». El artículo 53 del Reglamento dispone que un Estado miembro podrá autorizar la comercialización de productos fitosanitarios para su aplicación debido a un peligro inminente y que no se disponga de otra alternativa para poder controlarlo. Por lo tanto, surge el cuestionamiento: ¿se considera que la salida del Reino Unido de la Unión Europea es una «*circunstancia especial*»? Ante esta pregunta, el Parlamento ha respondido: «*La retirada del Reino Unido de la Unión no es una circunstancia especial, pues no tiene ningún efecto directo en la presión de las plagas ni en las condiciones climáticas o medioambientales*». *Vid.* https://www.europarl.europa.eu/doceo/document/E-9-2022-002674-ASW_ES.html

[85] Reglamento (CE) 1107/2009. Considerando (29). «[...] las circunstancias medioambientales o agrícolas específicas del territorio de uno o más Estados miembros pueden hacer necesario que, previa solicitud, los Estados miembros reconozcan o modifiquen una autorización ex-

En suma, el marco normativo por medio del cual se toma conciencia sobre la importancia del uso sostenible de productos fitosanitarios trajo grandes beneficios. No solo a la industria que veía como los costes en los procesos de autorización disminuían por el reconocimiento mutuo de productos fitosanitarios, sino también, que los usuarios profesionales veían satisfecha la necesidad de disponer de productos adecuados para combatir las amenazas de las plagas en sus cultivos. Se impulsan de esta manera, nuevas estrategias en el sector agroindustrial dirigidas a la toma de conciencia en el uso de productos fitosanitarios de forma sostenible y respetuosa con la salud humana y el medio ambiente.

III. LA SOSTENIBILIDAD AGROINDUSTRIAL Y LA EVOLUCIÓN DE LOS PLANES DE ACCIÓN NACIONAL.

Hemos comprobado en el apartado anterior que, los esfuerzos que el legislador europeo destinó para implantar un modelo sostenible en el uso de fitosanitarios, se manifestaron con la promulgación de las dos principales normas en la materia, por una parte, la Directiva 2009/128/CE de uso sostenible de plaguicidas y, por otra, el Reglamento (CE) 1107/2009 relativo a la comercialización de fitosanitarios. Posterior a la incorporación de estas disposiciones normativas en cada Estado miembro, fue preciso iniciar una fase de revisión y evaluación del impacto de este modelo de uso sostenible de los productos fitosanitarios. Por lo tanto, la Comisión se apoya

---

pedida por otro Estado miembro o se nieguen a autorizar el producto fitosanitario en su territorio, si ello estuviera justificado por circunstancias medioambientales o agrícolas específicas o cuando no pudiera alcanzarse el elevado nivel de protección de la salud humana y animal y del medio ambiente que se exige en el presente Reglamento».

en los resultados de las evaluaciones de impacto de la Directiva 2009/128/CE para iniciar un proceso de propuesta de reforma legislativa, siguiendo lo indicado en las diferentes estrategias de transformación y mejora del modelo de sostenibilidad en el uso de fitosanitarios. El Pacto Verde Europeo[86], la Estrategia «*Farm to Fork*», o, «de la granja a la mesa»[87], marcan un nuevo rumbo para alcanzar el objetivo de disminuir los riegos al medio ambiente y a la salud humana a través de un uso sostenible de plaguicidas químicos[88].

Aquí conviene detenerse un momento a fin de analizar la influencia que ha tenido la política agraria de cada Estado miembro, sobre la toma de conciencia de las autoridades europeas en torno al desarrollo de un nuevo proyecto de revisión y, por qué no, de transformación del modelo de uso sostenible de fitosanitarios. El Estado español siguiendo las directrices de la Directiva 2009/128/CE, en relación con la aplicación de planes de acción nacional en los que se marca un conjunto de objetivos de reducción de los efectos por el uso de fitosanitarios.

---

86 COMISIÓN EUROPEA., «Comunicación de la Comisión al Parlamento Europeo, al Consejo Europeo, al Consejo, al Comité Económico y Social Europeo y al Comité de las Regiones: El Pacto Verde Europeo», [en línea], (2019), https://eur-lex.europa.eu/resource.html?uri=cellar:b828d165-1c22-11ea-8c1f-01aa75ed71a1.0004.02/DOC_1&format=PDF, [Consulta 15/03/2024]

87 COMISIÓN EUROPEA., «Estrategia "*de la granja a la mesa*" para un sistema alimentario justo, saludable y respetuoso con el medio ambiente», [en línea], (2020), https://eur-lex.europa.eu/resource.html?uri=cellar:ea0f9f73-9ab2-11ea-9d2d-01aa75ed71a1.0004.02/DOC_1&format=PDF, [Consulta: 15/03/2024].

88 LYKOGIANNI, M., BEMPELOU, E., et al., «Do pesticides promote or hinder sustainability in agriculture? The challenge of sustainable use of pesticides in modern agriculture», *Science of The Total Environment,* 795, 148625. [en línea], (2021), https://doi.org/10.1016/j.scitotenv.2021.148625. [Consulta: 15/03/2024].

En este sentido y en conjunto con las distintas estrategias a nivel europeo – el Pacto Verde Europeo y *Farm to Fork* – España elabora un Plan de Acción Nacional para el Uso Sostenible de los Productos Fitosanitarios, por medio la promulgación del Real Decreto 1311/2012, de 14 de septiembre, por el que se establece el marco de actuación para conseguir un uso sostenible de los productos fitosanitarios. Este plan de acción nacional marca el inicio de una serie de normas encaminadas a alcanzar los objetivos cuantitativos y cualitativos en la reducción de riesgos por el uso de fitosanitarios en España[89].

Durante el quinquenio 2013 – 2017, se llevaron a cabo distintas políticas de control y seguimiento de los productos fitosanitarios comercializados. Partiendo del hecho que, se crea un registro de los tratamientos fitosanitarios, unas medidas de formación y capacitación, también, se refuerzan algunas de las prohibiciones que incluye la Directiva 2009/128/CE como el Reglamento (CE) 1107/2009. Adviértase que, a pesar de haber sido un plan con la firme convicción de cumplir con las exigencias de la Directiva, las autoridades consideraron, y teniendo en cuenta los resultados de esos años de vigencia del PAN 2013, que era necesario un cambio o, dicho de otra forma, se precisaba de un cambio en para lograr alcanzar los objetivos de uso sostenible de biocidas en el territorio español.

En vista de las circunstancias, las conclusiones obtenidas por la aplicación del anterior PAN 2013 – 2017, permitió a las autoridades plantear un nuevo paquete de estrategias específicas dirigidas a incentivar elementos esenciales en la producción

---

89 Real Decreto 1311/2012, art. 6.

agroindustrial basada en la sostenibilidad, protección de la salud humana y cuidado del medio ambiente[90].

La evolución normativa sobre la sostenibilidad en la agricultura, tiene sus cimientos en el fortalecimiento de la formación y de la información ofrecida a quienes utilizan los productos fitosanitarios. Ya que son estos profesionales quienes deben disponer de todas las herramientas necesarias para que su labor sea eficiente, eficaz y segura. A su vez, esta labor debe estar dirigida a cumplir con los mandatos establecidos en la normativa nacional, como comunitaria en la salvaguarda de la salud humana y el respeto del medio ambiente.

Con esto en mente, el Gobierno de España en su afán protector, continua con un marco de acción para alcanzar los objetivos de uso sostenible de los plaguicidas. Por lo tanto, en octubre de 2022 se aprueba un nuevo Plan de Acción Nacional para el Uso Sostenible de Productos Fitosanitarios. Este nuevo plan de acción, se diferencia de sus predecesores debido a que su periodo de vigencia es de dos años, desde el 1 de enero de 2023 al 31 de diciembre de 2024. Esto se debe a que este PAN se crea de forma simultánea con la presentación y negociación del proyecto de Reglamento comunitario sobre la sostenibilidad en el uso de productos fitosanitarios[91].

---

90 Véase. "Plan de Acción Nacional para el Uso Sostenible de Productos Fitosanitarios", Secretaría General de Agricultura y Alimentación Dirección General de Sanidad de la Producción Agraria Subdirección General de Sanidad e Higiene Vegetal y Forestal, [en línea], (2017), https://www.mapa.gob.es/images/es/170612_propuesta-renovacion_panuspff_tcm30-381264.pdf. [Consulta: 15/03/2024.]

91 Véase. "Plan de Acción Nacional para el Uso Sostenible de Productos Fitosanitarios", Secretaría General de Agricultura y Alimentación Dirección General de Sanidad de la Producción Agraria Subdirección General de Sanidad e Higiene Vegetal y Forestal, [en línea], (2022), https://www.mapa.gob.es/es/agricultura/temas/sanidad-vegetal/plandeaccionnacional2023-2024_tcm30-639977.pdf [Consulta: 20/03/2024.]

Todas estas observaciones se relacionan también con la integración en este nuevo PAN, del cumplimiento de un conjunto de objetivos generales y específicos acordes con los planteados en las anteriores ediciones de este Plan de Acción Nacional de Uso Sostenible de Productos Fitosanitarios. De este modo, se plantean como objetivos generales el fomento de la Gestión Integrada de Plagas (GIP) «*[...] para preservar un sector agrícola, forestal y alimentario próspero, que asegure una contribución positiva al medio ambiente, mediante un modelo sostenible de producción compatible con la utilización racional de productos fitosanitarios* y *reducir los riesgos y efectos derivados de la utilización de productos fitosanitarios, especialmente en el ámbito de la salud humana y del medio ambiente*»[92].

Se comprueba de este modo, que para la obtención de estos objetivos generales deben estar acompañados de una serie de estrategias o medidas específicas que sirvan como guía de aplicación en este ámbito del uso sostenible de plaguicidas. El PAN 2023, apuesta por la mejora en la formación e información sobre el uso de estos productos de forma segura y sostenible. Se trata; por lo tanto, de fomentar distintos aspectos relacionados con el sistema agroindustrial de aplicación, disponibilidad, control y vigilancia del uso de productos fitosanitarios, incentivando a que se reduzca el riesgo en las zonas del territorio donde se aplican estos productos[93]. Así se indica en el texto del

---

92 *Ibid.* p. 5

93 Las medidas que se plasman en el documento de Plan de Acción Nacional para el Uso Sostenible de Productos Fitosanitarios se enumeran de la siguiente manera: «*1- Mejorar la formación e información sobre el uso sostenible y seguro de productos fitosanitarios. 2- Fomentar la innovación y la transferencia tecnológica en la gestión integrada de plagas y en el uso sostenible de productos fitosanitarios. 3- Fomentar la Gestión Integrada de Plagas para conseguir un uso racional de los productos fitosanitarios. 4- Promover la disponibilidad de productos fitosanitarios eficaces en el control de plagas enfermedades y malas hierbas, a la vez que respetuosos con*

Plan de Acción Nacional, «*La elaboración del PAN pretende ser la base para el ordenamiento y la racionalización de las medidas a aplicar en el ámbito del uso sostenible de productos fitosanitarios*»[94].

Se comprende así que, con el ánimo del cumplimiento normativo comunitario, los entes gubernamentales nacionales deben coordinar la elaboración de estos planes de acción que servirán como fuente de información sobre el seguimiento del uso sostenible de fitosanitarios en los campos de cada Estado miembro. De este modo, las autoridades europeas han considerado dar un paso más y plantear una reforma reglamentaria con el objetivo de reforzar el marco legislativo actual, continuar con las pretensiones de reducción de los riesgos sobre el uso de plaguicidas y sus efectos sobre la salud y el medio ambiente. A continuación se expondrán los principales elementos del proyecto de reforma y cómo los cambios sugeridos suscitaron un rechazo en los grupos de presión y en los agricultores españoles y de la Unión Europea.

IV. PROPUESTA DE REFORMA LEGISLATIVA: UN PROYECTO A LA DERIVA

Tal y como se ha venido mencionando en las líneas anteriores, los esfuerzos a nivel gubernamental se destinan en limitar los riesgos derivados del uso de plaguicidas. Sin embargo, la

---

la salud y el medioambiente. 5- Fomentar técnicas que minimicen el riesgo de la utilización de productos fitosanitarios. 6- Intensificar la vigilancia sobre la comercialización de los productos fitosanitarios. 7- Mejorar el control del uso de productos fitosanitarios. 8- Reducir el riesgo derivado de la utilización de productos fitosanitarios en zonas específicas. 9- Mejorar y generalizar los avisos fitosanitarios a la ciudadanía y a la población vulnerable y sensible».

94 Ibid.

descripción del problema continua latente debido a la continua aparición de residuos de estos productos; principalmente, en el agua y en el suelo[95]. Como resultado de las evaluaciones de impacto sobre el uso de fitosanitarios llevadas a cabo por la Comisión, el Servicio de Estudios del Parlamento Europeo, el Tribunal de Cuentas Europeo, y las iniciativas ciudadanas europeas[96] [97], se determinó que los avances en alcanzar los objetivos de sostenibilidad a través de la reducción del riesgo por el uso de plaguicidas, están lejos de ser conseguidos. Por lo tanto, la Comisión fomenta la presentación de una propuesta de Reglamento en el que se introduzcan políticas que logren los objetivos de sostenibilidad en los sistemas agrarios nacionales. De igual forma, por medio de este nueva normativa, se plantean soluciones a los problemas sobre la armonización de las estrategias de uso sostenible de plaguicidas en los Estados miembros, y que, según la Propuesta de Reglamento «*[...] po-*

---

95 SYAFRUDIN, M., KRISTANTI, R.A., et al., «Pesticides in Drinking Water—A Review», Int. J. Environ. Res. Public health, 18, 2021, 468. «The dissolution of pesticides depends on the nature of the compound, pesticide application techniques and climatic factors. The pesticides that are not readily degrading will either get accumulated in soils or mobilized from one site to another in the form of degraded products, with unknown toxicity to human health».

96 COMISIÓN EUROPEA., «Iniciativa Ciudadana Europea: Salvemos a las abejas y a los agricultores – Hacia una agricultura respetuosa con las abejas para un medio ambiente sano», [en línea], (2023), https://citizens-initiative.europa.eu/initiatives/details/2019/000016_es, [Consulta:04/04/2024].

97 COMISIÓN EUROPEA., «Iniciativa Ciudadana Europea: Prohibición del glifosato y protección de las personas y del medio ambiente frente a los pesticidas tóxicos», [en línea], (2017),https://citizens-initiative.europa.eu/initiatives/details/2017/000002_es, [Consulta:04/04/2024].

drían contribuir a mejorar el funcionamiento del mercado interior y a reducir las distorsiones comerciales entre los Estados miembros»[98].

Así las cosas, la Comisión Europea en el año 2022 presenta una propuesta de Reglamento sobre el uso sostenible de fitosanitarios (*SUR* por sus siglas en inglés *Sustainable Use of Pesticides Regulation,*). La Comisión se apoya principalmente en las diferentes estrategias europeas, las cuales se fundamentan en un conjunto de objetivos encaminados a estructurar un sistema alimentario justo, sostenible y saludable. La ya mencionada estrategia «*De la Granja a la Mesa*» y la Estrategia sobre biodiversidad 2030, entre otras. De igual manera, con la introducción del denominado «*indicador de riesgo*»[99] y la implementación de los indicadores de riesgo armonizado[100], se ha obtenido valiosa información sobre el impacto del uso de plaguicidas en los cultivos del territorio de la Unión Europea[101].

---

98 COMISIÓN EUROPEA., «Propuesta de Reglamento del Parlamento Europeo y del Consejo Relativo al Uso Sostenible de los Productos Fitosanitarios y por el que se modifica el Reglamento (UE) 2021/2115», [en línea], (2023), https://eur-lex.europa.eu/legal-content/ES/TXT/PDF/?uri=CELEX:52022PC0305, [Consulta:9/04/2024].

99 RD 1311/2012, Anexo XI. «El indicador de riesgo es el resultado obtenido con un método de cálculo que se utiliza para evaluar los riesgos de los productos fitosanitarios para la salud humana o el medio ambiente»

100 DIRECTIVA (UE) 2019/782 de la comisión de 15 de mayo de 2019 por la que se modifica la Directiva 2009/128/CE del Parlamento Europeo y del Consejo en lo que respecta al establecimiento de indicadores de riesgo armonizado. [En línea] https://eur-lex.europa.eu/eli/dir/2019/782/oj/spa

101 HERNÁNDEZ LOZANO, K., «La mochila tóxica de la producción agraria in-sostenible. Análisis de la inadecuada evaluación de la toxicidad de los plaguicidas en la UE», [En línea], (2022), http://wwww.ecologistasenaccion.org/195457, [Consulta 11/04/2024].

La Propuesta de Reglamento del Parlamento Europeo y del Consejo relativo al uso sostenible del los productos fitosanitarios, plantea cuatro importantes objetivos. En concordancia con los mandatos de la Directiva 2009/128/CE, el primer objetivo va dirigido a «*reducir el uso de los plaguicidas químicos y el riesgo derivado de ellos especialmente los que contienen las sustancias activas más peligrosas, aumentar la aplicación y el cumplimiento de la gestión integrada de plagas (GIP), e incrementar el recurso a alternativas menos peligrosas y no químicas, en lugar de utilizar plaguicidas químicos para la lucha contra las plagas. El segundo objetivo es mejorar la disponibilidad de datos de seguimiento, en particular sobre: la aplicación, el uso y el riesgo de los plaguicidas, y el seguimiento respecto al medio ambiente y la salud, de modo que exista un marco más adecuado para medir los avances*»[102].

Realmente, la propuesta de estos primeros dos objetivos va encaminada en la intención que la Unión Europea ha manifestado, en las distintas estrategias, de reducir en un plazo de menos de 10 años el uso de plaguicidas en un 50%; en el que se busca reducir el riego derivado de su utilización en ese 50%. Sin embargo, la posible implementación de estos objetivos y la aprobación de la modificación reglamentaria, ha traído grandes discrepancias y críticas en un amplio sector de la producción agroindustrial, así como, de grupos de presión encabezados por la industria farmacéutica que ve en estas medidas una amenaza a su ingresos por la comercialización de estos productos que se vería disminuida, en principio, en un alto porcentaje.

Ahora bien, el segundo bloque de objetivos también ha generado controversia. Según la Propuesta de Reglamento, «*El tercer objetivo es mejorar la implementación, la aplicación y la ejecución de las disposiciones legales en todos los Estados miembros para*

---

102 COMISIÓN EUROPEA., «Propuesta de Reglamento, *op. cit.*, p.6.

mejorar la eficacia y la eficiencia de las políticas. El cuarto objetivo es promover la adopción de nuevas tecnologías, como la agricultura de precisión, que utiliza datos y servicios espaciales (incluidas las técnicas de localización geoespacial), para disminuir la utilización y el riesgo totales de los plaguicidas»[103]. Las críticas surgidas van dirigidas a la imprecisión con la que la propuesta aborda estas posibles alternativas para disminuir el uso de fitosanitarios. Esto se debe, a que no se plantea una estrategia de reforma que cuente con la participación de los usuarios profesionales, quienes ven como una amenaza, antes que una solución, estos objetivos[104].

Dentro de este marco ha de considerarse, que uno de los argumentos más extendidos entre los detractores de la propuesta, es que la reducción del uso de fitosanitarios generaría una amenaza a la producción agroindustrial comunitaria; pese a que, no solamente se trataría de reducir la utilización de estas herramientas químicas[105], no se dispone de opciones eficaces que sirvan para remediar la aplicación de estos productos para luchar contra las plagas, generando de este modo, una inestabilidad e inseguridad en los sistemas de producción agrario.

---

103 Ibid.

104 Véase. PALOMAR. C., «¿En época de crisis, es posible diseñar un futuro mejor para la agricultura europea?», *Phytoma*, N°. 357, Marzo 2024, 7. «*No dudamos que el objetivo final que la motivaba fuera positivo, y este debe seguir marcando la agenda europea en las próximas décadas. Pero también es cierto que debe hacerse con seriedad, tomando las necesarias decisiones con una previa valoración del impacto que pueden causar y por supuesto, escuchando a los agentes implicados. Debe favorecerse, además, un entorno adecuado que facilite el desarrollo de soluciones científicas y nuevas tecnologías que fomenten la productividad y sostenibilidad de la agricultura*».

105 MARCHAND, P. A., «EU Chemical Plant Protection Products in 2023: Current State and Perspectives», *Agrochemicals*, 2023, 2(1):106 – 117. Disponible en https://doi.org/10.3390/agrochemicals2010008

Distintas asociaciones empresariales como el caso de la *Asociación Empresarial para la Protección de las Plantas (AEPLA),* y *la Federación Española de Asociaciones de Productores Exportadores de Frutas, Hortalizas, Flores y Plantas Vivas, (FEPEX),* han calificado la propuesta de «*compleja, poco realista y con impacto directo en la agricultura europea*», cuestionando que la política de reducción propuesta tendrá un gran impacto en la disponibilidad de productos fitosanitarios, estas organizaciones confían en que una de las posibles soluciones es reducir el uso de productos que generan esos altos riesgos sin tener que reducir en ese porcentaje el uso total de fitosanitarios.

Sin embargo, desde una visión proteccionista del medio ambiente y, evidentemente, de la salud humana, estos objetivos propuestos pueden dar los resultados esperados si se ofrecen alternativas, tanto tecnológicas como naturales con las que los agricultores puedan enfrentar las plagas y enfermedades que sus productos puedan sufrir. Es necesario proponer soluciones concretas, y junto con unos análisis de impacto futuro de este tipo de normativas que garantice a los usuarios profesionales que la sustitución de los productos fitosanitarios por otras herramientas no afecte los costes de producción, que puedan mantener precios competitivos para que les permita mantener los rendimientos esperados.

V. REFLEXIONES FINALES

Ante las presiones de varios sectores del ámbito agrario, y la clara polarización que ha suscitado la propuesta, el pleno del Parlamento Europeo rechazó, a finales de 2023, el informe aprobado sobre la propuesta de Reglamento. Sin duda, un gran revés para la sostenibilidad, la protección del medio ambiente y la salud humana. Esta decisión pone en evidencia la complejidad en alcanzar un equilibrio entre las políticas que buscan un futuro que se fundamenta en la sostenibilidad y el impacto económico que tienen estas políticas sobre las explotaciones agrarias.

Es así como, será necesario proporcionar alternativas sostenibles a los agricultores para conseguir un rendimiento de los cultivos similar y económicamente aceptable. Así como, plantear una mejor definición de los productos fitosanitarios para diferenciar entre plaguicidas sintéticos y sustancias naturales, y autorizar el uso de estas sustancias naturales en sustitución con el fin de permitir una producción de alimentos de forma sostenible.

Las autoridades europeas deben seguir en la línea de promulgar nuevas cuerpos legislativos con objetivos de reducción de plaguicidas, ya que de esta manera, se apuesta por combatir el daño y el declive de la biodiversidad. La innovación en el ámbito agroalimentario debe ir acompañada de una conciencia sobre la sostenibilidad y la protección del medio ambiente como pilares fundamentales en la salvaguarda de la salud de toda la ciudadanía.

Las nuevas técnicas genómicas y las patentes biotecnológicas

ÁNGEL GARCÍA VIDAL
Catedrático de Derecho Mercantil
Universidad de Santiago de Compostela
angel.garcia.vidal@usc.es

BIBLIOGRAFÍA: ALLEA (European Federation of Academies of Sciences and Humanities), «Statement on Patent-Related Aspects of CRISPR-Cas Technology» [en línea], (2016), <https://www.allea.org/wp-content/uploads/2016/08/Statement_CRISPR_web_final-1.pdf>. [Consulta: 08/03/2024.]; ANDERSEN, E./SCHREIBER, K., «"Genome Editing" vor dem EuGH und seine Folgen: Eine Darstellung der durch das EuGH-Urteil C-528/16 hervorgerufenen Reaktionen und ihre Bewertung», *Natur + Recht*, 2020, Vol. 42 (2), págs. 99-106; ANDERSEN, E./SCHREIBER, K., «Neue Regeln für die Gentechnik in Europa? Eine Darstellung der faktischen Auswirkungen des EuGH-Urteils C-528/16 und der im Nachgang ergangenen Vorschläge für eine Reform des europäischen Gentechnikrechts», *Natur und Recht,* Vol. 42, 2020, págs. 168-178; BEALE, K., «The CRISPR Patent Battle: Who Will be "Cut" Out of Patent Rights to One of the Greatest Scientific Discoveries of Our Generation?», [en línea], (2015), *<https://lira.bc.edu/work/sc/c26e4d7a-f4d7-4bf3-918e-6875274d9fe5>*. [Consulta: 09/03/2024.]; BUNDESVERBAND DEUTSCHER PFLANZENZÜCHTER, «Position zur Ausgestaltung des Patentschutzes in der Pflanzenzüchtung. BDP fordert freien Zugang zu genetischem Material und spricht sich für die Einschränkung der Patentierbarkeit von Pflanzen aus» (17 January 2023). [en línea], (2023), <https://www.bdp-online.de/de/Presse/Archiv/2023/Zugang_zu_Technologien_und_biologischem_Material_ist_ueberlebenswichtig/BDP_Position_Patentschutz.pdf> [Consulta: 14/03/2024.]; CARSON, P./MULVANEY, M. A., «CRISPR patents: guidance from US courts», *Life Science IP Review*, 19 septiembre 2018, [en línea], <https://www.lifesciencesipreview.com/americas/crispr-patents-guidance-from-us-courts>. [Consulta: 08/03/2024.]; COMMISSION STAFF WORKING DOCUMENT, «Study on the status of new genomic techniques under Union law and in light of the Court of Justice ruling in Case C-528/16», Brussels, 29.4.2021 SWD(2021) 92 final, [en línea], (2021), <https://food.ec.europa.eu/document/download/5135278b-3098-4011-a286-a316209c01cd_en?filename=gmo_mod-bio_ngt_eu-study.pdf> [Consulta: 13/03/2024.]; CONSEJO INTERMINISTERIAL DE OMG, *Legislación de OMG y las consecuencias de la sentencia del Tribunal de Justicia de la UE sobre mutagénesis dirigida,* [en línea], (2019), <https://www.mapa.gob.es/es/agricultura/temas/biotecnologia/informeciomgsentenciamutagenesisdirigida11_02_2019_tcm30-496814_tcm30-512235.pdf>. [Consulta: 13/03/2024.]; CURTO POLO, M. M., *La materia biológica como invención patentable,* Thomson Reuters-Aranzadi, Cizur Menor, 2016; DEDERER, H. G.- HAMBURGER, D., «Are genome-edited micro-organisms covered by Directive 2009/41/EC?—implications of the CJEU's judgment in the case C-528/16 for the contained use of genome-edited micro-organisms», *Journal of Law and the Biosciences,* Volume 9, Issue 1, January-June 2022, págs. 1-27; DEDERER, H. G., «Patentability of Genome-Edited Plants: A Convoluted Debate», *IIC – International Review of Intellectual Property and Competition Law,* 2020, vol. 51, págs. 681-684; DEDERER, H.-G., «Introductory note to Confédération Paysanne and Others v. Premier Ministre and Ministre De L'Agriculture, De L'Agroalimentaire Et De La Forêt (C.J.E.U.)», *International legal materials,* 2019, Vol. 58 (6), págs. 1281-1298; GARCÍA VIDAL, Á., «Il problema della brevettabilità dei vegetali ottenuti mediante procedimenti essenzialmente biologici», en *Studi di diritto commerciale per Vincenzo Di Cataldo,* Giappichelli, Torino, 2021, págs. 223-244; GODT, C., «Technology, patents and markets: the implied lessons of the EU Commission's intervention in the Broccoli/Tomatoes Case of 2016 for modern (plant) genome editing», *IIC – International Review of Intellectual Property and Competition Law*, 2018, vol. 49, págs. 512 ss.; GONZÁLEZ SAN JUAN, J. L., «Organismos modificados genéticamente y el principio de precaución en el Protocolo de. Cartagena y en el Derecho de la UE: aplicación a las técnicas de. edición genética CRISPR-CAS», en CARBAJO CASCÓN, F. (Dir) -JIMÉNEZ SERRANÍA, V. (Coord.), *Competencia, propiedad intelectual y tutela de consumidores en el sector agroalimentario*, Tirant lo Blanch, Valencia, 2022, págs. 231 ss.; HEDNER, T.- LYCKE, J., «CRISPR/Cas9 system and gene editing tools – On patent rights, recent disputes and its potential commercial applicability in biotechnology and medicine», *Stockholm Intellectual Property Law Review*, 2019, Vol. 2 (1), págs. 12-23; ÍÑIGUEZ ORTEGA, P., «Perspectivas jurídicas sobre la edición genómica de cultivos. para el mejoramiento vegetal» en CARBAJO CASCÓN, F. (Dir)-JIMÉNEZ SERRANÍA, V. (Coord.) *Competencia, propiedad intelectual y tutela de consumidores en el sector agroalimentario*, Tirant lo Blanch, Valencia, 2022, págs. 191 ss; ÍÑIGUEZ ORTEGA, P., *La protección jurídica de las innovaciones biotecnológicas en materia vegetal*, Tirant lo Blanch, Valencia, 2024; KAHRMANN, J./LEGGEWIE, G., «Gentechnikrechtliches Grundsatzurteil des EuGH und die Folgefragen für das deutsche Recht», *Natur + Recht*, 2018, Vol. 40 (11), págs. 761-765; KU, D., «The Patentability of the Crispr-Cas9 Genome Editing Tool», *Chicago-Kent. Journal of Intellectual Property Law*, 2017, Vol. 16 (2), págs. 408- 439; MICHALCZUK, L., «Site-Directed Mutagenesis», *Journal of Horticultural Research*, Vol. 30 (2), 2022, págs. 1-12; NATIONAL LIBRARY OF MEDICINE, «What are genome editing and CRISPR-Cas9?» [en línea], (2022), <https://medlineplus.gov/genetics/understanding/genomicresearch/genomeediting/>. [Consulta: 08/03/2024.]; NETBURN, D., «UC Berkeley suffers big loss in CRISPR patent fight: What's next for the powerful gene-editing technology?» *Los Angeles Times* [en línea], (2017), <https://www.latimes.com/science/sciencenow/la-sci-sn-crispr-patent-decision-20170215-story.html>. [Consulta: 08/03/2024.]; NEUMEISTER, L., «New genome techniques (NGT): A risky corporate distraction from real sustainable solutions». Foodwatch [en línea], (2023), https://www.foodwatch.org/fileadmin/-INT/pesticides/2023-01-30_foodwatch_Pesticides_and_NGTSs.pdf. [Consulta: 08/03/2024.]; PARISI, C., RODRÍGUEZ-CEREZO, E., *Current and future market applications of new genomic techniques*, European Commission, Joint Research Centre, Publications Office, Luxembourg, 2021; PUNSET, E. (Dir.), *La revolución genética*,

Planeta, 2011; RIECHMANN, J., *Qué son los transgénicos. Bioingeniería y manipulación de los alimentos,* 2 ª ed., Barcelona, 2011; SHERKOW, J. A., «Patent protection for CRISPR: an ELSI review», *Journal of Law and the Biosciences,* 2017, Vol. 4 (3), págs. 565–576; SHERKOW, J.S./SCOTT, C.T., «The Pick-and-Shovel Play: Bioethics for Gene-Editing Vector Patents», *North Carolina Law Review,* 2019, Vol. 97, págs. 1497-1552; STEINBACH, A., «Technology, Patents, and Plants: Are the next generation of GMOs Patentable?», [en línea], (2018), https://ssrn.com/abstract=3266049. [Consulta: 09/03/2024.]; STORZ, U., «The CRISPR Cas patent files, part 1: Cas9 – Where to we stand at the 10 year halftime?», *Journal of Biotechnology,* Vol. 379 (2024), págs. 46–52; THEN, C., «New genomic techniques (NGTs): agriculture, food production and crucial regulatory issues» [en línea], (2022), <https://www.vzbv.de/sites/default/files/2022-11/vzbv-report_final_final.pdf>. [Consulta: 08/03/2024.]; TOLLEY, B.-SUTCLIFFE, N., «Pepper decision means conventionally bred plants and animals get a chilli reception at the EPO», *The Life Sciences Lawyer,* 2020, núm. 3, pág. 6 ss.; VARIOS, «CRISPR/Cas9: Regulations and challenges for law enforcement to combat its dual-use», *Forensic Science International,* Vol. 334, 2022, 111274, págs. 1-12; VARIOS, «CRISPR/Cas Technology and Innovation: Mapping patent law issues», *Max Planck Institute for Innovation & Competition Research Paper* No. 22-06, [en línea], (2022), <https://ssrn.com/abstract=4106075> [Consulta: 13/03/2024.] VARIOS, *Final Report of the Expert Group on the development and implications of patent law in the field of biotechnology and genetic engineering* (E02973), 17 May 2016, Directorate General Internal Market, Industry, Entrepreneurship and SMEs (DG GROW); VARIOS, «New Genomic Techniques and Intellectual Property Law: Challenges and Solutions for the Plant Breeding Sector. Position Statement of the Max Planck Institute for Innovation and Competition», *GRUR International* Vol. 73 (4) 2024, págs. 1-17; VARIOS, «Recent developments in genome editing and applications in plant breeding», *Plant Breeding* 2018, 137, págs. 1-9; VIVES-VALLÉS, J.A./COLLONNIER, C., «The Judgment of the CJEU of 25 July 2018 on Mutagenesis: Interpretation and Interim Legislative Proposal», *Frontiers in plant science,* 2020, Vol.10, article 1813; WASMER, M., «Roads Forward for European GMO Policy», *Frontiers in bioengineering and biotechnology,* 2019, Vol.7, article 132, págs. 1-12; WATSON, J. D. /BERRY, A., *ADN. El secreto de la vida,* 5ª ed., Taurus, Madrid, 2006

I. PRELIMINAR

1. Las nuevas técnicas de edición genómica

En los últimos años se han producido importantes avances en las técnicas de edición genómica, lo que ha permitido la introducción de modificaciones en el genoma de modo mucho más preciso, rápido y eficiente de lo que se venía haciendo hasta el momento.

En efecto, hasta fechas recientes los procesos de modificación genética que se conocían o bien implicaban la inducción de mutaciones aleatorias (por medios químicos o por radiación) o bien suponían la transferencia de genes de un organismo a otro (mediante procesos de transgénesis en los que se incorpora al genoma de un organismo un determinado fragmento de ADN exógeno de una especie sexualmente no compatible, utilizando para ello patógenos que actúan como vectores transmisores o empleando pistolas de genes).

Pues bien, aunque las nuevas técnicas genómicas -conocidas como NGTs por las iniciales de la denominación inglesa *New Genomic Techniques*- también pueden ser utilizadas en procesos de transgénesis, su principal característica es que permiten alterar el genoma de un organismo sin incorporar ADN exógeno, y hacerlo con mucha mayor precisión que los procedimientos existentes.

Hasta el momento, los procesos de mutagénesis – que son los que se usan para alterar el genoma de un organismo sin incorporar ADN exógeno- cuando se realizaban *in vitro* se producían al azar, pero ahora con las nuevas técnicas se puede realizar una mutagénesis *in vitro* dirigida, para generar mutaciones en la cadena de ADN. Entre las nuevas técnicas de edición genética se encuentran las denominadas nucleasa de dedos de zinc (o ZFN[1]) o la nucleasa efectora de tipo activador de la transcripción (TALEN[2]), aunque la más relevante e importante es la técnica CRISPR-Cas9, que implica la adaptación de una técnica de edición genómica que se produce en la naturaleza y que permite a las bacterias detectar y destruir los virus que las atacan.

En efecto, cuando una bacteria es infectada por un virus la bacteria captura fragmentos del ADN del virus y los emplea para incorporarlos en su propio ADN y crear los llamados vectores CRISPR (*clustered regularly interspaced short palindrómica repeats*), que hacen que la bacteria pueda identificar nuevos ataques del virus y producir RNA que se adhiera a regiones específicas del ADN de los virus. Luego, la bacteria usa Cas9 -o una enzima similar- para cortar el ADN, lo que desactiva el virus.

Sobre ese modelo natural, la técnica genómica del CRISPR-Cas9 también consiste en generar pequeños fragmentos de ADN para producir RNA que reconozca una determinada secuencia del genoma, usando la enzima Cas-9 para cortar el ADN, de modo que pueda ser eliminado o reemplazado con un segmento modificado[3]. La eliminación del fragmento de ADN dará lugar a la mutagénesis dirigida, mientras que el reemplazo por un segmento modificado de ADN permite la cisgénesis y

---

1 Siglas en inglés de «zinc-finger nuclease».

2 Siglas en inglés de «transcription activator-like effector nuclease».

3 *Vid.* NATIONAL LIBRARY OF MEDICINE, «What are genome editing and CRISPR-Cas9?» [en línea], (2022), <https://medlineplus.gov/genetics/understanding/genomicresearch/genomeediting/>. [Consulta: 08/03/2024.]; VARIOS, «Recent developments in genome editing and applications in plant breeding», *Plant Breeding* 2018, 137, págs. 1-9; o HEDNER, T.- LYCKE, J., «CRISPR/Cas9 system and gene editing tools – On patent rights, recent disputes and its potential commercial applicability in biotechnology and medicine», *Stockholm Intellectual Property Law Review*, 2019, Vol. 2 (1), págs. 12-23.

la intragénesis (esto es, la modificación genética de un organismo con fragmentos de ADN del genoma de la misma especie o de otras especies sexualmente compatibles, por contraposición a los procesos de transgénesis, en los que se emplean genes y secuencias de ADN de especies no compatibles naturalmente).

Las NGTs son susceptibles de múltiples y esperanzadoras aplicaciones en un amplio espectro de sectores, desde el alimentario al farmacéutico[4], pero también se han puesto de manifiesto sus posibles riesgos[5] y han sido objeto de aceradas críticas[6], pudiendo afirmarse que el tradicional debate sobre las mutaciones genéticas inducidas, y muy en especial sobre la transgénesis[7], se ha extendido ahora también a los procesos de modificación genética realizados con las nuevas técnicas de edición genómica.

---

4 *Vid.* PARISI, C./RODRÍGUEZ-CEREZO, E., *Current and future market applications of new genomic techniques,* European Commission, Joint Research Centre, Publications Office, Luxembourg, 2021 y THEN, C., «New genomic techniques (NGTs): agriculture, food production and crucial regulatory issues» [en línea], (2022), <https://www.vzbv.de/sites/default/files/2022-11/vzbv-report_final_final.pdf>. [Consulta: 08/03/2024.]

5 VARIOS, «CRISPR/Cas9: Regulations and challenges for law enforcement to combat its dual-use», *Forensic Science International,* Vol. 334, 2022, 111274, págs. 1-12.

6 NEUMEISTER, L., «New genome techniques (NGT): A risky corporate distraction from real sustainable solutions». Foodwatch [en línea], (2023), https://www.foodwatch.org/fileadmin/-INT/pesticides/2023-01-30_foodwatch_Pesticides_and_NGTSs.pdf. [Consulta: 08/03/2024.]

7 Una visión negativa la ofrece, por ejemplo, RIECHMANN, J., *Qué son los transgénicos. Bioingeniería y manipulación de los alimentos,* 2 ª ed., Barcelona, 2011 y una posición favorable WATSON, J. D. /BERRY, A., *ADN. El secreto de la vida,* 5ª ed., Taurus, Madrid, 2006, págs. 139 ss. Para una exposición ponderada de las ventajas e inconvenientes de los organismos transgénicos, véase, PUNSET, E. (Director), *La revolución genética,* Planeta, 2011, págs. 131 ss.

2. *La importancia de las patentes en relación con estas nuevas herramientas tecnológicas*

En este contexto se explica la auténtica eclosión de solicitudes de patentes relacionadas con las NGTs[8], hasta el punto de que se ha afirmado, muy gráficamente, que la obtención de derechos de propiedad industrial sobre las técnicas de edición genómica y los productos resultantes es una nueva «fiebre del oro» (*gold rush*)[9].

Este elevado número de solicitudes de patentes responde al hecho de que tanto las técnicas como los productos resultantes de su utilización son, en principio, patentables. Y, de hecho, se han generado importantes litigios sobre la titularidad de algunas de estas patentes. Pero a la vez se ha generado un debate sobre si debiera o no modificarse la normativa actualmente vigente para prohibir las patentes que protegen las NGTs y, sobre todo, las que se refieren a los organismos resultantes de su aplicación.

---

8 Baste considerar algunos datos estadísticos. Desde el año 2012 al año 2018 se presentaron en los EE.UU. la Oficina de Patentes y Marcas de Estados Unidos (USPTO) concedió más de mil patentes relacionadas con la tecnología CRISPR (y el número ha continuado creciendo desde entonces). *Vid.* CARSON, P./MULVANEY, M. A., «CRISPR patents: guidance from US courts», *Life Science IP Review,* 19 septiembre 2018, [en línea], <https://www.lifesciencesipreview.com/americas/crispr-patents-guidance-from-us-courts>. [Consulta: 08/03/2024.]

9 SHERKOW, J.S./SCOTT, C.T., «The Pick-and-Shovel Play: Bioethics for Gene-Editing Vector Patents», *North Carolina Law Review,* 2019, Vol. 97, págs. 1497-1552 (1500), NETBURN, D., «UC Berkeley suffers big loss in CRISPR patent fight: What's next for the powerful gene-editing technology?» *Los Angeles Times* [en línea], (2017), <https://www.latimes.com/science/sciencenow/la-sci-sn-crispr-patent-decision-20170215-story.html>. [Consulta: 08/03/2024.]

A continuación se realiza un análisis de la situación actual en relación con toda esta problemática.

II. LAS PATENTES SOBRE LAS NUEVAS TÉCNICAS DE EDICIÓN GENÓMICA

Ya se ha avanzado que en la actualidad existen numerosas patentes, solicitadas o concedidas, sobre las nuevas técnicas de edición genómica. Como ha declarado el *Permanent Working Group on Intellectual Property Rights* de ALLEA (*European Federation of Academies of Sciences and Humanities*) en su «Statement on Patent-Related Aspects of CRISPR-Cas Technology»[10], en relación con la tecnología CRISPR-Cas, «patenting of CRISPR-Cas technology as such does not pose any specific problems. Problems, however, arise when the use of this technology in particular in humans is at stake».

Por lo tanto, las NGTs en general (y la técnica CRISPR-Cas 9, en particular) son, en principio, patentables, pues se trata de procedimientos en los que se utiliza y transforma materia biológica, encajando en lo dispuesto en la Directiva 98/44/CE relativa a la protección jurídica de las invenciones biotecnológicas (art. 3.1) – y sobre su base en la Ley de Patentes española (art. 4.1) y en el Reglamento de ejecución del Convenio sobre concesión de patentes europeas (Regla 26.2)- en el sentido de que «serán patentables las invenciones nuevas que impliquen actividad inventiva y sean susceptibles de aplicación industrial, aun

---

10 ALLEA (European Federation of Academies of Sciences and Humanities), «Statement on Patent-Related Aspects of CRISPR-Cas Technology», pág. 7 [en línea], (2016), <https://www.allea.org/wp-content/uploads/2016/08/Statement_CRISPR_web_final-1.pdf>. [Consulta: 08/03/2024.]

cuando tengan por objeto un producto que esté compuesto o que contenga materia biológica o un procedimiento mediante el cual se produzca, transforme o utilice la materia biológica». Esto es así, por supuesto, siempre que, además de cumplirse los requisitos de patentabilidad, no sea aplicable alguna de las prohibiciones establecidas en la propia Directiva 98/44/CE[11] (como sucedería, por ejemplo, si se reivindicase un procedimiento de modificación de la identidad genética germinal del ser humano o un procedimiento de modificación de la identidad genética de los animales que supongan para estos sufrimientos sin utilidad médica o veterinaria sustancial para el hombre o el animal[12]). La existencia de estas prohibiciones de patentabilidad recogidas en la legislación vigente se considera suficiente en términos generales para evitar los inconvenientes que, desde la perspectiva de la moral y del orden público, puede generar la concesión de patentes sobre estas técnicas[13].

---

11 Artículo 6 de la Directiva. Vid también el artículo 5 de la Ley 24/2015, de Patentes y también la Regla 28 del Reglamento de ejecución del Convenio sobre la patente europea, que reproduce, prácticamente de manera literal, las disposiciones de la directiva.

12 Se explica, así, por ejemplo, que en la patente europea EP 2771468 (*Engineering of systems, methods and optimized guide compositions for sequence manipulation*), una patente sobre la tecnología CRISPR que finalmente fue revocada por la Oficina Europea de Patentes por indebida reivindicación de la prioridad, en la *claim* 12 se hubiese hecho constar expresamente una limitación al respecto: «*12. Use of the composition of claim 1, or the vector system of claim 2 or any claim dependent thereon for genome engineering, provided that said use is not a method for treatment of the human or animal body by surgery or therapy, and provided that said use is not a process for modifying the germline genetic identity of human beings*».

13 ALLEA (European Federation of Academies of Sciences and Humanities), «Statement on Patent-Related Aspects of CRISPR-Cas Technology», cit., pág. 9: «*7. Taking into account the principles enshrined*

Por lo demás, aunque, como ya se ha indicado, el procedimiento CRISPR-Cas9 se inspira en el proceso natural por medio del cual las bacterias luchan contra los ataques de los virus, no estamos ante un procedimiento esencialmente natural, de modo que no resulta de aplicación la prohibición de patentar los procedimientos de obtención de vegetales o de animales que tengan carácter esencialmente biológico (artículo 4.1 b de la Directiva 98/44/CE, artículo 5.3 LP y artículo 53.b CPE).

Es cierto que existen determinados autores que propugnan que no cabría conceder patentes sobre estos procedimientos, porque serían procedimientos naturales[14]. Pero tales planteamientos son minoritarios y no están refrendados por las oficinas de propiedad industrial ni por la doctrina mayoritaria, que

in the EU Biotech Directive and the Implementing Regulations to the EPC, further taking into account the patent granting practice of the European Patent Office, the ALLEA Permanent Working Group on Intellectual Property Rights is of the opinion that the patent law in force in the EU and set forth in the EPC provides, on the one hand the necessary incentives for successful development and use of CRISPR-Cas technology across all fields of life sciences, but at the same time also provides all the necessary safeguards that no patents can be granted for inventions, also those using CRISPR-Cas technology, which would in any way offend human dignity and/or integrity, or lead to animal suffering without sufficient justification. Those rules are flexible enough as to take into account also future regulatory developments which may provide new rules as regards the use of CRISPR-Cas technology in humans and animals, but if it proves necessary, also in plants. Legislative reforms in patent field are not required at the present stage».

14 STEINBACH, A., «Technology, Patents, and Plants: Are the next generation of GMOs Patentable?», [en línea], (2018), <https://ssrn.com/abstract=3266049>. [Consulta: 09/03/2024.]. Sostiene este autor (pág. 20) que, «the CRISPR process borrows the invention from a naturally occurring process and attempts to label itself a "product of invention." This fits squarely into the Supreme Court's holding in Myriad and precludes patenting the CRISPR genome editing process».

destaca que, pese a estar inspirado en un procedimiento de la naturaleza, la técnica CRISPR-Cas 9 presenta características que la hacen diferente, como también es distinta la función, pues mientras el procedimiento natural es un mecanismo del sistema inmunitario, el procedimiento técnico se usa como un sistema de edición genómica[15].

De hecho, prueba de la patentabilidad de las técnicas CRISPR-Cas9 es la notoria batalla judicial que se ha librado tanto en Europa como en los Estados Unidos de Norteamérica sobre la titularidad y la validez de algunas de las patentes que se han concedido sobre la tecnología CRISPR-Cas9, donde lo que se ha discutido han sido cuestiones como la actividad inventiva o los requisitos para la reivindicación de la prioridad, partiendo, pues, de la patentabilidad, en abstracto, de la técnica[16].

---

15 KU, D., «The Patentability of the Crispr-Cas9 Genome Editing Tool», *Chicago-Kent. Journal of Intellectual Property Law,* 2017, Vol. 16 (2), págs. 408- 439 (434).

16 El conflicto se inició en los EE.UU., donde el 15 de marzo de 2013 se presentó ante la *United States Patent and Trademark Office (USPTO)* una solicitud de patente (núm. 13/842,859), con más de 150 reivindicaciones relacionadas en general con la tecnología CRISPR. Esta solicitud, presentada por la Universidad de California, la Universidad de Viena y Charpentier, reivindicó la fecha de prioridad del 25 de mayo de 2012, fecha en la que se presentó una solicitud provisional. Posteriormente, Zhang y el Church's Broad Institute presentaron otra solicitud de patente ante la USPTO (la núm. 8,697,359 «CRISPR-Cas systems and methods for altering expression of gene products»), reivindicando la fecha de prioridad del 12 de diciembre de 2012. No obstante, esta solicitud, aunque fue posterior, se concedió antes que la primera, pues se acudió al procedimiento acelerado de concesión establecido en la legislación americana. Esto dio lugar a un procedimiento de interferencia (para determinar qué solicitud tenía prioridad según

III. LA PATENTABILIDAD DE LOS ORGANISMOS RESULTANTES DE LA APLICACIÓN DE LAS NUEVAS TÉCNICAS GENÓMICAS

1. La situación actual

Del mismo modo que en la actualidad son patentables los procedimientos en que se materializan las nuevas técnicas de edición genómica, también lo son los productos resultantes

---

el sistema *first to invent*) ante el *U.S. Patent Trial and Appeal Board*, en el que se discutía si la primera solicitud hacía que la patente posterior careciese de actividad inventiva; procedimiento en el que se avaló la validez de patente Zhang, porque se reivindicaba la aplicación del procedimiento a células eucariotidas, cosa que no se hacía en la solicitud previa de la Universidad de California, la Universidad de Viena y Charpentier (Decisión confirmada por la *US Court of Appeals* el 18 de septiembre de 2018).

En Europa, la solicitud equivalente del Broad Institute para la patente europea se presentó en la Oficina Europea de Patentes (EPO) el 23 de marzo de 2018. No obstante, la División de Oposición de la EPO determinó que la reivindicación de prioridad no era válida y revocó la patente por falta de novedad, decisión refrendada por la Sala de Recurso en su decisión T 0844/18 (CRISPR-Cas/BROAD INSTITUTE) 16-01-2020, ECLI:EP:BA:2020:T084418.20200116.

Para una exposición de los detalles y numerosas vertientes del conflicto, puede verse: STORZ, U., «The CRISPR Cas patent files, part 1: Cas9 – Where to we stand at the 10 year halftime?», *Journal of Biotechnology*, Vol. 379 (2024), págs. 46–52; BEALE, K., «The CRISPR Patent Battle: Who Will be "Cut" Out of Patent Rights to One of the Greatest Scientific Discoveries of Our Generation?», [en línea], (2015), *<https://lira.bc.edu/work/sc/c26e4d7a-f4d7-4bf3-918e-6875274d9fe5>*. [Consulta: 09/03/2024.]; SHERKOW, J. A., «Patent protection for CRISPR: an ELSI review», *Journal of Law and the Biosciences*, 2017, Vol. 4 (3), págs. 565–576.

de su utilización, sin que, en el caso de vegetales o animales, pueda considerarse aplicable la prohibición de patentar los productos derivados de la utilización de procedimientos esencialmente biológicos, sentada -de un modo cuanto menos discutible- tras la Decisión de la Alta Cámara de Recursos de la Oficina Europea de Patentes de 14 de mayo de 2020 en el caso *Pimientos* (G 3/19) y como consecuencia de la labor de presión de la Unión Europea (que no labor legislativa)[17]. Como

---

17 Un análisis -crítico- de esta doctrina y del modo en que se estableció lo he realizado en un trabajo anterior, al que ahora remito: GARCÍA VIDAL, Á., «Il problema della brevettabilità dei vegetali ottenuti mediante procedimenti essenzialmente biologici», en *Studi di diritto commerciale per Vincenzo Di Cataldo*, Giappichelli, Torino, 2021, págs. 223-244. En efecto, esta interpretación es el resultado de una auténtica labor de *lobby* de la UE, y además de haber suscitado dudas sobre la independencia de la Alta Cámara de Recursos frente al presidente y al consejo de administración de la OEP [TOLLEY, B.-SUTCLIFFE, N., «Pepper decision means conventionally bred plants and animals get a chilli reception at the EPO», *The Life Sciences Lawyer*, 2020, núm. 3, pág. 6 ss. (8)], no ha recibido el apoyo del Tribunal de Justicia. Por tanto, no se puede descartar que en el futuro se solicite al Tribunal de Justicia que interprete el artículo 4 de la Directiva de invenciones biotecnológicas y que el Tribunal de Justicia considere que no está prohibida la concesión de patentes sobre plantas obtenidas directamente de procesos esencialmente biológicos. De hecho, esa es la tesis de algunos tribunales nacionales, como es el caso de la sentencia del Tribunal de Apelación de La Haya de 8 de mayo de 2013, *Taste of Nature Holding B.V. v. Cresco Handels-B.V.* (ECLI:NL:GHDHA:2013:CA1020) y de parte de la doctrina: VARIOS, *Final Report of the Expert Group on the development and implications of patent law in the field of biotechnology and genetic engineering* (E02973), 17 May 2016, Directorate General Internal Market, Industry, Entrepreneurship and SMEs (DG GROW), págs. 36 ss.;

ya se ha dicho, los procedimientos que implican la utilización de la técnica del CRISPR-Cas9, y en general de las NGTs, no son procedimientos esencialmente biológicos, por lo que las plantas y animales que con ellos se obtienen tampoco se pueden catalogar como productos derivados de la utilización de procedimientos esencialmente biológicos[18].

2. *El posible impacto de la reforma de la regulación de los organismos modificados genéticamente (OMGs)*

Aunque, como se acaba de indicar, los organismos resultantes de la utilización de las nuevas técnicas de edición genómica son patentables, en la actualidad está en marcha un proceso de reforma de la regulación europea de los organismos modificados genéticamente (OMGs) que puede tener impacto en la cuestión de la patentabilidad de este tipo de productos. Procede, por tanto, recordar la actual definición de OMG contenida en la normativa europea (*infra* 2.1) y la consideración de los productos resultantes de la aplicación de los NGTs como OMGs (*infra* 2.2), para exponer a continuación los principales

---

CURTO POLO, M. M., *La materia biológica como invención patentable*, Thomson Reuters-Aranzadi, Cizur Menor, 2016, pág. 186.

18 Así, también, entre otros, DEDERER, H. G., «Patentability of Genome-Edited Plants: A Convoluted Debate», *IIC – International Review of Intellectual Property and Competition Law*, 2020, vol. 51, págs. 681-684 (681). VARIOS, «CRISPR/Cas Technology and Innovation: Mapping patent law issues», *Max Planck Institute for Innovation & Competition Research Paper* No. 22-06, [en línea], (2022), <https://ssrn.com/abstract=4106075> [Consulta: 13/03/2024.] y VARIOS, «New Genomic Techniques and Intellectual Property Law: Challenges and Solutions for the Plant Breeding Sector. Position Statement of the Max Planck Institute for Innovation and Competition», *GRUR International*, Vol. 73 (4) 2024, págs. 1-17 (10).

cambios proyectados en dicha normativa (*infra* 2.3) y valorar sus implicaciones en relación con la patentabilidad de los productos resultantes de las NGTs (*infra* 2.4).

2.1. La vigente regulación europea de los organismos modificados genéticamente (OMGs)

En la normativa actual de la Unión Europea sobre OMGs destacan dos directivas (la Directiva 2001/18/CE de 12 de marzo de 2001 sobre la liberación intencional en el medio ambiente de organismos modificados genéticamente y la Directiva 2009/41/CE de 6 de mayo de 2009 relativa a la utilización confinada de microorganismos modificados genéticamente); así como tres reglamentos: el Reglamento sobre el movimiento transfronterizo de OMGs [Reglamento (CE) 1946/2003, de 15 de julio]; el Reglamento sobre alimentos y piensos modificados genéticamente [Reglamento (CE) 1829/2003, de 22 de septiembre] y el Reglamento sobre trazabilidad y el etiquetado de OMGs y la trazabilidad de los alimentos y piensos producidos a partir de estos [Reglamento (CE) 1830/2003, de 22 de septiembre].

El concepto legal de OMG se define en la Directiva 2001/18/CE, a cuya definición remiten el Reglamento (CE) 1946/2003[19], el Reglamento (CE) 1829/2003[20] y el Reglamento (CE) 1830/2003[21]. Por su parte, la Directiva 2009/41/CE utiliza el concepto de microorganismo modificado genéticamente, que define de manera paralela a la noción de OMG de la Directiva 2001/18/CE.

Pues bien, según dicha definición de la Directiva 2001/18/CE, un OMG es toda entidad biológica capar de reproducirse o de

---

19 Art. 3.2.

20 Art. 2.5.

21 Art. 3.1.

transferir material genético (con excepción de los seres humanos) «cuyo material genético haya sido modificado de una manera que no se produce naturalmente en el apareamiento ni en la recombinación natural». Y, sobre esa base, se enumeran una serie de técnicas cuya utilización da lugar a una modificación genética en el sentido de la normativa[22], así como un listado de técnicas que no dan lugar a una modificación genética ni, por lo tanto, a un OMG[23]. Entre las técnicas que originan OMGs figuran: a) las técnicas de recombinación del ácido nucleico, que incluyan la formación de combinaciones nuevas de material genético mediante la inserción de moléculas de ácido nucleico —obtenidas por cualquier medio fuera de un organismo— en un virus, plásmido bacteriano u otro sistema de vector y su incorporación a un organismo hospedador en el que no se encuentren de forma natural pero puedan seguir reproduciéndose; b) las técnicas que suponen la incorporación directa en un organismo de material hereditario preparado fuera del organismo, incluidas la microinyección, la macroinyección y la microencapsulación; y c) las técnicas de fusión de células (incluida la fusión de protoplasto) o de hibridación en las que se formen células vivas con combinaciones nuevas de material genético hereditario mediante la fusión de dos o más células utilizando métodos que no se producen naturalmente. Y entre las técnicas que no se consideran causantes de una modificación genética se enumeran la fertilización *in vitro*, la conjugación, transducción, transformación o cualquier otro proceso natural y la inducción poliploide.

Además, la Directiva 2001/18/CE[24] deja expresamente fuera de su ámbito de aplicación a los organismos obtenidos mediante mutagénesis o fusión (incluida la fusión de protoplasto)

---

22 Parte 1 del Anexo I A de la Directiva 2001/18/CE.

23 Parte 2 del Anexo I A de la Directiva 2001/18/CE.

24 Artículo 3.1 y Anexo I B.

de células vegetales de organismos que puedan intercambiar material genético mediante métodos tradicionales de multiplicación, siempre que estas técnicas no impliquen la utilización de moléculas de ácido nucleico recombinante ni de organismos modificados genéticamente distintos de los obtenidos con una o varias de las técnicas o métodos relacionados.

A pesar de esta definición legal y de la referida distinción entre las técnicas utilizadas para la obtención de los organismos, a medida que se ha ido extendiendo la utilización de las NGTs se ha generado la duda de si los productos u organismos resultantes de su aplicación encajan en la definición legal de OMG y, en consecuencia, si les resultan de aplicación las obligaciones y controles establecidas en la normativa europea sobre OMGs. Más en particular, se ha suscitado la duda de si la exclusión del ámbito de aplicación de la Directiva 2001/18/CE de los productos resultantes de la mutagénesis también se aplica en los casos de mutagénesis dirigida o si, por el contrario, ha de entenderse limitada a los supuestos de mutagénesis tradicional, esto es, la realizada por medio de agentes químicos o inducida por radiación.

2.2. La consideración de los productos resultantes de la aplicación de los NGTs como OMGs: la jurisprudencia del Tribunal de Justicia

La referida cuestión fue objeto de análisis por el Tribunal de Justicia en su Sentencia de la Gran Sala de 25 de julio de 2018, *Confédération paysanne y otros*[25], sentencia en la que el tribunal declara que los organismos obtenidos mediante técnicas o métodos de mutagénesis constituyen OMGs en el sentido de

[25] C-528/16, ECLI:EU:C:2018:583.

la Directiva 2001/18/CE sobre la liberación intencional en el medio ambiente de organismos modificados genéticamente.

A estos efectos, destaca el tribunal que la referida directiva no incluye expresamente las técnicas o métodos de mutagénesis dentro del listado de técnicas cuya utilización da lugar a una modificación genética en el sentido de la normativa[26]. Pero ello no resulta determinante porque tal listado es meramente enunciativo[27] y porque lo relevante es que la mutagénesis no está incluida en la lista exhaustiva de las técnicas que no dan lugar a una modificación genética[28].

Es cierto que la mutagénesis se cita explícitamente entre las técnicas o métodos de modificación genética que dan lugar a organismos que han de ser excluidos del ámbito de aplicación de la directiva (Anexo I B). Pero tal referencia a la mutagénesis se entiende realizada a la mutagénesis aleatoria realizada por métodos convencionales y no a la dirigida. Lo que está en cuestión son, en palabras del Tribunal de Justicia[29], las «técnicas o métodos de mutagénesis dirigida que implican recurrir a la ingeniería genética, que surgieron o se desarrollaron principalmente desde la adopción de la Directiva 2001/18 y cuyos riesgos para el medio ambiente o para la salud humana no pueden determinarse con certeza actualmente». Y según el Tribunal de Luxemburgo, «los riesgos que entraña la utilización de tales técnicas o métodos nuevos de mutagénesis podrían resultar similares a los derivados de la producción y de la difusión de OMG mediante transgénesis»[30]. Por tal razón, y de acuerdo

26 Anexo I A, parte 1.

27 Apartados 34 y 35.

28 Parte 2 del anexo I A de la directiva

29 Apartado 47 de la sentencia.

30 Apartado 48. Añade el tribunal al respecto, en ese mismo apartado, que, «de los datos de que dispone el Tribunal de Justicia se despren-

con el principio de cautela[31], el tribunal considera que dichos organismos deben quedar sujetos a los controles que impone la directiva[32], destacándose asimismo que en el considerando 17 de la directiva se afirma que la intención del legislador fue excluir de su ámbito de aplicación «únicamente los organismos obtenidos mediante técnicas o métodos que han venido siendo utilizados convencionalmente en varios usos y para los que se dispone de una amplia experiencia de utilización segura»[33].

Así las cosas, tras esta importante sentencia queda claro que los organismos o productos obtenidos a raíz del uso de las nuevas técnicas de edición genómica como CRISP-Cas 9, Talen etc., quedan sujetos a todas las obligaciones que afectan a los OMGs[34]. En cambio, quedan al margen del ámbito de aplicación de la directiva los

---

de, por un lado, que la modificación directa del material genético de un organismo mediante mutagénesis permite obtener los mismos efectos que la introducción de un gen extraño en dicho organismo y, por otro lado, que el desarrollo de estas técnicas o métodos nuevos permite producir variedades modificadas genéticamente a un ritmo y en proporciones que no pueden compararse con las resultantes de la aplicación de métodos convencionales de mutagénesis aleatoria».

31 Según el artículo 4.1 de la Directiva 2001/18/CE, «los Estados miembros garantizarán, de conformidad con el principio de cautela, la adopción de todas las medidas adecuadas para evitar los efectos negativos en la salud humana y en el medio ambiente que pudieren resultar de la liberación intencional o de la comercialización de OMG».

32 Apartado 53 de la sentencia.

33 Apartado 51 de la sentencia.

34 Aunque la sentencia se refiere únicamente al concepto de OMGs a efectos de la Directiva 2001/81/CE también se considera aplicable la misma interpretación al hilo de la Directiva 2009 sobre liberación confinada: DEDERER, H. G.- HAMBURGER, D., «Are genome-edited micro-organisms covered by Directive 2009/41/EC?— implications of the CJEU's judgment in the case C-528/16 for the

productos resultantes de los procedimientos de mutagénesis aleatoria que han sido usados durante años y se consideran seguros.

La equiparación entre los productos transgénicos y los resultantes de la aplicación de los NGTs realizada por el Tribunal de Justicia, aunque esté basada en argumentos jurídicos[35] y haya merecido el aplauso de algún sector doctrinal[36], en términos generales ha dado lugar a una importante reacción crítica, argumentándose que carece de una base científica[37]; que implica basar la distinción entre organismos en el método de mutación utilizado, según sea aleatorio o dirigido, y no en criterios biológicos[38];

---

contained use of genome-edited micro-organisms», *Journal of Law and the Biosciences,* Volume 9, Issue 1, January-June 2022, págs. 1-27.

35 Como afirman VIVES-VALLÉS, J.A./COLLONNIER, C., «The Judgment of the CJEU of 25 July 2018 on Mutagenesis: Interpretation and Interim Legislative Proposal», *Frontiers in plant science,* 2020, Vol.10, article 1813, pág. 3, «the Judgment, at least as regards its conclusions on NBT, can hardly be deemed groundless from a legal perspective nor surprising».

36 GONZÁLEZ SAN JUAN, J. L., «Organismos modificados genéticamente y el principio de precaución en el Protocolo de Cartagena y en el Derecho de la UE: aplicación a las técnicas de. edición genética CRISPR-CAS», en CARBAJO CASCÓN, F. (Dir) -JIMÉNEZ SERRANÍA, V. (Coord.), *Competencia, propiedad intelectual y tutela de consumidores en el sector agroalimentario,* Tirant lo Blanch, Valencia, 2022, págs. 231 ss. (263).

37 ANDERSEN, E./SCHREIBER, K., «"Genome Editing" vor dem EuGH und seine Folgen: Eine Darstellung der durch das EuGH-Urteil C-528/16 hervorgerufenen Reaktionen und ihre Bewertung», *Natur + Recht,* 2020, Vol. 42 (2), págs. 99-106 (104).

38 MICHALCZUK, L., «Site-Directed Mutagenesis – A Chance to Meet Environmental Challenges and Provide Healthy Food for People or an Unacceptable Hazard to Humans, Animals, and the Environment. Consequences of the European Court of Justice Judgment in Case C-528/16», *Journal of Horticultural Research,* Vol. 30 (2), 2022, págs. 1-12 (7).

que no será posible distinguir si un organismo ha sido obtenido por medio de mutación aleatoria o dirigida, generándose incertidumbres y dificultades para la aplicación de la normativa[39]; o que, en realidad, el riesgo de la mutagénesis dirigida mediante las nuevas técnicas moleculares es mucho menor que el de la transgénesis (donde los efectos no deseados son más frecuentes, dada la introducción de genes extraños), e incluso que el riesgo de la mutagénesis convencional, donde se producen miles de mutaciones en el genoma del organismo receptor[40].

2.3. La Propuesta de Reglamento relativo a los vegetales obtenidos con determinadas nuevas técnicas genómicas y a los piensos derivados

La referida reacción crítica contra la sentencia del Tribunal de Justicia que considera OMGs a los productos obtenidos con las NGTs explica que cobrase fuerza una corriente de opinión favorable a la reforma de la legislación europea sobre

---

39 WASMER, M., «Roads Forward for European GMO Policy-Uncertainties in Wake of ECJ Judgment Have to be Mitigated by Regulatory Reform», *Frontiers in bioengineering and biotechnology,* 2019, Vol.7, article 132, págs. 1-12; DEDERER, H.-G., «Introductory note to Confédération Paysanne and Others v. Premier Ministre and Ministre De L'Agriculture, De L'Agroalimentaire Et De La Forêt (C.J.E.U.)», *International legal materials,* 2019, Vol.58 (6), págs. 1281-1298 (1283), destacando las dificultades de hacer cumplir la normativa europea en caso de importaciones de productos procedentes de terceros países con una regulación más laxa.

40 KAHRMANN, J./LEGGEWIE, G., «Gentechnikrechtliches Grundsatzurteil des EuGH und die Folgefragen für das deutsche Recht», *Natur + Recht,* 2018, Vol. 40 (11), págs. 761-765 (763), quienes apuntan incluso que, durante los procesos de reproducción normales, puede ocurrir una reestructuración significativa del genoma mediante recombinación natural.

OMGs[41], lo que dio lugar a que el Consejo[42] encargase a la Comisión un estudio sobre la cuestión, que se publicó en 2021 y en el que ya se apunta la necesidad de una reforma normativa[43]. Sobre esa senda, el 5 de julio de 2023 el Consejo presentó la Propuesta de Reglamento del Parlamento Europeo y del

---

41 *Vid.* ANDERSEN, E./SCHREIBER, K., «Neue Regeln für die Gentechnik in Europa? Eine Darstellung der faktischen Auswirkungen des EuGH-Urteils C-528/16 und der im Nachgang ergangenen Vorschläge für eine Reform des europäischen Gentechnikrechts», *Natur und Recht,* Vol. 42, 2020, págs. 168-178. Y en el ámbito español véase el documento elaborado por el Consejo Interministerial de OMG, *Legislación de OMG y las consecuencias de la sentencia del Tribunal de Justicia de la UE sobre mutagénesis dirigida,* [en línea], (2019), <https://www.mapa.gob.es/es/agricultura/temas/biotecnologia/informeciomgsentenciamutagenesisdirigida11_02_2019_tcm30-496814_tcm30-512235.pdf>. [Consulta: 13/03/2024.]

42 Decisión (UE) 2019/1904 del Consejo de 8 de noviembre de 2019 por la que se solicita a la Comisión que presente un estudio, a la luz de la sentencia del Tribunal de Justicia en el asunto C-528/16, con respecto a la situación de las nuevas técnicas genómicas en el Derecho de la Unión, y una propuesta, si procede, vistos los resultados del estudio (DO L 293, 14.11.2019, págs. 103–104).

43 COMMISSION STAFF WORKING DOCUMENT, «Study on the status of new genomic techniques under Union law and in light of the Court of Justice ruling in Case C-528/16», Brussels, 29.4.2021 SWD(2021) 92 final, [en línea], (2021), <https://food.ec.europa.eu/document/download/5135278b-3098-4011-a286-a316209c01cd_en?filename=gmo_mod-bio_ngt_eu-study.pdf> [Consulta: 13/03/2024.] *Vid,* al respecto, ÍÑIGUEZ ORTEGA, P., *La protección jurídica de las innovaciones biotecnológicas en materia vegetal,* Tirant lo Blanch, Valencia, 2024, págs. 132 ss. y «Perspectivas jurídicas sobre la edición genómica de cultivos. para el mejoramiento vegetal» en CARBAJO CASCÓN, F. (Dir.)-JIMÉNEZ SERRANÍA, V. (Coord.), *Competencia, propiedad intelectual y tutela de consumidores en el sector agroalimentario,* Tirant lo Blanch, Valencia, 2022, págs. 191 ss. (219 ss.).

Consejo relativo a los vegetales obtenidos con determinadas nuevas técnicas genómicas y a los piensos derivados[44].

Frente a la interpretación del Tribunal de Justicia en su sentencia de 25 de julio de 2018, la propuesta de Reglamento parte del principio exactamente contrario y establece dos categorías distintas de vegetales obtenidos con NGTs. Los de «categoría 1» son todos aquellos que también pueden obtenerse de forma natural o producirse mediante técnicas convencionales de mejora vegetal y su descendencia obtenida mediante técnicas convencionales de mejora; mientras que los de «categoría 2» son todos los demás. Sobre esa base, la propuesta considera que los productos de la categoría 1 «deben tratarse como vegetales que se han obtenido de forma natural o han sido producidos mediante técnicas convencionales de mejora vegetal, dado que son equivalentes y sus riesgos son comparables, lo que supone una excepción total a la legislación de la Unión en materia de OMG y a los requisitos relacionados con los OMG de la legislación sectorial» (considerando 14).

2.4. La patentabilidad de los organismos resultantes de la utilización de NGTs a la luz de los cambios legales propuestos

La posición sostenida por el Tribunal de Justicia en la referida sentencia de la Gran Sala de 25 de julio de 2018 no afectó a la regulación de las patentes biotecnológicas[45], en la medida en que, pese a que se considere de aplicación la normativa de

---

44 Documento COM/2023/411 final.

45 VARIOS, «CJEU renders decision on the interpretation of the GMO Directive», *Journal of Intellectual Property Law & Practice*, Volume 14 (2), February 2019, págs. 90-92.

los OMGs a los productos resultantes de la utilización de las NGTs, tal conclusión no afecta a la regulación de las patentes ni a la posibilidad de proteger dichos OMGs por medio de patentes biotecnológicas.

No obstante, la eclosión de las NGTs ha ido acompañada de la aparición de distintas propuestas para excluir la patentabilidad de los organismos cuyo genoma es objeto de mutación dirigida, sin añadir material genético ajeno, de modo que solo se puedan patentar aquellos organismos en los que se emplean las NGTs para generar transgénicos[46]. Se destaca a este respecto, y entre otros extremos, que puede haber casos en que el material resultado de la mutación dirigida no se pueda distinguir con certeza del material que incorpora el ADN mutado de forma natural, por lo que las patentes sobre los organismos fruto de la mutación dirigida gozarían de un ámbito excesivo de protección[47].

En este contexto la propuesta de Reglamento relativo a los vegetales obtenidos con determinadas nuevas técnicas genómicas y a los piensos derivados puede suponer un acicate para estas posiciones. Es cierto que en la propuesta no se afronta en modo alguno el problema de la patentabilidad de este

---

46 Esta es la posición, por ejemplo, de la *Bundesverband Deutscher Pflanzenzüchter*, en su «Position zur Ausgestaltung des Patentschutzes in der Pflanzenzüchtung. BDP fordert freien Zugang zu genetischem Material und spricht sich für die Einschränkung der Patentierbarkeit von Pflanzen aus» (17 January 2023), [en línea], (2023), <https://www.bdp-online.de/de/Presse/Archiv/2023/Zugang_zu_Technologien_und_biologischem_Material_ist_ueberlebenswichtig/BDP_Position_Patentschutz.pdf> [Consulta: 14/03/2024.]

47 GODT, C., «Technology, patents and markets: the implied lessons of the EU Commission's intervention in the Broccoli/Tomatoes Case of 2016 for modern (plant) genome editing», *IIC – International Review of Intellectual Property and Competition Law,* 2018, vol. 49, págs. 512 ss. (524 ss.).

tipo de vegetales, y que la propia Comisión ha declarado[48] que ha dejado a un lado la cuestión de modo deliberado y provisional, y que evaluará las cuestiones relativas a la propiedad intelectual (incluyendo el problema del acceso por parte de los agricultores a los materiales protegidos) a más tardar en 2026. Pero es indudable que, desde el momento en que las plantas obtenidas con nuevas técnicas genómicas de categoría 1 pasen a ser equiparadas -desde la perspectiva de la regulación de los OMGs- a los productos conseguidos mediante técnicas convencionales de mejora vegetal, eso será un argumento que esgrimirán los defensores de la tesis de la no patentabilidad de este tipo de organismos.

Habrá que estar atentos, en todo caso, al texto del nuevo reglamento que finalmente se apruebe, además de al resultado de la evaluación proyectada, así como al impacto que tendrá en la práctica de las oficinas de propiedad industrial y en los tribunales de justicia. Pero en mi opinión, un mero cambio de la normativa regulatoria de los OMGs como el que está proyectado no debe bastar para alterar la situación actual en materia de concesión de patentes sobre este tipo de productos biotecnológicos. Debe evitarse, por tanto, que esta propuesta de reglamento sea la excusa para repetir, en relación con estos organismos obtenidos con las nuevas técnicas genómicas, el proceso que se siguió a propósito de los productos resultantes de los procedimientos esencialmente biológicos, forzando indebidamente las costuras del sistema de patentes, en lugar de proceder a los oportunos cambios de la Directiva de invenciones biotecnológicas y del Convenio sobre concesión de patentes europeas. Si lo que se desea por los órganos legislativos competentes en la materia es prohibir

---

48 <https://ec.europa.eu/commission/presscorner/detail/es/qanda_23_3568> [Consulta: 15/03/2024.]

la patentabilidad de los productos obtenidos con NGTs que encajen en la «categoría 1» (es decir, los que también pueden obtenerse de forma natural o producirse mediante técnicas convencionales de mejora vegetal), debe modificarse expresamente la legislación de patentes para establecerlo.

De hecho, en el momento de cerrar este trabajo, el Parlamento Europeo, en primera lectura, ha aprobado varias enmiendas al texto de la Comisión, entre las cuales se encuentra la introducción en la propuesta de reglamento un artículo 4 *bis* -según el cual «los vegetales obtenidos con NTG, el correspondiente material vegetal, sus partes, la información genética y las características de proceso que contienen no serán patentables»[49]. Y, de forma paralela, se ha aprobado una enmienda[50] para incorporar un artículo 33 *bis*, de modificación de la Directiva 98/44/CE de invenciones biotecnológicas, para añadir en el artículo 4.1 de dicha directiva dos nuevas prohibiciones de patentabilidad, según las cuales no serán patentables «los vegetales obtenidos con NTG, el material vegetal, sus partes, la información genética y las características de proceso que contienen definidas en el Reglamento» relativo a los vegetales obtenidos con determinadas nuevas técnicas genómicas y a los piensos derivados, ni «los vegetales, el material vegetal, las partes de estos, la información genéticas y las características de proceso que contienen que puedan obtenerse mediante técnicas excluidas del ámbito de aplicación de la Directiva 2001/18/CE enumeradas en el anexo I B de dicha Directiva».

---

[49] Enmienda 33.

[50] Enmienda 69.

Llama la atención, con todo, que se pretenda prohibir la patentabilidad de todos los vegetales obtenidos con las nuevas técnicas genómicas, cuando estas técnicas también pueden ser empleadas para introducir material genético de una especie no compatible (transgénesis) y cuando hasta el momento se ha venido aceptando de modo bastante pacífico la patentabilidad de los OMGs transgénicos.

Por lo demás, una eventual prohibición de patentabilidad de estas plantas introduciría una diferencia no justificada entre las plantas y los animales resultado de las NGTs.

En todo caso, y para el caso de que finalmente se estableciese la prohibición de patentabilidad limitada a los organismos obtenidos con NGTs pertenecientes a la categoría 1, debe destacarse que -al igual que sucede con la exclusión de la patentabilidad de los productos resultantes de procedimientos esencialmente biológicos- se llegaría a la paradoja de promover la modificación genética con procedimientos de transgénesis.

IV. CONCLUSIÓN

A la luz de todo lo expuesto, parece claro que nos encontramos en un momento decisivo para las patentes biotecnológicas sobre NGTs. El debate, siempre presente, entre los detractores y los defensores de las patentes sobre elementos biológicos se ha recrudecido y la tramitación de la reforma de la normativa europea para OMGs ha abierto la posibilidad de cambios en el Derecho de patentes cuya necesidad es discutible. Habrá que estar atentos a la posición que adoptan finalmente los órganos legislativos de la Unión.

La protección de la innovación agrícola en la Oficina Española de Patentes y Marcas, O.A.

GABRIEL GONZÁLEZ LIMAS
Dr. en CC. Biológicas
Jefe del Área de Patentes Químicas de la Oficina Española de Patentes y Marcas, O.A. (OEPM)
gabriel.gonzalez@oepm.es

I. INTRODUCCIÓN

La innovación de cualquier clase, incluida la agrícola, es una actividad específica del ser humano donde el ingenio creador se combina con el esfuerzo, tanto de adquisición de conocimiento como de inversión en tiempo y recursos materiales, con el fin último de lograr una mejora sustancial de un producto con respecto a los ya conocidos o incluso un producto completamente nuevo que suponga el inicio de un sector económico. En última instancia, la innovación redunda en un beneficio para toda la sociedad.

Desde un punto de vista práctico, la innovación constituye una herramienta fundamental por medio de la cual las empresas pueden alcanzar ventajas competitivas que les permitan sobresalir o diferenciarse en su campo de actividad. Precisamente, el hecho de tratarse de un valioso activo de competencia origina que su protección adecuada mediante títulos de propiedad industrial sea de vital importancia.

En España, la administración del sistema de protección mediante títulos de propiedad industrial corresponde a la Oficina Española de Patentes y Marcas, O.A. (OEPM), organismo autónomo de la Administración General del Estado adscrito al Ministerio de Industria y Turismo (MINTUR)[51], siendo, además, un instrumento de la política tecnológica en este campo[52].

Para lograr que los creadores obtengan legítimos derechos exclusivos sobre el fruto de su esfuerzo innovador, la OEPM interviene en esta esfera tecnológica de dos maneras: una indirecta, por su función en la gestión del sistema de marcas en relación con la normativa *sui generis* de protección de obtenciones vegetales, y otra directa, a través de la protección por títulos de patente y modelos de utilidad.

51 BOE núm. 278, de 21/11/2023. Real Decreto 829/2023, de 20 de noviembre, por el que se reestructuran los departamentos ministeriales y BOE núm. 291, de 06/12/2023. Real Decreto 1009/2023, de 5 de diciembre, por el que se establece la estructura orgánica básica de los departamentos ministeriales

52 BOE núm. 208, de 30/08/1997. Real Decreto 1270/1997, de 24 de julio, por el que se regula la Oficina Española de Patentes y Marcas.

II. EL PAPEL INDIRECTO DE LA OEMP EN EL PROCEDIMIENTO DE PROTECCIÓN DE LAS NUEVAS VARIEDADES VEGETALES A TRAVÉS DE LAS MARCAS

De acuerdo con lo establecido en el artículo 6 del Reglamento (CE) N. ° 2100/94 del Consejo, de 27 de julio de 1994, relativo a la protección comunitaria de las obtenciones vegetales, la protección se podrá conceder a las variedades que cumplan los conocidos cuatro requisitos de ser nuevas, distintas, homogéneas y estables. Sin embargo, incluye una condición adicional al exigir que dicha variedad debe recibir una denominación siguiendo las previsiones del artículo 63 del mismo Reglamento.

Esta norma comunitaria tiene su reflejo en el ámbito español con la Ley 3/2000, de 7 de enero, de régimen jurídico de la protección de las obtenciones vegetales, cuyo artículo 5 igualmente requiere el cumplimiento de las cuatro estipulaciones antedichas al tiempo que también ordena que la variedad sea designada por una denominación conforme a lo dispuesto en sus artículos 47, 48 y 49 en los que, respectivamente, se detallan cuáles son los requerimientos de tales denominaciones, cómo se ha de efectuar su registro, así como su utilización.

Así, en el mencionado artículo 47 se señala que la variedad en cuestión debe ser designada por una denominación que permita identificarla sin riesgo de confusión con otra. Además, esta denominación será su designación genérica, por lo que ningún derecho registrado relativo a ella podrá obstaculizar su libre utilización, incluso después de la expiración del derecho de obtentor.

No obstante lo anterior, el artículo 48 salvaguarda los derechos adquiridos con anterioridad por terceros al explicitar que no podrán verse afectados. Por esta razón, la norma detalla que, si en virtud de un derecho anterior, la utilización de la denominación de una variedad, que recordemos es su denominación genérica incluso después de la expiración de la protección, está prohibida a una persona que en España está obligada a utilizarla, tal y como exige el artículo 49, para la puesta en venta o a la comercialización de material de reproducción o de multiplicación vegetativa de la variedad protegida, se requerirá al obtentor que proponga otra denominación para la variedad vegetal que desea proteger mediante un título de obtención vegetal.

En particular el solicitante de un derecho de obtentor no puede nombrar a su variedad con una denominación que ya se beneficie de un derecho de marca referente a productos idénticos o similares, en España o en países con los que se hayan establecido convenios sobre protección de obtenciones vegetales, o con una denominación que pueda crear confusión con dichas marcas. En caso de que ese solicitante fuera el titular de dicho derecho de marca, la norma le obliga a comprometerse a renunciar a él desde el momento en que su variedad sea objeto del título de obtención vegetal.

Todas estas razones justifican que el apartado 5 del mismo artículo 48 de la norma española acertadamente prevea que el solicitante de un título de obtención vegetal debe presentar, junto con la denominación que pretenda asignar a su variedad, un informe expedido por la OEPM en el que consten las posibles identidades y parecidos con marcas ya registradas o que se encuentren en trámite de registro. En dicho informe deben figurar los productos que se encuentren amparados por las marcas que se descubran en la búsqueda que se ha de realizar dentro de la clase 31, según el nomenclátor de la clasificación internacional de productos y servicios para el registro de las marcas, conocido comúnmente como la Clasificación de Niza, establecida en virtud de un tratado multilateral administrado por la Organización Mundial de la Propiedad Intelectual (OMPI), el denominado Arreglo de Niza de 15 de junio de 1957. La petición de este informe corresponde al propio solicitante del título de obtención vegetal que al recibirlo adjuntará al resto de la documentación.

La OEPM, en su doble función de institución encargada de administrar en España todo el sistema de propiedad industrial, aplicando la normativa pertinente, así como de difundir la información de la que dispone, cuenta con diversos recursos digitales para que el solicitante pueda comprobar, antes de depositar su solicitud de título de obtención vegetal, que la denominación por él elegida para su variedad no se encuentra afectada por un derecho de marca anterior.

Para ello, la OEPM pone a disposición de los interesados un conjunto de bases de datos accesibles desde su página en la red Internet. Así, en primer lugar, cuenta con una base de datos que permite localizar marcas nacionales, comunitarias e internacionales con efectos en España simplemente utilizando las palabras de su denominación[53]. Igualmente, la base de datos *TMview* ofrece la posibilidad de realizar búsquedas similares en una colección de casi 120.000 marcas de la Unión Europea y otros países[54] . Una opción adicional de búsqueda lo constituye la base mundial de datos sobre marcas, *Global Brand Database,* de OMPI[55]. Por último, también se ha de mencionar la existencia de las bases de datos, *CLINMAR* y *TMclass,* que proporcionan información complementaria que puede ser de ayuda para la clasificación internacional de productos y servicios de marcas[56].

---

53 Acceso: <https://consultas2.oepm.es/LocalizadorWeb/jsp/busquedaDenominacion.jsp >

54 Acceso: < https://www.tmdn.org/tmview/#/tmview >

55 Acceso: <https://branddb.wipo.int/en/quicksearch?sort=score%20desc&start=0&rows=30&asStructure=%7B%22 id%22:%22de38%22,%22boolean%22:%22AND%22,%22bricks%22:%5B%5D%7D& =1703242695306 >

56 Acceso a todas las bases de datos citadas desde la dirección: <https://www.oepm.es/es/herramientas/buscador-base-de-datos/buscador-marcas-y-nombres-comerciales/>

III. EL PAPEL DIRECTO DE LA OEMP EN EL PROCEDIMIENTO DE PROTECCIÓN DE LA INNOVACIÓN AGRÍCOLA A TRAVÉS DE PATENTES Y MODELOS DE UTILIDAD

1. Aspectos legales de la protección de la innovación agrícola

En España son patentables, en todos los campos de la tecnología, las invenciones que sean nuevas, impliquen actividad inventiva y sean susceptibles de aplicación industrial[57]

El concepto de innovación tecnológica agrícola es un concepto muy amplio que abarca multitud de campos de la técnica cada vez más interrelacionados. En efecto, esta noción engloba materias muy diversas pertenecientes al ámbito de la mecánica, las ciencias naturales, la electrónica o las simples herramientas manuales. Todas ellas pueden ser, en principio, objeto de protección mediante un título de patente o modelo de utilidad, a condición de que satisfagan los anteriores requisitos aunque, para el caso de la modalidad de modelo de utilidad, bajo ciertas restricciones especificadas por la normativa[58].

De todos modos, desde el punto de vista de la patentabilidad, el ámbito tecnológico relacionado con la Biología se singulariza dentro de este conjunto por lo que resulta conveniente fijar específicamente la atención sobre él.

Sin lugar a dudas, en todo el ámbito comunitario, cuando se trata de considerar invenciones basadas en mayor o menos extensión sobre el conocimiento biológico, el marco legal de referencia lo constituye la Directiva 98/44/CE del Parlamento

---

[57] Artículo 4.1 de la Ley 24/2015, de 24 de julio, de Patentes.

[58] Artículo 137 de la Ley 24/2015, de 24 de julio, de Patentes.

europeo y del Consejo, de 6 de julio de 1998, relativa a la protección jurídica de las invenciones biotecnológicas.

A pesar de su denominación, esta es una norma que no pretende establecer unas reglas especiales para este tipo de invenciones, sino aplicar los requisitos comunes de patentabilidad de novedad, actividad inventiva y aplicación industrial del mismo modo que en cualquiera otra área tecnológica, aun cuando la invención tenga por objeto "*un producto que esté compuesto o que contenga materia biológica o un procedimiento mediante el cual se produzca, transforme o utilice la materia biológica*"[59]. Cabe subrayar que el hecho de que su texto manifieste expresamente que la materia biológica pueda ser el objeto de una protección por patente no significa que no estuviera permitido ya anteriormente, sino que se decidió explicitarlo con el fin de lograr una mayor claridad jurídica. Al mismo tiempo, este párrafo ofrece una definición legal de qué se entiende bajo el concepto de "invención biotecnológica", interpretado el término biotecnología en sentido amplio.

Otro aspecto particularmente relevante de la Directiva europea se expone en el párrafo 2 de su artículo 3, al disponer que "*la materia biológica aislada de su entorno natural o producida por medio de un procedimiento técnico podrá ser objeto de una invención, aun cuando ya exista anteriormente en estado natural*".

En efecto, este fragmento de la Directiva permite distinguir una auténtica "invención biotecnológica", es decir, materia biológica aislada o producida por medio de un procedimiento técnico y, por ello, patentable si se cumplen los requisitos, del concepto de "descubrimiento biotecnológico", esto es, materia biológica en su propio entorno y producida de forma natural y, por tanto, sin posibilidad de ser objeto de una patente.

---

59 Artículo 3.1 de la Directiva 98/44/CE y Artículo 4.1 de la Ley española 24/2015.

Por otro parte, es curioso observar que, en general, las legislaciones de patente no proporcionan una definición acerca de lo que se ha de entender por invención desde el punto de vista jurídico[60]. A pesar de ello, de este inciso es posible extraer, aunque sea de modo tácito, una cierta delimitación a escala europea del significado de la noción de invención, pudiéndose decir que es una solución técnica precisa para resolver un problema técnico determinado.

Por el contrario, la Directiva europea sí que proporciona una definición del significado jurídico del término "materia biológica" al indicar que se trata de "*la materia que contenga información genética autorreproducible o reproducible en un sistema biológico*", así como del término "procedimiento microbiológico" precisando que se trata de "*cualquier procedimiento que utilice una materia microbiológica, que incluya una intervención sobre la misma o que produzca una materia microbiológica*".

La Directiva 98/44/CE fue transpuesta en el ordenamiento jurídico español a través de la Ley 10/2002, de 29 de abril, en la anterior Ley 11/1986, de 20 de marzo, de Patentes permaneciendo sus disposiciones en la Ley 24/2015 actualmente en vigor.

El ordenamiento jurídico de patentes, ya sea en el entorno más general europeo o más específicamente en el español, contempla un conjunto de excepciones a la patentabilidad entre las que sobresalen de forma particular aquellas que indicen plenamente en la innovación agrícola.

---

60 Un ejemplo de una legislación donde se incorpora una definición del término lo representa la Ley de Propiedad Intelectual de la República de El Salvador, Decreto N. º 604, al señalar en su artículo 106 que "*se entiende por invención una idea aplicable en la práctica a la solución de un problema técnico determinado*" (este texto legal se puede consultar desde la dirección de OMPI: <https://wipolex-res.wipo.int/edocs/lexdocs/laws/es/sv/sv001es.pdf >).

En este sentido, los artículos 5.2 y 5.3 de la vigente norma española señalan, respectivamente, que no pueden ser objeto de una patente las variedades vegetales y las razas animales, así como tampoco los procedimientos esencialmente biológicos de obtención de vegetales o de animales. No obstante, la norma aclara que las invenciones cuyo objeto sean vegetales o animales son patentables siempre que la aplicación de la invención no se limite técnicamente a una variedad vegetal o a una raza animal determinada.

A partir de estas materias excluidas de la protección por patente surgen algunos interrogantes que conviene aclarar, sobre todo centrados en el ámbito de los vegetales pues son las que con mayor frecuencia aparecen en el contexto de la innovación agrícola relacionada con materia biológica. No obstante, las respuestas a estas cuestiones son, *mutatis mutandis*, igualmente válidas cuando se enfoque la atención en los animales.

En primer lugar, se plantea el asunto de la interpretación del término "variedad vegetal" dentro del ámbito de las patentes. La propia Directiva 98/44/CE, en su artículo 2.3 proporciona una respuesta al remitir el concepto de variedad vegetal a la definición que ofrece el artículo 5 del Reglamento (CE) nº 2100/94 del Consejo, de 27 de julio de 1994, relativo a la protección comunitaria de las obtenciones vegetales. Cuando se acude a este precepto, se comprueba que la definición del término "variedad vegetal" coincide con el que se expone en el apartado vi), del artículo 1, del Convenio Internacional para la Protección de las Obtenciones Vegetales de la Unión Internacional para la Protección de las Obtenciones Vegetales (UPOV)[61], es decir,

---

[61] Convenio Internacional para la Protección de las Obtenciones Vegetales de la UPOV, de 2 de diciembre de 1961, revisado en Ginebra el 10 de noviembre de 1972, el 23 de octubre de 1978 y el 19 de marzo de 1991.

"*un conjunto de plantas de un solo taxón botánico del rango más bajo conocido que, con independencia de si responde o no plenamente a las condiciones para la concesión de un derecho de obtentor, pueda definirse por la expresión de los caracteres resultantes de un cierto genotipo o de una cierta combinación de genotipos, distinguirse de cualquier otro conjunto de plantas por la expresión de uno de dichos caracteres por lo menos; considerarse como una unidad, habida cuenta de su aptitud a propagarse sin alteración*".

A continuación, la segunda pregunta que brota del texto del artículo 5.3 concierne al significado preciso del término "procedimientos esencialmente biológicos de obtención de vegetales" aunque la ley aclara que se considerarán como tales "*aquellos procedimientos que consistan íntegramente en fenómenos naturales como el cruce o la selección*", esto es, los métodos tradicionales de fitomejoramiento.

2. Aspectos prácticos para la protección de la innovación agrícola

Desde un punto de vista práctico, cuando el examinador de patente se enfrenta con la tramitación de una solicitud de patente cuyo conteniendo es una invención relacionada con vegetales, puede recurrir a otras fuentes adicionales de ayuda para interpretar los conceptos de "variedad vegetal" y "procedimiento esencialmente biológico de obtención de vegetales", además de ceñirse al texto de la ley.

Una primera ayuda puede ser la proporcionada por los considerandos (30), (31) y (32) que aparecen en la propia Directiva 98/44/CE.

Así, su considerando (30), además de reafirmar que el concepto de variedad vegetal se define en la legislación sobre obtenciones vegetales, señala que de ella se desprende "*que una variedad se caracteriza por la totalidad de su genoma y posee, por ello, individualidad y puede ser diferenciada claramente de otras obtenciones vegetales*". Por tanto, para discernir si la invención se refiere o no a una variedad vegetal y, por tanto, excluida de la patentabilidad del artículo 5.2, se ha de considerar que es el genoma total de la planta lo que la caracteriza y no un gen en particular.

Adicionalmente, el considerando (32) declara que cuando la invención se limita a modificar genéticamente una variedad vegetal para obtener una nueva, esta innovación seguirá estando excluida de la patentabilidad, "*aun cuando dicha modificación genética no sea el resultado de un procedimiento esencialmente biológico sino de un procedimiento biotecnológico*". Es decir, si se usa una técnica de manipulación del genoma de la planta, por tanto, se usa un procedimiento técnico, y el resultado de dicha manipulación técnica es otra variedad, esto no implica que la nueva planta pueda ser patentable pues se encuentra incursa plenamente en la exclusión legal dispuesta en el artículo 5.2 mencionado anteriormente.

De manera coherente con lo anterior, el considerando (31) subraya "*que un conjunto vegetal caracterizado por la presencia de un gen determinado (y no por la totalidad de su genoma) no es objeto de la protección de variedades; que, por esta razón, no está excluido de la patentabilidad, aun en el caso de que este conjunto abarque variedades vegetales*". Es decir, si la planta está caracterizada por un gen determinado (no por la totalidad de su genoma), por ejemplo, porque se ha realizado una manipulación genética en ella que puede ser llevada a cabo en cualquier planta de, por ejemplo, su género o especie, entonces la invención puede ser patentable si se cumplen el resto de requisitos.

Una fuente adicional que puede servir de guía para elaborar criterios que permitan al examinador de patentes evaluar con claridad los términos "variedad vegetal" y "procedimiento esencialmente biológico de obtención de vegetales" son las decisiones de las Cámaras de Recursos de la Oficina Europea de Patentes (OEP). Dichas decisiones, aunque no vinculantes legalmente, sí que pueden considerarse persuasivas no sólo para la OEPM sino para los propios Tribunales nacionales. En un sentido similar, cabe recordar que tanto la Directiva 98/44/CE como sus considerandos previos son utilizados por la propia OEP como medio de interpretación normativa complementario, aunque tampoco se encuentra legalmente vinculada a la norma europea.

Así, la cuestión del significado del término “procedimiento esencialmente biológico” fue discutido y aclarado por dos decisiones de la Cámara Ampliada de Recursos[62] de la OEP, órgano responsable de garantizar la aplicación uniforme del Convenio sobre la Patente Europea (CPE) decidiendo sobre cuestiones jurídicas de importancia fundamental remitidas por su Presidente o por las Cámaras Técnicas de Recurso.

Dicha Cámara emitió para ello, en fecha 9 de diciembre de 2010, dos decisiones identificadas con los números G01/08 y G02/07, conocidas en la terminología de la propiedad industrial con los apelativos de “caso del tomate I” y “caso del brócoli o brécol I”, respectivamente, como consecuencia del objeto al que se dirigían las solicitudes de patentes que originaron su expedición.

La primera de ella se refería a la solicitud europea de patente E00940724 (publicada con el número EP1211926), validada y publicada en España con el número ES2211562, conteniendo un procedimiento para mejorar genéticamente tomates con un contenido reducido de agua y el carácter de secarse mientras todavía están unidos a la enredadera, y a los tomates así obtenidos, particularmente valiosos para la industria de los productos elaborados con tomate.

---

[62] *Enlarged Board of Appeal*, en inglés.

La segunda de ellas se refería a la solicitud europea de patente E99915886 (publicada con el número EP1069819), validada y publicada en España con el número ES2179640, concerniente a procedimientos para la producción de hortalizas del género *Brassica* con niveles elevados de glucosinolatos anticarcinogénicos y sus derivados, así como a la propia planta con estas características.

Ambas decisiones concluyen que un procedimiento para la obtención de plantas basado en el cruce sexual de la totalidad de su genoma y la consiguiente selección de las plantas así obtenidas no es patentable por ser considerado un procedimiento esencialmente biológico, incluso si dicho procedimiento implica etapas técnicas de preparación de la planta, o de tratamiento posterior, antes o después de las etapas de cruce y selección. Es decir, procesos en los que los rasgos de la planta resultante de un cruzamiento dependen del fenómeno natural de la meiosis, o procesos que implícita o explícitamente incluyen un cruzamiento sexual y el consiguiente proceso de selección, no son patentables.

Por el contrario, un procedimiento que supone la inserción de un gen o una característica en una planta mediante ingeniería genética, esto es, mediante un procedimiento técnico, es patentable puesto que no implica la recombinación de la totalidad de su genoma ni la combinación natural de los genes de las plantas.

Por último, en la determinación de si un procedimiento es o no "esencialmente biológico" no es relevante determinar que una etapa técnica que pueda incluir es nueva o conocida, si es trivial o es una alteración fundamental de un proceso conocido, si ocurre o puede ocurrir en la naturaleza o si la esencia de la invención recae en ella.

Si bien tras estas dos decisiones parecía resuelta definitivamente la cuestión, surgió a continuación el asunto de si los productos, es decir, las propias plantas o partes de ellas obtenidas por medio de estos procedimientos esencialmente biológicos, eran o no patentables puesto que, en sentido estricto, la legislación no hace referencia explícita a ello.

Para solventarlo, la Cámara Ampliada de Recursos de la OEP, en fecha 25 de marzo de 2015, emitió dos nuevas decisiones, identificadas con los números G02/12 y G02/13, conocidas, respectivamente, como "caso del tomate II" y "caso del brócoli o brécol II" en la terminología del ámbito de la propiedad industrial.

En esencia, dichas decisiones suponían que la excepción de patentabilidad de los métodos esencialmente biológicos de obtención de plantas no se extendía a las reivindicaciones de producto dirigidas a plantas o material vegetal, tal como el fruto o partes de una planta. Esto era así incluso si el único método disponible para generar las plantas o el material vegetal reivindicados consistía en un procedimiento esencialmente biológico o incluso si la reivindicación de producto (planta o material vegetal) se realizaba en función de su procedimiento de obtención[63].

Estas decisiones adicionales de la OEP dieron lugar a un amplio debate entre las oficinas nacionales de patentes de los Estados contratantes del CPE y la propia OEP, discutiéndose distintas opciones para proponer una solución equilibrada entre rapidez, efectividad y certeza jurídica.

En efecto, con estas decisiones se abría la posibilidad de proteger mediante una patente el producto, lo que en la práctica podía significar vaciar de contenido la llamada "excepción

---

[63] En la terminología de propiedad industrial las reivindicaciones realizadas en función de un procedimiento de obtención se denominan *product-by process claims*.

del obtentor"[64], una herramienta legal que permite a cualquier obtentor usar, en sus programas de fitomejoramiento, una variedad vegetal protegida y su posterior comercialización sin necesidad de disponer del permiso del titular del derecho de obtención vegetal de dicha variedad.

Como resultado de lo anterior, existía el riesgo de producir un impacto fundamental sobre la producción de alimentos y la seguridad alimentaria. Así, el titular de una patente podría bloquear la innovación en el ámbito de las obtenciones vegetales simplemente no concediendo una licencia de su patente. Igualmente, los obtentores no podrían usar en sus programas de mejora aquellas variedades que contuviera el producto patentado sin infringir la patente anteriormente concedida. Este efecto no se producía en el sistema de derechos de obtención vegetal en el cual los competidores pueden libremente edificar sobre el trabajo de otros siempre y cuando lo mejoren gracias a la "excepción del obtentor".

En el debate ocasionado como resultado de estas decisiones la posición de la OEPM se fundamentó en una serie de argumentos que, basados en su práctica de tramitación de este tipo de solicitudes, eran a su juicio particularmente pertinentes.

En primer lugar, la intención del legislador europeo al promulgar la Directiva 98/44/CE, base de la legislación española en esta materia como ya se comentó anteriormente, no habría sido centrar su atención en una categoría específica de invención, de producto o de procedimiento, puesto que todas las actividades tradicionales de los obtentores consisten en la realización de métodos esencialmente biológicos basados en el cruce

64 Artículo 15, apartado c), de la Ley 3/2000, de 7 de enero, de régimen jurídico de la protección de las obtenciones vegetales.

y selección para producir variedades de plantas con vistas a su multiplicación y comercialización.

Esta opinión parecía ser avalada por la propia Comisión europea que en respuesta a este debate, aunque no vinculante legalmente, emitió una comunicación[65] en la que afirmaba que "*la intención del legislador de la UE al adoptar la Directiva 98/44/CE era excluir de la patentabilidad los productos (vegetales/animales y partes de vegetales/animales) obtenidos por medio de procedimientos esencialmente biológicos*".

En segundo lugar, el patentar una planta (un producto) obtenida por medio de un procedimiento esencialmente biológico podría conferir una protección indirecta sobre el procedimiento de obtención *per se*. Efectivamente, tal patente impediría a los terceros el fitomejoramiento de la planta patentada por cualquier medio, incluyendo los procedimientos esencialmente biológicos. Por tanto, indirectamente los terceros no podrían hacer uso del propio procedimiento.

En tercer lugar, parecía que la propia redacción del artículo 5.3 de la Ley 24/2015 (en la época de este debate, del artículo 5.3 de la anterior Ley 11/1986 de Patentes), llevaría a la conclusión de que el resultado de un procedimiento esencialmente biológico, el producto, estaría excluido de ser protegido mediante una patente. En efecto, el texto del citado artículo especifica en su segundo párrafo que la excepción de patentabilidad de los procedimientos esencialmente biológicos "*no afecta a la patentabilidad de las invenciones cuyo objeto sea un procedimiento microbiológico o cualquier otro procedimiento técnico o un producto obtenido por dichos procedimientos*".

---

65 Diario Oficial de la UE (DOUE). "*Comunicación de la Comisión sobre determinados artículos de la Directiva 98/44/CE del Parlamento Europeo y del Consejo relativa a la protección jurídica de las invenciones biotecnológicas*" (2016/C 411/03), 8 de noviembre de 2016, 3-14. En: <https://eur-lex.europa.eu/legal-content/ES/TXT/PDF/?uri=OJ:C:2016:411:FULL >

Al proporcionar tal clarificación tan sólo para los productos obtenidos por medio de un procedimiento técnico, el legislador forzosamente estaría considerando que los otros productos obtenidos mediante procedimientos esencialmente biológicos estarían necesariamente excluidos de la patentabilidad.

Este tercer argumento se reforzaba por la sentencia, de 11 de abril de 2014, dictada por el juzgado nº 4 de lo mercantil de Barcelona en la que por primera vez se analizaba cómo interpretar una reivindicación del tipo "*producto definido por su procedimiento de obtención*", estimando el tribunal que, en este caso, debía hacerse una interpretación restrictiva. Es decir, un producto reivindicado en función de su procedimiento de obtención no puede ser independiente de tal procedimiento.

En consecuencia, a la luz de todas estas argumentaciones y puesto que los productos obtenidos no podían ser independientes del procedimiento de obtención, la OEPM consideraba que las previsiones incluidas en los artículos 5.2 y 5.3 de Ley 24/2015 de Patentes (en el momento de este debate, la Ley española 11/1986), excluían claramente la concesión de patentes de invenciones relativas a variedades vegetales y a procedimientos esencialmente biológicos de cruce y selección de plantas, así como de las plantas o material vegetal producidos mediante tales procedimientos.

Finalmente, como fruto del amplio debate mantenido, el Consejo de Administración de la OEP adoptó una decisión para excluir de la patentabilidad "*...las plantas (...) obtenidas exclusivamente mediante un procedimiento esencialmente biológico*" y, para ello, se modificaron las Reglas 27 y 28 (añadiéndose un nuevo apartado) del Reglamento de ejecución del CPE, con efectos desde el 1 de julio de 2017.

Cabe subrayar que la introducción del adverbio "*exclusivamente*" no era baladí, pues ello quiere decir que, con dicha modificación normativa, las plantas y partes de plantas modificadas genéticamente no se encuentran excluidas de la patentabilidad incluso si además de la modificación genética, hubiera tenido lugar un procedimiento natural de cruce para su obtención. Por tanto, con esta modificación de las Reglas 27 y 28 del Reglamento de ejecución del CPE, los procedimientos esencialmente biológicos y las plantas obtenidas exclusivamente por estos procedimientos no serían patentables. Por el contrario, sí lo serían las plantas no exclusivamente obtenidas por un procedimiento esencialmente biológico.

La modificación de estas Reglas 27 y 28 del Reglamento de ejecución del CPE permitía alinear el marco jurídico de la patente europea a la Directiva 98/44/CE asegurando la uniformidad en el derecho de patentes a escala de la UE y, como consecuencia, daba a los usuarios un sistema con mayor claridad y seguridad jurídica.

Pues bien, cuando estas discusiones jurídicas parecían haber finalizado, el 5 de diciembre de 2018, una Cámara Técnica de Recursos de la OEP resolvió en la decisión T1063/18 que el nuevo apartado introducido en la Regla 28 del Reglamento de ejecución del CPE, en la que se excluía la patentabilidad de las plantas obtenidas exclusivamente mediante un procedimiento esencialmente biológico, resultaba contrario al apartado b) del artículo 53 del CPE[66], tal y como había sido interpretado por la Alta Cámara de Recursos de la OEP en sus anteriores decisio-

---

[66] Este artículo en su original en inglés dispone: "*European patents shall not be granted in respect of (...) plant or animal varieties or essentially biological processes for the production of plants or animals; this provision shall not apply to microbiological processes or the products thereof*" ("*No se concederán patentes europeas con respecto a (...) variedades de plantas y razas animales o procedimientos para producción de plantas o animales; esta disposición no se aplicará a procedimientos microbiológicos o productos de los mismos*").

nes G02/12 y G02/13. Según esta nueva decisión de la Cámara Técnica, toda vez que, en virtud del artículo 164(2) CEP, en caso de conflicto, el CPE prevalece sobre su Reglamento de ejecución y que, en las decisiones G02/12 y G02/13 se estableció que las exclusiones a la patentabilidad debían interpretarse de forma estricta, era incorrecto denegar una patente cuyo objeto fuera una planta obtenida exclusivamente mediante un procedimiento esencialmente biológico.

Ante esta situación, el 5 de abril de 2019, el Presidente de la OEP remitió sus observaciones ("*Referral*", en lengua inglesa) a la Cámara Ampliada de Recursos, en virtud de la prerrogativa que le confiere la letra b) del apartado 1, del artículo 112 del CPE, que le habilita a requerir de dicho órgano una resolución sobre una cuestión de derecho cuando dos Cámaras de Recursos hayan adoptado decisiones divergentes. Este mecanismo está pensado para asegurar la aplicación uniforme del derecho o si se plantea una cuestión jurídica de importancia fundamental. Esta petición de revisión tenía como identificación de caso, G03/19.

Finalmente, en fecha de 14 de mayo de 2020, la Cámara Ampliada resolvió el asunto concluyendo que, "*teniendo en cuenta la evolución posterior a las decisiones G02/12 y G02/13 de la Cámara Ampliada de Recursos*", la excepción a la patentabilidad de los procedimientos esencialmente biológicos para la producción de plantas o animales excluye de la protección por patente las reivindicaciones de plantas, material vegetal o animales (productos) y las reivindicaciones de producto definido por el procedimiento de obtención (reivindicaciones "*produt-by-process*"), si el producto reivindicado se obtiene exclusivamente por medio de un procedimiento esencialmente biológico o si las características del procedimiento reivindicado definen un procedimiento esencialmente biológico.

Con esta resolución ya se dejaba claro que el Artículo 53 b) CPE, a la luz de la nueva Regla 28 del Reglamento, debe interpretarse en el sentido de que no son patentables los productos obtenidos exclusivamente por medio de procedimientos esencialmente biológicos.

No obstante, dado que la modificación de la Regla 28 entró en vigor el 1 de julio de 2017, la resolución aclaraba que este efecto negativo no se aplica a las patentes europeas otorgadas antes del 1 de julio de 2017 ni a las solicitudes de patentes europeas que se presentaron antes de esa fecha y aún estuvieran pendientes de tramitación.

Como ya se comentó anteriormente, la posición de la OEPM en cuanto a la práctica seguida en la aplicación del artículo 5.3 de la Ley española de Patentes, que transpone directamente la Directiva de Biotecnología, siempre había considerado que no son patentables los productos obtenidos exclusivamente de procedimientos esencialmente biológicos. Por tanto, la OEPM recibió con satisfacción esta decisión, compartiendo completamente su contenido.

Adicionalmente a todo lo hasta aquí comentado, en contra de lo que pudiera parecer a primera vista, se ha de subrayar que no está dicha la última palabra con respecto a la protección por títulos de patente las materias relacionadas con la innovación agrícola.

En efecto, la propia dinámica de cambio impulsado por el cada vez más rápido desarrollo tecnológico hace que también en el ámbito de las patentes surjan constantemente nuevos retos e interrogantes que requieren ser debidamente afrontados.

En este terreno destacan aquellos aspectos relacionados con las denominadas nuevas técnicas genómicas (NTG) para la obtención de vegetales fundamentalmente, término genérico utilizado para describir diversas técnicas, como, por ejemplo, la tecnología CRISPR-Cas, que pueden alterar el material genético de un organismo permitiendo el rápido desarrollo de variedades vegetales con características específicas. Algunas de estas modificaciones pueden también producirse en la naturaleza u obtenerse mediante las técnicas convencionales de mejora vegetal.

Como consecuencia, emergen cuestiones relacionadas con la similitud de los productos obtenidos por NTG y aquellos producidos por técnicas convencionales de cruce y selección, presentando ambos los denominados caracteres primitivos ("*native traits*") de las plantas.

Se ha de anticipar que las invenciones cuyo objeto se refiera a plantas obtenidas por tecnologías NTG, así como los propios procedimientos de obtención son claramente protegibles por títulos de patente si se cumplen los requisitos de patentabilidad, puesto que las técnicas moleculares NTG aplicadas a plantas son, sin lugar a dudas, procedimientos técnicos. Además, las técnicas NTG pueden ser aplicadas a cualquier planta de una especie, sin restricciones de uso a un subgrupo específico de plantas dentro de esa especie vegetal. Es decir, aplicando las técnicas NTG el conjunto vegetal obtenido se va a caracterizar por la presencia de un gen determinado y no por la totalidad de su genoma por lo que la viabilidad técnica de la invención no se limita a una variedad vegetal.

Sin embargo, es cierto que puede ocurrir que algunos productos vegetales obtenidos con estas técnicas no puedan distinguirse de los conseguidos mediante técnicas convencionales de mejora vegetal. En tales casos, la OEPM se alinea con el criterio de la OEP según el cual se obliga al solicitante a introducir una cláusula de exención ("*disclaimer*") en el texto de las reivindicaciones que excluya de la protección la misma planta obtenida por medio de un procedimiento esencialmente biológico.

Otra interrogante que en ocasiones se manifiesta con respecto a este tipo de patentes es la concerniente al alcance real de la protección otorgada. Sin embargo, hay que tener siempre presente que la delimitación del perímetro de protección que concede una patente no es competencia de las Oficinas de patentes, sino que reside en última instancia en los Tribunales de justicia.

Por último, queda aún abierto el debate de otros asuntos que no se tratan por exceder el objeto del presente artículo. Entre ellos se pueden citar, la introducción en las legislaciones de patente de disposiciones regulatorias de la denominada "excepción limitada del obtentor", sin reflejo actual en la norma española, aunque ya incorporada en otras normas europeas o en el propio Acuerdo sobre un Tribunal Unificado de Patentes al que cabe recordar España no está adherido[67], o un mayor desarrollo de la regulación de las licencias obligatorias por dependencia de patentes y títulos de obtención vegetal a la que se refiere el artículo 12 de la Directiva 98/44/CE o el artículo 93 de la norma española.

2.1. La patente como fuente de información tecnológica

Como ya se ha apuntado con anterioridad, además de una función como título de protección jurídica para impedir a los terceros el uso no autorizado de una invención, el documento de patente tiene una función de difusión de la información tecnológica que contiene lo que hace que sean una valiosa fuente de información científico-técnica, jurídica y comercial, exclusiva en muchas ocasiones ya que no se reproduce en ningún otro tipo de publicación. Además, el formato normalizado en que son publicados, con una estructura uniforme, facilita su consulta.

---

67 El Artículo 27, apartado c) de dicho Acuerdo dispone que: "*The rights conferred by a patent shall not extend to any of the following: (...) the use of biological material for the purpose of breeding, or discovering and developing other plant varieties*". ("*Los derechos conferidos por una patente no se extenderán a: (...) el uso de material biológico con el propósito de mejora o descubrimiento y desarrollo de otras variedades vegetales*").

Acorde con esta doble función, la OEPM desarrolla una misión de centro gestor y difusor de servicios de información tecnológica como complemento inseparable de su actividad como entidad administradora del sistema de propiedad industrial.

La OEPM posee un patrimonio de información tecnológica único en España que se ofrece íntegramente al público a través de sus Servicios de Información Tecnológica a fin de que el usuario encuentre el más apropiado a sus necesidades. agrupándose, básicamente, en cuatro categorías diferentes: Bases de datos, servicios documentales de información tecnológica, publicaciones y fondos documentales. Adicionalmente, aunque algunos se ofrecen bajo una modalidad de pago, gran parte de ellos están disponibles de forma gratuita desde la propia página de la OEPM en la red Internet.

Entre tales servicios gratuitos, sobresalen dos productos que pueden ser particularmente interesantes para los agentes implicados en la innovación agrícola, los denominados Boletines de Vigilancia Tecnológica y las Alertas tecnológicas.

Los Boletines de Vigilancia Tecnológica son publicaciones trimestrales que contienen la noticias y los documentos de patente más relevantes aparecidos en ese período, realizadas por el personal cualificado de la OEPM que, en algunos casos, también cuentan con la colaboración de otras organizaciones nacionales e internacionales. Dichos Boletines se agrupan en 6 bloques temáticos correspondientes a los sectores de Biotecnología y Salud, Alimentación, Energía y Sostenibilidad, Movilidad, Tecnologías de la Información y la Comunicación (TICs) e Industria, que abarcan 17 materias tecnológicas.

De entre todos ellos, se pueden distinguir, por ser específicamente valiosos para el sector de la innovación agrícola, los dedicados al Sector Agroalimentario y la Pesca y la Acuicultura, incluidos en el bloque temático de la Alimentación, y el centrado en la Sanidad Animal, encuadrado en el bloque temático de la Biotecnología y Salud.

Finalmente, las Alertas Tecnológicas son búsquedas predeterminadas en las bases de patente que se actualizan diariamente. Las áreas temáticas de cada Alerta Tecnológica son establecidas en colaboración con las Plataformas Tecnológicas y otras instituciones u organismos, para que así respondan a las necesidades de información concretas de empresas y organismos públicos de investigación de los distintos sectores tecnológicos. Una vez determinada una materia de interés, el personal cualificado de la OEPM diseña una estrategia de búsqueda que posibilita que cualquier usuario pueda conocer en el momento que consulte la Alerta Tecnológica en cuestión, las últimas patentes publicadas en cualquier país del mundo sobre el asunto seleccionado.

Estas Alertas Tecnológicas, como en el caso anterior, también se agrupan en 5 bloques temáticos que se ocupan de los sectores de las Ciencias de la vida y la Alimentación, la Energía y Sostenibilidad, los Materiales y sus aplicaciones, la Inteligencia artificial y el *Blockchain*, y, por último, un grupo de varios que incluye la Logística (sistemas de gestión) y la Seguridad vial.

De todos ellos, las Alertas Tecnológicas relativas a los Biocidas y reguladores del crecimiento vegetal de origen biológico y la Viticultura y Enología, dentro del bloque de las Ciencias de la vida y la Alimentación, pueden ser especialmente provechosas para el sector de la innovación agrícola.

La carne cultivada: marco regulatorio y patentes

LUIZ OTÁVIO PIMENTEL[1]
Doctor en Derecho
Investigador de Atitus Educación (Brasil)
Expresidente del Instituto Nacional da Propiedad Industrial
la oficina de patentes y marcas de Brasil (2015-2019)
pimentel.lop@gmail.com

AMILTON CARDOSO DOS SANTOS JUNIOR
Magíster en Derecho
Atitus Educación (Brasil)
cardoso_amilton@yahoo.com.

BIBLIOGRAFÍA: ABIAD BMJ: «Plano Nacional de Proteínas Alternativas» [online], (2022): https://abiad.org.br/2021/wp-content/uploads/2022/04/01-2-BMJ-Relatorio-Lancamento-do-lano-Nacional-de-Proteinas-Alternativas-07.03.pdf>. [Consulta: 01/02/2024.]. BHAT, Z. F. *et al.*, "In vitro meat production: Challenges and benefits over conventional meat production", *Journal of Integrative Agriculture,* 16, 2015, 935-952. BORGES, C. «JBS co-

[1] Los autores presentan aquí su opinión personal, que no significa los pensamientos o políticas de Atitus Educación o del Gobierno brasileño, ni los vincula.

meça a construir 1º centro de pesquisa do Brasil para carne cultivada em laboratório em Florianópolis» [online], (2023), <https://g1.globo.com/sc/santa-catarina/noticia/2023/09/29/jbs-comeca-a-construir-1o-centro-de-pesquisa-do-brasil-para-carne-cultivada-em-laboratorio-em-florianopolis.ghtml>. [Consulta: 26/11/2023.]. BRASIL. «Projeto de Lei nº 4.616/2023, de 21 de setembro, sobre a proibição da pesquisa privada, produção, reprodução, importação, exportação e comercialização de carne animal cultivada no território nacional». BRASIL. «Projeto de Lei nº 5.402/2023, para alterar a Lei nº 8.171/1991, de 17 de janeiro, sobre a política agrícola, para estabelecer moratória técnica e científica relativa a pesquisa privada, produção, reprodução, importação, exportação e comercialização de carne animal cultivada no território nacional». BRASIL. Anvisa, «Biblioteca de Alimentos» [online], (2023), <https://www.gov.br/anvisa/pt-br/assuntos/regulamentacao/legislacao/bibliotecas-tematicas/arquivos/biblioteca-de-alimentos>. [Consulta: 01/02/2024.]. BRASIL. CEPEA/CNA: «PIB do agronegócio cresce no segundo trimestre e acumula alta de 0,5% em 2023» [online], (2023), <https://CEPEA.esalq.usp.br/upload/kceditor/files/CT-PIB-DO-AGRONEGOCIO-28SET2023.pdf>. [Consulta: 22/10/2023.]. BRASIL. Decreto nº 30.691/1952, de 29 de março, Regulamento da Inspeção Industrial e Sanitária de Produtos de Origem Animal. Decreto nº 9.013/2017, de 29 de março, regulamenta a Lei nº 1.283/1950, de 18 de dezembro, e a Lei nº 7.889/1989, de 23 de novembro, que dispõem sobre a inspeção industrial e sanitária de produtos de origem animal. BRASIL. Lei nº 10.973/2004, de 2 de dezembro, art. 2º, inciso IV (redação da Lei nº 13.243/2016, de 01de janeiro). BRF. «BRF Relatório integrado 2021» [online], (2021), <https://www.brf-global.com/wp-content/themes/brf- lobal/assets/documents/relatorio/BRF_RI2021_PT.pdf>. [Consulta: 19/12/2023.]. BRYANT, C.; BARNETT, J., "Consumer acceptance of cultured meat: A systematic review", *Meat Science*, 143, 2018 September, pp. 8-17. BRYANT, C. *et al.*, "A Survey of Consumer Perceptions of Plant-Based and Clean Meat in the USA, India, and China", *Frontiers in Sustainable Food Systems*, 3, n. 11, 2020. CODEX ALIMENTARIUS COMMISSION, Joint FAO/WHO Food Standards Programme Executive Committee. CCEXEC Sub-Committee on New Food Sources and Production Systems, Eighty-second Session Virtual, 20-24 and 30 June 2022. EE THENG NG, *et al.*. "Cultured meat–a patentometric analysis", *Critical Reviews in Food Science and Nutrition*, 63:16, 2023, pp. 2738-2748. DOI: 10.1080/10408398.2021.1980760. EE.UU. Department Of Agriculture: «Livestock and Products» [online], (2023), <https://apps.fas.usda.gov/newgainapi/api/Report/DownloadReportByFileName?file-

Name=Livestock%20and%20Products%20Annual_Brasilia_Brazil_BR2023-0017>. [Consulta: 22/10/2023.]. EE.UU. FDA: «Current Good Manufacturing Practice in Manufacturing, Packing, or Holding Human Food» [online], (2023): <https://www.ecfr.gov/current/title-21/chapter-I/subchapter-B/part-110>. [Consulta: 24/11/2023.]. EE.UU. FDA/USDA: «Formal Agreement Between FDA and USDA Regarding Oversight of Human Food Produced Using Animal Cell Technology Derived from Cell Lines of USDA-amenable Species» [online], (2019): <https://www.fda.gov/food/domestic-interagency-agreements-food-expired/formal-agreement-between-fda-and-usda-regarding-oversight-human-food-produced-using-animal-cell>. [Consulta: 24/11/2023.]. FAO. «The State of Food Security and Nutrition in the World 2020: Transforming food systems for affordable healthy diets» [online], (2020), <https://www.fao.org/3/ca9692en/online/ca9692en.html>. [Consulta: 15/11/2023.]. FUENTES, A. *et al.*, "A review on the sustainability of cultured meat: Benefits and challenges", *Journal of Cleaner Production*, 282, 2020. GARCIA, E. E. C. *et al.*, Estudo regulatório sobre proteínas alternativas no Brasil: carne cultivada. Tiki Books: The Good Food Institute Brasil, 2022. GFI: «Aumento da população e crise do clima motivam busca por alternativas à proteína animal» [online], (2023), <https://jota.info/coberturas-especiais/proteinas-alternativas-economia-verde/aumento-da-populacao-e-crise-do-clima-motivam-busca-por-alternativas-a-proteina-animal-26102023>. [Consulta: 28/11/2023.]. GUIDI, S.; BEZERRA, L. "A carne futurista já é uma realidade: O Brasil tem estrutura regulatória suficiente para receber novas tecnologias alimentares?" [online], (2023), https://www.jota.info/opiniao-e-analise/artigos/a-carne-futurista-ja-e-uma-realidade-22042023. [Consulta: 26/11/2023.]. HOCQUETTE, A., "Is in vitro meat the solution for the future?", *Meat Science*, 120, October 2016, pp. 167-176. MARKET RESEARCH REPORT. «The Global Market for Cultured Meat–Market Size, Trends, Competitors, and Forecasts» [online], (2023), <https://www.researchandmarkets.com/reports/5515331/the-global-market-for-cultured-meat-market?utm_source=BW&utm_medium=PressRelease&utm_code=z8n3c5&utm_campaign=1827580+-+Global+Cultured+Meat+Market+Report+2023%3A+Market+Size%2C+Trends%2C+Competitors%2C+and+Forecasts&utm_exec=chdo54prd#product—description>. [Consulta: 24/11/2023.] PEREIRA, M. L. «Brasil está na vanguarda no desenvolvimento de carne cultivada» [online], (2023), <https://www.embrapa.br/busca-de-noticias/-/noticia/77704192/brasil-esta-na-vanguarda-no-desenvolvimento-de-carne-cultivada>. [Consulta: 26/11/2023.]. PIMENTEL, L. O. (director). Curso de propriedade intelectual & inovação no agronegócio: Modulo I. Ministério da Agricultura, Pecuária e

Abastecimento (Brasil). 3.ed. rev. atual. Brasília: MAPA; Florianópolis: EaD/ FSC, 2012. 420 p.:*il*. POST, M. J., "Cultured meat from stem cells: Challenges and prospects", *Meat Science*, 92, 3, 2012, pp. 297-301.SANTOS JUNIOR, A. C. dos. Carne cultivada: Desafios para a instituivao de um marco regulatório.: Análise do ponto de vista das Políticas públicas regulatórias", in *VI Encontro virtual do Conpedi: Transformações na ordem social e econômica e regulação,* CONPEDI, Florianópolis, SC, 2023, pp. 9-25. SANTOS JUNIOR, A. C. dos. Carne cultivada: Desafios para a instituição de um marco regulatório. . Dissertação, Programa de Pós-graduação Stricto Sensu em Direito, Curso de Mestrado em Direito, Atitus Educação, Passo Fundo, 2024. SINGAPORE, Food Agency: «30by30» [online], (2024), <https://www.ourfoodfuture.gov.sg/30by30/>. [Consulta: 26/02/2024.]. SINGAPORE. Food Agency: «SFA approves sale of Eat Just, Inc.'s lab-grown chicken: First-time approval for cell-cultured meat product» [online], (2020), <https://www.sfa.gov.sg/newsroom/press-releases/news20201 20201>. [Consulta: 24/11/2023.]. SINKE, P. *et al.*, "Correction: Ex-ante life cycle assessment of commercial scale cultivated meat production in 2030", *International Journal of Life Cycle Assessment*, 28, 2023, pp. 1225-1228. STEPHENS, N. *et al.*, "Bringing cultured meat to market: Technical, socio-political, and regulatory challenges in cellular agriculture", *Trends in Food Science & Technology*, 78, 2018, pp. 155-166. THE PEOPLE'S REPUBLIC OF CHINA. Ministry of Agriculture: «The 14th Five-Year Plan for National Economic and Social Development of the People's Republic of China and the Outline of Long-Term Goals for 2035» [online], (2021): <http://www.gov.cn/xinwen/2021-03/13/content_5592681.htm>. [Consulta: 24/11/2023.]. UE. EFSA: «Novel food» [online], (2021): <https://www.efsa.europa.eu/en/topics/topic/novel-food>. [Consulta: 24/11/2023.]. UE. European Commission: «A Farm to Fork Strategy for a fair, healthy and environmentally friendly food system» [online], (2020): <https://ec.europa.eu/food/farm2fork_en>. [Consulta: 24/11/2023.]. UE. Reglamento (UE) 2015/2283, de 25 de noviembre, modificado por el Reglamento (UE) 2019/1381, de 20 de junio, del Parlamento Europeo y del Consejo, sobre la transparencia y sostenibilidad del sistema de evaluación de riesgos de la cadena alimentaria. WHO. «Healthy diet» [online], (2019), <https://iris.who.int/bitstream/handle/10665/325828/EMROPUB_2019_en_23536.pdf>. [Consulta: 27/10/2023.]

I. INTRODUCCIÓN

La inclusión de la carne cultivada en el panorama alimentario mundial es una verdadera innovación disruptiva en el universo tecnológico del sector agroalimentario, que trae consigo desafíos legales.

La carne cultivada también se conoce como carne *in vitro*, carne limpia, carne cultivada en laboratorio, y no debe confundirse con los productos de origen vegetal, que se derivan de proteínas vegetales, hechos para imitar la textura, el sabor y la apariencia de la carne animal. La carne cultivada se produce mediante el cultivo de células animales *in vitro*[2].

Es difícil determinar si la dieta de nuestra especie fue primero de origen vegetal, animal o siempre mixta. Lo cierto es que la costumbre de comer carne de pescado, aves y mamíferos nos acompaña durante todo el proceso civilizatorio.

Desde el punto de vista moral y ético, seguimos aceptando y seguimos con un fuerte hábito de comer otras especies animales, aunque la defensa de los derechos de los animales ha ido creciendo, incluyendo desde el buen trato hasta evitar su sacrificio.

Otro aspecto considerado es el económico, por un lado, tenemos la escasez de suministro de proteínas animales para alimentar a una población mundial que supera los ocho mil millones de habitantes; por otro lado, la producción de animales para uso alimentario representa un problema ambiental, especialmente por la emisión de gases que contribuyen significativamente al efecto invernadero del planeta.

---

2 EE THENG NG, *et al.*. 2023.

La evolución en la forma de producción de la proteína animal está anclada en importantes avances en biotecnología e ingeniería de tejidos, lo que requiere un análisis social, económico, político y legal que involucre a los alimentos y la seguridad alimentaria, la inocuidad de los alimentos, la sostenibilidad ambiental y la propiedad industrial, especialmente en el campo de las patentes para nuevas tecnologías.

Existe una creciente preocupación mundial por la seguridad alimentaria y nutricional, teniendo en cuenta los imperativos de una población en continuo crecimiento, mientras que la ganadería plantea un impacto ambiental cada vez mayor.

La carne cultivada surge como una respuesta potencialmente viable a los desafíos de producir alimentos ricos en proteínas y reducir el impacto ambiental de esta producción, lo que desafía los paradigmas regulatorios tradicionalmente establecidos para la inocuidad de los alimentos[3].

El tema aquí tratado tiene un carácter exploratorio, la metodología se basó en la investigación bibliográfica y el análisis documental, a través de la legislación y de la doctrina que trata el tema.

El concepto de innovación se adopta aquí en su sentido amplio, como la *"introducción de novedad o mejora en el entorno productivo y social que da lugar a nuevos productos, servicios o procesos o que incluye la adición de nuevas funcionalidades o características a un producto, servicio o proceso existente que puede dar lugar a mejoras y ganancias efectivas de calidad o rendimiento"*[4].

---

3 GFI, 2023.

4 BRASIL. Ley nº 10.973/2004. Véase: PIMENTEL, L. O. (director), 2012

Miramos hacia el horizonte, anticipando algunas tendencias en la investigación y producción de carne cultivada y los desafíos regulatorios inherentes al uso de esta nueva tecnología.

Se destaca la importancia de un marco regulatorio global[5] que pueda seguir el ritmo de la innovación con precaución y garantía de la inocuidad de los alimentos.

II. EL MARCO REGULATORIO DE LA CARNE CULTIVADA

A pesar de la novedad de la carne cultivada en el mercado, es imperativo que los gobiernos y las organizaciones internacionales se comprometan a desarrollar normas específicas para garantizar que sea segura para el consumo humano. El *puzzle* de normas existentes es un indicador de la diversidad de políticas adoptadas por los diferentes países, que van desde el espíritu pionero de Singapur hasta la prudencia característica del marco normativo europeo.[6]

En esta sección se ofrece una visión general de las iniciativas reglamentarias actuales en algunos países y de los retos a los que se enfrenta la carne cultivada.

---

5 Marco regulatorio o normativo: se entiende como el conjunto de normas que regulan el funcionamiento de los sectores en los que agentes privados prestan servicios de utilidad pública; en cuanto normas administrativas, se ocupa del funcionamiento de un sector, incluyendo, por ejemplo, el seguimiento del cumplimiento de las normas, las auditorías técnicas y el establecimiento de indicadores de calidad; crear un marco claro es clave para la confianza de la sociedad, en especial de los inversores y consumidores.

6 BRYANT, C.; BARNETT, J., 2018.

Se discute la indispensabilidad de un marco regulatorio que considere los imperativos de la inocuidad de los alimentos y los preceptos de la sostenibilidad, esenciales para el futuro del sector alimentario industrial, sin perder de vista el equilibrio socioeconómico global en términos de los desafíos de la Agenda 2030 de las Naciones Unidas.

1. Puntos centrales en la regulación de la carne cultivada

Singapur fue el Estado pionero en instituir un marco normativo para la venta de carne cultivada, sentando un precedente relevante para otros países y las bases para un instrumento mundial.[7]

La Agencia de Alimentos de Singapur *(SFA,* por sus siglas en inglés) otorgó en diciembre de 2020 la autorización para la venta de carne cultivada, en concreto al *nugget* de pollo producido por la empresa estadounidense *Eat Just, Inc.*, una decisión que reflejó el compromiso del país con la innovación y la inocuidad de los alimentos. Esta medida administrativa fue posible gracias a un enfoque normativo pragmático y orientado al futuro, que equilibró el rigor científico con la agilidad.[8]

El gobierno de Singapur ha invertido significativamente en investigación biotecnológica y producción sostenible de alimentos como parte de su estrategia para aumentar la resiliencia alimentaria en el país, donde más del 90% de los alimentos consumidos son importados, y producir de manera sostenible el 30% de las necesidades nutricionales de sus habitantes.[9] A

---

[7] HOCQUETTE, A., 2016.

[8] CODEX ALIMENTARIUS COMMISSION, 2022.

[9] (1) SINGAPORE, Food Agency, 2020. (2) *Singapore Food Agency*, 2024: El Proyecto *"30 by 30"* busca desarrollar la capacidad de la

pesar de ser un país de pequeño tamaño territorial y en número de población, su marco normativo es importante.

Otro aspecto a tener en cuenta, en el caso de Singapur, son las campañas de concienciación pública para promover la aceptación de alimentos innovadores como la carne cultivada, destacando sus beneficios en términos de sostenibilidad y seguridad.

Asia, con una enorme densidad de población, es un continente gran consumidor de alimentos, y también un epicentro de crecimiento económico y de innovaciones que puede impulsar la adopción de carne cultivada en sus mercados. Esto puede catalizar e impulsar un cambio paradigmático en las prácticas de producción y consumo de alimentos en todo el mundo, elevando los paradigmas de la inocuidad de los alimentos y de la seguridad alimentaria y la economía mundial, frente a la creciente demanda de fuentes de proteínas.[10]

Israel también ocupa un lugar destacado en los debates regulatorios sobre la carne cultivada, emergiendo como uno de los líderes en innovación en este campo, impulsado por un apoyo gubernamental sin precedentes, al menos hasta los recientes enfrentamientos en la Franja de Gaza, desde el mes de octubre de 2023. Este país es conocido por su economía emergente y un ecosistema de innovación avanzada, que se basó en un consorcio de fondos significativos para la investigación y el desarrollo de carne cultivada respaldada por el gobierno. Este consorcio reunió a los principales productores de alimentos y

---

industria agroalimentaria de Singapur para producir de manera sostenible el 30% de las necesidades nutricionales para 2030, este objetivo también figura en el Plan Verde de Singapur 2030, y busca ayudar a construir un futuro alimentario más resiliente.

10 BHAT, Z. F., 2015.

laboratorios académicos israelíes, lo que refleja un compromiso nacional con el avance de la agricultura celular.[11] El país es el hogar de algunas de las empresas pioneras en esta industria, como *Aleph Farms* y *SuperMeat*. El marco regulatorio de la carne cultivada consolidada favorece la innovación, dada su postura proactiva hacia las tecnologías emergentes.[12] Además, existe una simbiosis entre el sector público y las *startups* privadas que potencia una parte de la economía centrada en la biotecnología en el sector alimentario.

En Canadá la regulación de los nuevos alimentos, que incluye la carne cultivada, se caracteriza por un riguroso escrutinio científico y una política de inocuidad que se encuentra entre las más avanzadas del mundo.[13] También se caracteriza por un estrecho diálogo entre los organismos reguladores, la industria y la comunidad científica. El Ministerio de Salud de Canadá junto con el Organismo Canadiense de Inspección de Alimentos, ha desempeñado un papel activo en el diálogo mundial sobre alimentos innovadores, anticipándose a los problemas reglamentarios que puede plantear la carne cultivada. Aunque todavía no está disponible comercialmente en el mercado canadiense, los organismos reguladores han estado colaborando de forma proactiva con las partes interesadas y las organizaciones internacionales para comprender mejor los desafíos y las oportunidades que presenta esta nueva forma de producción de alimentos. Esta interacción sugiere una preparación para la futura colocación de la carne cultivada en el mercado, con un enfoque en la seguridad del consumidor y la sostenibilidad ambiental, alineándose con la política nacional de promover

---

11 GFI, 2023.

12 OPORTO, L. M.; BERTI, F. V., 2022.

13 GARCÍA, E. E. C. *et al.*, 2022.

innovaciones tecnológicas responsables que puedan beneficiar a la sociedad en su conjunto.[14]

Japón tiene una fuerte tradición en innovación tecnológica, también está perfeccionando su marco regulatorio respecto de la carne cultivada. Este país reconoce que será crucial garantizar que los productos sean seguros, nutritivos y aceptados por los consumidores.[15]

Japón, a través del Ministerio de Salud, Trabajo y Bienestar Social, y la Agencia Japonesa de Ciencia y Tecnología Médica, ha fomentado la investigación y las alianzas público-privadas para avanzar en el área de los alimentos obtenidos por cultivos celulares.

En China el gobierno ha mostrado interés en las nuevas tecnologías alimentarias como parte de su plan quinquenal, destinado a mejorar la seguridad alimentaria y reducir el impacto ambiental de la producción convencional de carne.

La aceptación cultural y el apoyo gubernamental son factores críticos en el éxito de la carne cultivada. En Japón y China, la integración de la carne cultivada en sus producciones y dietas representa tanto un desafío como una oportunidad, donde el apoyo gubernamental, a través de inversiones en I+D, puede desempeñar un papel importante en la configuración de la aceptación pública y la integración de estos productos en el mercado alimentario.[16]

El impacto de las decisiones regulatorias sobre la carne cultivada repercute mucho más allá de las fronteras nacionales, ejerciendo una influencia significativa en el mercado mundial de alimentos.

---

14 STEPHENS, N. *et al.*, 2018.

15 *THE PEOPLE'S REPUBLIC OF CHINA, Ministry of Agriculture, 2021.*

16 BRYANT, C. *et al.*, 2020.

La adhesión de Japón y China a estas prácticas regulatorias acelera la innovación tecnológica y promueve una revisión e introducción de nuevos estándares industriales, lo que influye en las cadenas de suministro y las tendencias de consumo a nivel mundial, lo que podría guiar una transición hacia sistemas agroalimentarios más resilientes y sostenibles a lo largo de este siglo.[17] Evidentemente, esto requiere nuevas máquinas, equipos, la necesidad de mejorar la trazabilidad, los mecanismos de control computacional y el uso de la inteligencia artificial.

En los Estados Unidos de Norte América (EE.UU.), el debate sobre la reglamentación también está evolucionando, con una estrecha atención a las implicaciones para la inocuidad de los alimentos; el progreso hacia la integración de la carne cultivada en el mercado alimentario es supervisado por la Administración de Alimentos y Medicamentos (FDA) y el Departamento de Agricultura (USDA). La FDA regula los alimentos y los medicamentos, y es competente para evaluar la seguridad y eficacia de los procesos involucrados en el cultivo celular. El USDA tiene jurisdicción sobre el etiquetado y la inspección de las carnes después de su procesamiento, asegurando que los productos cumplan con los estándares de calidad e inocuidad para el consumo humano.[18] Esta distribución de competencias administrativas ha demostrado ser esencial para establecer un marco regulatorio cohesionado que abarque toda la cadena productiva de la carne cultivada, desde las etapas iniciales de I+D biotecnológico hasta la llegada del producto al consumidor final.

Con respecto a los criterios de inocuidad de los alimentos, los EE.UU. han instituido un proceso de aprobación que hace

---

17 GFI, 2023.

18 EE.UU., FDA/USDA, 2019.

hincapié en el análisis detallado de los componentes y el proceso de producción de la carne cultivada. La FDA, a través de su Centro de Medicina Veterinaria, requiere que se proporcione evidencia científica completa que demuestre la seguridad de los productos. La evaluación abarca todos los aspectos, desde la obtención y el cultivo de las células, pasando por la ingeniería de tejidos, hasta la maduración y el procesamiento final. El cumplimiento de las Buenas Prácticas de Fabricación es imperativo para garantizar que las operaciones de fabricación se lleven a cabo de manera que se evite la contaminación y se garantice la integridad del producto.[19]

Las primeras autorizaciones de productos cárnicos cultivados en los EE.UU. fueron un modelo significativo para las empresas involucradas, lo que indica que podría recetarse en el mercado global. La decisión afirmativa de la FDA con respecto a la I+D y comercialización de estos productos fue recibida con optimismo por la industria, allanando el camino para la industria y el consumo y estimulando la inversión en I+D. El impacto de esta decisión repercutió entre los consumidores y las partes interesadas, instigando el debate sobre las implicaciones económicas, ecológicas y nutricionales de la carne cultivada, así como planteando debates sobre el alcance y la idoneidad de los marcos regulatorios existentes.[20]

Sin embargo, los desafíos regulatorios siguen siendo sustanciales en los EE.UU., donde el sector privado ha sido un participante activo en la búsqueda de soluciones. Las empresas de biotecnología, junto con las asociaciones de la industria, han colaborado con las agencias reguladoras para desarrollar un marco que concilie la innovación y la seguridad. Este diálogo

---

19 EE.UU., FDA, 2023.

20 EE.UU., FDA, 2023.

continuo ha sido clave para el establecimiento y mejora del sector, que trata de mitigar los riesgos y apoyarse en la confianza de los consumidores. La necesidad de educar al público sobre los beneficios y limitaciones de la carne cultivada, junto con la transparencia en los procedimientos regulatorios, se consideran esenciales para garantizar la aceptación y el éxito a largo plazo de esta nueva categoría de alimentos.[21]

Es fundamental observar el régimen jurídico de la Unión Europea (UE) en la materia, ya que ilustra las vicisitudes y virtudes de los caminos ya recorridos, permitiendo prever los retos y oportunidades que se avecinan en el horizonte regulatorio global.

En el contexto de la UE, el enfoque reglamentario de la carne cultivada se guía por un marco de inocuidad de los alimentos bien estructurado, en el que el papel de la Autoridad Europea de Seguridad Alimentaria (EFSA) ocupa un lugar destacado. La EFSA es responsable de evaluar los riesgos asociados a los nuevos alimentos, incluidos los derivados de tecnologías innovadoras como la carne cultivada. De acuerdo con el Reglamento (UE) 2015/2283, de 25 de noviembre, relativo a la comercialización de nuevos alimentos, cualquier alimento que no haya tenido un historial de consumo significativo en la UE antes de 1997 requiere un análisis científico riguroso y una autorización explícita antes de ser comercializado. Este procedimiento garantiza que la carne cultivada, considerada como un "nuevo alimento", se someta a un escrutinio meticuloso, evaluando su seguridad, metodología de producción, composición, impactos nutricionales, toxicológicos, alergénicos, etc.[22]

---

21 STEPHENS, N. *et al.*, 2018.

22 Reglamento (UE) 2015/2283, de 25 de noviembre, modificado por el Reglamento (UE) 2019/1381 del Parlamento Europeo y

El proceso de verificación de la conformidad, bajo el control de la EFSA, tiene por objeto garantizar que los productos cárnicos cultivados sean seguros para el consumo humano antes de que entren en el mercado. La participación pública y la transparencia son componentes esenciales de este marco regulatorio, que también busca la confianza de los consumidores en los nuevos productos alimenticios.[23]

Dentro de la UE, existe un número creciente de iniciativas tanto de empresas como de instituciones de investigación centradas en la I+D de la carne cultivada. Estas iniciativas se apoyan a través de la financiación y el fomento de la investigación y de la innovación.[24] La colaboración entre empresas e instituciones académicas ha sido y es importante para el avance tecnológico necesario para obtener y comercializar la carne cultivada, pudiendo también contribuir al logro de los objetivos de sostenibilidad y a la reducción del impacto ambiental de la producción de alimentos.[25]

Además, se espera en la UE que este nuevo alimento pueda alinearse con los objetivos de sostenibilidad medioambiental establecidos en el Pacto Verde Europeo, presentándose como una alternativa prometedora para un sistema alimentario ético y sostenible.[26]

El análisis comparativo de los enfoques normativos adoptados por las diferentes jurisdicciones nacionales y de la UE

---

del Consejo, de 20 de junio, sobre la transparencia y la sostenibilidad del sistema de evaluación del riesgo de la UE en la cadena alimentaria.

23 UE, EFSA, 2021.

24 MARKET RESEARCH REPORT, 2023.

25 POST, M. J., 2012.

26 FUENTES, A. *et* al., 2020. SINGAPORE, Food Agency, 2020.

revela una convergencia de estrategias, cada una de las cuales refleja las peculiaridades culturales, socioeconómicas y políticas de sus sociedades.

2. La regulación de la carne cultivada en Brasil

La inclusión de la carne cultivada en el panorama agroalimentario brasileño también representa una innovación disruptiva.

La posición de Brasil como potencia en el consumo, la producción y la industria cárnica plantea desafíos sustanciales, como alinear su sistema regulatorio con las innovaciones biotecnológicas emergentes, mantener alta la inocuidad de los alimentos, no causar un colapso económico a la agroindustria y seguir siendo proactivo en la institución de estándares internacionales.[27]

Brasil destacase en el comercio internacional de carnes,[28] por lo que enfrenta un desafío sin precedentes de promover una transición regulatoria que equilibre los intereses del agronegocio, de empresas que buscan innovación y la seguridad alimentaria, ya que el sector agrícola representa alrededor del 7% del PIB.[29]

En el sistema regulatorio brasileño, la Agencia Nacional de Vigilancia Sanitaria (Anvisa), creada por la Ley nº 9.782/1999, desempeña un papel crucial en la inocuidad de los nuevos alimentos, y tiene la competencia para verificar la inocuidad y la conformidad de estos productos con las normas establecidas.

---

27 SANTOS JUNIOR, A. C. dos; PORTELA, F. F., 2023.

28 BRASIL, CEPEA/CNA, 2023.

29 BRASIL, CEPEA/CNA, 2023.

Su guía define los procedimientos para verificar la inocuidad sanitaria de los alimentos y sus ingredientes.[30]

La Anvisa preparó el documento "Nuevos Alimentos e Ingredientes/2020" como base para la discusión regulatoria, promoviendo un importante debate sobre la actualización de las normas sanitarias frente a los avances biotecnológicos, que incluyen la carne cultivada.[31]

El intrincado sistema regulatorio que une la Anvisa y el Ministerio de Agricultura y Ganadería (MAPA) refleja la compleja arquitectura de normas que rigen el sector alimentario en Brasil, que se acentúa con el avance de la I+D en el tema y la inminencia de la inserción de la carne cultivada en el mercado. La evolución regulatoria se evidencia desde la implementación en el Servicio Federal de Inspección de Brasil de la estandarización de alimentos funcionales y nuevos productos, demostrando la capacidad del sistema regulatorio nacional para adaptarse a las innovaciones del mercado.[32]

El establecimiento del marco normativo del Brasil tiene en cuenta las recomendaciones del *Codex Alimentarius*, de la Organización Mundial de la Salud y de la Organización de las Naciones Unidas para la Agricultura y la Alimentación,

---

30 BRASIL, Anvisa, 2023; GARCÍA, E. E. C. *et al.*,, 2022.

31 BRASIL, Anvisa: «Nuevos alimentos e ingredientes: Documento básico para la discusión regulatoria», 2020. Véase: GARCÍA, E. E. C. *et al.*,, 2022.

32 BRASIL. Decreto nº 30.691/1952, de 29 de marzo, Reglamento de Inspección Industrial y Sanitaria de Productos de Origen Animal. Decreto Nº 9.013/2017, de 29 de marzo, reglamenta la Ley Nº 1.283/1950, de 18 de diciembre, y la Ley Nº 7.889/1989, de 23 de noviembre, de la inspección industrial y sanitaria de los productos de origen animal. Véase: GUIDI, S.; BEZERRA, L. 2023.

en consonancia con las tendencias mundiales y las expectativas y la seguridad de los consumidores, tanto nacionales como extranjeros.[33]

Se ha señalado que la administración pública es lenta en la tramitación de los procesos de registro y análisis de nuevos alimentos, debido a las limitaciones de personal disponible y de recursos de la agencia reguladora que trabajan en este escenario.[34]

Además, se indica que, a pesar de su crecimiento, la difusión del tema de la carne cultivada en Brasil es aún incipiente, impulsada por los esfuerzos de difusión mediática y la movilización social, que incluyen la mitigación de los impactos ambientales y la eliminación de la necesidad de sacrificar animales.[35] Instituciones de investigación como la Empresa Brasileña de Investigación Agropecuaria (Embrapa) y el *Good Food Institute* (GFI, Brasil) desempeñan un papel importante en la promoción de esta innovación, realizando estudios que no solo refuerzan el compromiso de Brasil con el desarrollo sostenible, sino que también posicionan al país en el panorama de la carne cultivada como una alternativa a la carne tradicional.[36]

El sector privado brasileño ha demostrado resiliencia y apertura a la innovación, destacándose también en el escenario de I+D de carne cultivada, aunque sin un número significativo de patentes. Las acciones estratégicas de empresas como BRF (*Brasil Foods S/A*), que realizó importantes inversiones financieras en el *startup* israelí *Aleph Farms* a través de capital de

---

[33] FAO, 2020.

[34] GUIDI, S.; BEZERRA, L., 2023.

[35] SANTOS JUNIOR, A. C. dos; PORTELA, F. F. de O., 2023.

[36] GFI, 2023.

riesgo,[37] muestra el interés empresarial en esta biotecnología. Otro gigante del sector, la JBS S/A, ha creado el Centro de Innovación Biotecnológica JBS en Florianópolis, marcando su posición vanguardista, con una inversión muy significativa, en ese Centro que tiene como objetivo la I+D de bioingeniería para la producción de proteína de carne cultivada, con opciones que incluyen hamburguesas y albóndigas de cultivo celular.[38] La JBS también opera en España apuntando al mercado europeo y mundial de proteínas alternativas.

Ahora bien, muchos brasileños, en particular los amantes de la parrilla, aún son reacios a adoptar la carne cultivada, cuestiones como la costumbre, la inocuidad, el valor nutricional y, especialmente, la percepción de la naturalidad del producto son aspectos que generan dudas y vacilaciones.[39]

En el escenario legislativo, la carne cultivada se encuentra en el epicentro de las críticas que podrían marcar el futuro del sector agroalimentario. Dos proyectos de ley en el Congreso Nacional reflejan importantes divergencias en la visión de cómo debe tratarse esta innovación. En el Proyecto de Ley nº 4.616/2023, propuesto por el diputado Tião Medeiros, se adopta una postura proteccionista en relación con la producción ganadera tradicional, exigiendo la prohibición absoluta de la I+D privada y de la comercialización en el país.[40] Mientras que en el Proyecto de Ley nº 5.402/2023, del diputado Lúcio Mosquini, propone una moratoria hasta el año 2028, salvo para la I+D de las instituciones públicas, con la justificación de

---

37 BRF, 2021.

38 BORGES, C., 2023

39 GARCÍA, E. E. C. *et al.*, 2022.

40 BRASIL, Proyecto de Ley nº 4.616/2023.

dar más tiempo para los estudios complementarios y para que haya una maduración de la aceptación pública.[41]

Por otro lado, la discusión de un Plan Nacional de Proteínas Alternativas en el MAPA[42] señala una coyuntura propicia para fortalecer el diálogo y la colaboración entre los diversos sectores involucrados en la producción de proteínas alternativas. En medio de las discusiones sobre inocuidad alimentaria y sostenibilidad ambiental, la discusión del plan surgió como un hito en la agricultura nacional, con el objetivo de articular una red de I+D que pueda responder a los desafíos planteados por el crecimiento de la población y la necesidad de prácticas más sostenibles en la producción de alimentos.[43] Al alinear las directrices y los objetivos con las alarmantes estadísticas de la FAO sobre el uso de la tierra y el agua en la agricultura, las directrices en el debate del plan reconocen la urgencia de la transición a sistemas de producción con menor impacto ambiental, como la carne cultivada y otras proteínas alternativas. Este plan buscaría direccionar por lo menos parte de la producción de alimentos de manera más eficiente y con menor huella ecológica, alineándose con las metas climáticas establecidas por el Acuerdo de París de 2015,[44] que son vitales para Brasil, dada

---

41 BRASIL, Proyecto de Ley nº 5.402/2023.

42 ABIAD, BMJ, 2022.

43 PEREIRA, M. L., 2023.

44 El Acuerdo de París/2015, tiene como objetivo proporcionar una respuesta global a la amenaza del cambio climático en el contexto del desarrollo sostenible y los esfuerzos para erradicar la pobreza, fue firmado por 196 partes en la 21ª Conferencia de la Convención Marco de las Naciones Unidas sobre el Cambio Climático (COP 21).

su posición como uno de los principales emisores de gases de efecto invernadero provenientes de la agricultura.[45]

La reducción de la contaminación ambiental y la gestión eficiente de los recursos hídricos, en particular el agua dulce almacenada en ríos, lagos, embalses y acuíferos subterráneos disponibles para el uso humano, son aspectos que guían la voluntad política del gobierno en acciones que promuevan el uso racional del agua y la mitigación de los efluentes, solidificando el *status* de la carne cultivada como modelo de producción de alimentos sostenible en su esencia y comprometida con la preservación ecológica del planeta.[46]

Así, se esbozó la institución de la política y de su marco regulatorio, que no solo tiene como objetivo proteger el medio ambiente, la salud y el bienestar de la población humana, sino también un menor sacrificio de animales, como es un terreno fértil para futuras innovaciones en el campo de la biotecnología alimentaria.

Para finalizar, se informa de que en Brasil ya está vigente la Resolución RDC/ANVISA nº 839/2023, de 14 de diciembre, sobre prueba de inocuidad y autorización para el uso de nuevos alimentos e ingredientes.

III. PATENTES SOBRE CARNE CULTIVADA

Incluimos en este ítem una síntesis de los resultados del reciente estudio patentométrico de la tecnología de la carne cultivada, abarcando el periodo de patentes de 1997 a 2020, hecho por investigadores en Singapur, que contiene datos relevantes

---

45 GFI, 2023.

46 SINKE, P. *et al.*, 2023.

extraídos de las patentes, como el enfoque de las tecnologías, los países de presentación de solicitudes y de origen de los inventores, y los códigos de clasificación.[47]

Este estudio indicó claramente la tendencia creciente de la presentación de solicitudes de patentes en las últimas dos décadas (1997 al 2020), aunque la mayoría de las patentes aún no habían sido concedidas durante la investigación, se señaló que el número de solicitudes ha ido en aumento, formando algunos picos en los últimos años, como se logró en 2019, con un aumento de tres veces en el número de patentes en comparación con el año anterior, lo que correspondió a alrededor del 24% del total. Debe tenerse en cuenta que el período de secreto de 18 meses anterior a la divulgación no permitió una mayor precisión en relación con los años más recientes del período de esa investigación.

Según el estudio que mencionamos, los países con mayor número de solicitudes de patentes fueron Estados Unidos (18,3%), seguido de Australia (9,8%), China (9,8%), Canadá (8,4%) y Japón (7,7%). A partir de los datos presentados, queda claro que Estados Unidos es el lugar preferido para la protección de las tecnologías. Los datos mostraron que América del Norte dominaría el mercado mundial de tecnologías de productos cárnicos cultivados en 2021, particularmente el pollo, lo que también se puede atribuir al hecho de que la mayoría de las empresas de carne cultivada involucradas en el campo de la I+D tienen su sede en los EE.UU., que también es uno de los mercados de consumo más grandes e importantes.

---

47 EE THENG NG, *et al.*, 2023. La investigación para el artículo fue financiada por la *National Research Foundation, Singapura,* y la *Agency for Science, Technology and Research (A*STAR),* en el marco del *Singapore Food Story R&D Programme.*

Los datos presentados en el estudio muestran que más de la mitad de las patentes fueron presentadas por inventores de solo cinco países: EE.UU. al frente, seguido de Australia, China, Canadá y Japón, seguidos por solicitantes de Israel, Corea del Sur y Singapur, los europeos no han tenido relevancia.

El estudio destaca que, en las últimas dos décadas (desde 1997 hasta 2020), la contribución de los productos pecuarios a la dieta de las familias ha crecido de manera sostenida en los países en desarrollo. Esta tendencia, que significa un aumento en la producción y el consumo de carnes, representa una seria amenaza para el medio ambiente, la salud mundial y la seguridad alimentaria. La carne cultivada aparece como una solución tecnológica que tiene el potencial de abordar las necesidades nutricionales, la salud, el bienestar y los problemas ambientales al mismo tiempo. Por lo tanto, los países desarrollados, e incluso los países en desarrollo, han aumentado la inversión gubernamental y privada para estimular la I+D. Los autores argumentan que en el futuro estos esfuerzos pueden dar lugar a un mayor número de solicitudes de patente, con lo que estamos de acuerdo.

Por último, el mencionado estudio indica que la carne cultivada es un área emergente en el ámbito de las patentes, debido al rápido aumento del número de solicitudes y publicaciones. La investigación de los datos de las publicaciones de patentes es importante para identificar el enfoque de la I+D y los principales campos de interés tanto de los investigadores como de las empresas. Los países desarrollados están haciendo grandes esfuerzos y los países en desarrollo, que tienen una demanda creciente de carne, han ido acelerando su ritmo en la búsqueda de carne cultivada de alta tecnología, buscando todos ellos satisfacer las necesidades humanas y ecológicas, generando un gran potencial de mercado, luego, de ahí el interés por la propiedad industrial patentaria de las tecnologías. Los autores señalan también que existe un potencial creciente para que la carne cultivada se convierta en una tecnología transformadora que responda directamente a los problemas globales de demanda en la producción de alimentos, los impactos ambientales y éticos. Sin embargo, para lograr soluciones, son necesarios importantes avances científicos, infraestructuras, inversiones, marco regulatorio y, sobre todo, un ecosistema de innovación robusto que apoye el crecimiento de esa industria. Los esfuerzos futuros en el campo de la carne cultivada deberían centrarse en abordar los problemas de la expansión y la producción en masa con fines comerciales, incluida la mejora de la normalización en el marco del Acuerdo sobre la Clasificación Internacional de Patentes y los derechos de propiedad industrial en torno a la carne cultivada.

IV. CONCLUSIÓN

Los marcos regulatorios han ido evolucionando en la regulación de la carne cultivada, definiendo estándares de inocuidad, calidad y sostenibilidad, que pueden influir positivamente en la industria y en el consumo de estos productos y reducir el impacto ambiental de la producción convencional de animales para consumo humano, además de contribuir a dar un paso civilizador en nuestra relación de los humanos con otras especies animales. La tendencia es el crecimiento del sector, los avances científicos y tecnológicos, la mejora del sistema de patentes, en definitiva, un nuevo paradigma en el horizonte de la I+D, de la producción, de la industria y del consumo de productos agroalimentarios.

El futuro del sistema UPOV en la era de las nuevas técnicas genómicas

JUAN ANTONIO VIVES VALLÉS
Prof. Contratado Doctor de Derecho Mercantil (acreditado a TU)
Universidad de las Islas Baleares
juanantonio.vives@uib.eu;
orcid: 0000-0001-7652-1599.

SUMARIO: I. Introducción. II. El futuro de la UPOV: entre el inmovilismo y el optimismo ilusorio. 1. Viabilidad de la transición hacia un sistema de la UPOV basado en el genotipo. 2. La relevancia de la voluntad de los obtentores. 3. Breve comentario sobre la utilidad del sistema de la UPOV. III. Las nuevas "Notas explicativas sobre las variedades esencialmente derivadas con arreglo al Acta de 1991 del Convenio de la UPOV". IV. Reflexiones finales.

BIBLIOGRAFÍA: ACQUAAH, G., *Principles of Plant Genetics and Breeding*, 2, Wiley-Blackwell, Hoboken, 2012. AMAT LLOMBART, P., "Concepto, contenido y límites del derecho de obtentor de variedades vegetales según la ley 3/2000 de 7 de enero y el Real Decreto 1261/2005 de 2 de octubre", en Pablo Amat Llombart (Coord.) *La propiedad industrial sobre obtenciones vegetales y organismos transgénicos*, Tirant lo Blanch, 2007, pp. 177–233. ASSINSEL, *Proposal of the IPG of Assinsel for an Assinsel statement regarding the implementation of the new principle of essentially derived varieties in the UPOV Convention[.] CAJ/30/5 [.] March 10, 1992*, UPOV, Geneva, 1992<https://www.upov.int/edocs/mdocs/upov/en/caj_30/caj_30_www_291871.pdf>. [Consulta: 28/10/2022.]. BOSTYN, S. J. R., "Towards a fair scope of protection for plant breeders' rights in an era of new breeding techniques: Proposals for a modernization of the essentially derived variety concept", *Agronomy*, vol. 11, no. 8, 2021. BOTANA AGRA, M., "La excepción en beneficio del agricultor", en Ángel García Vidal (Dir.) *Derecho de las obtenciones vegetales*, Editorial Tirant lo Blanch S.L, Valencia, 2017, pp. 611–636. CASHMORE, W., *Plant Variety Rights Act 1987 review: Options Paper*, Sandringham, <https://www.mbie.govt.nz/dmsdocument/7432-plant-and-food-plant-variety-rights-act-1987-review-options-paper-submission-pdf>. [Consulta: 2/10/2021.]. CIOPORA, "CIOPORA view on Essentially Derived Varieties (EDV) The purpose of EDV concept", *UPOV CAJ 31 October 2018 Geneva*, 2018, p. 17, <https://www.upov.int/edocs/mdocs/upov/en/caj_75/caj_75_3_ciopora.pdf>. [Consulta: 12/11/2022.]. Curto Polo, M., "La decisión G 3/19 de la Alta Cámara de los Recursos de la Oficina Europea de Patentes: ¿Fin del debate acerca de la patentabilidad de las plantas obtenidas por procedimientos esenciahnente biológicos?", en Fernando Carbajo Cascón (dir.), Vanessa Jiménez Serranía (coord.) Competencia, propiedad intelectual y tutela de consumidores en el sector agroalimentario, Tirant lo Blanch, Valencia, 2022, pp. 156-190. CURTO POLO, M., *La protección de las Innovaciones Vegetales en la Unión Europea[.] Patentes vs. Títulos de Obtención Vegetal*, Tirant lo Blanch, Valencia, 2020. DHAR, B., *Sui Generis Systems for Plant Variety Protection*, 2002, <http://homepages.3-c.coop/tansey/pdfs/sgcol1.pdf>. [Consulta: 2/4/2024.]. Curto Polo, M., "La protección provisional del derecho del obtentor a la luz de los recientes pronunciamientos del Tribunal De Justicia", en Fernando Carbajo Cascón (dir.), Vanessa Jiménez Serranía (coord.) Competencia, propiedad intelectual y tutela de consumidores en el sector agroalimentario, Tirant lo Blanch, Valencia, 2022, pp. 132-154. DUTFIELD, G., "Food, Biological Diversity and Intellectual Property: The Role of the International Union for the Protection of New Varieties of Plants (UPOV)", *Global Economic Issue Publications, Intellectual Property Issue Paper*, vol. 9, 2011, <http://www.quno.org/sites/default/files/resources/UPOV+-study+by+QUNO_English.pdf>. [Consulta: 2/4/2024.]. DYSON, F., "Our biotech future", *New York Review of Books*, no. July 19, 2007, <http://www.nybooks.com/articles/2007/07/19/our-biotech-future/>. [Consulta: 22/12/2021.]. EUROPEANSEED, "Hedwich Teunissen (Naktuinbouw) Variety Tracer, Enforcement of PBR, Application of Molecular markers", *Giant Views*, 2019, Seed World Group, <https://youtu.be/ErUJzQ_TNj0>. [Consulta: 2/4/2024.]. EUROSEEDS, *Position[.] Brussels, 01 December 2018 (updated 1 July 2019)[.] Plant Breeding Innovation[.] Applying the latest Plant Breeding Methods for the benefit of sustainable Agriculture, Consumers and Society*, Brussels, 2019, <https://euroseeds.eu/app/uploads/2019/07/18.1010-Euroseeds-PBI-Position-1.pdf>. [Consulta: 29/10/2022.]. EUROSEEDS, *Position[.] Brussels, January 2011; Last update: July 2019[.] Use of DNA-based markers in testing for Distinctness, Uniformity and Stability (DUS)*, Brussels, 2019, <https://euroseeds.eu/app/uploads/2019/07/11.0044-Euroseeds-position-DNA-markers.doc-1.pdf>. [Consulta: 29/10/2022.]. FIS, "Revision of the convention: position of FIS on the "farmer's privilege"[.] CAJ/27/7", *Administrative and Legal Committee [of UPOV.] Twenty-seventh Session[.] Geneva, June 25 to 29, 1990*, 1990, Geneva, p. 3, <http://www.upov.int/edocs/mdocs/upov/en/caj_27/caj_27_7.pdf>. [Consulta: 28/10/2022.]. FRAMIÑÁN SANTAS, J., "Biodiversidad y propiedad intelectual sobre recursos fitogenéticos", en Ángel García Vidal (Dir.) *Derecho de las obtenciones vegetales*, Editorial Tirant lo Blanch S.L, Valencia, 2017, pp. 179–230. GARCÍA VIDAL, Á., "El privilegio del obtentor y las variedades esencialmente derivadas", en Ángel García Vidal (Dir.) *Derecho de las obtenciones vegetales*, Editorial Tirant lo Blanch S.L, Valencia, 2017, pp. 637–743. GARCÍA VIDAL, Á., "El sistema de protección de las variedades vegetales", en Ángel García Vidal (Dir.) *Derecho de las obtenciones vegetales*, Editorial Tirant lo Blanch S.L, Valencia, 2017, pp. 46–109. GARCÍA VIDAL, Á., "La variedad vegetal como objeto de protección", en Ángel García Vidal (Dir.) *Derecho de las obtenciones vegetales*, Editorial Tirant lo Blanch S.L, Valencia, 2017, pp. 263–289. GARCÍA VIDAL, Á., "Los requisitos de la distinción, la homogeneidad y la estabilidad", en Ángel García Vidal (Dir.) *Derecho de las obtenciones vegetales*, Editorial Tirant lo Blanch S.L, Valencia, 2017, pp. 349–394. González San Juan, J. L., "Organismos modificados genéticamente y el principio de precaución en el protocolo de Cartagena y en el derecho de la UE: aplicación a las técnicas de edición genética CRISPR-CAS", en Fernando Carbajo Cascón (dir.), Vanessa Jiménez Serranía (coord.) Competencia, propiedad intelectual y tutela de consumidores en el sector agroalimentario, Tirant lo Blanch, Valencia, 2022, pp. 231-269. HEITZ, A., "The History of the UPOV Convention and the Rationale for Plant Breeders' Rights", en *Seminar on the nature of and reationale for the protection of plant varieties under the UPOV Convention, Budapest, Hungary, September 19 to 21, organized by UPOV in cooperation with the Government of the Republic of Hungary 1990*, UPOV, Budapest, 1991, pp. 12–42, <https://www.upov.int/edocs/pubdocs/en/upov_pub_697.pdf>. [Consulta: 2/4/2024.]. Íñiguez Ortega, P., "Perspectivas jurídicas sobre la edición genómica de cultivos para el mejoramiento vegetal", en Fernando Carbajo Cascón (dir.), Vanessa Jiménez Serranía (coord.) Competencia, propiedad intelectual y tutela de consumidores en el sector agroalimentario, Tirant lo Blanch, Valencia, 2022, pp. 191-229. ISF; CIOPORA; CropLife International; Euroseeds; APSA; AFSTA; y otros, *Contribution in response to UPOV Circular E-20/093*, 2020, <https://www.upov.int/export/sites/upov/meetings/en/pages/caj77/isf_cli_ciopora_euroseeds_afsta_apsa_saa_edv.pdf>. [Consulta: 2/4/2024.]. ISF; CIOPORA; CropLife International; Euroseeds; APSA; AFSTA; y otros, "Request for revision of the UPOV/EXN/EDV/2, Explanatory Notes on Essentially Derived Varieties under the 1991 Act of the UPOV Convention adopted on April 6, 2017 ['12 August 2019']", en Wendy Cashmore (ed.) *[Annex to] Plant Variety Rights Act 1987 review: Options Paper, by Wendy Cashmore*, Sandringham, 2019, pp. 20–21, <https://www.mbie.govt.nz/dmsdocument/7432-plant-and-food-plant-variety-rights-act-1987-review-options-paper-submission-pdf>. [Consulta: 2/10/2021.]. JANIS, M. D.; SMITH, S., "Technological Change and the Design of Plant Variety Protection Regimes", *Chicago-Kent Law Review*, vol. 82, 2007, pp. 1557–1615, <https://scholarship.kentlaw.iit.edu/cgi/viewcontent.cgi?article=3629&context=cklawreview>. [Consulta: 2/4/2024.]. JORASCH, P., "The global need for plant breeding innovation", *Transgenic Research*, vol. 28, no. s2, 2019, Springer International Publishing, pp. 81–86. KIEWIET, B., *Principles, procedures and recent developments in respect of the Community Plant Variety Protection system*, Frankfurt, 2004, <http://cpvo.europa.eu/sites/default/files/documents/articles/

BK Frankfurt 02.2004.pdf>. [Consulta: 2/4/2024.]. KIEWIET, B., *Relation between PVP and Patents on Biotechnology*, 2003, <http://cpvo.europa.eu/sites/default/files/documents/articles/BK Bangkok November 2003.pdf>. [Consulta: 2/4/2024.]. KIM, D.; HILTY, R.; HOFMEISTER, E.; SLOWINSKI, P. R.; STEINHART, M., "CRISPR/Cas Technology and Innovation: Mapping Patent Law Issues", *SSRN Electronic Journal*, no. 22–06, 2022, pp. 1–48, <https://papers.ssrn.com/sol3/papers.cfm?abstract_id=4106075>. [Consulta: 11/9/2022.]. KIM, D.; KOCK, M. A.; LAMPING, M.; BATISTA, P. H. D.; HILTY, R.; SLOWINSKI, P. R.; STEINHART, M., "New Genomic Techniques and Intellectual Property Law: Challenges and Solutions for the Plant Breeding Sector (August 9, 2023)", *Max Planck Institute for Innovation & Competition Research Paper 23-16*, 2023. KOCHUPILLAI, M., *Promoting Sustainable Innovations in Plant Varieties*, vol. 5, 1, Springer-Verlag, Berlin, Heidelberg, 2016. KOCK, M. A., "Essentially Derived Varieties in View of New Breeding Technologies – Plant Breeders' Rights at a Crossroads", *GRUR International*, vol. 70, no. 1, 2020, pp. 11–27. KOCK, M. A., *Intellectual property protection for plants[.] Fit for Future?*, Springer International Publishing, Berlin, Heidelberg, 2022. KRIEGER, E.; DE KEYSER, E.; DE RIEK, J., "Do New Breeding Techniques in Ornamentals and Fruits Lead to Essentially Derived Varieties?", *Frontiers in Plant Science*, vol. 10, 2020, Frontiers Media S.A., p. 1612. Martín Aresti, P., "La protección comunitaria de las obtenciones vegetales. Aplicación del Derecho Nacional y jurisprudencia del TJUE", en Fernando Carbajo Cascón (dir.), Vanessa Jiménez Serranía (coord.) Competencia, propiedad intelectual y tutela de consumidores en el sector agroalimentario, Tirant lo Blanch, Valencia, 2022, pp. 49-90. MARTÍNEZ LÓPEZ, Á., "Public access to documents in the community plant variety right system: A treehouse of confidential information in the garden of disclosure", *Journal of Intellectual Property Law and Practice*, vol. 14, no. 7, 2019, pp. 561–569. MASSAGUER FUENTES, J., "El contenido y alcance del derecho de patente", *Actualidad jurídica Uría Menéndez*, no. 13, 2006, pp. 173–187. METZGER, A.; ZECH, H., "A Comprehensive Approach to Plant Variety Rights and Patents in the Field of Innovative Plants", *Godt/Lamping (Hg.), In Honour of Hanns Ullrich (tbc), forthcoming*, 2021, pp. 1–34, <https://papers.ssrn.com/sol3/papers.cfm?abstract_id=3675534>. [Consulta: 2/4/2024.]. VAN OVERWALLE, G., "Plant Patents: From Exclusivity to Inclusivity", *Home > News and events > Articles*, no. 01 March 2017, 2017, <https://cpvo.europa.eu/en/news-and-events/articles/plant-patents-exclusivity-inclusivity>. [Consulta: 30/11/2022.]. PALAU RAMÍREZ, F., "Derecho de obtenciones vegetales: una perspectiva crítica desde el derecho de patentes", en Felipe Palau Ramírez (Dir.), Jaume Martí Miravalls (Dir.), José Corberá Martínez (Coord.), Eduardo Miranda Ribera (Coord.) *Retos en el sector agroalimentario: competencia y propiedad industrial*, Tirant lo Blanch, Valencia, 2022, pp. 17–65. PETIT LAVALL, M. V., "Derechos del titular de una obtención vegetal", en Ángel García Vidal (Dir.) *Derecho de las obtenciones vegetale*, Editorial Tirant lo Blanch S.L, Valencia, 2017, pp. 533–573. RODAS PAREDES,

P., "La edición genética CRISPR/CAS9 aplicada a las variedades vegetales, revolución en marcha", en Felipe Palau Ramírez (Dir.), Jaume Martí Miravalls (Dir.), José Corberá Martínez (Coord.), Eduardo Miranda Ribera (Coord.) *Retos en el sector agroalimentario: competencia y propiedad industrial*, Tirant lo Blanch, Valencia, 2022, pp. 321–331. SALDAÑA VILLOLDO, B., "Sobre la inevitable revisión del concepto de variedad esencialmente derivada", *Actas de derecho industrial y derecho de autor*, vol. 37, 2016, pp. 363–373. SMITH, J. S. C., "The Future of Essentially Derived Variety (EDV) Status: Predominantly More Explanations or Essential Change", *Agronomy*, no. 1261, 2021, pp. 1–14. UPOV, *Actes des Conférences Internationales pour la Protection des Obtentions Végétales 1957-1961 (publication UPOV n° 316)*, Geneva, 1974, <http://www.upov.int/edocs/pubdocs/fr/upov_pub_316.pdf>. [Consulta: 2/4/2024.]. UPOV, "Bienvenidos", <https://www.upov.int/portal/index.html.es>. [Consulta: 2/4/2024.]. UPOV, *Directrices para la Ejecución del Examen de la Distinción, la Homogeneidad y la Estabilidad[.] Col repollo (Brassica oleracea L. [...])[.] TG/48/7 Rev.*, Ginebra, 2016, <https://www.upov.int/edocs/tgdocs/es/tg048.pdf>. [Consulta: 2/4/2024.]. UPOV, *Directrices para los perfiles de ADN: selección de marcadores moleculares y creación de una base de datos ("Directrices BMT") [UPOV/INF/17/2 Original:]*, Ginebra, 2021, <https://www.upov.int/edocs/infdocs/es/upov_inf_17.pdf>. [Consulta: 29/3/2024.]. UPOV, "Explanatory notes on Essentially Derived Varieties under the Act of 1991 of the UPOV Convention[.] April 6, 2017[.] UPOV/EXN/EDV/2", Geneva, 2017. UPOV, "Introducción general al examen de la distinción, la homogeneidad y la estabilidad y a la elaboración de descripciones armonizadas de las obtenciones vegetales [TG/1/3*]", 2002, p. 28, <https://www.upov.int/edocs/tgpdocs/es/tgp_2.pdf>. [Consulta: 11/9/2020.]. UPOV, *Notas explicativas sobre la definición de variedad con arreglo al acta de 1991 del convenio de la upov[.] UPOV/EXN/EXC/1*, Ginebra, 2009, <https://www.upov.int/edocs/expndocs/es/upov_exn_exc.pdf>. [Consulta: 23/3/2024.]. UPOV, *Notas explicativas sobre las variedades esencialmente derivadas con arreglo al Acta de 1991 del Convenio de la UPOV[.] 27 de octubre de 2023[.] SUPOV/EXN/EDV/3*, Ginebra, 2023, <https://www.upov.int/edocs/expndocs/es/upov_exn_edv.pdf>. [Consulta: 23/3/2024.]. UPOV, *Orientación sobre el uso de marcadores bioquímicos y moleculares en el examen de la Distinción, la Homogeneidad y la Estabilidad (DHE) [TGP/15/3]*, Ginebra, 2020, <https://www.upov.int/edocs/tgpdocs/es/tgp_15.pdf>. [Consulta: 2/4/2024.]. UPOV, "Plant Variety Protection Data and Statistics", <https://www.upov.int/databases/en/>. [Consulta: 2/4/2024.]. UPOV, "Posible utilización de marcadores moleculares en el examen de la distinción, la homogeneidad y la estabilidad (DUS) [UPOV/INF/18/1]", 2011, p. 28, <https://www.upov.int/edocs/infdocs/es/upov_inf_18.pdf>. [Consulta: 13/9/2020.]. UPOV, "Reseña sobre la UPOV", 2021, p. 2, <https://www.upov.int/edocs/pubdocs/en/upov_pub_437.pdf>. [Consulta: 17/3/2024.]. UPOV, "Twenty-fourth ordinary session of the Council, Geneva, October 18 and 19, 1990 (C/24118)", 1990, Geneva, p. 26, <http://

www.upov.int/edocs/mdocs/upov/en/c_24/c_24_18.pdf>. [Consulta: 28/10/2022.]. VIVES-VALLÉS, J. A., "The balance between IP systems and the future of crop innovation in Europe in the light of the New Breeding Techniques", *European IPR Helpdesk*, vol. 31, 2018, p. 7. VIVES-VALLÉS, J. A., *The Farm-Saved Seed in the UPOV Convention: delimitation of the exception under the earliest UPOV Acts*, Aranzadi, Cizur Menor, 2020. VIVES-VALLÉS, J. A., "The Farm-Saved Seed under the Community Plant Variety Rights System in the Light of the "Recommendation Relating to Article 15(2)" of the UPOV Act of 1991 and Article 39(1)(a) TFEU", en Rafał Sikorski (Dir.), Zaneta Zemła-Pacud (Coord.) *Patents as an Incentive for Innovation*, Kluwer Law International BV, Alphen aan den Rijn, The Netherlands, 2021, pp. 181–207. VIVES-VALLÉS, J. A., "The new EC Proposal for a Regulation on the production and marketing of plant reproductive material: an upgrade or a regression? An IP perspective", *Journal of Intellectual Property Law and Practice*, vol. 18, no. 11, 2023, pp. 774–778. VIVES-VALLÉS, J. A., "The Scope of the Farm-Saved Seed under the UPOV Acts of 1961 and 1978", 2018, Munich Intellectual Property Law Center (MIPLC). VIVES-VALLÉS, J. A., *The scope of the Farm-Saved Seed under the UPOV Acts of 1961 and 1978 (September 12, 2018)*, 2020, <https://ssrn.com/abstract=3663897>. [Consulta: 2/4/2024.].

I. INTRODUCCIÓN[1]

"*El Convenio de la UPOV proporciona a los miembros de la UPOV la base para el fomento del fitomejoramiento por medio de*

1 Agradecimientos: Este capítulo es en gran parte el resultado de una estancia de investigación en la *Humboldt-Universität zu Berlin* (Alemania), financiada por el Programa de Investigación *OECD Co-operative Research Programme: Sustainable Agricultural and Food Systems (CRP) 2022 Fellowships*; en el marco del proyecto RED2018-102758-T, y en conexión con el proyecto de investigación TED2021-129992A-I00, ambos financiados por el Ministerio de Ciencia e Innovación de España. También han sido relevantes para el desarrollo de la investigación resultante en el presente capítulo: Una estancia de investigación en el *Department of Plant Breeding* de la *Swedish University of Agricultural Sciences* (Alnarp, Suecia), financiada por la *3rd call for Short-Term Scientific Missions (STSM)* de la Acción COST de la UE "*CA18111: Genome editing in plants–a technology with transformative potential (PlantEd)*", con una propuesta de investigación titulada "*Impact of*

the legal developments regarding GM crops and NBT on Intellectual Property on plants and Plant Breeding"; una estancia de investigación en Naktuinbouw o el Servicio de Inspección de Horticultura de los Países Bajos (Roelofarendsveen, Países Bajos); una estancia de investigación, financiada por la (misma) beca CRP 2022 de la OCDE, en la Oficina Comunitaria de Variedades Vegetales (OCVV) en Angers, Francia; y tres estancias financiadas (por la mencionada beca y por el proyecto TED2021-129992A-I00) en el *Oxford Intellectual Property Research Centre* (OIPRC) de la Facultad de Derecho de la Universidad de Oxford. El autor agradece la recepción de las anteriores becas/apoyo. Un agradecimiento especial se extiende al Prof. Dr. Axel Metzger, LL.M. (Harvard) de la *Juristischen Fakultät* de la *Humboldt-Universität zu Berlin*, y al Prof. Dr. Dev Gangjee de la Facultad de Derecho de la Universidad de Oxford, por sus amables invitaciones, y al Sr. Francesco Mattina, Presidente de la OCVV, por su apoyo y flexibilidad. Asimismo, al Prof. Dr. Dennis Eriksson (*Department of Plant Breeding* de la *Swedish University of Agricultural Sciences*) y al Prof. Dr. Anders Carlsson (Jefe del citado departamento de la *Swedish University of Agricultural Sciences*), por su apoyo e invitación. Al Sr. Bert Scholte, Jefe del *Department Variety Testing* de Naktuinbouw, por su invitación y alojamiento (gracias a la ayuda de la Sra. Laura Piñán González). También a los organizadores y colegas del "*2nd Workshop on CRISPR/Cas Technology, Innovation and Regulation*" (10-11 de octubre de 2022, Múnich, Alemania), organizado por el *Max Planck Institute for Innovation and Competition*, y muy especialmente: al Prof. Dr. Dr. h.c. Reto M. Hilty, por su amable invitación y antiguo apoyo durante la estancia en el Instituto; al Prof. Dr. Axel Metzger, LL.M. (Harvard), a la Prof. Dr. Geertrui Van Overwalle, al Dr. Gert Würtenberger, y a Niels Louwaars, PhD, por sus eminentes contribuciones; al Dr. Michael A. Kock, por su generosidad y extraordinario despliegue de conocimientos especializados, habilidades y experiencia práctica que incitaron al autor de este capítulo a leer su destacadísimo libro -KOCK, M. A., *Intellectual property protection for plants[.] Fit for Future?*, Springer International Publishing, Berlin, Heidelberg, 2022- y a revisitar su gran artículo -KOCK, M. A., "Essentially Derived Varieties in View of New Breeding Technologies – Plant Breeders' Rights at a Crossroads", *GRUR International*, vol. 70, no 1, 2020, pp. 11–27-. A la Dra. Silke Robatzek y al Dr. Gorana Pogancev; al Dr. Fred Van Ex; a la Dra. Daria Kim, al Sr. Peter R. Slowinski, al Sr. Pedro Batista,

la concesión a los obtentores de nuevas variedades vegetales de un derecho de propiedad intelectual: el derecho de obtentor."[2] Con 79 miembros, la UPOV[3] comprende 98 países de todos los con-

---

a la Sra. ELISABETH HOFMEISTER y a la Sra. MIRIAM STEINHART, por su excelente gestión; y a los demás colegas que participaron en el evento. Al Dr. DIEDERIK SMILDE, *Disease resistance specialist* en Naktuinbouw, por sus aclaraciones sobre el uso de las técnicas biomoleculares en el examen DHE; y por su dedicada formación y atención durante la estancia en el Naktuinbouw. A todos los grandes Expertos de Naktuinbouw, la OCVV y las empresas de fitomejoramiento, por su franqueza y sus inestimables conocimientos sobre el examen DHE, el sistema de la UPOV y el sector del fitomejoramiento; de entre los que, en el contexto del presente capítulo cabe destacar muy especialmente, a: Dr. DIEDERIK SMILDE, Dr. HEDWICH TEUNISSEN, Sr. GERARD VAN HAMEREN, Sr. WIM SANGSTER, Dr. RAOUL HAEGENS, Dr. KEES GRASHOFF, Sra. MARIAN VAN LEEUWEN, Sra. GOSIA BLOKKER, Sra. ESTHER VAN DER MEER, Sra. EVELIEN SPAANS, Sra. MARIËTTE DENISSEN, Sra. LIZAH VAN DEN ENGEL, Sr. KEES VAN ETTEKOVEN, Sr. DIRK THEOBALD, Dra. CÉCILE COLLONNIER, etc. Al Prof. Dr. ANSELMO M. MARTÍNEZ-CAÑELLAS, al Prof. Dr. GUILLERMO ALCOVER-GARAU, y al Prof. Dr. JERONI GALMÉS, por su formación y apoyo; y al Prof. Dr. MAURICI MUS, por su confianza y su compromiso con la conciliación entre la investigación internacional y la gestión local. Por supuesto, a la Catedrática PILAR MARTÍN ARESTI y a su fantástico equipo de la Universidad de Salamanca, con una mención especial a los Catedráticos Mª MERCEDES CURTO POLO y FERNANDO CARBAJO CASCÓN. Las opiniones expresadas en este capítulo son exclusivamente las del autor y no representan necesariamente los puntos de vista y opiniones de las personas e instituciones mencionadas. En este capítulo se ha utilizado el estilo de cita "*Spanish Legal (Spanish)*" [por "*Rafael Palomino (rpalominolozano@gmail.com)*"], proporcionado por la plataforma Mendeley, así como la herramienta de traducción DeepL (proporcionada por DeepL SE).

2 UPOV, "Reseña sobre la UPOV", 2021, <https://www.upov.int/edocs/pubdocs/en/upov_pub_437.pdf>. [Consulta: 17/3/2024.].

3 "*Unión Internacional para la Protección de las Obtenciones Vegetales (UPOV)*". UPOV, "Bienvenidos", <https://www.upov.int/portal/index.html.es>. [Consulta: 2/4/2024.].

tinentes habitados.[4] Pero, a pesar de su innegable éxito,[5] se insiste por parte de la literatura en los retos de la UPOV para mantenerse al día con los avances científicos en el ámbito de la biotecnología.[6] Es más, en el conocido como "*siglo de*

---

4 Cálculo a partir de UPOV, "Reseña sobre la UPOV", cit.

5 *Vid., v.g.*, G. DUTFIELD, "Food, Biological Diversity and Intellectual Property: The Role of the International Union for the Protection of New Varieties of Plants (UPOV)", *Global Economic Issue Publications, Intellectual Property Issue Paper*, vol. 9, 2011, pp. 7, 10 y ss. <http://www.quno.org/sites/default/files/resources/UPOV+study+by+QUNO_English.pdf>. [Consulta: 2/4/2024.]; Á. GARCÍA VIDAL, "El sistema de protección de las variedades vegetales", en Ángel García Vidal (Dir.) *Derecho de las obtenciones vegetales*, Editorial Tirant lo Blanch S.L, Valencia, 2017, p. 79. A partir de J. A. VIVES-VALLÉS, *The Farm-Saved Seed in the UPOV Convention: delimitation of the exception under the earliest UPOV Acts*, Aranzadi, Cizur Menor, 2020, p. 30; J. A. VIVES-VALLÉS, *The scope of the Farm-Saved Seed under the UPOV Acts of 1961 and 1978 (September 12, 2018)*, 2020, p. 41, <https://ssrn.com/abstract=3663897>. [Consulta: 2/4/2024.]. *Vid.* asimismo S. J. R. BOSTYN, "Towards a fair scope of protection for plant breeders' rights in an era of new breeding techniques: Proposals for a modernization of the essentially derived variety concept", *Agronomy*, vol. 11, 8, 2021 p. 19.

6 *Vid., v.g.*, en general, M. D. JANIS; S. SMITH, "Technological Change and the Design of Plant Variety Protection Regimes", *Chicago-Kent Law Review*, vol. 82, 2007, <https://scholarship.kentlaw.iit.edu/cgi/viewcontent.cgi?article=3629&context=cklawreview>. [Consulta: 2/4/2024.], recogido por: Á. García Vidal, en: Á. García Vidal, "Los requisitos de la distinción, la homogeneidad y la estabilidad", en Ángel García Vidal (Dir.) Derecho de las obtenciones vegetales, Editorial Tirant lo Blanch S.L, Valencia, 2017, pp. 378-379, y en Á. García Vidal, "La variedad vegetal como objeto de protección", en Ángel García Vidal (Dir.) Derecho de las obtenciones vegetales, Editorial Tirant lo Blanch S.L, Valencia, 2017, p. 275 *Vid.* asimismo M. CURTO POLO, *La protección de las Innovaciones Vegetales en la Unión Europea[.] Patentes vs. Títulos de Obtención Vegetal*, Tirant lo Blanch, Valencia, 2020, pp. 39, 42, 76, 263; B. KIEWIET, *Relation between PVP and Patents on Biotechno-*

biología",[7] con frecuencia se anima[8] a la UPOV a alejarse del

---

logy, p. 6, <http://cpvo.europa.eu/sites/default/files/documents/articles/BK Bangkok November 2003.pdf>. [Consulta: 2/4/2024.]; B. KIEWIET, *Principles, procedures and recent developments in respect of the Community Plant Variety Protection system*, Frankfurt, 2004, p. 2, <http://cpvo.europa.eu/sites/default/files/documents/articles/BK Frankfurt 02.2004.pdf>. [Consulta: 2/4/2024.]; en general, M. A. KOCK, *Intellectual property protection for plants[.] Fit for Future?*, Springer International Publishing, Berlin, Heidelberg, 2022 y M. A. KOCK, "Essentially Derived Varieties in View of New Breeding Technologies – Plant Breeders' Rights at a Crossroads", *GRUR International*, vol. 70, 1, 2020, pp. 11–27; F. PALAU RAMÍREZ, "Derecho de obtenciones vegetales: una perspectiva crítica desde el derecho de patentes", en Felipe Palau Ramírez (Dir.), Jaume Martí Miravalls (Dir.), José Corberá Martínez (Coord.), Eduardo Miranda Ribera (Coord.) *Retos en el sector agroalimentario: competencia y propiedad industrial*, Tirant lo Blanch, Valencia, 2022, pp. 17, 20, 25, 59-60; J. A. VIVES-VALLÉS, "The balance between IP systems and the future of crop innovation in Europe in the light of the New Breeding Techniques", *European IPR Helpdesk*, vol. 31, 2018, p. 8.

7 Traducido del inglés: "*century of biology*." F. DYSON, "Our biotech future", *New York Review of Books*, July 19, 2007, <http://www.nybooks.com/articles/2007/07/19/our-biotech-future/>. [Consulta: 22/12/2021.].

8 Señalado por Á. García Vidal, en: Á. García Vidal, "Los requisitos de la distinción, la homogeneidad y la estabilidad", cit., pp. 378-379, y en Á. García Vidal, "La variedad vegetal como objeto de protección", cit., p. 275. Vid. asimismo F. Palau Ramírez, "Derecho de obtenciones vegetales: una perspectiva crítica desde el derecho de patentes", cit., pp. 29, 60. Para una visión complementaria a la de PALAU RAMÍREZ (ibid.) sobre la protección provisional, vid. las exhaustivas obras de CURTO POLO y MARTÍN ARESTI: M. Curto Polo, "La protección provisional del derecho del obtentor a la luz de los recientes pronunciamientos del Tribunal De Justicia", en Fernando Carbajo Cascón (dir.), Vanessa Jiménez Serranía (coord.) Competencia, propiedad intelectual y tutela de consumidores en el sector agroalimentario, Tirant lo Blanch, Valencia, 2022; P. Martín Aresti, "La protección comunitaria de las obtenciones vegetales. Aplicación del Derecho Nacional y jurisprudencia del TJUE", en Fernando Carbajo Cascón

"*paradigma del fenotipo*".[9]

En el plano legislativo, la evolución del conocimiento en el ámbito de la biotecnología ha tenido dos desarrollos relevantes en el seno de la UPOV: 1) la aparición del concepto de "*variedad esencialmente derivada*" en el Acta de la UPOV de 1991,[10] y 2) la adopción de *soft law*[11] sobre el uso de "[m]*arcadores moleculares* [...] *en la gestión de las colecciones de variedades*"[12]

(dir.), Vanessa Jiménez Serranía (coord.) Competencia, propiedad intelectual y tutela de consumidores en el sector agroalimentario, Tirant lo Blanch, Valencia, 2022, pp. 74 y ss.

9 Término adoptado por M. D. JANIS Y S. SMITH, en: M. D. JANIS; S. SMITH, "Technological Change and the Design of Plant Variety Protection Regimes", cit., pp. 1567, 1568, 1581.

10 *V.g.*, J. S. C. SMITH, "The Future of Essentially Derived Variety (EDV) Status: Predominantly More Explanations or Essential Change", *Agronomy*, 1261, 2021, pp. 1-3, 9.

11 *V.g.*: UPOV, "Introducción general al examen de la distinción, la homogeneidad y la estabilidad y a la elaboración de descripciones armonizadas de las obtenciones vegetales [TG/1/3*]", 2002, <https://www.upov.int/edocs/tgpdocs/es/tgp_2.pdf>. [Consulta: 11/9/2020.]; UPOV, "Posible utilización de marcadores moleculares en el examen de la distinción, la homogeneidad y la estabilidad (DUS) [UPOV/INF/18/1]", 2011, <https://www.upov.int/edocs/infdocs/es/upov_inf_18.pdf>. [Consulta: 13/9/2020.]; UPOV, *Orientación sobre el uso de marcadores bioquímicos y moleculares en el examen de la Distinción, la Homogeneidad y la Estabilidad (DHE) [TGP/15/3]*, Ginebra, 2020, <https://www.upov.int/edocs/tgpdocs/es/tgp_15.pdf>. [Consulta: 2/4/2024.]; UPOV, *Directrices para los perfiles de ADN: selección de marcadores moleculares y creación de una base de datos ("Directrices BMT") [UPOV/INF/17/2 Original:]*, Ginebra, 2021, <https://www.upov.int/edocs/infdocs/es/upov_inf_17.pdf>. [Consulta: 29/3/2024.].

12 UPOV, "Posible utilización de marcadores moleculares en el examen de la distinción, la homogeneidad y la estabilidad (DUS) [UPOV/INF/18/1]", cit., p. 2.

y de "*marcadores genéticos específicos para predecir caracteres fenotípicos individuales*".[13]

El concepto de *variedad esencialmente derivada* fue en sus orígenes apoyado por los obtentores con el argumento de "*que el nuevo principio* [de variedad esencialmente derivada] *tiende un puente entre los dos sistemas de protección* [patentes y derechos de obtentor] *en interés de las industrias afectadas.*"[14] Paradójicamente, este argumento fue también compartido por los detractores del concepto: "*Estas modificaciones podrían poner en peligro las particularidades del sistema de la UPOV, haciéndolo más similar al sistema normal de patentes industriales,* [...]".[15]

---

13 *Ibid.*, p. 4.

14 Traducido y editado, del original, en inglés: "*that the new principle builds a bridge between the two protection systems in the interest of the affected industries.*" ASSINSEL, *Proposal of the IPG of Assinsel for an Assinsel statement regarding the implementation of the new principle of essentially derived varieties in the UPOV Convention[.] CAJ/30/5 [.] March 10, 1992,* UPOV, Geneva, 1992, p. 3, <https://www.upov.int/edocs/mdocs/upov/en/caj_30/caj_30_www_291871.pdf>. [Consulta: 28/10/2022.]. *Vid.* asimismo M. D. JANIS; S. SMITH, "Technological Change and the Design of Plant Variety Protection Regimes", cit., p. 1593.

15 Traducido del inglés: "These modifications could bring into danger the particularities of the UPOV system, making it more similar to the normal industrial patent system, [...]". UPOV, "Twenty-fourth ordinary session of the Council, Geneva, October 18 and 19, 1990 (C/24118)", 1990, Geneva, p. 12, <http://www.upov.int/edocs/mdocs/upov/en/c_24/c_24_18.pdf>. [Consulta: 28/10/2022.]. Ciertamente, en el marco de estas declaraciones no se mencionó expresamente el concepto de variedad esencialmente derivada, pero considerando que esta fue una de las modificaciones más destacadas de la reforma de 1991 —v.g., B. DHAR, Sui Generis Systems for Plant Variety Protection, 2002, p. 13, <http://homepages.3-c.coop/tansey/pdfs/sg-coll.pdf>. [Consulta: 2/4/2024.]— y considerando asimismo el contexto

Con el auge[16] de las *Nuevas Técnicas Genómicas*, se ha rea-

---

en el que fue realizada esta aseveración —en relación con "the research exemption" o "la exención de investigación" (es decir, muy probablemente refiriéndose en realidad al privilegio del obtentor) UPOV, "Twenty-fourth ordinary session of the Council, Geneva, October 18 and 19, 1990 (C/24118)", cit., p. 12.— estas declaraciones deben considerarse íntimamente ligadas al fenómeno de las variedades esencialmente derivadas. Sobre la exención o privilegio del obtentor en relación con las Variedades Esencialmente Derivadas, vid., v.g., Á. GARCÍA VIDAL, "El privilegio del obtentor y las variedades esencialmente derivadas", en Ángel García Vidal (Dir.) Derecho de las obtenciones vegetales, Editorial Tirant lo Blanch S.L, Valencia, 2017. Para una mejor comprensión de este privilegio es quizá conveniente interpretarlo en el contexto del contenido del derecho del obtentor. En este sentido, puede resultar útil cf. ibid. con M. V. PETIT LAVALL, "Derechos del titular de una obtención vegetal", en Ángel García Vidal (Dir.) Derecho de las obtenciones vegetale, Editorial Tirant lo Blanch S.L, Valencia, 2017. Y para un análisis, también de gran nivel y análogo al realizado por Á. GARCÍA VIDAL —en, Á. GARCÍA VIDAL, "El privilegio del obtentor y las variedades esencialmente derivadas", cit.—, pero centrado en las patentes, si bien con referencias también al "privilegio del agricultor", vid. J. MASSAGUER FUENTES, "El contenido y alcance del derecho de patente", Actualidad jurídica Uría Menéndez, 13, 2006.

16 Sobre este fenómeno, *vid.*, *v.g.*, M. A. KOCK, *Intellectual property protection for plants[.] Fit for Future?*, cit., pp. 6 y ss.

vivado[17] el debate académico sobre la cuestión.[18]

---

17 Según S. J. R. BOSTYN: "La aparición de las nuevas técnicas de fitomejoramiento (NBTs) ha incrementado todavía más la pertinencia del debate sobre el justo alcance de la protección de los derechos de obtentor." Literal, en inglés: "The advent of new breeding techniques (NBTs) has made the discussion about a fair scope of protection of PBRs all the more relevant." S. J. R. BOSTYN, "Towards a fair scope of protection for plant breeders' rights in an era of new breeding techniques: Proposals for a modernization of the essentially derived variety concept", cit. p. 1. Vid. asimismo sobre el particular: Á. GARCÍA VIDAL, "El privilegio del obtentor y las variedades esencialmente derivadas", cit., pp. 680 y ss.

18 *Vid.*, *v.g.*, en general: S. J. R. BOSTYN, "Towards a fair scope of protection for plant breeders' rights in an era of new breeding techniques: Proposals for a modernization of the essentially derived variety concept", cit.; M. D. JANIS; S. SMITH, "Technological Change and the Design of Plant Variety Protection Regimes", cit.; M. A. KOCK, "Essentially Derived Varieties in View of New Breeding Technologies – Plant Breeders' Rights at a Crossroads", cit.; M. A. KOCK, *Intellectual property protection for plants[.] Fit for Future?*, cit.; E. KRIEGER; E. DE KEYSER; J. DE RIEK, "Do New Breeding Techniques in Ornamentals and Fruits Lead to Essentially Derived Varieties?", *Frontiers in Plant Science*, vol. 10, March, 2020; A. METZGER; H. ZECH, "A Comprehensive Approach to Plant Variety Rights and Patents in the Field of Innovative Plants", *Godt/Lamping (Hg.), In Honour of Hanns Ullrich (tbc), forthcoming*, 2021, <https://papers.ssrn.com/sol3/papers.cfm?abstract_id=3675534>. [Consulta: 2/4/2024.]; J. S. C. SMITH, "The Future of Essentially Derived Variety (EDV) Status: Predominantly More Explanations or Essential Change", cit.; G. VAN OVERWALLE, "Plant Patents: From Exclusivity to Inclusivity", *Home > News and events > Articles*, 01 March 2017, 2017, <https://cpvo.europa.eu/en/news-and-events/articles/plant-patents-exclusivity-inclusivity>. [Consulta: 30/11/2022.]; J. A. VIVES-VALLÉS, "The balance between IP systems and the future of crop innovation in Europe in the light of the New Breeding Techniques", cit.. En español, *vid.*, *v.g.*, M. CURTO POLO, *La protección de las Innovaciones Vegetales en la Unión Europea[.] Patentes vs. Títulos de Obtención Vegetal*, cit.; M. CURTO POLO, "La decisión G 3/19 de la Alta Cámara de los Recursos de la Oficina Europea de Patentes: ¿Fin del

II. EL FUTURO DE LA UPOV: ENTRE EL INMOVILISMO Y EL OPTIMISMO ILUSORIO

Algunas de las preguntas que cabría plantear en este debate a fin de evitar caer en el inmovilismo o en el optimismo ilusorio, podrían ser: ¿Está realmente *desfasada* la UPOV y su

---

debate acerca de la patentabilidad de las plantas obtenidas por procedimientos esenciahnente biológicos?", en Fernando Carbajo Cascón (dir.), Vanessa Jiménez Serranía (coord.) (eds.) Competencia, propiedad intelectual y tutela de consumidores en el sector agroalimentario, Tirant lo Blanch, Valencia, 2022, p. 161; P. RODAS PAREDES, "La edición genética CRISPR/CAS9 aplicada a las variedades vegetales, revolución en marcha", en Felipe Palau Ramírez (Dir.), Jaume Martí Miravalls (Dir.), José Corberá Martínez (Coord.), Eduardo Miranda Ribera (Coord.) Retos en el sector agroalimentario: competencia y propiedad industrial, Tirant lo Blanch, Valencia, 2022.; [...]" P. RODAS PAREDES, "La edición genética CRISPR/CAS9 aplicada a las variedades vegetales, revolución en marcha", en Felipe Palau Ramírez (Dir.), Jaume Martí Miravalls (Dir.), José Corberá Martínez (Coord.), Eduardo Miranda Ribera (Coord.) *Retos en el sector agroalimentario: competencia y propiedad industrial*, Tirant lo Blanch, Valencia, 2022.; Á. GARCÍA VIDAL, "El privilegio del obtentor y las variedades esencialmente derivadas", cit.; F. PALAU RAMÍREZ, "Derecho de obtenciones vegetales: una perspectiva crítica desde el derecho de patentes", cit.; P. Íñiguez Ortega, "Perspectivas jurídicas sobre la edición genómica de cultivos para el mejoramiento vegetal", en Fernando Carbajo Cascón (dir.), Vanessa Jiménez Serranía (coord.) Competencia, propiedad intelectual y tutela de consumidores en el sector agroalimentario, Tirant lo Blanch, Valencia, 2022; J. L. González San Juan, "Organismos modificados genéticamente y el principio de precaución en el protocolo de Cartagena y en el derecho de la UE: aplicación a las técnicas de edición genética CRISPR-CAS", en Fernando Carbajo Cascón (dir.), Vanessa Jiménez Serranía (coord.) Competencia, propiedad intelectual y tutela de consumidores en el sector agroalimentario, Tirant lo Blanch, Valencia, 2022. etc.

"*enfoque fenotípico*"?[19] ¿Es factible culminar la transición hacia el genotipo a corto o medio plazo? ¿Qué desean las partes interesadas? En el presente capítulo se aportan algunas claves sobre estas y otras cuestiones relacionadas.

---

[19] Literal, traducido, de M. D. JANIS y S. SMITH, en inglés: "*phenotypic approach*". M. D. JANIS; S. SMITH, "Technological Change and the Design of Plant Variety Protection Regimes", cit., p. 1588, quienes plantean la "*obsolescencia*" ("*obsolescence*") del sistema de la UPOV. *Vid. ibid.* Su tesis, que en opinión del autor del presente documento yerra por exceso y excesivo desapego de la realidad del sector, no deja de ser por ello especialmente interesante: "*Argumentamos que los espectaculares avances tecnológicos en el fitomejoramiento,* [...] *han traído consigo la amenaza de obsolescencia para los sistemas de protección de las obtenciones vegetales existentes. Observamos que los sistemas especializados sui generis, como los sistemas de protección de las obtenciones vegetales, son especialmente propensos a la obsolescencia precoz porque tienden a integrar las ortodoxias tecnológicas imperantes en sus normas e instituciones, pero muestran poca capacidad de adaptación cuando aparecen nuevas ortodoxias que suplantan a las antiguas.*" Traducido, del inglés: "*We argue that dramatic technological advances in plant breeding,* [...] *have brought the threat of obsolescence to existing PVP systems. We observe that specialized sui generis systems like PVP systems are especially prone to early obsolescence because they tend to embed prevailing technological orthodoxies in their rules and institutions, but show little capability of adapting when new orthodoxies appear and supplant the old.*" *Ibid.*, p. 1560. Básicamente, M. D. JANIS y S. SMITH se adelantaron tres lustros a lo que hoy sostienen buena parte de los académicos, y en un contexto en el que ni siquiera podía vislumbrarse el potencial real de las Nuevas Técnicas Genómicas. Sin restarle urgencia ni importancia a la necesidad de evolución y adaptación del sistema, el autor del presente capítulo intenta en el mismo centrar la cuestión.

1. Viabilidad de la transición hacia un sistema de la UPOV basado en el genotipo

La transición hacia el *genotipo* podría intentarse tanto en el marco del sistema de la UPOV como al margen de este.[20] Si se optara por realizarla dentro del sistema de la UPOV, dicha transición podría a su vez perseguirse conservando el esquema general, pero adaptándolo al "*nuevo paradigma de los genotipos vegetales*",[21] o modificando dicho esquema de forma sustancial.[22]

---

20 Por ejemplo, la propuesta de KOCK —en M. A. KOCK, *Intellectual property protection for plants[.] Fit for Future?*, cit— se centra básicamente en la reforma del sistema de la UPOV, pero va más allá, afectando también —aunque, eso sí, en menor medida— a los sistemas de patentes.

21 Redacción (traducida) de M. D. JANIS y S. SMITH. En inglés: "*the new paradigm of plant genotypes.*" M. D. JANIS; S. SMITH, "Technological Change and the Design of Plant Variety Protection Regimes", cit., p. 1566.

22 Como anticiparon M. D. JANIS y S. SMITH: "*el futuro papel de la protección de las obtenciones vegetales depende de la voluntad* [...] *de considerar respuestas que van desde reformas modestas hasta cambios estructurales más ambiciosos.*" En inglés: "*the future role of plant variety protection depends upon the willingness* [...] *to consider responses that range from modest reforms to more ambitious structural changes.*" *Ibid.*, p. 1560. METZGER y ZECH —en A. METZGER; H. ZECH, "A Comprehensive Approach to Plant Variety Rights and Patents in the Field of Innovative Plants", cit.— y KOCK —en M. A. KOCK, *Intellectual property protection for plants[.] Fit for Future?*, cit.—, también discuten o consideran varias soluciones que impactan en distinto grado sobre los sistemas de propiedad industrial involucrados. La abundancia de propuestas probablemente es indiciaria de la escasa probabilidad de éxito de reformas de gran alcance —*vid.* sobre esta última cuestión, *v.g.*, H. TEUNISSEN, de Naktuinbouw, entrevistada por M. BRUINS, en EUROPEANSEED, "Hedwich Teunissen (Naktuinbouw) Variety Tracer, Enforcement of PBR, Application of Molecular markers", *Giant Views*, 2019, Seed World Group, <https://youtu.be/ErUJzQ_TNj0>. [Consulta: 2/4/2024.]; EUROSEEDS, *Position[.] Brussels,*

Las propuestas de cambio deberían aportar ventajas sustanciales que compensasen los costes de promoverlas. De hecho, como ya se ha admitido, incluso por parte de los defensores del cambio, "*adaptar el examen DHE existente al paradigma del genotipo es probable que presente costes administrativos significativos*",[23] de hecho "*el coste del cambio puede ser difícil de justificar*".[24]

Pero antes de considerar su conveniencia, debería averiguarse si tal reforma es técnica y políticamente factible. Algunos re-

---

January 2011; Last update: July 2019[.] Use of DNA-based markers in testing for Distinctness, Uniformity and Stability (DUS), Brussels, 2019, p. 1, <https://euroseeds.eu/app/uploads/2019/07/11.0044-Euroseeds-position-DNA-markers.doc-1.pdf>. [Consulta: 29/10/2022.]; M. D. JANIS; S. SMITH, "Technological Change and the Design of Plant Variety Protection Regimes", cit., pp. 1570, 1586; M. A. KOCK, *Intellectual property protection for plants[.] Fit for Future?*, cit., p. 380—. Pero también ilustra la incertidumbre sobre el futuro de las Nuevas Técnicas Genómicas y su impacto (real y efectivo) sobre el fitomejoramiento, lo que exige cautela en el diseño de la estrategia a seguir.

23 Traducido del inglés: "*Any large-scale program to adapt existing DUS examination to the paradigm of genotype is likely to present significant administrative costs.*" M. D. JANIS; S. SMITH, "Technological Change and the Design of Plant Variety Protection Regimes", cit., p. 1586.

24 Traducido del inglés: "[...] *the cost of switching away may be difficult to justify*". *Ibid.*, p. 1570. Afortunadamente para los obtentores, los costes de solicitud y mantenimiento de los derechos de obtención pueden ser entre 7 y 120 veces inferiores a los costes equivalentes en el caso de las patentes —estimaciones a partir de las cifras proporcionadas por KOCK, en M. A. KOCK, *Intellectual property protection for plants[.] Fit for Future?*, cit., p. 194—. Con independencia de la diferencia concreta de costes, lo que parece claro es que las patentes son (en general) más caras que los derechos de obtentor —*vid.*, *v.g.*, *ibid.*, p. 194; A. METZGER; H. ZECH, "A Comprehensive Approach to Plant Variety Rights and Patents in the Field of Innovative Plants", cit., p. 12—, y en los debates sobre la reforma de los sistemas de patentes y/o de la UPOV deberían tenerse en cuenta estos costes diferenciales.

putados expertos opinan que la adaptación de las normas DHE al *genotipo* es posible, al menos en teoría,[25] si bien es poco probable que ocurra en los próximos años por la necesidad de alcanzar un acuerdo político en el seno de la UPOV para avanzar en esa dirección,[26] y de generar el "*conocimiento científico*"[27] imprescindible que lo posibilite.[28] Es más, "*Euroseeds considera que las*

---

25 *Vid.* especialmente la entrevista a H. TEUNISSEN de Naktuinbouw por parte de M. BRUINS, en EUROPEANSEED, "Hedwich Teunissen (Naktuinbouw) Variety Tracer, Enforcement of PBR, Application of Molecular markers", cit.

26 *Vid. ibid.* en conexión con Á. GARCÍA VIDAL, "Los requisitos de la distinción, la homogeneidad y la estabilidad", Vid. ibid. en conexión con Á. García Vidal, "Los requisitos de la distinción, la homogeneidad y la estabilidad", cit., pp. 378-379. pp. 378-379. *Vid.* asimismo M. A. KOCK, *Intellectual property protection for plants[.] Fit for Future?*, cit., p. 380; EUROSEEDS, *Position[.] Brussels, January 2011; Last update: July 2019[.] Use of DNA-based markers in testing for Distinctness, Uniformity and Stability (DUS)*, cit., p. 1; y el subapartado 3 ("*3. Breve comentario sobre la utilidad del sistema de la UPOV*") del apartado II del presente capítulo.

27 Literal, traducido del inglés: "*scientific knowledge*". H. TEUNISSEN, de Naktuinbouw, en la entrevista realizada por M. BRUINS, en EUROPEANSEED, "Hedwich Teunissen (Naktuinbouw) Variety Tracer, Enforcement of PBR, Application of Molecular markers", cit.

28 Sobre la base de la entrevista a H. TEUNISSEN, de Naktuinbouw, por parte de M. BRUINS, en *ibid. Vid.* también EUROSEEDS, *Position[.] Brussels, January 2011; Last update: July 2019[.] Use of DNA-based markers in testing for Distinctness, Uniformity and Stability (DUS)*, cit., p. 1, y el subapartado 3 ("*3. Breve comentario sobre la utilidad del sistema de la UPOV*") del apartado II del presente capítulo. Cabe señalar, además, que, como admite KOCK: "*la distinción genética puede ser sólo un criterio de distinción. Es un criterio suficiente para la distinción fenotípica, pero no necesario:* [...] *una distinción fenotípica puede existir también sin una distinción genética significativa.*" (Énfasis añadido.) Traducido, del inglés: "[...] *genetic distinctness may only be one criterion for distinctness. It is a sufficient criterion for phenotypical distinctness but not a necessary one:* [...] *a phenotypical distinctness can exist also without*

decisiones DHE basadas únicamente en el uso de marcadores basados en el ADN en el examen DHE, en sustitución de la evaluación del fenotipo, aún no se consideran aceptables [...]".[29] Las razones esgrimidas por Euroseeds: la falibilidad *predictiva* de los "*marcadores basados en el ADN*",[30] el riesgo de "*disminución de la distancia mínima entre variedades*" inherente a tal apuesta,[31] el temor sobre su posible uso "*para comprobar la fórmula parental híbrida*",[32] y el hecho de que "*pueden no estar disponibles públicamente.*"[33] Así, los

---

a significant genetic distinctness." M. A. KOCK, *Intellectual property protection for plants[.] Fit for Future?*, cit., p. 128. Esta es la razón por la que la UPOV sigue lo que se conoce en algunos círculos de expertos como el enfoque de "*marker and/or biotest*", por ejemplo, en el caso del cultivo de la col (comunicación personal de D. SMILDE, *Disease resistance specialist* en Naktuinbouw): "*marcadores de ADN y/o ensayo*" —UPOV, *Directrices para la Ejecución del Examen de la Distinción, la Homogeneidad y la Estabilidad[.] Col repollo (Brassica oleracea L. [...])[.] TG/48/7 Rev.*, Ginebra, 2016, p. 25, <https://www.upov.int/edocs/tgdocs/es/tg048.pdf>. [Consulta: 2/4/2024.]—. *Vid.* asimismo A. METZGER; H. ZECH, "A Comprehensive Approach to Plant Variety Rights and Patents in the Field of Innovative Plants", cit., p. 4.

29 Traducido, del inglés: "*Euroseeds considers that DUS decisions based on the use of DNA-based markers alone in DUS testing, as a replacement for the assessment of the phenotype, are not yet considered to be acceptable* [...]" EUROSEEDS, Position[.] Brussels, January 2011; Last update: July 2019[.] Use of DNA-based markers in testing for Distinctness, Uniformity and Stability (DUS), cit., p. 1.

30 Traducido, del inglés: "[...] *DNA-based markers* [...]". *Ibid.*

31 Traducido, del inglés: "[...] *decrease of minimum distance between varieties* [...]". *Ibid.*

32 Traducido, del inglés: "[...] *for checking the hybrid parental formula* [...]". *Ibid.*

33 Traducido, del inglés: "[...] *may not be publicly available* [...]". *Ibid.*

obtentores tampoco consideran el cambio hoy por hoy posible, pero, sobre todo, tampoco lo apoyan,[34] "*todavía*".[35]

3. La relevancia de la voluntad de los obtentores

En el marco de la UPOV, la voluntad de las partes interesadas y, sobre todo, de los obtentores, no es sólo una cuestión política, sino también jurídica. En efecto, "[l]*a UPOV fue diseñada por y para los intereses comerciales europeos de fitomejoramiento*[...

---

34 Sobre la base de *ibid. Vid.* asimismo las notas al pie 29 *et seq.* y el texto a tales notas.

35 Traducido, del inglés: "[...] *yet* [...]". *Ibid.*, p. 1. Fragmento literal en la nota al pie 29 y traducido en el texto a dicha nota. Á. GARCÍA VIDAL llega —en Á. GARCÍA VIDAL, "Los requisitos de la distinción, la homogeneidad y la estabilidad", cit.Á. García Vidal llega -en Á. García Vidal, "Los requisitos de la distinción, la homogeneidad y la estabilidad", cit., p. 379— a la misma conclusión, pero sobre la base de posiciones anteriores de los obtentores y documentos de la UPOV, y en un momento en el que el enfoque de la UPOV hacia el uso de marcadores moleculares era incluso más cauto —por ejemplo, todavía no se habían aprobado: UPOV, *Orientación sobre el uso de marcadores bioquímicos y moleculares en el examen de la Distinción, la Homogeneidad y la Estabilidad (DHE) [TGP/15/3]*, Ginebra, 2020, <https://www.upov.int/edocs/tgpdocs/es/tgp_15.pdf>. [Consulta: 2/4/2024.], ni UPOV, *Directrices para los perfiles de ADN: selección de marcadores moleculares y creación de una base de datos ("Directrices BMT") [UPOV/INF/17/2 Original:]*, Ginebra, 2021, <https://www.upov.int/edocs/infdocs/es/upov_inf_17.pdf>. [Consulta: 29/3/2024.]; tampoco, UPOV, *Notas explicativas sobre las variedades esencialmente derivadas con arreglo al Acta de 1991 del Convenio de la UPOV[.] 27 de octubre de 2023[.] SUPOV/EXN/EDV/3*, Ginebra, 2023, <https://www.upov.int/edocs/expndocs/es/upov_exn_edv.pdf>. [Consulta: 23/3/2024.]—. En cualquier caso, ello es indiciario de que el posicionamiento general de los obtentores no ha cambiado desde entonces.

]",[36] y su importancia fue reconocida ya en el primer párrafo del preámbulo del Acta de la UPOV de 1961: "*Convencidos de la importancia que reviste la protección de las obtenciones vegetales tanto para el desarrollo de la agricultura en su territorio como para la salvaguardia de los intereses de los obtentores.*"[37] Además, según el art. 1(1) de las primeras Actas de la UPOV (1961 y 1978): "*El presente Convenio tiene como objeto reconocer y garantizar al obtentor de una variedad vegetal* [...] *un derecho* [...]".[38] El análisis de los *travaux préparatoires* de las Actas del Convenio de la UPOV por parte del autor del presente capítulo, le llevaron a concluir, lo siguiente: 1) El Convenio de la UPOV debe (o, al menos, debería) interpretarse teniendo en cuenta[39] "*los intereses de los*

---

36 El enunciado íntegro, en inglés: "*UPOV was designed by and for European commercial breeding interests, which continue to be intimately involved today.*" G. DUTFIELD, "Food, Biological Diversity and Intellectual Property: The Role of the International Union for the Protection of New Varieties of Plants (UPOV)", cit., p. 3. *Vid.* asimismo B. DHAR, *Sui Generis Systems for Plant Variety Protection*, cit., pp. 2, 5. Recogido/s, en: J. A. VIVES-VALLÉS, *The scope of the Farm-Saved Seed under the UPOV Acts of 1961 and 1978 (September 12, 2018)*, cit., p. 49; J. A. VIVES-VALLÉS, *The Farm-Saved Seed in the UPOV Convention: delimitation of the exception under the earliest UPOV Acts*, cit., p. 61.

37 Recogido en: J. A. VIVES-VALLÉS, "The Scope of the Farm-Saved Seed under the UPOV Acts of 1961 and 1978", 2018, Munich Intellectual Property Law Center (MIPLC), pp. 29 y ss.; J. A. VIVES-VALLÉS, *The scope of the Farm-Saved Seed under the UPOV Acts of 1961 and 1978 (September 12, 2018)*, cit., p. 47; J. A. VIVES-VALLÉS, *The Farm-Saved Seed in the UPOV Convention: delimitation of the exception under the earliest UPOV Acts*, cit., p. 59.

38 Recogido en: J. A. VIVES-VALLÉS, "The Scope of the Farm-Saved Seed under the UPOV Acts of 1961 and 1978", cit., p. 55; J. A. VIVES-VALLÉS, *The scope of the Farm-Saved Seed under the UPOV Acts of 1961 and 1978 (September 12, 2018)*, cit., p. 25; J. A. VIVES-VALLÉS, *The Farm-Saved Seed in the UPOV Convention: delimitation of the exception under the earliest UPOV Acts*, cit., p. 36.

39 J. A. VIVES-VALLÉS, "The Scope of the Farm-Saved Seed under the UPOV Acts of 1961 and 1978", cit., pp. 29 y ss., 55 y ss.; J. A.

obtentores".[40] En efecto, una interpretación de ese fragmento del preámbulo, considerando el preámbulo en su conjunto y otros elementos interpretativos, evidencia que el significado de "*la salvaguardia de los intereses de los obtentores*" del preámbulo[41] y una "*aproximación lockeana a la PVV* [Protección de las Variedades Vegetales]",[42] superan[43] a otros elementos como "*el desa-*

VIVES-VALLÉS, *The scope of the Farm-Saved Seed under the UPOV Acts of 1961 and 1978 (September 12, 2018)*, cit., pp. 44 y ss.; J. A. VIVES-VALLÉS, *The Farm-Saved Seed in the UPOV Convention: delimitation of the exception under the earliest UPOV Acts*, cit., pp. 56 y ss. Ello se desprende de una interpretación literal y teleológica del Convenio en el contexto de los *travaux préparatoires*. Para más información se remite a los recursos bibliográficos citados, donde el autor del presente capítulo llega a estas y otras conclusiones como resultado de la aplicación de los criterios interpretativos de la Convención de Viena sobre el derecho de los tratados, sobre diversas disposiciones relevantes de las Actas de la UPOV de 1961 y 1978.

40 Literal, del preámbulo de las Actas de la UPOV de 1961 y 1978.

41 J. A. VIVES-VALLÉS, "The Scope of the Farm-Saved Seed under the UPOV Acts of 1961 and 1978", cit., pp. 29 y ss., 55 y ss.; J. A. VIVES-VALLÉS, *The scope of the Farm-Saved Seed under the UPOV Acts of 1961 and 1978 (September 12, 2018)*, cit., pp. 44 y ss.; J. A. VIVES-VALLÉS, *The Farm-Saved Seed in the UPOV Convention: delimitation of the exception under the earliest UPOV Acts*, cit., pp. 56 y ss.

42 En inglés: "*Lockean approach to PVP*". J. A. VIVES-VALLÉS, *The scope of the Farm-Saved Seed under the UPOV Acts of 1961 and 1978 (September 12, 2018)*, cit., p. 48; J. A. VIVES-VALLÉS, *The Farm-Saved Seed in the UPOV Convention: delimitation of the exception under the earliest UPOV Acts*, cit., p. 60.

43 Á. MARTÍNEZ LÓPEZ parece referirse también al considerando 1° del Acta de 1961 —o a la letra "*a)*" del considerando 2° (o primer y único "[r]*eafirmando*") del preámbulo del Acta de 1978— para reconocer también, en el contexto del Acta de 1991, la importancia que el Convenio de la UPOV concede a "*los intereses de los obtentores*" (en inglés: "*the interests of the breeders*": Á. MARTÍNEZ LÓPEZ, "Public access to documents in the community plant variety right system: A treehouse of confidential information in the garden of disclosu-

rrollo de la agricultura en su territorio"[44] y a la "*teoría del incentivo*" como "*el fin del Convenio de la UPOV*".[45] Por otra parte, si bien el argumento de "*el desarrollo de la agricultura*" queda circunscrito a

re", *Journal of Intellectual Property Law and Practice*, vol. 14, 7, 2019, p. 562), pero situándolos al nivel del otro elemento (i.e., "[…] *the interests of the breeders and the fostering of agricultural innovation on an equal footing.*" *Ibid.*), e introduciendo nuevos matices (i.e., "[…] *agricultural innovation* […]", *ibid.*) ausentes *per se* del preámbulo, pero, en cualquier caso, en línea con la interpretación de buena parte de la literatura (*vid.* especialmente M. KOCHUPILLAI, *Promoting Sustainable Innovations in Plant Varieties*, vol. 5, 1, Springer-Verlag, Berlin, Heidelberg, 2016, p. 23, así como la nota al pie 48), una interpretación generalizada que, sin embargo, el autor del presente capítulo matiza (*vid.* las reflexiones resumidas en el presente subapartado, y las obras del autor en el mismo recogidas).

44 Literal, del preámbulo de las Actas de la UPOV de 1961 y 1978. J. A. VIVES-VALLÉS, "The Scope of the Farm-Saved Seed under the UPOV Acts of 1961 and 1978", cit., pp. 29 y ss., 55 y ss.; J. A. VIVES-VALLÉS, *The scope of the Farm-Saved Seed under the UPOV Acts of 1961 and 1978 (September 12, 2018)*, cit., pp. 44 y ss.; J. A. VIVES-VALLÉS, *The Farm-Saved Seed in the UPOV Convention: delimitation of the exception under the earliest UPOV Acts*, cit., pp. 56 y ss.

45 En inglés: "*incentive theory*" —J. A. VIVES-VALLÉS, *The scope of the Farm-Saved Seed under the UPOV Acts of 1961 and 1978 (September 12, 2018)*, cit., p. 48; J. A. VIVES-VALLÉS, *The Farm-Saved Seed in the UPOV Convention: delimitation of the exception under the earliest UPOV Acts*, cit., p. 60—, y "*the purpose of the UPOV Convention*" —J. A. VIVES-VALLÉS, "The Scope of the Farm-Saved Seed under the UPOV Acts of 1961 and 1978", cit., pp. 29 y ss.; J. A. VIVES-VALLÉS, *The scope of the Farm-Saved Seed under the UPOV Acts of 1961 and 1978 (September 12, 2018)*, cit., pp. 44 y ss.; J. A. VIVES-VALLÉS, *The Farm-Saved Seed in the UPOV Convention: delimitation of the exception under the earliest UPOV Acts*, cit., pp. 56 y ss—.

"su territorio"[46] [i.e., el de los "*Estados contratantes*"[47]], no sucede así

---

[46] Una fórmula que más tarde utilizaría la "*Recomendación relativa al Artículo 15.2) de la Conferencia Diplomática de 1991*": ""*La Conferencia Diplomática recomienda que las disposiciones del Artículo 15.2) del Convenio Internacional para la Protección de las Obtenciones Vegetales del 2 de diciembre de 1961, revisado en Ginebra el 10 de noviembre de 1972, el 23 de octubre de 1978 y el 19 de marzo de 1991, no se interpreten en el sentido de ofrecer la posibilidad de ampliar la práctica comúnmente denominada 'privilegio del agricultor' a sectores de la producción agrícola u hortícola en los que ese privilegio no corresponde a una práctica habitual <u>en el territorio de la Parte Contratante en cuestión</u>*"" (Énfasis añadido). UPOV, Notas explicativas sobre la definición de variedad con arreglo al acta de 1991 del convenio de la upov[.] UPOV/EXN/EXC/1, Ginebra, 2009, p. 7, <https://www.upov.int/edocs/expndocs/es/upov_exn_exc.pdf>. [Consulta: 23/3/2024.]. Sobre la relación entre la citada Recomendación y la configuración de la excepción del agricultor en la UE vid. J. A. VIVES-VALLÉS, "The Farm-Saved Seed under the Community Plant Variety Rights System in the Light of the "Recommendation Relating to Article 15(2)" of the UPOV Act of 1991 and Article 39(1)(a) TFEU", en Rafał Sikorski (Dir.), Zaneta Zemła-Pacud (Coord.) Patents as an Incentive for Innovation, Kluwer Law International BV, Alphen aan den Rijn, The Netherlands, 2021.

[47] "*LOS ESTADOS CONTRATANTES,*
Convencidos de la importancia que reviste la protección de las obtenciones vegetales tanto para el desarrollo de la agricultura en su territorio como para la salvaguardia de los intereses de los obtentores.
[...]". Del preámbulo de las Actas de 1961, y recogido también en el preámbulo del Acta de 1978, si bien tras una reordenación sistemática como consecuencia de la referencia al Acta de 1961: "*LAS PARTES CONTRATANTES,*
Considerando que el Convenio Internacional para la Protección de las Obtenciones Vegetales, de 2 de diciembre de 1961, modificado por el Acta adicional de 10 de noviembre de 1972, ha demostrado ser un valioso instrumento para la cooperación internacional en materia de protección del derecho de los obtentores,
Reafirmando los principios contenidos en el Preámbulo del Convenio, según los cuales: a) están convencidas de la importancia que reviste la protección de las obtenciones vegetales, tanto para el de-

con "*los intereses de los obtentores*".[48] En efecto, no sin razón "[e]*l* [...] *Convenio tiene como objeto reconocer y garantizar al obtentor de una variedad vegetal* [...] *un derecho* [...]".[49] La innovación, y "*el desarrollo de la agricultura*" (del preámbulo), son ciertamente importantes en el contexto del Convenio de la UPOV, pero sólo como *supuestos subyacentes*: "*la 'teoría del incentivo' es un supuesto subyacente de la protección de las obtenciones vegetales, mientras que la protección del esfuerzo del obtentor es el medio para lograrla y, por tanto, su objetivo principal, pero también un objetivo autónomo* per se."[50] Ello no implica, ni mucho menos, que "*los intereses de los*

---

sarrollo de la agricultura en su territorio como para la salvaguardia de los intereses de los obtentores,
[...]".

48 La creencia de que la *innovación* es (directamente) el principal motivo subyacente al Convenio de la UPOV (y no "*la salvaguardia de los intereses de los obtentores*"), se encuentra muy extendida: *vid.*, *v.g.*, M. KOCHUPILLAI, *Promoting Sustainable Innovations in Plant Varieties*, cit., p. 23; A. HEITZ, "The History of the UPOV Convention and the Rationale for Plant Breeders' Rights", en *Seminar on the nature of and reationale for the protection of plant varieties under the UPOV Convention, Budapest, Hungary, September 19 to 21, organized by UPOV in cooperation with the Government of the Republic of Hungary 1990*, UPOV, Budapest, 1991, p. 27, <https://www.upov.int/edocs/pubdocs/en/upov_pub_697.pdf>. [Consulta: 2/4/2024.]. Adaptado de J. A. VIVES-VALLÉS, *The scope of the Farm-Saved Seed under the UPOV Acts of 1961 and 1978 (September 12, 2018)*, cit., p. 48; J. A. VIVES-VALLÉS, *The Farm-Saved Seed in the UPOV Convention: delimitation of the exception under the earliest UPOV Acts*, cit., p. 60. *Vid.* asimismo Á. MARTÍNEZ LÓPEZ, "Public access to documents in the community plant variety right system: A treehouse of confidential information in the garden of disclosure", cit., p. 562 y la nota al pie 43.

49 Art. 1(1) de las Actas de la UPOV de 1961 y 1978. *Vid.* la nota al pie 38 y el texto a dicha nota.

50 En inglés: "*the 'incentive theory' is an underlying assumption of PVP, while the protection of the breeder's effort is the mean to achieve it and therefore its pri-*

obtentores" prevalezcan siempre. De hecho, el sistema de la UPOV suele definirse (por contraste con la protección otorgada por las patentes) como un sistema basado en la idea de "*equilibrio*".[51] Lo que sí se desprende de esta interpretación —que a juicio del autor no es solo la interpretación más razonable sino la única (razonablemente) posible— es que no se puede ignorar ni subestimar a los obtentores, tampoco en la interpretación de la Convención, donde, además, a sus "*intereses*" se les debe conceder una especial atención. Y en lo que concierne

---

mary goal, but also an autonomous goal per se." J. A. VIVES-VALLÉS, The scope of the Farm-Saved Seed under the UPOV Acts of 1961 and 1978 (September 12, 2018), cit., pp. 40-50; J. A. VIVES-VALLÉS, The Farm-Saved Seed in the UPOV Convention: delimitation of the exception under the earliest UPOV Acts, cit., p. 61.

51 *V.g.*, P. AMAT LLOMBART, "Concepto, contenido y límites del derecho de obtentor de variedades vegetales según la ley 3/2000 de 7 de enero y el Real Decreto 1261/2005 de 2 de octubre", en Pablo Amat Llombart (Coord.) *La propiedad industrial sobre obtenciones vegetales y organismos transgénicos*, Tirant lo Blanch, 2007, p. 222; M. BOTANA AGRA, "La excepción en beneficio del agricultor", en Ángel García Vidal (Dir.) *Derecho de las obtenciones vegetales*, Editorial Tirant lo Blanch S.L, Valencia, 2017, pp. 612, 614, 634; WICKI y VALSTAR según se citan en G. DUTFIELD, "Food, Biological Diversity and Intellectual Property: The Role of the International Union for the Protection of New Varieties of Plants (UPOV)", cit., pp. 9 y 16, respectivamente; J. FRAMIÑÁN SANTAS, "Biodiversidad y propiedad intelectual sobre recursos fitogenéticos", en Ángel García Vidal (Dir.) *Derecho de las obtenciones vegetales*, Editorial Tirant lo Blanch S.L, Valencia, 2017, pp. 216-217; B. KIEWIET, *Relation between PVP and Patents on Biotechnology*, cit., p. 8. Adaptado de J. A. VIVES-VALLÉS, *The scope of the Farm-Saved Seed under the UPOV Acts of 1961 and 1978 (September 12, 2018)*, cit., p. 13; J. A. VIVES-VALLÉS, *The Farm-Saved Seed in the UPOV Convention: delimitation of the exception under the earliest UPOV Acts*, cit., p. 24. *Vid.* asimismo M. A. KOCK, *Intellectual property protection for plants[.] Fit for Future?*, cit., pp. 47, 208; F. PALAU RAMÍREZ, "Derecho de obtenciones vegetales: una perspectiva crítica desde el derecho de patentes", cit., pp. 43, 61.

a los Nuevas Técnicas Genómicas, lo cierto es que "*la mayoría de los obtentores*"[52] ya se posicionaron,[53] a favor de estas, pero oponiéndose[54] a su (mal uso, abuso o) uso de un modo en que alteren significativamente las reglas de juego en el sector del fitomejoramiento.[55]

---

52 En inglés: "*the majority of breeders*". W. CASHMORE, *Plant Variety Rights Act 1987 review: Options Paper*, Sandringham, p. 9, <https://www.mbie.govt.nz/dmsdocument/7432-plant-and-food-plant-variety-rights-act-1987-review-options-paper-submission-pdf>. [Consulta: 2/10/2021.].

53 Según KOCK "*la postura de las asociaciones de semillas es contradictoria* [...]" (en inglés: "*the position of the seed associations is contradictory* [...]"), al manifestarse a favor de las "*NBTs*" o nuevas técnicas de fitomejoramiento, pero a la vez considerarlas conducentes a "*EDV*" o Variedades Esencialmente Derivadas. M. A. KOCK, *Intellectual property protection for plants[.] Fit for Future?*, cit., p. 23. Sin embargo, ni el *posicionamiento* de los obtentores es tan homogéneo, ni tan paradójico. Al fin y al cabo, tan solo intentan aprovechar las ventajas de la nueva tecnología, sin caer presas de sus riesgos inherentes, una actitud lógica y comprensible.

54 *Vid., v.g.*, EUROSEEDS, *Position[.] Brussels, 01 December 2018 (updated 1 July 2019)[.] Plant Breeding Innovation[.] Applying the latest Plant Breeding Methods for the benefit of sustainable Agriculture, Consumers and Society*, Brussels, 2019, <https://euroseeds.eu/app/uploads/2019/07/18.1010-Euroseeds-PBI-Position-1.pdf>. [Consulta: 29/10/2022.]. También, M. A. KOCK, *Intellectual property protection for plants[.] Fit for Future?*, cit., p. 12.

55 *Vid., v.g.*, CIOPORA, "CIOPORA view on Essentially Derived Varieties (EDV) The purpose of EDV concept", *UPOV CAJ 31 October 2018 Geneva*, 2018, <https://www.upov.int/edocs/mdocs/upov/en/caj_75/caj_75_3_ciopora.pdf>. [Consulta: 12/11/2022.]; ISF Y OTROS, "Request for revision of the UPOV/EXN/EDV/2, Explanatory Notes on Essentially Derived Varieties under the 1991 Act of the UPOV Convention adopted on April 6, 2017 ['12 August 2019']", en Wendy Cashmore (ed.) *[Annex to] Plant Variety Rights Act 1987 review: Options Paper, by Wendy Cashmore*, Sandringham, 2019,ISF y otros, "Request for revision of the UPOV/EXN/EDV/2, Explanatory Notes on Essentially Derived Varie-

4. Breve comentario sobre la utilidad del sistema de la UPOV

Lo que resulta evidente y no debería ignorarse es que los principales *stakeholders* de la UPOV, sus usuarios, los obtentores, no están dispuestos a renunciar al sistema ni a su configuración actual, al menos "*no todavía*",[56] simplemente porque los obtentores

---

ties under the 1991 Act of the UPOV Convention adopted on April 6, 2017 ['12 August 2019']", en Wendy Cashmore (ed.) [Annex to] Plant Variety Rights Act 1987 review: Options Paper, by Wendy Cashmore, Sandringham, 2019, <https://www.mbie.govt.nz/dmsdocument/7432-plant-and-food-plant-variety-rights-act-1987-review-options-paper-submission-pdf>. [Consulta: 2/10/2021.]; ISF y otros, Contribution in response to UPOV Circular E-20/093, 2020, <https://www.upov.int/export/sites/upov/meetings/en/pages/caj77/isf_cli_ciopora_euroseeds_afsta_apsa_saa_cdv.pdf>. [Consulta: 2/4/2024.], E. Krieger; E. De Keyser; J. De Riek, "Do New Breeding Techniques in Ornamentals and Fruits Lead to Essentially Derived Varieties?", cit. "Request for revision of the UPOV/EXN/EDV/2, Explanatory Notes on Essentially Derived Varieties under the 1991 Act of the UPOV Convention adopted on April 6, 2017 ['12 August 2019']", en Wendy Cashmore (ed. <https://www.mbie.govt.nz/dmsdocument/7432-plant-and-food-plant-variety-rights-act-1987-review-options-paper-submission-pdf>. [Consulta: 2/10/2021.]; ISF Y OTROS, *Contribution in response to UPOV Circular E-20/093*, 2020, <https://www.upov.int/export/sites/upov/meetings/en/pages/caj77/isf_cli_ciopora_euroseeds_afsta_apsa_saa_edv.pdf>. [Consulta: 2/4/2024.]; E. KRIEGER; E. DE KEYSER; J. DE RIEK, "Do New Breeding Techniques in Ornamentals and Fruits Lead to Essentially Derived Varieties?", cit.

56 Término utilizado por EUROSEEDS (en inglés, "*not yet*": EUROSEEDS, *Position[.] Brussels, January 2011; Last update: July 2019[.] Use of DNA-based markers in testing for Distinctness, Uniformity and Stability (DUS)*, cit., p. 1. Fragmento transcrito en la nota al pie 29 y traducido en el texto a dicha nota). *Vid.* asimismo Á. GARCÍA VIDAL, "Los requisitos de la distinción, la homogeneidad y la estabilidad", cit."title":"Los requisitos de la distinción, la homogeneidad y la estabilidad", Vid. asimismo Á. García Vidal, "Los requisitos de la distinción,

continúan creyendo y confiando en los derechos del obtentor en el marco de la UPOV,[57] y considerándolos "*necesarios*".[58] Es más, en lo que a los agricultores se refiere, y a falta (o desconocimiento) de un estudio detallado al respecto, parece razonable suponer que estos (esencialmente) compran, cultivan, y luego, venden, pensando en el *fenotipo*, y no (tanto) en el *genotipo*. Ciertamente, los agricultores necesitan un *genotipo* adecuado para obtener el *fenotipo* deseado,[59] pero es el *fenotipo* lo que (presumible y lógicamente) constituye su preocupación principal y directa. De poco les serviría conocer a fondo el *genotipo* del material de reproducción vegetal que compran, si no conocieran también,

---

la homogeneidad y la estabilidad", cit., p. 379, así como la nota al pie 35 y el texto a dicha nota.

57 Como señaló el Prof. Dr. METZGER durante el "2nd Workshop on CRISPR/Cas Technology, Innovation and Regulation10-11 October 2022[.] Munich", organizado por el Max Planck Institute for Innovation and Competition: el apoyo de los obtentores es una prueba clara de que el sistema de la UPOV funciona —según los recuerdos del autor del presente capítulo sobre la intervención del Prof. Dr. METZGER en el citado Workshop—.

58 M. CURTO POLO —M. CURTO POLO, *La protección de las Innovaciones Vegetales en la Unión Europea[.] Patentes vs. Títulos de Obtención Vegetal*, cit., p. 263— quien, a pesar de apuntar que el sistema de la UPOV se encuentra superado por el avance de las tecnologías de fitomejoramiento, reconoce también su utilidad y la que le conceden asimismo "*algunos sectores*" —*ibid.* y *cf. ibid.*, p. 39, 42, 77, 263—.

59 De hecho: "***Fenotipo****: Característica o rasgo biológico que posee un organismo y que resulta de la expresión de un gen específico.*" Literal, en inglés: "***Phenotype****: A biological characteristic or trait possessed by an organism that results from the expression of a specific gene*" G. ACQUAAH, *Principles of Plant Genetics and Breeding*, 2, Wiley-Blackwell, Hoboken, 2012, p. 729

y sobre todo (y a fondo), su *fenotipo.* Así lo demuestra, por ejemplo, la existencia y vigencia de los exámenes DHE[60] y VCU.[61]

III. LAS NUEVAS "NOTAS EXPLICATIVAS SOBRE LAS VARIEDADES ESENCIALMENTE DERIVADAS CON ARREGLO AL ACTA DE 1991 DEL CONVENIO DE LA UPOV"

En relación con las Nuevas Técnicas Genómicas, las nuevas "*Notas explicativas sobre las variedades esencialmente derivadas con arreglo al Acta de 1991 del Convenio de la UPOV*",[62] introducen diversas novedades relevantes con respecto a las anteriores.[63] De una parte, matizan que "*Derivación "principal" significa que se conserva más del genoma de la variedad inicial de lo que se conservaría como consecuencia de un cruzamiento y selección normal con*

60 Sobre los requisitos DHE, *vid.*, *v.g.*, Á. GARCÍA VIDAL, "Los requisitos de la distinción, la homogeneidad y la estabilidad", cit. Sobre los requisitos DHE, vid., v.g., Á. García Vidal, "Los requisitos de la distinción, la homogeneidad y la estabilidad", cit.

61 De hecho, puede afirmarse que hoy los ensayos VCU se encuentran no solo plenamente vigentes a nivel de la UE, sino incluso en expansión. *Vid.* J. A. VIVES-VALLÉS, "The new EC Proposal for a Regulation on the production and marketing of plant reproductive material: an upgrade or a regression? An IP perspective", *Journal of Intellectual Property Law and Practice,* vol. 18, 11, 2023.

62 UPOV, *Notas explicativas sobre las variedades esencialmente derivadas con arreglo al Acta de 1991 del Convenio de la UPOV[.] 27 de octubre de 2023[.] SUPOV/EXN/EDV/3,* cit.

63 En concreto: UPOV, "Explanatory notes on Essentially Derived Varieties under the Act of 1991 of the UPOV Convention[.] April 6, 2017[.] UPOV/EXN/EDV/2", 2017.

diferentes variedades progenitoras",[64] definiendo "*por "cruzamiento y selección normal" el cruzamiento de dos o más variedades progenitoras de fenotipo y genotipo distintos para obtener una población segregada con fines de examen y selección.*"[65] Añadiendo, además, que:

> *"A este respecto,*
>
> *a) Las variedades con un solo progenitor (variedades "monoparentales") resultantes, por ejemplo, de mutaciones, modificación genética o modificación del genoma son en sí mismas derivadas principalmente de su variedad inicial."*[66]

La redacción en español de las Notas explicativas actuales en este punto en concreto es algo desafortunada, pues en ellas se traduce "*genome editing*" de la versión inglesa, por "*modificación del genoma*", más genérico y ambiguo. En cualquier caso, como ya predijo KOCK,[67] las vigentes Notas explicativas acercan más la interpretación del art. 14.5 del Acta de 1991 del Convenio de la UPOV a la asimilación de las variedades editadas genéticamente por parte de las Variedades Esencialmente Derivadas.[68]

---

64 UPOV, *Notas explicativas sobre las variedades esencialmente derivadas con arreglo al Acta de 1991 del Convenio de la UPOV[.] 27 de octubre de 2023[.] SUPOV/EXN/EDV/3*, cit., p. 5.

65 *Ibid.*

66 *Ibid.*, p. 6.

67 M. A. KOCK, *Intellectual property protection for plants[.] Fit for Future?*, cit., p. 134. Sobre la base de la crítica de la delegación española del Grupo de Trabajo sobre Variedades Esencialmente Derivadas. *Vid. ibid.*

68 Contrariamente a las anteriores, mucho más cautas en este punto. *Vid.* en este sentido Á. GARCÍA VIDAL, "El privilegio del obtentor y las variedades esencialmente derivadas", cit., p. 713, quien recordaba (en un momento en el que no se habían aprobado las nuevas Notas explicativas), que "*no existe ningún método de derivación que dé lugar,* per se, *a que la variedad derivada sea considerada esencialmente derivada*

Esta posibilidad se ve reforzada con la adición de otro párrafo

---

de la inicial." Á. GARCÍA VIDAL destacaba además que "*la norma* [sobre el "*art. 14.5 c)*" del "*Acta de 1991 del Convenio de la UPOV*"] *dice «podrán obtenerse...», no «se obtendrán».*" *Ibid.*, p. 713. La misma línea seguían las antiguas Notas explicativas, recogiendo literalmente dicho precepto. *Vid.* UPOV, "Explanatory notes on Essentially Derived Varieties under the Act of 1991 of the UPOV Convention[.] April 6, 2017[.] UPOV/EXN/EDV/2", cit., pp. 4, 6. "[L]*a norma*" no ha cambiado, pero lo cierto es que ahora las vigentes Notas explicativas recogen lo siguiente: "*Las variedades con un solo progenitor (variedades "monoparentales") resultantes, por ejemplo, de mutaciones, modificación genética o modificación del genoma son en sí mismas derivadas principalmente de su variedad inicial*" (énfasis añadido). UPOV, *Notas explicativas sobre las variedades esencialmente derivadas con arreglo al Acta de 1991 del Convenio de la UPOV[.] 27 de octubre de 2023[.] SUPOV/EXN/EDV/3*, cit., p. 6. Por último, cabe destacar que una interpretación literal de las vigentes notas explicativas que a la vez respete el art. 14.5 del Acta de 1991 del Convenio de la UPOV no es imposible.

Cuanto mayor sea el número de caracteres requeridos para escapar del concepto de variedad esencialmente derivada, mayor será la asimilación entre variedades editadas genéticamente y Variedades Esencialmente Derivadas. Y ello, a la espera de cómo se interprete el apartado 19 in fine de las vigentes Notas explicativas (i.e., "El Artículo 14.5)b)iii) no excluye que las diferencias resultantes de la derivación puedan comprender también caracteres esenciales."). Cuestión esta que, junto a la eliminación del "límite" mencionado (en el mismo apartado 19, ex apartado 9 en las viejas Notas), y junto al apartado 5 antes transcrito y comentado (vid. la nota al pie 66 y el texto a dicha nota), constituyen tres de las modificaciones más relevantes de las nuevas Notas -opinión compartida por el Prof. CARBAJO CASCÓN (comunicación personal)-. En cualquier caso, cabe precisar que frente a dicha asimilación cabe prueba en contrario, como avanzó el Prof. CARBAJO CASCÓN en su magnífica ponencia, titulada "Los nuevos contornos del concepto de variedades esencialmente derivadas en las Notas Explicativas UPOV de octubre 2023", presentada en el destacado Congreso Internacional sobre Propiedad Intelectual e Instrumentos Financieros para un sistema clave en relación con la *"conformidad con la variedad inicial"*:

> *"En el Artículo 14.5)b)iii) no se establece un límite superior en cuanto al número de diferencias que pueden resultar de la derivación. De manera que el número de diferencias entre una variedad esencialmente derivada y la variedad inicial no está limitado por el Artículo 14.5)b)iii) a una o muy pocas, sino que puede variar teniendo en cuenta los diferentes métodos de derivación. El Artículo 14.5)b)iii) no excluye que las diferencias resultantes de la derivación puedan comprender también caracteres esenciales."*[69]

En cualquier caso, de lo que no cabe duda es de que estas Notas explicativas son una manifestación más del peso de los obtentores en la interpretación del Convenio de la UPOV —un peso que, además, es acorde con el propio Convenio,[70] con independencia de la valoración que merezcan las nuevas Notas explicativas desde una perspectiva jurídica, una cuestión esta última de la que no se ocupa el presente capítulo—.

---

agrícola sostenible, 29-31 de mayo de 2024, celebrado en Alicante y organizado por la Universidad de Alicante-.

69 UPOV, *Notas explicativas sobre las variedades esencialmente derivadas con arreglo al Acta de 1991 del Convenio de la UPOV[.] 27 de octubre de 2023[.] SUPOV/EXN/EDV/3*, cit., p. 9 y *cf.* con las anteriores; y, *vid.* especialmente S. J. R. BOSTYN, "Towards a fair scope of protection for plant breeders' rights in an era of new breeding techniques: Proposals for a modernization of the essentially derived variety concept", cit.que aborda con detalle este aspecto y anticipa el cambio normativo en este instrumento.

70 J. A. VIVES-VALLÉS, *The scope of the Farm-Saved Seed under the UPOV Acts of 1961 and 1978 (September 12, 2018)*, cit., pp. 44 y ss.; J. A. VIVES-VALLÉS, *The Farm-Saved Seed in the UPOV Convention: delimitation of the exception under the earliest UPOV Acts*, cit., pp. 56 y ss. *Vid.* asimismo el subapartado 2 ("*2. La relevancia de la voluntad de los obtentores*") del apartado II del presente capítulo.

IV. REFLEXIONES FINALES

A pesar del creciente uso de las herramientas biomoleculares y de la explosión de las Nuevas Técnicas Genómicas, el sistema de la UPOV sigue siendo tan válido como siempre, si no más.[71] Sin embargo, la UPOV debería continuar, y probablemente —como sostiene la literatura[72]— perseverar, en sus esfuerzos por adaptar el sistema a los nuevos retos derivados de los avances en el ámbito de las herramientas moleculares en la identificación y registro varietal y de las Nuevas Técnicas Genómicas en el fitomejoramiento, entre otras. Pero esos retos no deberían abordarse precipitadamente, ni su gestión debería implicar necesariamente el abandono del enfoque global de la UPOV por la mejora del germoplasma ni de su

---

71 Hoy la UPOV es más amplia que nunca en cuanto a miembros se refiere —*cf.*, *v.g.*, UPOV, *Actes des Conférences Internationales pour la Protection des Obtentions Végétales 1957-1961 (publication UPOV n° 316)*, Geneva, 1974, p. 161 y ss., <http://www.upov.int/edocs/pubdocs/fr/upov_pub_316.pdf>. [Consulta: 2/4/2024.] y UPOV, "Reseña sobre la UPOV", cit.—; y, a nivel internacional, el registro de nuevos títulos mantiene una tendencia general creciente —*cf.* G. DUTFIELD, "Food, Biological Diversity and Intellectual Property: The Role of the International Union for the Protection of New Varieties of Plants (UPOV)", cit., p. 5 y UPOV, "Plant Variety Protection Data and Statistics", <https://www.upov.int/databases/en/>. [Consulta: 2/4/2024.]—.

72 *Vid.*, *v.g.*, M. A. KOCK, *Intellectual property protection for plants[.] Fit for Future?*, cit.; E. KRIEGER; E. DE KEYSER; J. DE RIEK, "Do New Breeding Techniques in Ornamentals and Fruits Lead to Essentially Derived Varieties?", cit.; A. METZGER; H. ZECH, "A Comprehensive Approach to Plant Variety Rights and Patents in the Field of Innovative Plants", cit.; así como otros muchos de los trabajos referenciados en el presente capítulo.

"*enfoque fenotípico*".[73] Al fin y al cabo, como afirma JORASCH: "*las herramientas moleculares de mejora genética de precisión* [...] *deben integrarse en el ciclo de mejora*",[74] y "*no librarán al obtentor de probar sus variedades candidatas en el campo* [...]".[75] Para el fitomejoramiento y el sistema de la UPOV más acuciante es todavía el reto planteado por la apuesta creciente por las patentes asociada al uso creciente de las Nuevas Técnicas Genómicas.[76] Y si la evolución de la técnica en el ámbito del

---

73 Término utilizado por M. D. JANIS y S. SMITH, en: M. D. JANIS; S. SMITH, "Technological Change and the Design of Plant Variety Protection Regimes", cit., p. 1588, son muy críticos con el sistema en su actual configuración "*fenotípica*". Recogido por Á. GARCÍA VIDAL, "Los requisitos de la distinción, la homogeneidad y la estabilidad", cit.Recogido por Á. García Vidal, "Los requisitos de la distinción, la homogeneidad y la estabilidad", cit., pp. 378-379. pp. 378-379.

74 En inglés: "*All these molecular precision breeding tools can help to improve specific traits, but they need to be integrated into the breeding cycle* […]." P. JORASCH, "The global need for plant breeding innovation", Transgenic Research, vol. 28, s2, 2019, Springer International Publishing, p. 82

75 En inglés: "*This is why -despite the increased efficiency and speed of improving single characteristics by precision breeding methods- it will not release the breeder from testing his candidate varieties in the field* […]." Ibid.

76 De esta cuestión ya nos alertaba KIEWIET hace dos décadas: "*Los avances de la ingeniería genética hacen prever que, en un futuro previsible, un número cada vez mayor de variedades vegetales contendrán invenciones patentadas. La consecuencia práctica sería que, a menos que se introduzcan modificaciones en la legislación sobre patentes, la exención de los obtentores se perdería o quedaría muy debilitada.*" Literal, en inglés: "*The progress in genetic engineering raises the prospect that, in the foreseeable future, an ever increasing number of plant varieties will contain patented inventions. The practical consequence would be that unless modifications in the patent legislation are introduced the breeders' exemption would be lost or greatly weakened.*" B. KIEWIET, Principles, procedures and recent developments in respect of the Community Plant Variety Protection system, cit., p. 2. Según FIS, con carácter

fitomejoramiento debería tener como respuesta una adaptación decidida pero meditada al nuevo escenario; la creciente presión de los sistemas de patentes (como consecuencia de la evolución las mismas técnicas)[77] debería tener una respuesta

---

previo a la reforma del Acta de 1991: "*A pesar de todo el equilibrio y la adecuación del sistema de protección de la UPOV para la materia viva en forma de variedades vegetales, en caso del mantenimiento de un amplio privilegio de los agricultores o de un uso dudoso de este privilegio, se intentaría cada vez más aprovechar la protección de las patentes también para las variedades vegetales, con su mayor grado de monopolización, ya que no existe ningún privilegio de los agricultores en el sistema de patentes.*" El original, en inglés: "*In spite of all the balance and adequacy of the UPOV system of protection for the living matter in the form of plant varieties, one would, in case of maintenance of an extensive farmers' privilege or a dubious use of this privilege, try increasingly to take advantage of the patent-protection also for plant varieties, with its stronger degree of monopolization, because there is no farmers' privilege under the patent system.*" FIS, "Revision of the convention: position of FIS on the "farmer's privilege"[.] CAJ/27/7", Administrative and Legal Committee [of UPOV.] Twenty-seventh Session[.] Geneva, June 25 to 29, 1990, 1990, Geneva, "Annex, page 2", <http://www.upov.int/edocs/mdocs/upov/en/caj_27/caj_27_7.pdf>. [Consulta: 28/10/2022.]. F. PALAU RAMÍREZ insiste en esta cuestión, en F. PALAU RAMÍREZ, "Derecho de obtenciones vegetales: una perspectiva crítica desde el derecho de patentes", cit., p. 27. A los riesgos de "la eclosión de las patentes biotecnológicas" para "el privilegio del obtentor" (literal) se refiere también Á. GARCÍA VIDAL, en: Á. GARCÍA VIDAL, "El privilegio del obtentor y las variedades esencialmente derivadas", cit., p. 648. Vid. asimismo B. SALDAÑA VILLOLDO, "Sobre la inevitable revisión del concepto de variedad esencialmente derivada", Actas de derecho industrial y derecho de autor, vol. 37, 2016, pp. 364, 367, 372.

77 *Vid.* sobre este otro fenómeno, especialmente (y, en general): A. METZGER; H. ZECH, "A Comprehensive Approach to Plant Variety Rights and Patents in the Field of Innovative Plants", cit.; M. A. KOCK, *Intellectual property protection for plants[.] Fit for Future?*, cit.;

análoga (pero más urgente), si bien impactando sobre estos otros sistemas de propiedad industrial.[78]

KIM, D.; KOCK, M. A.; LAMPING, M.; BATISTA, P. H. D.; HILTY, R.; SLOWINSKI, P. R.; STEINHART, M., "New Genomic Techniques and Intellectual Property Law: Challenges and Solutions for the Plant Breeding Sector (August 9, 2023)", *Max Planck Institute for Innovation & Competition Research Paper 23-16*, 2023; D. KIM; R. HILTY; E. HOFMEISTER; P. R. SLOWINSKI; M. STEINHART, "CRISPR/Cas Technology and Innovation: Mapping Patent Law Issues", *SSRN Electronic Journal*, 22–06, 2022, <https://papers.ssrn.com/sol3/papers.cfm?abstract_id=4106075>. [Consulta: 11/9/2022.].

78 Como ya avanzara también KIEWIET, en B. KIEWIET, *Principles, procedures and recent developments in respect of the Community Plant Variety Protection system*, cit., p. 2 (transcrito y traducido en la nota al pie 76).

Últimos desarrollos en materia de daños y perjuicios por infracción del derecho de obtención vegetal. La STJUE de 16 de marzo de 2023 (asunto C-522/21)

EDUARDO MIRANDA RIBERA
Profesor Ayudante Doctor de Derecho Mercantil
Departamento de Derecho Mercantil "Manuel Broseta Pont"
Universitat de València
eduardo.miranda@uv.es

BIBLIOGRAFÍA: ARROYO APARICIO, A., "Obtenciones vegetales y excepción agrícola: pago por la utilización del producto de la cosecha (STJUE 25 de junio 2015, C-242-14), *Revista Aranzadi Doctrinal,* núm. 11, 2015, pp. 1-7; ASENSI MERÁS, A., "La posición del TJUE en relación con la excepción en beneficio del agricultor", *La Ley mercantil,* N.º 108, 2023; BOTANA AGRA, M., "La excepción en beneficio del agricultor", en GARCÍA VIDAL, A. (Dir.), *Derecho de las Obtenciones Vegetales,* Tirant lo Blanch, Valencia, 2017, pp. 611-635; CORBERÁ MARTÍNEZ, J., "El alcance de los derechos del obtentor. (Comentario de la sentencia del Tribunal Supremo [1ª], de 11 de junio de 2020), *Revista de derecho mercantil,* N.º 319, 2021, pp. 293-310; CUR-

TO POLO, M.ª. M., "La protección provisional del derecho del obtentor a la luz de los recientes pronunciamientos del Tribunal de Justicia", en CARBAJO CASCÓN, F. (Dir.), JIMÉNEZ SERRANÍA, V. (Coord.), *Competencia, propiedad intelectual y tutela de consumidores en el sector agroalimentario,* Tirant lo Blanch, Valencia, 2022, pp. 131-154; CURTO POLO, M.ª. M., *La protección de las innovaciones vegetales en la Unión Europea. Patentes vs. Títulos de obtención vegetal,* Tirant lo Blanch, Valencia, 2020; EMBID IRUJO, J. M., SALDAÑA VILLOLDO, B., "Hacia la delimitación de los derechos del obtentor: a propósito de la sentencia del Tribunal de Justicia de la Unión Europea en el asunto C-176/18", *La LEY Mercantil,* n.º 68, abril 2020; ESPINOSA CALABUIG, R., "Obtenciones vegetales y cálculo de una indemnización razonable. STJUE de 9 de junio de 2016, asunto C-481/2014: Jørn Hansson/Jungpflanzen Grünewald GmbH", *La Ley Unión Europea,* número 42, 2016, pp. 1-13; GALGO PECO, A., "Acciones civiles en defensa de la obtención vegetal", en GARCÍA VIDAL, A., *Derecho de las Obtenciones Vegetales,* Tirant lo Blanch, Valencia, 2017, pp. 1033-1049; GARBE, I., PETZOLD, R., PINGEN, S., NIESEN, M., *Sortenschutz — und Saatgutverkehrsrecht, Pflanzenschutz— und Düngemittelrecht,* 3ª Edición, Hagener Wissenschaftsverlag, Hagen, 2019; GARCÍA VIDAL, A., "La licencia contractual de explotación de una variedad protegida con un título de obtención vegetal", en GARCÍA VIDAL, A., *Derecho de las obtenciones vegetales,* Tirant lo Blanch, Valencia, 2017, pp. 819-866; GARCÍA VIDAL, A., "El material vegetal protegido por una patente o un derecho de obtentor y el empleo del producto de su cosecha con fines de propagación: Agotamiento y privilegio del agricultor en Europa y en los EE. UU.", *Cuadernos de Derecho Transnacional, Vol. 8,* N.º 1, marzo 2016, pp. 76-100; GRAU CORTS, J. R., "Cuestiones al respecto de la cuantificación de la denominada indemnización razonable, prevista en el artículo 95 del Reglamento (CE) N.º 2100/94 sobre obtenciones vegetales", en PLAZA PENADÉS, J., *Cuestiones Actuales sobre la Protección de las Obtenciones Vegetales,* Aranzadi, Cizur Menor, 2014, pp. 107-135; GUILLEM CARRAU, J., "La protección de las variedades vegetales y su problema actual", en PLAZA PENADÉS, J., *Cuestiones Actuales sobre la Protección de las Obtenciones Vegetales,* Monografía núm. 31, Thomson Reuters, Aranzadi, Cizur Menor, 2014, pp. 49-62; KEUKENSCHRIJVER, A., *Sortenschutz. Deutsches und europäisches Sortenschutzrecht (Sortenschutzgesetz; Verordnung Nr. 2100/94 (EG) des Rates* über *den gemeinschaftlichen Sortenschutz) unter Berücksichtigung der Gesetzgebung in* Österreich *und in der Schweiz,* 2ª

Edición, Carl Heymanns Verlag, Colonia, 2017; LEβMANN, H., WÜRTENBERGER, G., *Deutsches und europäisches Sortenschutzrecht Handbuch,* 2ª Edición, Nomos, Baden-Baden, 2009; MARTÍN ARESTI, P., "La protección comunitaria de las obtenciones vegetales. Aplicación del derecho nacional y jurisprudencia del TJUE", en CARBAJO CASCÓN, F. (Dir.), JIMÉNEZ SERRANÍA, V. (Coord.), *Competencia, propiedad intelectual y tutela de consumidores en el sector agroalimentario,* Tirant lo Blanch, Valencia, 2022, pp. 49-90; MASSAGUER, J., "Las acciones y procesos civiles en materia de infracción de la protección comunitaria de las obtenciones vegetales", en PALAU RAMÍREZ, F., DE LA VEGA GARCÍA, F. (Dirs.), *Claves del derecho sobre variedades vegetales,* Tirant lo Blanch, Valencia, 2022, pp. 291-368; METZGER, A., ZECH, H., *Sortenschutzrecht. SortG, GSortV, PatG, EPÜ-Kommentar,* 1ª edición, C. H. Beck, Múnich, 2016; NIRK, R., ULLMANN, E., METZGER, A., *Patentrecht. Mit Gebrauchsmuster —und Sortenschutzrecht,* 4ª Edición, C.F. Müller, Heidelberg, 2018; PALAU RAMÍREZ, F., "Alcance de los derechos de obtención vegetal y protección provisional de la solicitud. Comentario a la Sentencia de la Audiencia Provincial de Zaragoza (Sección 5ª) de 2 de julio de 2007, caso MOMÉE", *Revista de derecho mercantil,* N.º 266, 2007, pp. 1103-1122; PALAU RAMÍREZ, F., "Una vez más sobre el alcance de los derechos de obtención vegetal: la protección provisional como ampliación de la protección. Comentario a la sentencia de la Audiencia Provincial de Murcia (Sección n.º 4) de 3 de marzo de 2011", *Revista de derecho mercantil,* N.º 280, 2011, pp. 256-269; PETIT LAVALL, M.ª V., "Ámbito de protección de las obtenciones vegetales en derecho europeo y español", *Gaceta jurídica de la Unión Europea y de la competencia,* N.º 23, 2011, pp. 9-29; PETIT LAVALL, M.ª V., "Capítulo 13. Derechos del titular de una obtención vegetal", en GARCÍA VIDAL, A. (Dir.), *Derecho de las obtenciones vegetales,* Tirant lo Blanch, Valencia, 2017, pp. 533-574; SÁNCHEZ GIL, O., *La protección de las obtenciones vegetales. El privilegio del agricultor,* Ministerio de Medio Ambiente y Medio Rural y Marino, Madrid, 2008; SÁNCHEZ GIL, O., "El privilegio del agricultor y la excepción en beneficio del agricultor de la Ley 3/2000", en AMAT LLOMBART, P., (Coord.), *La propiedad industrial sobre obtenciones vegetales y organismos transgénicos,* Tirant lo Blanch, Valencia, 2007, pp. 337-358; WÜRTENBERGER, G., VAN DER KOOIJ, P., KIEWIET, B., EKVAD, M., *European Union Plant Variety Protection,* 3ª Edición, Oxford University Press, United Kingdom, 2021.

I. INTRODUCCIÓN.

1. El derecho de obtención vegetal: cambio de paradigma y privilegio del agricultor

El derecho de obtención vegetal, como cualquier otra modalidad de propiedad industrial, concede a su titular la facultad exclusiva para realizar las operaciones de: "*a) producción o reproducción (multiplicación); b) acondicionamiento con vistas a la propagación; c) puesta en venta; d) venta y otro tipo de comercialización; e) exportación de la Comunidad; f) importación a la Comunidad; g) almacenamiento*" [art. 13 Reglamento (CE) N.º 2100/94, art. 14 CUPOV y art. 12 LOV]. De esta manera, para poder realizar cualquier operación sobre el material vegetal protegido será necesaria la autorización de su titular, que podrá decidir entre explotar directamente su variedad o, por el contrario, autorizar a terceros, mediante la concesión de licencias, para que la exploten (art. 14.1.b) CUPOV, arts. 13 y 27 ROV, arts. 12 y 23 LOV y art. 16 RLOV)[1].

Como se observa, en materia de obtenciones vegetales resulta de aplicación, en la Unión Europea, el Convenio Internacional para la protección de las obtenciones vegetales, de 2 de diciembre de 1961, revisado en Ginebra el 10 de noviembre de 1972, el 23 de octubre de 1978 y el 19 de marzo de 1991 (en adelante CUPOV) y el Reglamento (CE) N.º 2100/94 del Consejo de 27 de julio de 1994, relativo a la protección comunitaria de las obtenciones vegetales (en adelante Reglamento

---

1 GARCÍA VIDAL, A., "La licencia contractual de explotación de una variedad protegida con un título de obtención vegetal", en GARCÍA VIDAL, A., *Derecho de las obtenciones vegetales,* Tirant lo Blanch, Valencia, 2017, pp. 820-821.

2100/94 o ROV). Asimismo, en el ámbito nacional, en materia de obtenciones vegetales se deberá atender a lo dispuesto en la Ley 3/2000, de 7 de enero, de régimen jurídico de la protección de las obtenciones vegetales (en adelante LOV) y en el Real Decreto 1261/2005, de 21 de octubre, por el que se aprueba el Reglamento de protección de obtenciones vegetales (en adelante RLOV).

Con todo y aunque no lo parezca, el derecho de obtención vegetal está de moda. Así lo acredita el revuelo generado por la controvertida sentencia del Tribunal de Justicia de la Unión Europea de 19 de diciembre de 2019, asunto C-176/18, «*Club de Variedades Vegetales Protegidas y Adolfo Juan Martínez Sanchis*»[2] que supone un importante cambio de paradigma en el sector obtentor, al considerarse que los actos de multiplicación realizados por un vivero y la ulterior venta de dichos componentes de la variedad a un agricultor, durante el período que versa desde la solicitud hasta la concesión del título, no puede considerarse como un empleo no autorizado del material vegetal, debido a que durante ese período el TJUE considera que el titular no puede prohibir la realización de esas actuaciones, dado que su título aún no es definitivo y no dispone de *ius prohibendi* (apartados 44 y 45 STJUE 19 diciembre de 2019).

Esta interpretación del TJUE supone una importante revolución en el sector obtentor, por cuanto vacía de contenido la protección en cascada del derecho de obtención vegetal[3]. La incidencia de la citada sentencia del TJUE va más allá de la afectación a la protección en cascada y afecta a cuestiones tan rele-

---

2 ECLI:EU:C:2019:1131.

3 CORBERÁ MARTÍNEZ, J., "El alcance de los derechos del obtentor. (Comentario de la sentencia del Tribunal Supremo [1ª], de 11 de junio de 2020), *Revista de derecho mercantil,* N.º 319, 2021, pp. 307-308.

vantes como la protección provisional del derecho de obtención vegetal y la compatibilización de las acciones de indemnización por los daños y perjuicios sufridos por el titular del material vegetal durante el período de protección provisional y después de haber sido concedido el derecho; tradicionalmente aceptada por nuestra jurisprudencia de Audiencias Provinciales[4].

---

4 Sobre el alcance de los derechos de obtenciones vegetales, véase PALAU RAMÍREZ, F., "Alcance de los derechos de obtención vegetal y protección provisional de la solicitud. Comentario a la Sentencia de la Audiencia Provincial de Zaragoza (Sección 5ª) de 2 de julio de 2007, caso MOMÉE", *Revista de derecho mercantil,* N.º 266, 2007, pp. 1103-1122; PALAU RAMÍREZ, F., "Una vez más sobre el alcance de los derechos de obtención vegetal: la protección provisional como ampliación de la protección. Comentario a la sentencia de la Audiencia Provincial de Murcia (Sección n.º 4) de 3 de marzo de 2011", *Revista de derecho mercantil,* N.º 280, 2011, pp. 256-269; PETIT LAVALL, M.ª V., "Ámbito de protección de las obtenciones vegetales en derecho europeo y español", *Gaceta jurídica de la Unión Europea y de la competencia,* N.º 23, 2011, pp. 9-29; PETIT LAVALL, M.ª V., "Capítulo 13. Derechos del titular de una obtención vegetal", en GARCÍA VIDAL, A. (Dir.), *Derecho de las obtenciones vegetales,* Tirant lo Blanch, Valencia, 2017, pp. 533-574; GUILLEM CARRAU, J., "La protección de las variedades vegetales y su problema actual", en PLAZA PENADÉS, J., *Cuestiones Actuales sobre la Protección de las Obtenciones Vegetales,* Monografía núm. 31, Thomson Reuters, Aranzadi, Cizur Menor, 2014, pp. 49-62; MARTÍN ARESTI, P., "La protección comunitaria de las obtenciones vegetales. Aplicación del derecho nacional y jurisprudencia del TJUE", en CARBAJO CASCÓN, F. (Dir.), JIMÉNEZ SERRANÍA, V. (Coord.), *Competencia, propiedad intelectual y tutela de consumidores en el sector agroalimentario,* Tirant lo Blanch, Valencia, 2022, pp. 49-90; CURTO POLO, M.ª. M., "La protección provisional del derecho del obtentor a la luz de los recientes pronunciamientos del Tribunal de Justicia", en CARBAJO CASCÓN, F. (Dir.), JIMÉNEZ SERRANÍA, V.

A pesar de ello, es curioso que los pronunciamientos del Tribunal de Justicia de la Unión Europea en materia de obtenciones vegetales, en lugar de destacar por analizar supuestos relacionados con el alcance del derecho y la protección provisional, se hayan centrado en interpretar diversas disposiciones del privilegio del agricultor y la normativa europea que lo regula; cuestión esta última sobre la que se centrará la presente contribución.

2. El privilegio del agricultor: definición y requisitos

El legislador europeo con el objeto de salvaguardar la producción agrícola, en particular de los pequeños agricultores, introdujo un límite al derecho de exclusiva del titular del material vegetal, esto es, el privilegio del agricultor que habilita a los agricultores a *"emplear, en sus propias explotaciones, con fines de propagación en el campo, el producto de la cosecha que hayan obtenido de haber plantado en sus propias explotaciones material de propagación de una variedad que, no siendo hibrida ni sintética, esté acogida a un derecho de protección comunitaria de las obtenciones vegetales"* (art. 14.1 ROV, art. 15.2 CUPOV y art. 14 LOV)[5]. Interesa

---

(Coord.), *Competencia, propiedad intelectual y tutela de consumidores en el sector agroalimentario,* Tirant lo Blanch, Valencia, 2022, pp. 131-154; CURTO POLO, M.ª. M., *La protección de las innovaciones vegetales en la Unión Europea. Patentes vs. Títulos de obtención vegetal,* Tirant lo Blanch, Valencia, 2020.

5 BOTANA AGRA, M., "La excepción en beneficio del agricultor", en GARCÍA VIDAL, A. (Dir.), *Derecho de las Obtenciones Vegetales,* Tirant lo Blanch, Valencia, 2017, p. 611. Asimismo, sobre el origen del privilegio del agricultor en la "*Plant Variety Protection Act*" y otras cuestiones relevantes en esta materia véase SÁNCHEZ GIL, O., "El privilegio del agricultor y la excepción en beneficio del agricultor de la Ley 3/2000", en AMAT LLOMBART, P., (Coord.), *La propiedad industrial sobre obtenciones vegetales y organismos transgénicos,* Tirant lo

destacar que en el CUPOV la excepción es facultativa y que la Unión Europea ha optado por introducirla.

Este privilegio o excepción al derecho de obtención se encuentra regulado en el Reglamento 2100/94 y desarrollado en el Reglamento (CE) N.º 1768/95 de la Comisión, de 24 de julio de 1995, por el que se adoptan normas de desarrollo de la exención agrícola contemplada en el apartado 3 del artículo 14 del Reglamento (CE) N.º 2100/94 relativo a la protección Comunitaria de las obtenciones vegetales (en adelante Reglamento 1768/95) y el Reglamento (CE) N.º 2605/98 de la Comisión de 3 de diciembre de 1998 que modifica el Reglamento (CE) N.º 1768/95 por el que se adoptan normas de desarrollo de la exención agrícola contemplada en el apartado 3 del artículo 14 del Reglamento (CE) N.º 2100/94 del Consejo relativo a la protección comunitaria de las obtenciones vegetales (en adelante Reglamento 2605/98).

Para el ejercicio del privilegio del agricultor deben concurrir las siguientes condiciones. En primer lugar, únicamente podrán beneficiarse de esta excepción aquellas personas que ostenten la condición de agricultor[6] (art. 14.1 ROV y art.14.1

Blanch, Valencia, 2007, pp. 337-358; SÁNCHEZ GIL, O., *La protección de las obtenciones vegetales. El privilegio del agricultor*, Ministerio de Medio Ambiente y Medio Rural y Marino, Madrid, 2008.

6 El Reglamento 2100/94 no define esta figura, por lo que, se deberá atender a lo dispuesto en cada Estado miembro donde se busque la aplicación de esta excepción. En España, se entiende por agricultor "*a toda persona física o jurídica, cooperativas, sociedades agrarias de transformación, sociedades mercantiles o cualquier otra admitida en derecho que figure como titular de la explotación, por administrarla bajo su responsabilidad y por cuenta propia*" (art. 14.1 b) LOV). En efecto, el requisito para ser agricultor reside en ser titular de una explotación que, a efectos de la Ley 3/2000,

LOV). En segundo lugar, esta exención queda reservada a determinadas especies forrajeras, cereales, patatas y especies oleaginosas (art. 14.2 ROV[7] y art.14.2 LOV). Nótese, que el ejercicio del privilegio del agricultor queda delimitado al material vegetal protegido que se haya obtenido en la explotación agrícola del licenciatario agricultor con el único fin de ser propagado en el campo, excluyendo toda actividad de comercialización o intercambio entre agricultores[8].

En tercer lugar, el titular del material vegetal no podrá fijar restricciones de carácter cuantitativo en la explotación del

---

se considera *"toda explotación o parte de ella que el agricultor explote realmente cultivando vegetales, tanto si es de su propiedad como si la administra bajo su responsabilidad y por cuenta propia, en particular en el caso de los arrendamientos"* (art. 14.1 a) LOV).

7 El tenor del artículo 14.2 ROV es el siguiente: *"a) especies forrajeras: Cicer arietinum L. (garbanzo), Lupinus luteus L. (altramuz amarillo), Medicago sativa L. (alfalfa), Pisum sativum L. (partim)(guisantes), Trifolium alexandrium L. (Bersim/trébol de Alejandría), Trifolium resupinatum L. (trébol persa), Vicia faba (habas), Vicia sativa L. (veza común) y, en el caso de Portugal, Lolium multiflorum lam (Ray-grass italiano); b) cereales: Avena sativa (avena común), Hordeum vulgare L. (cebada común), Oryza sativa L. (arroz), Phalaris canariensis L. (alpiste), Secale cereale L. (centeno), X Triticosecale Wittm. (triticale), Triticum aestivum L. emend. Fiori et Paol. (trigo), Triticum durum Desf. (trigo duro), Triticum spelta L. (escaña mayor); c) patatas: solanum tuberosum (patata); d) especies oleaginosas y textiles: Brassica napus L. (partim) (colza), Brassica rapa L. (partim) (nabina), Linum usitatissimum (linaza, excluido el lino textil).*

8 GARCÍA VIDAL, A., "El material vegetal protegido por una patente o un derecho de obtentor y el empleo del producto de su cosecha con fines de propagación: Agotamiento y privilegio del agricultor en Europa y en los EE. UU.", *Cuadernos de Derecho Transnacional, Vol. 8,* N.° 1, marzo 2016, p. 91; BOTANA AGRA, M., "La excepción...", *op. cit.*, p. 618.

agricultor [art. 14.3 ROV y art. 14.3.a) LOV]. En cuarto lugar, el agricultor podrá someter el material vegetal a tratamiento para su plantación [art. 14.3 ROV y art. 14.3.b) LOV]. En todo caso, se deberá solicitar autorización al titular del material vegetal para extraer fuera de la explotación el producto de la cosecha de una variedad protegida. Sin embargo, cuando el agricultor haya adoptado las medidas necesarias para asegurar la identidad del producto que se somete a tratamiento y el producto resultante, o cuando el agricultor se asegure que el transformador que realiza las actuaciones cumpla las condiciones establecidas en el artículo 13.1 del Reglamento (CE) N.º 1768/95[9], no será necesario el consentimiento del titular.

---

9 En este sentido, interesa reproducir el artículo 13.1 del Reglamento 1768/95 cuyo tenor literal exige que: "*esté registrado con arreglo a la legislación del Estado miembro, adoptada con fines de interés público, o se haya comprometido ante el agricultor a notificar esa actividad, por lo que respecta a las variedades cubiertas por una protección comunitaria de las obtenciones vegetales, al organismo competente establecido, designado o autorizado en el Estado miembro para tal fin por un organismo oficial o por una organización de titulares, agricultores o transformadores, para su inclusión en una lista establecida por dicho organismo competente, y se haya comprometido ante el agricultor a aplicar también las medidas oportunas para asegurarse de la identidad entre el producto que el agricultor somete a tratamiento y el resultante del mismo*".

En quinto lugar, todo agricultor, a excepción de los pequeños agricultores[10], deberán abonar una remuneración justa[11] al titular de la variedad vegetal que "*será apreciablemente menor que la cantidad que se cobre por la producción bajo licencia de material de propagación de la misma variedad en la misma zona*" [art. 14.3 ROV y art. 14.3.d) LOV]. El pago de la remuneración al titular de la obtención vegetal es necesario para invocar el privilegio del agricultor[12]. Las condiciones del nivel de remuneración podrán

---

10 Sobre la figura de los pequeños agricultores, véase BOTANA AGRA, M., "La excepción...", *op. cit.*, p. 622: "*(i) En el caso de que se trate de alguna de las plantas forrajeas enunciadas en el artículo 14.2. a) del Reglamento de base (garbanzo, guisantes, alfalfa, etc.), los agricultores que no cultiven esas plantas durante un periodo máximo de 5 años en una superficie mayor de la que sería necesaria para producir 92 toneladas de cereales por cosecha; (ii) en caso de que se trate de patatas, los agricultores que no cultiven patatas en una superficie mayor de la que sería necesaria para producir 185 toneladas de patatas por cosecha; (iii) en el caso de que se trate de otras especies vegetales mencionadas en el artículo 14.2 del Reglamento de base, tendrán la consideración de pequeños agricultores quienes cultiven plantas en una superficie inferior a la que sería necesaria para producir 92 toneladas de cereales, si bien para la aplicación de la exención de remuneración se requiere, además, que a dichas especies vegetales sea de aplicación el Reglamento (CEE) 1765/92 del Consejo, de 30 de junio de 1992, por el que se establece un sistema de ayudas para productores de determinados cultivos herbáceos*".

11 STJUE, Sala Primera, de 5 de julio de 2012 (TJUE/2012/172, Caso Josef Geistbeck y otros contra Treuhandverwaltungs GmbH): "*(...) el concepto de "remuneración justa" a que se refiere el artículo 14, apartado 3, cuarto guion, del Reglamento núm. 2100/94, en relación con el artículo 5, apartado 5, del Reglamento núm. 1768/95, tiene por objetivo establecer un equilibrio entre los intereses legítimos recíprocos de los agricultores y de los titulares de las obtenciones vegetales*".

12 Así lo ha manifestado el Tribunal de Justicia de la Unión Europea, Sala Primera, en sentencia de 5 de julio de 2012 (TJCE/2012/172,

fijarse mediante contrato entre el titular y el agricultor[13] (art. 5 Reglamento 1768/95). En ausencia de pacto o cuando este no sea posible, "*la remuneración que habrá de pagarse ascenderá al 50 %*

Caso Josef Geistbeck y otros contra Treuhandverwaltungs GmbH) al declarar que: "*(...)el agricultor que no pague al titular una indemnización razonable cuando utilice el producto de la cosecha obtenido del cultivo de material de propagación de una variedad protegida no puede invocar el artículo 14, apartado 1, del Reglamento núm. 2100/94 y, por lo tanto, debe considerarse que ha realizado, sin haber sido autorizado para ello, una de las operaciones mencionadas en el artículo 13, apartado 2, de dicho Reglamento (sentencia Schulin, [TJCE 2003, 105] antes citada, apartado 71)*". Además, sobre esta cuestión véase ARROYO APARICIO, A., "Obtenciones vegetales y excepción agrícola: pago por la utilización del producto de la cosecha (STJUE 25 de junio 2015, C-242-14), *Revista Aranzadi Doctrinal*, núm. 11, 2015, pp. 1-7.

13 STJUE de 8 de junio de 2006 (TJCE/2006/162, Caso Saatgut-Treuhandverwaltungs GmbH contra Ulrich Deppe y otros), (39): "*(...) un acuerdo de esta naturaleza sirve como directriz para determinar la remuneración que debe pagarse en la zona. (...)Para que un acuerdo celebrado entre las organizaciones de titulares y de agricultores, mencionado en el artículo 5, apartado 4, del Reglamento núm. 1768/95, en su versión modificada por el Reglamento núm. 2605/98, sirva como directriz en el conjunto de sus parámetros, es necesario que dicho acuerdo haya sido notificado a la Comisión de las Comunidades Europeas y publicado en el Boletín Oficial de la Oficina Comunitaria de Variedades Vegetales, incluso si se celebró antes de la entrada en vigor del Reglamento núm. 2605/98. Un acuerdo de esta naturaleza puede establecer un importe de remuneración diferente del que se indica, con carácter subsidiario, en el artículo 5, apartado 5, del Reglamento núm. 1768/95, en su versión modificada por el Reglamento núm. 2065/98. A falta de acuerdo aplicable entre las organizaciones de titulares y de agricultores, la remuneración del titular de una protección comunitaria de obtenciones vegetales debe determinarse, de conformidad con el artículo 5, apartado 5, del Reglamento núm. 1768/95, en su versión modificada por el Reglamento núm. 2605/98, en un importe invariable que no constituye un límite superior ni un límite inferior*".

de los importes que se cobran para la producción bajo licencia de material de propagación" (art.1 Reglamento 2605/98). Por lo que, en defecto de pacto, la remuneración se obtendrá del producto entre los importes que sobran por la producción bajo licencia del material de propagación multiplicado por el 50%[14]. En sexto lugar,

---

14 STJUE de 8 de junio de 2006 (TJCE/2006/162, Caso Saatgut-Treuhandverwaltungs GmbH contra Ulrich Deppe y otros): *"(...) a falta de acuerdo aplicable entre las organizaciones de titulares y de agricultores, la remuneración del titular debe determinarse, de conformidad con el artículo 5, apartado 5, del Reglamento núm. 1768/95 (LCEur 1995, 1564), en un importe invariable que no constituye un límite superior ni un límite inferior"*. Asimismo, a los efectos de determinar el *quantum* de una remuneración notablemente inferior, el apartado tercero del preceptivo artículo 5 del Reglamento 1768/95, establece que el nivel de remuneración no deberá "*exceder del necesario para establecer o estabilizar, como factor económico que determina en qué medida se utiliza la excepción, una relación suficientemente equilibrada entre el uso de material de propagación bajo licencia y la plantación del producto de la cosecha de las respectivas variedades cubiertas por una protección comunitaria de obtención vegetal. Esta relación se considerará suficientemente equilibrada cuando garantice, en general, al titular la obtención de una compensación legítima por la utilización total de su variedad*". Ante la imposibilidad de obtener los datos anteriores, el artículo 5 del Reglamento 1768/95 dispone que la remuneración deberá ser notablemente inferior al "*importe que normalmente se incluya en el precio de venta en esa zona del material propagación de la categoría más baja que pueda optar a certificación oficial, siempre que sea superior al importe cobrado en la zona en la que se haya producido el material de propagación*". Sin embargo, a nivel nacional, amparándose en los dispuesto en el artículo 1 del Reglamento 2605/98, el legislador español establece el importe del quantum de la remuneración del titular: "*cuando no hubiese pacto o acuerdo expreso entre las partes, el agricultor pagará al obtentor una remuneración equivalente al 40 por ciento del importe que se cobre por la producción bajo licencia de material de propagación de la categoría más baja, de la misma variedad y en la misma zona*" (art. 10.2 RLOV). Asimismo, "*el importe de la remuneración que se obtenga de aplicar lo previsto en el apartado 2 se reducirá nuevamente en un 50 por ciento cuando el agricultor que ha utilizado material vegetal de la variedad protegida se dirija al obtentor, bien*

el agricultor deberá facilitar determinada información al titular cuando éste se la requiera [art. 14.3 ROV y art. 14.3.f) LOV]. Finalmente, el titular de la variedad vegetal protegida podrá establecer determinados mecanismos de control para verificar el cumplimiento de los anteriores requisitos [art. 14.3 ROV, arts. 14 y 15 Reglamento 1768/95 y art. 14.3.e) LOV].

Pues bien, a propósito del privilegio del agricultor, será objeto de estudio en el presente trabajo, el análisis de la STJUE de 16 de marzo de 2023 (asunto C-522/21), debido a su notable interés e incidencia, por cuanto analiza la compatibilidad de un precepto del Reglamento 1768/95 con otro del Reglamento 2100/94 y cuyas conclusiones pueden afectar a algunos preceptos de otras modalidades de propiedad industrial configuradas en nuestro ordenamiento jurídico.

II. LA STJUE DE 16 DE MARZO DE 2023 (ASUNTO C-522/21)

1. Cuestión prejudicial planteada

La sentencia de 16 de marzo de 2023 (asunto C-522/21) surge con motivo del incumplimiento de los requisitos exigidos para el ejercicio del privilegio del agricultor. En concreto, todo se inicia con una solicitud de información de una agrupación de titulares de variedades vegetales protegidas (en adelante, STV), conforme a la facultad del titular de la variedad vegetal

---

directamente, bien a través de sus cooperativas agrarias, para comunicarle la cantidad de material de propagación utilizado, con objeto de efectuar el pago por el uso de la variedad, siempre que dicha cantidad resulte efectivamente pagada" (art. 10.4 RLOV).

al hilo del privilegio del agricultor, a un agricultor (en adelante, MS o agricultor) que cultivó durante cuatro campañas una variedad vegetal protegida de cebada de invierno (la variedad era KWS Meridian). Después de haber remitido la información solicitada, STV le exigió al agricultor el pago de los importes correspondientes al canon adeudado por el uso bajo licencia de las semillas de la variedad en cuestión.

Asimismo, STV reclamó el pago de una indemnización adicional por los daños y perjuicios sufridos que ascendía al cuádruple del canon, conforme a lo dispuesto en el artículo 94.2 ROV en relación con el artículo 18.2 del Reglamento 1768/95. Ante esta situación, el agricultor se negó al abono de esta cifra al considerar que la imposición de una indemnización por daños y perjuicios punitiva, adicional y a tanto alzado, no era conforme con la jurisprudencia del Tribunal de Justicia de la Unión Europea. Todo ello derivó en la estimación, en primera instancia, de la demanda de STV, que posteriormente fue recurrida por MS ante el Tribunal Superior Regional de lo Civil y Penal del Palatinado en *Zweibrücken* (Alemania), que fue quién, ante la complejidad del supuesto planteado, decidió suspender el procedimiento y plantear al Tribunal de Justicia de la Unión Europea la siguiente cuestión prejudicial:

> *"¿Es compatible con el Reglamento N.° 2100/94, en particular con su artículo 94, apartado 2, primera frase, el artículo 18, apartado 2, del Reglamento N.° 1768/95, en la medida en que dispone que, en las condiciones que señala, se puede reclamar una indemnización por daños y perjuicios mínima equivalente al cuádruple del importe del canon de la licencia?"*[15].

---

[15] Igualmente, analizando esta cuestión prejudicial, véase ASENSI MERÁS, A., "La posición del TJUE en relación con la excepción en beneficio del agricultor", *La Ley mercantil*, N.° 108, 2023.

2. *Resolución de la controversia.*

Para poder analizar la resolución del Tribunal de Justicia de la Unión Europea ante la cuestión prejudicial planteada, es necesario centrarse en el artículo 94 del Reglamento 2100/94, en el que se configura la indemnización por los daños y perjuicios sufridos por el titular de una variedad vegetal protegida ante su infracción. Ahora bien, en el supuesto planteado en la sentencia de 16 de marzo de 2023, la acción de daños y perjuicios se articula ante el incumplimiento de los requisitos exigidos por el legislador europeo para el ejercicio del privilegio del agricultor.

Ante este supuesto, el Reglamento 1768/95, que tiene como objetivo desarrollar los requisitos configurados en el propio Reglamento 2100/94 respecto del ejercicio del privilegio del agricultor, configura en su artículo 18 apartado segundo la posibilidad de solicitar una determinada indemnización; circunstancia sobre la que se centra el asunto comentado. En concreto, el citado artículo 18.2 del Reglamento 1768/95 establece que: "*Si esa persona hubiere incumplido repetida e intencionadamente su obligación derivada del cuarto guion del apartado 3 del artículo 14 del Reglamento de base con respecto a una o más variedades del titular, la responsabilidad de indemnizar al titular por cualquier perjuicio resultante según lo dispuesto en el apartado 2 del artículo 94 del Reglamento de base cubrirá, como mínimo, una cantidad a tanto alzado calculada tomando como base el cuádruple del importe cobrado, por término medio, por la producción bajo licencia de una cantidad correspondiente de material de propagación de variedades protegidas de las especies vegetales en cuestión en la misma zona, sin perjuicio de la indemnización de cualquier otro perjuicio más importante*".

Dicho esto, y con el objetivo de facilitar la comprensión de los argumentos del Tribunal de Justicia de la Unión Europea para resolver el caso, procede, en primer lugar, esgrimir los requisitos exigidos por la jurisprudencia para ejercitar la acción de daños y perjuicios del artículo 94.2 ROV y, posteriormente, exponer las razones del propio Tribunal para resolver la cuestión prejudicial planteada.

2.1. Particularidades del artículo 94 del Reglamento 2100/94

El Reglamento 2100/94, a diferencia de la Directiva 2004/48/CE del Parlamento Europeo y del Consejo de 29 de abril de 2004 relativa al respeto de los derechos de propiedad intelectual (en adelante Directiva 2004/48/CE), configura la responsabilidad derivada de la acción de daños como una responsabilidad objetiva, imputable a cualquier persona que cometa una infracción deliberada o de forma negligente (art. 94.2 ROV). La matización del Reglamento 2100/94 al hacer referencia a que la infracción sea deliberada o negligente sirve simplemente para modular el importe de la indemnización. Esta situación difiere de la configurada en Alemania, que, como consecuencia de la aplicación de la Directiva 2004/48/CE, configura la responsabilidad de la acción de daños como una responsabilidad subjetiva, en la que la intencionalidad o negligencia no son un criterio de graduación de la responsabilidad sino un requisito indispensable para su ejercicio (§ 37.2 *Sortenschutzgesetz* -SortG)[16].

---

16 METZGER, A., ZECH, H., *Sortenschutzrecht. SortG, GSortV, PatG, EPÜ Kommentar,* 1ª edición, C. H. Beck, Múnich, 2016, pp. 487-488; LEβMANN, H., WÜRTENBERGER, G., *Deutsches und europäisches Sortenschutzrecht Handbuch,* 2ª Edición, Nomos, Baden-Baden, 2009, p. 292; GARBE, I., PETZOLD, R., PINGEN, S., NIESEN, M., *Sortenschutz — und Saatgutverkehrsrecht, Pflanzenschutz— und Düngemittelrecht,* 3ª Edición, Hagener Wissenschaftsverlag, Hagen, 2019, p. 51.

En nuestro país, sin embargo, se opta por un sistema mixto que entrelaza la responsabilidad objetiva con la responsabilidad subjetiva[17]. Los supuestos de responsabilidad objetiva consisten en: la realización de alguno de los actos incluidos en el *ius prohibendi* del derecho (art. 12.2 LOV) sin autorización de su titular; la utilización de una denominación varietal o designación técnica que pueda generar confusión respecto de otra variedad protegida de la misma especie o de una especie cercana; y la omisión o modificación del uso de la denominación de una determinada variedad protegida (art. 22.1 LOV). Por otra parte, se imputará responsabilidad subjetiva a quienes, fuera de los supuestos de responsabilidad objetiva, vulneren un derecho de obtención vegetal de forma deliberada o negligente (art. 22.2 LOV).

Conforme a la doctrina del TJUE, la Directiva 2004/48/CE —en sus artículos 13 y 14— y el Reglamento 2100/94 el importe de la indemnización razonable podrá calcularse de tres formas diferentes: en primer lugar, a través del pago del equivalente a una tasa de licencia ordinaria si el tercero hubiera solicitado y obtenido una licencia antes de cometer los actos de infracción; en segundo lugar, mediante la entrega de cualquier beneficio que el tercero hubiera obtenido a través de sus actividades; en tercer lugar, mediante el reembolso del lucro cesante. El titular de un derecho de obtención vegetal concedido y afectado por una infracción podrá elegir qué método utilizar e incluso puede modificarlo durante el procedimiento; sin embargo, no podrá optarse por acumular varios sistemas de cálculo. Ahora bien, las dificultades para demostrar la causalidad entre la infracción, la pérdida de beneficios del titular

---

17 GALGO PECO, A., "Acciones civiles en defensa de la obtención vegetal", en GARCÍA VIDAL, A., *Derecho de las Obtenciones Vegetales,* Tirant lo Blanch, Valencia, 2017, pp. 1046-1047.

y el lucro cesante ha motivado que la mayoría de los supuestos se resuelvan por la vía del cálculo de la licencia hipotética[18].

En este sentido, el Tribunal de Justicia de la Unión Europea ha tenido ocasión de ahondar en los diferentes remedios indemnizatorios, toda vez que no ha reconocido, en el ámbito del artículo 94 del Reglamento 2100/94, la indemnización de carácter punitivo, como es de ver, en las sentencias del Tribunal de Justicia de la Unión Europea de 5 de julio de 2012, *Geitsbeck,* asunto C-509/10[19] y de 9 de junio de 2016, caso *Jørn Hansson* contra *Jungpflanzen Grünewald GmbH,* asunto C-481/14[20]. En estas sentencias, el Tribunal de Justicia de la

---

18 MASSAGUER, J., "Las acciones y procesos civiles en materia de infracción de la protección comunitaria de las obtenciones vegetales", en PALAU RAMÍREZ, F., DE LA VEGA GARCÍA, F. (Dirs.), *Claves del derecho sobre variedades vegetales,* Tirant lo Blanch, Valencia, 2022, pp. 315-319; LEßMANN, H., WÜRTENBERGER, G., *Deutsches..., op. cit.,* pp. 294-296; METZGER, A., ZECH, H., *Sortenschutzrecht..., op. cit.,* pp. 486-489; KEUKENSCHRIJVER, A., *Sortenschutz. Deutsches und europäisches Sortenschutzrecht (Sortenschutzgesetz; Verordnung Nr. 2100/94 (EG) des Rates über den gemeinschaftlichen Sortenschutz) unter Berücksichtigung der Gesetzgebung in Österreich und in der Schweiz,* 2ª Edición, Carl Heymanns Verlag, Colonia, 2017, p. 607; GARBE, I., PETZOLD, R., PINGEN, S., NIESEN, M., *Sortenschutz..., op. cit.,* pp. 51-53; NIRK, R., ULLMANN, E., METZGER, A., *Patentrecht. Mit Gebrauchsmuster —und Sortenschutzrecht,* 4ª Edición, C.F. Müller, Heidelberg, 2018, pp. 245-246; WÜRTENBERGER, G., VAN DER KOOIJ, P., KIEWIET, B., EKVAD, M., *European..., op. cit.,* p. 198.

19 ECLI:EU:C:2012:416.

20 ECLI:EU:C:2016:419. En el mismo sentido, véase, ESPINOSA CALABUIG, R., "Obtenciones vegetales y cálculo de una indemnización razonable. STJUE de 9 de junio de 2016, asunto C-481/2014: Jørn Hansson/Jungpflanzen Grünewald GmbH", *La Ley Unión Europea,* número 42, 2016, pp. 1-13; EMBID IRUJO, J. M., SALDAÑA VILLOLDO, B., "Hacia la delimitación de los

Unión Europea descarta el carácter punitivo de la indemnización y precisa que la misma se corresponde con los perjuicios realmente sufridos[21].

Respecto de la indemnización del artículo 94 apartado primero del Reglamento 2100/94, el Tribunal de Justicia en el citado caso *Jørn Hansson* contra *Jungpflanzen Grünewald GmbH,* considera que deberá estimarse en los casos de uso no autorizado de la variedad protegida sin necesidad de que la conducta sea deliberada o negligente. Dicha indemnización se destina a cubrir aquellos perjuicios "íntimamente ligados" al impago de la indemnización[22], con lo que se excluyen los gastos derivados del control de los derechos del titular (así también lo estimó el TJUE en su sentencia de 5 de julio de 2012, *Geitsbeck,* asunto C-509/10)[23]. En cambio, sí que podrán incluirse al importe de la indemnización los intereses de demora devengados

---

derechos del obtentor: a propósito de la sentencia del Tribunal de Justicia de la Unión Europea en el asunto C-176/18", *La LEY Mercantil,* n.º 68, abril 2020, p. 20.

21 GRAU CORTS, J. R., "Cuestiones al respecto de la cuantificación de la denominada indemnización razonable, prevista en el artículo 95 del Reglamento (CE) N.º 2100/94 sobre obtenciones vegetales", en PLAZA PENADÉS, J., *Cuestiones Actuales sobre la Protección de las Obtenciones Vegetales,* Aranzadi, Cizur Menor, 2014, p. 129; EMBID IRUJO, J. M., SALDAÑA VILLOLDO, B., "Hacia la delimitación de los derechos del obtentor: a propósito de la sentencia del Tribunal de Justicia de la Unión Europea en el asunto C-176/18", *La LEY Mercantil,* n.º 68, abril 2020, pp. 20-21.

22 Conforme al Tribunal de Justicia de la Unión Europea en su sentencia de 9 de junio de 2016, caso Hansson: *"De esta interpretación se desprende que la indemnización razonable, en el sentido de esa disposición, cubre los perjuicios íntimamente ligados a la falta de pago de dicha indemnización".*

23 GALGO PECO, A., "Acciones…", *op. cit.,* p. 1039.

por el pago del canon realizado fuera de plazo (véase, en este sentido, STJUE de 9 de junio de 2016).

La indemnización del artículo 94.2 ROV va un paso más allá y pretende reparar las consecuencias derivadas de la infracción incluyendo parámetros como, por ejemplo, los rendimientos no obtenidos como consecuencia de la infracción -acreditados y calculados conforme a criterios objetivos-, las cantidades satisfechas para perseguir y proteger el material vegetal -justificándose su necesidad e importancia-, la pérdida de reputación del titular del derecho y el daño moral sufrido[24]. En este sentido, el citado caso *Jørn Hansson* contra *Jungpflanzen Grünewald GmbH* afirma que esta indemnización del artículo 94.2 ROV "*tiene por objeto un resarcimiento íntegro y objetivo del perjuicio sufrido por el titular de la variedad infringida*". De manera que el titular de la variedad vegetal deberá probar que el perjuicio ocasionado es mayor que el amparado por la indemnización concedida conforme al artículo 94.1 ROV, y su fijación atenderá a datos concretos, salvo que no sean cuantificables, en cuyo caso se determinarán a través de una cantidad a tanto alzado (véase, en este sentido, STJUE de 9 de junio de 2016).

A este efecto, el importe del canon de la licencia no puede servir *per se* de fundamento para la evaluación de ese perjuicio. En efecto, tal canon permite calcular la indemnización del artículo 94 apartado primero del Reglamento 2100/94 y no tiene necesariamente relación con el perjuicio aún no resarcido (apartado 42 STJUE 16 marzo de 2023). Ello implica que sea el juez que conozca del asunto el encargado de apreciar en qué medida pueden demostrarse con precisión los perjuicios alegados por el titular de la variedad infringida o si cabe fijar una

24 MASSAGUER, J., "Las acciones...", *op. cit.*, pp. 314-318.

cantidad a tanto alzado, que refleje lo mejor posible la realidad de esos perjuicios (apartado 43 STJUE 16 marzo de 2023).

2.2. Consideraciones respecto del artículo 18.2 del Reglamento 1768/95

Retomando la cuestión relativa al artículo 18 apartado segundo del citado Reglamento 1768/95, el establecimiento de una cantidad mínima a tanto alzado para indemnizar el perjuicio sufrido por el titular de una variedad vegetal protegida implica, conforme al Tribunal de Justicia, que dicho titular no está obligado a probar la extensión del perjuicio sufrido, sino únicamente la existencia de una vulneración, repetida e intencionada, de sus derechos.

Pues bien, la indemnización del artículo 94 del Reglamento 2100/94 debe reflejar con precisión, en la medida de lo posible, los perjuicios reales y ciertos sufridos por dicho titular, a quien corresponde aportar las pruebas que demuestren que el perjuicio a que se refiere el apartado 2 del citado artículo 94 ROV es superior a los elementos cubiertos por la indemnización establecida en el apartado 1 de dicho artículo (apartado 46 STJUE 16 marzo de 2023).

Y aquí es donde el Tribunal de Justicia de la Unión Europea configura la esencia de la sentencia de 16 de marzo de 2023 y critica el citado artículo 18.2 del Reglamento 1768/95 al considerar que "*la fijación de una cantidad mínima a tanto alzado en concepto de indemnización implica, asimismo, el establecimiento de una presunción iuris et de iure en lo que respecta a la extensión mínima de dicho perjuicio y limita la facultad de apreciación del juez, ya que este solo puede aumentar la cantidad mínima a tanto alzado fijada por la disposición controvertida, pero no disminuirla, tal como ha reconocido la Comisión en respuesta a una pregunta sobre este extremo formulada en la vista por el Tribunal de Justicia, aun cuando el perjuicio real pueda determinarse fácilmente y resulte inferior a dicha cantidad mínima a tanto alzado*" (apartado 47 STJUE 16 marzo de 2023).

De ello deduce el TJUE que en la medida en que el artículo 18 apartado segundo del Reglamento 1768/95 fija la cuantía de la indemnización debida tomando como referencia el canon de la licencia, está estableciendo una presunción *iuris et de iure* en lo que respecta a la extensión mínima del perjuicio sufrido por el titular y limita la facultad de apreciación del juez que conoce del asunto para configurar una determinada indemnización. Esto supone que, conforme al precepto señalado, la indemnización deberá ser como mínimo "*una cantidad a tanto alzado calculada tomando como base el cuádruple del importe cobrado, por término medio, por la producción bajo licencia de una cantidad correspondiente de material de propagación de variedades protegidas de las especies vegetales en cuestión en la misma zona*" (art. 18.2 Reglamento 1768/95), lo que impediría al juez que esté conociendo del caso determinar una indemnización menor a la indicada en el artículo y que sea conforme a las circunstancias concretas del supuesto enjuiciado. Con todo, se observa que este precepto es contrario al artículo 94 apartado segundo del Reglamento 2100/94; y no solo eso, sino que, además, la Comisión se excedió en los límites de su competencia de ejecución al redactar el artículo 18.2 del Reglamento 1768/95 (apartado 52 STJUE 16 marzo de 2023).

Por todo ello, el Tribunal de Justicia de la Unión Europea, en su sentencia de 16 de marzo de 2023, acaba declarando que el "*artículo 18, apartado 2, del Reglamento (CE) n.º 1768/95 de la Comisión, de 24 de julio de 1995, por el que se adoptan normas de desarrollo de la exención agrícola contemplada en el apartado 3 del artículo 14 del Reglamento (CE) n.º 2100/94 del Consejo relativo a la protección comunitaria de las obtenciones vegetales, en su versión modificada por el Reglamento (CE) n.º 2605/98 de la Comisión, de 3 de diciembre de 1998, es nulo*".

III. A MODO DE CONCLUSIÓN: ¿Y AHORA QUÉ?

A mi modo de ver, los argumentos esgrimidos por la comentada sentencia del Tribunal de Justicia de la Unión Europea de 16 de marzo de 2023 deben hacernos reflexionar. En concreto, si obviamos el contexto en que se desarrolla el procedimiento, esto es, al hilo de una infracción de un derecho de obtención vegetal conforme al incumplimiento de uno de los requisitos exigidos para el ejercicio del privilegio del agricultor y nos centramos exclusivamente en la consideración del Tribunal de Justicia de la Unión Europea relativa a que "*la fijación de una cantidad mínima a tanto alzado en concepto de indemnización implica, asimismo, el establecimiento de una presunción iuris et de iure en lo que respecta a la extensión mínima de dicho perjuicio y limita la facultad de apreciación del juez, ya que este solo puede aumentar la cantidad mínima a tanto alzado fijada por la disposición controvertida, pero no disminuirla, aun cuando el perjuicio real pueda determinarse fácilmente y resulte inferior a dicha cantidad mínima a tanto alzado*" (apartado 47 STJUE 16 marzo de 2023)", encontramos que existen algunas disposiciones en nuestro ordenamiento jurídico que contemplan una situación similar a la recogida en el artículo 18.2 del Reglamento 1768/95 y que podrían verse afectadas por las consideraciones de la citada sentencia de 16 de marzo de 2023.

En este sentido, me gustaría traer a colación, el artículo 43 de la Ley 17/2001, de 7 de diciembre, de Marcas, cuyo apartado quinto establece que "*el titular de la marca cuya violación hubiera sido declarada judicialmente tendrá, en todo caso y sin necesidad de prueba alguna, derecho a percibir en concepto de indemnización de daños y perjuicios el 1 por ciento de la cifra de negocios realizada por el infractor con los productos o servicios ilícitamente marcados. El titular de la marca podrá exigir, además, una indemnización mayor si prueba que la violación de su marca le ocasionó daños o perjuicios superiores, de acuerdo con lo dispuesto en los apartados anteriores*"; y el artículo

55 de la Ley 20/2003, de 7 de julio, de Protección Jurídica del Diseño Industrial, cuyo apartado quinto establece igualmente que "*el titular del diseño registrado cuya violación hubiera sido declarada judicialmente tendrá, en todo caso y sin necesidad de prueba adicional alguna, derecho a percibir en concepto de indemnización de daños y perjuicios el uno por ciento de la cifra de negocios realizada por el infractor con los productos que incorporen el diseño protegido. El titular del diseño podrá exigir, además, una indemnización mayor si prueba que la infracción de su derecho le ocasionó daños o perjuicios superiores, de acuerdo con lo dispuesto en los artículos anteriores*".

Conforme a lo comentado en la sentencia de 16 de marzo de 2023, estas disposiciones podrían interpretarse como una presunción *iure et de iure,* lo que, en palabras del Tribunal de Justicia, limitaría la facultad de apreciación del juez que conozca del caso concreto y le impediría disminuir el importe de la indemnización por debajo de la cifra establecida por el legislador. Por lo que, salvando las distancias del contexto en el que se articula el caso comentado, esto es, su configuración al hilo del privilegio del agricultor y las disposiciones del Reglamento 1768/95, esta sentencia del Tribunal de Justicia de la Unión Europea podría servir de base para enjuiciar los citados preceptos de la Ley de Marcas y Diseños Industriales. Cuestión esta, que el lector me permitirá que aborde en un trabajo posterior dada la limitación de espacio exigida en el actual y la controversia que ha existido (y existe) sobre el 1 por ciento de la cifra de negocios realizada por el infractor del derecho establecido en la normativa específica de marcas y diseños industriales que requieren de un estudio pormenorizado.

Marcas de garantía

ESPERANZA GALLEGO SÁNCHEZ[1]
Catedrática de Derecho Mercantil
Universidad de Alicante

SUMARIO: I. ANTECEDENTES. II. NOCIÓN. III. FUNCIÓN ESPECÍFICA. 1. Garantizar determinadas características. 2. Relación de características que es posible certificar. 2.1. Carácter no exhaustivo de la relación. 2.2. La relativa exclusión del origen geográfico. IV. PARTICULARIDADES DE RÉGIMEN. 1. Preliminar. 2. Legitimación. El deber de neutralidad. 3. Inducción a error sobre el carácter de la marca. 4. El Reglamento de Uso.

BIBLIOGRAFÍA: CASADO CERVIÑO, A. "Marcas de garantía, el Decreto 33/1983 de 10 de febrero, del Gobierno Autónomo de Cataluña, sobre denominaciones genéricas de calidad", *ADI*, 9 (1983), págs. 497 y ss. DE MARTIN MUÑOZ, A., "La regulación de las marcas de garantía en la Ley 17/2001, de marcas", *La Ley, Revista Española de Doctrina, Jurisprudencia y Bibliografía*, 2 (2003) págs. 141 y ss. FERNANDEZ-MARTOS, A.J. "Protección de las indicaciones geográficas y la Organización Mundial del Comercio", *Rioja tercer milenio*, 2006, págs. 117 y ss. FERNANDEZ NOVOA, C., *Tratado sobre derecho de marcas*, Madrid, 2004. GOMEZ LOZANO, M., *Denominaciones de Origen y otras indicaciones geográficas*, Cizur Menor (Navarra), 2004. LAR-

---

1 Esta aportación se ha elaborado en el contexto del PROYECTO DE EXCELENCIA PROMETEO SOBRE PROTECCIÓN DE LA INNOVACIÓN EN AGRICULTURA EN LA ERA DIGITAL concedido por la Resolución de la Dirección General de Ciencia e Investigación de la Generalitat Valencia por la que se otorgan subvenciones del programa Prometeo para grupos de investigación de excelencia – PROMETEO 2022 de 11 de julio de 2022- CIPROM/2021/57.

GO GIL, R./MONGE GIL, A.L., "Artículo 64. Marcas comunitarias colectivas", en Comentarios a los Reglamentos sobre la Marca Comunitaria, CASADO CERVIÑO, A./LLOBREGAT HURTADO, M.L. (Coord.), Madrid, 2000, págs. 639 y ss. LEMA DEVESA, C., La marca de garantía en la Ley Española de Marcas, Madrid, 2022. MONTERO GARCÍA-NOBLEJAS, P., "Entidades de gestión colectiva y derecho de sociedades", RdS, nº 48, 2016, págs. 125 y ss. MONTERO GARCÍA-NOBLEJAS, P., *Denominaciones de origen e indicaciones geográficas*, Valencia, 2016. MONTERO GARCÍA-NOBLEJAS, P., "El nuevo régimen de las marcas colectivas", *La Ley Mercantil*, 66 (2020), págs. 1-32.

I. ANTECEDENTES.

El origen de las marcas de garantía se remonta a la época medieval. Puede afirmarse que los perfiles actuales estaban diseñados en cierto modo como un tipo de signos distintivos que acogían un sistema de control del cumplimiento de unos estándares de calidad, reservado, en ese momento, a los gremios.

Posteriormente, no obstante, fueron perdiendo vigencia. Por diversas circunstancias, entre las que puede citarse la progresiva pérdida de poder de los gremios, hasta su total desaparición, sustituidos por la responsabilidad personal de los comerciantes en relación con sus marcas, lo que propició el cambio de función esencial de las marcas que se fue resolviendo hasta circunscribirse a la designación del origen empresarial del producto o servicio.

De manera paulatina, sin embargo, comienzan a resurgir, siendo admitidas en ciertos ordenamientos nacionales como el español. En un primer momento se encontraban diluidas en el Estatuto de la Propiedad Industrial de 1929 entre las marcas colectivas y las indicaciones geográficas. El artículo 149.2 de ese texto legal se refería, en efecto, a "*los (signos) que adopten las entidades .de reconocido crédito, industriales o mercantiles, de un término municipal o provincial, para distinguir un determinado producto natural o peculiar del mismo. Si la marca consistiese en la denominación geográfica de la localidad, su uso se extenderá a todos los productores y comerciantes en ella establecidos con el carácter exclusivo y la garantía de la entidad concesionaria*".

La Ley 32/1988, de 10 de noviembre, de Marcas fue la primera norma que independizó su regulación legal. El artículo 62 de ese texto legal dispuso que " *la marca de garantía es el signo o medio que certifica las características comunes, en particular la calidad, los componentes y el origen de los productos o servicios elaborados o distribuidos por personas debidamente autorizadas y controladas por el titular de la marca*".

Una similar caracterización, aunque mejorada técnicamente, se mantiene en la actual Ley 17/2001 de 7 de diciembre, reformada por el Real Decreto-ley 23/2018, de 21 de diciembre, de transposición de directivas en materia de marcas, transporte ferroviario y viajes combinados y servicios de viaje vinculados. El artículo 68 de ese texto legal dispone que "*se entenderá por marca de garantía todo signo que, cumpliendo los requisitos previstos en el artículo 4, sirva para distinguir los productos o servicios que el titular de la marca certifica respecto de los materiales, el modo de fabricación de los productos o de prestación de los servicios, el origen geográfico, la calidad, la precisión u otras características de los productos y servicios que no posean esa certificación*".

Entre los ordenamientos regionales, destaca la Decisión Andina 486 de 1 de diciembre de 2000, cuyo artículo 185 señala que se entenderá por marca de certificación un signo destinado a ser aplicado a productos o servicios cuya calidad u otras características han sido certificadas por el titular de la marca.

Solo más tarde se reconocen en Europa, con la denominación de marcas de certificación. En concreto en el Reglamento (UE) 2015/2424 del Parlamento Europeo y del Consejo, de 16 de diciembre de 2015, por el que se modifican el Reglamento (CE) nº 207/2009 del Consejo sobre la marca comunitaria y definitivamente en el vigente Reglamento (UE) 2017/1001 del Parlamento europeo y del consejo de 14 de junio de 2017 sobre la marca de la Unión Europea (en adelante RMUE). El artículo 83.1 de ese Reglamento dispone que "una marca de certificación de la Unión será una marca de la Unión que se describa como tal en el momento de la solicitud y que permita distinguir los productos o servicios que el titular de la marca certifica por lo que respecta a los materiales, el modo de fabricación de los productos o de prestación de los servicios, la calidad, la precisión u otras características, con excepción de la procedencia geográfica, de los productos y servicios que no posean esa certificación".

II. NOCIÓN.

Las marcas de garantía presentan la peculiaridad de que no distinguen propiamente un producto/servicio en atención a su origen empresarial, sino que distinguen un producto o servicio que posee unas determinadas características, que el titular de la marca garantiza o certifica, de otros productos o servicios que no poseen dicha certificación.

La especificidad de estas marcas consiste, por tanto, en que aseguran al adquirente que los productos o servicios identificados con ellas reúnen determinadas cualidades, que van a venir garantizadas por un responsable que vela por el cumplimiento de las mismas. En concreto, una marca de certificación o garantía indica que los productos o servicios identificados con la marca (i) reúnen determinadas características establecidas por el titular de la marca (ii) como resultado de un control establecido por dicho titular, (iii) independientemente de la identidad de la empresa que realmente produce o proporciona los productos y servicios en cuestión y utiliza realmente la marca de certificación. Por eso se conocen indistintamente con los nombres de marcas de garantía o certificación.

III. FUNCIÓN ESPECÍFICA.

1. Garantizar determinadas características.

La función distintiva esencial de la marca de certificación es, por tanto, garantizar la concurrencia de unas determinadas características en el producto o servicio identificado con la marca que el titular de la marca garantiza.

Ejemplos de marcas nacionales de esta clase son los siguientes:

En atención a ello se diferencian, en primer término, de las marcas individuales, cuya función esencial es la de indicación del origen empresarial. Pero también de las marcas colectivas. Cierto es que entre las marcas colectivas y las de garantía se aprecian similitudes , en particular que pueden ser usadas por una pluralidad de personas, pero la función difiere. La de las marcas colectivas es similar a la de la marca individual, dado que informa sobre un determinado origen empresarial. Es un signo que sirve para distinguir los productos o servicios de los miembros de una asociación que sea su titular de los productos o servicios de otras empresas, que no pertenezcan a esa asociación.

Esta apreciación es muy importante por dos motivos. En primer término porque la solicitud de marca colectiva será denegada cuando pueda inducir al público a error sobre el carácter o la significación de la marca, en particular cuando pueda dar la impresión de ser algo distinto de una marca colectiva. Y lo es también, tanto en caso de marcas colectivas, como individuales, porque el cumplimiento de la función esencial es lo que determina la existencia de uso efectivo a efectos de caducidad por falta de uso.

Es jurisprudencia constante [2], en efecto, que para que una marca se considere objeto de un *"uso efectivo"* en el sentido del artículo 18.1, y del artículo 58, apartado 1, letra a), del RMUE, es necesario que la marca se utilice de acuerdo con su función esencial.

Por este motivo, cuando la función de la marca es garantizar el origen empresarial de los productos o servicios, como sucede con las marcas individuales, o el origen empresarial plural, como ocurre con las marcas colectivas, el uso de esas marcas para designar determinadas características o cualidades atribuibles a los productos de distintos fabricantes, no se hace de

---

[2] Véanse en particular las sentencias de 29 de septiembre de 1998, Canon, C39/97, EU:C:1998:442, apartado 28; de 12 de noviembre de 2002, Arsenal Football Club, C206/01, EU:C:2002:651, apartado 48, 11 de marzo de 2003, Ansul, C-40/01, EU: C: 2003: 145, apartado 43, y de 6 de marzo de 2014, Backaldrin Österreich The Kornspitz Company, C409/12, EU:C:2014:130, apartado 20 y de 3 de julio de 2019, Viridis Pharmaceutical / EUIPO, C–668/17 P, EU: C: 2019: 557, punto 38.

conformidad con la función esencial de dicha marca, de modo que procede declarar la caducidad de la misma.

Es, en efecto, jurisprudencia consolidada [3], que, en lo que atañe a las marcas individuales y colectivas, esta función esencial consiste en garantizar al consumidor o al usuario final la identidad de origen del producto o servicio que con ella se designa, permitiéndole distinguir sin confusión posible dicho producto o servicio de los que tienen otra procedencia. Se estima que, para que la marca pueda desempeñar su función de elemento esencial del sistema de competencia no falseado que el Tratado pretende establecer y mantener, debe constituir la garantía de que todos los productos o servicios designados con ella han sido fabricados o prestados bajo el control de una única empresa, a la que puede hacerse responsable de su calidad.

La marca puede, por supuesto, ser también objeto de usos de acuerdo con otras funciones, como la consistente en garantizar la calidad o las de comunicación, inversión o publicidad [4]. Sin embargo, está sujeta a las sanciones previstas por el RMUE

---

3 Véanse en particular las sentencias de 29 de septiembre de 1998, Canon, C39/97, EU:C:1998:442, apartado 28; de 12 de noviembre de 2002, Arsenal Football Club, C206/01, EU:C:2002:651, apartado 48, 11 de marzo de 2003, Ansul, C-40/01, EU: C: 2003: 145, apartado 43, y de 6 de marzo de 2014, Backaldrin Österreich The Kornspitz Company, C409/12, EU:C:2014:130, apartado 20 y de 3 de julio de 2019, Viridis Pharmaceutical / EUIPO, C–668/17 P, EU: C: 2019: 557, punto 38.

4 Véanse, en particular, a este respecto, las sentencias de 18 de junio de 2009, L'Oréal y otros, C487/07, EU:C:2009:378, apartado 58, y de 22 de septiembre de 2011, Interflora e Interflora British Unit, C323/09, EU:C:2011:604, apartado 38 y la STJUE de 8 de junio de 2017, C689/15, signo flor de algodón, ECLI:EU:C:2017:43451.

cuando, durante un período continuado de cinco años, no se haya utilizado de acuerdo con su función esencial. En tal caso, según las modalidades previstas en el artículo 58, apartado 1, letra a), del RMUE, se declarará que los derechos del titular de la marca han caducado, a menos que pueda invocar una causa que justifique por qué no se ha llevado a cabo un uso que permita a la marca cumplir su función esencial.

En este sentido se pronunció la STJUE de 17 de Octubre de 2019, caso C-514/18P, Estiria Aceite de semilla de calabaza [5]. En este caso, el 15 de octubre de 2007, un organismo de Derecho público que tiene, entre otras, la misión de garantizar la gestión sostenible de la agricultura y la silvicultura en Estiria (Austria), obtuvo de la EUIPO la publicación del registro internacional, que designa a la Unión Europea, de la siguiente marca individual:

Los productos amparados por la marca pertenecen a la Clase 29, en el sentido del Arreglo de Niza relativo a la Clasificación Internacional de Productos y Servicios a los efectos del Registro de Marcas, de 15 de junio de 1957, revisado y enmendado, y corresponden a la siguiente descripción: aceite de semilla de calabaza producido de conformidad con los requisitos

[5] ECLI: UE: C: 2019: 878.

técnicos establecidos en el Reglamento [(CE) n° 1263/96 de la Comisión, de 1 de julio de 1996, por el que se completa el anexo del Reglamento (CE) n° 1107/96 relativo al registro de indicaciones geográficas y denominaciones de origen en virtud del procedimiento previsto en el artículo 17 del Reglamento (CEE) n° 2081/92 (DO 1996 L 163, p. 19).

Como titular de la marca, el organismo público celebró un contrato de licencia con la asociación *Gemeinschaft Steirisches Kürbiskernöl.* Según los términos de los estatutos de esta asociación, tiene, en particular, como objeto, la defensa de los intereses de sus miembros en relación con la aplicación de la protección de las denominaciones de origen garantizada por la Comisión Europea con respecto a la Estiria Aceite de semilla de calabaza [...] y el apoyo de sus miembros en la comercialización del aceite de semilla de calabaza de Estiria en forma de actividades de marketing y relaciones públicas correspondientes.

En virtud de este contrato, dicha asociación, como licenciataria exclusiva, autoriza a sus miembros a utilizar dicha marca, siempre que se sometan a controles de conformidad con las prescripciones técnicas de la denominación de origen.

Sin embargo, el 18 de octubre de 2013, la Sra. Schmid presentó una solicitud ante la EUIPO con arreglo al artículo 51, apartado 1, letra a), del Reglamento n° 207/2009, solicitando la caducidad de la marca antes mencionada por falta de uso efectivo, que fue declarada mediante resolución de 8 de julio de 2015 de la División de Anulación de la EUIPO con efectos a partir del 18 de octubre de 2013. No obstante, la Cuarta Sala de Recurso de la EUIPO anuló la resolución de la División de Anulación. En su opinión, se había demostrado el uso genuino. Señaló que la función esencial de una marca consiste en garantizar que los productos que ampara han sido fabricados bajo el control de una sola empresa y consideró que el uso de la marca en cuestión cumplía esa función.

Pero el Tribunal General anuló la anterior Decisión al considerar que la marca controvertida, tal como se coloca en los frascos de aceite de semilla de calabaza y se utiliza en los documentos publicitarios, no solo no contiene ninguna referencia a un productor específico o al titular de dicha marca, sino que sólo permite indicar el origen geográfico y la calidad del producto. Finalmente el Tribunal de Justicia confirmó la decisión del Tribunal General. Estima el Alto Tribunal que el Tribunal General dedujo acertadamente que el uso de una marca individual que, si bien designa el origen geográfico y las cualidades atribuibles a ese origen de los productos de diferentes productores, no indica a los consumidores que estos bienes se fabrican bajo el control de una sola empresa a la que se puede atribuir la responsabilidad de su calidad, por lo que el uso no se hace de acuerdo con la función esencial de dicha marca.

Observa, adicionalmente, que, aunque los consumidores encuentran, en su caso, en la botella de aceite de semilla de calabaza de Estiria puesta a la venta, una etiqueta del productor y, por lo tanto, pueden identificar a este último, lo cierto es que la identificación debe ser posible mediante el uso de la marca en cuestión y no mediante la colocación de una etiqueta adicional. De ello deduce que el Tribunal General concluyó acertadamente que el uso de la marca controvertida no cumplió la función esencial de una marca individual y, por tanto, no puede calificarse de "uso efectivo" el que se hizo de ella.

Del mismo modo, el Tribunal de Justicia que el Tribunal General también consideró acertadamente que estimó la cuestión de si el autor del uso de la marca de que se trata es una persona de Derecho público o privado no es pertinente para determinar si dicho uso cumple la función esencial de esa marca. En efecto, como se desprende de la jurisprudencia citada en el apartado 37 de la sentencia, la cuestión de si el uso de la marca se realiza de conformidad con su función esencial depende de la posibilidad de que los consumidores identifiquen, gracias a este uso, los productos como provenientes de una sola empresa a la que se puede atribuir la responsabilidad por su calidad, y no por la personalidad jurídica del autor del uso.

En un sentido similar se pronunció la STJUE de 8 de junio de 2017, C689/15, signo flor de algodón [6], respecto de la siguiente marca individual:

El Alto Tribunal precisa que la colocación sobre productos, por el titular o con su consentimiento, de una marca individual de la Unión como sello de calidad no es un uso como marca que esté comprendido en el concepto de "uso efectivo" en el sentido previsto por la legislación. No obstante, la colocación de dicha marca constituirá tal uso efectivo si garantiza, asimismo y simultáneamente, a los consumidores que dichos productos proceden de una única empresa bajo cuyo control se fabrican y a la cual puede hacerse responsable de su calidad. En este último supuesto, el titular de la marca estará habilitado para prohibir a terceros que coloquen un signo similar en productos idénticos en virtud del artículo 9 del RMUE, cuando ello genere un riesgo de confusión por parte del público.

El caso se refiere a VBB, una asociación que lleva a cabo diversas actividades relacionadas con el algodón. Es titular de una marca figurativa de la Unión, registrada el 22 de mayo de

---

[6] ECLI:EU:C:2017:43451,

2008 para diversos productos, en particular, para productos textiles (en lo sucesivo, "marca flor de algodón"). De los autos obrantes en poder del Tribunal de Justicia y de las explicaciones dadas en la vista celebrada ante él se desprende que, durante varios decenios previos al referido registro, ese mismo signo figurativo era utilizado por fabricantes de tejidos confeccionados con fibras de algodón para certificar la composición y la calidad de los productos.

Tras ese registro, el VBB fue celebrando contratos de licencia relativos a su marca flor de algodón con las empresas afiliadas a dicha asociación. Estas empresas se comprometen a utilizar la referida marca únicamente para productos confeccionados con fibras de algodón de buena calidad. El VBB puede controlar el cumplimiento de este compromiso.

De otro lado Gözze, cuyo gerente es el Sr. Gözze, sociedad no afiliada al VBB y que nunca ha concluido un contrato de licencia con dicha asociación, fabrica tejidos con fibras de algodón y coloca en ellos el signo flor de algodón desde hace varios decenios.

En este contexto, VBB interpuso una acción por violación de marca contra Gözze y el Sr. Gözze ante el Tribunal de Marcas de la Unión Europea competente, el *Landgericht* Düsseldorf (Tribunal Regional Civil y Penal de Düsseldorf, Alemania), porque Gözze comercializaba toallas de baño en las que colocaba etiquetas en las que se incluía el signo flor de algodón. Mientras que Gözze interpuso una demanda reconvencional solicitando la nulidad de la marca flor de algodón o, subsidiariamente, la caducidad de dicha marca. Según Gözze, el signo flor de algodón es meramente descriptivo y, por lo tanto, carece de carácter distintivo. A su parecer, este signo no puede servir como indicación de origen, y no ha sido objeto de un uso efectivo por parte del VBB en el plazo previsto en el RMUE.

En estas circunstancias, el *Oberlandesgericht Düsseldorf* (Tribunal Superior Regional Civil y Penal de Düsseldorf) resolvió suspender el procedimiento y plantear al Tribunal de Justicia una cuestión prejudicial, cuya solución justificó en que es indispensable que el uso se haga en consonancia con la función esencial de la marca.

El Tribunal de Justicia comenzó por aclarar que la cuestión de si el uso de una marca individual como la controvertida en el litigio principal como sello de calidad puede considerarse un uso realizado en consonancia con la función esencial de la marca ha de examinarse a la luz de los principios sentados por el propio Tribunal.

A este respecto reiteró su doctrina uniforme [7], insistiendo que, en lo que atañe a las marcas individuales, esta función esencial consiste en garantizar al consumidor o al usuario final la identidad de origen del producto o servicio que con ella se designa, permitiéndole distinguir sin confusión posible dicho producto o servicio de los que tienen otra procedencia. Recuerda que, para que la marca pueda desempeñar su función de elemento esencial del sistema de competencia no falseado que el Tratado pretende establecer y mantener, debe constituir la garantía de que todos los productos o servicios designados con ella han sido fabricados o prestados bajo el control de una única empresa, a la que puede hacerse responsable de su calidad.

Repite que la necesidad, en el marco de la aplicación del artículo 18, apartado 1, RMUE, de un uso en consonancia con

---

7 Véanse, en particular, las sentencias de 29 de septiembre de 1998, Canon, C39/97, EU:C:1998:442, apartado 28; de 12 de noviembre de 2002, Arsenal Football Club, C206/01, EU:C:2002:651, apartado 48, y de 6 de marzo de 2014, Backaldrin Österreich The Kornspitz Company, C409/12, EU:C:2014:130, apartado 20.

la función esencial de la marca como indicación de origen se debe a que si bien es cierto que una marca puede ser objeto de usos conformes a otras funciones, como la consistente en garantizar la calidad, o las de comunicación, inversión o publicidad[8] se halla, no obstante, sometida a las sanciones establecidas en dicho Reglamento cuando, durante un período ininterrumpido de cinco años, no ha sido utilizada en consonancia con su función esencial. En tal caso, según las modalidades previstas en el artículo 58, apartado 1, letra a), del RMUE, se declarará que los derechos del titular de la marca han caducado, a menos que pueda invocar una causa que justifique por qué no se ha llevado a cabo un uso que permita a la marca cumplir su función esencial.

Con fundamento en esa doctrina, aclara el Tribunal que resulta importante no confundir la función esencial de la marca con las demás funciones que puede desempeñar la marca, como la consistente en garantizar la calidad. En su opinión cuando, a pesar de certificar la composición o la calidad de los productos o servicios, el uso de una marca individual no garantiza a los consumidores que dichos productos o servicios proceden de una empresa única bajo cuyo control se fabrican o se prestan, y a la que, por consiguiente, puede hacerse responsable de su calidad, tal uso no se hace en consonancia con la función de indicación de origen.

De ello se deduce que no se produce un uso en consonancia con la función esencial de la marca individual cuando la colocación de ésta en los productos tiene como única función la de ser un sello de calidad para dichos productos y no la de garan-

---

8 Véanse, en particular, a este respecto, las sentencias de 18 de junio de 2009, L'Oréal y otros, C487/07, EU:C:2009:378, apartado 58, y de 22 de septiembre de 2011, Interflora e Interflora British Unit, C323/09, EU:C:2011:604, apartado 38.

tizar que proceden de una empresa única bajo cuyo control se fabrican y a la que puede hacerse responsable de su calidad.

Sobre el asunto en particular, el Tribunal hace hincapié en que el VBB alegó que es una asociación autorizada por el Estado («*kraft staatlicher Verleihung*»), que invierte los medios financieros obtenidos con la concesión de licencias de su marca en actividades de promoción del algodón, edita material educativo sobre el algodón y organiza seminarios sobre este tema, actúa como tribunal de arbitraje y ejerce, además, una función pública al participar en la fijación del «precio CIF Bremen», que es un valor de referencia del algodón en el mercado.

Estima, conforme a ello, que el objeto de la referida asociación, tal y como fue descrito por el VBB ante el Tribunal de Justicia, parece indicar que esta asociación no está implicada en la fabricación de los productos de sus licenciatarios y tampoco es responsable de ellos.

No obstante, explica que corresponde al órgano jurisdiccional remitente verificar, sobre la base de todos los datos que le hayan aportado las partes del litigio principal, si existen elementos pertinentes y concordantes que permitan considerar que la colocación de la marca flor de algodón del VBB por los licenciatarios de dicha asociación sobre sus productos garantiza a los consumidores que dichos productos son producidos por una única empresa, a saber, el VBB, formada por sus afiliados, bajo cuyo control se fabrican y a la cual puede hacerse responsable de su calidad.

Pero precisa que no puede constituir en ningún caso tal elemento el hecho de que los contratos de licencia faculten al VBB para verificar que sus licenciatarios utilicen exclusivamente fibras de algodón de buena calidad. Ello implica, todo lo más, que el VBB certifica la calidad de la materia prima utilizada. Añade que, según se desprende del artículo 66 del Reglamento n.º

207/2009 y del artículo 74 *bis* añadido a dicho Reglamento por el Reglamento n.º 2015/2424, tal certificación puede bastar, en su caso, para considerar que una marca no individual cumple su función de indicación de origen. En efecto, el referido artículo 66 precisa que una marca colectiva cumple su función de indicación de origen cuando distingue "los productos o servicios de los miembros de la asociación que sea su titular, frente a los productos o servicios de otras empresas" y el referido artículo 74 *bis* dispone que una marca de certificación cumple tal función cuando distingue "los productos o servicios que el titular de la marca certifica por lo que respecta a los materiales, el modo de fabricación de los productos o de prestación de los servicios, la calidad, la precisión u otras características [...] de los productos y servicios que no posean esa certificación".

Sin embargo, el litigio principal tiene por objeto una marca individual, registrada para productos. Tal marca cumple su función de indicación de origen cuando su uso garantiza a los consumidores que los productos que designa proceden de una única empresa, bajo cuyo control se fabrican y a la que puede hacerse responsable de su calidad en su estado acabado tras el proceso de fabricación.

En España, reprodujo esta doctrina con el mismo efecto la SJM Madrid 365/2019 de 23 de octubre de 2019. "REACCIONA" (Acciona S.L.) vs. "REACCIONA" (Jovaloyes Legal S.L. y otros) [9], en un caso muy interesante.

La sentencia estima la demanda principal, interpuesta por ACCIONA, S.A., siendo demandadas INSTITUTO ASESOR PARA SUBVENCIONES AYUDA Y FINANCIACIÓN S.L., DVUELTA ASISTENCIA LEGAL S.L., AGENCIA NEGOCIADORA PB S.L., y JAVALOYES LEGAL S.L., declarando la cadu-

---

[9] ECLI ES:JMM:2019:1165

cidad por falta de uso de las Marcas nacionales M 2740313 y M 2903447, titularidad de las demandadas.

Razona el juez que lo que pretenden las demandadas con el uso que hacen de las marcas registradas a su nombre se asemeja a la marca de garantía, que, conforme al art. 68 LM, es aquel signo utilizado por una pluralidad de empresas bajo el control y autorización de su titular, que certifica que los productos o servicios a los que se aplica cumplen unos requisitos comunes, en especial, en lo que concierne a su calidad, componentes, origen geográfico, condiciones técnicas o modo de elaboración del producto o de prestación del servicio. Se asemeja en cuanto que la finalidad que buscan las demandadas con el uso que vienen dando a la marca REACCIONA es que se sepa en el mercado que los servicios prestados por las mismas responden a un cierto nivel de calidad consecuencia de ser prestado por una empresa perteneciente al grupo reacciona. Pero esta finalidad no es la propia del derecho de marca, que se agota en lo previsto en el art. 4 LM.

Concluye la sentencia afirmando que las demandadas han querido dar a su derecho sobre las marcas litigiosas una finalidad que no es la propia del derecho de marca, y éste únicamente comprende el uso definido en el art. 4. Por tanto, el requisito previo a la condición del uso efectivo de la marca es que este uso no sea cualquier uso, sino precisamente un uso marcario, un uso a título de marca, es decir, el descrito en el art. 4 LM. Como las demandadas no han utilizado las dos marcas nacionales registradas, M 313 y M 447, para distinguir en el mercado los productos o servicios de una empresa de los de otras, según se reconoce por las mismas, hay que concluir que dichas marcas no han sido objeto del uso efectivo que exige el art. 39 LM, debiendo declararse en consecuencia su caducidad por falta de uso.

De otro lado, ahora respecto de las marcas colectivas, es preciso aclarar que, aunque es cierto que, a diferencia de lo que sucede con las marcas individuales, podrán constituir marcas colectivas los signos o las indicaciones que puedan servir, en el comercio, para señalar la procedencia geográfica de los productos o de los servicios (art. 74.2 RMUE) y que esta mención constituye una excepción al motivo de denegación absoluto de registro contemplado en el artículo 7, apartado 1, letra c), del RMUE, ello no puede desvirtuar el hecho de que la función esencial de una marca colectiva es garantizar el origen comercial colectivo de los productos vendidos al amparo de esa marca, y no garantizar su origen geográfico, colectivo, ni certificar unas determinadas calidades o características tal y como declara la STJUE de 20 de septiembre de 2017, C673/15 P a C676/15 P, The Tea Board- Darjeeling [10].

A esto respecto, las Directrices de la EUIPO disponen que: *"Una marca colectiva no se consideraría engañosa en cuanto a su carácter por el mero hecho de que los reglamentos de uso también pudieran incluir requisitos específicos de uso con respecto a la calidad de los productos y servicios protegidos por la marca. Sin embargo, si el examen de los reglamentos de uso revela que la marca se utilizará como marca de certificación, y no como un indicador de que los productos y servicios proceden de los miembros de la asociación, se considerará que induce al público a error"*[11].

Que esto sea así y deba ser así no obsta a que proliferen en los registros marcas individuales con función de garantía, que incluso se publicitan en internet como marcas de garantía.

---

10 ECLI:EU:C:2017:702.

11 Motivos de denegación absolutos específicos. 3.1 Que induce a error en cuanto al carácter o el significado de la marca.

Se presenta en internet como una marca de certificación, cuando en realidad es una marca individual.

Ocurre lo mismo con esta marca que incluso incluye en internet un Reglamento para el uso de las Marcas de Certificación de Sistemas de SGS

2. Relación de características que es posible certificar.

2.1. Carácter no exhaustivo de la relación.

El artículo 83.1 RMUE dispone que las características que es posible garantizar abarcan el material, el modo de fabricación de los productos o la prestación de los servicios, la calidad, la precisión *u otras características.* De dónde se deduce que la relación es meramente ejemplificativa, no exhaustiva por lo que podrá extenderse a cualidades o características no previstas en el precepto, tal y como constatan las Directrices de la EUIPO 2024 [12].

---

12 https://guidelines.euipo.europa.eu/2214313/2199807/directrices-sobre-marcas

En términos semejantes, a este respecto, se pronuncia el artículo 68 de la Ley de Marcas española al disponer que el titular de la marca certifica respecto de los materiales, el modo de fabricación de los productos o de prestación de los servicios, el origen geográfico, la calidad, la precisión *u otras características* de los productos y servicios que no posean esa certificación.

Y también el artículo 185 de la Decisión Andina 486 al señalar que se entenderá por marca de certificación un signo destinado a ser aplicado a productos o servicios cuya calidad *u otras características* han sido certificadas por el titular de la marca.

2.2. La relativa exclusión del origen geográfico.

Existe, sin embargo, una sustancial diferencia entre el régimen español y el de la Comunidad Andina y el de la Unión Europea. Tras disponer que la certificación puede abarcar *otras características* distintas a las enunciadas en el artículo 83.1 RMUE excluye expresamente la procedencia geográfica, de los productos y servicios.

Según las Directrices EUIPO esta excepción debe entenderse como una prohibición que abarca la solicitud de cualquier marca :

- cuando el público interesado perciba el signo como una indicación de que los productos o servicios en cuestión serán certificados con respecto a su origen geográfico, cuando el Reglamento de uso indique que la característica que se certifica es el origen geográfico de los bienes o servicios o imponga una obligación de carácter geográfico (por ejemplo, la ubicación del lugar de producción).
- cuando la lista de productos y servicios especifique explícitamente que los productos y servicios tienen un origen geográfico o cumplen con una DOP/IGP.

Una marca de certificación que contenga una inclusión o una referencia a una indicación geográfica (IG) —en su signo, lista de productos y servicios y/o reglamentos que rigen el uso— será objetada en virtud del artículo 83 RMUE, ya que, por definición, las indicaciones geográficas están vinculadas a un origen geográfico específico y será percibido como tal.

En ese contexto se denegó la solicitud relativa a VINAGRE DE VINHO DO PORTO-Clase 30. Vinagre de vino, considerando que los siguientes elementos confirman que la marca de certificación está destinada a certificar el origen geográfico de los productos solicitados:

1. la representación del signo contiene una DOP registrada para vinos bajo el Reglamento (UE) No 1308/2013, 'Vinho do Porto' (PDO-PT-A1540), además de otras palabras;
2. las normas de uso presentadas mencionan claramente que: 'El "Vinagre de Vinho do Porto" se produce exclusivamente a partir de vino amparado por la Denominación de Origen Protegida'.

Tanto la representación del signo solicitado como las normas de uso, indican claramente que la marca de certificación tiene por objeto certificar el vinagre elaborado exclusivamente a partir de vino amparado por la DOP 'Vinho do Porto' (DOP-PT-A1540), es decir, que el ingrediente principal del vinagre es la DOP 'Vinho do Porto'. Estimándose que el motivo de la denegación fue reservar esta indicación para los signos sujetos al régimen de indicaciones geográficas.

Pero el régimen de indicaciones geográficas tiene más requisitos en relación con su conexión al territorio y es un régimen muy particular . Tal vez por eso en España se permite que se certifique el producto en relación con su origen geográfico. En este contexto hay que considerar dos aspectos, interrelacionados, pero diferentes. La composición del signo y la función esencial de estas marcas.

Al respecto de la composición del signo, el artículo 68.3 de la Ley de Marcas española señala que será aplicable a las marcas de garantía lo dispuesto en el apartado 3 del artículo 62, relativo a las marcas colectivas, esto es, que, *"no obstante lo dispuesto en el artículo 5.1.c), podrán registrarse como marcas colectivas los signos o indicaciones que puedan servir en el comercio para señalar la procedencia geográfica de los productos o de los servicios*".

Pero, por una parte, según el mismo precepto, *"el derecho conferido por la marca colectiva no permitirá a su titular prohibir a un tercero el uso en el comercio de tales signos o indicaciones, siempre que dicho uso se realice con arreglo a prácticas leales en materia industrial o comercial; en particular dicha marca no podrá oponerse a un tercero autorizado a utilizar una denominación geográfica*". Y, adicionalmente, el artículo 69.3 del mismo texto legal establece que *"si la marca de garantía consistiera en una indicación de procedencia geográfica, el reglamento de uso deberá prever que cualquier persona, cuyos productos o servicios provengan de esa zona geográfica y cumplan las condiciones prescritas por el mismo, podrá utilizar la marca"*.

La conjunción de ambos preceptos permite afirmar que se cumple el objetivo de interés general requerido por la jurisprudencia del TJUE que exige que los signos o las indicaciones descriptivas de la procedencia geográfica de las categorías de productos o servicios para las que se solicita el registro puedan ser utilizados libremente por todos. La sentencia del Tribunal de Justicia de la Unión Europea, Sala Segunda, de 20 de Septiembre de 2017, C-673/2015, caso Tea Board- Darjeeling [13], declara de manera expresa que la prohibición absoluta de

[13] ECLI:EU:C:2017:702. Véanse, en este sentido, las sentencias de 4 de mayo de 1999, Windsurfing Chiemsee, C108/97 y C109/97, EU:C:1999:230, apartado 25, y de 19 de abril de 2007, OAMI/Celltech, C273/05 P, EU:C:2007:224, apartado 75 y jurisprudencia citada.

registro que consistan en ese tipo de menciones persigue un objetivo de interés general que exige que los signos o las indicaciones descriptivas de las categorías de productos o servicios para las que se solicita el registro puedan ser utilizados libremente por todos, impidiendo, por consiguiente, que tales signos o indicaciones se reserven a una sola empresa debido a su registro como marca individual al objeto de evitar conductas arbitrarias anticompetitivas.

La permisión de la mención geográfica en la composición del signo constituye una excepción al motivo de denegación absoluto de registro, según la misma sentencia, pero tratándose de marcas colectivas, ese mismo objetivo de interés general relacionado con la necesidad de proteger la libre y leal competencia, se cumple, a pesar de que se autorice la inclusión en el signo de indicaciones geográficas ya que, por una parte, de conformidad con el artículo 74.2 RMUE , una marca de ese tipo no permite a su titular prohibir a un tercero el uso en el comercio de tales signos o indicaciones, siempre que dicho uso se realice con arreglo a prácticas leales en materia industrial o comercial; en particular, dicha marca no podrá oponerse a un tercero autorizado a utilizar una denominación geográfica; y, por otra parte, el artículo 75, apartado 2, del mismo Reglamento dispone que el reglamento de uso de una marca colectiva geográfica deberá autorizar a cualquier persona cuyos productos o servicios procedan de la zona geográfica de que se trate a hacerse miembro de la asociación titular de la marca.

Si bien la sentencia se refiere a una marca colectiva es preciso tener en cuenta que, respecto de las marcas de garantía, el artículo 28.4 de la Directiva incluye la misma previsión. Dispone, en efecto que no obstante lo dispuesto en el artículo 4, apartado 1, letra c), los Estados miembros podrán disponer que sea posible registrar como marcas de garantía o de certificación los signos o indicaciones que puedan servir, en el comercio, para señalar la procedencia geográfica de los productos o servicios. Pero, que dicha marca de garantía o de certificación no facultará al titular de la misma para prohibir a un tercero el uso, en el tráfico económico, de dichos signos o indicaciones, siempre que dicho tercero los utilice de conformidad con las prácticas leales en materia industrial y comercial. En particular, tal marca no podrá oponerse a un tercero facultado para utilizar una denominación geográfica.

Dicha previsión ha sido trasladada de manera literal al ordenamiento español, que, además, la completa con la segunda previsión tuitiva del interés general señalada por el TJUE y prevista en el RMUE en relación con las marcas colectivas, en los términos que he señalado antes.

Adicionalmente hay que considerar la función esencial de la marca de garantía. Esta dimensión de la cuestión está relacionada con la composición del signo, pero no se identifica con ella, sino que es adicional a la misma. El ejemplo más claro lo suministran las marcas colectivas. Tal y como declara con razón la STJUE de 20 de septiembre de 2017, C673/15 P a C676/15 P, The Tea Board- Darjeeling [14] es cierto que, a diferencia de lo que sucede con las marcas individuales, podrán constituir marcas colectivas de la Unión los signos o las indicaciones que puedan servir, en el comercio, para señalar la procedencia geográfica de los productos o de los servicios (art. 74.2 RMUE).

Esta mención, según el Tribunal, constituye una excepción al motivo de denegación absoluto de registro contemplado en el artículo 7, apartado 1, letra c), del Reglamento de la Marca de la Unión europea, pero no puede desvirtuar el hecho de que la función esencial de una marca colectiva de la Unión es garantizar el origen comercial colectivo de los productos vendidos al amparo de esa marca, y no garantizar su origen

---

14 ECLI:EU:C:2017:702.

geográfico colectivo ya que el artículo 74.1 RMUE, declara que podrán constituir marcas colectivas de la Unión Europea las que sean adecuadas para "*distinguir los productos o servicios de los miembros de la asociación que sea su titular, frente a los productos o servicios de otras empresas*", lo que supone consignar como función esencial de dichas marcas la indicación del origen empresarial.

Trasladando el mismo argumento a las marcas de garantía nacionales resulta claro que la función esencial de ellas no es indicar el origen empresarial, ni individual, ni colectivo, de los productos o servicios amparados por las misma, sino distinguir los productos o servicios que el titular de la marca certifica respecto de los materiales, el modo de fabricación de los productos o de prestación de los servicios, el origen geográfico, la calidad, la precisión u otras características de los productos y servicios que no posean esa certificación, según dispone literal y precisamente el artículo 68.1 LM.

Por tanto, a diferencia de las marcas de la Unión Europea, que no pueden certificar en torno al origen geográfico a tenor del artículo 83 RMUE, las españolas podrán distinguir productos o servicios certificados en relación con el origen geográfico, incluso de forma exclusiva ya que la relación de circunstancias que el artículo 68.1 LM permite certificar a través de la marca de garantía están formuladas de manera alternativa ("o") y, entre ellas, se incluye sin duda el origen geográfico, por lo que ha de considerarse que certificar en torno al mismo se inscribe en el contexto de la función esencial de la marca de garantía en el ordenamiento español.

Sin que, por otra parte, sea posible considerar la infracción del ordenamiento de la Unión Europea. Por el contrario, esta eventualidad está expresamente permitida a las legislaciones nacionales por el artículo 28.1 de la Directiva (UE) 2015/2436 del Parlamento europeo y del Consejo de 16 de diciembre de 2015 relativa a la aproximación de las legislaciones de los Estados miembros en materia de marcas, tal y como acabamos de indicar. Y tampoco es una posibilidad desconocida en otros países de nuestro entorno, sino que está igualmente reconocida en ordenamientos tan significativos como son el Código italiano de la propiedad industrial y la Schedule 2 (3.2) de la Ley inglesa de Marcas.

En definitiva, de conformidad con el artículo 68.1 LM e interpretando a *sensu contrario* las Directrices EUIPO de conformidad con el artículo 83 del RMUE, en una marca de certificación nacional serán posibles tres situaciones:

-Que tanto el signo para el que se solicita registro, como el reglamento de uso presentado impliquen una certificación de productos o servicios en relación con el origen geográfico.

-Que el signo implique que la certificación se extiende al origen geográfico de los productos o servicios, de modo que el reglamento de uso puede mencionar o incluso aclarar, que la marca para la que se solicita registro certifica un origen geográfico.

-Que el signo no implique que la certificación se extiende al origen geográfico de los productos o servicios, pero el origen geográfico de los productos y servicios se define en el reglamento de uso como característica que certificará la marca.

Son muchas las marcas españolas de esta naturaleza. Tal es el caso, por ejemplo, de las siguientes:

Obsérvese, sin embargo, que ambas marcas están inscritas en la EUIPO como marcas individuales.

Un problema adicional se producirá, sin embargo, si la mención geográfica que pretende registrarse constituye una indicación geográfica protegida. Se ha puesto de manifiesto como de esta forma se logran algunos beneficios. Así es posible lograr la protección de otros elementos de la indicación geográfica distintos de los denominativos, aunque la amplia protección otorgada por la normativa sobre indicaciones geográficas debería permitir abarcar otro tipo de elementos, siempre que se cumplieran los correspondientes requisitos. Por ejemplo, a pesar de que la indicación geográfica proteja en principio solo el nombre de un queso (Morbier), se puede llegar a impedir a los terceros que comercialicen quesos con la misma apariencia en la medida en que evoquen el queso protegido[15]. El registro de la marca colectiva también permite otorgar una protección más amplia, puesto que las indicaciones geográficas no

15 STJUE de 17 de diciembre de 2020, asunto C 490/19, Syndicat interprofessionnel de défense du fromage Morbier vs Société Fromagère du Livradois SAS.

se encuentran reconocidas por igual en todos los países[16], además de ser un buen sistema para proteger a las indicaciones geográficas frente a los conflictos que pueden ocasionarse en el mercado digital y, en particular, en los conflictos con nombres de dominio[17].

Cierto es que, a diferencia de la Ley de Marcas 1988, la vigente no lo prohíbe de modo expreso [18]. Pero, la Ley 6/2015, de 12 de mayo, de Denominaciones de Origen e Indicaciones Geográficas Protegidas de ámbito territorial supraautonómico impide el registro como marca de los signos que reproduzcan imiten o evoquen una denominación de origen protegida, siempre que se apliquen a los mismos productos o a productos similares, comparables o que puedan considerarse ingredientes o que puedan aprovecharse de la reputación de aquéllas [19]. Y que el artículo 5.1 h) de la vigente Ley de Marcas señala que no podrán registrarse como marca los signos excluidos de registro en virtud de la legislación nacional o de la Unión o

---

16 FERNANDEZ-MARTOS, A.J., "Protección de las indicaciones geográficas y la Organización Mundial del Comercio", *Rioja tercer milenio,* 2006, págs. 117 y ss., pág. 121.

17 GOMEZ LOZANO, M., *Denominaciones de Origen y otras indicaciones geográficas,* Cizur Menor (Navarra), 2004, . pág. 116.

18 Ley 32/1988, de 10 de noviembre, de Marcas: "2. No podrán ser registradas como marcas de garantía las denominaciones de origen reguladas en la Ley 25/1970, de 2 de diciembre, de Estatuto de la Viña, del Vino y de los Alcoholes, y normas complementarias que, en todo caso, se regirán por sus disposiciones específicas". LARGO GIL, R./MONGE GIL, A.L., "Artículo 64. Marcas comunitarias colectivas", en Comentarios a los Reglamentos sobre la Marca Comunitaria, CASADO CERVIÑO, A./LLOBREGAT HURTADO, M.L. (Coord), op. cit. pág. 639.

19 Cfr. art. 13.5 de la Ley Española de Denominaciones de Origen de ámbito supraautonómico.

por acuerdos internacionales en los que sea parte la Unión o el Estado español, que confieran protección a denominaciones de origen e indicaciones geográficas. Y que el artículo 9.3 del mismo texto legal dispone que se denegará el registro de la marca en la medida en que, con arreglo a la legislación de la Unión o al Derecho nacional que establezcan la protección de las denominaciones de origen y las indicaciones geográficas, concurran las siguientes condiciones:

a) Se hubiera presentado ya una solicitud de denominación de origen o de indicación geográfica de conformidad con la legislación de la Unión o del Derecho nacional antes de la fecha de solicitud de registro de la marca o de la fecha de la prioridad reivindicada para la misma, a condición de que dicha denominación de origen o indicación geográfica quede finalmente registrada.
b) Dicha denominación de origen o indicación geográfica confiera a la persona autorizada, en virtud de la legislación aplicable para ejercer los derechos que se derivan de la misma, el derecho a prohibir la utilización de una marca posterior.

Por otra parte, es preciso tener en cuenta que, en el caso de que el registro como marca de un término geográfico suponga una violación de una indicación geográfica protegida anterior, serán de aplicación las normas establecidas en los diversos reglamentos de la Unión Europea sobre indicaciones geográficas que regulan las relaciones entre estos signos y las marcas que, de modo general [20], disponen la denegación del registro de las marcas cuyo uso infrinja el ámbito del *ius prohibendi* establecido

[20] Cfr. art. 14. 1 Reglamento 1151/2012 de 21 de noviembre de 2012 sobre los regímenes de calidad de los productos agrícolas y alimenticios

para los mismos siempre que se refiera a productos del mismo tipo que la indicación geográfica protegida y la solicitud de registro de la marca se haya presentado con posterioridad a la fecha de presentación a la Comisión de la solicitud de registro de la indicación geográfica.

De conformidad con esta normativa, la práctica de la EUIPO ha sido permitir el registro de marcas colectivas que incluyan una indicación geográfica , siempre que se asegure que no se induce a error a los terceros, limitando la lista de los productos o servicios[21].

Sin embargo, la jurisprudencia española tiende a ser más estricta. A este respecto alguna resolución [22] ha considerado que el registro solo es posible si los titulares de la marca son los productores autorizados a elaborar productos protegidos, en razón de que, en otro caso, podría tratarse de una práctica susceptible de inducir a error en los consumidores. Ha llegado a afirmarse [23], incluso, que la ausencia de conformidad del Consejo Regulador en torno a la solicitud de marca constituye una muestra de la inducción a error, aunque, a la vez, se ha sostenido que la autorización previa del Consejo Regulador no es

---

[21] "Las objeciones formuladas con arreglo al artículo 7, apartado 1, letra j), del RMUE podrán desestimarse si los productos pertinentes se restringen para cumplir el pliego de condiciones de la IG en cuestión". Vid. Directrices de la EUIPO. 5.3 Restricción de la lista de productos. 5 Productos pertinentes con arreglo a los reglamentos de la UE.

[22] Sentencia del Tribunal Supremo, Sala Tercera, de lo Contencioso-administrativo, Sección 3ª, Sentencia 1695/2020 de 10 Diciembre de 2020, núm. 1695.

[23] Sentencia del Tribunal Supremo, Sala Tercera, de lo Contencioso-administrativo, Sección 3ª, Sentencia 1695/2020 de 10 Diciembre de 2020, núm. 1695.

preceptiva ni vinculante. Pero, hasta el momento, no hay una dirección constante para la resolución de estos conflictos [24].

En cualquier caso, es importante observar que el registro de las marcas de garantías exige la necesidad de contar con el informe del órgano administrativo competente. Y que, como se ha indicado antes, la Ley prevé también que, si la marca de garantía consistiera en una indicación de procedencia geográfica, el reglamento de uso deberá prever que cualquier persona, cuyos productos o servicios provengan de esa zona geográfica y cumplan las condiciones prescritas por el mismo, podrá utilizar la marca.

De este modo, si el Consejo Regulador registrara como marca de garantía el nombre de un producto protegido como indicación geográfica, no podría impedir el uso del distintivo a ningún productor que cumpliera el pliego de condiciones, dado que se trata de un principio esencial de toda marca de garantía.

IV. PARTICULARIDADES DE RÉGIMEN.

1. Preliminar.

Conforme al artículo 78 de la Ley de Marcas, las normas de dicha Ley relativas a las marcas individuales se aplicarán a las marcas de garantía, salvo disposición contraria prevista en el Título en que se regulan estas.

---

[24] Sentencia del Tribunal Supremo, Sala Tercera, de lo Contencioso-administrativo, Sección 3ª, Sentencia 1695/2020 de 10 Diciembre de 2020, núm. 1695.

Las especificidades más relevantes de su régimen jurídico se refieren a los aspectos que se tratan a continuación. Aunque soy consciente de que dejo de tratar otras cuestiones de gran repercusión como son las relativas al uso efectuado por cualquier persona facultada conforme al artículo 39 de la Ley de Marcas (artículo 75), o las peculiaridades que reviste el ejercicio de la acción por violación de marca por cuanto, en el caso de las marcas de garantía, únicamente su titular o la persona específicamente autorizada por el mismo podrá ejercer una acción por violación de marca. Pero, el titular podrá reclamar, en nombre de las personas facultadas para utilizar la marca, la reparación del daño que estas hayan sufrido por el uso no autorizado de la marca. O las cuestiones relativas a la cesión en la medida en que, según prescribe el artículo 77 de la Ley de Marcas, las marcas de garantía solo podrán cederse a una persona que cumpla los requisitos de legitimación para solicitarlas, conforme al artículo 68.2.

2. Legitimación. Deber de neutralidad.

Conforme al artículo 68.2 de la Ley de Marcas toda persona física o jurídica, incluidas las instituciones, autoridades y organismos de Derecho público, podrá solicitar marcas de garantía, a condición de que dichas personas no desarrollen una actividad empresarial que implique el suministro de productos o la prestación de servicios del tipo que se certifica.

Se trata, pues, de una amplia legitimación, que contrasta con la más reducida que se concede en las marcas colectivas. En materia de legitimación podrán solicitar marcas colectivas las asociaciones de fabricantes, productores, prestadores de servicios o comerciantes que, a tenor de la legislación que les sea aplicable, tengan capacidad, en su propio nombre, para ser titulares de derechos y obligaciones de cualquier tipo, de celebrar contratos o de realizar otros actos jurídicos y tengan capacidad procesal, así como las personas jurídicas de Derecho público.

Conforme a las Directrices EUIPO a estas entidades de derecho público se les aplica la necesidad, prevista en el inciso primero del precepto, de que sean asociaciones en el sentido formal o tengan, al menos, una estructura interna de carácter asociativo. Concepto que incluye, según la oficina Europea, las asociaciones o corporaciones de derecho público, como los «Consejos Reguladores» o los «Colegios Profesionales» contemplados en el derecho español.

En el caso de las marcas colectivas españolas, que se registran en la OEPM, se permite expresamente que los titulares sean asociaciones de fabricantes, productores, prestadores de servicios o comerciantes que tengan capacidad, en su propio nombre, para ser titulares de derechos y obligaciones, celebrar contratos o realizar otros actos jurídicos, y que tengan capacidad procesal, así como las personas jurídicas de Derecho público. De manera que, en principio, no se exige el requisito asociativo, de la forma en que se precisa en el ámbito de la Unión Europea.

De otro lado, la prescripción legal en esta materia resulta más adecuada que la que prevé el artículo 3 de la LM cuando trata de las marcas individuales atribuyendo la legitimación a las personas físicas o jurídicas, incluidas las entidades de derecho público. Al contrario que la redacción anterior, el precepto precisa, pues, que, entre las personas jurídicas, han de incluirse las de naturaleza pública. Aunque la nueva redacción no es en exceso afortunada pues alude únicamente a las "entidades de derecho público", no parece que la legitimación pueda restringirse a aquellas que adopten la forma de "entidad de derecho público" en sentido estricto, lo que excluiría, por ejemplo, a los consorcios o a las propias Administraciones públicas, tanto porque el inciso anterior se refiere en general a las personas jurídicas, como porque esta ha sido la práctica constante de la OEPM en la vigencia de la legislación anterior; así como de la EUIPO. Véase, por ejemplo, la marca de la Unión Europea 004542941, CALIDAD CERTIFICADA, inscrita a favor de la Junta de Andalucía–Consejería de Agricultura, Pesca y Desarrollo Rural. Se trata de una marca individual, de carácter figurativo.

La única limitación que contiene a este respecto el 68.2 de la Ley de Marcas consiste en que los titulares de dichas marcas no pueden desarrollar una actividad empresarial que implique el suministro de productos o la prestación de servicios del tipo que se certifica. Se trata del denominado deber de neutralidad que encuentra todo su fundamento en el hecho de que, si se permitiera usar la marca a su titular, se encontraría en una situación de conflicto de interés que pondría en cuestión la imparcialidad de su función certificadora. Naturalmente, el conflicto de interés existe tanto si la actividad se ejercita directamente por el titular de la marca, como si se ejecuta de forma indirecta por medio de persona interpuesta, ya sea esta física o jurídica.

Por este motivo, constituye una causa de denegación específica de las marcas de garantía el hecho de que el titular de la marca desarrolle una actividad empresarial que implique el suministro de productos o la prestación de servicios del tipo que se certifica. Por la misma razón, en el caso de que esta circunstancia se produzca *a posteriori*, este hecho constituye una causa de caducidad de la marca.

Es de observar que la EUIPO es en grado extremo exigente con el cumplimiento de este requisito, ya que suele exigir no solo una declaración del titular que afirme no estar incurso en este conflicto de interés; si no que también es usual que lleve a cabo un análisis minucioso del Reglamento de uso y de las circunstancias concurrente para constatar que efectivamente no se produce tal conflicto.

3. Inducción a error sobre el carácter de la marca.

A tenor del artículo 70.2 de la Ley de Marcas constituye un motivo de denegación específico de la solicitud de marca de garantía el hecho de que pueda inducir al público a error sobre el carácter o la significación de la marca, en particular cuando pueda dar la impresión de ser algo distinto de una marca de garantía.

Este motivo de denegación debe distinguirse [25] netamente del previsto, con carácter general, en el artículo 5.1 g) de la Ley de Marcas cuando a alude a los signos que puedan inducir al público a error, por ejemplo, sobre la naturaleza, la calidad o el origen geográfico del producto o servicio, que, de otro lado, también resulta aplicable a las marcas de garantía . En este caso, sin embargo la inducción a error no se refiere a las características propias del producto, sino al tipo de marca. Lo relevante no es si el signo induce a error respecto de ciertas características de los productos o servicios, sino a la naturaleza del signo en sí, que no se entenderá como una marca de certificación, sino como otro tipo de marca, o bien otro tipo de signo distintivo, como las indicaciones geográficas o bien como especialidades tradicionales garantizadas. Esto es, el error debe producirse al respecto del significado de la marca respecto de su función esencial.

Sin embargo, las Directrices EUIPO determinan que el Reglamento no exige en modo alguno que se haga constar su carácter de marca de certificación, y que la ausencia de dicha información no implica que la marca vaya a ser percibida como algo distinto de una marca de certificación. Aunque parece evidente que la mención de tal carácter evitaría en gran medida estos riesgos [26].

---

25 FERNANDEZ NOVOA, C., *Tratado sobre derecho de marcas*, Madrid, 2004, pág. 682.

26 En este sentido FERNANDEZ NOVOA, C., *Tratado sobre derecho de marcas*, op. cit. pág. 682.

Sin duda el caso más claro en que puede producirse esta situación es aquel en que un mismo signo se registra de forma simultánea como marca individual y de certificación, o bien colectiva y de certificación. Así, por ejemplo, las dos marcas a las que he aludido antes -Tierra de Sabor y Artesanía Alimentaria Andalucía- están registradas en la OEPM como marcas de garantía, pero están inscritas en la EUIPO como marcas individuales.

Como ha puesto de manifiesto la mejor doctrina [27] se trata de marcas que se autoexcluyen, es decir, que una marca de garantía no puede ser registrada ni usada como marca individual, ni como nombre comercial y una marca individual no puede ser inscrita o utilizada como marca de garantía porque no es posible aceptar que un mismo signo pueda cumplir a la vez tan diferentes funciones esenciales. Aunque el registro se produzca en el contexto de dos ordenamientos jurídicos distintos, como el nacional y el de la Unión Europea, porque, en definitiva, ambos signos conviven en el mismo espacio territorial.

Bien es verdad que estas situaciones vienen impuestas en ocasiones por las limitaciones de régimen jurídico, en particular porque en la Unión Europea no se permite el registro de signos geográficos como marca de certificación. Pero también lo es que el intento de burlar la normativa puede originar no solo la nulidad de una de las dos marcas por este motivo, sino también la caducidad por falta de uso efectivo de aquella que no cumple con su función esencial, esto es, la individual de la Unión Europea.

Por idénticos motivos la inducción a error sobre el carácter o significación de la marca constituye un motivo de nulidad del registro. Asímismo constituye causa de caducidad de la marca

---

[27] CASADO CERVIÑO, A. "El Decreto 33/1983 de 10 de febrero, del Gobierno Autónomo de Cataluña, sobre denominaciones genéricas de calidad", *ADI*, 9 (1983), págs. 497 y ss., pág. 499,

de garantía el hecho de que a consecuencia del uso permitido por el titular de la marca, esta pueda inducir al público a error sobre el carácter o la significación de la marca, en particular cuando pueda dar la impresión de ser algo distinto de una marca de garantía

4. El Reglamento de Uso.

Como se ha advertido antes la marca de certificación indica que los productos o servicios portadores de la misma reúnen unas determinadas características que garantiza el titular de la marca. Sin embargo, no es el titular quien produce o proporciona los productos, ni el que presta el servicio y utiliza la marca de garantía. Por el contrario, los usuarios son terceros. Por eso, en el régimen jurídico de este tipo de marcas cobra una importancia esencial el Reglamento de uso. El Reglamento es público. Ha de ser depositado en la oficina de registro competente y podrá ser libremente consultado por cualquier persona, sin sujeción a pago de tasa.

A tenor del artículo 69.1 de la Ley de Marcas, en el Reglamento de uso se indicarán las personas autorizadas a utilizar la marca, las características comunes de los productos o servicios que se van a certificar, la manera en que se verificarán estas características, los controles y vigilancia del uso de la marca que se efectuarán, las responsabilidades en que se pueda incurrir por el uso inadecuado de la marca y el canon que, en su caso, se exigirá a quienes utilicen la marca [28].

---

[28] En cumplimiento de lo establecido en el Reglamento de Marca de la Unión Europea, el Reglamento de ejecución 2018/626 que desarrolla el Reglamento de marca de la Unión Europea amplía con más detalle este contenido. Lo mismo sucede en España con Real Decreto 687/2002, de 12 de julio, por el que se aprueba

Entre ellas reviste una relevancia central el control que ejercita el titular sobre los usuarios a fin de garantizar la concurrencia de las características que se certifican. Si bien el titular de la marca de certificación no necesariamente tiene que prestar los servicios de certificación por sí mismo. Es suficiente con que el proceso de certificación se realice bajo su control y supervisión, según señalan la Directrices EUIPO. Del mismo modo, el Reglamento modelo de la EUIPO dispone que no es necesario que el solicitante realice las pruebas o supervise las condiciones de uso. Prevé, incluso, que, en algunos casos, puede ser necesaria la colaboración de servicios externos más especializados que se encarguen de la realización de las pruebas o la supervisión.

Por tanto, es posible que el control se asigne a una empresa externa e independiente, aunque, en todo caso, la responsabilidad respecto de la certificación de las características recaerá en el titular de la marca [29]. De hecho, es esta la práctica frecuente en las marcas de certificación de la Unión.

En cuanto a las medidas concretas de ejercicio del control, el Reglamento modelo de la EUIPO dispone que pueden limitarse a comprobaciones de muestras o aleatorias, de manera que no es necesario que abarquen la totalidad de los productos o usuarios. Aunque también es posible prever visitas inspectoras periódicas[30].

---

el Reglamento para la ejecución de la Ley 17/2001, de 7 de diciembre, de Marcas.

29 Así también LEMA DEVESA, C., *La marca de garantía en la Ley Española de Marcas,* Madrid, 2022, pág. 58.

30 DE MARTIN MUÑOZ, A., "La regulación de las marcas de garantía en la Ley 17/2001, de marcas", *La Ley, Revista Española de Doctrina, Jurisprudencia* y *Bibliografía,* 2, 2003, págs. 141 y ss.

La esencialidad del Reglamento de uso en el régimen jurídico de las marcas de garantía se manifiesta en, primer término, en su incidencia en orden a la admisión de la solicitud de registro de este tipo de marcas. Teniendo en cuenta que este documento se presenta junto con la solicitud, pero de manera independiente[31], el responsable de su autoría será el solicitante de la marca.

La solicitud de registro será denegada, en efecto, cuando no se presente el Reglamento de uso, en caso de que el Reglamento que se presente no cumpla con el contenido previsto por la Ley, o sea contrario, en general, a la Ley, al orden público o a las buenas costumbres. Y también en el supuesto de que sea informado desfavorablemente por el órgano administrativo competente en atención a la naturaleza de los productos o servicios a los que la marca de garantía se refiere.

Por tanto, en primer término, se evalúa la propia existencia del Reglamento de uso y, en segundo lugar, su contenido. Si el Reglamento de uso no se presenta, o se presenta fuera del plazo que la oficina establece para su presentación, la marca será denegada.

Adicionalmente, el Reglamento ha de incluir, como mínimo, el contenido que marca la Ley. Y, además, no podrá contener disposiciones que se consideren contrarias a la Ley, al orden público o a las buenas costumbres. No obstante, este último motivo de denegación no debe confundirse con el que se establece de manera general para las marcas individuales, cuyo registro se ve obstaculizado cuando se trate de signos contrarios a la Ley, al orden público o a las buenas costumbres. En este caso no se está evaluando si el signo es contrario al orden público, lo que también habrá de producirse en aplicación del régimen general, sino que se está valorando el contenido del Reglamento de uso

---

31 Así se pronuncia el Reglamento de uso modelo de la EUIPO.

porque, por ejemplo, contenga cláusulas discriminatorias por razón de sexo o raza o por cualquier otro motivo proscrito por el ordenamiento o abusivas o prescindan de criterios objetivos o impongan la aplicación de criterios inadmisibles[32].

La esencialidad del Reglamento de uso en el régimen jurídico de las marcas de garantía se manifiesta en segundo lugar en que determina la nulidad de la marca de la garantía si, tras la inscripción, se advierte que era, desde el principio, contrario a la Ley, al orden público o a las buenas costumbres.

Y asimismo en que fundamenta la caducidad de la marca de garantía si el titular no hubiere adoptado medidas razonables para prevenir cualquier uso de la marca que no sea compatible con las condiciones de uso estipuladas por el Reglamento de uso, incluida cualquier modificación de este que haya sido inscrita en el registro. O en que la modificación del Reglamento de uso de la marca se ha inscrito en el registro contraviniendo las disposiciones del artículo 71.1 porque, por ejemplo, vulnera las normas sobre contenido o no ha sido informado favorablemente por el órgano competente o es contrario a la ley, al orden público o a las buenas costumbres.

---

32 Cfr. Directrices Oficina de Propiedad Intelectual de la Unión Europea EUIPO, parte b, examen, sección 4, motivos de denegación absolutos, 5.3.1 Cumplimiento de las normativas sobre el orden público.

Verdaderamente la limitación de la lista de productos y servicios adjunta a la solicitud registral de marca no constituye un modo de resolver el conflicto de ésta con una figura de calidad agroalimentaria

ÁNGEL MARTÍNEZ GUTIÉRREZ
Catedrático de Derecho Mercantil de la Universidad de Jaén
Rector del Real Colegio de España en Bolonia (Italia)
martinez@ujaen.es

SUMARIO: I. BIBLIOGRAFÍA. II. LA CONCESIÓN DE UNA EXCLUSIVA TRAS EL RECONOCIMIENTO DE UNA FIGURA DE CALIDAD AGROALIMENTARIA. 1. Introducción. 2. *Ius utendi*. 3. *Ius excludendi alios*. III. PRÁCTICA ADMINISTRATIVA NEGATORIA DE LA TUTELA DE LAS FIGURAS DE CALIDAD ANCLADOS AL TERRITORIO. 1. Aproximación al problema. 2. Nefastas consecuencias derivadas de semejante interpretación administrativa. 3. Argumentario contrapuesto a dicha exégesis administrativa. IV. CONCLUSIONES.

BIBLIOGRAFÍA: BOTANA AGRA, M., *Las denominaciones de origen*, Marcial Pons, Madrid, 2001; GÓMEZ LOZANO, M.M., *Denominaciones de origen y otras indicaciones geográficas*, Aranzadi, Cizur Menor, 2004; MARTÍNEZ GUTIÉREZ, Á., *Denominaciones de origen e indicaciones geográficas en la Unión Europea*, Marcial Pons, Madrid, 2018; MARTÍNEZ GUTIÉREZ, Á., "Protección europea de las figuras de calidad agroalimentarias. Tutela ex officio" en MARTINEZ GUTIERREZ, Á. y VÁZQUEZ RUANO, T. (Dirs.), *Indicaciones geográficas y marcas: luces y sombras de una obligada convivencia comercial*, 1ª Ed., Reus, Madrid, 2022, págs. 15 a 41.

I. LA CONCESIÓN DE UNA EXCLUSIVA TRAS EL RECONOCIMIENTO DE UNA FIGURA DE CALIDAD AGROALIMENTARIA

1. Introducción

La importancia del sistema comunitario de denominaciones geográficas estriba en que el reconocimiento administrativo de las mismas –encarnado en la inscripción de la concreta figura de calidad en el Registro constituido en la Comisión Europea– implica la creación de un enérgico título de protección de carácter especial que se sustancia en el reconocimiento de un derecho de exclusiva a favor del colectivo de usuarios legítimos. En efecto, de la misma forma que ocurre en el campo de las marcas, la inscripción de la denominación geográfica implica la atribución de un derecho de exclusiva en favor del citado colectivo que ha impulsado (y obtenido) el acceso al registro de la denominación geográfica, y cuya estructura, estando conformada por una doble vertiente (positiva y negativa), se orientan a garantizar el cumplimiento de relevantes funciones en el tráfico económico; a saber, la función distintiva y la función de la garantía de la calidad de los productos. Piénsese que, mientras la vertiente positiva o monopolio de uso (*ius utendi*) permite la efectividad de ambas funciones en el mercado, la vertiente negativa o facultades de exclusión (*ius excludendi alios*) se orienta a evitar su negación a través de comportamientos desleales de terceras personas pertenecientes o no al citado colectivo.

Sin embargo, el estudio de las facultades de exclusión reconocidas a favor de las denominaciones geográficas no se agota con la exégesis de las normativas comunitarias horizontal y vitivinícola. Muy al contrario, el legislador comunitario ha realizado un llamamiento específico al Derecho interno de los Estados miembros, al afirmar en el párrafo tercero del artículo 13 del Reglamento (UE) núm. 1151/2012 que *"(l)os Estados miembros adoptarán las medidas administrativas y judiciales pertinentes para prevenir o detener cualquier uso ilegal de denominaciones de origen protegidas y de indicaciones geográficas protegidas producidas o comercializadas en el Estado miembro de que se trate"*. Constituye un precepto que ofrece una redacción mejorada respecto de la norma vitivinícola de la que trae causa, y extiende a todas las figuras de calidad una norma inicialmente prevista para el sector del vino. Es por ello que, junto a la protección dispensada por la normativa comunitaria, se disponen otros instrumentos tuitivos no menos importantes que, de hechura estatal, articula la llamada tutela *ex officio* de las denominaciones geográficas cualificadas en los diferentes Estados miembros. Así pues, es claro que ambos instrumentos comunitarios en materia de figuras de calidad no agotan la protección comunitaria de estos títulos de Derecho Industrial. Muy al contrario, además de la protección dispensada por el efecto directo de estos instrumentos normativos en el territorio de cada uno de los Estados miembros, el legislador comunitario ha hecho – lo hemos anotado – un llamamiento explícito en la normativa horizontal a los Ordenamientos internos de aquéllos, a los que obliga a adoptar medidas adecuadas y de naturaleza dispar para prevenir y, en todo caso, reprimir los actos lesivos desarrollados de las figuras de calidad en sus respectivos territorios. El resultado es una tutela *ex officio* que se yuxtapone y complementa al cuadro de acciones previstas a nivel comunitario[1].

---

1 Sobre esta dimensión pública de las figuras de calidad agroalimentaria y protección ex oficio de los Administraciones Públicas, consúltese, MARTÍNEZ GUTIÉREZ, A., *Denominaciones de origen e indicaciones geográficas en la Unión Europea*, Marcial Pons, Madrid, 2018, págs. 101 y sigs.; ID., "Protección europea de las figuras de calidad agroalimentarias. Tutela ex officio" en MARTINEZ GUTIERREZ / VÁZQUEZ RUANO (dirs), *Indicaciones geográficas y marcas: luces y sombras de una obligada convivencia comercial*, 1ª edic., Reus, Madrid, 2022, págs. 15 a 41.

Pues bien, antes de evaluar si todas estas previsiones normativas de carácter comunitario han podido verse comprometidas por la peligrosa práctica administrativa aquí examinada, creemos interesante dedicar algunas líneas a describir los aspectos más relevantes de esta exclusiva reconocida al colectivo de operadores económicos que ha impulsado el procedimiento de reconocimiento administrativo de aquéllas.

2. *Ius utendi*

Desde la adopción del primer instrumento de protección horizontal de las denominaciones geográficas protegidas, el legislador comunitario ha mantenido permanentemente la concesión de un monopolio de uso a favor de la agrupación impulsora del reconocimiento de la figura de calidad, cuya efectividad se produce – a salvo los efectos ligados a la tutela nacional transitoria – con ocasión de la inscripción en el Registro comunitario. Así se afirma en el párrafo primero del artículo 12 del Reglamento (CE) núm. 1151/2012, al ordenar que *"las denominaciones de origen protegidas y las indicaciones geográficas protegidas podrán ser utilizadas por cualquier operador que comercialice productos conforme al pliego de condiciones que les sea aplicable"*. Idéntica norma, pero referida exclusivamente al vino, se contiene el artículo 103 del Reglamento (UE) núm. 1308/2013.

Sin embargo, aun cuando el reconocimiento se ha realizado en unos términos sumamente generosos, la lectura detenida de este precepto nos permite detectar un doble parámetro que, presente en la normativa precedente, viene a reducir la amplitud inicial de la norma. Obsérvese, en este sentido, que al reconocer el derecho de exclusiva a favor de *"...cualquier operador que comercialice productos..."*, se está vetando incomprensiblemente el uso de la denominación geográfica a aquellos operadores que desarrollan su actividad económica en otras fases diferentes (y anteriores en todo caso a la fase indicada) del proceso productivo como son la producción, la transformación y la elaboración. Constituye, pues, una restricción injustificada del ámbito de aplicación del precepto que, desde luego, no encaja con las características definitorias de las denominaciones geográficas protegidas. Es por ello que, a nuestro juicio, la superación de este lamentable defecto pase por la interpretación sistemática de la citada norma con las definiciones normativas de las dos figuras de calidad, lo que permitiría enjugar esta deficiencia mediante la extensión del verbo *"...comercialice..."* a todas las fases de producción que se encuentren contempladas en el pliego de condiciones de la denominación geográfica concreta.

Pero además, frente al anterior parámetro, la lectura detenida del precepto revela que el uso exclusivo de la denominación geográfica reconocida e inscrita se hace pivotar sobre una condición del todo justificada; a saber, la observancia de los requisitos previstos en el concreto pliego de condiciones para la producción, elaboración y comercialización de los productos diferenciados con la denominación geográfica concreta. Y es que, al exigir que los productos agrícolas o alimenticios se comercialicen *"...conforme al pliego de condiciones que les sea aplicable"*, el legislador comunitario consiente que las denominaciones geográficas cumplan las dos funciones indicadas anteriormente que, a nuestro modo de ver, constituyen una versión adaptada de aquéllas otras desarrolladas por los signos distintivos en el mercado. Obsérvese, en este sentido, cómo el monopolio de uso reconocido en los términos anteriores a los usuarios legítimos de la denominación geográfica facilita que ésta se manifieste como un instrumento de diferenciación de carácter colectivo que permite identificar y distinguir unos productos, en cuanto procedentes de un determinado origen geográfico, cuyas características se manifiestan homogéneas y certificadas permanentemente a lo largo del tiempo. A tal fin, el legislador comunitario ha ordenado la inclusión de una referencia explícita –lo hemos visto- a las autoridades públicas u organismos de control en la solicitud de reconocimiento y en el pliego de condiciones, al constituir una instancia fiscalizadora de la permanente observancia de las exigencias contenidas en dicho documento por parte de los operadores económicos legitimados para usar la denominación geográfica.

Sin embargo, junto a esta obligación de cumplimiento de las exigencias del pliego, se ha impuesto otra de carácter formal que se prevé exclusivamente para los productos originarios de la Unión Europea, al dejar fuera de su radio de acción *"...a los productos originarios de terceros países comercializados con un nombre inscrito en el registro"* [art. 12.6º Reglamento (UE) núm. 1151/2012]. Se trata en esta ocasión, y como reconoce el Considerando 28 del citado cuerpo normativo, de obligar *"...a los productores a hacer figurar en los envases el símbolo de la Unión o la mención que sea pertinente en cada caso..."*. Dicha declaración programática ha sido desarrollada por el artículo 13 y anexo X del Reglamento de Ejecución (UE) núm. 668/2014, donde se ordena la inclusión preceptiva en el etiquetado de los productos sujetos a una figura de calidad de los símbolos de la Unión Europea asociados a ella acompañado del nombre registrado del producto. Como reconoce expresamente el reseñado Considerando del Reglamento (UE) núm. 1151/2012, *"...el uso de esos símbolos o menciones debe hacerse obligatorio con un doble objetivo: por un parte, lograr que los consumidores puedan conocer mejor esta categoría de productos y las garantías asociadas a ellos y, por otra, facilitar la identificación de estos productos en el mercado, y de este modo facilitar los controles..."*.

3. Ius excludendi alios

Entrando a examinar la vertiente negativa del derecho de exclusiva conferido a los usuarios de las denominaciones geográficas protegidas, resulta evidente que este monopolio de uso se garantiza mediante el reconocimiento de unas facultades de exclusión, cuya exposición se ha efectuado por el legislador comunitario en los artículos 13.1° y 14 del Reglamento (CE) núm. 1151/2012 y artículos 101 y 103 del Reglamento (UE) núm. 1308/2013. Constituyen cuatro preceptos ciertamente complejos que, ofreciendo un paralelo sistema tuitivo, dotan a las denominaciones geográficas protegidas de un amplio y sólido *ius prohibendi*, puesto que además facultar a la estructura de control, promoción y defensa de la denominación geográfica para vetar y perseguir determinados comportamientos poco honestos que resultan lesivos a este interés colectivo, vienen a dirimir también los conflictos suscitados con signos distintivos, estableciendo diferentes supuestos de prelación entre ellos en razón de las circunstancias particulares de cada uno de ellos.

Así pues, bajo el título "protección", los artículos 13.1° y 103.2° realizan una generosa delimitación positiva de los comportamientos susceptibles de lesionar las figuras de calidad. Obsérvese, en este sentido, cómo, por una parte, se prohíbe "*...cualquier uso comercial, directo o indirecto...*", "*...cualquier otro tipo de indicación...*" o "*...cualquier otra práctica...*" susceptible de infringir el derecho de exclusiva de la denominación geográfica. Pero además, y por otra parte, el legislador comunitario se ha decidido por la prevención como opción de política legislativa, al activar el resorte tuitivo en un estadio previo a la producción efectiva del resultado lesivo. Y es que las letras c) y d) del precepto vienen a vetar, respectivamente, no sólo las indicaciones falaces y los envases que "*...puedan crear una impresión errónea...*", sino también "*...cualquier otra práctica que pueda inducir a error...*" con independencia de que se genere de forma cierta y efectiva una situación del género en el mercado[2].

---

[2] Estas circunstancias han venido a fundamentar una tesis sobre la amplitud del *ius excludendi alios* reconocido a las denominaciones geográficas protegidas. *Vid.*, GOMEZ LOZANO, M.M.,

Sin embargo, aunque se produce un aparente efecto positivo en la tutela de las denominaciones geográficas registradas, lo cierto es que los preceptos aquí examinados no realizan una tipificación nítida de las conductas lesivas como sucede, por ejemplo, en el campos de las marcas, donde el ejercicio de las facultades de exclusión del titular se condiciona –como es sabido- a la concurrencia cumulativa de determinadas circunstancias fácticas que se encuentran descritas expresamente en la normativa y sobre las que ya existe una sólida jurisprudencia que guía la labor hermenéutica del intérprete. Muy al contrario, una atenta lectura de los supuestos de hecho aquí examinados nos revela la escasa técnica jurídica utilizada en su redacción, que traslada al intérprete la dificultad de definir los supuestos de hecho que activan el *ius excludendi alios* reconocido al colectivo de usuarios legítimos de las figuras de calidad. Y es que la indefinición y dispersión de las conductas ilícitas descritas en esos preceptos obliga al intérprete a realizar un importante esfuerzo argumental, donde se corre un riesgo evidente de ampliar por vía interpretativa los respectivos supuestos de hecho descritos en las citadas normas. Constituye un riesgo palpable que, a nuestro modo de ver, debe reducirse a través de un doble razonamiento. Y es que, al manifestar una naturaleza prohibitiva (y sancionadora), la exégesis de estos preceptos deberá efectuarse, por un lado, atendiendo al principio general del Derecho "*odiosa sunt restringenda, favorabilia sunt amplianda*" que contiene una interdicción de interpretaciones extensivas de normas restrictivas de derechos. Es por ello que, debiendo estar redactados de forma expresa y com-

---

Denominaciones de origen y otras indicaciones geográficas, Aranzadi, Cizur Menor, 2004, págs. 94 y sigs.; BOTANA AGRA, M., *Las denominaciones de origen,* Marcial Pons, Madrid, 2001, págs. 204 y sigs.

pleta, los preceptos que nos ocupan, habrá de ser objeto de una interpretación restrictiva o estricta[3].

Pero además, ha de recordarse que las denominaciones geográficas protegidas son, por otro lado, unos institutos encuadrados dentro de los derechos de propiedad industrial que constituyen una excepción a la prohibición general de establecer restricciones o medidas de efecto equivalente a la libertad de circulación de productos y servicios que se encuentra en la base del mercado interior de la Unión Europea. En efecto, después de insertar las citadas prohibiciones en los artículos 28 y 29, el artículo 30 del Tratado Constitutivo de la Comunidad Europea asevera que "(l)as disposiciones de los artículos 28 y 29 no serán obstáculo para las prohibiciones o restricciones a la importación, exportación o tránsito justificadas por razones de... protección de la propiedad industrial y comercial. No obstante, tales prohibiciones o restricciones no deberán constituir un medio de discriminación arbitraria ni una restricción encubierta del comercio entre los Estados miembros". Sin embargo, y como ya reconoce el precepto reproducido, tampoco dichas excepciones pueden ser interpretada de forma extensiva. Muy al contrario, con el objetivo de conseguir un correcto funcionamiento de este mercado interior y coordinar correctamente

---

3 Consúltense, por ejemplo, las Sentencias del Tribunal Supremo (Sala de lo Civil – Sección 1ª) de 3 de enero y 16 de marzo de 2010 (RJ 2010/4345). En el mismo sentido, las Sentencias de las Audiencias Provinciales de Zaragoza (Sección 5ª) de 16 de junio de 2014 (RJ 2014/197007); de Cuenca (Sección 1ª) de 26 de marzo de 2013 (AC 2013/1420), y de Alicante (Sección 9ª) de 24 de octubre de 2014 (JUR 2015/55942).

todos los intereses en juego, las citadas excepciones deberán ser interpretadas necesariamente de forma restrictiva[4].

La lectura de ambos preceptos permite identificar un amplio espectro de comportamientos prohibidos, cuyo criterio clasificativo –cogido prestado de la doctrina penalista- refiere precisamente la naturaleza misma de cada una de ellas. Obsérvese, en este sentido, cómo puede distinguirse entre comportamientos que se agotan con una simple actividad y comportamientos que constituyen la causa detonante de un resultado ilícito cuya concurrencia en la práctica resulta necesaria para activar el ius prohibendi. Al primer grupo de conductas, pertenecen el uso comercial directo o indirecto, el uso indebido, la usurpación, la imitación, la utilización de los productos protegidos como ingredientes o la utilización de indicaciones falaces. Por su parte, se integran en el segundo grupo la evocación, el riesgo de engaño, el aprovechamiento de la reputación ajena o la provocación del debilitamiento o la dilución del nombre protegido

---

4 Es patente la tensión dialéctica existente entre la territorialidad de los derechos de exclusiva ínsitos en los institutos de propiedad industrial y las prohibiciones comunitarias consistentes en las restricciones cuantitativas a la importación y en las medidas de efecto equivalente previstas en los citados artículos 28 y 29 del Tratado. Tensión que fue objeto de examen y resolución por la célebre Sentencia del Tribunal de Justicia de las Comunidades Europeas de 31 de octubre de 1974, dictada en el asunto C-16/74 (*Centrafarm BV contra Winthrop*), en cuyo fundamento jurídico núm. 11 ya prevé la necesidad de restringir el juego de la excepción, al aseverar que "*...si el titular de una marca pudiese impedir la importación de los productos distribuidos por él o con su consentimiento en otro Estado miembro, tendría la posibilidad de tabicar los mercados nacionales y, por lo mismo, restringir el comercio entre los Estados miembros en una situación en que tal restricción no es necesaria para garantizar el objeto específico del derecho sobre la marca*".

que ha sido el último comportamiento en tipificarse por el legislador comunitario mediante la reforma llevada a cabo por el Reglamento (UE) 2021/2117 del Parlamento Europeo y del Consejo de 2 de diciembre de 2021.

Junto a esta tipificación de comportamientos lesivos, los artículos 14 y 102, siendo intitulados, respectivamente, *"relaciones entre marcas, denominaciones de origen e indicaciones geográficas"* y *"relación con las marcas registradas"*, se ocupan de dirimir los conflictos entre ambos signos distintivos, estableciendo una especie de graduación de la tutela dispensada a las figuras de calidad en razón de -con carácter general- criterios de carácter puramente temporal. Si observamos detenidamente la versión actual del precepto, podremos constatar que el legislador comunitario ha diseñado un doble nivel de protección de las denominaciones geográficas protegidas frente a las marcas de empresa, cuyo fundamento último se encuentra en la prioridad temporal de uno u otro título de Derecho industrial.

Mientras el párrafo primero del artículo 14 del Reglamento (UE) núm. 1151/2012 establece una causa de denegación registral o de nulidad del asiento practicado de las marcas solicitadas o registradas posteriormente a una fecha concreta (prioridad registral de la denominación geográfica protegida), el párrafo segundo del citado precepto contiene un segundo nivel de protección que se manifiesta mucho más precario en todo caso. Y es que, lejos de establecer también como consecuencia jurídica la exclusión registral del signo posterior –en este caso, la denominación geográfica–, consiente su reconocimiento y autoriza, expresamente, la coexistencia con las denominaciones geográficas protegidas de aquellas marcas solicitadas, registradas o meramente usadas en una fecha anterior a la de referencia, condicionándola, eso sí, a la observancia de determinadas circunstancias que tratan, en nuestra opinión, de corregir los efectos negativas de esa peculiar previsión normativa. O dicho en otros términos, según cabe inferir de la redacción actual del precepto, el legislador comunitario ha establecido en este ámbito un doble estándar de protección de carácter progresivo que consiste, respectivamente, en la prelación de la denominación geográfica protegida frente a la marca o en la coexistencia (limitada) de los signos en conflictos, cuya eficacia en la práctica se hace depender de la prioridad temporal de los títulos de Derecho industrial concurrentes. De ahí que presente en esta sede una importancia de primer orden la concreción de las fechas de tutela de uno y otro signo, pues constituyen la circunstancia determinante para activar el párrafo primero o el segundo del artículo 14 y deducir así sus respectivas consecuencias jurídicas.

II. PRÁCTICA ADMINISTRATIVA NEGATORIA DE LA TUTELA DE LAS FIGURAS DE CALIDAD ANCLADAS AL TERRITORIO.

1. Aproximación al problema

Pese a la claridad de la normativa en este punto, la práctica diaria de los Registros de marcas español y comunitario revela, en supuestos conflictivos flagrantes, una particular exégesis de la normativa reguladora de las figuras de calidad antes esbozada que, tensionando la protección dispensada en la Unión Europea, resulta contraria a los intereses subyacentes en aquéllas. En efecto, desconociendo la obligación de proteger de oficio estos títulos de calidad agroalimentaria anclados al territorio e inaplicando las prohibiciones absolutas o motivos de denegación de carácter absoluto contenidos en la normativa marcaria, ambos Registros vienen adoptando reiteradamente resoluciones contrarias a los intereses de la figura de calidad, al permitir la inscripción registral de marcas integradas por todo o parte del nombre protegido para diferenciar productos idénticos a aquéllos de carácter certificado.

Y es que, a través de una simple limitación de la lista de productos que acompaña la solicitud de registro, los examinadores -por cierto, no movilizados de oficio y activados por terceros- desestiman la oposición presentada por el órgano de gestión de la figura de calidad o ignoran las observaciones de terceros presentadas, entre otros, por el Ministerio de Agricultura, y terminan concediendo la inscripción de semejantes marcas geográficas que, con una claridad meridiana, vienen a solaparse con una concreta la figura de calidad. En particular, y me atrevo a reproducir un inciso reflejado frecuentemente en estas resoluciones administrativas, se asevera que *"no se tienen en cuenta las observaciones de terceros según escrito de la Dirección Gral. de Industria Alimentaria del MINISTERIO DE AGRICULTURA, PESCA Y ALIMENTACIÓN basado en el artículo 5. 1 f), g) y h) de la Ley 17/2001, Ley de Marcas, por la limitación efectuada por la solicitante en los productos, en el caso del aceite, a aquel amparado por LA IGP ACEITES DE JAÉN, por lo que ya no se considera de aplicación el citado artículo en este caso"*. Parece, pues, que la adecuación entre la información suministrada por la estructura del signo y las características de los productos o servicios permitiría dicha inscripción, al no comprometer la función distintiva del origen geográfico desarrollada por las figuras de calidad, ni inducir a error a los consumidores.

Pero es más, esta particular interpretación del cuadro normativo comunitario encuentra su fundamento, en el caso del Registro europeo, en las *Directrices relativas al examen de las marcas de la Unión Europea aprobadas por la EUIPO mediante la Decisión del Director Ejecutivo núm. EX – 23-2, de 24 de marzo de 2023* (con entrada en vigor el 31 de marzo). En efecto, la lectura de este documento permite deducir que esta Institución europea, lejos de mostrar una mayor sensibilidad por la tutela de estas figuras de calidad comunitarias, transita hacia esta misma interpretación lesiva a los intereses colectivos que subyacen en aquéllas. En estas Directrices puede leerse, con relación al motivo de denegación absoluto contenido en el artículo 7.1º j) RMUE, que las objeciones formuladas con arreglo a este precepto *"...podrán desestimarse si los productos pertinentes se restringen para cumplir el pliego de condiciones de la IG en cuestión"*. Otro tanto se apunta con relación al motivo de denegación relativo contemplado en el artículo 8.6º RMUE. Constituye, desde luego, una solución que ha recalado en la *Guía de Examen de Prohibiciones de Registro* que tiene adoptada la OEPM, donde puede leerse, con relación a la prohibición contenida en el artículo 5.1º h) LM, que *"Cuando el signo solicitado incurra en esta prohibición se procederá al suspenso de fondo con indicación acerca de si existe la posibilidad de subsanarlo limitando la lista de productos solicitados indicando que los mismos se encuentran amparados por la DOP/IGP en cuestión"*.

2. *Nefastas consecuencias derivadas de semejante interpretación administrativa*

Como resultado de esta particular interpretación, se produce la consolidación de una marca controvertida en el Registro (que no en el mercado) y, por tanto, la atribución de un derecho de exclusiva sobre el nombre protegido de carácter público a un particular (y no al órgano de gestión de la figura de calidad). Intereses públicos de carácter colectivo y privado de carácter individual confluyen en semejante escenario conflictual, cuya coordinación en la práctica no resulta nada fácil.

Es verdad que, mientras no se decida el uso de la marca en el tráfico económico, el derecho marcario resulta aparentemente inocuo, al quedar relegado el conflicto a un plano claramente registral. El propio sistema marcario tiene, sin embargo, resortes para expulsar aquellos signos especulativos no llamados a ser usados en el mercado, de tal manera que la acción de caducidad por falta de cumplimiento de la carga de uso permitiría a medio plazo enjugar el Registro de estos signos distintivos potencialmente lesivos.

Sin embargo, decimos aparentemente inocuo porque la mera titularidad registral de ese signo provoca evidentes efectos negativos para la figura de calidad. Por un lado, una inscripción del género provoca, a nuestro modo de ver, un claro aprovechamiento privado, por parte de un tercero ajeno al círculo de usuarios legítimos, no sólo de las inversiones promocionales, de carácter público y privado, realizadas por el órgano de gestión, sino también de la notoriedad y prestigio de la figura de calidad, lo que puede cuantificarse y monetizarse a través de la cesión posterior del título a un tercero. De hecho, una inflación de signos distintivos integrados por el nombre protegido puede provocar -así lo tiene afirmado recientemente el legislador comunitario- una dilución o debilitamiento del nombre protegido.

Pero además, la inscripción de semejante signo obliga a los órganos de gestión de las figuras de calidad, por otro lado, a invertir tiempo y dinero no siempre disponibles para combatirla en un doble frente. Obsérvese que, además investigar en la práctica comercial la utilización hipotética de dicho signo controvertido para corroborar la corrección del producto diferenciado y su adecuación a las características del pliego, el Consejo Regulador se ve compelido, en ejercicio de una competencia pública atribuida por la Administración competente, al ejercicio de acciones administrativas y judiciales para la defensa de los intereses colectivos subyacentes en la concreta figura de calidad.

En estas circunstancias, creemos que debería abrirse una profunda reflexión sobre esta tesis hermenéutica defendida, hasta la fecha, por los Órganos administrativos que monopolizan la gestión de la propiedad industrial en España y Europa, respectivamente. Y, en este sentido, creemos que no faltan razones para sostener una posición contraria a semejante planteamiento administrativo. Veámoslas.

3. Argumentario opuesto a dicha exégesis administrativa

A la vista de cuanto antecede, creemos que la interpretación de estos motivos de denegación absolutos y relativos existentes en la normativa marcaria y en aquella otra sobre protección de las figuras de calidad resulta incorrecta por las razones que trataremos de expresar seguidamente.

a) Las Directrices de la EUIPO carecen de valor jurídico

Debe partirse de un hecho nada desdeñable que parece haberse preterido por los examinadores de los Registros de marcas; a saber, aun cuando las Directrices relativas al examen de las marcas de la Unión Europea transitan hacia esta interpretación lesiva de los intereses colectivos subyacentes en estas figuras de calidad, debe subrayarse que constituye un fundamento insuficiente a estos efectos por carecer de valor jurídico. En efecto, en la introducción de este denso documento puede leerse que "*...las Directrices de la Oficina no constituyen actos jurídicos, sino normas de conducta autoimpuestas adoptadas mediante una decisión administrativa...*". Otro tanto puede decirse de las instrucciones existentes dentro de la OEPM.

b) Las figuras de calidad son dominio público. Imposibilidad de apropiación individual

Ha de subrayarse igualmente que las figuras de calidad reconocidas e inscritas en el Registro comunitario son dominio público y, por tanto, no pueden ser adquiridos o apropiados por los particulares. Léanse, en este sentido, el artículo 10.1°

Ley 2/2011, de 25 de marzo, de Calidad Agroalimentaria y Pesquera de Andalucía, donde se afirma que *"Los nombres geográficos protegidos de las DOP, IGP e IGBE son bienes de dominio público y no pueden ser objeto de apropiación individual, venta, enajenación o gravamen. La titularidad de estos bienes de dominio público corresponde a la Comunidad Autónoma de Andalucía cuando comprenda exclusivamente el territorio de esta Comunidad"*. Recuerda este carácter demanial del nombre protegido el artículo 8.4° del Real Decreto 1335/2011, de 3 de octubre, por el que se regula el procedimiento para la tramitación de las solicitudes de inscripción de las denominaciones de origen protegidas y de las indicaciones geográficas protegidas en el registro comunitario y la oposición a ellas.

Siendo así, y aun cuando la prohibición de registro de estos signos no hace distinciones, creemos que el registro de una marca del género solo podría impulsarse y obtenerse por quien tiene la titularidad del nombre o, en su caso, por quien tiene atribuidas funciones públicas delegadas relativas a la gestión, promoción y defensa del nombre; esto es, los Consejos Reguladores. Fuera de estos casos, el solicitante carecería de legitimación activa para depositar semejante solicitud de inscripción marcaria. O dicho con otras palabras, al tratarse de un bien demanial perteneciente a la Comunidad Autónoma y gestionado por un Consejo Regulador, ningún tercero podría apropiarse del mismo, ni gravarlo a través del registro de marcas que implique la atribución de derechos de exclusiva a su favor.

c) Reconocimiento de un derecho de uso de la figura de calidad a favor de operadores económicos

Cabe destacar la existencia de un argumento literal nada irrelevante que, como es notorio, constituye el primer criterio hermenéutico contemplado en el artículo 3.1° del Código Civil. Y es que los artículos que dibujan el derecho de exclusiva de las figuras de calidad, solo reconocen un derecho de uso a favor de los operadores económicos inscritos, cuyo ejercicio debe ser conforme a las exigencias contempladas en el pliego de condiciones. Léase el artículo 12.1º R(UE) 1151/2012, donde se afirma que "Las denominaciones de origen protegidas y las indicaciones geográficas protegidas podrán ser utilizadas por cualquier operador que comercialice productos conformes al pliego de condiciones que les sea aplicable".

Se trata, pues, de un derecho de usar que se encuentra condicionado a una serie de requisitos que, en la práctica, implican (i) la inscripción del operador en los registros existentes en el Consejo Regulador, (ii) su sometimiento a la auditoría a desarrollar por el órgano de control que permita confirmar la aptitud de sus instalaciones para la obtención del producto protegido, (iii) el abono de las cuotas aprobadas por el Consejo Regulador y (iv) el cumplimiento, junto al pliego, de la normativa interna aprobada por acuerdos plenarios de éste. No cabe ninguna duda que, si un operador económico cumple semejante nivel de exigencias normativas, satisface sus cuotas de pertenencia al Consejo Regulador y obtiene el certificado positivo del órgano de control, quedará autorizado para utilizar -no para registrar- el nombre protegido en el etiquetado de los productos a modo de indicación de procedencia cualificada, lo que vendrá a suministrar información en el mercado sobre su origen geográfico, pero también sobre aquellas características físico-químicas y organolépticas que son garantizadas y certificadas a los consumidores mediante las contraetiquetas (certificados de origen) suministradas por el propio Consejo Regulador.

Ahora bien, este derecho de usar no se reconoce al operador económico ajeno a dicha agrupación de operadores económicos que no goza de derecho alguno sobre la figura de calidad, por lo que ni puede usar del nombre con relación a sus productos (art. 12.1º R(UE) 1151/2012), ni mucho menos podría obtener una exclusiva sobre el nombre protegido mediante el registro de una marca geográfica. Sostiene esta tesis, por ejemplo, la reciente Sentencia del Tribunal Supremo de 12 de abril de 2021 ([5]), dictada en el conflicto suscitado entre la DOP Ribera del Duero y la marca "Lar de Duero" para diferenciar vinos acogidos a la citada DOP, y que ha venido a confirmar la Sentencia dictada por el Tribunal Superior de Justicia de Madrid de 5 de marzo de 2020 ([6]), donde se revocaba la resolución de concesión de la marca controvertida que había sido dictada por la OEPM desestimando las pretensiones del Consejo Regulador. En dicha Sentencia del Alto Tribunal, se asevera, con remisión a otros pronunciamientos recientes [SSTS de 20 de noviembre, 10 y 17 de diciembre de 2020 ([7])], que la marca solicitada "Lar de Duero" puede "... inducir a error al público sobre la naturaleza, calidad o procedencia geográfica de los productos, pues los consumidores pueden creer que los vinos protegidos por la marca tienen el respaldo de la Denominación de Origen "Ribera del Duero", siendo así que no solo no consta la autorización del Consejo Regulador de la Denominación de Origen Protegida, sino que fue dicho Consejo Regulador quien interpuso el recurso contencioso-administrativo contra la resolución administrativa que había autorizado el registro de la marca...". Además, y con relación a la prohibición de signos engañosos contenida en la normativa de marcas, se asevera que ha de interpretarse "...en el sentido de que no procede que accedan al registro aquellos signos que incorporen en el elemento denominativo términos o vocablos identificativos o evocadores

---

5 RJ 2021/1733

6 JUR 2020/275282.

7 Todas ellas publicadas en el Repertorio de Jurisprudencia: RJ 2020/4865; RJ 2020/4864 y RJ 2020/4984).

de una Denominación de Origen..., que produzcan en los consumidores una falsa impresión sobre las características o verdadera naturaleza del producto o acerca de su calidad o su procedencia geográfica, sin necesidad de acreditar que con la inscripción de la marca nacional se persiga un interés ilegítimo, pues la finalidad objetiva de la prohibición absoluta que analizamos es tratar de evitar la profusión de marcas que tengan un carácter engañoso respecto de la información que transmiten al consumidor...".

d) El derecho de uso de las figuras de calidad no implica el derecho de registrar una marca y obtener un derecho de exclusiva sobre el nombre protegido

Otro argumento contrario a la interpretación sustentada por los Registros se encuentra en la literalidad del artículo 14.1º del Reglamento (UE) N. º 1151/2012, cuya literalidad depone abiertamente en contra de aquélla. Obsérvese, en este sentido, cómo bajo el título *"(r)elaciones entre marcas, denominaciones de origen e indicaciones geográficas"*, dicho artículo impone la denegación o, en su caso, la anulación de la marca controvertida que haya sido solicitada en fecha posterior a aquélla de prioridad de la figura de calidad, cuando concurra cumulativamente una triple circunstancia; a saber, la preexistencia de una indicación geográfica protegida; la solicitud en fecha posterior de una marca incursa en alguna de las circunstancias descritas en el artículo 13 y, por último, la identidad productiva de los signos en liza, esto es, la aplicación del signo pretendido *"...a un producto del mismo tipo que la denominación de origen o indicación geográfica..."*. La rotundidad de la letra del precepto es manifiesta y su deducción, por otra parte, no se encuentra subordinada a ninguna otra condición, por lo que puede deducirse contra operadores inscritos o no inscritos en el Consejo Regulador que gestiona la figura de calidad afectada.

e) La limitación de la lista de productos no elimina la totalidad de consecuencias negativas sobre la figura de calidad derivadas de semejante marca controvertida

Debe subrayarse que la limitación de la lista de productos no elimina la totalidad de las consecuencias negativas susceptibles de producirse en la figura de calidad con ocasión del registro de semejante marca geográfica. Aun cuando, en teoría, dicha limitación pudiera enjugar el riesgo de engaño ínsito en el signo controvertido por la perfecta correspondencia existente entre la información transmitida por el signo y los productos a los que va referido, lo cierto es que deja irresolutos otros efectos lesivos concurrentes[8]. En efecto, al ir referido a produc-

---

[8] En contra de este planteamiento teórico expuesto en el texto se ha mostrado recientemente, y de forma reiterada, la Sala de lo Contencioso-administrativo del Tribunal Supremo. Consúltense, por ejemplo, las Sentencias de 20 de noviembre, 10 y 17 de diciembre de 2020, dictadas en asuntos relativos a la protección del Cava (frente a las marcas *Deepsea Cava, Cavarquia Barcelona y Cava Brot Vins de Taller*), así como la Sentencia de 12 de abril de 2021 relativa a la DOP Ribera del Duero (frente a la marca *Lar de Duero*). En ellas puede leerse que "*...procede señalar que cuando el solicitante de la marca novel incluye términos identificativos o evocadores de una Denominación de Origen, sin poseer ningún título legitimador que demuestre su capacidad de disposición de los productos protegidos por dicha Denominación de Origen, y reivindique exclusivamente productos amparados por la propia Denominación de Origen, habría que valorar si se produce fraude de ley, dada la relación de interdependencia existente entre el signo cuyo registro se pretende y los productos que se designan, por cuanto puede ser uno de los elementos determinantes del juicio sobre el error que es susceptible de producirse en el público acerca de la naturaleza, calidad u origen*

geográfico del producto designado, cuya valoración corresponde, en primer término, a la Oficina Española de Patentes y Marcas, y, en último término, a los tribunales de lo contencioso-administrativo.

A tal efecto, cabe poner de relieve que, tal como se desprende de la doctrina jurisprudencial de la Sala de lo Contencioso-Administrativo del Tribunal Supremo, así como del Tribunal de Justicia de la Unión Europea, el Derecho de marcas constituye un elemento esencial de un sistema de competencia no falseada, cuyo objeto específico es garantizar la libre competencia y la transparencia del mercado, impidiendo que accedan al registro signos marcarios que distorsionen el tráfico económico o jurídico del producto o servicio reivindicado. Pero, a la vez, el Derecho de Marcas cumple la función esencial de garantizar al consumidor la capacidad de elección del producto o servicio ofrecido, para lo cual el signo marcario debe ofrecerle una información fidedigna sobre el origen y la calidad de los productos o servicios designados, permitiéndole distinguir, sin riesgo de error o confusión posible, dichos productos de los que tienen otra procedencia.

En suma, estimamos que el Tribunal de instancia no ha infringido el artículo 5.1 g) de la Ley 17/2001, de 7 de diciembre , de Marcas, en relación con lo dispuesto en el artículo 4 del citado texto legal, al apreciar que concurre el presupuesto de aplicación de la citada prohibición absoluta, puesto que partiendo del contexto interpretativo de la referida disposición marcaria que hemos expuesto, mantenemos que no resulta irrazonable la valoración del riesgo de error que se puede producir en el público interesado que consume vinos espumosos, que podría entender que los productos ofrecidos bajo la marca "Deepsea cava" están elaborados de acuerdo con los métodos tradicionales, auspiciados por el Consejo Regulador de la Denominación de Origen Cava, y que, en consecuencia, gozan de una calidad equivalente a los elaborados conforme a los pliegos de condiciones de la citada Denominación de Origen Protegida.

Debemos precisar, además, que la aplicación de la prohibición absoluta de acceso al registro de marcas contemplada en el artículo 5.1 g) de la Ley 17/2001, de 7 de diciembre , de Marcas, tiene un carácter autónomo respecto de la aplicación de las demás causas de prohibición absoluta previstas en la referida disposición legal, en cuanto goza de sustantividad propia debido a la marcada especialidad del presupuesto de poder inducir al

tos del mismo tipo que la denominación de origen, semejante signo distintivo incurre en algunas de las conductas prohibidas por el artículo 13.1º R(UE) 1151/2012. Piénsese, por ejemplo, que la inclusión del topónimo protegido en dicha marca para diferenciar esa tipología de productos podría interpretarse como (i) un uso indebido, al no gozar de autorización alguna por parte del Consejo Regulador; (ii) una imitación, que ha de definirse conforme a las pautas interpretativas de las marcas comerciales; (iii) un aprovechamiento de la reputación ajena; (iv) un riesgo de dilución del nombre protegido, o mucho más evidente, (v) un supuesto de evocación que se ha interpretado recientemente en la STJUE (Sala Quinta) de 9 de septiembre de 2021, asunto C-783/19 (Champanillo), fundamento jurídico 66, como sigue:"...la «evocación» a que se refiere dicha disposición, por una parte, no exige, como requisito previo, que el producto amparado por una DOP y el producto o el servicio cubierto por el signo controvertido sean idénticos o similares y, por otra parte, queda acreditada cuando el uso de una denominación hace surgir, en la mente de un consumidor europeo medio, normalmente informado y razonablemente atento y perspicaz, un vínculo suficientemente directo y unívoco entre esa denominación y la DOP. La existencia de tal vínculo puede resultar de varios elementos, en particular, la incorporación parcial de la denominación protegida, la semejanza fonética y visual entre ambas denominaciones y la similitud que de ella se deriva, y aun a falta de tales elementos, de la proximidad conceptual entre la DOP y la denominación de que se trate o incluso de una similitud entre

---

público a error acerca de la naturaleza, calidad o procedencia geográfica del producto, que determina la exclusión de aquellos signos que resulten claramente engañosos o no transmitan una información fidedigna sobre la procedencia o la calidad del producto o servicio designados, aunque se aprecia una cierta conexión sistemática con las prohibiciones absolutas tipificadas en los apartados c), f) y h) de la Ley de Marcas."

los productos amparados por esa misma DOP y los productos o servicios amparados por esa misma denominación. En el marco de esta apreciación, corresponde al órgano jurisdiccional remitente tener en cuenta todos los elementos pertinentes en torno al uso de la denominación de que se trate…"

Es evidente, pues, que una marca integrada por el topónimo protegido para diferenciar productos del mismo tipo conformes con el pliego de condiciones de la figura de calidad lesionada incurre en un supuesto de evocación, toda vez que permite en la mente del consumidor semejante vinculación prohibida entre la marca y la figura de calidad. Conexión prohibida que, a nuestro modo de ver, se ve fortalecida a través de la propia referencia incluida en la lista de productos sobre su adecuación a las condiciones y requisitos previstos en el pliego de condiciones de la figura de calidad. Léase, en este sentido, la reciente Sentencia del Juzgado de lo Mercantil núm. 1 de Granada, de Marcas, Patentes y Protección Jurídica del Diseño Industrial, dictada el 7 de diciembre de 2022, por la que se estimó la acción de nulidad ejercitada por el Consejo Regulador de la IGP Aceite de Jaén contra la marca "Jaén Puro" registrada para diferenciar aceites de oliva virgen extra amparados en la IGP "Aceite de Jaén". En su fundamento jurídico tercero se asevera que "…es evidente que el uso de la expresión "Jaén" dentro de la marca objeto de impugnación avocaría a que cualquier consumidor medio, normalmente informado y razonablemente atento y perspicaz, relacionaría el producto identificado con dicha marca con la IGP "Aceite de Jaén", lo que determina, a la luz de lo dispuesto en la STJUE de 2 de mayo de 2019, que el uso de dicha marca en el mercado es susceptible de producir en el consumidor medio una evocación de la IGP protegida…".

A partir de esta evocación, se podría sustentar, siguiendo al Tribunal de Justicia, un aprovechamiento de reputación ajena por parte de la marca controvertida (Sentencia de 14 de septiembre de 2017, dictado en el asunto C-56/16P (Porto/Port), en cuyos fundamentos jurídicos 115 y 123 se asevera que "...no puede considerarse que la incorporación en una marca de una denominación protegida en virtud del Reglamento n.o 1234/2007, como la denominación de origen «Port», explote la reputación de la denominación de origen, en el sentido del artículo 118 quaterdecies, apartado 2, letra a), inciso ii), de dicho Reglamento, cuando tal incorporación no lleva al público pertinente a asociar esta marca o los productos para los que se registró la marca con la denominación de origen de que se trate o el producto vitivinícola para el que ésta se protege..." y que "...puede haber «evocación» incluso si no existe riesgo alguno de confusión entre los productos considerados, ya que lo que importa es especialmente que no se cree en la mente del público una asociación de ideas sobre el origen del producto, y que un operador no aproveche indebidamente la reputación de una indicación geográfica protegida (véase, en particular, la sentencia de 21 de enero de 2016, Viiniverla, C-75/15, EU:C:2016:35, apartado 45)...").

f) El pretendido registro de marca debe calificarse de fraude de ley

La aceptación de tesis interpretativa sustentada de contrario sobre la viabilidad de marcas integradas por la totalidad o parte del topónimo protegido para diferenciar productos del mismo tipo que aquéllos protegidos a condición de que sean respetuosos con las condiciones del pliego, burla la protección de las figuras de calidad a través de la aparente eliminación del riesgo de engaño. Sin embargo, bien miradas las cosas, podríamos sustentar que nos encontramos ante un auténtico fraude de ley prohibido por el artículo 6.4° CC donde se ordena que *"los actos realizados al amparo del texto de una norma que persigan un resultado prohibido por el ordenamiento jurídico, o contrario a él, se considerarán ejecutados en fraude de ley y no impedirán la debida aplicación de la norma que se hubiere tratado de eludir"*. Obsérvese cómo la mera limitación de la lista de productos enjuga el riesgo de engaño de la marca controvertida, pero deja irresolutos otros efectos lesivos para las figuras de calidad agroalimentarias que también concurren como, por ejemplo, el aprovechamiento de la reputación ajena o el peligro de dilución del signo protegido.

g) La aplicación analógica del Derecho de marcas depone en contra

Si acudimos al Derecho de marcas y lo aplicamos analógicamente al presente escenario conflictual, podemos obtener una conclusión nada desdeñable; a saber, que la normativa aplicable al signo distintivo por excelencia depone en contra de esta posibilidad. Obsérvese cómo, por un lado, la doble identidad se encuentra reprendida por definición en el ámbito marcario, dotando una protección absoluta a la marca registrada, por lo que resulta extraño la admisión de semejante supuesto en el ámbito de las figuras de calidad.

Del mismo modo, debe subrayarse, por otro lado, el punto de incongruencia en este planteamiento defendido por las Oficinas de marcas; a saber, si la protección reconocida a las marcas (también de las figuras de calidad) se extiende a supuestos en los que los signos controvertidos son similares y van referidos a productos semejantes (no idénticos), ¿cómo es posible que se niegue protección a las figuras de calidad frente a signos (cuasi) idénticos destinados a la diferenciación de productos idénticos, esto es, de la misma tipología y respetuosos con las condiciones del pliego de la figura de calidad concreta?.

Pero además, ha de resaltase para finalizar que semejante supuesto controvertido está claramente superado en el ámbito del Derecho de marcas, al que debemos acudir – una vez más – de forma analógica. Piénsese, en este sentido, cómo un distribuidor de productos de un fabricante que sea además licenciatario de la marca no puede registrar para sí el signo licenciado. Y es que, aun cuando no concurriría un supuesto de confusión de orígenes empresariales de los productos (al derivar todos ellos de la misma empresa), las marcas idénticas estarían en manos de dos empresarios diferentes, por lo que no parece que la falta de lesión de la función principal de la marca (a la sazón, función distintiva del origen empresarial) sea determinante para negar la protección al signo licenciado en semejante supuesto.

III. CONCLUSIONES

A la vista de cuanto antecede, creemos que la práctica administrativa aquí examinada carece de fundamento jurídico sólido y debe ser corregida a la mayor brevedad para dotar de protección los intereses colectivos subyacentes en las figuras de calidad. Una marca conformada por un nombre protegido para diferenciar productos idénticos a los que aquél diferencia debe resultar inviable por definición, esté o no inscrito el operador que la impulsa. Y ello, sobre todo, por carecer de legitimación para usar y apropiarse a través de la exclusiva de un nombre demanial. Ahí deben estar atentas las Oficinas que han de servir -creemos- de filtro de estos signos controvertidos más flagrantes, a lo que están obligadas no solo por el control de oficio de las prohibiciones absolutas previsto en el art. 20.1° LM o de los motivos absolutos contemplado en el artículo 42.1° RMUE, sino también por el artículo 13.3° R(UE)1151/2012.

La intervención de los Consejos Reguladores, por su parte, debería quedar relegada, en el ámbito registral o judicial, a los casos más discutibles referidos, por ejemplo, a marcas integradas por indicaciones indirectas de procedencia y, sobre todo, a la defensa de los nombres protegidos fuera de la sede registral donde -como es notorio- no existe control administrativo alguno.

Conflictos entre denominaciones de origen y marcas: presente y futuro

VIRGINIA MELGAR
Presidente de la 5ta sala de recurso de la EUIPO[1]

SUMARIO: I. INTRODUCCIÓN. II. DEFINICIONES Y PRINCIPIOS BÁSICOS EN MATERIA DE MARCA DE LA UE. MOTIVOS ABSOLUTOS DE RECHAZO (ARTÍCULOS 7(1)(J)(K). 1. Recorrido por algunos casos. III. MOTIVOS RELATIVOS. IV. DOS DOP MUY ESPAÑOLAS: EL JAMÓN DE JABUGO Y EL DE GUIJUELO. V. FUTURAS REFORMAS. INICIATIVAS LEGISLATIVAS. PRINCIPALES PUNTOS DE LAS IG AGRICOLAS. VI. INICIATIVAS LEGISLATIVAS. VII. PRINCIPALES PUNTOS DE LAS IG AGRICOLAS. VIII. LAS IG NO AGRÍCOLAS. IX. MEDIDAS LEGISLATIVAS. X. PRINCIPALES PUNTOS DE LA PROPUESTA DE LAS IG NO AGRÍCOLAS. XI. CAMBIOS INTERESANTES RESPECTO A LOS RECURSOS ACTUALES

I. INTRODUCCIÓN

En 1992 la unión europea (entonces la CEE) estableció unos regímenes de calidad para productos alimenticios, vinos y bebidas espirituosas a través de una serie de instrumentos jurídicos constituidos en reglamentos. Esta política de calidad y estos instrumentos jurídicos se han perpetuado hasta hoy sin grandes o significativas modificaciones. Una modernización

---

1 La opinión expresada por la autora en este trabajo no implica a la EUIPIO.

de estos reglamentos ha sido recientemente propuesta por la Comisión europea.

No voy aquí a recordar los conceptos sino a relatar de manera resumida la interacción entre los regímenes de calidad y la marca de la unión europea (antes marca comunitaria) establecida por el reglamento 40/93 que entró en vigor en 1994, recibiéndose las primeras solicitudes de marcas en 1996.

En 2016 con una entrada en vigor progresiva, el reglamento de la marca ha sido modificado y ha integrado el concepto de marca de certificación. La marca colectiva en cuanto a ella existía desde el reglamento original.

Cuando empezó nuestra actividad en 1996, no teníamos claro nuestro papel en relación con estos conceptos jurídicos y llevo algún tiempo incluirlas en nuestras directrices de examen. Durante mucho tiempo en examen de motivos absolutos de marcas se denegaba una marca si consistía o evocaba una DOP/IGP registrada, sobre la base que la marca era contraria al orden público (objeción prevista en el artículo 7(1)(f) del Reglamento de marca comunitaria) y las oposiciones basadas en una DOP/IGP lo eran en base al artículo 8(4) del RMC bajo el concepto de 'otros signos'.

Muy poca jurisprudencia se generó durante muchos años. En 2009 la reforma de nuestro reglamento permitió mejorar la calidad del examen de marcas en relación a estas figuras de calidad y todo se consolidó en la reforma de 2016. Muchísimos casos se cuentan desde entonces tanto en motivos absolutos como en motivos relativos. Me es difícil seleccionar un panorama de dichos casos pero me he concentrado en productos populares en España o en las DOP/IGP españolas, intentando poner de relieve los buenos productos de esta maravillosa región de Castilla y León. Debo decirles que la mayoría de los casos de conflictos entre marcas y DOP's o IGP's tienen que ver con vinos, así que he tenido que buscar mucho para presentarles casos de otros productos. En paralelo, una interesante jurisprudencia del Tribunal de Justicia de la Unión Europea se ha venido desarrollando sobre la base de cuestiones prejudiciales planteadas por tribunales españoles, franceses, alemanes e italianos en su mayoría. Gracias a esta jurisprudencia tenemos una dirección clara de parte del alto tribunal sobre el concepto de evocación (véanse los casos Verlados/Calvados, Queso Manchego, queso Morbier o Champanillo).

II. DEFINICIONES Y PRINCIPIOS BÁSICOS EN MATERIA DE MARCA DE LA UE

El **artículo 4 del RMUE** en su última modificación establece los signos que pueden constituir una marca de la Unión. Se dice que "Podrán constituir marcas de la Unión cualesquiera signos, en particular, las palabras, incluidos los nombres de personas, los dibujos, las letras, las cifras, los colores, la forma del producto o de su embalaje, o los sonidos, con la condición de que tales signos sean apropiados para:

- distinguir los productos o los servicios de una empresa de los de otras empresas;
- ser representados en el Registro de Marcas de la Unión Europea (en lo sucesivo, el «Registro») de manera que permita a las autoridades competentes y al público en general determinar el objeto claro y preciso de la protección otorgada a su titular."

El **artículo 74 del RMUE** dispone que "Podrán constituir «marcas colectivas de la Unión Europea» (en lo sucesivo, «marcas colectivas de la Unión») las marcas de la Unión así designadas al efectuarse la presentación de la solicitud que sean adecuadas para distinguir los productos o servicios de los miembros de la asociación que sea su titular, frente a los productos o servicios de otras empresas. Podrán solicitar marcas colectivas de la Unión las asociaciones de fabricantes, productores, prestadores de servicios o comerciantes que, a tenor de la legislación que les sea aplicable, tengan capacidad, en su propio nombre, para ser titulares de derechos y obligaciones de cualquier tipo, de celebrar contratos o de realizar otros actos jurídicos y tengan capacidad procesal, así como las personas jurídicas de Derecho público. No obstante lo dispuesto en el artículo 7, apartado 1, letra c), podrán constituir marcas colectivas de la Unión con arreglo al apartado 1 los signos o las indicaciones que puedan servir, en el comercio, para señalar la procedencia geográfica de los productos o de los servicios. El derecho conferido por la marca colectiva no permitirá a su titular prohibir a un tercero el uso en el comercio de tales signos o indicaciones, siempre que dicho uso se realice con arreglo a prácticas leales en materia industrial o comercial; en particular, dicha marca no podrá oponerse a un tercero autorizado a utilizar una denominación geográfica".

Finalmente **el artículo 83** establece que "Una marca de certificación de la Unión será una marca de la Unión que se describa como tal en el momento de la solicitud y que permita distinguir los productos o servicios que el titular de la marca certifica por lo que respecta a los materiales, el modo de fabricación de los productos o de prestación de los servicios, la calidad, la precisión u otras características, con excepción de la procedencia geográfica, de los productos y servicios que no posean esa certificación. Toda persona física o jurídica, incluidas las instituciones, autoridades y organismos de Derecho público, podrá solicitar marcas de certificación de la Unión, a condición de que dicha persona no desarrolle una actividad empresarial que implique el suministro de productos o la prestación de servicios del tipo que se certifica".

La interacción entre DOPs e IGPs se realiza en dos momentos procesales del examen de una solicitud de marca de la UE, en el primer examen *ex oficio* de la oficina aplicando motivos absolutos de rechazo y en particular los artículos 7(1)(j) y 7(1)(k) y como base de examen de motivos relativos ya sea en una oposición (pre registro) o en un procedimiento de anulación (post registro).

III. MOTIVOS ABSOLUTOS DE RECHAZO (ARTÍCULOS 7(1)(J)(K)

El artículo 7, apartado 1, letra j), del RMUE prevé la denegación de las MUE cuyo registro se excluya con arreglo a la legislación de la Unión Europea o el derecho nacional o a los acuerdos internacionales en los que sea parte la Unión Europea o el Estado miembro de que se trate y que confieran protección a denominaciones de origen e indicaciones geográficas.

Al definir la protección que se otorga a esas denominaciones específicas, los reglamentos pertinentes se refieren simplemente a los nombres protegidos/registrados, con independencia de si esos nombres se refieren a una denominación de origen protegida (DOP) o a una indicación geográfica protegida (IGP). Por otra parte, el ámbito de protección no se basa en ninguna distinción entre DOP e IGP, pues se concede el mismo ámbito de protección a todos los nombres protegidos. Por tanto, el presente capítulo se refiere a los nombres protegidos como indicaciones geográficas (IG), sin establecer ningún tipo de distinción entre ellos.

El artículo 7, apartado 1, letra k), del RMUE se aplica a las MUE en conflicto con denominaciones tradicionales de vinos (DTV) que gocen de protección con arreglo a la legislación de la UE o a acuerdos internacionales en los que sea parte la UE.

Se trata de un motivo de denegación introducido por razones de coherencia, para dotar a las denominaciones tradicionales de vino de un grado de protección equivalente al de las denominaciones de origen y las indicaciones geográficas de vinos.

1. Recorrido por algunos casos

Empezamos en 2012, con la decisión R 2274/2011-4, 25/4/2012 del 25 de abril de 2012 en el caso **MICHEL LEON**, la marca verbal fue solicitada para productos de la clase 33: Vinos, vino espumante y cremant. Después de publicar la solicitud de marca, la oficina recibió observaciones de terceros y entonces se objetó la solicitud de marca en base a las DOPS *Tierra de León* y *Castilla y León* sobre la base del articulo 7(1)(j) del RMUE. La cuarta Sala de Recurso anuló dicha resolución por estimar que la marca se presentaba como un todo compuesta por dos elementos que evocaban claramente un nombre francés y por tanto no había evocación de las DOPs españolas.

Otra fue la solución en el siguiente caso que nos lleva a 2015. Se trata de la resolución R- 1944/2014-2, del 7/7/2015. La marca **FRAY LEON** fue solicitada para vinos en clase 33. El examinador objeto sobre la base del artículo 7, apartado 1, letra j) del RMC. La base de la objeción era que la marca solicitada contiene la denominación "León", que es una parte significativa de la indicación geográfica protegida "Castilla y León" para vinos. Esta denominación está protegida en virtud del Reglamento (CE) nº 1234/2007 del Consejo, de 22 de octubre de 2007. Igualmente, también incluye una parte significativa de la denominación de Origen protegida "Tierra de León". Esta denominación está protegida en virtud del Reglamento (CE) nº 1234/2007 del Consejo, de 22 de octubre de 2007. La Segunda sala ratificó esta solución adoptada por la primera instancia concluyendo que cualquier consumidor que no hable español podría ver la expresión "FRAY LEÓN" utilizada para vinos y creer que "LEÓN" hace referencia a las indicaciones geográficas "TIERRA DE LEÓN" o "CASTILLA Y LEÓN". Para esos consumidores, la expresión no tiene sentido en su conjunto. Pero sí podrán fijarse en la palabra "LEÓN" que viene de las dos denominaciones de origen mencionadas anteriormente. En consecuencia, si bien la Oficina reconoce que parte de los consumidores hispano-hablantes no relacionaran "FRAY LEÓN" con las denominaciones de las indicaciones geográficas "Tierra de León" o "Castilla y León", no se puede afirmar lo mismo de los consumidores que no hablen español.

Y de la bonita tierra de León nos vamos a Ibiza y al año 2016. Se trata del caso R- 2531/2015-2 del 1/6/2016, La marca solicitada es **IBIZA FLIRT** para bebidas alcohólicas salvo vino de la clase 33 y cerveza de la clase 32. El examinador objeto la solicitud sobre la base de la IGP IBIZA para vinos, en virtud del artículo 7(1)(j), por otra parte, el Ministerio de Agricultura, Alimentación y Medio Ambiente presentó observaciones de terceros así como el Consell Insular d'Eivissa. El solicitante retiró de la lista de productos vinos y bebidas a base de vinos, pero conservó la de espirituosos. Unos días después la oficina objetaba nuevamente a la solicitud sobre la base de la IGP 'HIERBAS IBICENCAS' registrada para espirituosos. A pesar de que el termino IBIZA no forma parte de la IGP hay una clara relación conceptual entre IBIZA: la marca solicitada e ibicencas el gentilicio de IBIZA, con lo cual la MUE contiene un nombre equivalente a la parte dominante de la IGP.

En el año 2018 nuestra sala dicto la resolución R 26/2018-5 del 23/3/2018, se trata de la solicitud de marca figurativa solicitada por una empresa noruega para carne y carne de ave; el examinador rechazó la solicitud por evocación de la DOP española 'pollo y capón del Prat' registrada para capón. Nuestra sala confirmó dicha resolución sobre la base del articulo 7(1)(j) del RMUE.

III. MOTIVOS RELATIVOS

Empezamos en el año 2011 con un producto muy popular en España: el cava. Se trata del caso R 2348/2011-4 CAVAVIN / CAVA, del 25/7/2013. La marca solicitada **CAVAVIN** lo fue para productos de la clase 33 entre otros, la oposición fue presentada por el Consejo Regulador del Cava en base a dos derechos anteriores. Una marca colectiva de la UE y una marca renombrada española CAVA para vinos espumantes.

La División de Oposición rechazó la solicitud para los productos de la clase 33 al considerar que había riesgo de confusión. La Cuarta Sala de recurso confirmo esta apreciación.

Hay que señalar que existen DOPs e IGPs que no contienen un elemento geográfico y se refieren más bien a una posible característica del producto, en esos casos los titulares de derechos de DOP e IGP tienen problemas para oponerse a solicitudes de marcas similares.

Es el caso de la DOP 'vinho verde' de Portugal que frecuentemente se opone a marcas que contienen el elemento verde para productos de la clase 33 vinos. El vinho verde es una variedad de vino de Portugal elaborado en la región de Entre Douro e Minho (noroeste de Portugal). En los casos de oposiciones contra las marcas BODEGAS JARAVERDE, TOMBOLINI DOROVERDE, BOSQUE VERDE, DOROVERDE, bio-verde, VALE VERDE,VEGAVERDE,TAVOLAVERDE todas se rechazaron excepto la de la marca Bio verde. Las oposiciones se fundaban sobre la marca portuguesa, la DOP o la antigua DOP portuguesa.

Por último, me gustaría terminar este capítulo con la Torta del Casar, un queso excelente de la región de Cáceres en Extremadura protegido por une DOP. En diciembre de 2011, el Consejo Regulador de la Denominación de Origen Protegida "Quesos de La Serena" otro sabroso queso de la comarca de la Serena en Badajoz, solicitó ante la EUIPO el registro de la marca "Queso y Torta de La Serena", bajo la siguiente representación gráfica: para quesos. Ante esta solicitud, el Consejo Regulador de la D.O.P Torta del Casar en base a una serie de derechos anteriores, tanto marcas registradas en España como la propia DOP 'torta del casar' presentó oposición por considerar que la marca solicitada entraba en conflicto con la Torta del Casar, al incluir "torta" para designar quesos. A partir de esta oposición, se inicia toda una batalla legal entre "Torta del Casar" y "Queso y torta de La Serena" que llegó al Tribunal General de la Unión Europea.

En una primera resolución la Sala de recurso resolvió a favor del registro de "Queso y Torta de La Serena", ya que entendía que el término "torta" era usado simplemente para hacer referencia a la forma del queso y que los signos enfrentados difieren en los otros elementos denominativos y gráficos que incorporan.

La DOP 'torta del casar' recurrió ante el Tribunal general que en sentencia **T-828/16: 14/12/2017** anula la resolución y establece que si bien la EUIPO puede calificar parte de la IGP o DOP como genérico, para ello debe proceder a una serie de constataciones de circunstancias sociales, económicas, históricas y técnicas.

Finalmente, la Sala quinta, a la que se remite el caso, decide nombrar al Profesor catedrático de derecho mercantil en la Universidad de Jaén, Don Angel Martínez Gutiérrez como experto para que efectúe una pericia para determinar la situación del término 'torta' dentro de la DOP 'torta del casar'. En una resolución R-696/2018-5 del 25/2/2021 que constituye hasta hoy, un hito histórico en las salas de recurso ya que por primera vez se recurre a un experto par que determine una serie de parámetros para sustentar la decisión de la sala, la Sala da la razón a la DOP 'Torta del Casar' . Basándose en el informe del Pr Martínez, la Sala concluye que el término "torta" -referido a quesos- se asocia indefectiblemente con 'El Casar' más que con cualquier otro lugar o DOP de quesos y que no se asocia exclusivamente a la forma externa de un queso. Finalmente, la Sala considera que el termino torta de la MUE solicitada evoca la DOP 'Torta del Casar' y aceptando la oposición rechaza la marca de queso y torta de la Serena.

Oposiciones basadas en DOPs o IGP's extranjeras a la Unión Europea

Como saben, las DOP/IGP que figuran en el registro de la UE pueden provenir también de países terceros, es el caso del 'Café de Colombia', para café, así, sobre la base de esta IGP se denegaron las marcas solicitadas que se ven más abajo solicitadas para café y servicios de cafetería por evocar la IGP. El caso terminó en sentencia del Tribunal general, se trata de los casos **T-359/14 del 18/9/2015 y T-387/13 del 18/9/2015.**

Otras IGP o DOP sudamericanas no han tenido tanta suerte. En los casos de las marcas figurativas que comprendían el elemento verbal ‚pisco sour' la IGP 'pisco' se presentó como base de la oposición. La marca solicitada lo era para brandy con la IGP 'pisco', la base de la oposición era la IGP 'pisco' protegida para aguardiente de frutas. Se trata del caso **R-129/2014-4 del 3 de junio de 2015**, la base jurídica de la oposición era el articulo 8(4) del RMC que entonces permitía presentar oposición sobre la base de otros derechos. La misma suerte corrió la MUE también solicitada para brandy con la IGP 'Pisco', se trata del caso R-1292/2014-4, PISCO / PISCO, 3/6/2015.

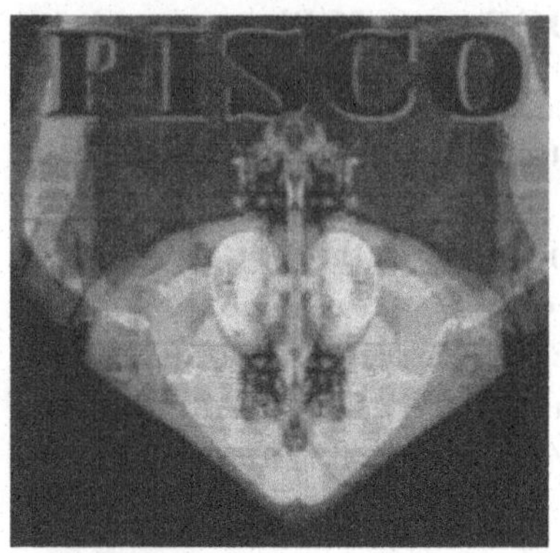

El pisco, como saben, es la denominación de un aguardiente de uvas, producido en Chile y Perú, elaborado fundamentalmente mediante la destilación del producto de la vid, como el *brandy* y el coñac, pero sin la prolongada crianza en barricas de madera. Se lo suele incluir dentro de la familia o categoría de los brandis, y posee dos estándares diferentes para su producción — para el pisco chileno y para el pisco peruano—, por lo que se consideran técnicamente productos diferentes, pero dentro del grupo de bebidas espirituosas.

Otro caso interesante es el R-1320/2017-2, **BLANC DE BLANCS CENTINELA CONO SUR / SUR del 14/12/2017**. Aquí la marca solicitada es **BLANC DE BLANCS CENTINELA CONO SUR** es solicitada para vinos y vinos espumosos. La oposición se presenta por una entidad jurídica chilena sobre la base del articulo 8(4) en base a la IGP 'Región del SUR" registrada para vinos de Chile. La sala confirmó la decisión de la División de oposición de rechazar la solicitud de MUE ya que 'sur' es un punto cardinal y no es posible pretender con esta IGP evitar los registros de todas las marcas que incluyan el elemento 'SUR' y solicitados para vinos. Sin duda el elemento más distintivo de la MUE es la parte 'centinela cono sur' con lo cual no hay riesgo de confusión según la sala.

En 2018 una resolución se pronunció sobre el ron cubano. Se trata del caso R-1108/2017-2 5/2/2018 **Matusalem el espíritu de Cuba / Cuba.** En 2014 una empresa de las Islas Vírgenes Británicas solicito la marca **MATUSALEM EL ESPIRITU DE CUBA** para bebidas alcohólicas en especial ron y para bebidas no alcohólicas. La oposición se presentó por parte de una entidad cubana en base al articulo 8(4) del RMC basada en la IGP 'Cuba' protegida para ron en los territorios de España y Alemania en virtud de 3 acuerdos bilaterales. Sin embargo, la oposición fue rechazada ya que el oponente no pudo probar que el tratado bilateral entre Cuba y España constituye en realidad una base jurídica correcta en cuanto a las condiciones de aplicación del articulo 8(4) del RMC. En cuanto al tratado ente Cuba y Alemania las mismas condiciones de aplicación del articulo arriba mencionado no estaban presentes con lo cual se desestimó la oposición.

IV. DOS DOP MUY ESPAÑOLAS: EL JAMÓN DE JABUGO Y EL DE GUIJUELO

El primer caso que traigo hoy aquí es una resolución reciente de la Cuarta Sala de Recurso en el caso R 1299/2021-4 del 21/4/2022. La MUE solicitada en 2019 es una marca figurativa que fue solicitada para productos de las clases 29, 35 y 43 . El Consejo regulador de la DOP 'Jabugo' presentó oposición sobre la base de la DOP pero solamente contra los servicios. Jabugo es el nombre registrado por la Unión Europea que designa, protege y certifica la calidad y el origen de los jamones y paletas, elaborados en bodegas naturales de los pueblos del entorno del Parque Natural Sierra de Aracena y Picos de Aroche, procedentes de cerdos 100% ibéricos criados y engordados en libertad en la dehesa. El primer registro de la DOP se hace en 1998 bajo el nombre 'jamón de Huelva' y se cambia en 2017 a favor de 'Jabugo'. La Sala primeramente decide que "Es posible, por lo tanto, establecer una conexión o estrecha relación entre los productos amparados por la DOP "Jabugo" y los servicios impugnados", y concluye que "el oponente ha demostrado que la DOP goza de renombre, al menos, en el territorio español. Esto se evidencia, en particular, en las indicaciones de cifras de ventas y del valor económico de la producción del jamón y paletas bajo la DOP, en las distinciones, premios y galardones a nivel Comunidad Autónoma, nacional e internacional, en los artículos de prensa y promoción de la DOP a nivel nacional, así como en la participación de la DOP en ferias y salones nacionales e internacionales. A tenor de estos documentos es posible deducir que la DOP "Jabugo" es conocida en España, por lo que al ver la marca impugnada que incluye esta denominación, el público español pensará en la DOP en relación a los servicios impugnados de las clases 35 y 43, en el sentido de que estos pueden referirse a la venta, promoción, ofrecimiento u información relativa a los productos (jamones y paletas) protegidos por la DOP "Jabugo". Se trata en este sentido de un aprovechamiento del renombre del nombre protegido en el sentido del artículo 13, apartado 1, letra a) del Reglamento n.º 1151/2012".

En un caso similar al anterior de la misma Sala (R 1296/2021-4 del 20/4/2022) la marca solicitada era verbal **'Romeral de jabugo'**, la sala resolvió en los mismos términos que en el caso arriba citado.

Para la DOP 'guijuelo' traigo hoy aquí dos casos, el primero es una resolución del 3/7/2019 (R 942/2018-4). La marca solicitada contiene dentro de otros elementos la mención 'Guijuelo', a esta solicitud de MUE se opone el Consejo regulador de la DOP 'Guijuelo' en base a una MUE y a varias marcas españolas que se registraron de esta forma:la sala concluyó que no había riesgo de confusión estableciendo lo siguiente:" La palabra "GUIJUELO" presente en ambos signos es descriptiva en tanto que transmite la procedencia geográfica de los productos en cuestión. "Guijuelo" es un término que goza de protección en toda la Unión Europea en tanto que es Denominación de Origen Protegida de conformidad a lo establecido en el Reglamento (UE) nº 1151/2012 del Parlamento Europeo y del Consejo, de 21 de noviembre de 2012, sobre los regímenes de calidad de los productos agrícolas y alimenticios (número de expediente ES/PDO/0017/0077 y Diario Oficial nº L 148 de 21/06/1996 p. 1-10) y como tal, es descriptivo del origen geográfico de los productos en todo el territorio. Este hecho resulta evidente de la propia argumentación de la parte recurrente y de la lista de productos del signo impugnado que aparecen expresamente limitados a las especificaciones contenidas en el pliego de condiciones de ésta. La parte recurrente, en su carta a la Oficina de 4 de febrero de 2016 (véase apartado 5) también reconoce que este elemento describe el domicilio del solicitante de la marca".

Lo mismo sucedió con la resolución R-899/2018-4 del 20/3/2019, en este caso la marca solicitada era la siguiente , y como en el caso anterior la oposición se fundó sobre la MUE y las marcas españolas. La Sala adopto la misma postura que en el caso anterior.

V. FUTURAS REFORMAS

El Pacto Verde Europeo (https://ec.europa.eu/info/publications/communication-european-green-deal_en) incluyó el diseño de un sistema alimentario justo, sano y respetuoso con el medio ambiente ("de la granja al tenedor") entre las políticas para transformar la economía de la Unión hacia un futuro sostenible.

El 20 de mayo de 2020 se publicó una Comunicación de la Comisión sobre "Una estrategia de la granja a la mesa–

por un sistema alimentario justo, saludable y respetuoso con el medio ambiente", en la que se abogaba por una transición hacia sistemas alimentarios sostenibles, también se pedía reforzar el marco legislativo sobre indicaciones geográficas y, en su caso, incluir criterios específicos de sostenibilidad. En la Comunicación, la Comisión se comprometió a reforzar, entre otros actores, la posición de los productores de productos con indicaciones geográficas, sus cooperativas y organizaciones de productores en la cadena de suministro alimentario.

En su Comunicación de 25 de noviembre de 2020 titulada "Aprovechar al máximo el potencial innovador de la UE–Un plan de acción para apoyar la recuperación y la resistencia de la UE", la Comisión se comprometió a estudiar formas de reforzar, modernizar, racionalizar y aplicar mejor las indicaciones geográficas de los productos agrícolas, el vino y las bebidas espirituosas.

La calidad y diversidad del vino, las bebidas espirituosas y la producción agrícola y alimentaria de la Unión es uno de sus principales puntos fuertes, lo que supone una ventaja competitiva para los productores de la Unión y una importante contribución a su patrimonio cultural y gastronómico vivo. Ello se debe a la capacidad y determinación de los productores de la Unión, que han mantenido vivas las tradiciones sin dejar de tener en cuenta la evolución de los nuevos métodos y materiales de producción.

Los ciudadanos y consumidores de la Unión exigen cada vez más productos de calidad y tradicionales. También les preocupa mantener la diversidad de la producción agrícola y alimentaria de la Unión. Esto genera una demanda de vinos, bebidas espirituosas y productos agrícolas, incluidos los alimenticios, con características específicas identificables, en particular las vinculadas a su origen geográfico.

VI. INICIATIVAS LEGISLATIVAS

El 31 de marzo de 2022, la Comisión adoptó una propuesta de Reglamento sobre las indicaciones geográficas del vino, las bebidas espirituosas y los productos agrícolas, y otros regímenes de calidad de los productos agrícolas. La propuesta pretende aumentar la adopción de las IG en toda la UE para beneficiar a la economía rural y lograr un mayor nivel de protección de los productos, especialmente en línea.

Para reforzar y mejorar el sistema actual, la Comisión ha propuesto, entre otras, las siguientes medidas

- más sostenibilidad, permitiendo a los productores valorizar sus acciones relacionadas con la sostenibilidad social, medioambiental y económica en las especificaciones de sus productos
- mayor protección de las IG en internet, concretamente en lo que respecta a las ventas a través de plataformas en línea, la protección contra los registros de mala fe y el uso de las IG en el sistema de nombres de dominio
- capacitación de las agrupaciones de productores para gestionar, hacer cumplir y desarrollar su IG, al tener acceso a las autoridades de lucha contra la falsificación y a las aduanas de todos los países de la UE;
- un procedimiento de registro abreviado y simplificado que fusionará las diferentes normas técnicas y de procedimiento, dando lugar a un único procedimiento de registro de IG para los solicitantes de la UE y de fuera de la UE.

VII. PRINCIPALES PUNTOS DE LAS IG AGRICOLAS

Debe concederse protección a los nombres inscritos en el registro de indicaciones geográficas de la Unión con el fin de garantizar su uso leal y evitar prácticas que puedan inducir a error a los consumidores. Para reforzar la protección de las indicaciones geográficas y luchar más eficazmente contra las infracciones, la protección de las denominaciones de origen y de las indicaciones geográficas debe aplicarse también a los nombres de dominio en internet.

Para determinar si los productos son comparables a los productos registrados como indicación geográfica, deben tenerse en cuenta todos los factores pertinentes. Entre ellos debe figurar si los productos tienen características objetivas comunes, como el método de producción, el aspecto físico o el uso de la misma materia prima; en qué circunstancias se utilizan los productos desde el punto de vista del público pertinente; si se distribuyen con frecuencia a través de los mismos canales; y si están sujetos a normas de comercialización similares.

En consonancia con la jurisprudencia reiterada del Tribunal de Justicia de la Unión Europea, la evocación de una indicación geográfica debe producirse, en particular, cuando un término, signo u otro dispositivo de etiquetado o envasado presente un vínculo suficientemente directo y claro con el producto amparado por la indicación geográfica registrada en la mente del consumidor europeo medio normalmente informado, atento y perspicaz.

A la luz de las prácticas comerciales y de la jurisprudencia de la Unión, es necesario aclarar el uso de una indicación geográfica en el nombre de venta de un producto transformado del que el producto designado por la indicación geográfica sea un ingrediente. Debe garantizarse que dicho uso se realice de conformidad con las prácticas comerciales leales y no debilite, diluya o perjudique la reputación del producto que lleva la indicación geográfica. Debe exigirse el consentimiento de una amplia mayoría de los productores de las indicaciones geográficas en cuestión para permitir dicho uso.

Deben aclararse las normas relativas al uso continuado de términos de nombres genéricos, de modo que los términos genéricos que sean similares o formen parte de un nombre o término protegido conserven su condición de genéricos.

Debe aclararse el alcance de la protección concedida en virtud del presente Reglamento, en particular con respecto a las limitaciones al registro de nuevas marcas establecidas en la Directiva (UE) 2015/2436 del Parlamento Europeo y del Consejo y en el Reglamento 2017/1001 sobre la marca de la UE que entran en conflicto con el registro de indicaciones geográficas. Dicha aclaración también es necesaria en relación con los titulares de derechos de propiedad intelectual anteriores, en particular los relativos a marcas y nombres homónimos registrados como indicaciones geográficas.

Debe aclararse la relación entre los nombres de dominio de Internet y la protección de las indicaciones geográficas en lo que respecta al ámbito de aplicación de las medidas correctoras, el reconocimiento de las indicaciones geográficas en la resolución de conflictos y el uso leal de los nombres de dominio. Las personas que tengan un interés legítimo en una indicación geográfica cuyo registro se haya solicitado antes del registro del nombre de dominio deben estar facultadas para solicitar la revocación o la transferencia del nombre de dominio en caso de conflicto. Los sistemas alternativos de solución de controversias de los registros de nombres de dominio de primer nivel de código de país de toda la Unión deben reconocer las indicaciones geográficas como un derecho que puede invocarse durante tales conflictos.

Debe aclararse la relación entre marcas e indicaciones geográficas en relación con los criterios para el rechazo de solicitudes de marcas, la invalidación de marcas y la coexistencia entre marcas e indicaciones geográficas.

Aunque en 2019 la EUIPO firmo con la Dirección general de Agricultura de la Comisión un acuerdo de cooperación para prestar asistencia técnica en todas las solicitudes de registro de la unión y de países terceros, la presente propuesta de reforma no reconoce ningún rol a la oficina ni en el registro, como se llegó a discutir, ni la hasta ahora exitosa asistencia técnica.

VIII. LAS IG NO AGRÍCOLAS

Los eurodiputados ya pidieron en 2015 la protección en toda la UE de los productos fabricados localmente. En 2019, reiteraron su llamamiento tras la adhesión de la UE al Acta de Ginebra, que permite el reconocimiento internacional de los productos locales no alimentarios. En algunos países de la UE existen diversas leyes que incluyen normativas regionales o nacionales sobre artesanías específicas (por ejemplo, la cerámica), leyes específicas sobre un determinado producto (por ejemplo, los cuchillos Solingen), o leyes regionales o nacionales que protegen todos los productos artesanales e industriales con IG (por ejemplo, en Francia).

Esto da lugar a distintos niveles de protección jurídica en toda Europa. Los productores artesanales e industriales que deseen proteger una IG en la UE deberán solicitar la protección en cada país en el que esté disponible, o recurrir a otras herramientas como la protección de marcas, los litigios o las acciones a través de las autoridades administrativas en caso de prácticas comerciales desleales o engaño al consumidor.

IX. MEDIDAS LEGISLATIVAS

El 13 de abril de 2022, la Comisión adoptó una propuesta de Reglamento sobre las IG de los productos artesanales e industriales para ofrecer protección a productos como el cristal de Murano, el tweed de Donegal, la Porcelaine de Limoges, la cuchillería de Solingen y la cerámica de Boleslawiec. La propuesta pretende permitir a los productores proteger los productos artesanales e industriales y sus conocimientos tradicionales en Europa y fuera de ella.

El objetivo es facilitar a los consumidores el reconocimiento de la calidad de tales productos y que puedan elegir con mayor conocimiento de causa. Además, pretende ayudar a promover, atraer y conservar las competencias y los puestos de trabajo en las regiones europeas, contribuyendo a su desarrollo económico. La propuesta también pretende garantizar que los productos artesanales e industriales tradicionales se sitúen finalmente en pie de igualdad con las indicaciones geográficas protegidas que ya existen en el ámbito agrícola.

El 28 de febrero de 2023, la Comisión de Asuntos Jurídicos adoptó su posición sobre un nuevo sistema para garantizar la protección de las indicaciones geográficas de los oficios tradicionales en la UE y en el mundo.

Con un apoyo masivo el parlamento europeo adopto el día 12 de septiembre el reglamento presentado y en unas semanas el Consejo puede ratificarlo, la propuesta de legislación que introduzca una indicación geográfica (IG) que proteja los nombres de los productos artesanales e industriales locales puede ser una realidad en unas semanas!

X. PRINCIPALES PUNTOS DE LA PROPUESTA DE LAS IG NO AGRÍCOLAS

Como parte del sistema de derechos de propiedad intelectual de la UE, los nombres de los productos registrados como IG están legalmente protegidos contra la imitación y el uso indebido en la UE y en los países no pertenecientes a la UE en los que se haya firmado un acuerdo específico de protección.

En el caso de los productos artesanales e industriales, las autoridades nacionales competentes de cada país de la UE adoptarán las medidas necesarias para proteger los nombres registrados en su territorio, en cooperación con los productores. También deben prevenir y detener la producción o comercialización ilícitas de productos que utilicen ese nombre.

Los nombres de productos no europeos están protegidos en la UE si su país de origen tiene un acuerdo internacional del que la UE también sea parte contratante que incluya la protección mutua de dichos nombres, o si presentan una solicitud que cumpla los requisitos del reglamento sobre indicaciones geográficas de productos artesanales e industriales. Además, los solicitantes de IG de países no pertenecientes a la UE también podrán solicitar la protección de la IG en virtud del reglamento.

La propuesta otorga poderes a la Oficina de Propiedad Intelectual de la Unión Europea (EUIPO) para registrar indicaciones geográficas de productos artesanales e industriales a nivel de la Unión e internacional.

XI. CAMBIOS INTERESANTES RESPECTO A LOS RECURSOS ACTUALES

Las reglas de representación profesional que conocemos en materia de marcas y dibujos y modelos no se aplican al nuevo sistema, el régimen lingüístico de la oficina tal y como se conoce hasta hoy es decir que las solicitudes de registro, las oposiciones o las solicitudes de nulidad se podrán presentar en cualquiera de los idiomas oficiales de la UE, un comité de sabios se creara para asistir a la oficina, tanto en los casos de primera instancia como los de la segunda instancia, se supone que dicho comité estará compuesto de expertos representando diferentes estados miembros. La Oficina podrá ofrecer los servicios de mediación que propone desde 2011 en materia de litigios de marcas hasta hoy, sobre la base del artículo 170 del RMUE. En las solicitudes directas presentadas a la oficina cualquier persona que tenga un interés en el registro podrá presentar recurso, aunque no está claro aún sin con los mismos derechos que una parte, lo cual implicaría que de no estar confirme con la decisión tomada pudiera recurrir ante las salas de recurso.

La fecha probable de entrada en vigor de este sistema es el 1/1/2025.

Consecuencias jurídicas de la incorporación de nuevas tecnologías al sector agroalimentario

ALFREDO BATUECAS CALETRÍO[1]
Profesor Titular de Derecho Civil
Universidad de Salamanca
batu@usal.es

SUMARIO: I. INTRODUCCIÓN. II. LA AGRICULTURA 4.0. 1. Presencia de la agricultura 4.0 en las normas. 2. Agricultura 4.0 y eficiencia. III. NUEVAS TECNOLOGÍAS Y MEJORA DE LA CADENA ALIMENTARIA. IV. LA APARICIÓN DE NUEVOS RETOS JURÍDICOS. 1. Tratamiento de los datos generados por las máquinas y dispositivos utilizados en el campo. 2. El reconocimiento de identidad a "entidades". 3. La identidad digital de los empresarios agroalimentarios.

BIBLIOGRAFÍA: AA.VV. *Il diritto alla identità personale. Un seminario promosso dal Centro di iniciativa giuridica Piero Calamandrei e dal Centro Studi e documentazione giuridica* (a cura di: Guido Alpa, Mario Bessone, Luca Boneschi). Padova, CEDAM, 1981. ALAGNA, S. "Diritto alla identità personale e risarcibilità del danno non patrimoniale", en *Giustizia Civile*, 1983, pp. 157-170. ALPA, G. "Un questionario sul diritto alla identità personale", en *Il*

1 La presente aportación forma parte de los resultados del Proyecto de Investigación SA265P20 "Competencia e Innovación en el Sector Agroalimentario de Castilla y León" concedido por la Junta de Castilla y León y cofinanciado con fondos FEDER (Orden EDU/1192/2020, de 4 de noviembre) del cual es investigadora principal la Profª Drª Dª Pilar Martín Aresti.

diritto alla identità personale. Un seminario promosso dal Centro di iniciativa giuridica Piero Calamandrei e dal Centro Studi e documentazione giuridica (a cura di: Guido Alpa, Mario Bessone, Luca Boneschi). Padova, CEDAM, 1981, pp. 15-21. "L'identità digitale e la tutela della persona. Spunti di riflessione", en *Contratto e impresa,* 3/2017, pp. 723 y ss. BATUECAS CALETRÍO, A. "El derecho a la identidad y la identidad personal", en *Anuario de Derecho Civil,* tomo LXXV, 2022, fasc. III (julio-septiembre), pp. 923-986. CEDIEL SERRA, A. "Capítulo 11. Residencia fiscal virtual, identidad digital y criptomoneda", en *Residencia fiscal: problemática y cuestiones actuales.* Documentos de Trabajo del Instituto de Estudios Fiscales, 6/2019, pp. 172 y ss. D'ANGELO, A. "Lesione dell'identità personale e tutela riparatoria" (comentario a la ordinanza del Pretor de Roma, de 6 de mayo de 1974), en *Giurisprudenza italiana,* vol. CXXVII, 1975–Parte I Sez, II., pp. 514 y ss. DEL PINO GONZÁLEZ, A. SEGURA DE LA MONJA, M. T. "La ominicanalidad en el comercio minorista de alimentación y la asimetría de la regulación: retos para cadenas de supermercados", en *La venta de alimentos online regulación y perspectivas de futuro* (Coord. González Vaqué), Ed. Thomson Reuters Aranzadi, 2, pp. 101-122. DEL PINO GRACIA, Á. "Tendencias tecnológicas en el sector agroalimentario", *Economía Industrial,* nº 242, 2001, pp. 39-46. DOGLIOTTI, M. "Un nuovo diritto: all'identità personale", en *Giurisprudenza italiana,* 1981, IV p. 150. FERNÁNDEZ BURGUEÑO, P. "Aspectos jurídicos de la identidad digital y la reputación *online*", en *adComunica. Revista de Estrategias, Tendencias e Innovación en Comunicación,* 2012, nº 3, pp. 125 y ss. FIGONE, A. "Il risarcimento del danno all'identita personale in una pronuncia non conformista —comentario a la sentencia del Tribunal de Roma de 27 de marzo de 1884—", en *Giustizia Civile,* 1985, pp. 534 y ss. "Il diritto all'identità personale davanti alla Corte di Cassazione", en *Il diritto dell'informazione e dell'informatica,* 1985, pp. 965 y ss. "Il diritto all'identità personale nelle recenti elaborazioni di dottrina e giurisprudenza. A propósito degli atti di un recente convegno", en *Responsabilità civile e previdenza.* Enero-Febrero, 1980, vol. XLV, pp. 763-771. GIACOBBE, G. "L'identità personale tra dottrina e giurisprudenza. Diritto sostanziale e strumenti di tutela", en *La lesione dell'identità personale e il danno non patrimoniale. Atti del seminario promosso dal Centro di iniziativa giuridica P. Calamandrei,* Messina, 16-4-1982, Milano, 1985, pp. 810 y ss. HERNÁNDEZ RODRÍGUEZ, F. "La aplicación del derecho de la competencia al sector agroalimentario ante los retos de un nuevo modelo de distribución", en *Derecho de la competencia y gran distribución* (coord. Cachafeiro García, García Pérez, López-Suárez), 2016, págs. 231-248. HERNÁNDEZ SAN JUAN,

I. "Tecnología blockchain y regulación de la trazabilidad: la digitalización de la calidad y seguridad alimentarias", en *Revista General de Derecho de los Sectores Regulados*, 4 (2019). JANNARELLI, A. "Il divenire del diritto agrario italiano ed europeo tra sviluppi tecnologici e sostenibilità", *Rivista di Diritto Agrario*, 2013, pp. 11 y ss. JORDANA BUTTICAZ DE POZAS, J. "El sector agroalimentario y el derecho a una competencia leal", en *Estudios sobre el régimen jurídico de la cadena de distribución agroalimentaria* (Dirs. González Castilla, Ruiz Peris), págs. 157-170. LATTANZI, P. "L'agricoltura di fronte alla sfida della digitalizzazione. Opportunità e rischi di una nuova rivoluzione", *Rivista di diritto agrario*, 2017, nº 4, pp. 555 y ss. LLOPIS, J.C. "Identidad digital", ponencia pronunciada en las Primeras Jornadas de Derecho Digital NotarTIC, disponible en el blog El notario ante la identidad y la capacidad digital (http://www.notariallopis.es/blog/i/1401/73/el-notario-ante-la-identidad-y-la-capacidad-digital-notartic). MENÉNDEZ, L. "Los robos de identidad, en ocho preguntas", en *Escritura pública*, marzo-abril 2017, pp. 24 y ss. MERCHÁN MURILLO, A. "Identidad digital: su incidencia en el blockchain", en *Revista Aranzadi de Derecho y Nuevas Tecnologías*, nº 50/2019 (BID 2019/6999). MUÑIZ ESPADA, E. *Derecho agroalimentario y ciberseguridad*. Reus, 2019. OLIVA LEÓN, R. "Derecho e identidad digital post-mortem", en *Testamento ¿digital?* Colección desafíos legales. Septiembre 2016, pp. 67 y ss. ORDELÍN FONT, J.L. ORO BOFF, S. "¿Herencia digital?: La protección "post mortem" de los bienes digitales, en *Revista Aranzadi de Derecho y Nuevas Tecnologías*, nº 50/2019 (BID 2019/7012). PARDOLESI, R. "Comentario a la ordinanza del pretor de Roma, de 2 de junio de 1980", *Il Foro Italiano*, 1980, I, pp. 2046 y ss. PIÑAR MAÑAS, J.L. "Identidad y persona en la sociedad digital", en *Sociedad digital y Derecho* (Dir. De la Cuadra-Salcedo, T.), Ed. BOE, 2018, pp. 95 y ss. REYES MÉNDEZ, D. ¿Cómo gestionar eficazmente la identidad digital? Hacia una nueva proyección cultural de la persona, en *Diario La Ley*, Nº 9328, 2 de enero de 2019. SCHIAVI, P. "Reputación on line ¿la identidad digital es tan importante como real?", en *Informática y Derecho. Revista Iberoamericana de Derecho Informático (Segunda época)*, Primer Semestre 2019, Número 6, Ed. Ratio Legis, pp. 153 y ss. TOMMASINI, R. "L'identità dei soggeti tra apparenza e realtà: aspetti di una ulteriore ipotesi di tutela della persona", en *Il diritto alla identità personale. Un seminario promosso dal Centro di iniciativa giuridica Piero Calamandrei e dal Centro Studi e documentazione giuridica* (a cura di: Guido Alpa, Mario Bessone, Luca Boneschi). Padova, CEDAM, 1981, pp. 78-91. ZENO-ZENCOVICH, "Identità personale", en *Digesto*. IV Edizione, vol. IX Civile, ed. UTET, 1993.

I. INTRODUCCIÓN

La Ley 12/2013, de 2 de agosto, de medidas para mejorar el funcionamiento de la cadena alimentaria (en adelante, LMFCA), señala en el apartado primero de su Preámbulo que el sector agroalimentario se erige en la actualidad en un valor estratégico de indudable importancia para la economía nacional, si se tiene en cuenta su participación en el PIB y en la balanza comercial, dimensión, el número de empleos que produce y proyección internacional.

En Castilla y León, por historia y tradición, el sector agroalimentario constituye una de las divisiones o secciones más relevantes de su economía. Esta región ha destacado históricamente por ser elevado el número de sus habitantes que han vivido (y viven) de la comercialización de los productos que producen su tierra o sus animales en ferias y mercados. Perviviendo todavía un número representativo de esas ferias y mercados, en la actualidad la comercialización se efectúa sin embargo por otros canales de comercialización distintos más acordes con nuestro tiempo, como son las redes de establecimientos comerciales permanentes o Internet.

Es justamente por esta razón, el peso significativo que tiene este sector en la economía castellanoleonesa, por lo que se ha promovido el proyecto de investigación en el que se enmarca esta publicación cuyo cometido principal ha sido estudiar los factores jurídico-económicos que influyen en el nivel de competencia del sector agroalimentario de Castilla y León, así como las medidas que ayudarían a incentivarlo. El trabajo que aquí se presenta presta atención a la importancia que está teniendo la implementación de nuevas tecnologías en el sector agroalimentario, por constituir este hecho un elemento incentivador de la competencia en el sector.

El sector agroalimentario se distingue por dos notas que claramente lo caracterizan: La primera está relacionada con la complejidad que presentan las relaciones jurídicas que en él se materializan, lo que se deja ver, entre otras señales, por el desequilibrio contractual que se advierte en ocasiones entre los agentes que forman parte de la cadena alimentaria[2].

La segunda nota viene dada por el hecho de que durante mucho tiempo este sector de la Economía ha reposado sobre un "saber hacer tradicional". Este "saber hacer tradicional", que se presenta como un rasgo de calidad de los productos, está siendo objeto hoy de importantes dosis de modernización, fruto del incontenible desarrollo que está experimentando la tecnología. Puede decirse en este sentido que el sector agroalimentario se está viendo sometido a un fuerte proceso de modernización a partir de la aplicación de nuevos métodos, herramientas y productos que lo han hecho "removerse" del lento proceso de evolución que hasta ahora lo venía guiando (singularmente en el último siglo y medio)[3]. La modernización de este sector es tan

---

2 Conviene no perder de vista que una de las finalidades primeras que mueve a la LMFCA, como se señala en el apartado III de su preámbulo, es mejorar el funcionamiento y la vertebración de la cadena alimentaria, de manera que aumente la eficacia y competitividad del sector agroalimentario español y se reduzca el desequilibrio en las relaciones comerciales entre los diferentes operadores de la cadena de valor, en el marco de una competencia justa que redunde en beneficio no solo del sector, sino también de la ciudadanía.

3 Comienzan a ser frecuentes ya en España normas en las que se alude a la necesidad de introducir medidas de innovación en el sector agroalimentario. Aparte de en la ya mencionada LFMCA, se apela a esta necesidad en el punto 27 del Código de Buenas Prácticas Mercantiles en la Contratación Alimentaria (aprobado por Resolución de 10 de diciembre de 2015, de la Dirección General de la Industria Alimentaria, BOE núm. 302, de 18 de diciembre de 2015, y en adelante referido como "Código de BB.PP."), donde se sostiene que los operadores que intervienen en las fases de producción, transformación, comercialización, industria y distribución, se comprometen a trabajar

notoria que bien puede decirse que el desarrollo experimentado por la agricultura y los productos agroalimentarios en las dos últimas décadas nada tiene que ver con la situación en la que se encuentran cincuenta años atrás.

La aplicación de nuevas tecnologías al sector agroalimentario representa la muestra más evidente de la introducción de medidas innovativas que pretenden obtener un mejor funcionamiento de la cadena alimentaria, algo, por otra parte, que se viene reclamando socialmente cada vez con más fuerza y de modo recurrentemente[4]. La introducción de la innovación se está llevando a cabo en todos los eslabones del sector, desde la fase de producción de los productos, hasta en su posterior elaboración o distribución[5]. La demanda social relativa a la in-

---

conjuntamente para facilitar el acceso al consumidor de las innovaciones relevantes de los productos alimentarios y que, igualmente, se comprometen a impulsar y extender la innovación agroalimentaria en nuestro país, haciendo posible un incremento progresivo de la presencia de innovaciones relevantes en la cadena alimentaria.

4 Aparte de las mejoras en la cadena alimentaria, propiamente dichas, en la Comunicación de la Comisión al Parlamento Europeo, al Consejo, al Comité Económico y Social Europeo y al Comité de las Regiones "El futuro de los alimentos y de la agricultura" (COM 2017 713 final, p. 14) se señala que el desarrollo tecnológico y la digitalización permitirán dar grandes pasos también en el ámbito de la eficiencia de los recursos, al reducirse el impacto de la agricultura con respecto al medio ambiente y al clima, aumentando la resiliencia y la salud del suelo y reduciéndose los costes para los agricultores.

5 Sobre la importancia de la introducción de innovación en todos los sectores de la cadena alimentaria puede verse DEL PINO GONZÁLEZ y SEGURA DE LA MONJA, "La ominicanalidad en el comercio minorista de alimentación y la asimetría de la regulación: retos para cadenas de supermercados", en *La venta de alimentos online regulación y perspectivas de futuro* (Coord. González Vaqué), Ed. Thomson Reuters Aranzadi, 2, p. 112.

troducción de medidas innovativas en la cadena alimentaria que faciliten su modernización, aunque lentamente, va encontrando respuesta en textos legales que se están aprobando en los últimos años y en los que ya se está dejando constancia de la necesidad de esta modernización. Junto a ello, cada vez es más frecuente encontrar referencias a la necesidad de dotar de protección jurídica a esas herramientas, aplicaciones o soluciones innovativas que se están introduciendo, por medio, por ejemplo, de patentes biotecnológicas, derechos de obtención vegetal, protección de datos, propiedad intelectual, etc.

La implementación de nuevas tecnologías en el sector agroalimentario propiciará un incremento de competitividad en el sector, como se señala en el artículo 27.3 LMFCA, en el que se indica que para conseguir la mejora de la competitividad de la producción agraria se apoyará el desarrollo de medidas y programas de fomento de la calidad, de mejora de la eficiencia logística y de fomento de la innovación y utilización de las nuevas tecnologías[6]. Téngase en cuenta que el ámbito agroalimentario está sometido a fuertes presiones en la contratación a lo largo de toda la cadena alimentaria. Especialmente importante es, a día hoy, por el intenso debate social que está provocando, la presión que existe en el nivel productor, ocasionada por el diferente poder de negociación de las partes, y que está llevando a que los agricultores reciban un precio por los productos de una cuantía muy por debajo de lo que posteriormente presentan esos mismos productos en otros niveles posteriores de la cadena

---

6 Para DEL PINO GRACIA ("Tendencias tecnológicas en el sector agroalimentario", *Economía Industrial*, nº 242, 2001, p. 39) la innovación en el sector agroalimentario constituye un factor de diferenciación y competitividad para las empresas que la asimilen.

alimentaria[7]. Así las cosas, el incremento de la competitividad en el sector agroalimentario, motivado por la introducción de innovación en la cadena alimentaria, puede contribuir de forma directa a corregir dicha presión, ya que las nuevas tecnologías influyen en la oferta y en la demanda, facilitando y simplificando una y otra, por suponer un nuevo canal (decididamente más abierto y más amplio) de transmisión de las mismas.

El aumento de competitividad al que se viene haciendo referencia requerirá que la implementación material de la innovación vaya acompañada de protección jurídica, lo que inevitablemente exigirá, bien la promulgación de normas jurídicas nuevas que vengan a llenar el vacío legal existente en la actualidad (por ejemplo, en materia de propiedad intelectual o Know-how), bien la interpretación de las ya existentes, como sucede, por ejemplo, con la normativa de protección de datos en todo lo relativo al empleo de drones en campo o con la normativa aplicable a patentes biotecnológicas o derechos de obtención vegetal[8].

---

7 Advierte HERNÁNDEZ RODRÍGUEZ ("La aplicación del derecho de la competencia al sector agroalimentario ante los retos de un nuevo modelo de distribución", en *Derecho de la competencia y gran distribución* -coord. Cachafeiro García, García Pérez, López-Suárez-, 2016, p. 232) que la necesidad de proteger a los productores, que no dejan de ser el eslabón más débil de la cadena, es la principal razón que se esgrime para justificar un cierto grado de intervención pública en los mercados agrarios.

8 Mantiene LATTANZI ("L'agricoltura di fronte alla sfida della digitalizzazione. Opportunità e rischi di una nuova rivoluzione", *Rivista di diritto agrario,* 2017, nº 4, pp. 557) que el sector agrícola será en el que se advierta la máxima difusión de los drones, con importantes consecuencias también en términos de su diseño, especialización y construcción. Se prevé que en el año 2035 se estén utilizando unos 150.000 drones en las empresas agrícolas europeas.

II. LA AGRICULTURA 4.0

En líneas generales puede mantenerse que las expresiones "agricultura 4.0" o "agricultura inteligente" son expresiones que aluden indirectamente al cambio de modelo que se está llevando a cabo en el sector agrícola en las últimas décadas, consistente en su progresiva modernización a partir de la introducción de nuevas tecnologías en el mismo, y que está suponiendo para el agricultor una nueva forma de desarrollar su trabajo[9].

Hablar de "agricultura 4.0" o "agricultura inteligente" implica admitir tácitamente que antes han existido otras tres etapas previas en la agricultura. Sin ánimo de profundizar, por no ser cometido de esta publicación desarrollar con detalle esta cuestión, cabe identificar lo que sería la "agricultura 1.0" con la situación en la que se encontraba el sector agrícola en España hasta bien entrado el siglo veinte, caracterizada por imponer una agricultura extensiva en importantes zonas de España con cuestionados resultados de productividad.

A esa agricultura le siguió una época que terminó denominándose de "agricultura verde" (que se correspondería con la "agricultura 2.0"), surgida en la década de 1950 y que se distinguió por buscar un aumento de la productividad del campo al hilo del uso de nueva maquinaria y nuevos fertilizantes aparecidos por entonces.

---

9 LATTANZI (ob. cit., p. 555) utiliza el adjetivo (*distruttivo*) para aludir al hecho de que se están implementando en el sector agrícola tecnologías que tienen el potencial de interrumpir o destruir el modo como el agricultor venía trabajando hasta ahora o dando lugar a productos o servicios completamente nuevos. Según este autor: "La diffusione delle tecnologie dell'informazione e della comunicazione, in particolare delle tecnologie digitali di nuova generazione e piu "distruttive" (i Big Data, l' Internet o/ Things, il cloud computing, la robotica, ecc.), sta aprendo le porte a una nuova rivoluzione (la c.d. data revolution o quarta rivoluzione) anche nel settore agricolo".

La "agricultura 3.0", también conocida como "agricultura de precisión", apareció en la década de 1980 y constituyó la tercera etapa en la historia agrícola. Este periodo trajo consigo la introducción de tecnología de precisión en el campo a partir del uso del GPS, lo que facilitó, por ejemplo, labores de orientación en la finca, de telemática (monitorizando maquinaria y vehículos) o de control y seguimiento de animales.

Finalmente, el último hito en esta evolución histórica de la agricultura ha sido la "agricultura 4.0", que ha venido dada a raíz de la incorporación a las labores agrícolas de sensores o microprocesadores, el ancho de banda de Internet, dispositivos de control inteligente de última generación (como *smarphones*, tabletas, ordenadores, etc.), maquinaria que permite la automatización de labores (siembra, pulverización, recolección, etc.), así como por el uso de la recopilación de datos en la nube para su posterior tratamiento y análisis[10]. Si la "agricultura 3.0" terminó denominándose "agricultura de precisión", la "agricultura 4.0", basada fundamentalmente en el tratamiento de los datos que se obtienen de los sensores implementados en las fincas y de los dispositivos de última generación empleados en las labores agrícolas, bien pudiera ser conocida como la "agricultura de los datos"[11]. Esta agricultura en la que tiene una incidencia direc-

---

10 Sostiene MUÑIZ ESPADA (*Derecho agroalimentario y ciberseguridad.* Reus, 2019, pp. 30-31) que las nuevas tecnologías están presentes en la maquinaria, en los satélites, en los sistemas de guía automática, en los drones y, a través de ello, por ejemplo, se controla la humedad del suelo, se gradúa el agua o monitoriza el riego, se aplican abonos o fertilizantes, se previenen y eliminan plagas, se gestionan cultivos, se empaquetan cosechas, etc. Otros ejemplos de introducción de nuevas tecnologías pueden verse también en DEL PINO GONZÁLEZ y SEGURA DE LA MONJA, ob. cit., p. 112.

11 Todo parece indicar que lo siguiente que veremos (la "agricultura 5.0") será la "robotización" y automatización de la toma de decisiones sosteni-

ta la digitalización y el tratamiento de los datos, como sugiere MUÑIZ ESPADA, de alguna manera ayudará a atribuir un valor especial a los productos, especialmente a los ecológicos, ya que por medio de ellos se garantizará "su identidad, tipificación y valor histórico o *well being*, en definitiva, una calidad especial"[12].

1. Presencia de la agricultura 4.0 en las normas

La aparición de la expresión "agricultura 4.0" y la expansión de su uso ha coincidido en el tiempo con la promulgación de

---

bles en labores del campo por medio de la inteligencia artificial. Tanto la robotización como la automatización en la toma de decisiones están pensadas para facilitar una menor presencia física del agricultor en el campo, confiriéndole con ello una mayor libertad. En lugar de "agricultura de los datos", HERNÁNDEZ SAN JUAN ("Tecnología blockchain y regulación de la trazabilidad: la digitalización de la calidad y seguridad alimentarias", en *Revista General de Derecho de los Sectores Regulados*, 4-2019-) utiliza la expresión "agricultura digital", indicando de ella que permite la recopilación e intercambio de datos a un nivel sin precedentes. Añade también esta autora que el creciente intercambio de datos plantea un gran desafío para el sector agroalimentario de la Unión Europea.

12 Vid. MUÑIZ ESPADA, ob. cit., p. 137. Con respecto a la aplicación de las nuevas tecnologías en empresas o por agricultores que se dediquen a la producción de productos ecológicos, señala esta autora (p. 142) que, para este caso concreto, son especialmente significativos los beneficios que ello puede reportar de cara al mercado y al consumidor. Por ello, según esta autora, se debieran añadir al programa de producción ecológica como acción específica mejorar y difundir el conocimiento y la transparencia en el uso de las tecnologías de la información. Piénsese a este respecto que la aplicación de tecnología de la información en el ámbito concreto de los productos ecológicos le puede permitir al consumidor, por ejemplo, distinguir sin ningún tipo de problema el producto ecológico de otros que sean convencionales y poder conocer con plena exactitud todo el tratamiento completo que ha recibido el producto desde el principio hasta el final.

normas de diferente naturaleza en las que se le concede una importancia primordial a la modernización del sector agrícola[13]. Así, por ejemplo, en la PAC aprobada para el quinquenio 2023-2027 se marca como objetivo transversal común la modernización del sector agrario por medio del conocimiento, la innovación y la digitalización[14].

Este objetivo propuesto por la Comisión Europea como hito a alcanzar para España en este quinquenio recoge algo que, a su vez, ya se venía apuntando y solicitando internamente en

---

13 En el artículo 39 del Tratado de Funcionamiento de la Unión Europea se identifica como primer objetivo de la política agrícola común (letra a) incrementar la productividad agrícola, "fomentando el progreso técnico", asegurando el desarrollo racional de la producción agrícola y el empleo óptimo de los factores de producción, en particular, de la mano de obra.
En la Comunicación de la Comisión al Parlamento Europeo, al Consejo, al Comité Económico y Social Europeo y al Comité de las Regiones. El futuro de los alimentos y de la agricultura (COM 2017 713 final, pp. 14-15) se indica que las innovaciones en diferentes ámbitos (la agronomía, como las soluciones basadas en la naturaleza, la mejora animal y vegetal, el cultivo vertical, la zootecnia, la biología, los sectores tecnológicos, digitales, organizativos y relacionados con los productos) pueden ser de utilidad para la multifuncionalidad de los sistemas agrícolas y alimentarios de la Unión Europea.

14 Otros documentos y disposiciones europeas de distinta naturaleza en las que se alude a la agricultura inteligente son, a modo de ejemplo: Directorate-general for internal policies policy department b: structural and cohesion policies. Precision agriculture: an opportunity for eu farmers-potential support with the cap 2014-2020 y Precision agriculture and the future of farming in Europe Scientific Foresight Study, elaborados en el marco del Parlamento Europeo; o las Resoluciones del Parlamento Europeo, de 7 de junio de 2016, sobre soluciones tecnológicas para una agricultura sostenible en la Unión (2015/2225(INI)) y sobre la mejora de la innovación y el desarrollo económico en la futura gestión de las explotaciones agrícolas europeas (2015/2227(INI)).

normas nacionales españolas, como la LMFCA. En concreto, en el artículo 3 de esta ley aprobada en 2013 se señalan entre sus fines "c) favorecer la introducción de la innovación y las tecnologías de la información y comunicación en la cadena y el desarrollo de nuevos canales de distribución de los productos alimentarios" y "d) mejorar la competitividad, eficiencia y capacidad de innovación de la producción agraria, la industria y la transformación alimentaria".

El artículo 3 LMFCA guarda relación directa con lo que se señala posteriormente en el artículo 27.2, dedicado al fomento de la integración y potenciación del desarrollo de la cadena de valor, en el que se sostiene que el Ministerio de Agricultura, Alimentación y Medio Ambiente trabajará para identificar y favorecer el desarrollo e implementación de nuevos canales de comercialización interior y exterior de alimentos que permitan generar mayor eficiencia en la cadena de valor. Para ello, se añade, "se favorecerán las iniciativas que faciliten la introducción de la innovación y las tecnologías de la información y comunicación en la cadena alimentaria". En el párrafo tercero de ese mismo artículo, para no dejar lugar a dudas sobre la importancia que se le concede a la introducción de las nuevas tecnologías en todos los ámbitos de la cadena alimentaria, se añade que "...para conseguir la mejora de la competitividad de la producción agraria, se apoyará el desarrollo de medidas y programas de fomento de la calidad, de mejora de la eficiencia logística y de fomento de la innovación y utilización de las nuevas tecnologías".

La modernización del sector agroalimentario, en todos y cada uno de sus distintos ámbitos (productor, elaboración, distribución), no es que sea una acción necesaria, es que es irrefrenable o incontenible, si se atiende al discurrir que está siguiendo la vida. Un ejemplo de ello puede encontrarse en la "revolución", si se permite la expresión, que ha supuesto la eclosión del comercio electrónico para este sector[15]. Antes de la aparición del comercio electrónico, el agricultor tenía una gran dificultad para llegar directamente a la generalidad de los consumidores; para estos últimos era prácticamente imposible conocer la existencia de pequeños agricultores y la distribución de los productos era compleja y requería la labor obligada un intermediario que conociera perfectamente el sector. Después del surgimiento del comercio electrónico, el agricultor tiene la posibilidad, él mismo, de llegar directamente a una generalidad de consumidores; estos pueden conocer, también directamente, la existencia de ciertos productos, así como de pequeños agricultores y la distribución de los productos es fácil y puede realizarla directamente el agricultor, sin la necesidad de la intervención de un intermediario (con la oportuna reducción de costes).

La introducción de las nuevas tecnologías en la agricultura acontece desde el propio diseño de las máquinas que se van a emplear en el trabajo agrícola y se construyan para utilizarse en un entorno digital. En este sentido, desde hace ya tiempo la industria se está centrando en la fabricación de maquinaria agrícola adaptada y compatible con la infraestructura digital, a fin de que puedan desplegar todo su potencial en los procesos productivos. Podría hablarse en este sentido, si se permite la expresión, de "agricultura 4.0 desde el diseño". Sólo como muestra de lo que aquí se está apuntando, y sin ánimo de exhaustividad, cabe señalar que la adaptación de las máquinas

---

15 El comercio electrónico representa un ejemplo de modernización del sector agroalimentario en su ámbito de la distribución. En el ámbito de la producción, un ejemplo de modernización del mismo lo constituirían todas aquellas herramientas tecnológicas que permiten la llamada "agricultura inteligente" (en el regadío de fincas, selección de terrenos, uso de drones para la demarcación exacta de terrenos, etc.). En el ámbito de la elaboración un ejemplo podrían ser las patentes biotecnológicas.

agrícolas a la digitalización permite que desde ellas sea posible, por ejemplo, automatizar labores agrícolas (regar con precisión, abrir porteras, controlar niveles de todo tipo, etc.), enviar y recibir información a partir de chips que llevan incorporados, guiar al agricultor en su manejo cuasiautomático, optimizar la producción de trabajo, etc[16].

Que el legislador esté prestando ya atención a la agricultura 4.0 en las normas debe considerarse un acierto que, sin duda alguna, facilitará la implementación definitiva de esta nueva etapa de la agricultura. Siendo esto así, si la presencia de la agricultura 4.0 en las normas y su desarrollo normativo es un factor que estimamos contribuirá a una implementación más veloz y más completa de esta nueva fase de la agricultura es porque se está produciendo en estrecha vinculación o concurrencia con otro, aunque éste no sea jurídico, como es el de la interoperabilidad. La interoperabilidad supone que las máquinas e instrumentos agrícolas y ganaderos fabricados por una compañía son compatibles con los fabricados por otra, de tal suerte que queda a libertad y decisión del agricultor elegir entre todos los que ofrece el mercado. La interoperabilidad

---

16 Dicho esto, no todo son beneficios en la aportación que están realizando las nuevas tecnologías a la agricultura. Así, por ejemplo, la agricultura 4.0 está dejando ver importantes problemas estructurales (como el escaso número de ingenieros agrónomos capacitados para el manejo de la maquinaria e instrumentos que ésta requiere) o técnicos (como la deficiente cobertura de Internet que existe en estos momentos en muchas zonas rurales), ello sin mencionar los económicos, por el elevado coste que representa la adquisición de este tipo de tecnología. Sobre esta cuestión puede verse el documento elaborado en el marco del Parlamento Europeo: Directorate general for internal policies, policy department b: structural and cohesion policies. Precision Agriculture: An Opportunity for EU Farmers Potential Support with the Cap 2014-2020, p. 43.

supone, en suma, que el agricultor pueda combinar la maquinaria e instrumentos de diferentes fabricantes de la forma que estime conveniente[17].

2. Agricultura 4.0 y eficiencia

La agricultura 4.0 persigue conseguir la eficiencia en el sector agroalimentario, lo que se traduce en obtener la mayor producción y de mejor calidad con el menor impacto medioambiental posible[18]. Para ello, el *Big Data,* basado en el

---

17 La interoperabilidad de la maquinaria agrícola no es una característica que haya aparecido con la adaptación a la infraestructura digital, sino que su presencia ya se viene constatando en este sector desde hace décadas. A tales efectos, la norma ISO-11783, conocida como norma ISOBUS, ya tenía por finalidad promover un estándar uniforme que permitiera la conexión completamente compatible entre el tractor que emplea el agricultor y cualquier máquina o instrumento de cualquier fabricante que se pueda adherir a éste. Esta conexión, que en un principio podía tener la pretensión básica de permitir conexiones con elementos eléctricos que se adhirieran al tractor, en la actualidad es más amplia y alcanza igualmente a favorecer conexiones con otro tipo de elementos, aperos o instrumentos electrónicos inteligentes que implican transferencia de datos, como, por ejemplo, cámaras, instrumentos de gestión agrícola que operan por medio de aplicaciones inteligentes, etc.

Es tal la importancia que se le concede a la interoperabilidad en el sector agroalimentario en lo que respecta a su adaptación a la infraestructura digital que han surgido organizaciones internacionales como la Fundación de Electrónica para la Industria Agrícola (conocida por las siglas AEF) cuya finalidad, precisamente, es la de fomentar la interoperabilidad en la maquinaria agrícola.

18 Como señala LATTANZI (ob. cit., p. 557), esto se alcanza utilizando herramientas que monitorizan y controlan con gran precisión una parcela de terreno o un animal, interviniendo sólo donde y cuando sea necesario, con un aumento de rendimientos y ahorros conside-

procesamiento y análisis de grandes cantidades de datos, se está revelando como una herramienta que puede resultar determinante en la consecución de tan importante objetivo, al facilitar la toma de decisiones. En la actualidad, el *Big Data* ya se está utilizando en el sector agroalimentario para, por ejemplo, optimizar recursos como el agua, la tierra o los herbicidas, reducir costes optimizando las condiciones de las siembras, mejorar la calidad y la cantidad de los productos teniendo en cuenta las distintas variables que puedan concurrir en cada situación, etc[19]. Los datos que se procesan y analizan para la toma de decisiones se obtienen de chips o sensores instalados en la tierra y distribuidos por la finca o ubicados en la maquinaria que se emplea para el trabajo. Es por ello que en el documento elaborado por la Comisión Europea titulado "Advancing the Internet of Things in Europe" SWD (2016) 110 final (documento que acompaña a la Comunicación de la Comisión al Parlamento Europeo, al Consejo, al Comité Económico y Social Europeo y al Comité de las Regiones, Digitalización de la industria europea Aprovechar todas las ventajas de un mercado único digital COM (2016) 180 final) se aborda la cuestión relativa a cómo puede influir el *Big Data* en el ámbito agroalimentario y en la digitalización de las empresas agrícolas, señalándose al

---

rables en factores de producción (semillas, fertilizantes, agua, suelo, pesticidas, medicamentos reales, combustible, etc.), en tiempo, en esfuerzo (físico y mental) y con beneficios que van más allá del contexto empresarial individual y de inversión.

19 En un buen número de ocasiones los datos para la toma de decisiones se obtienen en tiempo real, lo que minimiza los riesgos de error. Y es que tomar decisiones erróneas en el sector agrícola, por ejemplo, en el momento de la siembra (plantando en lugares que no son los idóneos o no eligiendo la simiente apropiada para el terreno) o la recolección de los productos (recolectando antes de tiempo), puede ocasionar pérdidas económicas significativas para el agricultor.

respecto que la "granja inteligente" ("*Smart Farming*") se sirve de tecnologías de recopilación, procesamiento, análisis y automatización de datos que, aplicadas conjuntamente, permiten mejorar la gestión de una granja con respecto a las operaciones estándar. La utilización de tales datos (referidos a animales, plantas y suelos) contribuirá a mejorar la transparencia de la cadena (seguridad alimentaria) y su optimización[20].

Dicho con otras palabras, la implementación de las nuevas tecnologías en el sector agrícola persigue aumentar la pro-

---

[20] Vid. Commission Staff Working Documento, Advancing the Internet of Things in Europe SWD (2016) 110 final (documento que acompaña a la Comunicación de la Comisión al Parlamento Europeo, al Consejo, al Comité Económico y Social Europeo y al Comité de las Regiones, Digitalización de la industria europea Aprovechar todas las ventajas de un mercado único digital COM (2016) 180 final), p. 37. En este documento se añade que la agricultura inteligente está fuertemente relacionada, aunque no limitada, con el concepto de "Agricultura y Ganadería de Precisión".
La agricultura inteligente ofrecerá soluciones adaptadas a explotaciones pequeñas y medianas, mejorando los sistemas de gestión agrícola y desarrollo de nuevos negocios y mercados agroalimentarios. La agricultura inteligente proporcionará un sector agrícola en la Unión Europea más sostenible, productivo y competitivo.
La cadena de suministro agroalimentario es muy compleja: hay muchos actores diferentes involucrados y la dinámica de la industria cambia constantemente. También hay diferencias en la cadena de suministro de alimentos (dependiendo de los tipos de productos y los lugares en los que se producen) y un alto grado de volatilidad (vinculada principalmente al cambio climático, las políticas y los cambios sociales). Además, los consumidores ahora quieren saber cada vez más sobre el contenido y la seguridad de sus alimentos, dónde y cómo se producen y cuáles son los impactos ambientales y sociales.
Promover una adopción más amplia de tecnologías agrícolas inteligentes a nivel de la Unión Europea es clave para garantizar un mercado único digital para la inteligencia artificial aplicada a la agricultura.

ductividad, pero ello debe conseguirse desde la sostenibilidad y, a tales efectos y como se viene señalando, el *Big Data* o la inteligencia artificial se revelarán como herramientas muy oportunas para ello[21].

En lo que hace a la consecución de la eficiencia, la introducción de las nuevas tecnologías en el campo sólo será posible de forma plena, al parecer de la Comisión Europea, si se produce un auténtico relevo generacional. Y es que, como sostiene la Comisión, la envejecida comunidad rural necesita savia nueva para dinamizar el sector y abrirlo a las transformaciones tecnológicas que se están produciendo y ello se logrará más fácilmente si se lleva a cabo por agricultores que estén habituados a las nuevas tecnologías y familiarizados con su uso, porque en su entorno privado ya las utilizan[22].

Las nuevas tecnologías y el cambio generacional se necesitan mutuamente en este ámbito del sector primario y se "retroalimentan" beneficiosamente (si se permite el símil) uno al otro. Esto acontece porque, si el cambio generacional es necesario para efectuar una inmersión completa y definitiva del sector agrario en las nuevas tecnologías, éstas últimas pueden terminar convirtiéndose en el estímulo final que termine fijando población (joven) en las zonas rurales, cuestión ésta que también preocupa socialmente y

---

21 Afirma JANNARELLI ("Il divenire del diritto agrario italiano ed europeo tra sviluppi tecnologici e sostenibilità", *Rivista di Diritto Agrario*, 2013, p. 12) que, frente al complejo papel que puede desempeñar el proceso tecnológico, cada vez más autónomo y peligrosamente autorreferencial como fuente respectivamente de bienestar, la sostenibilidad evoca, por el contrario, no un dato, sino más bien un modelo operativo y normativamente relevante.

22 Comunicación de la Comisión Europea al Parlamento, al Consejo, al Comité Económico y Social y al Comité de las regiones. El futuro de los alimentos y de la agricultura, COM (2017) 713 final, p. 25.

desde el punto de vista demográfico. Como apunta MUÑIZ ESPADA, las nuevas tecnologías mejoran la interconexión en las zonas rurales, lo que favorecerá la permanencia en el medio rural, pues el proceso de digitalización es un medio más para aproximar en desarrollo a las zonas rurales respecto de las urbanas en el ámbito del objetivo de la cohesión territorial[23].

III. NUEVAS TECNOLOGÍAS Y MEJORA DE LA CADENA ALIMENTARIA

La mejora de la cadena alimentaria, en todos los sentidos, es algo que viene ocupando a las instituciones europeas desde hace tiempo. De la cadena alimentaria preocupan especialmente, por una parte, promover un sistema contractual y de precios justos a lo largo de la misma[24] y, por otra parte, garantizar la seguridad de los alimentos y el abastecimiento[25]. Siendo estas cuestiones, como se apunta, asuntos que están centrando de una forma especial el interés de la política europea en los

---

23 Véase MUÑIZ ESPADA, ob. cit., p. 14.

24 Véanse la Comunicación de la Comisión al Parlamento Europeo, al Consejo, al Comité Económico y Social Europeo y al Comité de las Regiones, Mejorar el funcionamiento de la cadena alimentaria en Europa (COM 2009 591 final); la Comunicación de la Comisión al Parlamento Europeo, al Consejo, al Comité Económico y Social Europeo y al Comité de las Regiones, Hacer frente a las prácticas comerciales desleales en la cadena de suministro alimentario entre empresas (COM 2014 472 final) y el Informe sobre prácticas comerciales desleales en la cadena de suministro alimentario, de 4 de mayo de 2016 (2015/2065 INI).

25 Vid. Ley 17/2011, de 5 de julio, de seguridad alimentaria y nutrición.

últimos tiempos, en la solución de todas ellas pueden desempeñar un papel significativo las nuevas tecnologías[26].

La primera cuestión que está generando un profundo debate, como se apunta, es la referida al desequilibrio contractual y en los precios que se advierte en la cadena alimentaria. El debate está siendo generalizado y más allá del ámbito legislativo está encontrando fuerte eco en los medios de comunicación y en la sociedad en general (singularmente, lo relativo al desequilibrio de precios).

En lo que respecta al ámbito legislativo, en este caso a nivel comunitario, el artículo 39 TFUE señala entre los objetivos de la política agrícola común garantizar un nivel de vida equitativo a la población agrícola, en especial mediante el aumento de la renta individual de los que trabajan en la agricultura[27]. Junto a ello, en la Directiva 2019/633 del Parlamento Europeo y del Consejo de 17 de abril de 2019, relativa a las prácticas comerciales desleales en las relaciones entre empresas en la cadena de suministro agrícola y alimentario, se aclara desde los primeros considerandos que en la cadena de suministro agrícola y alimentario se producen con frecuencia desequilibrios importantes en cuanto al poder de negociación entre proveedores y compradores de productos agrícolas y alimentarios y

---

[26] Las nuevas tecnologías, por ejemplo, pueden facilitar el cooperativismo (conectando más fácilmente productores), lo que, a su vez, puede incidir en que estos logren unos precios más justos por los productos; proporcionar buenos sistemas de certificación que aseguren la calidad de los productos o su composición (especialmente cuando los productos se distribuyen por Internet); facilitar la trazabilidad los productos o la identidad de las personas, acciones estas últimas que inciden en lograr una mayor seguridad para los consumidores.

[27] Letra b).

que estos desequilibrios en el poder de negociación es probable que conduzcan a prácticas comerciales desleales, si los socios comerciales con mayor poder de negociación tratan de imponer determinadas prácticas o disposiciones contractuales que les benefician en relación con una transacción de venta. En la misma línea, en la PAC 2023-2027 se citan como objetivos a cumplir requilibrar el poder en la cadena alimentaria y asegurar unos ingresos justos para el agricultor.

Señalados los desequilibrios de la cadena alimentaria como un problema actual a resolver, las nuevas tecnologías, en el marco de implantación actual en el sector agroalimentario y de desarrollo al que aquí se viene aludiendo, pueden erigirse también en este caso en instrumento adecuado que contribuya a un mejor equilibrio de la misma en algunos de sus aspectos y ello básicamente por dos razones:

La primera es que la introducción de la tecnología en el sector agroalimentario, como ya hemos visto, sin duda alguna propicia que los agricultores reciban mayores ingresos o beneficios por sus productos[28].

Es cierto que las nuevas tecnologías no corrigen de manera directa los bajos precios que los agricultores reciben por sus productos (y que es en primera instancia lo que genera el

---

28 El legislador europeo es consciente de que esto efectivamente es así. En la Comunicación de la Comisión al Parlamento Europeo, al Consejo, al Comité Económico y Social Europeo y al Comité de las Regiones. El futuro de los alimentos y de la agricultura (COM 2017 713 final), pp. 14-15, se dice: "La PAC debe desempeñar un papel más importante para ayudar a los agricultores a ganar más en el mercado. Existe una clara necesidad de estimular las inversiones en las explotaciones para reestructurar, modernizar, innovar, diversificar, implantar nuevas tecnologías y aprovechar las posibilidades digitales como la agricultura de precisión, el uso de grandes datos…".

desequilibrio de precios en la cadena alimentaria), pues ello depende exclusivamente de la relación contractual y de la negociación que media entre el agricultor y la cooperativa o el intermediario que le compra los productos, sin embargo, sí inciden en la producción, aumentándola, y en la calidad de los productos, lo que de alguna manera hace que los agricultores terminen recibiendo un mayor precio. Adviértase igualmente que el empleo de nuevas tecnologías supone en muchas ocasiones un ahorro de costes y gastos fijos para el agricultor que se sirve de ellas (por ejemplo, la automatización de labores del campo conlleva la falta de necesidad de presencia humana o por medio de ella se optimiza el uso de recursos como el agua, o los abonos, fertilizantes, etc.)[29].

La segunda razón tiene que ver con el desarrollo que ha experimentado el comercio electrónico en las dos últimas décadas, ya que con él se abre un nuevo canal de venta de los productos, junto al tradicional y único que existía hasta que surgió esta otra forma de comercio. El comercio electrónico no sólo conlleva el beneficio de la existencia de una nueva forma de comercialización de los productos, sino que, además, en él se

29 Esta reducción de costes por empleo de nuevas tecnologías repercute directamente en las ganancias del agricultor y en la competitividad. Con respecto a la reducción de costes por la aplicación de nuevas tecnologías, afirma JORDANA BUTTICAZ DE POZAS ("El sector agroalimentario y el derecho a una competencia leal", en *Estudios sobre el régimen jurídico de la cadena de distribución agroalimentaria* -Dirs. González Castilla, Ruiz Peris-, p. 159) que un buen número de empresas alemanas disponen de Wifi operativa y gratuita, cuando en otros territorios, como el nuestro, hay muchas áreas en las que se efectúa actividad agraria que no tienen cobertura o que, cuando existe, es mediocre y de pago. Las nuevas tecnologías industriales derivadas de la información están permitiendo una mayor eficiencia, que posibilitará disminuciones en los precios cercanas al 20 por 100 (...) a quien pueda aplicarlas.

elimina la presencia de intermediarios, al constituir un canal de venta directa por excelencia. La presencia de intermediarios en la cadena alimentaria es una de las razones principales que se viene señalando como la causa del aumento del precio de los productos y fuente del desequilibrio.

Aparte de lo anterior, en este entorno de relaciones contractuales por Internet, las nuevas tecnologías ofrecen las herramientas necesarias para que dichas relaciones contractuales sean seguras en lo que respecta a la identificación de las partes que contratan con herramientas como la firma digital, los certificados electrónicos, los sellos de garantía, etc. La identificación segura de las partes deviene fundamental para el establecimiento de relaciones contractuales seguras en este tipo de entornos y, en este sentido, puede decirse, las nuevas tecnologías facilitan el equilibrio en las relaciones contractuales propias del sector agroalimentario que se materializan por medio del comercio electrónico y, en mayor medida, en cualquier operación del sector agroalimentario que se lleve a efecto por medios electrónicos (sea del comercio electrónico o no).

La seguridad de la cadena alimentaria es otra cuestión que centra la atención de técnicos y de juristas[30]. No cabe duda

---

30 La afección de la salud de las personas por la ingesta de alimentos se viene considerando desde hace tiempo una potencial amenaza híbrida para la población. A tales efectos, en la Comunicación conjunta al parlamento europeo y al consejo sobre la lucha contra las amenazas híbridas. Una respuesta de la Unión Europea (JOIN (2016) 18 final), p. 10, se advierte que la salud de la población podría verse en peligro por la manipulación de enfermedades transmisibles o la contaminación de los alimentos, del suelo, del aire y del agua potable con sustancias químicas, biológicas, radiológicas y nucleares (QBRN). Además, la propagación intencionada de enfermedades animales o vegetales puede afectar gravemente a la seguridad alimentaria de la Unión y provocar repercusiones económicas

de que de un tiempo a esta parte la sociedad ha comenzado a prestar mayor atención al origen exacto de los alimentos, a su composición, a su proceso de producción y al *iter* que sigue su línea de distribución[31]. La seguridad de la cadena alimentaria afecta a dos aspectos de la misma: al origen y contenido exacto de los alimentos (buscando la calidad de los mismos)[32] y al *iter* que siguen los alimentos desde el momento que se recogen hasta que llegan al consumidor, en el sentido de que es preciso asegurar detalladamente el camino seguido por ellos en toda la cadena de distribución y las personas que han entrado en contacto con ellos durante todo el recorrido. Tanto para un

---

y sociales graves en ámbitos cruciales de la cadena alimentaria de la Unión Europea. Las estructuras actuales de la Unión Europea para la seguridad sanitaria, la protección del medio ambiente y la seguridad alimentaria pueden utilizarse para responder a las amenazas híbridas que utilicen dichos métodos.

En el mismo sentido, en el Informe de Seguridad Nacional correspondiente al año 2022, elaborado por el Gobierno de España, se señala "además, las fluctuaciones y tensiones actuales de los mercados, derivados de los incrementos de precios de combustibles y de la amenaza de desabastecimiento de materias primas y alimentos de primera necesidad, son aprovechadas por la criminalidad organizada para llevar a cabo fraudes relacionados con alimentos o medicamentos, que afectarían a la seguridad y salud de los consumidores, pudiendo llegar a influir incluso sobre los precios de los mercados" (p.156).

31 Vid. DEL PINO GRACIA, ob. cit. p. 40, quien expone que ésta es una demanda del consumidor moderno.

32 Partiendo, eso sí, de que, como apunta MUÑIZ ESPAÑA (ob. cit., p. 12) la calidad se enfrenta a problemas conceptuales de inicio, que llevan a que la calidad "general" la comprendamos como la conjunción de calidad sanitaria, convencional, comercial y organoléptica, que es la consecuencia de entender la calidad de los alimentos como la suma de su vinculación con las tradiciones, el comercio equitativo, cuestiones éticas, protección de la biodiversidad y medio ambiente, bienestar animal, etc.

aspecto como para otro las nuevas tecnologías se revelan como una herramienta útil que puede contribuir a la consecución de la mencionada seguridad[33].

En lo relativo al abastecimiento garantizado de alimentos, éste ya se fija como objetivo a alcanzar en política agrícola en el artículo 39 del Tratado de Funcionamiento de la Unión Europea (en adelante, TFUE), en concreto en su letra d). Puede decirse que existe una preocupación generalizada por garantizar el abastecimiento de alimentos a una población cada vez más creciente, temor éste que se ha visto acentuado a raíz de que el aumento de la población esté coincidiendo con condiciones medioambientales adversas en el planeta, con sequías extremas cada vez más prolongadas en el tiempo y extensas en superficie, y pandemias, incendios o lluvias torrenciales cada vez más frecuentes. No se está aludiendo aquí a la preocupación por el abastecimiento de alimentos que se advirtió en la pandemia de 2020, que también existió, sino a una preocupación mayor por el abastecimiento a nivel mundial, en el que el aumento de población, por una parte, unido a un cambio climático cada vez más evidente, por otro, están originando una situación crítica nunca antes conocida. También en este caso las nuevas tecnologías tienen mucho que decir, pues su contribución puede ser definitiva para una justa distribución de los alimentos que garantice el abastecimiento de toda la población y ello no sólo porque el concurso de muchas de las herramientas que se han originado con las nuevas tecnologías

---

[33] Así, por ejemplo, sobre la importancia que tendrán las nuevas tecnologías para una mejor obtención de la trazabilidad de los productos puede verse DEL PINO GONZÁLEZ y SEGURA DE LA MONJA, ob. cit., p. 112; Vid. DEL PINO GRACIA, ob. cit. pp. 40-41 o HERNÁNDEZ SAN JUAN, ob. cit. Para esta última autora, la tecnología *blockchain* proporcionará unos beneficios indudables a los efectos de seguir la trazabilidad de los productos.

contribuyen a aumentar la producción de los alimentos, sino también por la importancia que han cobrado muchas de sus aplicaciones en la cadena de distribución de los mismos[34].

Todo lo dicho hasta ahora representa una de las dos visiones, la positiva, que tiene la incorporación de las nuevas tecnologías en la cadena alimentaria. Sin embargo, frente a esta visión existe otra, negativa en este caso, que acarrea

---

34 De esta manera, el abastecimiento seguro está directamente relacionado con (si se permite el uso de la expresión) la "geoseguridad" de la cadena alimentaria. La "geoseguridad" aplicada a la cadena alimentaria supone la protección o control de todos los aspectos que, de alguna forma, pueden afectar a los recursos agroalimentarios. Si hasta hace dos décadas la preocupación en lo relativo a "geoseguridad" de la cadena alimentaria se ceñía a cuestiones materiales o físicas de ésta última, en concreto todas las que podían surgir desde la producción de los alimentos hasta su entrega final a las personas, en los últimos tiempos esta preocupación ha comenzado a plantearse también con respecto a las nuevas tecnologías que inciden en la cadena alimentaria. Piénsese a este respecto, por ejemplo, que la cadena alimentaria tiene ya dependencia directa de los medios informáticos, pues son muchos los datos de aquella que se tratan informáticamente. Es por esta razón que algunos autores, como MUÑIZ ESPADA, han comenzado a estudiar la importancia de la "ciberseguridad" en el ámbito agroalimentario, por estimar que merece protección ante posibles vulneraciones que pueda recibir desde el entorno de las nuevas tecnologías. Apunta MUÑIZ ESPADA (ob. cit., pp. 77-78) que la estrategia de ciberseguridad nacional, diseñada desde el Consejo de Seguridad Nacional como protección frente a riesgos y fraudes en el ciberespacio, representa el compromiso hacia un crecimiento y competitividad económica nacional. Mantiene la autora que, como no puede ser de otra forma, la seguridad nacional afecta a todos los sectores del Estado, incluido el ámbito agrario, al que se le debe reconocer una importancia especial, no por paternalismo, sino por los valores económicos, sociales y medioambientales a los que afecta y por constituir un recurso primario para la vida humana.

dicha implementación y que está relacionada con la ciberseguridad. La aplicación de nuevas tecnologías en el sector agroalimentario exige tratamiento de datos, por operar la práctica totalidad de dichas aplicaciones con ellos. Los datos generados por las máquinas e instrumentos que se ubican en el campo, por una parte, y los datos relativos a los alimentos que acompañan a estos a lo largo de todo el proceso de distribución de la cadena alimentaria, por otra parte, pueden ser objeto de ataques con importantes consecuencias para la sociedad. Como apunta MUÑIZ ESPADA (remitiéndose al documento de Estrategia de Seguridad Nacional del año 2017), "el ciberespacio y la accesibilidad de la tecnología han rebajado el coste de la información y ampliado su acceso, pero agravado su vulnerabilidad"[35]. Así, por ejemplo, mantiene esta autora que el número de falsificaciones de alimentos que inciden notoriamente en la salud va en aumento. Este hecho, unido a las bruscas variaciones del precio de los alimentos, las materias primas y la energía, exigen de los Estados una reacción contundente, ante el riesgo de inestabilidad económica. De igual forma, los riesgos del empleo

---

35 MUÑIZ ESPADA, ob. cit., p. 32.
Esta autora, en atención a la fecha de publicación de su trabajo (2019), se sirve de los Informes de Estrategia Nacional de los años 2016 y 2017. No obstante, la visión concerniente a la importancia de las infraestructuras agroalimentarias continúa siendo la misma con posterioridad a esos años, si nos atenemos a lo que se señala en el Informe de Estrategia Nacional de 2021 elaborado por el Consejo de Seguridad Nacional. En este Informe se indica que "Las Infraestructuras Críticas constituyen el eje sobre el que se articula la resiliencia física de un país. Incluyen los sectores de la salud, energético, de alimentación, de transportes y el suministro de agua entre otros. Su funcionamiento es indispensable y no permite soluciones alternativas, por lo que su perturbación o destrucción tendría un grave impacto sobre los servicios esenciales (pp. 78-79)".

de nuevas tecnologías en el sector agroalimentario también requieren de una atención y una respuesta por parte del Estado en lo relativo a la administración de los cultivos (desde el momento que esa administración pasa a realizarse por medio de máquinas e instrumentos que emplean datos y se sirven de ellos), en la preparación de los suelos, en la gestión de los sistemas de riego y del agua, en el cálculo y proporción de los insumos agrícolas, en el control y registro del ganado, en la planificación y manejo de los cultivos, en la selección de las áreas de cultivo, en la modificación de las variedades de plantas, en la proyección de la siembra y de la recolección de los frutos, en la administración de los plaguicidas, en la comercialización de alimentos a través de canales virtuales, etc.

IV. LA APARICIÓN DE NUEVOS RETOS JURÍDICOS

La implementación de nuevas tecnologías en el sector agroalimentario exigirá superar las lógicas barreras materiales de todo tipo que lleva consigo en sí mismo la introducción de tecnología nueva en cualquier sector carente de ella (p. ej., la adaptación instrumental o tecnológica de las fincas o cadenas productivas, la formación técnica de los trabajadores, etc.). Paralelamente a ello y como no puede ser de otra forma, obligará igualmente a resolver cuestiones jurídicas que sobrevendrán con ello.

Sin ánimo de profundizar en un análisis completo de todos y cada uno de los retos que se plantearán con la introducción de nuevas tecnologías en el sector agroalimentario en general, tres de ellos que, en nuestra opinión, será preciso abordar en un futuro cercano y que se corresponden cada uno de ellos con un sector de la cadena alimentaria (producción, elaboración y distribución) son los siguientes:

1. Tratamiento de los datos generados por las máquinas y dispositivos utilizados en el campo

Uno de los primeros retos a los que deberá enfrentarse el Derecho y darle respuesta es el de la determinación del régimen jurídico al que debe quedar sometidos los datos generados por las máquinas y equipos de precisión que se utilizan en el campo. Este asunto, que ya ha sido adelantado en Italia por LATTANZI, afecta de manera directa al sector productivo de la cadena alimentaria[36].

La cuestión principal que deberá abordarse aquí es la referida a la naturaleza jurídica de tales datos, en el sentido de si deben considerarse personales o no. La calificación jurídica que merezcan tales datos determinará si les resulta de aplicación o no el régimen jurídico del Reglamento (UE) 2016/679 del Parlamento Europeo y del Consejo de 27 de abril de 2016, relativo a la protección de las personas físicas en lo que respecta al tratamiento de datos personales y a la libre circulación de estos datos y por el que se deroga la Directiva 95/46/CE (en adelante, RGPD) y de la Ley Orgánica 3/2018, de 5 de diciembre, de protección de datos personales y garantía de los derechos digitales. Si la calificación jurídica que reciban tales datos es que no han de ser considerados datos personales, procederá determinar en ese caso el régimen jurídico al que han de estar sujetos.

Si se atiende a la definición de "dato personal" contenida en el artículo 4.1 RGPD es claro que algunos tipos de datos generados

---

36 Véase LATTANZI, ob. cit., p. 568, quien sitúa en el centro del debate de cara a una futura regulación en esta materia preguntas como: "¿Existen derechos relacionados con los datos brutos generados por la maquinaria y los equipos de precisión? ¿Quién es su titular? O, mejor dicho, ¿quién es el propietario de tales datos?".

por estas máquinas y equipos de precisión no pueden calificarse de personales (como, por ejemplo, los que miden valores de la tierra, del aire, o los que miden proporciones de productos destinados a la tierra -como abonos, nutrientes, pesticidas-, etc.)[37]. Siendo esto así, sin embargo, el estudio obligará a analizar en profundidad otro tipo de datos distintos de los anteriores como, por ejemplo, las imágenes que se tomen en la finca desde drones o cámaras situadas en la instalación, los referidos a la ubicación de trabajadores, etc., que pueden merecer un tratamiento jurídico diferente.

En este sentido, la Comunicación de la Comisión al Parlamento Europeo, al Consejo, al Comité Económico y Social Europeo y al Comité de las regiones "La construcción de una economía de los datos europea" (COM 2017 9 final) señala que "en términos generales, los datos pueden ser personales o no personales. Por ejemplo, los datos generados por los sensores de temperatura domésticos pueden ser personales si resulta posible relacionarlos con una persona viva, mientras que los datos sobre la humedad del suelo no son personales. Los datos personales pueden convertirse en datos no personales a través del proceso de anonimización"[38].

---

37 Según la definición que se ofrece en este artículo, "datos personales" son "toda información sobre una persona física identificada o identificable ("el interesado"); se considerará persona física identificable toda persona cuya identidad pueda determinarse, directa o indirectamente, en particular mediante un identificador, como por ejemplo un nombre, un número de identificación, datos de localización, un identificador en línea o uno o varios elementos propios de la identidad física, fisiológica, genética, psíquica, económica, cultural o social de dicha persona".

38 Vid. p. 10. En esa misma Comunicación se añade también que los datos generados por máquinas pueden ser personales o no personales. Cuando permiten la identificación de una persona física,

Como se apunta, un aspecto interesante que deberá tratarse aquí es el del régimen jurídico que le resulta de aplicación a los datos que no tengan la consideración de personales, si es que procede aplicarle alguno, en atención al relevante valor económico que dichos datos pueden llegar a tener en el mercado[39].

Otro aspecto a estudiar dentro de este primer reto será el atinente a la titularidad de dichos datos, en el sentido de señalar quién debe considerarse su legítimo titular a los efectos del ejer-

---

pueden considerarse datos personales, motivo por el cual será de aplicación toda la normativa sobre datos personales hasta que hayan sido totalmente anonimizados.

39 Sobre este tipo de datos el debate ya está abierto, como puede comprobarse en la Comunicación de la Comisión al Parlamento Europeo, al Consejo, al Comité Económico y Social Europeo y al Comité de las regiones "La construcción de una economía de los datos europea" (COM 2017 9 final), en la que se mantiene que "los datos en bruto generados por máquinas no están protegidos por los derechos de propiedad intelectual existentes, ya que no se considera que resulten de un esfuerzo intelectual o posean alguna originalidad. El derecho *sui generis* de la Directiva sobre bases de datos (96/9/CE) –que faculta a los fabricantes de bases de datos para impedir la extracción o reutilización de la totalidad o de una parte sustancial del contenido de una base de datos– proporciona protección únicamente a condición de que la creación de tal base de datos implique una inversión sustancial en la obtención, verificación o presentación de su contenido" (p. 11). Queda abierta la vía, como también se señala en la Comunicación, que dichos datos puedan ser reconducidos a "secreto empresarial", que se regula en la Ley 1/2019, de 20 de febrero, de Secretos Empresariales, por la que se transpone la Directiva (UE) 2016/943 del Parlamento Europeo y del Consejo, de 8 de junio de 2016, relativa a la protección de los conocimientos técnicos y la información empresarial no divulgados (secretos comerciales) contra su obtención, utilización y revelación ilícitas. Para ello, lógicamente, deberán cumplirse los requisitos de que tales datos constituyan "secreto empresarial", lo que no siempre resultará fácil.

cicio de derechos (por ejemplo, con respecto a la seguridad, la confidencialidad o la explotación económica de los mismos).

Por último, deberá analizarse igualmente el papel que desempeñan las empresas especializadas en el procesamiento de tales datos[40]. Existiendo la necesidad por parte de los agricultores de recurrir a este tipo de empresas especializadas para el tratamiento de los datos que generan las máquinas de la que son titulares, será preciso aclarar quién tiene legitimación para decidir sobre la cesión de esos datos, el acceso a los mismos y el modo en que deberán llevarse a cabo dicha cesión o acceso. Adviértase aquí que las máquinas y equipos de precisión utilizados en el campo pueden generar muchos más datos de los que necesita el agricultor o, dicho con otras palabras, que los datos que finalmente utilice el agricultor sean sólo unos pocos del total que generan las máquinas o equipos de precisión. El análisis deberá terminar obligadamente estudiando a quién se le debe reconocer legitimación para disponer sobre el total de los datos, incluidos aquellos de los que finalmente no se haya hecho uso, por no ser necesarios.

2. El reconocimiento de identidad a "entidades"

En segundo lugar, y con respecto al sector de la elaboración, un segundo reto que tal vez sea preciso abordar en el futuro, si el Derecho finalmente se consolida en lo que ahora tan sólo parece ser una mera insinuación, aunque éste, estrictamente, no sea propio del sector agroalimentario, sino que su debate deberá plantearse de forma obligada también con respecto a otros sectores de la Economía, es el del reconocimiento de

---

40 Es tan elevado el volumen de tales datos que para la mayoría de los agricultores es prácticamente imposible tratarlos, por carecer del material informático necesario para ello o de conocimientos.

"identidad" a "entidades" (o "entes") distintos de las personas físicas y de las personas jurídicas, que son las únicas a las que, hasta ahora, se les viene reconociendo identidad[41].

---

41 El derecho a la identidad apenas está comenzando a ser reconocido por las organizaciones internacionales y los ordenamientos jurídicos internos de los países, a pesar de que su mención en medios de comunicación, en textos jurídicos de diferente naturaleza y por la sociedad en general esté ya extendido a nivel global.
En Europa, el ordenamiento jurídico que más desarrollado tiene este derecho es Italia, donde no está claro si es un derecho de origen jurisprudencial con desarrollo doctrinal o, al revés, un derecho de origen doctrinal y con desarrollo jurisprudencial.
Entre los autores que ya han estudiado el derecho a la identidad (en general) pueden destacarse los siguientes: AA.VV. *Il diritto alla identità personale. Un seminario promosso dal Centro di iniciativa giuridica Piero Calamandrei e dal Centro Studi e documentazione giuridica* (a cura di: Guido Alpa, Mario Bessone, Luca Boneschi). Padova, CEDAM, 1981; ALAGNA, S. "Diritto alla identità personale e risarcibilità del danno non patrimoniale", en *Giustizia Civile,* 1983, pp. 157-170; ALPA, G. "Un questionario sul diritto alla identità personale", en *Il diritto alla identità personale. Un seminario promosso dal Centro di iniciativa giuridica* Piero Calamandrei e dal Centro Studi e documentazione giuridica (a cura di: Guido Alpa, Mario Bessone, Luca Boneschi). Padova, CEDAM, 1981, pp. 15-21; D'ANGELO, A. "Lesione dell'identità personale e tutela riparatoria" (comentario a la ordinanza del Pretor de Roma, de 6 de mayo de 1974), en *Giurisprudenza italiana,* vol. CXXVII, 1975–Parte I Sez, II., pp. 514 y ss.; DOGLIOTTI, M. "Un nuovo diritto: all'identità personale", en *Giurisprudenza italiana,* 1981, IV p. 150; FIGONE, A. "Il risarcimento del danno all'identita personale in una pronuncia non conformista —comentario a la sentencia del Tribunal de Roma de 27 de marzo de 1884—", en *Giustizia Civile,* 1985, pp. 534 y ss. "Il diritto all'identità personale davanti alla Corte di Cassazione", en *Il diritto dell'informazione e dell'informatica,* 1985, pp. 965 y ss. "Il diritto all'identità personale nelle recenti elaborazioni di dottrina e giurisprudenza. A propósito degli atti di un recente convegno", en *Responsabilità civile e previdenza.* Enero-Febrero, 1980, vol. XLV, pp. 763-771; GIACOBBE, G. "L'identità personale tra dottrina e giurisprudenza. Diritto sostanziale

Lo anterior es así porque están comenzando a aparecer documentos jurídicos, como el elaborado por el Grupo de Trabajo IV (Comercio Electrónico) de la Comisión de las Naciones

---

e strumenti di tutela", en *La lesione dell'identità personale e il danno non patrimoniale.* Atti del seminario promosso dal Centro di iniziativa giuridica P. Calamandrei, Messina, 16-4-1982, Milano, 1985, pp. 810 y ss; PARDOLESI, R. "Comentario a la ordinanza del pretor de Roma, de 2 de junio de 1980", *Il Foro Italiano,* 1980, I, pp. 2046 y ss; TOMMASINI, R. "L'identità dei soggeti tra apparenza e realtà: aspetti di una ulteriore ipotesi di tutela della persona", en *Il diritto alla identità personale. Un seminario promosso dal Centro di iniciativa giuridica* Piero Calamandrei e dal Centro Studi e documentazione giuridica (a cura di: Guido Alpa, Mario Bessone, Luca Boneschi). Padova, CEDAM, 1981, pp. 78-91; ZENO-ZENCOVICH, "Identità personale", en *Digesto.* IV Edizione, vol. IX Civile, ed. UTET, 1993.

Como ejemplo de sentencias de la jurisprudencia italiana pueden mencionarse las siguientes: sentencia de la Corte Constitucional italiana núm. 13, de 3 de febrero de 1994 (publicada en *Il Foro Italiano,* 1994, vol. 117, pp. 1668-1671), Sentencia de la Corte Suprema de Italia, de 7 de diciembre de 1960, nº. 3199 (publicada en *Il Foro Italiano,* 1961, I, 43), Sentencia de la Corte de Apelaciones de Milán, de 22 de mayo de 1964 (publicada en *Il Foro Italiano,* 1964, I, 432), Sentencia de la Corte Suprema de Italia, de 13 de julio de 1971, n. 2242 (publicada en *Il Foro Italiano,* 1972, I, 432), Sentencia del pretor de Roma, de 6 de mayo de 1974 (publicada en *Giurisprudenza Italiana,* 1975, I, 2, pág. 514), Sentencia Turín, de 30 de mayo de 1979 (publicada en *Giustizia Civile,* 1980, I, 965), Sentencia del juez de Roma, de 30 de mayo de 1980 (publicada en *Il Foro Italiano,* 1980, I, 2048), Sentencia del juez de Roma, de 2 de junio de 1980 (publicada en *Il Foro Italiano,* 1980, I, 2046), Sentencia del Tribunal de Milán, de 19 de junio de 1980 (publicada en *Giurisprudenza Italiana,* 1981, 2, pp. 373 y ss.), Sentencia del pretor de Roma, de 11 de mayo de 1981 (publicada en *Il Foro Italiano,* 1981, I, 1737), Sentencia del Tribunal de Roma, de 15 de noviembre de 1983 (publicada en *Il Foro Italiano,* vol. CVIII, 1985, I, I), Sentencia del Tribunal de Roma, de 27 de marzo de 1984 (publicada en *Giustizia Civile,* 1985, I, 534), Sentencia del juez de Varese, de 27 de enero de 1986 (publicada en *Il diritto dell'informazione e dell'informatica,* 1986, 553).

Unidas para el Derecho Mercantil Internacional CNUDMI/ UNCITRAL "Cuestiones jurídicas relacionadas con la gestión de la identidad y los servicios de confianza", en los que se contempla la posibilidad de reconocer "identidad" a lo que en el propio documento se denominan "entidades", que es un concepto cuyos límites se extienden más allá de las personas físicas y de las personas jurídicas, y que en la práctica supone que también puedan ser titulares de identidad dispositivos, máquinas o aparatos digitales, con el sólo requisito de que puedan ser identificados en un contexto.

En el supuesto concreto del sector de la agroalimentación el debate se centrará en si procede el reconocimiento de identidad a equipos, máquinas, aparatos o dispositivos que, de alguna manera, intervienen en algún momento en la fase de elaboración de los productos en la cadena alimentaria. El reconocimiento de identidad a "entidades" distintas de las personas físicas y de las personas jurídicas propiciará una nueva evolución en el concepto mismo de identidad y los nuevos confines jurídicos que surgirán consecuencia natural de ello, que ahora tan solo pueden llegar a intuirse o vislumbrarse, sin duda alguna suscitarán debates en este momento inimaginables en el ámbito jurídico.

El reconocimiento de identidad a "entidades" puede obligar a un replanteamiento del concepto mismo de personalidad, pues si la identidad es una consecuencia natural del previo reconocimiento de personalidad, o bien el reconocimiento de identidad a las "entidades" termina posibilitando igualmente a favor de ellas un previo reconocimiento de personalidad (algo, a día de hoy, impensable), o bien será preciso fundamentar jurídicamente la identidad para este caso particular de un modo diferente a como se hace para las personas físicas y para las personas jurídicas. A estos efectos, téngase en cuenta que el reconocimiento de identidad a las personas jurídicas es consecuencia lógica de que a estas también se les haya reconocido previamente personalidad.

Si en la historia jurídica ya supuso un avance innovador reconocer personalidad a las personas jurídicas, algo parecido se puede volver a repetir ahora, si bien en este caso no vendrá motivado por nuevas necesidades surgidas en el tráfico jurídico, sino por la fuerza implacable que está ejerciendo la tecnología en la vida humana. En todo caso, el reconocimiento de identidad a "entidades" exigirá examinar igualmente qué facultades de las comprendidas en el derecho a la identidad procede reconocer, por su singularidad, a las "entidades".

3. La identidad digital de los empresarios agroalimentarios

Por último, en lo que respecta a la distribución comercial, un reto que será preciso abordar desde el Derecho será el relativo al de la "identidad digital" de los empresarios agroalimentarios, por la trascendencia que tiene ya, a día de hoy, la comercialización de productos agroalimentarios a través de Internet[42].

---

[42] Cada vez comienza a ser más frecuente reconocer el uso de la expresión "identidad digital" y ello no sólo en los medios de comunicación o en el lenguaje de la calle, sino también en el ámbito jurídico. Adviértase que el uso de esta expresión, especialmente en el ámbito jurídico, se produce aún cuando todavía no se ha reconocido formalmente (ni desarrollado legislativamente) el derecho matriz del que trae causa y que es el derecho a la identidad (a secas o, si se prefiere, el derecho a la identidad personal).
En cualquier caso, como muestra de trabajos en los que ya se emplea el uso de esta expresión pueden citarse los siguientes: ALPA, G. "L'identità digitale e la tutela della persona. Spunti di riflessione", en *Contratto e impresa*, 3/2017, pp. 723 y ss.; BATUECAS CALETRÍO, A. "El derecho a la identidad y la identidad personal", en *Anuario de Derecho Civil*, tomo LXXV, 2022, fasc. III (julio-septiembre), pp. 923-986; CEDIEL SERRA, A. "Capítulo 11. Residencia fiscal virtual, identidad digital y criptomoneda", en *Residencia fiscal: problemática y cuestiones actuales*. Documentos de Trabajo del Instituto de Estudios Fiscales, 6/2019, pp.

La "identidad digital" alude al conjunto de signos o rasgos en forma de datos que, por ser propios de cada persona, la caracterizan e individualizan en el entorno digital. En el caso concreto de las empresas agroalimentarias, su identidad digital alude al conjunto de signos o rasgos en forma de datos existentes en Internet de esa empresa que la caracterizan e individualizan frente a los demás.

La presencia de las empresas agroalimentarias en Internet es una realidad como lo es la vida misma y realizar en la actualidad planteamientos comerciales en cualquier ámbito sin considerar Internet, incluido el agroalimentario, carece de todo

---

172 y ss.; FERNÁNDEZ BURGUEÑO, P. "Aspectos jurídicos de la identidad digital y la reputación *online*", en *adComunica. Revista de Estrategias, Tendencias e Innovación en Comunicación*, 2012, nº 3, pp. 125 y ss.; LLOPIS, J.C. "Identidad digital", ponencia pronunciada en las Primeras Jornadas de Derecho Digital NotarTIC, disponible en el blog El notario ante la identidad y la capacidad digital (http://www.notariallopis.es/blog/i/1401/73/el-notario-ante-la-identidad-y-la-capacidad-digital-notartic); MENÉNDEZ, L. "Los robos de identidad, en ocho preguntas", en *Escritura pública*, marzo-abril 2017, pp. 24 y ss.; MERCHÁN MURILLO, A. "Identidad digital: su incidencia en el blockchain", en *Revista Aranzadi de Derecho y Nuevas Tecnologías*, nº 50/2019 (BID 2019/6999); OLIVA LEÓN, R. "Derecho e identidad digital post-mortem", en *Testamento ¿digital?* Colección desafíos legales. Septiembre 2016, pp. 67 y ss.; ORDELÍN FONT, J.L. ORO BOFF, S. "¿Herencia digital?: La protección "post mortem" de los bienes digitales, en *Revista Aranzadi de Derecho y Nuevas Tecnologías*, nº 50/2019 (BID 2019/7012); PIÑAR MAÑAS, J.L. "Identidad y persona en la sociedad digital", en *Sociedad digital y Derecho* (Dir. De la Cuadra-Salcedo, T.), Ed. BOE, 2018, pp. 95 y ss.; REYES MÉNDEZ, D. ¿Cómo gestionar eficazmente la identidad digital? Hacia una nueva proyección cultural de la persona, en *Diario La Ley*, Nº 9328, 2 de enero de 2019; SCHIAVI, P. "Reputación on line ¿la identidad digital es tan importante como real?", en *Informática y Derecho. Revista Iberoamericana de Derecho Informático (Segunda época)*, Primer Semestre 2019, Número 6, Ed. Ratio Legis, pp. 153 y ss.

sentido. Las empresas agroalimentarias, hoy día, comercializan sus productos a través de Internet, se sirven de esta red de telecomunicaciones para mantener comunicación oficial con las administraciones públicas, la usan como medio de publicidad, etc. Todo ello da como resultado que la fuerza y la presencia que tiene actualmente Internet sea incuestionable, sin que las empresas del sector agroalimentario puedan prescindir del mercado que viene dado de la mano de Internet[43].

En el ámbito de este reto jurídico, el Derecho deberá dar respuesta en el futuro, entre otras cuestiones, a qué se entiende exactamente por "identidad digital" de una empresa agroalimentaria. Aparte de ello, y mucho más importante, habrá que delimitar el contenido de la identidad digital del empresario agroalimentario (qué forma parte de ella y qué no -por ejemplo, datos oficiales, cometarios de clientes, etc.-) y decidir el conjunto de derechos y deberes que lleva aparejada su titularidad, cuestiones éstas últimas que, unidas a todas las anteriores que aquí se han ido exponiendo, presentan un futuro sumamente interesante desde el punto de vista jurídico en lo que hace al estudio del sector agroalimentario en los próximos años.

---

[43] Afirma MUÑIZ ESPADA (ob. cit., pp. 30-31) que "todo espacio común, como es el ciberespacio, se caracteriza por su fácil accesibilidad e interconexión, pero en su misma facilidad de acceso reside su riesgo, que afecta a la protección de los datos y a su propiedad, se presta a irregularidades en la difusión y a acciones delictivas, que en nuestro caso podrían llegar hasta el agroterrorismo, con consecuencias no sólo para la salud o los servicios o intereses nacionales, sino también para la competitividad de las empresas agroalimentarias. Para neutralizar todo ello es previo que la norma se anticipe y que haya un sistema jurídico de prevención y un sistema de control y protección integral, lo que incluiría un régimen de responsabilidad; en definitiva, se requiere un desarrollo legislativo, que junto a la normativa básica de seguridad, se acompañe de una norma específica sectorial".

La marca colectiva de carácter geográfico como herramienta de posicionamiento comercial en el sector agroalimentario

JORGE GARCÍA DOMÍNGUEZ
Abogado
Socio-director y fundador de GARCÍA DOMÍNGUEZ & ASOCIADOS
jgd@garciadominguez.com

BIBLIOGRAFÍA: ACEA VALDÉS, Y. (2022), "El régimen jurídico de las marcas colectivas en España: Su significación para el sector agrícola", en *Derecho y Realidad,* 20 (39), 33-49; MAROÑO GARGALLO, Mª del Mar, "Signos Agroalimentarios. El uso de la marca conforme a su función esencial: marcas individuales, colectivas y de garantía", en *Competencia, propiedad intelectual y tutela de consumidores en el sector agroalimentario,* Coordinadores: Fernando Carbajo Gascón, Vanessa Jiménez Serranía; MONTERO GARCÍA-NOBLEJAS, Pilar, (2020), "El nuevo régimen de las marcas colectivas" en "Derechos de Propiedad Intelectual. Doctrina", LA LEY Mercantil nº 66, febrero 2020, Nº 66, 1 de feb. de 2020, Editorial Wolters Kluwer; MONTERO GARCÍA-NOBLEJAS, Pilar, (2022), "Marcas colectivas y de garantía en el sector agroalimentario" en Palau Ramírez, Felipe, y Martí Miravalls, Jaume (dirs.), *Retos en el sector agroalimentario: regulación, competencia y propiedad industrial*, Tirant lo Blanch, Valencia;

I. INTRODUCCIÓN

La marca colectiva de carácter geográfico, también llamada por la doctrina *marca colectiva geográfica*, como *subtipo* de la marca colectiva, despierta un especial interés como herramienta de posicionamiento comercial en el sector agroalimentario no sólo por su función esencial de conformar un signo que distinga los productos o servicios de los miembros de la asociación titular de la misma respecto de otras empresas[1], sino que, también, y aunque sea aceptada por la doctrina como accesoria[2], por su función para identificar la procedencia geográfica[3] de los productos agroalimentarios sobre los que se aplica, de for-

1 La identificación de una marca con su origen empresarial se concibe en el derecho marcario como una función esencial de la marca individual (art. 4 a) Ley 17/2001, de 7 de diciembre de Marcas, en adelante también como LM), de forma que la marca colectiva mantiene una función esencial equivalente, con la salvedad de servir para distinguir los productos o servicios, no de una empresa, sino de los miembros de una asociación (art. 62.1 LM), con respecto a los productos o servicios de otras empresas.

2 MONTERO GARCÍA-NOBLEJAS, Pilar, (2022), "Marcas colectivas y de garantía en el sector agroalimentario" en Palau Ramírez, Felipe, y Martí Miravalls, Jaume (dirs.), "Retos en el sector agroalimentario: regulación, competencia y propiedad industrial", Tirant lo Blanch, Valencia.

3 El art. 62.3 LM, plantea una excepción al artículo 5.1.c) LM, habilitando el registro como marcas colectivas de signos o indicaciones que puedan servir en el comercio para señalar la procedencia geográfica de los productos o de los servicios.

ma que se manifiesta para muchos como un signo distintivo versátil, debido a su capacidad de integración en el mercado agroalimentario con otras figuras propias de los regímenes de calidad, eminentemente destinadas a proteger los productos de calidad diferenciada, especialmente DOP e IGP (Denominación de Origen Protegida e Indicación Geográfica Protegida), como por su capacidad para competir con otros signos distintivos, también de uso colectivo, aunque con una función diferente, como son las marcas de garantía[4].

Sin embargo, esta visión plurivalente de la *marca colectiva geográfica* ha sido objeto, no en pocas ocasiones, de cierta incomprensión o desconocimiento por algunos operadores o participantes en el sector agroalimentario, que, percibiéndola de una manera particular, han malentendido su función esencial como marca colectiva[5], anteponiendo su capacidad evocativa vinculada al origen geográfico, desvirtuando su función esencial, con el consecuente riesgo de inducción a confusión en el mercado sobre su propia naturaleza[6].

---

4 Aunque las marcas de garantía cumplen una función esencial diferente a las marcas colectivas, pues dicha modalidad está concebida como marcas de certificación, lo cierto es que en la práctica, la marca colectiva y la marca de garantía confluyen en el mercado agroalimentario. Un ejemplo de ello podría ser la marca colectiva "CEREZA DE MILAGRO", integrada dentro de la marca de garantía "Reyno Gourmet", titularidad ésta última del Gobierno de Navarra.

5 En ocasiones, la marca colectiva ha sido malentendida por algunos operadores o intervinientes en el mercado, especialmente en el sector agroalimentario, como una especie de marca de garantía o de certificación, y viceversa, con el correspondiente intercambio de funciones, provocando con ello una percepción errónea sobre la finalidad y funciones de cada una de las modalidades.

6 En la práctica, se han dado casos en los que la diferenciación entre las marcas colectivas y las marcas de garantía no resulta sencilla, afirmándose en muchos casos que se trata de signos intercambiables, tal

No siendo ajeno a este problema en el intercambio de funciones o de convergencia[7] entre las marcas colectivas y marcas de garantía producida en ciertas ocasiones en la práctica, la Ley 17/2001, de 7 de diciembre de Marcas, (en adelante LM), se refería ya de forma expresa en su exposición de motivos, a la necesidad de establecer con mayor claridad regulatoria las diferencias que separan a estas dos modalidades de marcas, con el fin de que se expongan de forma *más nítidamente definidas,* y ello con la intención de eliminar, (dice textualmente el texto legal), *el confusionismo que siempre ha envuelto a las mismas*[8].

Por otro lado, el marcado "carácter asociativo"[9] que, como señal de identidad, caracteriza a este tipo de marcas, se posiciona en el momento actual como requisito fundamental en los

---

como señala MONTERO GARCÍA-NOBLEJAS, Pilar, (2022), "Marcas colectivas y de garantía en el sector agroalimentario" en Palau Ramírez, Felipe, y Martí Miravalls, Jaume (dirs.), "Retos en el sector agroalimentario: regulación, competencia y propiedad industrial", Tirant lo Blanch, Valencia, citando a KUR, A/SENFTLEBEN, M., European Trade Mark Law, Oxford University Press, Oxford, 2017, pág. 516.

7 MONTERO GARCÍA-NOBLEJAS, Pilar, (2022), "Marcas colectivas y de garantía en el sector agroalimentario" en Palau Ramírez, Felipe, y Martí Miravalls, Jaume (dirs.), "Retos en el sector agroalimentario: regulación, competencia y propiedad industrial", Tirant lo Blanch, Valencia.

8 Sirva como ejemplo la marca de garantía "Lechuga de Medina", denegada por la OEPM por falta de legitimación del titular, conformado por una Asociación de productores, pero concedida por sentencia del TSJ de Madrid, de fecha de 12/07/2012 (Número Sentencia: 1105/2012 y Número Recurso: 179/2009), anulando la resolución de la OEPM. El Tribunal declaró la legitimación de la Asociación para ser titular de una marca de garantía.

9 El "carácter asociativo" se perfila en la actualidad como un requisito exigible a los titulares de marcas colectivas cuando recae en personas jurídicas de Derecho público.

procedimientos de registro de las marcas colectivas, especialmente en aquellos supuestos en los que su titularidad recae en una persona jurídica de Derecho público.

Por todo ello, si bien la marca colectiva geográfica puede servir como vehículo de posicionamiento comercial en el sector agroalimentario, lo cierto es que, veremos, debe someterse a ciertas reglas particulares, inherentes en todo caso al significado de la modalidad de marca que se trata y a su función esencial.

II. LA FUNCIÓN ESENCIAL DE LA MARCA COLECTIVA Y EL CARÁCTER GEOGRÁFICO COMO ATRACTIVO COMERCIAL

Es una afirmación consensuada tanto en el derecho nacional como europeo, derivada de la propia definición conferida por el art. 62.1 Ley 17/2001, de 7 de diciembre, de Marcas, así como por el art. 27 a) de la Directiva (UE) 2015/2436 del Parlamento Europeo y del Consejo, de 16 de diciembre de 2015, relativa a la aproximación de las legislaciones de los Estados miembros en materia de marcas, y también por el art. 74.1 Reglamento (UE) 2017/1001 del Parlamento Europeo y del Consejo, de 14 de junio de 2017, sobre la marca de la Unión Europea, que la marca colectiva tiene como función esencial distinguir los productos y servicios de los miembros de la asociación titular de la misma, respecto de aquellas otras empresas que no pertenecen a dicha asociación.

Conforma por tanto su función principal, indicar el origen comercial de los productos o servicios que designa, informando al consumidor de que el fabricante de los productos o el proveedor de los servicios sobre los que se aplica pertenece a una determinada asociación y que, como empresa asociada a la misma, tiene derecho a utilizar dicha marca[10], si bien cada integrante asume un régimen común, conformado por un reglamento de uso de la marca colectiva.

Por otro lado, entiende la doctrina que la función esencial de la marca colectiva no es muy diferente a la función esencial atribuida a la marca individual y aunque en ambos casos pueden cumplir otras funciones no esenciales[11], sino accesorias, lo cierto es que la vinculación de la marca con un origen empresarial determinado constituye la principal función de estas modalidades de marca. Como señala algún sector de la doctrina, ambas se caracterizan por ser marcas de empresa[12].

Sin embargo, existen otras funciones en la marca colectiva, que puede desprenderse de su regulación. Así, tanto la marca colectiva nacional española, regulada por la LM, como la marca colectiva de la Unión Europea, regulada por el RMUE permiten constituir marcas colectivas con signos o indicaciones que puedan servir en el comercio para designar la procedencia geográfica de los productos y servicios, aplicando así un régi-

---

10 EUIPO, Directrices de examen. Parte B, Sección 4, Capítulo 15, epígrafe 1.2 con referencias a varias resoluciones (20/09/2017, C-673/15 P & C-674/15 P & C-675/15 P & C-676/15 P, DARJEELING (fig.) / DARJEELING et al., EU:C:2017:702, § 63; 12/12/2019, C-143/19 P, EIN KREIS MIT ZWEI PFEILEN (fig.), EU:C:2019:1076, § 26, 57, 58).

11 MAROÑO GARGALLO, Mª del Mar, "Signos Agroalimentarios. El uso de la marca conforme a su función esencial: marcas individuales, colectivas y de garantía", en "Competencia, propiedad intelectual y tutela de consumidores en el sector agroalimentario" Coordinadores: Fernando Carbajo Gascón, Vanessa Jiménez Serranía,

12 MONTERO GARCÍA-NOBLEJAS, Pilar, (2022), "Marcas colectivas y de garantía en el sector agroalimentario" en Palau Ramírez, Felipe, y Martí Miravalls, Jaume (dirs.), "Retos en el sector agroalimentario: regulación, competencia y propiedad industrial", Tirant lo Blanch, Valencia.

men especial[13] que no debe confundirse con una excepción al requisito del carácter distintivo[14] de la marca, como veremos.

Así, la posibilidad de que la marca colectiva pueda conformarse con signos o indicaciones de carácter geográfico ha servido como revulsivo indiscutible en la proliferación de este tipo de marcas en el sector agroalimentario por su atractivo comercial y, ello, sin perder de vista que también se viene enfocando en muchas ocasiones como instrumento útil para el desarrollo económico rural[15], incluso en zonas deprimidas económicamente o en países en vías de desarrollo.

En tal sentido, es importante destacar que la figura de la marca colectiva geográfica no sólo resulta interesante desde el punto de vista comercial, por su facultad de identificar el producto agroalimentario designado con un origen geográfico, con el consecuente reconocimiento inmediato del producto vinculado a unas cualidades de origen determinadas, sino que

13 De conformidad con lo dispuesto en el art. 62.3 LM, y en el art. 74. 2 RMUE, los signos o indicaciones que puedan servir en el comercio para designar la procedencia geográfica de los productos y servicios podrán constituir marcas colectivas de la Unión Europea.

14 Tanto la LM (art. 5.1.c) como el RMUE (art. 7.1.c) regulan como uno de los motivos de denegación absolutos en los procedimientos de registro de la marca nacional y de la Unión, respectivamente, la prohibición de registro de aquellas marcas que estén compuestas exclusivamente por signos o por indicaciones que puedan servir, en el comercio, para designar, entre otras características, la procedencia geográfica del producto o del servicio.

15 La OMPI durante varios años ha llevado a cabo diferentes proyectos que tienen por objeto capacitar a los empresarios y las pymes de los países en desarrollo en la utilización de la marca colectiva como instrumento de propiedad intelectual. En el seno de estos proyectos, los productores de las zonas rurales añaden valor a sus productos locales mediante la colaboración entre ellos.

resulta altamente relevante por la capacidad que tiene de promover la asociatividad de los productores de productos agrarios vinculada al interés por desarrollar signos distintivos de uso colectivo bajo la pertenencia a una misma agrupación, de forma que, para pequeños productores puede ser ciertamente un instrumento eficaz para conseguir mayor visibilidad tanto del gremio, como de los productos locales, pudiendo contribuir a mejorar su capacidad competitiva en el mercado.

1. La "excepción geográfica" no implica una excepción al requisito del carácter distintivo

El artículo 4 de la Ley 17/2001, de 7 de diciembre, de Marcas, regula el concepto de marca individual, y establece los requisitos para su registro, de forma que podrán constituir una marca todos los signos, especialmente las palabras, incluidos los nombres de personas, los dibujos, las letras, las cifras, los colores, la forma del producto o de su embalaje, o los sonidos, a condición de que tales signos sean apropiados para distinguir los productos o los servicios de una empresa de los de otras empresas y, además, puedan ser representados en el Registro de manera tal que permita a las autoridades competentes y al público en general determinar el objeto claro y preciso de la protección otorgada a su titular.

Una definición similar, con los mismos requisitos, pero aplicados a las marcas de la Unión Europea, la encontramos en el Reglamento de Marca de la Unión Europea en su artículo 4.

Bien, la definición contemplada anteriormente, para las marcas individuales, bien sea respecto de marcas nacionales españolas bien de marcas de la Unión Europea se refiere, exclusivamente, a la capacidad teórica de un signo para servir como indicación del origen empresarial, con independencia de los productos o servicios que designa[16]. Es decir, la marca, para ser considerada como tal, debe conformarse de un signo que tenga cualidad distintiva suficiente, en sí misma considerada, para indicar el origen empresarial, incluso sin tomar en consideración los productos o servicios sobre los que se aplica.

En relación con lo anterior, el art. 5.1.c) LM, y a su vez, el art. 7.1.b) RMUE, regulan como prohibiciones absolutas de registro, para marcas españolas y marcas de la Unión Europea respectivamente, el supuesto por el que se establece que no podrán registrarse como marca los signos que: *"carezcan de carácter distintivo"*.

Sin embargo, esta prohibición si está relacionada íntegramente en relación con los productos y servicios designados por la marca en cuestión, de tal forma que el carácter distintivo de una marca, en el sentido anteriormente recogido, significa que el signo sirve para identificar los productos o servicios para los que se solicita el registro, no sólo atribuyéndoles una procedencia empresarial determinada y, por tanto, capaz de distinguir dichos productos o servicios de los de otras empresas[17] y sino con la percepción que el público destinatario tiene de dicho signo (12/07/2012, C-311/11 P, Wir machen das Besondere einfach, EU:C:2012:460, § 24 y la jurisprudencia citada); debiéndose considerar, tal como señala el Tribunal de Justicia que, *un mínimo de carácter distintivo es suficiente* para que la prohibición absoluta de registro por falta de carácter distintivo

---

16 EUIPO, Directrices de examen. Parte B, Sección 4, Capítulo 2, epígrafe 1.2

17 EUIPO, Directrices de examen. Parte B, Sección 4, Capítulo 3, epígrafe 1, con referencias a las resoluciones del Tribunal (29/04/2004, C-468/01 P–C-472/01 P, Tabs (3D), EU:C:2004:259, § 32; 21/10/2004, C-64/02 P, Das Prinzip der Bequemlichkeit, EU:C:2004:645, § 42; 08/05/2008, C-304/06 P, Eurohypo, EU:C:2008:261, § 66; 21/01/2010, C-398/08 P, Vorsprung durch Technik, EU:C:2010:29, § 33).

no se aplique (03/04/2019, T-555/18, See More. Reach More. Treat More., EU:T:2019:13, § 19).

Parece por tanto razonable considerar que existen matices diferenciadores entre la necesidad de que el signo que constituye una marca, para poder ser considerada como tal, deba ser apropiado para poder distinguir productos o servicios, (esto es, correspondiéndose esta función distintiva con la capacidad teórica de un signo para servir como indicación del origen empresarial), del carácter distintivo necesario, aunque mínimo, para poder ser percibido como marca, en primer lugar, en relación con los productos o servicios que designa y, en cualquier caso, bajo la percepción que el público destinatario tendrá de la misma.

Por otro lado, los requisitos de registro de las marcas individuales contemplados en el artículo 4 LM son igualmente aplicables a la marca colectiva por su remisión expresa del artículo 62.1 LM[18], lo cual implica la exigencia de que el signo que vaya a constituir la marca colectiva deba ser igualmente adecuado para distinguir los productos o servicios de los miembros de la asociación que sea su titular, capacidad teórica de un signo para servir como indicación del origen empresarial. Así, si el signo no es adecuado para identificar un origen empresarial (respecto de los miembros de una asociación), dicho signo no

---

18 En igual sentido respecto de la marca colectiva de la Unión Europea, el artículo 74.1 RMUE señala que podrán constituir «marcas colectivas de la Unión Europea» aquellas así consideradas que sean adecuadas para distinguir los productos o servicios de los miembros de la asociación que sea su titular, frente a los productos o servicios de otras empresas, refiriéndose igualmente a la capacidad teórica de un signo para servir como indicación del origen empresarial, pues si el signo no es adecuado para identificar un origen empresarial (respecto a los miembros de una asociación), no podrá constituir una marca colectiva, con independencia de los productos o servicios que designe.

podrá constituir una marca colectiva, con independencia de los productos o servicios que designe[19].

Por lo tanto, el signo que constituya una marca colectiva, como marca empresarial que es, deberá tener la misma capacidad teórica exigida a la marca individual para servir como indicación de un origen empresarial, con independencia de los productos o servicios que designa.

Por otro lado, la LM (art. 5.1.c) como el RMUE (art. 7.1.c) regulan como uno de los motivos de denegación absolutos en los procedimientos de registro de la marca nacional y de la Unión, respectivamente, la prohibición de registro de aquellas marcas que estén compuestas exclusivamente por signos o por indicaciones que puedan servir, en el comercio, para designar, entre otras características, la procedencia geográfica del producto o del servicio.

Sim embargo, como se ha comentado previamente, el art. 62.3 LM, y en el art. 74. 2 RMUE, habilita, a pesar de lo dispuesto en el art. 5.1.c) LM y en el art. 7.1.c) RMUE, que los signos o indicaciones que puedan servir en el comercio para designar la procedencia geográfica de los productos y servicios puedan conformar marcas colectivas nacionales españolas o marcas colectivas de la Unión Europea, respectivamente.

No obstante, algunas resoluciones judiciales vienen avalando que, ni el artículo 62.3 LM ni el artículo 74, apartado 2,

---

19 EUIPO, Directrices de examen. Parte B, Sección 4, Capítulo 15, epígrafe 4.1, donde se indica a modo de ejemplo, que el signo conformado por la indicación geográfica «ALICANTE» solicitado para servicios turísticos, se denegaría con arreglo al artículo 7, apartado 1, letra b), del RMUE, porque no contienen elementos que permitan distinguir los productos o servicios de los miembros de la asociación de los de otras empresas.

del RMUE deben entenderse como una excepción al requisito del carácter distintivo[20], considerando que, en cualquier caso, respecto a la marca colectiva española es aplicable el artículo 5.1.b) LM y en el caso de la marca colectiva de la Unión Europea es aplicable lo dispuesto en el artículo 7, apartado 1, letra b), del RMUE. Por consiguiente, cuando una asociación solicite el registro, como marca colectiva, de un signo que pueda designar un origen geográfico, le corresponderá garantizar que dicho signo tiene elementos que permitan al consumidor distinguir los productos o servicios que ofrecen sus miembros de los de otras empresas (05/03/2020, C-766/18 P, BBQLOUMI (fig.) / HALLOUMI, EU:C:2020:170, § 72, 73).

En otras palabras, al igual que ocurre con las marcas individuales[21], un signo para el que se presente una solicitud de marca colectiva se deberá evaluar, caso por caso, si los signos constituyen términos geográficamente descriptivos, o, en su caso, si contienen elementos suficientes para que la marca sea distintiva como marca colectiva (teniendo en cuenta que el carácter distintivo requerido puede ser mínimo, pero suficiente).

En consecuencia, la excepción prevista para las marcas colectivas, por la que pueden conformarse de signos que puedan servir en el comercio para designar la procedencia

---

[20] Respecto a marca colectiva de la Unión Europea, (05/03/2020, C-766/18 P, BBQLOUMI (fig.) / HALLOUMI, EU:C:2020:170, § 72, 73), y respecto a marca colectiva española (Sentencia de 7 de marzo de 2018 del Tribunal Supremo, Sala de lo Contencioso Administrativo, Roj: STS 708/2018–ECLI:ES:TS:2018:708, caso marca colectiva "Barcelona", solicitada por el Ayuntamiento de Barcelona).

[21] Recientemente, la Audiencia Provincial de Madrid (Sección nº 32) en su Sentencia Nº 67/2024, de 22 de febrero de 2024, anuló una decisión de la OEPM que había concedido el nombre comercial 0430345 "GUIJUELÍSIMO. El mejor Guijuelo", por falta de carácter distintivo al conformar una remisión expresa a la DOP GUIJUELO.

geográfica de los productos, se reserva sólo aquellas marcas colectivas que, en cualquier caso, tienen carácter distintivo en el sentido de permitir la distinción entre los productos o servicios de los miembros de la asociación, respecto de los de otras empresas, aunque esas marcas, al mismo tiempo, puedan servir para designar el origen geográfico de los productos o servicios designados.

Así por ejemplo, la Sentencia de la Sección 3ª (Sala de lo Contencioso) del Tribunal Supremo, de fecha 7 de marzo de 2018, (Roj: STS 708/2018–ECLI:ES:TS:2018:708), en el recurso de casación interpuesto por el Ayuntamiento de Barcelona, cuyo origen se circunscribe a dos resoluciones de la Directora General de la Oficina de Patentes y Marcas de 5 de marzo de 2013, por las que acordó denegar la inscripción de la marca nacional colectiva número 3.012.390 "BARCELONA" (denominativa), y que designaba indiscriminadamente todas las categorías de productos y servicios del nomenclátor internacional de Niza (distribuidas en 45 clases), ponía de manifiesto la incapacidad del signo "BARCELONA", de carácter denominativo, para constituir una marca colectiva, al carecer de carácter distintivo.

2. Titularidad y carácter asociativo. El caso de la solicitud de marca de la Unión Europea "BURGOS ALIMENTA"

El art. 62.2 de la Ley de Marcas española y, a su vez, el art. 74.1 RMUE en el ámbito de la marca de la Unión europea, atribuyen la legitimidad para ser titulares de marcas colectivas a las asociaciones de fabricantes, productores, prestadores de servicios o comerciantes que tengan capacidad, en su propio nombre, para ser titulares de derechos y obligaciones, celebrar contratos o realizar otros actos jurídicos, y que tengan capacidad procesal, así como las personas jurídicas de Derecho público.

De lo anterior, resulta necesario analizar, por un lado, a que se refieren tanto la norma española como el Reglamento de Marca de la Unión Europea cuando se refieren a "asociaciones", como primera opción de titulares posibles, y a qué se refieren ambas normas con la referencia a "personas jurídicas de Derecho público", como segunda opción de titulares, legitimados para solicitar y ser titulares de una marca colectiva.

En el primer caso, según parte de la doctrina jurídica el término "asociaciones" debe entenderse en un sentido amplio[22], esto es, de conformidad con el derecho de sociedades, y en el sentido contrapuesto a fundación[23], interpretación, que es por otra parte acorde con la Directiva de marcas al referirse en su art. 29.1 al término "agrupación"[24], según puede interpretarse de la combinación de términos que hace la propia Directiva en el artículo citado, pues en el art. 27 b), cuando define "marca colectiva" se refiere a "asociación", en lo que podría interpretarse que hace uno uso de ambos términos sinónimos[25].

---

22 En el sentido en que la Directiva (UE) 2015/2436 del Parlamento Europeo y del Consejo, de 16 de diciembre de 2015, relativa a la aproximación de las legislaciones de los Estados miembros en materia de marcas, se refiere a "agrupación".

23 MONTERO GARCÍA-NOBLEJAS, Pilar, (2020), "El nuevo régimen de las marcas colectivas" en "Derechos de Propiedad Intelectual. Doctrina", LA LEY Mercantil nº 66, febrero 2020, Nº 66, 1 de feb. de 2020, Editorial Wolters Kluwer.

24 El art. 29.2. de la Directiva (UE) 2015/2436 señala que podrán solicitar marcas colectivas las "agrupaciones" de fabricantes, productores, prestadores de servicios o comerciantes que, en virtud de la legislación que les sea aplicable, tengan capacidad, en su propio nombre, para ser titulares de derechos y obligaciones, celebrar contratos o realizar otros actos jurídicos, y tengan legitimación procesal activa y pasiva, así como las personas jurídicas de Derecho público.

25 En su art. 27. b), la Directiva (UE) 2015/2436, define «marca colectiva» como toda marca así designada al efectuarse la presenta-

De la redacción dada por la Directiva, así como del significado amplio del término "asociación", cabe pensar, según reconoce la doctrina, que se podría justificar en dicha definición formas jurídicas económicas como las cooperativas u otras agrupaciones bajo la forma de sociedades de capital[26], siempre que mantengan una estructura interna de "carácter asociativo", como veremos más adelante.

Por otro lado, serán los sujetos autorizados a utilizar la marca colectiva los miembros de la asociación titular de la misma; debiendo establecer el reglamento de uso quienes son los autorizados, así como las condiciones de afiliación y de uso de la marca colectiva[27].

En el segundo caso, relativo a la posibilidad que tienen para ser titulares de marcas colectivas las personas jurídicas de Derecho público, plantea más dudas. Mientras una parte de la

---

ción de la solicitud de la marca que sea adecuada para distinguir los productos o servicios de los miembros de la asociación que sea su titular, frente a los productos o servicios de otras empresas.

26 MONTERO GARCÍA-NOBLEJAS, Pilar, (2020), "El nuevo régimen de las marcas colectivas" en "Derechos de Propiedad Intelectual. Doctrina", LA LEY Mercantil nº 66, febrero 2020, Nº 66, 1 de feb. de 2020, Editorial Wolters Kluwer., en su cita (49) a V. MÜHLENDAHL/OHLGART/V. BOMHARD, Die Gemeinschaftsmarke, Beck, Múnich, 1998, pág. 85; Así, sobre la persona jurídica tipo asociación vid.. DE CASTRO Y BRAVO, F., La persona jurídica, Civitas, Madrid, 1984, pág. 275

27 Tal como recoge el art. 63.1 LM, la solicitud de registro de marca colectiva debe acompañar un reglamento de uso, en el que, además de los datos de identificación de la asociación solicitante, se especificarán las personas autorizadas a utilizar la marca, las condiciones de afiliación a la asociación, las condiciones de uso de la marca, los motivos por los que puede prohibirse el uso de la marca a un miembro de la asociación y demás sanciones en que puede incurrir sus miembros.

doctrina considera, atendiendo a la propia interpretación conferida por la EUIPO en sus Directrices de Examen, y teniendo en cuenta la función esencial de las marcas colectivas, que las «personas jurídicas de derecho público» deben ser asociaciones en el sentido formal o tener una estructura interna de "carácter asociativo"[28], poniendo como ejemplo, las asociaciones o corporaciones de derecho público, tales como los «Consejos Reguladores» o los «Colegios Profesionales» contemplados en el derecho español, otra parte de la doctrina considera, en base a la literalidad de la redacción conferida por la norma, que podrían caber dentro de la legitimación en este segundo supuesto, tanto personas jurídicas de derecho público que tengan una estructura interna de carácter asociativo, como aquellas que no cuentan con dicha estructura asociativa[29].

Sin embargo, a pesar de las diferencias de interpretación, parece lógico pensar, en base al propio concepto de marca colectiva, así como a su función esencial, que cuando el titular

---

28 EUIPO, Directrices de examen. Parte B, Sección 4, Capítulo 15, epígrafe 2, donde se indica que teniendo en cuenta la función esencial de las marcas colectivas las «personas jurídicas de derecho público» deben ser asociaciones en el sentido formal o tener una estructura interna de carácter asociativo.

29 MAROÑO GARGALLO, Mª del Mar, "Signos Agroalimentarios. El uso de la marca conforme a su función esencial: marcas individuales, colectivas y de garantía", en "Competencia, propiedad intelectual y tutela de consumidores en el sector agroalimentario" Coordinadores: Fernando Carbajo Gascón, Vanessa Jiménez Serranía, con citas a MARTÍN MUÑOZ, Alberto J., (2003), «Marcas colectivas y denominaciones geográficas en la Ley 17/2001, de Marcas», cit., p. 152; y a Largo Gil, Rita (2006), Las marcas colectivas y las marcas de garantía, cit., p. 181; VAREA SANZ, Mario (2008), «Artículo 62. Concepto y titularidad», cit. p. 1083. Vid., asimismo, en este sentido la Decisión de la Segunda Sala de recurso de la EUIPO, de 17 de abril de 2018, en el asunto R 2037/2017-2, aps. 16 y 19.

sea una persona jurídica de derecho público deberá garantizar una estructura interna, o al menos, un funcionamiento interno en la gestión de la marca colectiva que garantice el carácter asociativo[30].

En este sentido, en un caso seguido ante la EUIPO[31], referente a la solicitud de la marca colectiva de la Unión Europea nº 018048783, «BURGOS ALIMENTA» (fig.), (que designa, entre otras, varias clases del nomenclátor internacional de Niza que comprenden alimentos y servicios relacionados con la restauración, tales como las clases 29, 30, 31, 32, 33, y 43), presentada en el año 2019 por la Diputación de Burgos, (persona jurídica de derecho público), el solicitante, que no cuenta con una estructura interna de carácter asociativo, introdujo, a petición de la EUIPO, modificaciones en su reglamento de

---

30 La 1ª Sala de Recurso de la EUIPO ha remitido, en fecha 06/05/2022 el asunto R0378/2020-1 «BURGOS ALIMENTA» (fig.) a la Gran Sala (resolución provisional R0378/2020-G), el cual trata sobre los requisitos para que las personas jurídicas de Derecho público sean titulares de marcas colectivas de la UE, estando aún pendiente de resolución. En dicho procedimiento el solicitante de la marca colectiva de la UE, (Diputación de Burgos), plantea a la EUIPO como opción alternativa, la inclusión en el reglamento de uso, un contenido respecto de la gestión de la marca colectiva, de funcionamiento asociativo, y de participación democrática entre los miembros autorizados, garantizando con ello un carácter asociativo.

31 La EUIPO considera en este caso, en los fundamentos de su decisión que: "Una estructura asociativa requiere una estructura de membresía "orientada democráticamente", que implicaría condiciones específicas en cuanto a la membresía, incluidos los derechos de voto de los miembros y su opinión en los procesos de toma de decisiones. (...)" y que "no es posible inferir del Reglamento de Uso, que sea el órgano de gobierno de la asociación quien vaya a decidir sobre la membresía o las posibles sanciones, ni cuál es el proceso de toma de decisiones."

uso de forma que se acreditara o garantizara en su contenido, un carácter asociativo.

Así, en los cambios introducidos por el solicitante en el reglamento de uso se incorporó a dicho reglamento una regulación específica relativa a la gestión de la marca colectiva y su funcionamiento, conformando una estructura respecto a la gestión interna de la misma de carácter asociativo, garantizando así el requisito exigido.

Además, durante el procedimiento de registro, la Oficina también puso de manifiesto que el signo conformado por la marca colectiva solicitada, al contener el elemento geográfico "BURGOS" y referirse el reglamento de uso sólo a productos y servicios con dicha procedencia, la marca podía no cumplir con su función esencial, esto es, distinguir el origen comercial (empresarial) de los productos y servicios designados.

Finalmente, a pesar de los cambios introducidos en el reglamento de uso por la entidad solicitante, y de los argumentos esgrimidos en defensa de la marca, la EUIPO, por decisión de fecha 16 de diciembre de 2019, denegó[32]

[32] En su decisión la EUIPO critica que "El Reglamento de Uso parece indicar que el ente con estructura asociativa es meramente un órgano de gestión, en el que las empresas autorizadas a usar la marca no se encuentran representadas". "Hay por tanto, una total desvinculación (...) entre los miembros de la potencial colectividad que va a usar la marca ("el grupo de empresas") y el ente gestor con supuesto carácter asociativo, creado en el seno de la Diputación." Por lo que considera que "del Reglamento de Uso no se puede inferir que estemos ante un grupo de empresas que vaya a percibirse como colectividad a través del uso que puedan hacer de la marca dichas empresas" y por tanto, "la marca colectiva solicitada no va a poder cumplir con su función esencial que es la de garantizar el origen comercial colectivo de los productos vendidos/servicios prestados y entiende que, por el contrario, el público percibirá la marca como

el registro de la marca colectiva para todos los productos y servicios designados, en aplicación del artículo 76, apartado 2, del RMUE, por considerar que se *corre el riesgo de inducir al público a error sobre el carácter o el significado de la marca, en particular cuando pueda dar la impresión de ser algo distinto de una marca colectiva.*

Además, la decisión de la EUPO señala que: *"Aunque las marcas colectivas de la Unión Europea pueden referirse a un origen geográfico, de conformidad con lo establecido en el artículo 4, del RMUE que les es de aplicación en virtud del artículo 74, apartado 3, del RMUE, solo pueden contener marcas de la Unión Europea que sean capaces de distinguir el origen comercial de los productos o servicios a los que están adheridos (25/09/2018, T-328/17 BBQLOUMI, ECLI:EU:T:2018:594 §35 y jurisprudencia citada)".* Si bien en este caso, concluye la decisión que *"no se puede considerar que la marca colectiva solicitada cumpla con dicha función esencial, si sólo sirve como garantía del origen geográfico de los productos o servicios ofrecidos al amparo de la marca, y no como indicación de su origen comercial colectivo."*

Contra esta decisión fue presentado recurso ante la Sala de recursos de la EUIPO, derivándose en el asunto R0378/2020-1 «BURGOS ALIMENTA» (fig.) emitiéndose por la 1ª Sala de Recurso una primera resolución provisional (R0378/2020-G, en la que aborda los requisitos para que las personas jurídicas de Derecho público sean titulares de marcas colectivas de la UE), si bien finalmente se derivó su resolución definitiva a la Gran Sala, tal como señala la decisión provisional), pero que finalmente derivó en una remisión de la 1ª Sala a la Gran Sala: *dada la dificultad jurídica*

---

un sello oficial de garantía de un determinado origen geográfico gestionado por una entidad pública".

de las cuestiones de Derecho que plantea el recurso, la importancia del asunto y las circunstancias particulares, conviene remitir el presente recurso a la Sala Ampliada, de acuerdo con el artículo 165, apartado 3, letra a), RMUE. Dicho recurso, seguido ahora ante la Gran Sala de Recurso de la EUIPO, está aún pendiente de resolver.

De lo anterior se desprende la importancia de interpretar jurídicamente el concepto de "carácter asociativo" como requisito exigido a las personas jurídicas de Derecho público para que puedan titulares de marcas colectivas de la UE.

3. Reglamento de uso en la marca colectiva geográfica

Todas las solicitudes de marca colectiva deben acompañar un reglamento que regule su uso, conformado por un documento anexo a la solicitud de registro de la marca, y caracterizado fundamentalmente por establecer los preceptos para la ejecución del régimen por el cual se regulan las personas autorizadas a utilizar la marca colectiva, las condiciones de dicho uso, las condiciones de afiliación como miembros de la asociación o agrupación titular de la marca, y un régimen sancionador[33], vinculado, en particular, a los motivos por los que puede prohibirse el uso de la marca a un miembro de la asociación.

El reglamento de uso de la marca colectiva es por tanto un documento esencial en este tipo de marcas, pues establece las normas y principios que rigen las relaciones que se establecen entre los distintos usuarios de la marca y la asociación, lo cual

---

33 Art. 63 LM y 75 RMUE.

ha de ser trasmitido coherentemente al público consumidor[34], justificando así su carácter público[35].

Además, en la marca colectiva geográfica, se exige que el reglamento de uso deberá prever que cualquier persona cuyos productos o servicios provengan de esa zona geográfica y cumplan las condiciones prescritas por el mismo, podrán hacerse miembro de la asociación[36]. Esta exigencia tiene su razón de ser, por cuanto en la marca colectiva geográfica se manifiesta una conexión directa, esto es, un vínculo expreso, entre la propia marca y los productos designados, con el medio geográfico del que provienen[37].

Resulta evidente que la función indicadora de la procedencia geográfica está particularmente asociada a las marcas colectivas geográficas, por ello, tal como señala algún autor, el hecho de adicionar a la marca algún elemento geográfico contribuye a la familiarización con las indicaciones geográficas y extiende la protección jurídica hacia terceros ubicados en la misma zona[38] de forma que contribuye a generar un interés de éstos en el uso de la marca, pudiendo participar como usuarios

---

34 ACEA VALDÉS, Y. (2022), "El régimen jurídico de las marcas colectivas en España: Su significación para el sector agrícola", en Derecho y Realidad, 20 (39), 33-49.

35 Art. 74 LM

36 Art. 63.2 LM y 75.2 RMUE

37 Dicha exigencia es equivalente respecto del reglamento de uso de las marcas de garantía (art. 69.3 LM), aunque no está prevista en las marcas de certificación de la UE (art. 84 RMUE) por cuanto el RMUE excluye en la definición de las marcas de certificación (art. 83.1 RMUE) la posibilidad de que puedan certificar la procedencia geográfica, de los productos y servicios designados por la marca.

38 ACEA VALDÉS, Y. (2022), "El régimen jurídico de las marcas colectivas en España: Su significación para el sector agrícola", en Derecho y Realidad, 20 (39), 33-49.

autorizados cumpliendo los requisitos establecidos en el reglamento de uso. Pero dicha función, no debe confundirse con su función esencial.

Y ello es así, por cuanto las marcas que contienen una denominación de tipo geográfico generan de forma automática nexos respecto a la procedencia geográfica de los productos o servicios con ella identificados, susceptibles de diferenciación, que son ciertamente apreciados por parte del consumidor, al poder servir de vínculo con valores tradicionales, locales, o regionales, asociados al trabajo en grupo conformado por una determinada asociación, gremio o sector, de forma que pueden influir de forma determinante en su elección por el consumidor.

Sin embargo, la capacidad de asociación de un vínculo entre la marca y el producto, con una determinada procedencia geográfica, no debería confundirse, en la marca colectiva, con funciones de certificación de dicha procedencia de los productos, existiendo con ello fricciones respecto a cómo pueden ser percibidas en ese sentido las marcas colectivas geográficas, en aquellos casos en los que puedan ser utilizadas con una finalidad diferente que no les corresponde. Recordemos que la finalidad esencial de la marca colectiva no es otra que distinguir los productos o servicios de los miembros de la asociación titular de la marca de los productos o servicios de otras empresas, y que dicha finalidad debe respetarse incluso en las marcas colectivas geográficas.

De ahí que, en el procedimiento de solicitud de registro, las oficinas (tanto la OEPM, como la EUIPO)[39], realicen una valoración escrupulosa de la marca colectiva y su reglamento

---

39 Oficina Española de Patentes y Marcas (OEPM) y Oficina Europea de la Propiedad Intelectual (EUIPO)

de uso, hasta el punto de poder desestimar la solicitud cuando se corra el riesgo de inducir al público a error sobre el carácter o el significado de la marca, en particular, cuando pueda dar la impresión de ser algo distinto de una marca colectiva a tenor de lo dispuesto en el artículo 64.2 LM o art. 76.2, del RMUE, para el caso de marcas colectivas españolas o marcas colectivas de la UE, respetivamente.

Se pretende diferenciar así, la marca colectiva de la marca de garantía (o marca de certificación bajo el RMUE), y ello a pasar de que el RMUE excluye de forma expresa, que las marcas de certificación puedan certificar la procedencia geográfica de los productos y servicios designados por ellas. Excepción que, sin embargo, no es compartida por la definición dada a las marcas de garantía en la normativa española[40], que si lo permite.

En cualquier caso, se pretende evitar una situación en la que el público no perciba la marca como una marca colectiva, sino como una marca individual o una marca de garantía o de certificación.

De ahí que la marca colectiva, y, por ende, la marca colectiva geográfica, deban evitar dar una impresión diferente a su función esencial, por lo que sus titulares deberán cuidar con esmero el contenido del reglamento de uso. Así, por ejemplo,

---

[40] El art. 68.1 LM señala que se entenderá por marca de garantía todo signo que, cumpliendo los requisitos previstos en el artículo 4, sirva para distinguir los productos o servicios que el titular de la marca certifica respecto de los materiales, el modo de fabricación de los productos o de prestación de los servicios, el origen geográfico, la calidad, la precisión u otras características de los productos y servicios que no posean esa certificación.

una marca colectiva resultará engañosa si transmite un firme mensaje de certificación[41].

De igual forma, debe evitarse que la marca colectiva se conforme o constituya, en sí mismo, una indicación geográfica protegida (IGP o DOP) o un signo distintivo que les identifique como tal, esto es, como IGP o DOP, o que se encuentre incluido en la especificación de producto de la indicación geográfica, ya que podría inducir al público a error en relación con el carácter o el significado de la marca colectiva; cuestión diferente a la integración de marcas colectivas bajo el paraguas de una IGP o DOP, como veremos.

Si bien hay parte de la doctrina que adopta una postura más abierta, considerando válido el registro de marcas colectivas que conformen o constituyan una IGP o DOP, al no estar expresamente prohibida[42] ni por la normativa de marcas, ni por la normativa reguladora de las DOP e IGP, siempre que la marca se utilice solo en relación con productos que cumplan los requisitos de origen y calidad exigidos y tengan, así, derecho a portar el nombre protegido[43].

---

41 EUIPO, Directrices de examen. Parte B, Sección 4, Capítulo 15, epígrafe 3.1.

42 MAROÑO GARGALLO, Mª del Mar, "Signos Agroalimentarios. El uso de la marca conforme a su función esencial: marcas individuales, colectivas y de garantía" en "Competencia, propiedad intelectual y tutela de consumidores en el sector agroalimentario" Coordinadores: Fernando Carbajo Gascón, Vanessa Jiménez Serranía.

43 MAROÑO GARGALLO, Mª del Mar, "Signos Agroalimentarios. El uso de la marca conforme a su función esencial: marcas individuales, colectivas y de garantía" en "Competencia, propiedad intelectual y tutela de consumidores en el sector agroalimentario" Coordinadores: Fernando Carbajo Gascón, Vanessa Jiménez Serranía, con referencias a los arts. 7.1,j) RMUE y 5.1, h) LM, así como el art. 16, h. del Reglamento de ejecución (UE) 2018/626 de 5 de marzo

Aunque, ciertamente, la mayoría de la doctrina es coincidente en considerar que en estos casos en los que existe una coincidencia entre el signo protegido como marca colectiva y la propia IGP o DOP, se genera una gran dificultad en discernir la función esencial de la marca colectiva con la función de protección otorgada por la indicación geográfica, como figura de calidad diferenciada[44].

En la práctica registral existen pocos, o más bien, muy pocos ejemplos, siendo uno de ellos la marca colectiva española nº Marca nacional 2550692(7) – "GARBANZO DE FUENTESAUCO INDICACION GEOGRAFICA PROTEGIDA", y otro, la marca española nº 3735503 "IGP AMETLLA DE MALLORCA".

Sin embargo, las Directrices de la EUIPO, desaconsejan claramente esta práctica, consistente en el registro como marca colectiva de signos que identifican una IGP o DOP, con el fin de evitar inducir al público a error en relación con el carácter o el significado de la marca, ya que estos elementos podrían considerarse una indicación geográfica, en vez de una marca colectiva, cuya función es indicar la pertenencia a una asociación[45], si bien sigue aún pendiente de resolución por la EUIPO el recurso R 400/2018, planteando esta cuestión[46].

---

de 2018; y por lo que se refiere a la normativa sobre DOP e IGP vid., por ejemplo, lo dispuesto en el art. 14 del Reglamento (UE) nº1151/2012 de 21 de noviembre de 2012, sobre los regímenes de calidad de los productos agrícolas y alimenticios.

44 MONTERO GARCÍA-NOBLEJAS, Pilar, (2020), «El nuevo régimen de las marcas colectivas», p. 5.

45 EUIPO, Directrices de examen. Parte B, Sección 4, Capítulo 15, epígrafe 3.1.

46 El recurso número R 400/2018 pendiente de resolución por la EUIPO, atiende al caso relativo al conflicto surgido entre la marca colectiva italiana «Recioto» y las marcas colectivas italianas y de la Unión Europea «Recioto della Valpolicella» y «Recioto di Soave», con las DOP para vinos «Recioto della Valpolicella» y «Recioto di Soave»,

Por otro lado, el reglamento de uso de la marca colectiva puede incluir, como parte de las condiciones de uso de la marca, requisitos específicos con respecto a la calidad de los productos y servicios protegidos por la marca.

Ciertamente, en las marcas individuales una función indicadora de calidad se justifica sobre la expectativa del consumidor al adquirir un determinado producto, y ello no tiene porqué ser ajeno a las marcas colectivas, y tampoco a las marcas colectivas geográficas, siempre que, al igual que en el caso anterior, la función esencial de identificación de la marca con el origen empresarial (en el caso de la marca colectiva, con la pertenencia como miembro de la asociación titular) no quede desvirtuada.

Y ello es compatible con la fuerte relevancia que, respecto a los parámetros de calidad, cuentan las marcas de garantía o certificación, pero que, sin embargo, no tienen por qué ser ajenas en el ámbito de las marcas colectivas; debiéndose respetar en cualquier caso que el enfoque de esta función por el titular de la marca colectiva no produzca un error en el consumidor sobre la naturaleza de la marca, y su función esencial. En cierta medida, es justo reconocer que las asociaciones o agrupaciones titulares de marcas colectivas, no dejan de agrupar personas vinculadas a un mismo sector y que cuentan con fines comunes, y por ello, poseen una amplia experiencia en torno a las problemáticas existentes, bien en el orden técnico, o de producción, lo cual permite un enfoque directo en las cuestiones relacionadas con la calidad[47] de los productos cuyas cualidades conocen con detalle.

---

con la particularidad de que no contienen otros elementos diferenciadores, que las distinga de los signos conformados por las DOP.

47 ACEA VALDÉS, Y. (2022), "El régimen jurídico de las marcas colectivas en España: Su significación para el sector agrícola", en Derecho y Realidad, 20 (39), 33-49.

Finalmente, otro de los aspectos relevantes relacionado con el reglamento de uso y con la propia gestión de la marca colectiva realizada por el titular, es lo que concerniente al uso efectivo[48] de la misma en el mercado. Ciertamente, la marca colectiva, con el fin de evitar encontrarse en una posible situación de causa de caducidad por falta de uso efectivo, deberá ser utilizada por su titular, acorde a la función esencial de la misma.

Así, en términos equiparables a lo que podría considerarse respecto a una marca individual la doctrina considera que cuando dicho uso cumpla únicamente la función de indicar una determinada calidad y/o un origen geográfico, no debería considerarse como un uso efectivo y real, que permita el mantenimiento de la marca[49]. Siendo aplicable la misma argumentación en lo que a la marca colectiva se refiere, cuando con la misma se acredita sólo un uso efectivo de la marca respecto a otras funciones que no esenciales. En estos casos, en los que el uso efectivo de la marca colectiva no se vincula a su función esencial, sino a otras diferentes, provocaría colocar la marca

---

48 Tanto la Ley de Marcas española (art. 39) como el Reglamento de Marca de la UE (art. 18), establecen la obligación de uso efectivo de la marca, aplicable igualmente a todo tipo de marcas, y por tanto también a las marcas colectivas, con una regulación general. En cada caso, el uso de una marca, para considerarse un uso efectivo, deberá estar vinculado a su finalidad esencial, en función del tipo de marca que se trate.

49 MONTERO GARCÍA-NOBLEJAS, Pilar, (2022), "Marcas colectivas y de garantía en el sector agroalimentario" en Palau Ramírez, Felipe, y Martí Miravalls, Jaume (dirs.), "Retos en el sector agroalimentario: regulación, competencia y propiedad industrial", Tirant lo Blanch, Valencia, en referencia a STJUE (Sala Segunda) de 8 de junio de 2017, asunto C 689/15 (Flor de algodón), afirma que: *"la colocación sobre productos, por el titular o con su consentimiento, de una marca individual de la Unión como sello de calidad no es un uso como marca que esté comprendido en el concepto de «uso efectivo» en el sentido de esta disposición (...)"*.

en una situación de posible causa de caducidad de falta de uso efectivo[50], sin perjuicio de las otras causas de caducidad contempladas específicamente para este tipo de marcas[51].

III. LA INTEGRACIÓN DE LA MARCA COLECTIVA GEOGRÁFICA COMO SIGNO DISTINTIVO COMPLEMENTARIO A LAS FIGURAS DE CALIDAD DIFERENCIADA, EN ESPECIAL IGP Y DOP. EL CASO DE INTEGRACIÓN DE LAS MARCAS COLECTIVAS "NARANJA DE VALENCIA" Y "MANDARINA DE VALENCIA" COMO SIGNOS DISTINTIVOS DE LA "IGP CÍTRICOS VALENCIANOS".

La integración de marcas colectivas geográficas bajo el paraguas de figuras de calidad diferenciada, tanto IGP como DOP, es una práctica que comienza a tener visibilidad en el ámbito del sector agroalimentario. Claramente están destinadas a captar la atención del consumidor, y, como sucede en el ejemplo que presentamos, resultan ciertamente atractivas comercialmente, por lo que se utilizan como herramienta de posicionamiento comercial en dicho sector.

Estos supuestos de integración de marcas colectivas no deben confundirse con los supuestos en los que una marca colectiva constituye la propia denominación o signo conformado por una IGP o DOP, sino que se refiere a otro tipo de práctica

---

[50] Art. 54.1.a) LM y art. 58 RMUE, por remisión expresa del art. 67 y art. 81 RMUE, respectivamente.

[51] Tanto la Ley de Marcas española como el RMUE establecen, causas de caducidad específicas para las marcas colectivas, sin perjuicio de la aplicación de la causa de caducidad por falta de uso efectivo aplicable a todo tipo de marcas.

consistente en el desarrollo de marcas colectivas geográficas que son registradas bajo la titularidad de asociaciones o corporaciones de derecho público, como pueden ser los «Consejos Reguladores» de una IGP o DOP, pero que no consisten ni coinciden con el signo o nombre protegido que identifica a la propia IGP o DOP, aunque, ciertamente, pueden tener una clara vinculación evocativa a los productos y su origen geográfico, protegidos por la figura de calidad diferenciada.

Un ejemplo de ello lo tenemos en las marcas colectivas de la Unión Europea "Naranja de Valencia" y "Mandarina de Valencia"[52], registradas ante la EUIPO por el Consejo Regulador de la "I.G.P. Cítricos Valencianos[53]". Y, aunque la titulari-

---

52 Marca Colectiva de la UE nº 015061799 y Marca Colectiva de la UE nº 015061849, respectivamente. A modo de ejemplo, el Reglamento de Uso de la marca colectiva "NARANJA DE VALENCIA" se refiere al signo distintivo de carácter colectivo, "que identifica a las naranjas amparadas por la Indicación Geográfica Protegida (en adelante, IGP) "Cítricos Valencianos" y que, además, reúnen los requisitos recogidos en el presente Reglamento de Uso."

53 El Consejo Regulador de la IGP "Cítricos Valencianos" fue reconocido por «Orden de 21 de septiembre de 2000, de la Conselleria de Agricultura, Pesca y Alimentación, por la que se aprueba el Reglamento de la Indicación Geográfica Protegida Cítricos Valencianos y de su Consejo Regulador», posteriormente derogada y sustituida por la vigente «Orden 39/2010 de 12 de noviembre, de la Conselleria de Agricultura, Pesca y Alimentación. La IGP "Cítricos Valencianos" "Cítricos Valencianos" constituye una IGP en España y se encuentra reconocida en la Unión Europea de conformidad con el «Reglamento (CE) 865/2003 de la Comisión de 19 de mayo de 2003 por el que se completa el anexo del Reglamento (CE) no 2400/96 (Cítricos Valencianos o Cítrics Valencians)». De esta forma, según señal el reglamento de uso, la IGP "Cítricos Valencianos" se encuentra dentro del ámbito de protección derivado del actual «Reglamento (UE) Nº 1151/2012, de 21 de noviembre, sobre los regímenes de calidad de los productos agrícolas y alimenticios».

dad corresponde al propio Consejo Regulador, el reglamento de uso articula una explotación de la marca colectiva a un tercero bajo *licencia*[54] *de uso exclusivo,* otorgada a *una Asociación*[55] *que está integrada por los operadores inscritos en el Registro de Almacenes e Instalaciones de Acondicionamiento y Envasado del Consejo Regulador (en régimen de asociados de número) y por el propio Consejo Regulador (que es asociado de honor).*

Reproducción de ambas marcas

NARANJA DE
VALENCIA

Marca Colectiva de la Unión Europea nº 015061799

[54] La fórmula elegida de uso de estos ejemplos de marcas colectivas por medio de licencia exclusiva otorgada a una Asociación que no realiza propiamente un uso de la misma, sino que lo realizan sus miembros asociados, podría no ser el adecuado, si tenemos en cuenta la decisión del Tribunal de Justicia en el caso C-514/18 P, en el que consideró que *la fabricación de los productos y la responsabilidad de su calidad correspondía a los distintos productores,* que no estaban vinculados económicamente a nivel de fabricación y no constituían, en el curso del comercio, una «empresa única» a la que se pueda atribuir la responsabilidad de la calidad de sus productos que el uso realizado por el licenciatario de la marca colectiva. (Vid. MAROÑO GARGALLO, Mª del Mar, "Signos Agroalimentarios. El uso de la marca conforme a su función esencial: marcas individuales, colectivas y de garantía" en "Competencia, propiedad intelectual y tutela de consumidores en el sector agroalimentario" Coordinadores: Fernando Carbajo Gascón, Vanessa Jiménez Serranía.

[55] ASOCIACIÓN PARA LA PROMOCIÓN DE LA MARCA COLECTIVA "NARANJA DE VALENCIA"

Marca Colectiva de la Unión Europea nº 015061849

Tal como puede apreciarse en la EUIPO, las dos marcas colectivas designan productos y servicios limitados respecto del cumplimiento con el pliego de condiciones de la IGP Cítricos Valencianos.

IV. CONSIDERACIONES FINALES

Todos los operadores e intervinientes en el mercado buscan un posicionamiento en su sector, y el sector agroalimentario no es ajeno a ello.

La búsqueda de signos, o indicaciones, que combinen la denominación del producto agroalimentario con el origen geográfico del mismo es una práctica habitual, dada su alta capacidad para servir como nexos de identidad local, regional o incluso nacional, que vinculan los productos por ellos designados con un origen geográfico determinado, y son susceptibles de ser percibidos con una diferenciación asociada a ciertas características de los mismos, especialmente referentes a su calidad. Estos signos o indicaciones de carácter geográfico pueden fácilmente relacionarse con valores tradicionales asociados al trabajo en grupo en el seno de una determinada asociación o agrupación, especialmente de productores pertenecientes a una zona geográfica, de forma que pueden influir de forma determinante en su elección por el consumidor.

Las marcas colectivas geográficas pueden ser una herramienta eficaz y servir a tal finalidad, pero requieren de un análisis jurídico detallado para evitar errores en su utilización, especialmente relacionados con su finalidad esencial, su titularidad y el uso que de los mismos pueda realizarse en el mercado.

La coexistencia de las marcas colectivas geográficas con las figuras de calidad diferenciada (IGP y DOP), así como con las marcas de garantía o certificación, dentro de un mismo sector como el agroalimentario obliga a tener un especial cuidado del titular, en la utilización de este tipo de marcas.

La función esencial en las marcas colectivas, así como el "carácter asociativo" exigido en la figura de su titular, se antojan como requisitos imprescindibles, inherentes al propio concepto o definición de este tipo de marcas.

Considerando que un mismo signo solicitado como marca colectiva, puede ser susceptible de poder solicitarse como marca individual o como marca de garantía o certificación, corresponde al solicitante decidir si dicha marca cumple los requisitos de una marca colectiva, por lo que deberá conformar un reglamento de uso acorde a dicho tipo de marca, diferenciándolo de las otras modalidades existentes. Además, el uso que se realice de la marca colectiva en el mercado deberá ser coherente con su finalidad esencial. Todo ello, con el fin de evitar que la marca pueda dar una impresión diferente a su propia naturaleza, y no generar situaciones que induzcan a error en cuanto al carácter o el significado de la marca.

PARTE II

CONTRATACIÓN Y APLICACIÓN DEL DERECHO DE LA COMPETENCIA EN LA CADENA ALIMENTARIA

La cadena alimentaria como objeto de regulación jurídica: desde el conflicto de competencias a la concurrencia de normas

FRANCISCO GONZÁLEZ CASTILLA
Catedrático de Derecho mercantil
Universitat de València
francisco.gonzalez@uv.es

BIBLIOGRAFÍA: AA.VV., *Retos en el sector agroalimentario: Regulación, competencia y propiedad industrial*, Tirant lo blanch, 2022; AA.VV., *Ley de la cadena alimentaria, Cooperativas y otras entidades asociativas agrarias*, 2022; BARCELL MACEDO, A., «Algunos problemas prácticos de la aplicación de la ley de cadena alimentaria» en PALAU/MARTÍ (direcc.), Retos en el sector agroalimentario: Regulación, competencia y propiedad industrial, Tirant lo blanch, 2022, págs.157-175;; CARBAJO GASCÓN, F. (Dir.), *Competencia, propiedad intelectual y tutela de consumidores en el sector agroalimentario*, Tirant lo blanch, 2022; DOMÍNGUEZ PÉREZ, E., «"Prácticas grises" en la cadena agroalimentaria: el artículo 3.2 de la Directiva (UE) 2019/633 y el nuevo artículo 14 bis 2 (B,C,D) de la Ley 12/2013, tras la reforma operada por la Ley 16/2021, de 14 de diciembre» en CARBAJO GASCÓN, F. (Dir.), *Competencia, propiedad intelectual y tutela de consumidores en el sector agroalimentario,* Tirant lo blanch, 2022; ESTEVAN DE QUESADA, C., «La explotación de la dependencia económica debida al poder relativo de la demanda en la cadena alimentaria», *Estudios sobre el régimen jurídico de la cadena de distribución agroalimentaria,* Marcial Pons, 2016; FERNÁNDEZ-CARBALLO CALERO, P., «La lista negra de prácticas comerciales desleales en la cadena de suministro agrícola y alimentario en la Directiva (UE) 2019/633 y su incorporación al ordenamiento jurídico español», en CARBAJO GASCÓN, F. (Dir.), *Competencia, propiedad intelectual y tutela de consumidores en el sector agroalimentario,* Tirant lo blanch, 2022; GONZÁLEZ CASTILLA, F. «La cadena alimentaria como objeto de regulación: reflexiones sobre la confluencia de competencias y el ámbito de aplicación de la Ley 12/2003», en VICIANO PASTOR, J. (Dir.), *Retos en el Sector Agroalimentario Valenciano en el Siglo XXI,* Tirant lo Blanch (2019); GONZÁLEZ CASTILLA/RUIZ PERIS (Dir.), *Estudios sobre el régimen jurídico de la cadena de distribución agroalimentaria,* Marcial Pons, 2016; JULIÁ IGUAL/MELIÁ MARTÍ, «Introducción. Antecedentes y objetivos del estudio» en AA.VV., *Ley de la cadena alimentaria, Cooperativas y otras entidades asociativas agrarias,* 2022; LOUREDO CASADO, S., «La lista negra de prácticas desleales en el sector agroalimentario de la Directiva 2019/633», en CARBAJO GASCÓN, F. (Dir.), *Competencia, propiedad intelectual y tutela de consumidores en el sector agroalimentario,* Tirant lo blanch, 2022; MARTÍN ARESTI, P., "Los excesos regulatorios de la reforma de la ley 12/2013 sobre el funcionamiento de la cadena alimentaria", *Actas de derecho industrial y derecho de autor,* Tomo 42, 2022; MAUDES GUTIÉRREZ/SILOS RIBAS, «En defensa de un marco normativo que fomente la competencia efectiva y la eficiencia económica en la cadena alimentaria», págs. 149-174 en GONZÁLEZ CASTILLA/RUIZ PERIS (Dir.), *Estudios sobre el régimen jurídico de la cadena de distribución agroalimentaria,* Marcial Pons, 2016; MOYA LATORRE, A., «La ley española 12/2013, de 2 de agosto, de medidas para mejorar el funcionamiento de la cadena alimentaria», *Actualidad Jurídica Iberoamericana,* núm. 2, febrero 2015, pp. 663-676; OLMEDO PERALTA, E., "Explotación de la situación de dependencia económica en la cadena alimentaria", *Competencia, propiedad intelectual y tutela de consumidores en el sector agroalimentario,* Tirant lo blanch, 2022; PALAU/MARTÍ (Dir.), *Retos en el sector agroalimentario: Regulación, competencia y propiedad industrial,* Tirant lo Blanch, 2022; PALAU RAMÍREZ, F., «Íter legislativo de la *Ley para mejorar el funcionamiento de la cadena alimentaria,* excepcionalidad de su régimen en Derecho Comparado y referencia a la prohibición de la venta bajo coste en la Unión Europea», en AA.VV., Ley de la cadena alimentaria, Cooperativas y otras entidades asociativas agrarias, 2022; 37-48; RODRÍGUEZ CACHÓN, T., *Estudio de las relaciones contractuales de la cadena alimentaria española desde la perspectiva del análisis económico del Derecho*, tesis doctoral, Universidad de Burgos, 2018; RODRÍGUEZ CACHÓN, T., *Relaciones contractuales de la cadena alimentaria: estudio desde el análisis económico del derecho*, Dykinson, 2020; RODRÍGUEZ MARTÍNEZ, I., "Los contratos alimentarios o de la cadena alimentaria", en VICIANO PASTOR, J. (Dir.), *Retos en el Sector Agroalimentario Valenciano en el Siglo XXI*, Tirant lo Blanch, 2019; RUIZ PERIS, J.I., "El sector agroalimentario a la búsqueda de equilibrios de mercado", en PALAU/MARTÍ (Dir.), *Retos en el sector agroalimentario: Regulación, competencia y propiedad industrial*, Tirant lo blanch, 2022; RUIZ PERIS, J.I., "La Unión Europea y el mercado agroalimentario: una perspectiva jurídica", en GONZÁLEZ CASTILLA/RUIZ PERIS (Dir.), *Estudios sobre el régimen jurídico de la cadena de distribución agroalimentaria*, Marcial Pons, 2016; VICIANO PASTOR, J., «Algunas reflexiones (críticas) sobre la Ley 12/2013 de medidas para mejorar el funcionamiento de la cadena alimentaria», en GONZÁLEZ CASTILLA/RUIZ PERIS (Dir.), *Estudios sobre el régimen jurídico de la cadena de distribución agroalimentaria*, Marcial Pons, 2016; VICIANO PASTOR, J., «La regulación de las prácticas comerciales desleales en el sector agroalimentario: a propósito de la directiva (UE) 2019/633», *Retos en el sector agroalimentario: Regulación, competencia y propiedad industrial*, Tirant lo blanch, 2022, en PALAU/MARTÍ (Dir.),.

I. EN TORNO A LA CADENA ALIMENTARIA COMO OBJETO DE REGULACIÓN JURÍDICA

1. Introducción: las peculiaridades de la ordenación española de la cadena alimentaria, diez años después de la LCA

Han pasado ya diez años desde la promulgación de la Ley de la Cadena alimentaria (LCA)[1], ese *Bálsamo de Fierabrás* que iba

---

[1] Ley 12/2013, de 2 de agosto, de medidas para mejorar el funcionamiento de la cadena alimentaria. En principio nos referiremos abrevia-

a sanar y equilibrar desde el BOE las relaciones a lo largo de la cadena de distribución agroalimentaria. En efecto, la LCA quería ser una suerte de *Ley de disciplina e intervención* del sector agroalimentario: una norma transversal para las relaciones entre los operadores de la cadena *agro-mar-alimentaria española*[2] que eliminaría las prácticas comerciales abusivas gracias a la *autorregulación* (código de buenas prácticas mercantiles, v. arts. 15 y 16 LCA) y a un novedoso régimen de *supervisión y sanción pública de conductas privadas* a cargo de la Agencia de Información y Control Alimentarios (Disp. Adic. 1ª LCA 2013).

Dejando a un lado los excesos retóricos de su preámbulo[3], debe reconocerse que la Ley se aprobó en un momento en el

---

damente a la disposición por sus siglas habituales [LCA]. Sin embargo, para facilitar la lectura y dado que vamos a hacer referencia a preceptos que han tenido hasta tres *redacciones* distintas indicaremos, cuando sea relevante, el año de la *versión*: 2013, cuando nos refiramos al texto original de la Ley; 2020, en el caso de la redacción motivada por la importante reforma que supuso el Real Decreto-ley 5/2020, de 25 de febrero, por el que se adoptaron determinadas medidas urgentes en materia de agricultura y alimentación (luego convalidado por la Ley 8/2020, de 16 de diciembre); y la vigente redacción (2021) tras la modificación introducida por la Ley 16/2021, de 14 de diciembre, para incorporar a nuestro Derecho la Directiva (UE) 2019/633 del Parlamento Europeo y del Consejo, de 17 de abril de 2019, relativa a las prácticas comerciales desleales en las relaciones entre empresas en la cadena de suministro agrícola y alimentario. En definitiva, LCA 2013, LCA 2020 y LCA 2021 como referencias más precisas a esos cambios normativos.

2 A partir de aquí utilizamos el término más sintético de «cadena alimentaria», pero lógicamente nos referimos a todo el sector *agro-mar-alimentario* y a las relaciones entre los operadores que intervienen en él, desde la producción hasta el consumidor.

3 Recordemos los ambiciosos objetivos que marcaba su preámbulo: «mejorar el funcionamiento y la vertebración de la cadena alimentaria de manera que aumente la eficacia y competitividad del sector agroalimentario español y se reduzca el desequilibrio en las relacio-

que se estaba formando un gran consenso en Europa sobre la necesidad de una intervención legislativa que promoviera la *sostenibilidad* de la cadena de valor agroalimentaria[4]. El horizonte de esa intervención era que el *reparto de valor* que obtienen los distintos operadores de la cadena permitiera el mantenimiento económico de su actividad y garantizara no sólo un adecuado suministro de alimentos a los consumidores europeos, sino otros objetivos relevantes como un medio ambiente adecuado y la calidad de vida en el entorno rural.

Sin embargo, a pesar de sus buenas intenciones y los relativos logros de su puesta en práctica, estos diez años de vigencia también han sido tumultuosos: importantes y polémicas reformas de la propia Ley[5], conflictos constitucionales[6], acu-

---

nes comerciales entre los diferentes operadores de la cadena de valor, en el marco de una competencia justa que redunde en beneficio no sólo del sector, sino también de los consumidores» (por cierto, consumidores ahora sustituidos por «la ciudadanía», tras la modificación del preámbulo por la Ley 16/2021, de 14 de diciembre).

4 Sobre el intenso debate europeo en la materia y la multitud de documentos prelegislativos (comunicaciones de la Comisión, informes del Foro de Alto Nivel sobre la Mejora del Funcionamiento de la Cadena Alimentaria, etc.) RODRÍGUEZ CACHÓN, T., *Estudio de las relaciones contractuales de la cadena alimentaria española desde la perspectiva del análisis económico del Derecho*, tesis doctoral, Universidad de Burgos, 2018, págs. 70-86.

5 La Ley ha sido reformada en siete ocasiones hasta llegar a la redacción vigente desde 2021: Ley 12/2014, de 9 de julio (Ref. BOE-A-2014-7286); Ley 6/2015, de 12 de mayo (Ref. BOE-A-2015-5288); Ley 28/2015, de 30 de julio (Ref. BOE-A-2015-8563); Real Decreto-ley 20/2018, de 7 de diciembre (Ref. BOE-A-2018-16791); Real Decreto-ley 5/2020, de 25 de febrero (Ref. BOE-A-2020-2669); Ley 8/2020, de 16 de diciembre (Ref. BOE-A-2020-16346); y Ley 16/2021, de 14 de diciembre de 2021 (Ref. BOE-A-2021-20630).

6 STCO 66/2017, de 25 de mayo de 2017.

saciones del sector primario que han culminado en meses de tractoradas y protestas («El campo exige cambiar la ley de la cadena alimentaria: "Es inútil, no se cumple"»[7]). Precisamente en el momento de redactar estas líneas se ha hecho público un acuerdo entre el Ministerio de Agricultura y alguna de las organizaciones profesionales agrarias que incluye medidas sobre la ejecución de la Ley y la capacidad inspectora de la AICA, lo que anticipa nuevas reformas legales en los próximos meses[8].

Por otra parte, el problema de la ordenación de este sector no proviene solo de su estructura de mercado[9] y de la comple-

---

7 «El campo exige cambiar la ley de la cadena alimentaria: "*Es inútil, no se cumple*"», *La Vanguardia*, 13/02/2024, https://www.lavanguardia.com/economia/20240213/9518778/campo-exige-cambiar-ley-cadena-alimentaria-inutil-cumple.html [último acceso 10 de abril de 2024]. Aunque el centro de las "tractoradas" es la política agraria de la Unión Europea, son numerosas las declaraciones del sector señalando que *«La Ley de la Cadena Alimentaria es uno de los principales motivos detrás de las movilizaciones de los agricultores y ganaderos, que se siguen intensificando con bloqueos de carreteras y tractoradas, en protesta contra el descontento ante las políticas agrarias y leyes del campo, que afectan a las condiciones económicas y sociales del sector»* («Ley de la Cadena Alimentaria: qué es y cómo afecta a los agricultores», *CoCampo*, 15/02/2024, https://www.cocampo.com/es/es/noticias/ley-de-la-cadena-alimentaria/; «Ley de cadena alimentaria: qué es y por qué se habla ahora de ella», *La Provincia*, 21/02/2024, https://www.laprovincia.es/economia/2024/02/21/ley-cadena-alimentaria-que-es-dv-97902753.html [último acceso 10 de abril de 2024].

8 Véase el documento «43 medidas de apoyo al sector agrario español» disponible en la página web del Ministerio de Agricultura: https://www.mapa.gob.es/es/pac/pac-2023-2027/43medidasdeapoyoalsectoragrarioespanol_tcm30-679550.pdf

9 Sobre el desequilibrio del poder negociador inherente al mercado agroalimentario y los abusos de mercado, v. MARTÍN ARESTI, P., «Los excesos regulatorios de la reforma de la ley 12/2013 sobre el funcionamiento de la cadena alimentaria», *Actas de derecho industrial y derecho de autor*, Tomo 42, 2022, págs. 149-174 [esp. págs. 152-154].

jidad de las relaciones entre sus operadores, sino también del hecho de que se trate de una *realidad sobre la que actúan diversos poderes normativos y ejecutivos del Estado*. Por esta razón nos parece oportuno reflexionar sobre los problemas que plantea en nuestro país la *cadena alimentaria como objeto de regulación*, examinando la evolución desde una *situación de conflicto* –en atención a la distribución constitucional de competencias entre el Estado y las Comunidades Autónomas– a la necesaria coordinación de las Administraciones competentes desde la aceptación de la *concurrencia normativa* sobre el sector primario[10].

Pero este análisis de la cadena como objeto de regulación normativa no solo es procedente por la *cuestión autonómica* inherente al reparto de competencias constitucional, sino también por la confluencia con la *ordenación europea*. En efecto, aunque no podamos detenernos en esta cuestión, es evidente que la necesidad de cohonestar el desarrollo de la Ley 12/2013 con la política comunitaria ha generado también conflictos regulatorios donde los propios operadores del sector han sido protagonistas.

Así, por ejemplo, en mayo de 2023 veíamos que la *Unión de Pequeños Agricultores y Ganaderos* y *Unións Agrarias* declaraba en el Tribunal Supremo para *defender* la Ley de la Cadena *«frente a la demanda de la Industria Láctea»*[11]. Es decir, una organización profesional, que representa y defiende los intereses de los profesionales de la agricultura y la ganadería, acudía a un proceso

---

10 Dejamos, pues, a un lado los aspectos *sustantivos* de la Ley 12/2013 que el lector interesado podrá examinar en otros trabajos incluidos en este volumen sobre la represión de los comportamientos desleales o el control de precios en la cadena.

11 Véase, noticia de *Europa press*: https://www.europapress.es/galicia/agro-00246/noticia-upa-uuaa-declaran-supremo-defender-ley-cadena-frente-demanda-industria-lactea-20230531155237.html [último acceso 10 de abril de 2024].

contencioso-administrativo –con documentación pericial propia– para *defender* la aplicación al sector lácteo de la prohibición de la compra a pérdidas, lo que el art. 12 ter LCA 2020 denomina *«Destrucción de valor de la cadena»*. Y esta actuación procesal se producía ante la impugnación realizada por otra organización profesional, la *Federación Nacional de Industrias Lácteas (FENIL)*, que entendía ilegal la extensión de dicha prohibición al sector de la leche, dictada por el Gobierno fuera de los márgenes de la reglamentación europea del paquete lácteo[12].

Este conflicto –todavía pendiente de resolución– tenía su origen en la intervención del Gobierno en la Ley de la Cadena a través del Real Decreto Ley 5/2020, de 25 de febrero, por el que se adoptaron determinadas medidas de carácter urgente y necesario enfocadas a mejorar la rentabilidad de las explotaciones agrarias. Entre estas medidas (que al parecer no podían esperar a la reforma que se produciría al año siguiente para trasponer la Directiva 2019/633 relativa a las prácticas comerciales desleales) se encontraba la introducción de un nuevo párrafo en la Disposición adicional quinta de la LCA 2013 –dedicada a las relaciones contractuales de la Organización Común de Mercados de los productos agrarios– con el objetivo de *excepcionar la excepción*: a partir de ese momento, aunque la normativa reguladora del paquete lácteo prevaleciera ante lo dispuesto en la Ley, *en todo caso* serían de aplicación los artículos 9.1 c) y j) y 12 ter de la Ley que ese mismo Real Decreto Ley introducía, esto es, la exigencia de que cada operador de

---

12 Véase, «La patronal láctea recurre ante el Supremo la prohibición de comprar leche a pérdidas», EFEAgro, 30/05/2023, https://efeagro.com/fenil-supremo-lacteo/; «Fenil recurre ante el Supremo la prohibición de pagar la leche por debajo del precio de coste», *Interempresas*, 31/05/2023, https://www.interempresas.net/Ganadero/Articulos/482256-Fenil-recurre-ante-Supremo-prohibicion-de-pagar-leche-por-debajo-del-precio-de-coste.html [último acceso 10 de abril de 2024].

la cadena deba pagar al operador inmediatamente anterior un precio igual o superior al coste efectivo de producción, y la inclusión en el contrato de indicación expresa en ese sentido[13].

Frente a la extensión imperativa del *precio mínimo de compra* (luego convalidada por la Ley 8/2020, de 16 de diciembre), el art. 147 Reglamento OCM señalaba que *«las partes en los contratos tendrán libertad para hacer referencia a estos indicadores u otros que consideren pertinentes»*, y luego que *«todos los elementos de los contratos para la entrega de leche cruda celebrados por ganaderos, recolectores o transformadores de leche cruda, incluidos los elementos mencionados en el apartado 2, letra c), serán negociados libremente entre las partes»*. La contraposición de ambas normas es evidente, como también que nuestro ordenamiento vigente veta la razonable posibilidad de pueda existir una *venta a pérdidas válida por no abusiva*; por ejemplo, porque el ganadero prefiera vender el exceso de producción antes que asumir los costes de eliminarlo[14]. Baste este supuesto como muestra de la tensión entre políticas, en esta ocasión nacionales y europeas.

---

13 Sobre esta novedad y su tratamiento previo en Europa, por todos, v. PALAU RAMÍREZ, F., «Íter legislativo de la Ley para mejorar el funcionamiento de la cadena alimentaria, excepcionalidad de su régimen en Derecho Comparado y referencia a la prohibición de la venta bajo coste en la Unión Europea», en AA.VV., *Ley de la cadena alimentaria, Cooperativas y otras entidades asociativas agrarias*, 2022; 37-48.

14 En realidad, este supuesto es extensible a cualquier situación de pequeños productores con costes de producción tradicionalmente más altos que, en caso de mercados bajistas, no podrán comercializar sus productos por la prohibición bienintencionada de la compra a pérdidas (sobre este asunto llaman la atención JULIÁ IGUAL/MELIÁ MARTÍ, «Introducción. Antecedentes y objetivos del estudio» en AA.VV., *Ley de la cadena alimentaria, Cooperativas y otras entidades asociativas agrarias*, 2022).

También otras decisiones del legislador español en estos diez años evidencian las peculiaridades que tiene la cadena como objeto de regulación frente a otros sectores económicos.

Así, la publicidad obligatoria de las resoluciones sancionadoras en materia de contratación alimentaria que se introdujo en LCA 2020 (art. 24 bis LCA) y se modificó en la LCA 2021. En un principio el art. 24 bis LCA 2020 establecía la obligación de publicación por parte de la *administración pública competente* de las resoluciones sancionadoras impuestas por infracciones graves y muy graves en materia de contratación alimentaria. En el caso de las sanciones que impusiera la Administración General del Estado la publicación se haría en la página web del Ministerio de Agricultura, Pesca y Alimentación. La LCA 2021 cambió la redacción en un triple sentido: (i) la publicidad periódica pasaba de «temporal» a «trimestral», (ii) el vehículo de difusión era la página web de la AICA, y –especialmente– (iii) en esa publicidad debía incluirse *«la identificación del infractor, la sanción impuesta y la infracción sancionada»*. Conforme a ello la AICA publica hoy con luz y taquígrafos los nombres de las empresas sancionadas por no cumplir la Ley de la Cadena Alimentaria. Y que un organismo autónomo, adscrito al Ministerio de Agricultura, publique listados de sancionados –con las consecuencias reputacionales que puede tener– es al menos discutible. Incluso a pesar de que el precepto exija que se trate de resoluciones que hayan adquirido firmeza: piénsese en casos donde la firmeza de la sanción originaria se haya producido por razones puramente procedimentales, o donde la jurisdicción haya reducido (no anulado) la multa impuesta al considerarla desproporcionada respecto de la concreta conducta del infractor[15]. Todos esos *matices cualitativos* no serán

---

[15] Por ejemplo en la STSJ Extremadura, (Sala de lo Contencioso-Administrativo, Sección1ª) núm. 407/2017 de 28 noviembre. JUR

difundidos en la página web de la AICA, mientras que la sola publicidad de la sanción puede tener un efecto inmediato tanto en el comportamiento del consumidor como en la conducta del resto de operadores[16].

2018\26988 se analiza un supuesto en el que concurre el retraso en los pagos. La Sala considera que se viola el principio de proporcionalidad): *«ya que además de ser tan cuantiosa que afecta a la supervivencia de la empresa (suponen un volumen del total de operaciones del 25%) también podemos considerar que la intencionalidad sería de escasa entidad es decir más allá de la mera inobservancia; así como el perjuicio ocasionada en cuanto no consta la existencia del mismo, más allá del existente en todo retraso de pago todo lo cual lleva a concluir la rebaja de la sanción a la mitad de la propuesta, esto es a la cantidad de 33.383,84 euros, lo que supone la estimación parcial del presente recurso».*

Por otra parte, no se habría atendido al grado de intencionalidad o a la naturaleza del perjuicio causado (art. 25 LCA): *«no se aprecia la concurrencia de ninguna de estas dos circunstancias, ya que, respecto a la intencionalidad, como se ha expuesto, se imputa la sanción a título de mera culpa o inobservancia, y tampoco hay constancia de que se hubiera producido un perjuicio, más allá del que pudiera alega la empresa proveedora por el retraso en el pago, empresa que, no consta haya reclamado por la demora».*

En otros casos, sin embargo, ante la misma ausencia de motivación concreta y remisión a la normativa de la LCA, se rechaza el argumento de falta de proporcionalidad. Así la resolución del Juzgado Central de lo Contencioso-Administrativo (núm. 3) de 17 octubre. JUR 2017\6655, que entiende proporcionada en el caso la imposición de la sanción máxima.

16 Como demuestra el interés de la prensa: «Carrefour y Dia, entre las primeras sancionadas por incumplir la Ley de la Cadena Alimentaria», *ElDiario.es*, 22/02/2023, https://www.eldiario.es/economia/carrefour-dia-primeras-sancionadas-incumplir-ley-cadena-alimentaria_1_9976642.html [último acceso 10 de abril de 2024]. «¿Quién se ha saltado la Ley de la Cadena Alimentaria? 107 multas y Dia, Carrefour, Nestlé, Froiz y García Carrión entre las señaladas», *ElDiario.es*, 15/08/2023, https://www.eldiario.es/economia/saltado-ley-cadena-alimentaria-107-multas-dia-carrefour-nestle-froiz-garcia-carrion-senaladas_1_10441979.html. «Froiz,

Otro ejemplo curioso de la forma de abordar las relaciones contractuales entre operadores en la cadena es el nuevo *registro digital administrativo de contratos privados,* previsto en el art. 11 bis LCA 2021 y articulado por el Real Decreto 1028/2022, de 20 de diciembre, por el que se desarrolla el Registro de Contratos Alimentarios[17]. Se trata de un registro administrativo de negocios jurídicos que no tiene realmente carácter público –dado que solo pueden acceder al mismo las Autoridades de Ejecución[18]–, pero que desde luego puede elevar el intervencionismo preventivo y los costes de gestión de la negociación en la cadena[19], dada

---

Dia o Carrefour, sancionadas por incumplir la Ley de la Cadena Alimentaria», *Economía Digital Galicia,* 23/02/2023, https://www.economiadigital.es/galicia/empresas/froiz-dia-o-carrefour-sancionadas-por-incumplir-la-ley-de-la-cadena-alimentaria.html «Nestlé, Dia y Mostos Españoles, sancionados por incumplir la Ley de la Cadena Alimentaria», *ElDiario.es,* 08/05/2023, https://www.eldiario.es/economia/nestle-dia-mostos-espanoles-sancionados-incumplir-ley-cadena-alimentaria_1_10185416.html [último acceso 10 de abril de 2024].

17 RODRÍGUEZ MARTÍNEZ, I., "Los contratos alimentarios o de la cadena alimentaria", en VICIANO PASTOR, J. (Dir.), *Retos en el Sector Agroalimentario Valenciano en el Siglo XXI,* Tirant lo Blanch, 2019.

18 Por esta razón el Real Decreto 1028/2022, de 20 de diciembre subraya que no afecta a la protección de datos de los contratantes: según su preámbulo, el registro es un mero *repositorio de documentos* al que sólo las autoridades pueden acceder. Y conforme al art. 15.2 RD 1028/2022, corresponde *«con carácter exclusivo a la Agencia de Información y Control Alimentarios, O.A., y a las autoridades de ejecución designadas por las comunidades autónomas encargadas del control del cumplimiento de lo dispuesto en la Ley 12/2013, de 2 de agosto, el acceso al Registro de Contratos Alimentarios, para el ejercicio de sus competencias, manteniendo el tratamiento confidencial que corresponde».*

19 Advierte de este riesgo (además de criticar su dudosa legalidad), MARTÍN ARESTI, P., «Los excesos regulatorios de la reforma de la ley 12/2013 sobre el funcionamiento de la cadena alimentaria», cit., pág. 165.

la extensión que ha hecho la reforma de 2021 del ámbito subjetivo de la Ley y de la obligación del contrato previo por escrito[20].

También hay *peculiaridades positivas* en este sistema de ordenación de la cadena agroalimentaria frente a lo que sucede en otros ámbitos. Después de la STCO 66/2017, de 25 de mayo de 2017 –a la que luego nos referiremos– la ejecución de la norma estatal ha intentado ser fruto de la cooperación entre autoridades más que del conflicto. Desde luego contrasta ese esfuerzo con la falta de foros útiles de cooperación institucional en la ejecución de otras competencias que están transferidas a las Comunidades Autónomas o que son compartidas con el Estado –véase el caso de la aplicación del Derecho de defensa de la competencia–, por lo que aquí el funcionamiento institucional de las relaciones entre autoridades, al menos en los últimos años, ha sido provechoso para el sector.

Finalmente, debemos recordar que en el momento de su promulgación había muchas dudas sobre la eficacia de la Ley. ¿Qué aportaba la LCA al triunvirato formado por la Ley de competencia desleal, la Ley de defensa de la competencia y la Ley General de Publicidad/Ley de marcas?[21] La respuesta doctrinal era escéptica: prácticamente nada respecto a su *contenido*, aunque algo prometedor respecto de su *enforcement*, ya que la sanción administrativa de conductas de Derecho privado desarrolladas por los operadores

---

20 Conforme al art. 4 RD 1028/2022, corresponde al comprador de los productos agroalimentarios, a los primeros compradores de leche cruda y al integrador (en caso de contratos de integración), la obligación de inscribir los contratos.

21 La duda era común en todos los análisis e informes de los primeros años de la ley v. GONZÁLEZ CASTILLA, F. «La cadena alimentaria como objeto de regulación: reflexiones sobre la confluencia de competencias y el ámbito de aplicación de la Ley 12/2003», en VICIANO PASTOR, J. (Dir.), *Retos en el Sector Agroalimentario Valenciano en el Siglo XXI*, Tirant lo Blanch (2019)

podía evitar la falta de ejercicio de las acciones ante los tribunales por parte de los implicados (el llamado «factor miedo»[22]).

Precisamente en sede de ejecución de la norma, y tras unos primeros años de dudas, en los últimos tiempos el sistema de la AICA y las Autoridades de Ejecución ha alcanzado velocidad de crucero con numerosas iniciativas: desde el registro de contratos, a las reuniones del comité de cooperación, o al anuncio de mayor poder de inspección de las Comunidades Autónomas[23].

Con la exposición de todos estos elementos queremos evidenciar tanto los problemas de la cadena alimentaria como objeto de regulación jurídica, como lo peculiar de la opción escogida por el legislador español. Porque no es habitual encontrarse con una iniciativa legislativa cuyo objeto, *lo regulado*, sea propio de distintas disciplinas jurídicas y distintos poderes normativos y, al mismo tiempo, se trate de un objeto complejo, dinámico y transversal. Y es que, en definitiva, la Ley de la Cadena es una suerte de *norma vertical público-privada que pretende*

---

22 Por todos, RUIZ PERIS, J.I., “La Unión Europea y el mercado agroalimentario: una perspectiva jurídica”, *Estudios sobre el régimen jurídico de la cadena de distribución agroalimentaria*, Marcial Pons, 2016, págs. 18-19.

23 Tantas novedades que incluso desde el sector se ha llegado a criticar el excesivo celo reglamentario: véase la denuncia general de ASEDAS respecto de la presión normativa sobre el comercio, señalando que en 2022 se habían publicado 2,7 normas nuevas cada día, con el correspondiente esfuerzo económico y administrativo de adaptación para las empresas afectadas (ASEDAS, «La presión normativa sobre el comercio se duplica con respecto a niveles anteriores a la pandemia», 06/02/2023, disponible en https://www.asedas.org/la-presion-normativa-sobre-el-comercio-se-duplica-con-respecto-a-niveles-anteriores-a-la-pandemia/).

tratar específicamente las relaciones económicas y jurídicas de un completo sector de la economía[24].

Descritas algunas de las peculiaridades que presenta la *cadena agroalimentaria como objeto de regulación unitaria,* es necesario abordar el problema conexo del ámbito de aplicación de la LCA. Se trata de una cuestión esencial porque nos ayudará a entender *cuál es la cadena alimentaria que interesa al legislador.*

2. ¿Qué cadena alimentaria interesa al legislador? El problema del objeto de la LCA

2.1. La evolución del concepto de cadena alimentaria y los intereses de la política económica europea

El art. 1 LCA señala que la Ley tiene por objeto *«establecer medidas de mejora del funcionamiento de la cadena alimentaria para la consecución de los fines establecidos en el artículo 3».* Sin embargo, la palabra *objeto* no se utiliza aquí en su sentido verdadero, etimológico, de materia o asunto de que se ocupa la norma, sino en el sentido de *finalidad o propósito*: mejorar el funcionamiento de la cadena para conseguir determinados fines que el legislador no solo considera de orden público,

---

24 Por ejemplo, no existe una *Ley de la Cadena de Automoción,* a pesar de que esta industria es también uno de los componentes esenciales del PIB español, y de que en ella se relacionan una serie de empresas de componentes, fabricantes, distribuidores, talleres, etc. entre los que hay sin duda elementos de dependencia económica muy graves, dándose además los mismos 3 problemas básicos que afronta la Ley de la Cadena: *falta de transparencia en las relaciones entre los operadores; conductas de competencia desleal y prácticas restrictivas de la competencia.*

sino que incluso podrían calificarse de *leyes de policía* dada la importancia del sector primario en nuestro país.

Realmente la materia de la Ley se define en la delimitación de su ámbito de aplicación general (art. 2 LCA): *«La presente ley es de aplicación a las relaciones comerciales que se produzcan entre los operadores que intervienen en la cadena alimentaria desde la producción a la distribución de alimentos o productos alimenticios»*[25].

Conforme a ello, el objeto de la norma son *relaciones comerciales determinadas*: no es el estatuto subjetivo de los operadores, agricultores, ganaderos o distribuidores, ni tampoco estamos ante Derecho privado contractual. Es verdad que regula aspectos de los contratos, pero no de forma integral –como lo hacen nuestros códigos de Derecho privado– sino fragmentariamente. En definitiva, es una norma que atiende a *la cadena alimentaria como estructura de relaciones jurídicas* que permiten que determinados productos se generen, procesen y se pongan a disposición del consumidor final.

Teresa RODRÍGUEZ CACHÓN sintetiza con acierto el proceso de formación del concepto de cadena alimentaria[26]: su génesis se encuentra en la evolución desde el Derecho agrario al Derecho agroalimentario. Este sector del ordenamiento deja progresivamente de centrarse en la tierra, la empresa agrícola o la reforma agraria, para abordar el *«sistema, cadena o complejo*

---

[25] Relaciones comerciales que el art. 5 a) LCA describe como «conjunto de actividades que llevan a cabo los distintos operadores que intervienen en la producción, transformación y distribución de productos agrícolas y alimentarios».

[26] Seguimos aquí su tesis doctoral: RODRÍGUEZ CACHÓN, T., *Estudio de las relaciones contractuales de la cadena alimentaria española desde la perspectiva del análisis económico del derecho,* Universidad de Burgos, 2018; luego objeto de la monografía, RODRÍGUEZ CACHÓN, T., *Relaciones contractuales de la cadena alimentaria,* Dykinson, 2020.

agroalimentario» en su conjunto, desde «la producción en los campos o en las granjas hasta la comercialización de tales productos, hayan sufrido o no transformación industrial»[27].

Este tratamiento de la cadena alimentaria como objeto de análisis encontró acogida principal en el ordenamiento comunitario, empezando por el Reglamento 178/2002, de 28 de enero de 2002, que estableció los principios y requisitos generales de la legislación alimentaria, creó la Autoridad Europea de Seguridad Alimentaria y fijó determinados procedimientos relativos a la seguridad alimentaria[28]. Este Reglamento –de hace más de 20 años– ya adoptó una *visión completa de la cadena*, como demuestra al remitir su ámbito de aplicación a *«todas las etapas de la producción, la transformación y la distribución de alimentos»* (art. 4) o cuando diseña la *trazabilidad* (art. 18) exigiendo que en todas las fases de la producción, la transformación y la distribución se asegure la trazabilidad de los alimentos, los piensos, los animales destinados a la producción de alimentos y de cualquier otra sustancia destinada a ser incorporada en un alimento o un pienso, o con probabilidad de serlo.

Esta *visión completa* de la cadena plantea un reto: al abordar *el conjunto de las actividades agroalimentarias como un sistema integrado,* como un conjunto de actividades y relaciones interdependientes, el legislador tiene que combinar fines muy diversos en los mismos cuerpos normativos que van desde la habitual protección de los consumidores (ahora, la *ciudadanía,* como dice la LCA 2021), al nivel de vida de los productores, la salud y bienestar de los animales, aspectos fitosanitarios, medio

---

27 RODRÍGUEZ CACHÓN, T., *Estudio de las relaciones contractuales de la cadena alimentaria española desde la perspectiva del análisis económico del derecho,* cit., págs. 43-62; 87-91.

28 RODRÍGUEZ CACHÓN, T., *Relaciones contractuales de la cadena alimentaria,* cit., pág. 25 y ss.

ambiente, vertebración del territorio, etc. (véase art. 5 Reglamento 178/2002, y emblemáticamente el art. 39 TFUE donde se fijan los objetivos de la política agrícola común).

Conforme a lo expuesto, el legislador tiene dos dificultades al ordenar la cadena así delimitada: la primera es que pretende regular los *flujos, interrelaciones e intercambios que se dan dentro de un sistema de producción, transformación y distribución de bienes, por lo que tiene que cohonestar una multiplicidad de fines correspondiente a los diversos intereses en presencia*[29]; la segunda, que el objeto regulado no es estático, sino *dinámico*, como *conjunto de relaciones comerciales* y, por tanto, su concreta delimitación legal puede quedar obsoleta y necesitar ser ampliada.

Por otra parte, una vez el legislador considera preciso regular unitariamente ese sistema o complejo sectorial surge un elemento clave: *la desigualdad en el reparto de poder a lo largo de la compleja cadena. Hay una «heterogeneidad cuantitativa y cualitativa entre los agentes» lo que desemboca en una «fuerte asimetría en la interdependencia entre sus participantes»*[30]. Por tanto, esa estructura de relaciones jurídicas se aborda como problemática porque el objetivo último es *que la norma solucione los eventuales conflictos de intereses* entre las partes que interactúan en el *sector alimentario*[31].

---

29 RODRÍGUEZ CACHÓN, T., *últ. loc. cit.*, pág. 27.

30 RODRÍGUEZ CACHÓN, T., *Estudio de las relaciones contractuales de la cadena alimentaria española desde la perspectiva del análisis económico del derecho, cit.*, págs. 57-58.

31 Como es bien sabido, las autoridades de defensa de la competencia (y buena parte de los académicos más cercanos al antitrust) siempre han alegado que el desequilibrio o la asimetría entre las partes contratantes no sería una anomalía o un fallo del mercado sino una característica inherente a él (por todos, véase CNC, IPN 84/12. *Anteproyecto de ley de medidas para mejorar el funcionamiento de la cadena alimentaria*, pág. 5; MAUDES GUTIÉRREZ/SILOS RIBAS, «En defensa de un marco normativo que fomente la competencia efectiva y la eficiencia económica en la

Y como la *mens legislatoris* parece ser corregir la asimetría sistemática del mercado, nos encontramos con una norma de naturaleza mixta: es una disposición aparentemente administrativa, pero regula el contenido jurídico-privado de los contratos; establece normas de comportamiento y al mismo tiempo apela a los Códigos de Conducta; impone sanciones, pero también declara la nulidad civil de los pactos que contradigan sus disposiciones.

Ese punto de partida también dota de un *sesgo patológico* a la Ley: el conjunto de relaciones jurídicas entre los operadores no se aborda en toda su complejidad sino en su *anomalía*, porque el legislador quiere solucionar los eventuales conflictos de intereses entre las partes que interactúan en este contexto.

Y esto nos lleva al último rasgo de la cadena alimentaria que interesa al legislador europeo y español: *no es la que conformen las fuerzas del mercado, sino la que sociopolíticamente quiere promoverse como modelo.*

Como es conocido, se suele distinguir resumidamente entre dos modelos de cadena alimentaria: *from Farm to Fork* y *from Lab/Brand to Fork*. El modelo *from lab/brand to fork* estaría basado en mercados globales alimentarios y en una agricultura de productos estandarizados y genéricos donde los productores tienen un papel instrumental como suministradores *fungibles*. El segundo sería el modelo ligado al territorio, al desarrollo rural, a circuitos cortos de distribución con producto fresco de calidad... lo que en última instancia intenta mejorar el equili-

---

cadena alimentaria», en GONZÁLEZ CASTILLA/RUIZ PERIS (Dir.), *Estudios sobre el régimen jurídico de la cadena de distribución agroalimentaria*, Marcial Pons, 2016, págs. 97-112 [pág. 102]).

brio entre productores, transformadores y distribuidores en la medida en dota de poder mayor a los primeros[32].

Por tanto, la tercera característica de la Cadena como objeto de regulación, es que el modelo europeo persigue una estructura de mercado que solo sería compatible con el arraigo territorial, es decir, se atiende a un mercado de producción propia, local, de cadenas cortas, mejora de especies vegetales y animales, aumento de la calidad y mejora de la posición competitiva de la producción[33].

Este rasgo determina que la ordenación del mercado no solo pretenda la pura eficiencia en la producción de alimentos a precios asequibles para los consumidores, sino que persiga intereses como la sostenibilidad, la vertebración territorial, el nivel de vida de los productores o la seguridad alimentaria. Serán estos objetivos, como veremos, los que imponen un enfoque excesivamente intervencionista en la resolución de los conflictos de intereses originados entre los agentes integrantes del sistema agroalimentario. En definitiva, la LCA persigue como interés público solucionar los tres problemas principales que nacen de la asimetría en el poder de mercado en la cadena de valor: *falta de transparencia en precios, prácticas desleales y prácticas anticompetitivas.*

La gran pregunta es *cómo puede contribuir el legislador a ese «reparto de valor sostenible»*. Y como privatista –que debe siempre partir del principio de la libertad contractual– debo subrayar *lo complicado que siempre ha sido conseguir un equilibrio de las contraprestaciones por imperativo legal.*

---

32 De nuevo seguimos en la literatura más reciente a RODRÍGUEZ CACHÓN, T., *Relaciones contractuales de la cadena alimentaria,* cit., págs. 36-39, especialmente, pág. 37.

33 *Ibidem.*

Los pilares de nuestro derecho privado (*libre empresa, autonomía de la voluntad, propiedad privada*) son refractarios a una intervención administrativa –o incluso judicial– que pretenda sustituir las voluntades pactadas. La excusa aparentemente *«de justicia»* de reequilibrar el poder de mercado no puede justificar en sí misma el recorte de la libertad contractual que implica la intervención pública en la esfera privada salvo por razones de interés público y manteniendo los principios de proporcionalidad y mínima intervención, que la LCA parece exceder en ocasiones.

En definitiva, la cadena alimentaria a la que atiende el legislador –europeo, nacional– es un conjunto de relaciones comerciales dinámicas que vincula estrechamente a los operadores que intervienen en la producción, transformación y distribución de productos agrícolas y alimentarios que pretende regularse de forma que se fomente un determinado modelo productivo ligado al territorio, la calidad, la sostenibilidad y el bienestar de los ciudadanos.

2.2. Reflexiones sobre la ampliación del ámbito de aplicación de la LCA

Después de lo expuesto, queremos terminar este epígrafe con el análisis crítico de *a qué concretas relaciones comerciales* se aplica la Ley[34].

---

[34] Seguimos en este epígrafe las conclusiones de nuestro trabajo GONZÁLEZ CASTILLA, F. «La cadena alimentaria como objeto de regulación: reflexiones sobre la confluencia de competencias y el ámbito de aplicación de la Ley 12/2003», en VICIANO PASTOR, J. (Dir.), *Retos en el Sector Agroalimentario Valenciano en el Siglo XXI*, Tirant lo Blanch (2019), págs. 19-47 [págs. 35-43 y *passim*].

Las disposiciones generales de la LCA contienen siete preceptos de los que solo es relevante el artículo 2, complementado con las definiciones contenidas en el artículo 5. Según dicho artículo 2, como adelantábamos, la LCA atiende a *«las relaciones comerciales que se produzcan entre los operadores que intervienen en la cadena alimentaria desde la producción a la distribución de alimentos o productos alimenticios»*.

Se trata de una definición amplísima que abarca no sólo las *compraventas o los suministros,* ámbito expreso de la Directiva 2019/633 de 17 de abril de 2019, sino *todo lo que entra en la noción de «relaciones comerciales»*[35]. De hecho, la reforma de la Ley 16/2021 produjo una ampliación objetiva del ámbito de aplicación respecto de la redacción originaria de la norma:

Por un lado, porque no se refiere a las relaciones que recaigan sobre *productos alimenticios* (destinados a ser ingeridos), sino que ahora se remite a los que se encuentren en el listado del Anexo I del TFUE, que incluye floricultura, tabaco, corcho, lino o cáñamo. Se podría decir de esta forma que la Ley de la Cadena Alimentaria se ha transformado –sin cambiar su nombre– en *Ley de la Cadena Agroalimentaria*: esta visión de la cadena es más cercana al sistema *agroindustrial* que abarca toda la producción del sector primario (producción agrícola, forestal y pesquera) y todo el aparato industrial que procesa esas materias primas, sea para el consumo alimenticio o no (textiles, cuero, tabaco, plantas ornamentales, etc.).

Por otro, también se ha ampliado el ámbito de aplicación de la regulación de los *contratos alimentarios.* En su redacción originaria, el capítulo I del Título II LCA solo era aplicable en

---

35 Si bien habrán de tenerse en cuenta las exclusiones contenidas en otros preceptos: por ejemplo, no incluiría a los operadores de transporte o dedicados a la restauración o la hostelería, con los límites introducidos por la Ley 16/2021.

situaciones de dependencia económica o al menos de desequilibrio en el poder de mercado entre las partes[36].

Con la redacción vigente el régimen de los contratos alimentarios será aplicable siempre que estemos por encima del umbral de los 1000 euros –exista o no desequilibrio– en virtud de la remisión que hace el art. 2.4 LCA 2021 a la normativa contra el blanqueo de capitales[37]. El hecho de que pasemos de situaciones de

---

36 Si uno de los contratantes era PYME y el otro no, si uno dependía económicamente del otro –represente al menos un 30% de la facturación del producto en el año precedente– o que uno fuera productor primario agrario, ganadero, pesquero, forestal o una agrupación de estos, y el otro no. Sobre las prácticas en la cadena y las situaciones de dependencia económica y su tratamiento por la Directiva, MARTÍN ARESTI, P., «Los excesos regulatorios de la reforma de la ley 12/2013 sobre el funcionamiento de la cadena alimentaria», *cit.*, págs. 159-162; también, ESTEVAN DE QUESADA, C., «La explotación de la dependencia económica debida al poder relativo de la demanda en la cadena alimentaria», en GONZÁLEZ CASTILLA/RUIZ PERIS (Dir.), *Estudios sobre el régimen jurídico de la cadena de distribución agroalimentaria,* Marcial Pons, 2016, págs. 113-139; OLMEDO PERALTA, E., «Explotación de la situación de dependencia económica en la cadena alimentaria», en *Competencia, propiedad intelectual y tutela de consumidores en el sector agroalimentario,* Tirant lo blanch, 2022.

37 Según dicho precepto, «el ámbito de aplicación del capítulo I del título II de esta ley se circunscribe a las relaciones comerciales de los operadores que realicen transacciones comerciales cuyo precio sea superior al importe fijado en el primer párrafo del artículo 7.1 de la Ley 7/2012, de 29 de octubre, de modificación de la normativa tributaria y presupuestaria y de adecuación de la normativa financiera para la intensificación de las actuaciones en la prevención y lucha contra el fraude». El art. 7.1 Ley 7/2012, de 29 de octubre, de modificación de la normativa tributaria y presupuestaria y de adecuación de la normativa financiera para la intensificación de las actuaciones en la prevención y lucha contra el fraude, establece ese límite de 1000 euros en materia de pagos en efectivo.

dependencia a la aplicación de un umbral cuantitativo presenta la ventaja de simplificar la aplicación de la normativa contractual (la determinación de los supuestos de dependencia económica implicaban una considerable complejidad en la práctica) pero, por otra parte, supone la expansión de unas medidas intervencionistas que se justificaban precisamente por esa situación de desigualdad[38]: *formalización del contrato por escrito y de forma previa, determinación de las condiciones contractuales* –entre ellas la polémica prohibición de la compra a pérdidas que ya hemos mencionado– la *conservación de los documentos durante 4 años* (antes 2), y la obligación de remitir la documentación al nuevo *registro digital de contratos alimentarios* (art. 11 bis, regulado por el RD 1028/2022, de 20 de diciembre).

La expansión de esas normas puede incluso provocar el paradójico efecto de perjudicar a los pequeños operadores, imponiéndoles unos costes y rigidez ajenos a su tipo de actividad[39]. En este sentido, se trataría de una intervención legislativa innecesaria y

---

No obstante, debe matizarse que quedan fuera de esta obligación los casos de *pagos al contado* (art. 8.3 LCA 2021), donde no tiene sentido esta norma tuitiva; y las *entregas del producto a la cooperativa por parte de sus socios,* siempre que los estatutos o acuerdos de la cooperativa o de la entidad asociativa establezcan, antes de que se realice la entrega, el procedimiento de determinación del valor del producto entregado por sus socios y el calendario de liquidación y éstos sean conocidos por los socios (art. 8.1 LCA 2021).

38 Véase, muy crítica con la extensión que supone ese criterio puramente cuantitativo, MARTÍN ARESTI, P., «Los excesos regulatorios de la reforma de la ley 12/2013 sobre el funcionamiento de la cadena alimentaria», *cit.*, págs. 162-164.

39 Para poder dar cumplimiento a muchas de las obligaciones de la LCA, primero habrá que realizar el acuerdo por escrito y esto en determinadas empresas transformadoras de tamaño pequeño es un coste añadido injustificado, además teniendo en cuenta que se presume que el comprador es autor de las infracciones tipificadas en las letras a) del apartado 1 y b) y c) del apartado 2 de este artículo.

desproporcionada y, por consiguiente, contraria a los principios de buena regulación[40] porque supone imponer obligaciones suplementarias a relaciones que en realidad no resultan problemáticas desde el punto de vista de las prácticas comerciales desleales.

En cuanto al *punto de vista subjetivo*, la ley se aplica a las relaciones entre operadores tanto profesionales como esporádicos, en la medida en que no es necesario que la actividad en la cadena sea *principal* para el sujeto. Los que sí quedan excluidos son los consumidores, puesto que según el art. 5 c) LCA, «*no tendrán la condición de operadores de la cadena alimentaria*».

La opción del legislador ha sido, en definitiva, aproximarse al *concepto amplio de operador* del Derecho de defensa de la competencia o de la competencia desleal que es el marco de referencia de la Ley de la Cadena[41].

En esta misma línea, la reforma de 2021 eliminó la exclusión absoluta del canal HORECA vigente hasta entonces. En efecto, la LCA 2013 excluía las actividades de transporte y de la hostelería y la restauración. Esta exclusión fue criticada en la medida en que suponía un tercio del gasto de alimentación en España y que afectaba en parte a operadores de la cadena alimentaria. El legislador ha reconocido la importancia de ciertos operadores

---

40 En este sentido, expresamente VICIANO PASTOR, J., «Algunas reflexiones (críticas) sobre la Ley 12/2013 de medidas para mejorar el funcionamiento de la cadena alimentaria», en GONZÁLEZ CASTILLA/RUIZ PERIS (Direc.), *Estudios sobre el régimen jurídico de la cadena de distribución agroalimentaria*, Marcial Pons, 2016, págs. 176-177.

41 Recordemos que está sujeta al Derecho de defensa de la competencia cualquier *persona física o jurídica, pública o privada, con o sin ánimo de lucro*, que participe de forma independiente en la producción o distribución de bienes o servicios en el mercado. En cuanto a la Ley de Competencia Desleal, se aplica a *empresarios, profesionales y a cualesquiera otras personas físicas o jurídicas que participen en el mercado* (art. 3 LCD).

de la restauración organizada (franquicias, etc.) que pueden suponer un elemento desequilibrante de la cadena alimentaria, de forma que en la actualidad la exclusión de la hostelería y restauración se limita a quienes que tengan *«un volumen de facturación inferior a diez millones de euros, excluyéndose también las empresas en las actividades de servicios de alojamiento con un volumen de facturación inferior a 50 millones de euros* (art. 5.1 LCA 2021). Cuestión distinta es si la AICA tiene recursos para afrontar la supervisión de los nuevos operadores que caen bajo su competencia.

Finalmente, debemos referirnos a la expansión del ámbito territorial de aplicación de la Ley.

Como señalaba MOYA LATORRE[42], la LCA 2013 no se refirió a su *ámbito espacial* de aplicación. En este sentido, si a un contrato entre un operador español y otro extranjero le era aplicable una normativa extranjera (por acuerdo expreso o por aplicación de las normas de Derecho internacional privado), la única forma de aplicar la protección de la LCA era que sus disposiciones se consideraran normas *esenciales para la salvaguardia del interés público* en el sentido del art. 9.1 del Reglamento Roma I sobre ley aplicable a las obligaciones contractuales.

El art. 1 Directiva 2019/633, por su parte, establece que se aplicará a las ventas entre un proveedor y un comprador cuando *uno de los dos, o ambos*, estén establecidos en la Unión. En principio ese es el camino que sigue el art. 2.1 LCA 2021: *«[...] será de aplicación esta ley a las relaciones comerciales entre cualquiera de los operadores que intervienen en la cadena alimentaria cuando uno esté establecido en España y el otro en un Estado miembro, cuando no resulte de aplicación la legislación de otro Estado miembro»*.

---

42 MOYA LATORRE, A., «La ley española 12/2013, de 2 de agosto, de medidas para mejorar el funcionamiento de la cadena alimentaria», *Actualidad Jurídica Iberoamericana*, núm. 2, febrero 2015, pp. 663-676 [pág. 667].

Sin embargo, el vigente art. 2.1 LCA 2021 se refiere también al caso de que una de las partes esté establecida en España y la otra en un Estado no miembro de la Unión. En ese supuesto el contrato deberá indicar a qué legislación se sujeta, pero teniendo en cuenta que siempre serán de aplicación las prohibiciones contenidas en la Ley y el régimen sancionador, una aplicación extraterritorial que plantea dudas:

En primer lugar, debe destacarse que esta previsión supone que el legislador considera que las prohibiciones de la LCA son *normas de policía*: los operadores no podrán escoger el Derecho de un tercer estado, siempre se aplicará el Derecho armonizado de la Directiva de prácticas comerciales abusivas (sea español o de otro Estado de la Unión).

Por otra parte, la Ley no especifica qué normas son aplicables de forma ineludible. Es verdad que se hace referencia a *prohibiciones y régimen sancionador*, pero dada la necesaria interpretación restrictiva de las normas de orden público, sería aconsejable haber indicado los concretos supuestos de aplicación extraterritorial. Por otra parte, como señala Barcell Macedo, ¿cómo va a controlar la AICA estos contratos transnacionales? ¿cómo se va a impedir que operadores nacionales huyan del Derecho español directamente instalando centrales de compra en otros Estados con normativas más laxas o al menos, menos invasivas respecto a la libertad de pactos?[43]

Vista la ampliación *objetiva, subjetiva y territorial* de la LCA, cabe preguntarse si el cambio tiene realmente efectos prácticos en las relaciones jurídicas entre los operadores de la cadena.

---

[43] BARCELL MACEDO, A., «Algunos problemas prácticos de la aplicación de la ley de cadena alimentaria» en AA.VV., *Retos en el sector agroalimentario: Regulación, competencia y propiedad industrial*, Tirant lo blanch, 2022, págs.174-175.

Pues bien, desde el punto de vista *material*, el catálogo de conductas calificadas como ilegítimas en la LCA reproduce en su mayor parte prácticas ya sancionadas por la legislación de competencia desleal y, en todo caso, se trata de actuaciones abusivas que estarían vetadas con carácter general por nuestros viejos principios contractuales[44]. Por lo tanto, no parece que la extensión vaya a tener mucha transcendencia.

Ahora bien, la reforma legal sí puede tener relevancia práctica en la medida en que la extensión subjetiva va a ampliar los comportamientos fiscalizados por la AICA y, con ello, incrementar su *efecto disuasorio.*

En efecto, el examen de nuestra jurisprudencia demuestra que el reconocimiento a la Administración de potestad sancionadora sobre las prácticas desleales como solución a los problemas de desequilibrio en la cadena de valor ha resultado más relevante de lo que se anticipaba en 2013. En un primer momento se dudó de la eficacia del sistema represor de la Ley dado que el baremo de sanciones era realmente modesto (todas las infracciones eran leves y estaban sancionadas con apercibimiento o multa de hasta 3000€). Sin embargo la facilidad de incurrir en reincidencia –dado que se trata de comportamientos que normalmente se tienen frente a una generalidad de contrapartes– ha hecho que el nivel de sanciones impuesto por la AICA sea considerable y, por tanto, más disuasorio de lo que se preveía[45].

---

44 En este sentido, véase la prohibición de modificaciones unilaterales de las condiciones contractuales del art. 12.1 LCA, que no es sino trasunto de nuestro viejo art. 1256 C.c. en virtud del cual el cumplimiento de los contratos no puede dejarse al arbitrio de una de las partes contratantes; o el contenido del art. 4 LCA que menciona entre los principios que deben regir las relaciones entre los operadores de la cadena los de justa reciprocidad entre las partes, libertad de pactos, o buena fe.

45 Por ejemplo, en la STSJ Madrid (Sala de lo Contencioso-Administrativo, Sección4ª), núm. 450/2022 de 25 octubre (JUR 2023\4882) se

En conclusión, puede decirse que la delimitación de la cadena alimentaria relevante para el legislador es coherente con su objetivo y ha reforzado la seguridad jurídica en las relaciones entre empresarios de los distintos niveles de la cadena, permitiendo la acreditación documental de la voluntad de las partes y del contenido de su relación comercial y disuadiendo en buena medida del establecimiento de pactos abusivos contrarios al texto de la ley. Cuestión distinta es que esa intervención excesiva en el contrato, como hemos denunciado, no conjugue bien con los principios tradicionales del Derecho privado contractual.

II. DESDE EL CONFLICTO DE COMPETENCIAS A LA CONCURRENCIA DE NORMAS. LA STCO 66/2017, DE 25 DE MAYO DE 2017 Y SUS CONSECUENCIAS EN LA APLICACIÓN DE LA LEY

Como avanzábamos al principio de este trabajo, la complejidad que tiene abordar de forma omnicomprensiva el régimen jurídico de la cadena de valor agroalimentaria se evidencia en el propio *fundamento constitucional de su competencia,* que el legislador debe apoyar en tres preceptos:

---

impone una sanción de 100.001€ a *Greenyard Fresh Spain SAU* por una infracción muy grave del artículo 26.3.a) LCA consistente en la *reiteración del incumplimiento de los plazos de pago.* En sus alegaciones, la sancionada consideraba, entre otras cosas, que se incumplía el principio de proporcionalidad, dado que la sanción excedía en nueve veces la factura cuyo plazo se había excedido. La Sala es radical en su rechazo: se trata de un supuesto tipificado, se le impuso realmente en su grado mínimo (100.001€) y estábamos ante un supuesto de reincidencia, *«olvida la recurrente que también ha sido sancionado como autor de una falta muy grave por haber sido sancionado anteriormente por tres sanciones graves».*

a) En primer lugar, con carácter general y de acuerdo con su Disposición final tercera, la Ley se dicta al amparo de lo dispuesto en el artículo 149.1.13.a de la Constitución, esto es, la conocida competencia sobre *«bases y coordinación de la planificación general de la actividad económica»*.

b) Por otro lado, los artículos que establecen el régimen de los contratos alimentarios se amparan en las reglas 6.a y 8.a del artículo 149.1, que atribuyen al Estado la competencia exclusiva sobre *legislación mercantil* y *legislación civil*.

c) Finalmente, la determinación de la cuantía de la tasa que debe abonarse por las actuaciones de inspección realizadas por la AICA constituye legislación en materia de Hacienda General, que resultaría amparada por el artículo 149.1.14a de la Constitución.

Aun claramente fundamentada la competencia estatal, hay que empezar subrayando que la LCA 2013 apenas contenía un par de referencias en materia de delimitación o coordinación de competencias entre la Administración del Estado y la Administración Autonómica, y en todo caso su redacción original dejaba un margen muy estrecho para la actuación de las Autonomías[46]:

a) La primera referencia a este *poder compartido sobre la cadena* es el artículo 26.1 que establece la competencia para ejercer la potestad sancionatoria utilizando un *punto de*

---

[46] En este epígrafe sobre el conflicto constitucional resuelto por la STCO 66/2017, de 25 de mayo de 2017, seguimos nuestro trabajo GONZÁLEZ CASTILLA, F. «La cadena alimentaria como objeto de regulación: reflexiones sobre la confluencia de competencias y el ámbito de aplicación de la Ley 12/2003», *cit.*, págs. 22-34.

conexión puramente territorial[47] que solo otorga competencia sancionadora a las Comunidades Autónomas cuando *teniendo las partes implicadas su sede social en una misma Comunidad el contrato tenga, además, efectos únicamente en el territorio de dicha Comunidad* (*ex* art. 26.2 LCA)[48].

Si se observa bien, ese *punto de conexión territorial* puede dar lugar a que la competencia sobre un expediente sancionador corresponda a la Administración del Estado aun cuando la afectación *suprautonómica* de la relación económica sea irrelevante en el caso concreto, o se trate de operadores con sede en distintos territorios pero que

---

47 Conforme a él, le corresponderá ejercitar la potestad sancionadora a la AICA cuando las partes contratantes tengan sus respectivas sedes sociales principales en diferentes Comunidades Autónomas; cuando el contrato afecte a un ámbito superior al de una Comunidad Autónoma en razón de la trazabilidad previsible de la mayor parte del alimento o producto alimenticio objeto del contrato; o *«cuando una de las partes del contrato alimentario no tenga su sede social principal en España»* (supuesto introducido por la Ley 16/2021).

48 La literalidad del artículo 26.1 LCA permitiría entender que correspondería también a los órganos competentes de las Comunidades Autónomas el supuesto en el que las partes tuvieran sus sedes sociales principales en la misma Comunidad Autónoma, y el contrato desarrollara sus efectos en *otra* Comunidad, puesto que la afección a «un ámbito superior al de una Comunidad Autónoma» se vincula con la trazabilidad previsible de la mayor parte del producto del contrato, y no con otras circunstancias como la propia localización de los contratantes. De todas formas, parece obvio que el legislador se quería referir a que tanto el domicilio de las partes como el desarrollo del contrato se produzcan en la misma Comunidad, pues de lo contrario tendría que haber manifestado qué Administración sería la competente: la de producción de los efectos del contrato, o la de domicilio de las empresas.

operen fundamentalmente en el ámbito de la misma Comunidad Autónoma.

Por otra parte, en nuestra opinión, debería introducirse algún criterio corrector que permitiera asignar el expediente a la *administración que esté mejor situada para solventarlo,* sea central, sea autonómica, con independencia de que la relación comercial de que se trate tenga efectos en más de una comunidad autónoma. Sin embargo, y a pesar de la más fluida colaboración entre AICA y Autoridades de Ejecución, estamos lejos de que se instaure una medida descentralizadora de este tipo.

b) El segundo momento en el que la Ley reconoce expresamente la confluencia de competencias en la materia es el artículo 6 LCA. En este precepto se hace un llamamiento a la colaboración entre administraciones públicas, señalando que actuarán conforme a los «principios de información mutua, de cooperación y de colaboración» (art. 6.1 LCA) y recordando el necesario respeto a la normativa sobre garantía de la unidad de mercado, «adoptando las medidas normativas, de cooperación y de colaboración que resulten precisas en el ejercicio de sus competencias propias».

En resumen, la regulación de la confluencia de competencias de distintas administraciones en la Ley de la Cadena se concretó en el establecimiento de *un punto de conexión restrictivo para las competencias autonómicas,* y una *referencia genérica a la necesaria colaboración* entre las administraciones públicas, sin que en un principio se habilitaran espacios para dicha colaboración (fuera del denominado *Consejo Asesor* previsto en el Estatuto de la Agencia de Información y Control Alimentarios[49]).

---

[49] El art. 6 del Estatuto de la AICA (RD 227/2014, de 4 de abril) establece la creación del «Consejo Asesor» como órgano consultivo y de

Por otra parte, las posibles competencias autonómicas en el *control y vigilancia* del funcionamiento de la cadena de valor brillaban por su ausencia ante las amplísimas funciones concedidas a la AICA en la Ley.

En efecto, la AICA es la pieza clave para gestionar los sistemas de información y control de los mercados «así como el control del cumplimiento de lo dispuesto en esta ley para la mejora del funcionamiento de la cadena alimentaria». Era evidente que la concesión aparentemente en exclusiva de las funciones de (i) *establecer y desarrollar el régimen de control sobre el cumplimiento de la Ley,* (ii) *trasladar a las autoridades competentes los hechos sobre presuntos incumplimientos,* (iii) *e iniciar de oficio el procedimiento sancionador y proponer a la autoridad competente la resolución que proceda o, en su caso, formular denuncia ante la Comisión Nacional de la Competencia,* suponía vaciar de contenido las posibles competencias autonómicas sobre supervisión, inspección y sanción de los operadores radicados en su territorio.

---

participación de la Agencia, en el que se integran representantes de la Administración General del Estado, de las Comunidades Autónomas, de la producción y la transformación de los sectores alimentarios que estén interesados y de la distribución y los consumidores. Sin embargo, la función de este órgano es básicamente servir de foro informativo de la actividad de la AICA más que de colaboración entre administraciones. Así las funciones del Consejo, según el art. 6.5 del Estatuto de la AICA, son en su mayoría «pasivas»: ser informado de los planes de actuación de la Agencia, de su ejecución y de los resultados alcanzados, así como de los medios de que disponga para realizarlos; ser informado de la marcha del Registro Estatal de Buenas Prácticas Mercantiles en la Contratación Alimentaria; conocer el informe anual de actuaciones de la Agencia con carácter previo a su difusión; formular al Director las propuestas que estime convenientes sobre el funcionamiento de la Agencia y sobre sus actuaciones; y conocer e informar los asuntos que el Presidente someta a su consideración.

Así las cosas, el Consejo de Gobierno de la Generalitat de Cataluña interpuso el recurso de inconstitucionalidad 6227-2013 en relación con diversos apartados de la Disposición Adicional primera de la LCA en la que se otorgaba a la AICA funciones que presuntamente invadían las competencias de la comunidad autónoma. Tal y como ha sucedido con otras disposiciones dictadas bajo el amparo de las competencias en sede de *bases de la planificación general de la actividad económica*[50], debió ser el Tribunal Constitucional quien fijara la línea divisoria entre las importantes *competencias sobre agricultura y ganadería* reconocidas a las Comunidades Autónomas por la Constitución (art. 148.1.7 CE) y la capacidad del Estado de establecer esas *bases de la actividad económica* (art. 149.1.13ª CE).

Frente al recurso de la Generalitat, el Abogado del Estado insistía en la idea de que una ordenación económica de este sector productivo tenía que evitar las diferencias de criterio de la autoridad que debe aplicarla, diferencias que harían muy difícil una interpretación uniforme de las normas de la Ley. Del mismo modo, la posible afectación a la libre competencia por un eventual incumplimiento de la Ley de la Cadena conllevaría un alcance lo bastante grave para que el Estado retenga para sí las competencias ejecutivas.

Sin embargo, la STCO 66/2017, de 25 de mayo de 2017, declaró efectivamente la inconstitucionalidad de la atribución a la AICA con carácter exclusivo de determinadas competencias de control derivadas de la Ley de la Cadena:

a) En cuanto al *control del cumplimiento de sus obligaciones por los operadores* (Disposición adicional primera 6ª b) LCA) y el *traslado a la autoridad competente de los hechos sobre presuntos*

50 Véase en el caso de la ejecución de la normativa de defensa de la competencia la STCO 208/1999, de 11 de noviembre.

incumplimientos detectados en las actuaciones de control (Disposición adicional primera 6ª c) LCA), señala la sentencia que aun teniendo presente la finalidad de la Ley y la atribución a la AICA de las funciones de gestión y mantenimiento de sistemas de información, seguimiento y análisis de los mercados considerados sensibles o estratégicos, «la mera posibilidad de que las infracciones objeto de investigación puedan responder a conductas que se desarrollan en más de una Comunidad Autónoma, no justifica que el Estado se reserve con carácter general y preventivo la competencia ejecutiva para llevar a cabo los actos de control a que se refiere la letra b) del apartado impugnado». Por lo que estas funciones ejecutivas de control no encontraban cobertura en el art. 149.1. 13ª CE y fueron anuladas.

b) En cuanto a la competencia exclusiva para *establecer y desarrollar el régimen de control* para comprobar el cumplimiento de la ley (Disposición adicional primera 6ª e) LCA), el TCO parte de su necesidad para garantizar la efectividad de la norma, pero se cuestiona que la atribución de dicho control al Estado sea imprescindible.

A este respecto no convencen al Tribunal los reparos de la Abogacía del Estado respecto de posibles diferencias de criterio o fraccionamiento en la aplicación de la Ley. Afirma el TCO:

«Tal dimensión no avala la invasión de las competencias autonómicas y puede perfectamente ser atendida a través de los mecanismos de colaboración previstos en la propia ley (artículos 6 y 26.4 que invoca la recurrente y también en otros como el artículo 27 y la disposición adicional segunda). Así, por ejemplo, esta última regula las funciones de los laboratorios agroalimentarios del Ministerio de Agricultura, Alimentación y Medio Ambiente a fin de homogeneizar los controles analíticos oficiales que pueden realizar tanto éstos como los laboratorios designados por las autoridades competentes de las comunidades autónomas.

Por lo expuesto, la letra e) del apartado sexto de la disposición adicional primera de la Ley 12/2013 es inconstitucional y nula en cuanto atribuye en exclusiva a la Agencia de Información y Control Alimentarios el establecimiento y desarrollo del régimen de control necesario para comprobar el cumplimiento de lo dispuesto en la Ley.»

c) Finalmente, la letra g) de la Disposición adicional primera, 6ª LCA contiene una doble atribución a la AICA. Por un lado, la competencia para el inicio, instrucción y propuesta de resolución de los procedimientos sancionadores; por otro, formular denuncia, en su caso, ante la autoridad de competencia[51].

En el primer caso, entendía el recurso catalán que la norma impugnada era inconstitucional porque esa instrucción abarcaría también aquellos casos en los que la competencia de la sanción correspondiera a la Comunidad Autónoma, en aplicación del punto de conexión del art. 26.2 LCA al que nos hemos referido más arriba. En el segundo, se impugnaba por no reconocer la existencia de las autoridades autonómicas de competencia.

---

[51] «g) Iniciar de oficio el procedimiento sancionador que corresponda por las irregularidades que constate en el ejercicio de sus funciones que supongan incumplimientos de lo dispuesto en esta ley y, tras la correspondiente instrucción, proponer a la autoridad competente la resolución que proceda o, en su caso, formular denuncia ante la Comisión Nacional de la Competencia debidamente documentada».

En cuanto al primer supuesto, el TCO no solo niega que esa sea la única interpretación posible del precepto, sino que además el desarrollo reglamentario de la Ley[52] dejaba claro que dicha letra g) *solo se refiere a los casos en los que*

---

[52] En cuanto a ese desarrollo reglamentario de la Ley, señalaba el Real Decreto 66/2015, de 20 de febrero, en su artículo 28 que:
«1. En los casos en los que la Agencia de Información y Control Alimentarios tenga constancia de presuntos incumplimientos en el ámbito de las obligaciones establecidas para la gestión y el mantenimiento del sistema de información de los mercados oleícolas (aceites de oliva y aceitunas de mesa), trasladará las actuaciones al órgano competente de la comunidad autónoma donde se encuentre la industria o el operador responsable, acompañando la documentación necesaria sobre los hechos constatados y su valoración técnica y jurídica, al objeto de iniciar el correspondiente procedimiento sancionador».
Este precepto ha sido derogado recientemente por el RD 368/2023, de 16 de mayo, por el que se modifica el Estatuto de la Agencia de Información y Control Alimentarios y el Real Decreto 66/2015, de 6 de febrero, por el que se regula el régimen de controles a aplicar por la Agencia de Información y Control Alimentarios.
El TCO también cita el artículo 31 del Real Decreto 66/2015 que deja igualmente a salvo la potestad sancionadora de las comunidades autónomas, incluyendo en ésta la instrucción de los procedimientos al disponer que:
«1. En el caso de que la Agencia de Información y Control Alimentarios constate, en el ejercicio de sus funciones, incumplimientos de lo dispuesto en la Ley 12/2013, de 2 de agosto, iniciará de oficio, en el caso de que la competencia para su resolución corresponda a la Administración General del Estado, el procedimiento sancionador que corresponda y, tras la correspondiente instrucción, propondrá a la autoridad competente la resolución que proceda. 2. Si, de conformidad con lo establecido en al artículo 26 de la Ley 12/2013, de 2 de agosto, la competencia fuera de una comunidad autónoma, la Agencia trasladará la información que proceda al órgano competente de ésta».

la potestad sancionadora corresponde al Estado. A partir de esta interpretación, considera el TCO que no hay problema de constitucionalidad.

En cuanto a la falta de mención de las autoridades de defensa de la competencia autonómicas, a decir del TCO ello no supone limitación alguna de las competencias autonómicas en la materia, competencias que serán las que resulten del Estatuto de Autonomía que corresponda. Según el Tribunal, la argumentación del recurso tendría una especie de *carácter preventivo,* asumiendo que la AICA desconocerá en su actuación las competencias conferidas por el Estatuto de Autonomía de Cataluña, pero esa posición es ajena a la constitucionalidad de la ley.

Expuestas las principales conclusiones de la importante STCO 66/2017 *¿cuáles han sido las consecuencias prácticas de la anulación de las letras b), c), y e) –y la interpretación de la g)– por el Tribunal Constitucional? ¿Cómo ha afectado a la ordenación de nuestra cadena alimentaria?*

En nuestra opinión, más allá del carácter puntual de los aspectos de la LCA declarados inconstitucionales, la sentencia ha tenido consecuencias importantes *en la forma de ejercicio de las funciones públicas de control de las relaciones comerciales a lo largo de la cadena de valor agroalimentario en nuestro país.*

La privación a la AICA de las funciones *exclusivas* de control del cumplimiento de las obligaciones de los operadores recogidas por la Ley de la Cadena, ha determinado que las Consejerías de aquellas Comunidades Autónomas con competencia exclusiva en sede de agricultura y ganadería sean las encargadas de evaluar el cumplimiento por parte de los operadores de la Ley de la Cadena.

En esta labor, se vio pronto que era necesario contar con un foro de coordinación con facultades no solo informativas, como el Consejo Asesor regulado en el art. 6 del Estatuto de la AICA, sino con facultades de decisión sobre criterios de actuación, interpretación y modos de fiscalización de las conductas desarrolladas por los operadores de la cadena con el objetivo de mejorar su funcionamiento. Por otra parte, había que evitar el riesgo de *captación del regulador* que podía conllevar un sistema en el que la autoridad sancionadora esté más próxima al operador con poder de mercado en el territorio de que se trate.

Digamos que la sentencia del Tribunal Constitucional subrayó la necesidad de impulsar esos espacios que faciliten acuerdos entre Comunidades Autónomas, y entre éstas y el Estado, de manera que en esta importante materia la descentralización del poder de control fuera acompañada de una articulación equivalente (y suficiente) de los distintos poderes que confluyen sobre el funcionamiento de la cadena agroalimentaria.

Y este objetivo se ha ido consiguiendo por varias vías, que todavía continúan desarrollándose, pero que subrayan que la ejecución de la Ley de la Cadena en los últimos años ha intentado ser fruto de la cooperación más que del conflicto:

Por un lado, el nuevo Título VII sobre las Autoridades de Ejecución LCA 2021, aunque responde a la exigencia comunitaria de designar a las autoridades de ejecución y al punto único de contacto, además de precisar sus funciones y la obligación de cooperación y asistencia mutua (véanse arts. 4, 6 y 8 Directiva 2019/633[53]), ha reconocido ampliamente las competencias de las comunidades autónomas.

---

[53] Conforme al Considerando 36 Directiva 2019/633, la «Comisión y las autoridades de ejecución de los Estados miembros deben cooperar estrechamente para garantizar que se utilice un planteamiento común para aplicar las normas establecidas en la presente Directiva. En concreto, las autoridades de ejecución deben prestarse asistencia

Por otro, se ha iniciado una coordinación proactiva en el seno del *Comité de Cooperación de las Autoridades de Ejecución* (desde febrero de 2022)[54] o la coordinación de los distintos planes de control sectoriales (lácteo, vinícola, oleícola)[55].

---

mutua, por ejemplo, intercambiando información y prestando ayuda en las investigaciones que tengan una dimensión transfronteriza». En materia de cooperación entre autoridades de ejecución, el art. 8 Directiva 2019/633 establece obligaciones muy detalladas:
«1. Los Estados miembros se asegurarán de que las autoridades de ejecución cooperen de una manera eficaz entre sí y con la Comisión y se presten asistencia mutua en investigaciones que tengan una dimensión transfronteriza.
2. Las autoridades de ejecución se reunirán al menos una vez al año para examinar la aplicación de la presente Directiva sobre la base de los informes anuales a que se refiere el artículo 10, apartado 2. Las autoridades de ejecución debatirán las mejores prácticas, los nuevos casos y los avances en el ámbito de las prácticas comerciales desleales en la cadena de suministro agrícola y alimentario, así como el intercambio de información, en particular sobre la aplicación de las medidas que hayan adoptado de conformidad con la presente Directiva y sus prácticas en materia de observancia. Las autoridades de ejecución podrán adoptar recomendaciones para promover una aplicación coherente de la presente Directiva y mejorar su ejecución. La Comisión organizará tales reuniones.
3. La Comisión creará y gestionará un sitio web que ofrezca la posibilidad a las autoridades de ejecución y a la Comisión de intercambiar información, en particular en relación con las reuniones anuales. La Comisión creará un sitio web con la información de contacto de las autoridades de ejecución designadas y con enlaces a los sitios web de las autoridades de control nacionales o de otras autoridades de los Estados miembros, que deberá contener información sobre las medidas nacionales de transposición a que se refiere el artículo 13, apartado 1.»

54 En el que se han constituido los grupos de trabajo de las Autoridades de Ejecución del Comité de Cooperación, y del Plan de controles de la contratación y declaraciones del sector lácteo.

55 Plan nacional de control de contratación y declaraciones obligatorias en el sector lácteo; Plan de control de las declaraciones obligatorias en el sector vinícola; Plan de control del sistema de información del sector

El examen de las Memorias recientes de la AICA y de los Informes Anuales de las Autoridades de Ejecución de las Comunidades Autónomas permite constatar el incremento de esas acciones conjuntas en materia de control de la Ley de la cadena alimentaria y la coordinación las autoridades competentes de las comunidades autónomas en materia de inspección[56]. De hecho, frente a la tensión que se suele presentar en otros ámbitos de competencias compartidas, llama la atención que el ministro del ramo se congratule de la mayor implicación de las Comunidades Autónomas a raíz de las reuniones del *Comité de Cooperación de las Autoridades de Ejecución*[57]. En definitiva, parece que el conflicto ha dado paso a una confluencia de competencias que permite que los números de inspecciones y sanciones hayan aumentado de forma considerable.

Terminamos estas reflexiones con una breve referencia a la situación de solapamiento normativo que se produce en el control de la cadena alimentaria.

---

oleícola. Véase especialmente la información contenida en la Memoria de la AICA del ejercicio 2022, disponible en https://www.aica.gob.es/wp-content/uploads/2023/12/Memoria_Anual_de_Actividades_2022.pdf.

56 Véanse, *Memoria AICA 2022,* pág. 37; *Memoria AICA 2021*, pág. 28; Conforme al *Informe anual de las Autoridades de Ejecución de las comunidades autónomas,* con datos a 31 de diciembre de 2023, las Comunidades Autónomas realizaron 725 inspecciones de oficio, 2871 inspecciones de relaciones comerciales, e impusieron un total de 167 infracciones con sanción.

57 «La reforma de la ley de la Cadena Alimentaria, en el centro del debate. El Ministerio de Agricultura, Pesca y Alimentación considera que la norma está dando resultados y prevé una mayor implicación de las comunidades autónomas», *La nueva España,* 20/03/2023, https://www.lne.es/asturias-rural/2023/03/30/reforma-ley-cadena-alimentaria-centro-85362851.html [último acceso 10 de abril de 2024].

En efecto, como la propia Ley reconoce en diversos preceptos, sus previsiones no podían hacer *tabula rasa* del derecho vigente, sino que confluyen con otras disposiciones de contenido ciertamente semejante, en especial la Ley 3/1991, de 10 de enero, de Competencia Desleal.

Las prácticas desleales en la cadena de distribución no son en absoluto exclusivas del ámbito alimentario[58]. Conductas como la repercusión automática de los costes promocionales al minorista, la *refacturación*, los retrasos en los pagos, la devolución de bienes no vendidos o la suspensión repentina de la relación de suministro, entre otras, son prácticas desleales más o menos frecuentes en cualquier mercado. Normalmente estas prácticas son impuestas en casos de desequilibrio de fuerzas por una parte que se halla en situación de superioridad frente a otra que no solo se halla en situación de inferioridad, sino que no está en posición de abandonar la relación desleal y buscar otro socio comercial, debido a los costes que implica tal cambio o a la falta de alternativas al primer contratante.

No obstante, es verdad que estamos ante un mercado con desequilibrios estructurales que favorecen la presencia de esas prácticas. En este sentido, la lista de prácticas original de la LCA 2013[59], completada ampliamente con la lista ne-

---

58 Como ya dijera la CNC en el informe de 2012 sobre el Anteproyecto, la doble tipificación es dudoso que añada algo y en todo caso no supera el test de necesidad (IPN 84/12. *Anteproyecto de ley de medidas para mejorar el funcionamiento de la cadena alimentaria*, pág. 7).

59 La LCA 2013 en sus artículos 12, 13 y 14 realmente se limitaba a unos supuestos muy concretos: prohibir las modificaciones unilaterales de los contratos y los pagos adicionales sobre el precio pactado, regular la información comercial sensible, de forma que no se pueda exigir a un operador información sobre sus productos más allá de la que resulte justificada en el contexto de su relación comercial y una regulación de la gestión de marcas que se limita a ser un

gra y gris de la Directiva (remitimos al lector al trabajo del Profesor MARTÍ MIRAVALLS, en este mismo volumen)[60], facilitan la intervención de la AICA y las autoridades autonómicas. Quizá no sea la mejor manera de enfrentar problemas de derecho contractual privado (además de plantear dudas de aplicación)[61] pero el importe de algunas sanciones, confirmadas por la más reciente jurisprudencia (véase nota 45) permite considerar que su imposición puede empezar a tener un efecto disuasorio en el mercado.

---

recordatorio de obligaciones derivadas de las leyes de defensa de la competencia, competencia desleal y general de publicidad.

60 V. MARTÍ MIRAVALLS, J., «Prácticas desleales en la Ley de Cadena Alimentaria». Sobre el tema, cfr. DOMÍNGUEZ PÉREZ, E., «"Prácticas grises" en la cadena agroalimentaria: el artículo 3.2 de la Directiva (UE) 2019/633 y el nuevo artículo 14 bis 2 (B,C,D) de la Ley 12/2013, tras la reforma operada por la Ley 16/2021, de 14 de diciembre»; FERNÁNDEZ-CARBALLO CALERO, P., «La lista negra de prácticas comerciales desleales en la cadena de suministro agrícola y alimentario en la Directiva (UE) 2019/633 y su incorporación al ordenamiento jurídico español» y LOUREDO CASADO, S., «La lista negra de prácticas desleales en el sector agroalimentario de la Directiva 2019/633», todos en CARBAJO GASCÓN, F. (Dir.), *Competencia, propiedad intelectual y tutela de consumidores en el sector agroalimentario*, Tirant lo blanch, 2022

61 MARTÍN ARESTI insiste en una muy patente que debería haber sido aclarada por el legislador: ¿puede el operador perjudicado entablar una acción por competencia desleal respecto de una conducta sancionada administrativamente en la LCA –que no conste en la LCD–? Aunque la respuesta razonable es que sí, resulta criticable la falta de coordinación de la LCA con la normativa de competencia desleal (MARTÍN ARESTI, P., «Los excesos regulatorios de la reforma de la ley 12/2013 sobre el funcionamiento de la cadena alimentaria», *cit.*, pág. 170).

Mejoras en la garantía de los intereses de los participantes en la cadena agroalimentaria

TRINIDAD VÁZQUEZ RUANO
Catedrática de Derecho mercantil
Universidad de Jaén
tvazquez@ujaen.es

BIBLIOGRAFÍA: AA.VV. *Derecho de la competencia y gran distribución*, CACHAFEIRO, F./ GARCÍA PÉREZ, R./ LÓPEZ-SUÁREZ, M. A., (coords.), Marcial Pons, Madrid, 2016; AA.VV. *Estudios sobre el régimen jurídico de la cadena de distribución agroalimentaria*, GONZÁLEZ CASTILLA, F./ RUIZ PERIS, J. I., (dirs.), Marcial Pons, Madrid, 2016; AA. VV. *Análisis de la reforma del régimen legal de la competencia desleal y la publicidad llevada a cabo por la Ley 29/2009, de 30 de diciembre*, ARMIJO CHÁVARRI, E. (coord.), Madrid, 2011; AMAT LLOMBART, P., "Contratación de productos agrarios en la cadena alimentaria y prácticas comerciales desleales a propósito de la transposición de la Directiva 2019/633", *Revista de derecho agrario y alimentario*, vol. 36, N°. 77, 2020, pp. 7-67; ARIAS VARONA, F. J., "La armonización europea de la regulación de la cadena alimentaria", *La Ley mercantil*, núm. 60 (julio-agosto), 2019; CARRETERO GARCÍA, A., "Política Agraria Común", en *Estudios de la Unión Europea*, ORTEGA ÁLVAREZ, L. I./ DE LA SIERRA MORÓN, S. (coords.), Universidad de Castilla-La Mancha, 2011, pp. 175-223; CRESPO PEREIRA, D./ ARIAS VARONA, F. J., "Hacia una regulación de la cadena alimentaria", *Gaceta jurídica de la Unión Europea y de la competencia,* núm. 33, 2013, pp. 9-18; CRUZ ROCHE, I./ PALMA FERNÁNDEZ, J. L., "La Ley de la Cadena Alimentaria", en *Distribución comercial: todas las claves de la Distribución desveladas por las grandes compañías del sector,* MUÑOZ DEL CAZ, E./ ORTEGA BURGOS, E., (dirs.), 2017, pp. 1277-1288; FERNÁNDEZ BAÑOS, J., "Autorregulación y competencia desleal en el sector alimentario español", *Diario La Ley,* Nº. 8899, 2017; GARCÍA GRANDE, Mª. J., "La política agraria común" en *Tratado de derecho y políticas de la Unión Europea,* BENEYTO PÉREZ, J. Mª./ MAILLO GONZÁLEZ-ORÚS, J./ BECERRIL ATIENZA, B., (coords.), Vol. 7, Aranzadi, Madrid, 2016, pp. 637-672; GONZÁLEZ CASTILLA, F., "La represión de las prácticas comerciales desleales en la cadena agroalimentaria europea", en *Estudios sobre el régimen jurídico de la cadena de distribución agroalimentaria,* GONZÁLEZ CASTILLA, F./ RUIZ PERIS, J. I. (dirs.), Marcial Pons, Madrid, 2016, pp. 183-198; MASSAGUER FUENTES, J., *El nuevo Derecho contra la competencia desleal. La Directiva 2005/29/ CE sobre las Prácticas Comerciales Desleales,* Thomson-Civitas, Cizur Menor, Navarra, 2006; MAUDES GUTIÉRREZ, A./ SILOS RIBAS, M., "Valoración de la ley de la cadena alimentaria desde la perspectiva de la promoción de la competencia", en *Derecho de la competencia y gran distribución,* CACHAFEIRO, F./ GARCÍA PÉREZ, R./ LÓPEZ-SUÁREZ, M. A., (coords.), Marcial Pons, Madrid, 2016; REIG MARTÍNEZ, E., "La Política Agraria Común", en *Economía de la Unión Europea,* JORDÁN GALDUF, J. Mª., (coord.), Civitas, Madrid, 2013, pp. 375-400; RODRÍGUEZ CACHÓN, T., "Relaciones contractuales en la cadena alimentaria: análisis a la luz de la nueva regulación", *RDC,* Nº. 5, vol. 1, 2018, pp. 191-227; TATO PLAZA, A., "La reforma de la Ley General de Publicidad", *Revista de Derecho de la Competencia y la Distribución,* 7 julio-diciembre, 2010, pp. 141-154; TATO PLAZA, A./ FERNÁNDEZ CARBALLO-CALERO, P./ HERRERA PETRUS, Chr., *La reforma de la ley de competencia desleal,* La Ley, Madrid, 2010; VÁZQUEZ RUANO, T., "Interrogantes en materia de competencia suscitados por la nueva regulación de la cadena alimentaria", *ADI,* núm. 41, 2020-21, pp. 337-352; *idem* "Aspectos de competencia en la comercialización de productos agroalimentarios", *ADI,* tomo XXXVIII, 2017/18, pp. 423-440; *idem* "Cuestiones de Derecho español sobre publicidad y competencia en el sector agroalimentario", *Przeglad Prawa Rolnego,* vol. 1(16), 2015, pp. 245- 263; VICIANO PASTOR, J., "Algunas reflexiones (críticas) sobre la Ley 12/2013 de la cadena alimentaria de medidas para mejorar el funcionamiento de la cadena alimentaria", en *Estudios sobre el régimen jurídico de la cadena de distribución agroalimentaria*, GONZÁLEZ CASTILLA, F./ RUIZ PERIS, J. I., (dirs.), Marcial Pons, Madrid, 2016, pp. 171-182.

I. PRELIMINAR

La cadena agroalimentaria y las singularidades que le son propias precisan que se atiendan y observen los presupuestos que proporciona el ordenamiento y que tienen por finalidad ofrecer un nivel adecuado de garantía en beneficio de su correcto funcionamiento y, de modo especial, en lo que hace a la tutela de los intereses de los que participan en dicho mercado en un sentido amplio[1]. Nos referimos tanto a los empresarios, distribuidores y fabricantes, como a los consumidores, agricultores y a cualquier otro que integre esta cadena de valor.

Las iniciativas legislativas aplicables al mercado de productos agroalimentarios estuvieron, inicialmente, centradas en la protección de los intereses de los consumidores y, en general, en el de los operadores económicos participantes en este sector del mercado. Esta circunstancia de vacío preventivo, respecto de ciertos elementos subjetivos de la cadena, hizo que la Comisión europea advirtiese la necesidad de prestar una especial atención al amparo de los intereses de las pequeñas y medianas empresas (pymes) alimentarias y agrícolas, y de los productores y agricultores como partes de la cadena de suministro de alimentos, al entender —que en su concepción pragmática— se

---

1 Para ampliar esta consideración, puede consultarse VÁZQUEZ RUANO, T., "Cuestiones de Derecho español sobre publicidad y competencia en el sector agroalimentario", *Przeglad Prawa Rolnego*, vol. 1(16), 2015, pp. 245- 263.

trata del sector más frágil o debilitado de la misma[2]. Fundamentalmente, y como se ha puesto de manifiesto en las propuestas de modernización de la Política Agrícola Común (PAC[3]), esta

---

2 La Propuesta *Unfair trading practices in the food chain,* Bruselas, 12 de abril de 2018 derivó de la Resolución del Parlamento Europeo adoptada en junio de 2016, en la que se invitaba a la Comisión Europea a presentar una propuesta para un marco a escala de la Unión relativo a las prácticas comerciales desleales y a las indicaciones del Consejo hechas a la Comisión en diciembre de 2016. En dicho año se creó el Grupo o sobre mercados agrícolas (*AMTF*) a fin de evaluar el papel de los agricultores en el conjunto de la cadena de suministro de alimentos y elaborar recomendaciones al respecto. El origen mediato de esta Propuesta hay que datarlo en 2013 en la creación de un código voluntario de buenas prácticas en la cadena de suministro [Iniciativa de la cadena de suministro –SCI- Libro Verde sobre prácticas comerciales desleales en la cadena de suministro alimentario y no alimentario entre empresas en Europa (COM 2013- 37 final)]; e Iniciativa de la Cadena de Suministro (*Supply Chain Initiative, "SCI",* 2013) de la Unión Europea y *2nd Annual Report* (enero, 2016).

3 En concreto, interesa destacar la reforma que definió las líneas de la PAC para el período 2014-2020, aprobada el 17 de diciembre (DOUE L 347, de 20 diciembre) y que finalizó en diciembre de 2021 con la publicación del Reglamento de Planes Estratégicos de la PAC (Reglamento (UE) 2021/2115 del Parlamento Europeo y del Consejo, de 2 de diciembre de 2021, por el que se establecen normas en relación con la ayuda a los planes estratégicos que deben elaborar los Estados miembros en el marco de la política agrícola común (planes estratégicos de la PAC), financiada con cargo al Fondo Europeo Agrícola de Garantía (FEAGA) y al Fondo Europeo Agrícola de Desarrollo Rural (Feader), y por el que se derogan los Reglamentos (UE) 1305/2013 y (UE) 1307/2013), del Reglamento de financiación, la gestión y el seguimiento de la PAC (Reglamento (UE) 2021/2116 del Parlamento Europeo y del Consejo, de 2 de diciembre de 2021, sobre la financiación, la gestión y el seguimiento de la política agrícola común y por el que se deroga el Reglamento (UE) 1306/2013) y el Reglamento sobre la organización común de mercados de los productos agrarios (Reglamento (UE) 2021/2117 del Parlamento

apreciación trae causa en el diverso poder o capacidad de negociación con el que cuentan estos sujetos y cuyos intereses se ven perjudicados en la cadena agroalimentaria. A este respecto, la preocupación básica de la Comisión europea se concentró en velar por los intereses del colectivo que, en mayor medida, resulta desfavorecido en la cadena de productos agroalimentarios[4]. Así, se aprobó la Directiva 2019/633 relativa a las prácticas

---

Europeo y del Consejo, de 2 de diciembre de 2021, que modifica los Reglamentos (UE) 1308/2013, por el que se crea la organización común de mercados de los productos agrarios, (UE) 1151/2012, sobre los regímenes de calidad de los productos agrícolas y alimenticios, (UE) 251/2014, sobre la definición, descripción, presentación, etiquetado y protección de las indicaciones geográficas de los productos vitivinícolas aromatizados, y (UE) 228/2013, por el que se establecen medidas específicas en el sector agrícola en favor de las regiones ultraperiféricas de la Unión), publicados en el DOUE núm. 435, de 6 de diciembre. En relación con ello, pueden verse los trabajos de CARRETERO GARCÍA, A., "Política Agraria Común", en *Estudios de la Unión Europea,* ORTEGA ÁLVAREZ, L. I./ DE LA SIERRA MORÓN, S. (coords.), Universidad de Castilla-La Mancha, 2011, pp. 175-223; GARCÍA GRANDE, Mª. J., "La política agraria común" en *Tratado de derecho y políticas de la Unión Europea,* BENEYTO PÉREZ, J. Mª./ MAILLO GONZÁLEZ-ORÚS, J./ BECERRIL ATIENZA, B., (coords.), Vol. 7, Aranzadi, Madrid, 2016, pp. 637-672; REIG MARTÍNEZ, E., "La Política Agraria Común", en *Economía de la Unión Europea,* JORDÁN GALDUF, J. Mª., (coord.), Civitas, Madrid, 2013, pp. 375-400. La nueva PAC, que se aplicará de 2023 a 2027, va a ser una política orientada a la consecución de resultados concretos, [en línea], <https://ec.europa.eu/info/food-farming-fisheries/key-policies/common-agricultural-policy/future-cap_es>. [Consulta: 03/2024].

4 Atendiendo al contenido del documento de 12 de abril de 2018 (Bruselas, SWD(2018) 92 final) de la *Commission Staff Working Document Impact Assessment Initiative to Improve the Food Supply Chain (unfair trading practices),* las prácticas desleales hacen que las pymes agrícolas y dedicadas al procesado de alimentos pierdan 2.500 y 8.000 millones de euros al año aproximadamente (casi un 2 % de su facturación) como

comerciales desleales en las relaciones entre empresas en la cadena de suministro agrícola y alimentario[5], al objeto de regular los comportamientos comerciales que se llevan a cabo entre los empresarios que participan en la mencionada cadena.

En consecuencia, este texto normativo pretende limitar las posibles conductas comerciales desleales ejercidas en la cadena de suministro y que suponen la alteración de la igualdad de oportunidades de las pymes alimentarias y agrícolas, de los productores y de los agricultores en el marco de las relaciones contractuales, considerados el sector más vulnerable en el ámbito que nos ocupa. En relación con lo indicado, cabe señalar que las actuaciones desleales que tratan de evitarse van a ser las prácticas comerciales que infringen los principios de buena fe y comercio justo en el mercado agroalimentario, en la medida en que sean impuestas de manera unilateral por una sola de las

consecuencia de las mismas. [en línea], <https://eur-lex.europa.eu/legal-content/EN/TXT/PDF/?uri=CELEX:52018SC0092&from=EN>. [Consulta: 03/2024].

5 Directiva (UE) 2019/633 del Parlamento Europeo y del Consejo, de 17 de abril de 2019, relativa a las prácticas comerciales desleales en las relaciones entre empresas en la cadena de suministro agrícola y alimentario (OJ L 111, 25 de abril de 2019). Texto normativo que trae su causa en la mencionada Propuesta de la Comisión europea realizada en el mes de abril de 2018. Para ampliar esta materia, véanse: AMAT LLOMBART, P., "Contratación de productos agrarios en la cadena alimentaria y prácticas comerciales desleales a propósito de la transposición de la Directiva 2019/633", *Revista de derecho agrario y alimentario,* vol. 36, Nº. 77, 2020, pp. 10-30; GONZÁLEZ CASTILLA, F., "La represión de las prácticas comerciales desleales en la cadena agroalimentaria europea", en *Estudios sobre el régimen jurídico de la cadena de distribución agroalimentaria,* GONZÁLEZ CASTILLA, F./ RUIZ PERIS, J. I. (dirs.), Marcial Pons, Madrid, 2016, pp. 187-193; RODRÍGUEZ CACHÓN, T., "Relaciones contractuales en la cadena alimentaria: análisis a la luz de la nueva regulación", *RDC,* Nº. 5, vol. 1, 2018, pp. 195-215.

partes de la relación contractual. De este modo, la contraparte apenas dispone de margen de negociación, más allá de la mera aceptación del contenido contractual ya predeterminado o establecido por la posición contractual que cuenta con una mayor relevancia posicional en el vínculo comercial. En igual sentido, con esta reglamentación se procura limitar las prácticas y comportamientos comerciales ejercidos por las entidades del sector agroalimentario y que, en ocasiones, pueden influir en la leal competencia en el mercado, bien porque supongan un perjuicio para los intereses de los integrantes del mismo, bien por cuanto sean un obstáculo o afección al juego de la libre competencia empresarial, como tendremos ocasión a analizar seguidamente.

II. PRINCIPIOS SUSTANCIALES SOBRE LAS PRÁCTICAS DESLEALES EN EL MERCADO

El régimen de la leal competencia en el mercado, como premisa general, se delimita en el proceso por el que se asegura que cualquier forma de manifestación de la capacidad empresarial se desarrolla y ejerce en el mismo con libertad por parte del que tiene la iniciativa. En razón de ello, se requiere la garantía de la competencia y el ejercicio de la libertad de empresa de los que integran el mercado y que se vincula a la concepción del mercado único y, por ende, a la necesaria unidad económica[6]. La libertad de empresa, es sabido, se concreta en el reconocimiento de la libre iniciativa comercial en el conjunto del sistema económico y en igualdad de condiciones, en cuanto al acceso a un mercado y la concreción de los presupuestos del desarrollo de la actividad comercial planteada,

---

6 *Vid.* VÁZQUEZ RUANO, *Cuestiones de Derecho…op.cit.*, pp. 245- 263, en relación con el art. 38 de la Constitución Española.

el libre ejercicio sobre la finalidad y los objetivos económicos perseguidos y la posibilidad de cesar en la actividad cuando así lo estime conveniente el empresario, quedando al margen las posibles formas de su organización.

La sistemática normativa acerca de los actos desleales en el mercado establece unas conductas que van a resultar contrarias a la lealtad comercial con independencia de los destinatarios o sujetos pasivos afectados por las mismas, pero también se recogen actuaciones de competencia desleal llevadas a cabo por los empresarios o profesionales en sus relaciones con los consumidores y usuarios. Nos referimos, a la reglamentación relativa a las conductas comerciales desleales de las empresas en sus relaciones con los que ostentan la condición de consumidores en el mercado interior y que supongan cuanto sigue[7]. De un lado, un perjuicio para los intereses económicos de estos últimos en lo que concierne a las transacciones relacionadas con productos y, de modo indirecto, para los competidores legítimos que operan de forma lícita en el mercado[8]. De otro, que encajen en las prescripciones normativas sobre las

---

[7] Directiva 2005/29/CE, de 11 de mayo, relativa a las prácticas comerciales desleales de las empresas en sus relaciones con los consumidores en el mercado interior, que modifica la Directiva 84/450/CEE, las Directivas 97/7/CE, 98/27/CE y 2002/65/CE y el Reglamento (CE) 2006/2004 (Directiva sobre las prácticas comerciales desleales. DOUE L 149, de 11 de junio). Sobre ello, MASSAGUER FUENTES, J., *El nuevo Derecho contra la competencia desleal. La Directiva 2005/29/CE sobre las Prácticas Comerciales Desleales,* Thomson-Civitas, Cizur Menor, Navarra, 2006; TATO PLAZA, A./ FERNÁNDEZ CARBALLO- CALERO, P./ HERRERA PETRUS, Chr., *La reforma de la ley de competencia desleal,* La Ley, Madrid, 2010.

[8] Quedan al margen las regulaciones nacionales sobre las prácticas comerciales desleales y publicitarias que perjudican sólo a los intereses económicos de los competidores o que se refieren a transacciones entre comerciantes.

promociones comerciales engañosas o las que presentan una comparación ilícita en cuanto a la tutela de los competidores frente a los efectos de estas conductas en el mercado[9].

Las disposiciones referidas fueron objeto de transposición en el ordenamiento interno con la revisión y modificación de la sistemática de la competencia desleal y de la publicidad. La finalidad de esta corrección no fue otra que la mejora de la tutela y garantía de los operadores económicos que participan al mercado en general, y de los intereses de los consumidores y usuarios, en particular[10]. De este modo, y como es sabido, fue necesario renovar el régimen interno de las conductas y comportamientos desleales en el mercado[11] y el de la actividad

---

9 Directiva 2006/114/CE del Parlamento Europeo y del Consejo, de 12 de diciembre, sobre publicidad engañosa y publicidad comparativa (DOUE L 376, de 27 de diciembre).

10 Ley 29/2009, de 30 de diciembre, por la que se modifica el régimen legal de la competencia desleal y de la publicidad para la mejora de la protección de los consumidores y usuarios (BOE núm. 315, de 31 de diciembre). Esta norma supuso la modificación del Real Decreto Legislativo 1/2007, de 16 de noviembre, por el que se aprueba el texto refundido de la Ley General para la Defensa de los Consumidores y Usuarios y otras leyes complementarias (BOE núm. 287, de 30 de noviembre, TRLDCU); la Ley 7/1996, de 15 de enero, de Ordenación del Comercio Minorista (BOE núm. 15, de 17 de enero 1996, LOCM); la Ley 34/1988, de 11 de noviembre, General de Publicidad (BOE núm. 274, de 15 de noviembre, LGP); y la Ley 3/1991, de 10 de enero, de Competencia Desleal (BOE núm. 10, de 11 de enero, LCD). A este respecto, se puede consultar: AA. VV. *Análisis de la reforma del régimen legal de la competencia desleal y la publicidad llevada a cabo por la Ley 29/2009, de 30 de diciembre*, ARMIJO CHÁVARRI, E. (coord.), Madrid, 2011.

11 Arts. 5 a 17 de la LCD, referidos a los actos de engaño, de confusión, de denigración, la imitación, la explotación de la reputación ajena, la violación de secretos, la inducción a la infracción contractual, la

publicitaria comercial[12]. Como consecuencia de ello, se unificó la disposición de la deslealtad de los actos de engaño y de las prácticas agresivas en el marco empresarial y, también, de las normas procesales que prevén la interposición de la acción de cesación frente a las prácticas desleales que perjudican los intereses económicos de los consumidores en el tráfico empresarial[13]. En iguales términos, aquella transposición hizo ineludible la uniformidad del sistema de acciones judiciales previstas frente a los comportamientos ilícitos que se llevan a cabo en el mercado con fines concurrenciales (reconocidos en las prescripciones de la LCD) y las actuaciones promocionales de carácter comercial, al reconocerse de forma expresa la publicidad contraria a Derecho como un comportamiento desleal en el ámbito del mercado.

---

violación de normas, la discriminación y dependencia económica, la venta a pérdida y las prácticas agresivas. Para ampliar este contenido: MASSAGUER FUENTES, *El nuevo Derecho...op.cit.*; TATO PLAZA/ FERNÁNDEZ CARBALLO- CALERO/ HERRERA PETRUS, *La reforma...op.cit.;* VÁZQUEZ RUANO, T., "Aspectos de competencia en la comercialización de productos agroalimentarios", *ADI*, tomo XXXVIII, 2017/18, pp. 423-440.

12 Nos referimos al art. 18 de la LCD. Sobre el particular, TATO PLAZA, A., "La reforma de la Ley General de Publicidad", *Revista de Derecho de la Competencia y la Distribución*, 7 julio-diciembre, 2010, pp. 141-154.

13 Siguiendo las previsiones contenidas en los arts. 32 a 36 de la LCD.

III. TUTELA DE LOS INTERESES AFECTADOS EN LAS RELACIONES COMERCIALES EN LA CADENA AGROALIMENTARIA

1. Previsiones comunitarias

A nivel europeo, como se ha adelantado, la Comisión se ha preocupado de modo particular del sector más vulnerable de los que integran la cadena de suministro de alimentos. Esto es, ha centrado la atención en los intereses de las pymes alimentarias y agrícolas, los productores y los agricultores. La consideración referida trae causa en la apreciación de la falta de transparencia en el mercado en cuestión, los desequilibrios en el poder de negociación de las partes contratantes, y las prácticas y comportamientos que se llevan a cabo en el mismo y que resultan opuestos a la leal competencia[14]. Razón por la que se aprobó la Directiva (UE) 2019/633 sobre las prácticas comerciales desleales en las relaciones entre empresas en la cadena de suministro agrícola y alimentario[15], la cual tiene por finalidad esencial la limitación de las conductas comerciales contrarias a la lealtad en el mercado agroalimentario, en cuanto que infrinjan los principios de buena fe y comercio justo, al ser impuestas de manera unilateral por una

---

14 *Vid.* VÁZQUEZ RUANO, T., "Interrogantes en materia de competencia suscitados por la nueva regulación de la cadena alimentaria", *ADI*, núm. 41, 2020-21, pp. 337-339.

15 Sobre ello, AMAT LLOMBART, *Contratación...op.cit.*, pp. 10-30; GONZÁLEZ CASTILLA, *La represión...op.cit.*, pp. 187-193; RODRÍGUEZ CACHÓN, *Relaciones...op.cit.*, pp. 195-215.

de las partes contractuales respecto de la que se considera más débil o vulnerable en el procedo de contratación[16].

En líneas generales, las previsiones comunitarias han de valorarse en un sentido positivo, en la medida en que tratan de favorecer la consecución de un mercado agroalimentario leal y la mejora del desenvolvimiento de la actividad empresarial agraria y alimentaria en el mercado interior. En este sentido, se disponen los principios tendentes a lograr una cadena alimentaria a nivel europeo leal y justa y, consecuencia de ello, se consigue el incremento de la transparencia en el mercado. La confirmación de este reconocimiento se asienta, a nuestro modo de entender, en dos pilares fundamentales. En primer término, en la limitación indicativa de los principales comportamientos comerciales desleales que se llevan a cabo en la cadena de suministro en dicho sector. Haciendo factible que los Estados miembros amplíen este conjunto de conductas contrarias a la lealtad comercial y, de este modo, establezcan previsiones más limitativas en relación con el mercado que nos ocupa. En segundo lugar, en el reconocimiento de la coordinación entre las autoridades de control u órganos públicos independientes con capacidad de sancionar e inspeccionar de oficio los supuestos que son objeto de infracción, lo que va a contribuir a amparar la aplicación de las medidas disuasorias respecto de las actuaciones contrarias a la lealtad en dicho ámbito de mercado. De forma precisa, y como ha quedado expuesto, cabe indicar que la sistemática comunitaria atiende de modo concreto a la garantía de la igualdad de oportunidades de las pymes alimentarias y agrícolas, los productores y los agricultores. Y ello

---

16 Nos referimos, en concreto, a comportamientos tales como: la devolución de los artículos no vendidos sin pagarlos, obligar a los proveedores a pagar por publicitar, vender o catalogar sus productos, o la imposición de costes de descuento al proveedor.

por cuanto, en el ámbito contractual de los que forman parte de la cadena de distribución de referencia, las condiciones de los negocios concluidos son impuestas de manera unilateral por un socio y la contraparte carece de un evidente margen de negociación. Más allá de la simple aceptación del contenido establecido con anterioridad por la parte contratante que ostenta una mejor posición en el mercado. En este sentido, el ámbito subjetivo de protección va a encuadrar a cualquier agente involucrado en la cadena de suministro de alimentos, pero con niveles de tutela diferenciados según los tramos de facturación de que se trate. En concreto, se señalan a los productores con una facturación anual de menos de trescientos cincuenta millones de euros, dividiéndose -a su vez- en cinco categorías en función de sus ingresos. Es decir, los minoristas, los procesadores de alimentos, los mayoristas, las cooperativas u otras organizaciones de productores e, incluso, cuando se trata de un solo productor.

Respecto de lo anterior, y aún cuando se deja a la discrecionalidad de los Estados miembros la reglamentación de la protección del sector vulnerable de la cadena de suministro alimentario ante las prácticas desleales, se incluye un listado de prácticas comerciales prohibidas cuando se ejercen entre proveedores y compradores que forman parte de la cadena[17]. No

---

[17] En concreto, el art. 3 de la Directiva 2019/633. Sobre el tenor de la norma comunitaria, pueden consultarse: AA.VV. *Estudios sobre el régimen jurídico de la cadena de distribución agroalimentaria*, GONZÁLEZ CASTILLA, F./ RUIZ PERIS, J. I., (dirs.), Marcial Pons, Madrid, 2016; AA.VV. *Derecho de la competencia y gran distribución*, CACHAFEIRO, F./ GARCÍA PÉREZ, R./ LÓPEZ-SUÁREZ, M. A., (coords.), Marcial Pons, Madrid, 2016; ARIAS VARONA, F. J., "La armonización europea de la regulación de la cadena alimentaria", *La Ley mercantil*, núm. 60 (julio-agosto), 2019, *passim*; CRESPO PEREIRA, D./ ARIAS VARONA, F. J., "Hacia

obstante, como ha quedado dicho, se trata de una lista indicativa y mínima de actuaciones comerciales que, en su caso, puede ser completada en mayor medida por los regímenes internos. Las conductas desleales a las que se alude van a ser, entre otras, las siguientes: el retraso en el pago de los productos ya entregados, la factible cancelación unilateral retardada de un pedido o su modificación retroactiva, el rechazo por parte del comprador a firmar un contrato por escrito con el proveedor, o el uso incorrecto de información confidencial. También se limita la factible amenaza a los productores con dejar de consumir sus productos o retrasar los pagos si presentan alguna reclamación, o la solicitud a los agricultores de compensaciones económicas en el supuesto de deterioro o pérdida de los productos una vez entregados, a menos que ello se deba a una negligencia del propio proveedor. A mayor abundamiento, estas conductas generales que causan un supuesto de deslealtad, se completan con unas prácticas comerciales de naturaleza específica, a saber: la devolución de los artículos no vendidos sin pagarlos; la imposición a los proveedores de tener que remunerar por publicitar, vender o catalogar sus productos; o la exigencia de costes de descuento al proveedor. Sin embargo, conviene tener presente que la restricción de estos comportamientos resulta relativa, por cuanto será posible su aplicación si las partes lo hubieran acordado previamente de manera clara y sin que pueda estimarse la ambigüedad de su previsión en el contrato de suministro o en cualquier relación contractual posterior concluida entre el proveedor y el comprador.

---

una regulación de la cadena alimentaria", *Gaceta jurídica de la Unión Europea y de la competencia,* núm. 33, 2013, pp. 9-18; CRUZ ROCHE, I./ PALMA FERNÁNDEZ, J. L., "La Ley de la Cadena Alimentaria", en *Distribución comercial: todas las claves de la Distribución desveladas por las grandes compañías del sector,* MUÑOZ DEL CAZ, E./ ORTEGA BURGOS, E., (dirs.), 2017, pp. 1277-1288.

Junto a lo expuesto, además, se concretan determinadas previsiones sobre el control del cumplimiento de las prohibiciones relacionadas y en lo que afecta a la precisa coordinación entre las autoridades de control u órganos públicos independientes encargados del mismo con capacidad de sancionar, así como de iniciar una investigación de oficio y de recibir las denuncias presentadas por parte de los particulares. Haciendo una especial mención a la resolución alternativa de litigios de carácter voluntario, es decir el eventual recurso a la mediación o a la aplicación del arbitraje como formas de solventar las posibles controversias suscitadas. De este modo, el sujeto afectado por una actividad comercial desleal va a tener reconocida la facultad de reclamar en el país de origen de su actividad, aun en la hipótesis de que la práctica se lleve a cabo en otro Estado miembro de la UE, correspondiendo a las autoridades nacionales la gestión de las quejas y/o reclamaciones y la propuesta de su resolución o, si fuera procedente, habrá de iniciarse de oficio la investigación que, según el caso, corresponda. Asimismo, el afectado dispone de la posibilidad de acudir a los mecanismos alternativos de resolución de conflictos que se han citado (mediación o arbitraje).

2. *Sistemática normativa interna sobre la mejora del funcionamiento de la cadena alimentaria*

La pionera Ley 12/2013 de medidas para la mejora del funcionamiento de la cadena alimentaria ha sido la norma interna que se ha ocupado del amparo de los intereses del sector primario como parte débil de dicha cadena[18], tratando de acrecentar

[18] Ley 12/2013, de 2 de agosto, de medidas para mejorar el funcionamiento de la cadena alimentaria (BOE núm. 185, de 3 de agosto), modificada por la Ley 16/2021, de 14 de diciembre (BOE núm.

el funcionamiento y organización de la misma y minimizar el desequilibrio en las relaciones comerciales entre los diferentes operadores que participan en ella. Razón por la que, principalmente, sus previsiones atienden a los vínculos comerciales que se producen entre los operadores que intervienen en la cadena alimentaria desde la producción a la distribución de alimentos o productos alimenticios, incluyendo las relaciones entre operadores en el envasado, transformación o suministro

---

299, de 15 de diciembre). Esta norma, recordamos, trajo causa en el Proyecto de Ley por el que se modifica la Ley 12/2013 de medidas para mejorar el funcionamiento de la cadena alimentaria (BOCG. Congreso de los Diputados, Serie A, núm. 36, de 13 de noviembre 2020) que derivó del Real Decreto-ley 5/2020, de 25 de febrero, por el que se adoptan determinadas medidas urgentes en materia de agricultura y alimentación (BOE núm. 49, de 26 de febrero), al que deroga. Véase, también, el Real Decreto 64/2015, de 6 de febrero, por el que se desarrolla parcialmente la Ley 12/2013 de medidas para mejorar el funcionamiento de la cadena alimentaria, y se modifica el Reglamento de la Ley 38/1994, de 30 de diciembre, reguladora de las organizaciones interprofesionales agroalimentarias, aprobado por Real Decreto 705/1997, de 16 de mayo (BOE núm. 33, de 7 de febrero) y la Ley 13/2013, de 2 de agosto, de fomento de la integración de cooperativas y de otras entidades asociativas de carácter agroalimentario (BOE núm. 85, de 3 de agosto). Para ampliar esta información: CRUZ ROCHE/ PALMA FERNÁNDEZ, *La Ley…op.cit.*, pp. 1277-1288; MAUDES GUTIÉRREZ, A./ SILOS RIBAS, M., "Valoración de la ley de la cadena alimentaria desde la perspectiva de la promoción de la competencia", en *Derecho de la competencia y gran distribución*, CACHAFEIRO, F./ GARCÍA PÉREZ, R./ LÓPEZ-SUÁREZ, M. A., (coords.), Marcial Pons, Madrid, 2016, pp. 249-268; VICIANO PASTOR, J., "Algunas reflexiones (críticas) sobre la Ley 12/2013 de la cadena alimentaria de medidas para mejorar el funcionamiento de la cadena alimentaria", en *Estudios sobre el régimen jurídico de la cadena de distribución agroalimentaria*, GONZÁLEZ CASTILLA, F./ RUIZ PERIS, J. I., (dirs.), Marcial Pons, Madrid, 2016, pp. 171-182.

para poder comercializarlos a posteriori[19]. En todo caso, esta reglamentación delimita dos sectores de relevancia en la materia que nos ocupa. De un lado, los aspectos referidos a los contratos alimentarios que se concretan en la exigencia formal de la constancia escrita de los mismos y con anterioridad al inicio de las prestaciones, y la previsión del contenido mínimo que ha de integrar el contrato. Exceptuándose de la exigencia escrita no sólo el supuesto en el que el pago del precio previsto en el contrato se realice al contado contra la entrega de los productos alimenticios, sino también el supuesto de las cooperativas agroalimentarias que están facultadas para sustituir este contrato por una prescripción concreta de los plazos de pago (siempre que se hubiera aprobado por su órgano gestor con la suficiente publicidad)[20]. En lo que hace al contenido del acuerdo contractual, éste ha de hacer referencia a los siguientes aspectos: la identificación de las partes contratantes, el objeto de la relación contractual que les vincula, el precio y la específica indicación de los pagos (incluidos posibles descuentos) y sus condiciones, los presupuestos de la entrega y puesta a disposición de los productos, los derechos y obligaciones que afectan a las partes contratantes, la información que debe suministrarse

---

19 En igual sentido, el ámbito de su aplicación se extiende a las adquisiciones de animales vivos, piensos y materias primas para alimentación animal. Sin embargo, no se aplica a las siguientes relaciones comerciales: las de los agentes de la cadena alimentaria con operadores económicos ajenos al ámbito alimentario, al igual que con los consumidores y el canal de hostelería; y las que tienen por objeto la entrega del producto de un socio a su entidad asociativa, siempre que los socios estén obligados a ello por el contenido de los estatutos de la asociación a la que pertenecen.

20 No obstante, las partes deben identificarse como operadores y documentar dichas relaciones comerciales mediante la expedición de la correspondiente factura.

entre ellas, la duración del contrato (aludiendo a las condiciones de renovación y de modificación, en su caso) y las causas, formalización y efectos de la extinción de la relación contractual que se hubiera celebrado.

De otro, el régimen sobre las prácticas comerciales desleales, en cuyo caso se establece una prohibición de las conductas que contravienen las exigencias de la leal competencia en el sector y que comprometen la capacidad de negociación de las partes contratantes y afectan de modo negativo a los precios de dichos productos[21]. Pero éstas se prevén en un sentido relativo, en la medida en que pueden ser superadas por las previsiones que indicaremos en cada planteamiento. Así, se incluyen en el conjunto de las prácticas desleales los comportamientos recogidos en la lista comunitaria de *prácticas negras y grises* que, en todo caso, resultarán abusivas o podrán serlo si las partes no lo hubieran pactado de forma clara y sin ambigüedad. A saber: quedan limitadas las modificaciones unilaterales del contrato en lo que se refiere al volumen, a menos que se hagan por el mutuo acuerdo de las partes y que las disposiciones contractuales establezcan el procedimiento para su posible modificación y eficacia retroactiva; también se prohíben los pagos comerciales adicionales o no previstos en el contrato y que excedan del precio pactado, salvo que se refieran al riesgo razonable de referenciación de un nuevo producto o a la financiación parcial de una promoción comercial reflejada en el precio unitario de venta al público y, por ello, hayan sido pactados. Por otro lado, no se admite exigir a otro operador información comercial sensible sobre sus productos que no esté justificada en el contexto de la relación comercial celebrada y en cuanto al efectivo cumplimiento de las respectivas obligaciones contractuales, a excepción de que conste de este modo en el contrato y se res-

---

21 En particular, los arts. 12 a 14 *bis* de la Ley 12/2013.

pete el principio de confidencialidad de la misma. Por último, se impide el aprovechamiento indebido por parte de un operador, y en beneficio propio, de la iniciativa empresarial ajena y los actos de publicidad comercial ilícita mediante la utilización de elementos distintivos que provoquen riesgo de asociación o confusión con los de otro operador o con sus marcas o nombres comerciales (según las previsiones de la Ley de Marcas y la LCD[22]). A tal fin, pesa sobre los operadores económicos el deber de gestionar las marcas de productos alimentarios que ofrezcan al consumidor, tanto las propias como de otros operadores, evitando prácticas contrarias a la libre competencia o que constituyan actos de competencia desleal.

En razón de lo anterior, hay que poner de manifiesto la determinación del específico control administrativo respecto a la Administración General del Estado (en concreto, al Ministerio de Agricultura y Pesca, Alimentación y Medio Ambiente) o, si procede, a las Comunidades Autónomas[23] y el ejercicio de su potestad sancionadora. Así como, la tipificación de las correspondientes infracciones y sanciones que pueden aplicarse. En lo que concierne a estas últimas, no sólo se incorporan nuevas infracciones leves (tal es el caso de la cancelación de un pedido

---

22 Ley 17/2001, de 7 de diciembre, de Marcas (BOE núm. 294, de 8 de diciembre, LM), cuyo objeto es la regulación de los signos distintivos. Y, en concreto, los arts. 11 y 12 de la LCD.

23 Ejercerá la potestad sancionadora la Administración General del Estado cuando las partes contratantes tengan sus respectivas sedes sociales principales en diferentes Comunidades Autónomas, o en el caso de que el contrato afecte a un ámbito superior al de una Comunidad Autónoma, en razón de la trazabilidad del alimento. Por su parte, en el resto de los supuestos, la potestad sancionadora se reconoce a las Comunidades Autónomas.

treinta días antes de la fecha de entrega del mismo[24]) y graves (como la obstrucción de una inspección que se esté desarrollando), sino la recalificación de otras diversas (es el supuesto de la imposición de pagos adicionales o la asunción de costes sobre el precio pactado, los cuales se califican como infracción grave). En lo que se refiere al régimen sancionador, éste se simplifica y se establecen medidas que tratan de coordinar de forma efectiva el sector agroalimentario y otros regímenes y autoridades sancionadoras. Además de resultar fundamental, en el ámbito que abordamos, el papel de los inspectores de la Agencia de Información y Control Alimentario (AICA) que van a desempeñar funciones relativas a la supervisión del cumplimiento de las disposiciones reglamentarias y de información y control de los mercados que se determinen[25], al igual que de los mecanismos de coordinación entre las Administraciones Públicas para garantizar la Unidad de Mercado. En este sentido, dichos inspectores se consideran autoridad de control nacional en la materia y su Dirección dispone de la oportuna competencia decisoria en sanciones pecuniarias de menor cuantía. Facultades que van a implicar el discernimiento entre la función instructora y la resolutoria en los procedimientos sancionadores que se lleven a término. Dicha entidad va a ser, al mismo tiempo, punto de contacto y cooperación con otras autoridades facultadas para controlar el cumplimiento de la regulación y, del igual modo, con la Comisión Europea.

---

24 Sobre ello han opinado, entre otros, CRESPO PEREIRA/ ARIAS VARONA, *Hacia una regulación...op.cit.*, pp. 9-10.

25 Agencia de Información y Control Alimentario (AICA) que con anterioridad era la Agencia para el Aceite de Oliva [en línea], <https://www.aica.gob.es>. [Consulta: 03/2024].

IV. LA GARANTÍA DE LOS INTERESES CONCURRENTES EN LA CADENA ALIMENTARIA EN EL SISTEMA AUTORNORMATIVO

1. Los principios del *Código de Buenas Prácticas Mercantiles en la Contratación Alimentaria*

Las previsiones normativas referenciadas con anterioridad reconocieron la necesidad de que tanto el Ministerio, como las organizaciones y asociaciones representativas de los sectores de producción, industria y distribución fomentasen e impulsasen la creación de un *Código de Buenas Prácticas Mercantiles en la Contratación Alimentaria*[26] (en adelante, Código) de aplicación uniforme a nivel interno, junto a la del *Observatorio de la Cadena Alimentaria*[27]. Sistema de autorregulación que, con indepen-

---

[26] Capítulo I del Título III (arts. 15 a 17) de la Ley 12/2013. Ha de consultarse la Resolución de 10 de diciembre de 2015, de la Dirección General de la Industria Alimentaria, por la que se publica el Código de Buenas Prácticas Mercantiles en la Contratación Alimentaria (BOE núm. 302, de 18 de diciembre). La información completa del Código de Buenas Prácticas Mercantiles en la Contratación Alimentaria, puede verse en línea: <https://www.mapa.gob.es/es/alimentacion/temas/ley-de-medidas-para-mejorar-el-funcionamiento-de-la-cadena-alimentaria/codigobuenaspracticas%5Ben_tcm 30-379788.pdf>. [Consulta: 03/2024].

[27] Órgano colegiado que queda adscrito al Ministerio de Agricultura, Pesca y Alimentación a través de la Dirección General de la Industria Alimentaria (Título IV de la Ley 12/2013). Las funciones que asumen se corresponden con las del Observatorio de Precios de los Alimentos y otras concretas, como lo son: la realización del seguimiento del Código y de los comportamientos comerciales, el fomento de las conductas o pautas recogidas en el mismo, la previsión de

dencia de la posible adscripción de los operadores a otras iniciativas autonormativas, resulta de observancia voluntaria por parte de los que participen o integren la cadena de suministro agroalimentario para organizar sus relaciones comerciales[28].

La aprobación del Código tuvo como principal objetivo facilitar el desarrollo de las relaciones contractuales y la atención de las mejores prácticas comerciales en su avance[29]. Es decir, el impulso de relaciones justas, equilibradas y leales entre los operadores que forman parte de la cadena alimentaria[30]. Siguiendo, en todo caso, los principios fundamentales que lo rigen y que se circunscriben a los siguientes: el de legalidad que implica el respeto al cumplimiento de la legislación aplicable (especialmente, a las normas de competencia en el mercado y al contenido en el título II de la Ley 12/2013); la defensa de los intereses de los consumidores; la libertad de empresa, de mercado y de pactos; la lealtad asumiendo el trato responsable, de buena

sistemas que resulten rápidos y seguros a fin de resolver los conflictos que se planteen, y el análisis y estudio de la estructura básica de los costes y de precios tanto recibidos como abonados, y sus causas. La información completa acerca del Observatorio puede verse en línea: <https://www.mapa.gob.es/es/alimentacion/temas/observatorio-cadena/>. [Consulta: 03/2024].

28 La adscripción a dicho Código por parte de las entidades y operadores de la cadena alimentaria se hace pública a través del correspondiente Registro estatal (Registro de Buenas Prácticas Mercantiles en la Contratación Alimentaria). Por su parte, las entidades representativas de los intereses de la cadena alimentaria están facultadas para promover la elaboración de este tipo de códigos de conducta en dicho sector (art. 18 de la Ley 12/2013).

29 Véase FERNÁNDEZ BAÑOS, J., "Autorregulación y competencia desleal en el sector alimentario español", *Diario La Ley*, Nº. 8899, 2017, *passim.*

30 Art. 15 del Código.

fe y de acuerdo con la diligencia profesional, así como la observancia en la relación comercial de los principios de interés mutuo, equidad, distribución equitativa de riesgos y responsabilidades, compromiso y confianza; el principio de transparencia, claridad, concreción y simplicidad respecto de la previsión de condiciones generales de la contratación en los acuerdos contractuales alimentarios; el de eficiencia y optimización de los recursos en la distribución de los productos; y el principio de sostenibilidad de la cadena alimentaria.

En este contexto, el contenido del Código que abordamos determina tanto un elenco de prácticas comerciales prohibidas entre proveedores y compradores, como un conjunto de reglas mínimas y de coordinación entre las autoridades de control u órganos públicos independientes con capacidad de sancionar, iniciar una investigación de oficio y recibir las posibles denuncias que hubieran iniciado los sujetos particulares. Además, de prever sistemas voluntarios de resolución de conflictos y de mediación que faciliten el desarrollo de las relaciones contractuales entre los operadores afectados. Por consiguiente, quienes pretendan adherirse a las previsiones del Código han de declarar que conocen dicho contenido y que asumen el cumplimiento de los principios de buenas prácticas recogidos en él y el sistema de resolución extrajudicial de conflictos propuesto en sus previsiones. La vinculación voluntaria a dicho Código implica la responsabilidad de su atención en cuanto al desempeño de las relaciones mercantiles con otros operadores de la cadena alimentaria que operen en España, o en los supuestos en los que participe un operador establecido en España con otro operador europeo e, incluso, de un país tercero[31].

---

31 Téngase en cuenta que cuando interviene un operador español y otro comunitario, la norma nacional habrá de observarse siempre que no sea de aplicación la legislación del otro Estado miembro.

Los compromisos generales hacen referencia tanto a los aspectos vinculados con la negociación comercial y a la propia relación contractual, como al intercambio de información, a los riesgos y responsabilidades comerciales y a la evidencia de las demandas empresariales[32]. De forma somera, en la medida en que por cuestiones limitativas no procede profundizar en este momento, en cuanto a los primeros, se alude al requerimiento de la constancia escrita de los contratos y acuerdos entre operadores (utilizando, si es posible, medios electrónicos), los cuales habrán de ser claros, transparentes y recoger la mayor parte de los aspectos necesarios del mismo, como lo son los derechos y deberes de los contratantes. Por su parte, en lo que afecta al intercambio de información entre los intervinientes ha de estar justificado en el ámbito de la relación comercial y respetar los presupuestos de legalidad, lealtad y confidencialidad. Finalmente, se impide a los operadores de la cadena alimentaria que puedan amenazar o, en su caso, exigir condiciones no razonadas para obtener ciertas ventajas comerciales.

Al objeto de complementar estos deberes generales, las disposiciones autonormativas fijan unas prácticas comerciales comunes acerca de la propia negociación comercial y las previsiones del contrato suscrito entre el proveedor y el comprador[33], teniendo en cuenta en ambos casos la temporalidad razonable; las obligaciones contractuales que les comprometen; la gestión de las categorías y marcas, y la innovación; los principios aplicables en las relaciones con terceros; las actividades de promoción que lleven a cabo los operadores adscritos al Código; las cuestiones logísticas; las previsiones particulares sobre los pagos; y la seguridad y calidad alimentaria e información proporcionada al consumidor. A mayor abundamiento, también,

---

32 Punto IV del Código (principios 8 a 13).

33 Punto V del Código (principios 14 a 19).

se incluyen unas prácticas comerciales de carácter específico en razón del operador de la cadena alimentaria con el que se desarrolla la relación comercial[34], estos son los productores primarios y la distribución.

2. Cuestiones pragmáticas derivadas de la observancia del contenido del Código

Las previsiones que conforman el *Código de Buenas prácticas de la cadena alimentaria*, a pesar de pretender mejorar el distinto poder de negociación en las relaciones contractuales entre los productores agrícolas, la industria y los distribuidores comerciales, y los comportamientos desleales en la cadena de valor, no han sido inmunes al debate crítico. Argumentos de los que, evidentemente, se ha hecho eco la Comisión Nacional de los Mercados y de la Competencia (CNMC)[35].

Partiendo de la valoración positiva de este sistema autonormativo, no puede obviarse que la vinculación a sus principios y a los mecanismos de resolución extrajudicial de controversias por parte de los operadores ha de ser libre y voluntaria, esto es no pueden establecerse posibles situaciones discriminatorias y limitaciones al acceso o salida del mercado alimentario en razón de la asunción de dichos compromiso. Como tampoco que, de algún modo, se restrinja la competencia en el propio mercado

---

[34] Principios 39 y 40.

[35] Informe de la CNMC sobre el Código de buenas prácticas mercantiles en la contratación alimentaria INF/CNMC/003/15. Este Informe fue emitido a solicitud del Ministerio de Agricultura, Alimentación y Medio Ambiente en ejercicio de las competencias de la CNMC en aplicación del apartado 2º del art. 5 de la Ley 3/2013, de 4 de junio, de creación de la Comisión Nacional de los Mercados y la Competencia (BOE núm. 134, de 5 de junio).

o que se estime la obtención de ayudas y subvenciones en razón de los operadores adheridos e inscritos en el Registro de Buenas Prácticas Mercantiles en la Contratación Alimentaria. En orden a la perspectiva subjetiva, y a diferencia de los operadores económicos, la adscripción al Código por parte de las asociaciones representativas de sus intereses comerciales va a resultar necesaria en atención al cumplimiento reglamentario y no tanto en base a una opción voluntaria. En lo que hace al sometimiento a los mecanismos alternativos de resolución de conflictos se concretan en los siguientes: la mediación en la hipótesis de falta de acuerdo entre vendedor y comprador en los precios de los contratos alimentarios, y el sistema de arbitraje si existiera el correspondiente acuerdo entre las partes. Aun cuando ambos sistemas son apropiados, hay que matizar el carácter independiente e imparcial que, en todo caso, debe singularizar a los mediadores en su actuación, al igual que la especialización técnica exigible a los que sean árbitros y participen de dichos procesos de resolución de litigios en este concreto sector. Asimismo, téngase en cuenta que, en un momento previo a la mediación o al arbitraje, se determina el planteamiento de la correspondiente reclamación ante el nivel superior de la empresa que habrá de ser imparcial en su actuación[36]. Indicación objetada tanto por la dudosa neutralidad de la misma, como por la necesaria e impositiva presentación previa de la reclamación al recurso al sistema de mediación o de arbitraje, según proceda.

No obstante lo anterior, ha de llamarse la atención sobre el específico control administrativo o régimen sancionador propio contenido en la norma reglamentaria de aplicación a las relaciones mercantiles entre operadores económicos de la cadena alimentaria y que convive con el sistema autonormativo, y la

---

36 La CNMC lo califica en su Informe como un 'defensor del cliente y del proveedor'.

alternativa correctiva de los litigios que surjan en relación con los comportamientos que afectan a este mercado[37]. Es decir, admitiendo la facultad de la AICA como entidad encargada del control y supervisión de las prescripciones preceptivas de la regulación particular, se mantiene el régimen de los mecanismos alternativos de resolución de conflictos. Si bien, ambos sistemas han de complementarse y no superponerse, lo que implica la necesidad de evitar pronunciamientos dispares entre ellos. En iguales términos, y en la medida en que nos referimos a relaciones contractuales entre operadores económicos, éstas quedan sometidas a la regulación general vigente en materia de obligaciones y contratos, y a las normas propias de la defensa de la competencia, la competencia desleal y la propiedad industrial[38], las cuales también disponen de su propio régimen sancionador.

V. APRECIACIONES FINALES

Las previsiones normativas aplicables en el ámbito empresarial y de mercado pretenden establecer mecanismos que tutelen los intereses de los que forman parte del entorno empresarial

---

37 Pues, si bien cabe considerar que se trata de dos alternativas paralelas (la normativa y la autonormativa), se requiere conocer cuál de ellas resulta de mayor eficacia para resolver las controversias. Véanse las disposiciones de buenas prácticas en las 'Relaciones verticales en la cadena alimentaria' (Libro Verde sobre las Prácticas Comerciales Desleales en la cadena de suministro alimentario y no alimentario entre empresas en Europa -COM(2013)-).

38 El propio art. 7 de la Ley 12/2013 reconoce que el contenido de las relaciones que regula, y la aplicabilidad de los principios rectores en la ejecución e interpretación de las mismas, se somete a la normativa de defensa de la competencia, sin perjuicio de lo dispuesto en la normativa comunitaria.

en un sentido amplio. Esto es, tanto si se trata de empresarios, competidores, consumidores y/o usuarios o el resto de participantes en el mercado. Si bien, respecto del ámbito comercial de los productos agroalimentarios, la preocupación de la Comisión europea se ha centrado de modo específico en la garantía de los intereses de los sujetos que intervienen en la cadena de suministro de alimentos. La materialización de esta pretensión dio lugar a la aprobación de la Directiva 2019/633 relativa a las prácticas comerciales desleales en las relaciones entre empresas en la cadena de suministro agrícola y alimentario, la cual limita las prácticas comerciales desleales al objeto de propiciar la igualdad de oportunidades de las pymes alimentarias y agrícolas, los productores y los agricultores, al entender que se trata del sector más débil o vulnerable de la cadena de distribución en cuanto al diverso poder de negociación del que disponen. Aún cuando, en general, cabe valorar la norma en positivo, se plantean interrogantes referidos al ámbito subjetivo de protección que incluye cualquier agente involucrado en la cadena, pero con niveles de protección diferenciados según los tramos de facturación, y al objetivo en la medida en que la prohibición de ciertas prácticas comerciales desleales puede quedar excepcionada por el acuerdo previo entre las partes.

Aspectos que se han transpuesto con rigor al ordenamiento interno, al objeto de mejorar el funcionamiento y organización de la cadena y minimizar el desequilibrio en las relaciones comerciales entre los diferentes operadores que participan en ella. No obstante, estas prescripciones se complementan con los principios autonormativos contenidos en el *Código de Buenas prácticas de la cadena alimentaria*, tendentes a mejorar el distinto poder de negociación en las relaciones contractuales entre los productores agrícolas, la industria y los distribuidores comerciales y los comportamientos desleales en la cadena de valor, pero que requieren —en nuestra consideración— ser revisados en algunos aspectos.

El Observatorio de la Cadena Alimentaria. Un instrumento de promoción de la competencia

ANTONIO ALONSO-BARTOL BUSTOS
Profesor Ayudante Doctor de Derecho Mercantil
Universidad Complutense de Madrid
aalonsob@ucm.es

BIBLIOGRAFÍA: ALONSO MAS, M.J. El régimen sancionador en VICIANO PASTOR, J. y CORBERÁ MARTÍNEZ, J. M., *Retos en el sector agroalimentario valenciano en el S. XXI*, Tirant lo Blanch, Valencia, 2019; ARPIO SANTACRUZ, J. L. La determinación del precio en los contratos alimentarios. En CARBAJO CASCÓN, F. (Dir.). *Competencia, propiedad intelectual y tutela de consumidores en el sector agroalimentario*. Tirant lo Blanch, 2022. p. 983-1040; BUENAGA CEBALLOS, O. (2014). Hegel y el derecho privado. La persona, la propiedad y el contrato. Universitas. Revista de Filosofía, Derecho y Política, nº 20, julio 2014, pp. 27-49; CORBERÁ MARTÍNEZ, J. M., "Evolución de las cláusulas de reparto de valor en el sector agrícola en el Derecho de la UE", *Revista Española de Estudios Agrosociales y Pesqueros 255*, 2020; DE LA CRUZ, S. y MARTÍN CERDEÑO, V. J., La cadena alimentaria en el entorno competitivo y cambiante del siglo XXI. *Distribución y Consumo*, 2021, vol. 1,

p. 42-50; DOMÍNGUEZ PÉREZ, E. M. "Practicas grises" en la cadena agroalimentaria: el artículo 3.2 de la directiva (UE) 2019/633 y el nuevo artículo 14. bis. 2.(B, C, D) de la ley 12/2013, tras la reforma operada por la Ley 16/2021, de 14 de diciembre. En CARBAJO CASCÓN, F. (Dir.). *Competencia, propiedad intelectual y tutela de consumidores en el sector agroalimentario*. Tirant lo Blanch, 2022. p. 1315-1350; FERNANDO PABLO, M. M. Ley 12/2013 de 2 de agosto, de medidas para mejorar el funcionamiento de la cadena alimentaria [BOE n. º 185, de 3-VIII-2013]. 2014; GARCÍA VIDAL, Á. La fijación de precios en la cadena alimentaria. En PALAU RAMÍREZ, F. y MARTÍ MIRAVALLS, J. *Retos en el sector agroalimentario: Regulación, competencia y propiedad industrial*. Tirant lo Blanch, 2022. p. 61-76; LEMLEY, M. A. Faith-based intellectual property. *UCLA L. Rev.*, 2015, vol. 62, p. 1328; LOUREDO CASADO, S. La lista negra de prácticas desleales en el sector agroalimentario de la directiva 2019/633. En *Competencia, propiedad intelectual y tutela de consumidores en el sector agroalimentario*. Tirant lo Blanch, 2022. p. 1273-1313; MARTÍ MIRAVALLS, J. Cláusulas de reparto de valor, derecho de la competencia e interprofesionales agroalimentarias. En PALAU RAMÍREZ, F. y MARTÍ MIRAVALLS, J. *Retos en el sector agroalimentario: Regulación, competencia y propiedad industrial*. Tirant lo Blanch, 2022. p. 92-106; MARTÍ MOYA, V. El Piecemeal Approach de la tutela pública del consumidor contra las prácticas desleales en España frente al modelo italiano. En OLAVARRÍA IGLESIA, J. y MARTÍ MIRAVALLS, J. *Derecho Mercantil. Estudios in memoriam del profesor Manuel Broseta Pont*, Tirant lo Blanch, Valencia, 2019; MATEOS RONCO, A.; SERVER IZQUIERDO, R. J. Retos en la gestión de riesgos en la agricultura: el diseño de un seguro de ingresos en cítricos. En PALAU RAMÍREZ, F. y MARTÍ MIRAVALLS, J. *Retos en el sector agroalimentario: Regulación, competencia y propiedad industrial*. Tirant lo Blanch, 2022; NASH JR, John F. Equilibrium points in n-person games. *Proceedings of the national academy of sciences*, 1950, vol. 36, no 1, p. 48-49; OLMEDO PERALTA, E. Poder de mercado, poder de negociación y abusos explotativos en la cadena alimentaria. En CARBAJO CASCÓN, F. (Dir.). *Competencia, propiedad intelectual y tutela de consumidores en el sector agroalimentario*. Tirant lo Blanch, 2022. p. 1137-1180; PÉREZ-SERRABONA GONZÁLEZ, J. L. Régimen de contratación en la cadena alimentaria y la incidencia de las normas de defensa de la competencia. En *Estudios de derecho agrario: en homenaje al profesor D. Ramón Herrera Campos*. Dykinson, 2020. p. 135-160; RODRÍGUEZ CACHÓN, T. Relaciones contractuales de la cadena alimentaria: Estudio desde el análisis económico del Derecho. *Relaciones contractuales de la cadena alimentaria*, 2020; RUIZ PERIS, J. I. El sector agroalimentario a la búsqueda de equilibrios de mercado. En PALAU RAMÍREZ, F. y MARTÍ MIRAVALLS, J. *Retos en el sector agroalimentario: regulación, competencia y propiedad industrial.* Tirant lo Blanch, 2022. p. 29-42; VÁZQUEZ RUANO, T. Interrogantes en materia de competencia suscitados por la nueva regulación de la cadena alimentaria. *Actas de derecho industrial y derecho de autor,* 2020, Nº 41, p. 337-354; VÁZQUEZ RUANO, T. La autorregulación como instrumento de mejora de la cadena agroalimentaria. En CARBAJO CASCÓN, F. (Dir.) *Competencia, propiedad intelectual y tutela de consumidores en el sector agroalimentario.* Tirant lo Blanch, 2022. p. 1215-1246.

I. INTRODUCCIÓN

El estudio de la cadena alimentaria plantea muchos interrogantes jurídicos, pero todos ellos se suelen reducir a un problema en la estructura del mercado. Hay un grupo de operadores económicos que acumulan un importante poder de mercado, pero en uno tan complejo como el agroalimentario no siempre es fácil entender cómo funciona este entramado de relaciones contractuales. Ahora bien, si queremos afrontar correctamente todos los problemas que rodean a este sector del ordenamiento jurídico, necesitamos contar con datos.

Esta función de captación y análisis de información en el sector agroalimentario la cumple el Observatorio de la Cadena Alimentaria. Esta institución proviene del antiguo Observatorio de Precios de los Alimentos, pero la Ley de medidas para mejorar el funcionamiento de la cadena alimentaria (LCA, en adelante) del año 2013 y la reforma del año 2022 le han ido atribuyendo más competencias que refuerzan esta función informativa. La idea es que sirva para ayudar a los legisladores y a las autoridades de control de la cadena alimentaria, especialmente a la Agencia de Información y Control Alimentarios (AICA). La información que pueda obtener el observatorio puede ayudar a estas instituciones a centrar el objeto de su actuación y a mejorar la normativa.

Así, veremos cuáles son los puntos en los que se centran los estudios e informes emitidos por el observatorio. De esta forma, estudiaremos cómo esta información ayuda a entender la estructura del mercado y si realmente sirve de apoyo para la completa implementación de la Ley.

II. LA IMPORTANCIA DE LA INFORMACIÓN EN LA REGULACIÓN DEL MERCADO

La labor del legislador o de cualquier otro órgano regulatorio siempre se afronta con un mínimo nivel de incertidumbre como consecuencia de uno de los principales problemas económicos que siempre han rodeado al mercado: la distribución de la información. Todos los sujetos que intervienen en el mercado tienen un incentivo natural a ocultar información cuando no les beneficia directamente y, mucho más, cuando revelarla les puede perjudicar. Se trata de una aplicación práctica del conocido como dilema del prisionero o la teoría de juegos desarrollada por John NASH[1].

Por lo tanto, la labor normativa se torna más complicada cuando todo el mundo oculta una parte de información sobre sus preferencias. Cuando no conocemos las prioridades de las partes o cuáles son sus debilidades, es difícil que el legislador modifique la normativa para condicionar la estructura del mercado y facilitar su funcionamiento efectivo. El profesor Mark LEMLEY, refiriéndose a la regulación de la propiedad

---

1 Vid. NASH JR, John F. Equilibrium points in n-person games. *Proceedings of the national academy of sciences,* 1950, vol. 36, no 1, p. 48-49.

intelectual, hablaba de la "*faith based intellectual property*"[2]. Es una expresión realmente ilustrativa, puesto que, ante la falta de información, simplemente nos queda la fe en que el legislador esté haciendo lo más correcto. No obstante, a posteriori, con independencia de que tengamos información o simplemente fe, deberían priorizarse los estudios de cumplimiento normativo para ver si los objetivos legislativos se diseñaron correctamente y, en su caso, si se han cumplido.

Además, debemos tener en cuenta un segundo aspecto, y es que esta información sobre el funcionamiento del mercado no solamente es relevante para conocer su estructura, sino también para implementar la normativa vigente. En ocasiones, las autoridades de control se enfrentan un escenario incierto y no saben bien dónde iniciar las actividades inspectoras. Por lo tanto, una información más precisa sobre los espacios en los que hay núcleos de poder concentrado o donde se producen más infracciones puede ayudar a incrementar la efectividad de las normas.

No debemos ponernos en un escenario catastrofista de falta absoluta de información, puesto que sí que contamos con algo información. Ahora bien, sí podemos cuestionar su concordancia con la realidad, puesto que los estudios estadísticos no siempre muestran una realidad precisa. Aquí, de nuevo, nos encontramos con el problema de los incentivos naturales a ocultar información o a buscar los datos que sean más positivos para quien la elabora. Dependiendo de las premisas de las que se parta para determinar las muestras de datos y los criterios de análisis, los resultados pueden ser muy dispares Los informes privados son también una forma de ejercer presión en la opinión pública, puesto que la forma en la que se pre-

---

2 Vid. LEMLEY, Mark A. Faith-based intellectual property. *UCLA L. Rev.*, 2015, vol. 62, p. 1328.

senta afecta a la percepción de un determinado producto u oferente. Por este motivo, sería positivo para el estudio que hubiera fuentes de información elaboradas por sujetos sin un interés directo en que el resultado acompañe su narrativa o su posición de mercado.

Es precisamente aquí donde entran en juego organismos como el Observatorio de la Cadena Alimentaria. Siendo una institución pública, goza de una mínima presunción de imparcialidad. No obstante, tampoco debemos ser ingenuos, pues, aunque sea un organismo técnico, las influencias políticas también están presentes en su forma de actuar. Las prioridades que pueda tener un gobierno u otro pueden determinar el resultado de las investigaciones, fomentar el estudio de unos sectores frente a otros, etc.[3] Además, tampoco podemos perder de vista que este organismo cuenta con los mismos problemas en la captación de información que cualquier otra institución, pues los datos no siempre están libremente disponibles y los participantes del mercado pueden dificultar su acceso cuando no ocultarlos.

Por lo tanto, tenemos una mayor garantía de independencia, pero no por ello podemos que la información que nos vaya a dar sea plena. Siempre habrá lagunas, pero los beneficios que tiene una institución como esta para la transparencia siempre son positivos[4].

---

3 Vid. FERNANDO PABLO, Marcos M., et al. Ley 12/2013 de 2 de agosto, de medidas para mejorar el funcionamiento de la cadena alimentaria [BOE n. ° 185, de 3-VIII-2013]. 2014, disponible en: https://gredos.usal.es/bitstream/handle/10366/129041/Ley_12_2013_de_2_de_agosto,_de_medidas_p.pdf?sequence=1

4 Vid. RODRÍGUEZ CACHÓN, Teresa. Relaciones contractuales de la cadena alimentaria: Estudio desde el análisis económico del Derecho. *Relaciones contractuales de la cadena alimentaria,* 2020, p. 226.

III. LAS FUNCIONES DEL OBSERVATORIO DE LA CADENA ALIMENTARIA. ELEMENTOS DE SUS INFORMES Y ESPECIAL REFERENCIA AL SECTOR LÁCTEO.

El Observatorio de la Cadena Alimentaria tiene una gran cantidad de funciones encaminadas a conseguir más transparencia[5] y a evitar las malas prácticas comerciales[6]. De hecho, la reciente reforma de la LCA ha reforzado las que tienen que ver con la transparencia y la mejora de la información sobre el funcionamiento del mercado. En particular añade dos apartados y modifica uno ya existente del Artículo 20.1, a saber, los siguientes:

---

5 Vid. MATEOS RONCO, Alicia; SERVER IZQUIERDO, Ricardo José. Retos en la gestión de riesgos en la agricultura: el diseño de un seguro de ingresos en cítricos. En PALAU RAMÍREZ, Felipe y MARTÍ MIRAVALLS, Jaume. *Retos en el sector agroalimentario: Regulación, competencia y propiedad industrial.* Tirant lo Blanch, 2022. p. 461-478, quienes dan cuenta de la función que ya cumplen a este respecto las autoridades autonómicas con funciones similares, principalmente ligadas a la vigilancia en la evolución de los precios.

6 Vid. VÁZQUEZ RUANO, Trinidad. Interrogantes en materia de competencia suscitados por la nueva regulación de la cadena alimentaria. *Actas de derecho industrial y derecho de autor,* 2020, Nº 41, p. 337-354 y GARCÍA VIDAL, Angel. La fijación de precios en la cadena alimentaria. En PALAU RAMÍREZ, Felipe y MARTÍ MIRAVALLS, Jaume. *Retos en el sector agroalimentario: Regulación, competencia y propiedad industrial.* Tirant lo Blanch, 2022. p. 61-76.
En el mismo sentido, Vid. VÁZQUEZ RUANO, Trinidad. La autorregulación como instrumento de mejora de la cadena agroalimentaria. En CARBAJO CASCÓN, Fernando (Dir.) *Competencia, propiedad intelectual y tutela de consumidores en el sector agroalimentario.* Tirant lo Blanch, 2022. p. 1215-1246, donde la autora señala que el Observatorio también tiene entre sus funciones dar traslado a las autoridades competentes de los posibles incumplimientos normativos de los que pudiera ser conocedor.

"k) Elaborar informes sobre formación de precios de los alimentos, especialmente para los eslabones de la cadena distintos al eslabón productor.

m) Elaborar, publicar y actualizar periódicamente índices de precios y de costes de producción mediante el empleo de los criterios que reglamentariamente se determinen, que en cualquier caso deberán garantizar la transparencia y objetividad en la formación de estos índices.

n) Analizar y estudiar de forma continuada la innovación en la cadena alimentaria y, en particular, la evolución de la creación de productos alimentarios innovadores y de su comercialización a los consumidores".

El elemento común entre estas modificaciones de la norma es que se centran en información sobre la estructura del mercado. En particular, aborda datos sobre los costes que tiene que afrontar cada uno de los participantes de la cadena agroalimentaria, los precios que se cobran en cada fase y la capacidad innovadora del sector. Todos estos datos ponen de manifiesto un elemento subyacente, que son las relaciones de poder entre los operadores del mercado. Conociendo los precios y los costes en cada etapa, podemos saber cuál es el valor añadido que se aporta, cuál es el margen de beneficio y, en definitiva, de cuánto se ha apropiado cada uno. Así, si un operador se puede apropiar de más valor del que ha aportado, podemos inferir una posición de poder. No estamos ante una situación de aplicación del derecho de la competencia, puesto que posición de poder no es sinónimo de posición de dominio. Sin embargo, ello no significa que el Estado no deba intervenir para corregir estas disfunciones.

Así, podemos ver que este organismo informativo cumple una función institucional muy importante en el marco competitivo, pues nos da información para saber dónde se pueden producir problemas. Esta intervención tan quirúrgica nos permitirá garantizar un mínimo equilibrio en las relaciones de poder, lo que redunda en un correcto y efectivo funcionamiento de los procesos competitivos y, en definitiva, facilita la innovación, otro de los objetivos de la LCA[7]. Además, esta información facilitará que las medidas que se adopten partan de un conocimiento exhaustivo de la realidad del mercado, puesto que deben ser asumibles para los operadores económicos. El realismo no es incompatible con ser exigente, pero debemos ser conscientes de las circunstancias que conforman el mercado actual.

Como podemos ver, en abstracto, estas funciones del Observatorio son notablemente positivas, pero esta institución debe tener medios suficientes para llevarlas a cabo. Hasta ahora solamente lo han hecho en dos sectores especialmente sensibles para la población como son la leche líquida envasada de larga duración y el aceite de oliva virgen extra. Por ejemplo, falta un estudio en profundidad del sector hortofrutícola, extraordinariamente relevante en el sur y zona levantina de España.

Existen otros informes sobre el precio de productos frescos, pero provienen del antiguo Observatorio de Precios de los Alimentos y aunque son muy precisos y cuentan con estudio base, las actualizaciones más recientes son, en el mejor de los casos, del año 2013. Por lo tanto, urge retomar esta actividad tan positiva para el funcionamiento del mercado.

Por lo tanto, sería deseable una ampliación de la actividad para contar con más información en otros sectores del mercado agroalimentario.

---

7 Vid. PÉREZ-SERRABONA GONZÁLEZ, José Luis. Régimen de contratación en la cadena alimentaria y la incidencia de las normas de defensa de la competencia. En *Estudios de derecho agrario: en homenaje al profesor D. Ramón Herrera Campos.* Dykinson, 2020. p. 135-160.

IV. INFORMACIÓN SOBRE LA ESTRUCTURA DEL MERCADO

1. *Planteamiento teórico*

Los estudios publicados por el Observatorio de la Cadena Alimentaria son bastante completos y contienen una gran cantidad de información estadística sobre los mercados analizados. Esta es una de las funciones a las que el Observatorio debería dedicar más tiempo, pues nos permite comprender cómo funciona el mercado y dónde están los núcleos de poder con capacidad de alterar el reparto eficiente de la cadena de valor. Esta es de las pocas formas que tenemos de encontrar los desequilibrios para, posteriormente, corregirlos y que el reparto de valor sea adecuado a la aportación que hace cada uno[8].

Cuando estudiamos la estructura del mercado es esencial conocer cuáles son las relaciones de poder existentes entre los distintos participantes, puesto que ello determina el resultado de las transacciones, es decir, el reparto de la cadena de valor. El derecho de contratos es, en la práctica, una forma de regular relaciones de poder entre las partes firmantes. Cuando uno asume una obligación, está regulando esa rela-

---

8 Vid. RUIZ PERIS, Juan Ignacio. El sector agroalimentario a la búsqueda de equilibrios de mercado. En PALAU RAMÍREZ, Felipe y MARTÍ MIRAVALLS, Jaume. *Retos en el sector agroalimentario: regulación, competencia y propiedad industrial.* Tirant lo Blanch, 2022. p. 29-42 y MARTÍ MIRAVALLS, Jaume. Cláusulas de reparto de valor, derecho de la competencia e interprofesionales agroalimentarias. En PALAU RAMÍREZ, Felipe y MARTÍ MIRAVALLS, Jaume. *Retos en el sector agroalimentario: Regulación, competencia y propiedad industrial.* Tirant lo Blanch, 2022. p. 92-106.

ción y atribuyendo a un tercero la posibilidad de exigirle un determinado comportamiento. Por lo tanto, esta información estructural nos permite saber quiénes son los operadores que pueden exigir mayores obligaciones y qué efecto tiene eso en el funcionamiento del mercado.

El objetivo de la normativa de mejora de la cadena agroalimentaria es un mejor reparto del valor generado, luego necesitamos relaciones equilibradas en las que las diferencias de poder no permitan apropiarse de un valor en el que no han participado. En definitiva, se trata de aplicar el ideal aristotélico de justicia: dar a cada uno lo que es suyo. Los clásicos ya teorizaron sobre la capacidad de apropiación sobre los bienes que nos rodean, identificándolo con el trabajo personal en el caso de John Locke y con la plasmación de la voluntad individual sobre los objetos que nos rodean[9]. Pese a las diferencias teóricas, su aplicación práctica es similar, puesto que ambas concluyen que una persona solamente puede apropiarse de aquello en lo que haya participado.

El problema que plantean estas teorías es que son eso, meras teorías. El descenso a la práctica es complicado, puesto que no es sencillo saber qué valor ha aportado cada uno, de qué valor se ha apropiado y si hay una justa correspondencia entre ambos. Sin embargo, pese a que nunca vayamos a tener certezas absolutas, la información que nos pueda aportar el Observatorio, sí nos puede ayudar.

---

9 Vid. Buenaga Ceballos, O. (2014). Hegel y el derecho privado. La persona, la propiedad y el contrato. Universitas. Revista de Filosofía, Derecho y Política, nº 20, julio 2014, pp. 27-49.

2. *Información estudiada por el Observatorio de la Cadena Alimentaria. El ejemplo del sector lácteo*

En el epígrafe anterior señalábamos que esta información es positiva para conocer la correspondencia entre la aportación y la apropiación de valor de cada participante. Así, a continuación, vamos a estudiar algunos de los elementos analizados en los estudios del Observatorio para analizar si realmente cumplen con el objetivo planteado en el apartado anterior. Para partir de un ejemplo hemos tomado el estudio de la cadena de valor y formación de precios en la leche líquida envasada de larga duración (LELD). Los elementos más representativos son los siguientes:

- Costes en cada etapa de la cadena de elaboración y distribución. Primero se identifica cada uno de los eslabones de la cadena para saber a qué precio se vende el producto en cada uno de ellos[10]. Este análisis nos ayuda a ver cómo se va desarrollando el precio de los productos en relación con los costes asociados a cada etapa a medida que se van manufacturando. Ahora bien, recordemos que, en todo caso, se trata de costes medios que no tienen en cuenta la realidad de cada uno de los individuos que participan en las distintas fases de la cadena alimentaria.

A continuación, podemos ver una de las tablas sobre los distintos operadores que intervienen en la cadena de valor de los productos lácteos.

---

10 Vid. DE LA CRUZ, Sergio; MARTÍN CERDEÑO, Víctor J., La cadena alimentaria en el entorno competitivo y cambiante del siglo XXI. *Distribución y Consumo,* 2021, vol. 1, p. 42-50.

Imagen Nº 1. Estructura general de la cadena de valor de la leche líquida envasada de larga duración

ESTRUCTURA GENERAL DE LA CADENA DE VALOR DE LA LECHE LÍQUIDA ENVASADA DE LARGA DURACIÓN

PRODUCCIÓN DE LECHE EN CAMPO	LOGÍSTICA DE RECOGIDA	TRANSFORMACIÓN INDUSTRIAL	LOGÍOSTICA DE DISTRIBUCIÓN	DISTRIBUCIÓN	CONSUMO
Explotación lechera Cooperativas	Transporte de recogida Centro intermedio de recogida	Fabricación Gestión comercial de la industria	Transporte de producto terminado	Plataforma Almacén intermedio Transporte a tienda Tienda	Consumidor

Fuente: Estudio de la cadena de valor y formación de precios en la leche líquida envasada de larga duración (LELD), Observatorio de la Cadena Alimentaria

- Identificación de los principales operadores del mercado[11]. Esta información es, si cabe, una de las más esenciales para entender la estructura del mercado. En el caso de la leche hay un grupo de cinco empresas (Puleva, Pascual, Capsa, Iparlat y Covap) que fabrican leche para el consumo directo que tienen una cuota de mercado entre el 74% y el 76%. El siguiente grupo de seis empresas tienen entre un 17 y un 19% de cuota y el resto entre un 7% y un 9%. Por lo tanto, podemos ver que hay una alta concentración de oferta de productos en cinco operadores.
- Lugares de comercialización. Este epígrafe va íntimamente ligado al anterior, pues nos sirve también para conocer quiénes son los operadores con más poder en la fase de comercialización.

[11] Vid. PÉREZ-SERRABONA GONZÁLEZ, José Luis. Régimen de contratación en la cadena alimentaria y la incidencia de las normas de defensa de la competencia. En *Estudios de derecho agrario: en homenaje al profesor D. Ramón Herrera Campos*. Dykinson, 2020. p. 135-160.

- Formas de comercialización. Estamos ante una información esencial para conseguir una trazabilidad de los costes. En el momento en el que podemos individualizar el momento en el que se imputan distintos costes, podemos analizar el incremento de valor que ha sufrido el producto en cada fase de la cadena.

Imagen Nº 2. Canales de distribución minorista en el mercado de la leche líquida envasada de larga duración

CANALES DE DISTRIBUCION MINORISTA	(%) CUOTA DE VENTA
-Hipermercados	18,2 %
-Supermercados y autoservicios	54,0 %
-Tiendas descuento	19,0 %
-Tiendas tradicionales	1,2 %
-Otros canales	7,6 %
TOTAL VENTAS	100 %

Fuente: MAPA (Informe del Consumo Alimentario)
Promedio años 2018-2019-2020.

Podemos observar que la mayor cantidad de las ventas se produce en los supermercados y autoservicios. De esta forma, esta información nos permite dirigir el foco de atención de las autoridades supervisoras en el poder que tienen estos operadores frente a los demás, pues concentran una cuota de mercado superior a la de los demás participantes del mercado. Ello no es sinónimo de abusos de poder, pero si denota una relación de dependencia de la que debemos estar vigilantes.

Como podemos apreciar, el Observatorio de la Cadena Alimentaria recoge una información de gran relevancia para entender cómo funciona el mercado. Lo cierto es que nos proporciona un mayor nivel de transparencia sobre quién y cómo interviene en cada una de las etapas de la cadena de valor.

V. INFORMACIÓN SOBRE PRÁCTICAS DESLEALES Y COOPERACIÓN CON LA AGENCIA DE INFORMACIÓN Y CONTROL ALIMENTARIOS (AICA)

El Observatorio de la Cadena Alimentaria ha visto reforzadas sus competencias informativas, de gran relevancia para estudiar la estructura del mercado y corregir las disfunciones. Sin embargo, pese a que la información recabada vaya en esa dirección, no debemos ver al Observatorio como un elemento aislado, sino como una pieza institucional central.

En este sentido, la reforma de la LCA también incluye un gran paquete de medidas que pretende mejorar el funcionamiento del mercado agroalimentario y evitar la destrucción de valor en la cadena y la introducción de nuevos ilícitos de deslealtad[12], que son perseguidos por la Agencia de Información y Control Alimentarios (AICA), siguiendo un modelo de aplicación pública del derecho de la competencia desleal[13]. Para la

---

12 Vid. CORBERÁ MARTÍNEZ, José Miguel, (2020), "Evolución de las cláusulas de reparto de valor en el sector agrícola en el Derecho de la UE", *Revista Española de Estudios Agrosociales y Pesqueros 255*; LOUREDO CASADO, Sara. La lista negra de prácticas desleales en el sector agroalimentario de la directiva 2019/633. En *Competencia, propiedad intelectual y tutela de consumidores en el sector agroalimentario.* Tirant lo Blanch, 2022. p. 1273-1313; y DOMÍNGUEZ PÉREZ, Eva María. "Practicas grises" en la cadena agroalimentaria: el artículo 3.2 de la directiva (UE) 2019/633 y el nuevo artículo 14. bis. 2.(B, C, D) de la ley 12/2013, tras la reforma operada por la Ley 16/2021, de 14 de diciembre. En CARBAJO CASCÓN, Fernando (Dir.). *Competencia, propiedad intelectual y tutela de consumidores en el sector agroalimentario.* Tirant lo Blanch, 2022. p. 1315-1350.

13 Vid. MARTÍ MOYA, Vanessa. El Piecemeal Approach de la tutela pública del consumidor contra las prácticas desleales en España frente al modelo italiano. En OLAVARRÍA IGLESIA, Jesús y MARTÍ MI-

investigación de estos ilícitos, de nuevo, es necesario para saber a dónde dirigir la actividad inspectora y sancionadora[14].

No obstante, la AICA cuenta con importantes limitaciones prácticas derivadas del sistema institucional, especialmente los sistemas de denuncias. Las partes interesadas no siempre tienen la capacidad de obtener información suficiente como para reunir todos los datos necesarios para interponer una reclamación. Ello condiciona notablemente el ámbito de actuación real de la AICA, puesto que las denuncias frente a las que actúa no se corresponden necesariamente con los asuntos más relevantes para el funcionamiento del mercado o con las prioridades legislativas. Los datos sobre sanciones impuestas en el año 2023 (hasta junio) revelan esta situación. Prácticamente la totalidad de las sanciones impuestas son por los tres siguientes motivos:

Tabla Nº 1. Sanciones impuestas por AICA en el año 2023 (hasta junio)

INCUMPLIMIENTO PLAZO DE PAGO	**56,52%**
NO FORMALIZAR POR ESCRITO	**27,54%**
NO INCORPORAR PRECIO EN CONTRATO	**13,04%**
TOTAL	**97,10%**

Así, podemos ver que el 97,10% de las sanciones se deben a situaciones que son fácilmente constatables sin realizar más actividad inspectora que revisar el contrato o su constancia

RAVALLS, Jaume, *Derecho Mercantil. Estudios in memoriam del profesor Manuel Broseta Pont*, Tirant lo Blanch, Valencia, 2019.

14 Vid. ALONSO MAS, María José, (2019), "El régimen sancionador" en VICIANO PASTOR, J. / CORBERÁ MARTÍNEZ, José Miguel, Retos en el sector agroalimentario valenciano en el S. XXI, Tirant lo Blanch, Valencia

escrita[15]. Es cierto que se trata de elementos esenciales para dotar al mercado de seguridad jurídica, pero ello denota que la AICA no está siendo capaz de sancionar por conductas que requieren una actividad probatoria más intensa.

Otro elemento que denota esta estadística es que la arquitectura institucional no está corrigiendo los problemas derivados de la distribución de la cadena de valor. El incumplimiento del plazo de pago tiene que ver con las posiciones de poder, pero no directamente con el valor generado y apropiado. Se trata de condiciones de abusivas que pueden agrandar la brecha de poder entre distintos operadores, pero no solucionan el problema en origen.

Para tratar el tipo de denuncias y las sanciones impuestas por la AICA, podríamos aludir a la difícil actividad probatoria, pero tampoco podemos obviar el interés o la oportunidad que puedan tener los afectados en realizar esa denuncia. La decisión de no hacerlo puede estar motivada en distintas circunstancias: falta de capacidad de elaborar un escrito probado y fundamentado, no ser conscientes de la comisión del ilícito, miedo a represalias o, simplemente, falta de interés en hacerlo porque el perjuicio individual es menor a lo que pueden ganar con la denuncia.

Sin embargo, otros ilícitos descritos en la LCA y que no están en las estadísticas, si son interesantes para el funcionamiento del mercado porque atacan directamente los desequilibrios

---

15 Vid. ARPIO SANTACRUZ, Juan L. La determinación del precio en los contratos alimentarios. En CARBAJO CASCÓN, Fernando (Dir.). *Competencia, propiedad intelectual y tutela de consumidores en el sector agroalimentario.* Tirant lo Blanch, 2022. p. 983-1040.

de poder en el mercado[16]. Por este motivo, necesitan un impulso por parte de las administraciones públicas.

En particular, una de las ausencias más llamativas en la estadística antes presentada es la venta por debajo de coste, una de las principales reivindicaciones del sector. Para las partes afectadas no siempre es sencillo denunciar esta situación, en ocasiones, porque no disponen de la información necesaria.

De esta forma, los informes del Observatorio de la Cadena Alimentaria no solamente servirán para que la AICA pueda focalizar su actividad inspectora, sino que también es una herramienta extraordinaria para los particulares que sufran alguna de las prácticas desleales. Pensemos en un pequeño agricultor quiera denunciar que se le está obligando a vender por debajo del precio de coste. Para construir su denuncia puede acudir a estos informes para saber cuál es el precio y el coste medio.

En definitiva, estos informes tienen un enorme poder al democratizar el acceso a la información y que cualquiera pueda utilizarla. No podemos dejar que la información quede en manos de un grupo de operadores concretos, puesto que es una herramienta de control muy relevante. Así, con una institución como el Observatorio de la Cadena Alimentaria cualquier ciudadano puede utilizar la información en su propio beneficio y, en su caso, de todo el mercado. Por lo tanto, este debería ser el camino para seguir mejorando el funcionamiento del mercado agroalimentario, incrementar la información disponible para que los pequeños operadores se puedan defender

---

16 Vid. OLMEDO PERALTA, Eugenio. Poder de mercado, poder de negociación y abusos explotativos en la cadena alimentaria. En CARBAJO CASCÓN, Fernando (Dir.). *Competencia, propiedad intelectual y tutela de consumidores en el sector agroalimentario.* Tirant lo Blanch, 2022. p. 1137-1180.

de los abusos de poder. Ahora bien, debemos ser conscientes de las dificultades que ello conlleva, puesto que el sector agroalimentario es muy amplio y aúna sectores muy diversos con estructuras de costes muy distintas, luego requiere de análisis muy precisos que requieren de tiempo de estudio.

VI. CONCLUSIONES

La reforma de la LCA plantea unos objetivos muy ambiciosos. No obstante, las medidas adoptadas, especialmente las que tienen que ver con la corrección de la estructura del mercado requieren de herramientas que garanticen su efectividad.

La información y la calidad de los datos utilizados son herramientas esenciales en el diseño de políticas públicas a las que no solemos prestar la necesaria atención. En ocasiones nos guiamos exclusivamente por nuestros ideales de justicia y nuestros principios políticos, pero siempre es esencial conocer la estructura del mercado, dónde están los núcleos de poder y dónde se concentra la mayor cantidad de infracciones. No debemos conformarnos con parchear la legislación, sino que debemos esforzarnos por solventar los problemas estructurales del mercado que motivan conductas agresivas que acaparan un porcentaje de la cadena de valor que no han producido. Se trata de una tarea esencial para garantizar la sostenibilidad del mercado en el largo plazo.

La autoridad de vigilancia de prácticas ilícitas del ministerio de agricultura: la Agencia de Información y Control Alimentarios (AICA)

JULIA LAGO MUÑOZ
Becaria FPU Junta de Castilla y León
Personal Docente Investigador
Universidad de Salamanca
julamu@usal.es

SUMARIO: I. INTRODUCCIÓN. II. LA AGENCIA DE INFORMACIÓN Y CONTROL ALIMENTARIOS. III. EL PAPEL DE LAS COMUNIDADES AUTÓNOMAS. IV. LOS CÓDIGOS DE BUENAS PRÁCTICAS

BIBLIOGRAFÍA: ARIAS VARONA F.J., *La armonización europea de la regulación de la cadena alimentaria*, 2019; ARPIO SANTACRUZ, J.: *La aplicabilidad de las disposiciones de defensa de la competencia en el sector agroalimentario*, en BENEYTO J.M., MAÍLLO GONZÁLEZ-ORÚS, J.: *Tratado de Derecho de la Competencia, T. II*, Bosch,Barcelona, 2017 ; CACHAFEIRO GARCÍA, F. / GARCÍA PÉREZ, R. / LÓPEZ SUÁREZ, M.A., Derecho de la competencia y gran distribución, Aranzadi, Cizur Menor; CARBAJO CASCÓN, F., & JIMÉNEZ SERRANÍA, V.: *Competencia, propiedad intelectual y tutela de consumidores en el sector agroalimentario*, Tirant lo Blanch, Valencia, 2022; CASTILLA F. y RUIZ PERIS J.I., *Estudios sobre el régimen jurídico de la cadena de distribución agroalimentaria*, Marcial Pons, Madrid, 2016, pp. 114- 139; CAZORLA GONZÁLEZ, PÉREZ VALLEJO, PAÑOS PÉREZ y MARTÍNEZ SÁNCHEZ, *Estudios de Derecho agrario en homenaje al profesor D. Ramón Herrera Campos*, Dykinson, Madrid; COSTAS COMESAÑA, J.: *La aplicación del Derecho de la competencia en los mercados agroalimentarios*, en CACHAFEIRO GARCÍA, F.

/ GARCÍA PÉREZ, R. /.LÓPEZ SUÁREZ, M.A., Derecho de la competencia y gran distribución, Aranzadi, 2012; DOMÉNECH MARTÍNEZ, G., GONZÁLEZ BOTIJA, F., & MILLÁN SALAS, F.: *Temas actuales de derecho agrario y agroalimentario*, Editorial Universidad Politécnica de Valencia, 2016; ESTEVAN DE QUESADA C., "La explotación de la dependencia económica debida al poder relativo de la demanda en la cadena alimentaria", en GONZÁLEZ CASTILLA, F., RUIZ PERIS, J. I., & ALBA, M. (2016). Estudios sobre el régimen jurídico de la cadena de distribución agroalimentaria. Marcial Pons. 2016; GARCÍA MAGARZO I. y MEDINA MARTÍN F., "La visión de la distribución alimentaria. Una cadena agroalimentaria de valor compartido", Revista Mediterráneo Económico, N.º 28, 2015, pp. 137-155; GARCÍA VIDAL A., *Prácticas comerciales desleales en la cadena de suministro agrícola y alimentario. Impacto de la Directiva (UE) 2019/633 en el Derecho español*, Gómez-Acebo & Pombo, 2019; GÓMEZ LOZANO, M.: *Prácticas comerciales desleales entre empresas en la cadena de suministro agrícola y alimentario*, Ars Iuris Salmanticensis, vol. 7, 2019; GUILLEM CARRAU, J.: *Las peculiaridades y especificidades propias de los mercados agroalimentarios y sus contrastes con el Derecho de la Competencia*, en AA.VV. *El Derecho de la Competencia y el sector agroalimentario en la Comunidad Valenciana*, Tribunal de Defensa de la Competencia, 2010; GUILLEM CARRAU, J.: *Política agrícola común y derecho de la competencia*, Revista de Derecho de la Unión Europea, nº 26, 2014; MARTÍN ARESTI, P: *Los Excesos Regulatorios de la Reforma de la Ley 12/2013 sobre el Funcionamiento de la Cadena Alimentaria*, Actas de Derecho Industrial y Derecho de Autor, Tomo 42, 2022; MARTÍNEZ, D. & GONZÁLEZ BOTIJA, F.: *Temas actuales de derecho agrario y agroalimentario,* Editorial de la Universidad Politécnica de Valencia. 2016; MAUDES GUTIÉRREZ, A. y SILOS RIBAS, M. (2016), *En defensa de un marco normativo que fomente la competencia efectiva y la eficiencia económica en la cadena alimentaria*, en GONZÁLEZ CASTILLA, F. / RUIZ PERIS, J.I., *Estudios sobre el régimen jurídico de la cadena de distribución agroalimentaria*, Marcial Pons, Madrid; RUIZ PERIS J.I., *Asimetría y abuso en la cadena de Distribución* en MIRANDA SERRANO L. Mª y PAGADOR LÓPEZ J., *Retos y Tendencias del Derecho de la Contratación Mercantil*, Marcial Pons, Madrid, 2017; TATO PLAZA, A., COSTAS COMESAÑA, J., FERNANDEZ CARBALLO-CALERO, P., TORRES PÉREZ, F.: *Nuevas Tendencias en el Derecho de la Competencia y de la Propiedad Industrial II*, Comares, Granada, 2019; VICIANO PASTOR J., *"Algunas reflexiones críticas sobre la ley de cadena alimentaria"*, en GONZÁLEZ CASTILLA F. y RUIZ PERIS J.I., *Estudios sobre el régimen jurídico de la cadena de distribución agroalimentaria*, Marcial Pons, Madrid, 2016.

I. INTRODUCCIÓN

> El concepto "mercado agroalimentario" engloba las operaciones comerciales dirigidas a garantizar la producción y el suministro de alimentos aptos para el consumo humano.[1]

La cadena agroalimentaria es un sistema complejo que comienza en la actividad agrícola; a continuación, interviene la industria y finalmente tiene lugar la distribución. Aunque el Derecho de la Competencia se aplica sin excepción a todos los eslabones de la cadena alimentaria debido al carácter transversal de las reglas de competencia del TFUE y de la Ley 15/2007 en el plano nacional, en lo que se refiere a las actividades de producción y comercialización de productos agrarios, la aplicación del Derecho de la Competencia está condicionada por el hecho de que debe ser compatible, o no debe poner en peligro, los objetivos específicos de la PAC recogidos en los artículos 39, 42 y 43.2 TFUE[2]. El Derecho de la competencia ofrece ventajas aplicativas a la hora de perseguir abusos en el marco de la cadena agroalimentaria: una autoridad independiente o la posibilidad de imponer multas.[3]

---

1 Vid. CRUZ GONZÁLEZ, M; Cadena de distribución agroalimentaria, marcas y competencia desleal: una reflexión a partir de la guerra de las galletas Competencia, propiedad intelectual y tutela de consumidores en el sector agroalimentario, Tirant Lo Blanch, p.1385.

2 Vid. MARTÍ MIRAVALLS, J.: La cadena de valor en la regulación del mercado agroalimentario: de la cláusula de reparto valor a la prohibición de su destrucción., en CARBAJO CASCÓN, F., & JIMÉNEZ SERRANÍA, V.: Competencia, propiedad intelectual y tutela de consumidores en el sector agroalimentario, 2022, pp. 1044-1045.

3 Vid GONZÁLEZ CASTILLA, F., RUIZ PERIS, J. I., & ALBA, M. (2016). *Estudios sobre el régimen jurídico de la cadena de distribución agroalimentaria.* Marcial Pons.

El sector de la distribución alimentaria se encuentra dividido en dos tipos de canales de venta:

Por una parte, el canal de venta organizado, muy concentrado en empresas con superficies de venta de tamaño medio-grande, los cuales ofertan una amplia gama de productos que proceden, por lo general, de grandes grupos de distribución minorista. Estos distribuidores concentran la demanda de los distintos puntos de venta, lo cual les confiere un gran poder de negociación frente a los proveedores.

El otro canal de venta es el del comercio especializado, formado por empresas con superficies de venta al público de tamaño reducido; suele tratarse de empresas familiares ubicadas en mercados municipales, galerías comerciales o superficies de venta propias.

La Ley 12/2013 de 2 de agosto, de medidas para mejorar el funcionamiento de la cadena alimentaria , es aplicable a las relaciones comerciales entre todos los operadores que intervienen en la cadena alimentaria desde la producción a la distribución de alimentos o productos alimenticios. Las que se realicen entre operadores de la cadena agroalimentaria así como en los procesos de envasado, transformación o acopio para su posterior comercialización, y en todo caso, las compras de los animales vivos, los piensos y todas las materias primas e ingredientes utilizados para alimentación animal. No obstante, excluye de su ámbito de aplicación las entregas de producto que se realicen a cooperativas agroalimentarias o entidades asociativas por parte de los socios de las mismas[4].

---

4 La CNMC en su Informe sobre el Anteproyecto de ley de medidas para mejorar el funcionamiento de la cadena alimentaria (2012) argüía que algunas de las prácticas comerciales que, de acuerdo con la redacción del APLCA, podrían recaer dentro de las categorías

La Directiva (UE) 2019/633, de 17 de abril de 2019, relativa a las prácticas comerciales desleales en las relaciones entre empresas en la cadena de suministro agrícola y alimentario preveía entre la lista de prácticas prohibidas un bloque constituido por aquellas que pueden ser consideradas lícitas si se llega a un acuerdo entre las partes sobre la aplicación de las mismas, tanto en el contrato de suministro como en un contrato posterior y siempre que se hayan acordado de manera clara y sin ambigüedad (artículo 3.2). Entre ellas, figuraba la relativa a la exigencia del comprador al proveedor de que pague por la publicidad de productos agrícolas y alimentarios realizada por el comprador [artículo 3.2, letra d)]. Las dos categorías o niveles de prácticas comerciales desleales son calificadas respectivamente como «lista negra» o «lista gris» de prácticas comerciales desleales en este sector. Para controlar el cumplimiento de las prohibiciones de prácticas establecidas, los Estados miembros tendrán que designar autoridades que lleven a cabo esta función en la práctica (artículo 4). Debía determinarse en cada caso qué instancia administrativa asumiría las competencias sancionadoras y atendería las denuncias cursadas (artículo 5), correspondiéndole a esa autoridad de ejecución, en caso de considerar que se había producido una infracción de las

---

de abuso pueden resultar, de hecho, eficientes y consecuencia de dinámicas comerciales favorables a la competencia. Sería, por tanto, desproporcionado prohibirlas para todos los operadores y relaciones comerciales en la cadena o introducir, de forma no proporcionada, rigideces a su utilización en la relación comercial. Es el caso, por ejemplo, de determinadas modalidades de pagos comerciales por conceptos como la asignación de espacio en el lineal, la gestión de stocks por cambios en el surtido o los fallos relacionados con el suministro. Estos mecanismos pueden favorecer la configuración de un surtido más favorable para los consumidores e introducir incentivos a los distribuidores, industria y productores para mejorar el funcionamiento de la cadena.

prohibiciones establecidas, pedir al comprador infractor que no continuase realizando la práctica comercial prohibida (artículo 5.7). La Directiva detallaba además las que serían las atribuciones de tales autoridades (artículo 6), entre las cuales se encuentra la facultad de publicar de forma periódica las decisiones adoptadas (artículo 6.1, letra f). Los Estados miembros también podrían, de manera voluntaria, fomentar el uso de mecanismos alternativos de resolución de conflictos (art. 7).[5]

Se hace necesario reivindicar el papel fundamental del Derecho de Defensa de la competencia en la lucha contra los desequilibrios en la cadena alimentaria, contribuyendo a fortalecer el poder negociador de los operadores del sector agrícola, ofreciendo herramientas jurídicas que fomentan el equilibrio entre la potestad sancionadora de la Administración pública (en este caso a través de un organismo autónomo, la Agencia de Información y Control Alimentarios) y aquellos, además de ayudar a restablecer el equilibrio negocial entre los operadores alimentarios y en la represión de las prácticas comerciales desleales previstas en la Directiva (UE) 2019/633. [6]

---

5 La compatibilidad entre la normativa que incorpore esta Directiva y otras normas nacionales que se hayan dictado para combatir prácticas comerciales desleales en este sector, está prevista en el artículo 9 de la disposición armonizadora. En este punto, se deben destacar aquellas normas que en materia agroalimentaria hayan dictado las Comunidades Autónomas, pues en algunos casos se exige que exista un marco de competencia leal entre operadores, fijando una serie de obligaciones a los mismos que puede ser objeto de inspección (En este sentido, GÓMEZ LOZANO, M.: Prácticas comerciales desleales entre empresas en la cadena de suministro agrícola y alimentario, 2019).

6 Vid MARTÍN ARESTI P., "Los Excesos Regulatorios de la Reforma de la Ley 12/2013 sobre el Funcionamiento de la Cadena Alimentaria", ADI, Tomo 42, 2022, pp. 149-174.

II. LA AGENCIA DE INFORMACIÓN Y CONTROL ALIMENTARIOS

La heterogeneidad del sector agroalimentario, especialmente la diversa dimensión empresarial de los agentes que participan en la cadena alimentaria, es una de las circunstancias que ha provocado una intervención por parte de los poderes públicos, en la idea de evitar que se produzcan asimetrías de información entre los agentes y con ello, perjuicios en el correcto funcionamiento del mercado que afecten también de forma negativa, no sólo a los agentes, sino al consumidor[7].

La Agencia de Información y Control Alimentarios (AICA) es un organismo autónomo adscrito al Ministerio de Agricultura, Pesca y Alimentación a través de la Secretaría General de Agricultura y Alimentación[8], que tiene como finalidad el control del cumplimiento de lo dispuesto en la Ley 12/2013 de 2 de agosto, de medidas para mejorar el funcionamiento de la cadena alimentaria, concretamente en lo que respecta a la regulación de las relaciones comerciales entre los operadores de la cadena alimentaria (agricultores y ganaderos, fabricantes de alimentación y bebidas y distribuidores del sector agroalimentario), así como en el Estatuto de la Agencia de In-

---

7 Vid DOMÍNGUEZ PÉREZ, E.M.: *"Practicas grises" en la cadena agroalimentaria: el artículo 3.2 de la directiva (UE) 2019/633 y el nuevo artículo 14. bis. 2. (B, C, D) de la ley 12/2013, tras la reforma operada por la Ley 16/2021, de 14 de diciembre* en CARBAJO CASCÓN, F., & JIMÉNEZ SERRANÍA, V.: *Competencia, propiedad intelectual y tutela de consumidores en el sector agroalimentario*, 2022.

8 La importancia del sector agroalimentario para España en el marco de la Unión Europea ha sido puesta en valor por CAZORLA GONZÁLEZ, M.J. "Relaciones contractuales en la cadena alimentaria y su incidencia en la competitividad de los mercados", Revista de Derecho Agrario y Alimentario, nº. 62, 2013, pp. 11 a 14.

formación y Control Alimentarios, aprobado por Real Decreto 227/2014, de 4 de abril[9].

Además, la Agencia de Información y Control Alimentarios es responsable de la gestión de los sistemas de información y control de los mercados oleícolas, así como del control de los pagos a las organizaciones interprofesionales en los sectores lácteo y oleícola (aceite de oliva y aceituna de mesa).

La asimetría de poder negociador es una manifestación del funcionamiento de las fuerzas de mercado que están imprimiendo presión a los agentes de los segmentos más débiles de la cadena para que implementen cambios estructurales y de comportamiento para ser más eficientes, so pena de verse abocados a desaparecer. Así, en su posición débil de negociación, la presión a la que se enfrentan los productores primarios debe servir como estímulo para que adopten medidas de innovación y cambios estructurales que permitan mejorar el desempeño de su actividad y su posición en el mercado y puedan superar ese desequilibrio. Desequilibrio que, recordemos, no es un fallo de mercado[10].

---

9 BOE núm. 105, de 30 de abril de 2014.

10 Vid. OLMEDO PERALTA, E.: Poder de mercado, poder de negociación y abusos explotativos en la cadena alimentaria, en Competencia, propiedad intelectual y tutela de consumidores en el sector agroalimentario, págs. 1137-1180. (...)no se aprecian fallos de mercado desde la perspectiva antitrust, pero no es menos cierto que los problemas de asimetría en el poder de negociación sí son comunes en la cadena alimentaria y permiten prácticas comerciales desleales de distinto tipo. En tanto que a través de esta norma se consiga atajar -siquiera parcialmente-tales problemas, la LCA estará justificada. Sin embargo, no es menos cierto que buena parte de las obligaciones que se imponen en la LCA con el objetivo de atajar los problemas estructurales percibidos en el mercado y que generan el desequilibrio entre las partes se encuentran ya tipificadas en nuestra

En algunos sectores, la propia política de competencia y consideraciones socioeconómicas de otra índole pueden aconsejar una aplicación "diferente" de las normas sobre libre competencia y sobre competencia desleal, forzando al legislador a crear una regulación "ad hoc" orientada a la racionalización del mercado y búsqueda del mejor equilibrio posible entre los distintos agentes que participan en el mismo, a fin de crear seguridad jurídica y contribuir al bienestar de todos los operadores del sector y de los consumidores: ocurre con la regulación de los mercados agroalimentarios, porque la política agraria común de la Unión Europea no se limita a promover la asignación eficiente de los recursos mediante la aplicación general del derecho de la competencia, sino también a garantizar la estabilidad de los mercados para asegurar un nivel de vida equitativo a la población agrícola y la continuidad de los suministros a los consumidores finales a precios razonables; pero también porque la experiencia viene demostrando que la aplicación básica o lineal del derecho de la competencia al sector agrario no ha servido para resolver los muchos problemas surgidos en torno a la cadena de producción y suministro agroalimentario, conocidos los fuertes y crecientes desequilibrios existentes entre una oferta fuertemente atomizada en miles de pequeños agricultores, cooperativas y asociaciones u organizaciones de productores, y una demanda cada vez más concen-

normativa sobre competencia desleal, bien a través de ilícitos concretos, bien a través de la cláusula general de prohibición de la deslealtad. En este ámbito no se aporta mucho, más allá de la concreción de algunos problemas concretos que más directamente atañen a este sector. La necesidad, en cambio, de esta norma ha de buscarse en la legitimación de un ente público -la AICA-para perseguir tales conductas, escapándose así de la necesidad de un proceso civil por competencia desleal frente a cada una de las prácticas comerciales.

trada en grandes grupos de transformación y distribución de productos agroalimentarios[11].

2.1 Actividad inspectora

El último informe de la actividad inspectora y de control de la AICA[12], pone de manifiesto que en el año 2023 se realizaron 558 inspecciones de oficio, controlando relaciones comerciales de los inspeccionados con sus proveedores y/o clientes; y fueron controladas un total de 2.371 relaciones comerciales entre operadores de la cadena alimentaria.

En cuanto a los controles de oficio, por sectores, se realizaron 285 controles en el sector de las frutas y hortalizas, 6 en el sector vinícola, 112 en el sector lácteo, 1 en el del aceite de oliva, 18 en la aceituna de mesa y 116 en el sector cárnico, 16 en el de los frutos secos y 4 controles mixtos de varios sectores.

En lo que respecta a las relaciones comerciales controladas, a lo largo de 2023 fueron 409 en el sector de las frutas y hortalizas, 894 en el del vino, 719 en el del lácteo, 4 en el sector oleícola, 25 en el de la aceituna de mesa, 249 en el sector cárnico y 21 en el de los frutos secos, además de 50 controles mixtos que afectaron a varios sectores.

La Agencia también lleva a cabo actuaciones por incumplimiento controlado: desde destrucciones de valor en la cadena (310 actuaciones en 2023), aplicación u oferta de un precio de venta al público inferior al precio real de adquisición y venta

---

11 Vid. CARBAJO CASCÓN, F.: Conductas colusorias y exenciones agrícolas en CARBAJO CASCÓN, F., & JIMÉNEZ SERRANÍA, V.: Competencia, propiedad intelectual y tutela de consumidores en el sector agroalimentario, 2022, pp. 929-930.

12 https://www.aica.gob.es/informes-de-la-actividad-de-aica/

desleal (1), comprobaciones de la existencia de contratos alimentarios por escrito antes de la entrega de los productos (551), comprobaciones de la existencia de los elementos mínimos del contrato alimentario (553), modificaciones unilaterales de condiciones contractuales (541), pagos adicionales/asunción de costes sobre el precio pactado (541), comprobación de los plazos de pago (1), comprobación de la gestión de marcas (1), Estatutos o acuerdos de cooperativas o entidades asociativas -procedimiento de determinación del valor del producto entregado, calendario de liquidación y comunicación fehaciente a socios- (5) y comprobación de la formalización de contratos alimentarios de la cooperativa con sus socios en el caso que no contener sus estatutos el requisito de obligación de entrega de la producción (5) y comprobación de la obligación de inscripción en el registro de contratos alimentarios antes de la entrega (10).

Mas no solo de la actividad de oficio vive la AICA: también recibe alertas informativas de posibles incumplimientos de la Ley 12/2013. Las denuncias se someten a examen previo a iniciar la actividad investigadora: debe contener la identificación expresa del denunciante, la identificación expresa del denunciado, recoger de manera resumida las conductas e infracciones denunciadas, debidamente fundamentadas y acompañarse de los documentos necesarios que prueben las conductas e infracciones denunciadas (contratos, facturas, albaranes, correspondencia, costes de producción, etc.). Las entradas de información recibidas en la Agencia en 2023 fueron 77, de las cuales: 32 denuncias fueron presentadas en AICA, 37 entradas no cumplían los requisitos de denuncia, 1 fue trasladada desde las Comunidades Autónomas y 7 de las denuncias se encontraban fuera del ámbito de la Ley o fueron trasladadas a otros organismos[13].

---

[13] De la comparativa con 2022 resulta que las denuncias investigadas superaron en un 39,1 % a las del periodo anual anterior, un 59,4 % más interanual teniendo en cuenta las actuaciones de oficio. https://efeagro.com/aica-sanciones-cadena-limentaria/

2.2 Actividad sancionadora

Un total de 2.216 expedientes sancionadores se iniciaron en 2023, resultando en la imposición de 382 sanciones por parte del Ministerio de Agricultura, Pesca y Alimentación. Por sectores, se impusieron 165 sanciones en el hortofrutícola, 1 en el de las leguminosas, 1 en el de los frutos secos, 17 en el sector lácteo, 96 en el vinícola, 40 en el oleícola, 19 en el de la aceituna de mesa, 41 en el cárnico y 2 en el de la miel.

Se impusieron un total de 185 sanciones por incumplimiento de plazos de pago, 88 sanciones por ausencia de contratos, 64 por no incluir todos los extremos en contratos, 5 por falta de suministro de la información requerida, 7 por suministrar de forma incompleta o fuera del plazo señalado la información requerida, 2 por resistencia u obstrucción a la actuación de la Administración, 19 por realizar modificaciones unilaterales no pactadas y 12 por destrucción del valor en la cadena alimentaria.

En lo concerniente a las infracciones por tipo de incumplimiento y de operador, en el sector de frutas y hortalizas se registraron un total de 165 infracciones con sanción, de las cuales 104 fueron incumplimientos de plazos de pago, 32 casos de ausencia de contratos, 22 supuestos de no inclusión de todos los extremos en contratos y 7 de modificación unilateral no pactada.

En el sector lácteo, se sancionaron 17 infracciones: 3 supuestos de suministro incompleto o fuera del plazo señalado de la información requerida, 2 de resistencia u obstrucción a la actuación de la Administración y 12 por destrucción de valor en la cadena alimentaria.

En cuanto al sector vitivinícola, fueron sancionadas un total de 96 infracciones: 42 por incumplimiento de plazos de pago, 13 por ausencia de contratos, 25 por no incluir todos los extremos en contratos, 4 por no suministrar la información requerida y 12 por modificaciones unilaterales no pactadas.

En el sector oleícola, las infracciones sancionadas lo fueron por incumplimiento de los plazos de pago (21), ausencia de contratos (17) y no incluir todos los extremos en contratos (2).

En el sector aceitunero, se sancionaron un total de 19 infracciones: 1 por incumplimiento de plazos de pago, 12 por ausencia de contratos y 6 por no incluir todos los extremos en contratos.

En el sector avícola, se sancionaron 4 infracciones: 1 por incumplimiento de plazos de pago, 1 por falta de suministro de la información requerida y 2 por suministrarla de forma incompleta o fuera del plazo señalado.

En el sector bovino, de las 37 infracciones con sanción, 14 lo fueron por incumplimiento de plazos de pago, 14 por ausencia de contratos y 9 por no incluir todos los extremos en contratos.

III. EL PAPEL DE LAS COMUNIDADES AUTÓNOMAS

No puede dejar de tenerse en cuenta la labor que llevan a cabo los respectivos organismos de inspección de las Comunidades Autónomas, controlando en sus territorios otras 2.871 relaciones comerciales, según el Informe de la actividad autonómica en 2023, que precisa que impusieron 167 sanciones, un 33,6 % más que en 2022.

Como consecuencia de la distribución de competencias descritas en el artículo 26 de la Ley 12/2013, de 2 de agosto, AICA, O.A. y los órganos competentes de las comunidades autónomas (Autoridades de Ejecución), trasladarán los expedientes y las investigaciones realizadas en su caso, al organismo competente en ejercer la potestad sancionadora.[14]

---

[14] De acuerdo con lo dispuesto en el artículo 26.1 de la Ley 12/2013, de 2 de agosto, corresponde a la Administración General del Estado ejercer la potestad sancionadora cuando: • Las partes contratantes

Si AICA, O.A. determina que la competencia sancionadora es de las comunidades autónomas, traslada a estas el expediente correspondiente para que procedan a su investigación y sanción en su caso.

En 2023, las comunidades autónomas trasladaron a AICA, O.A un total de 99 expedientes derivados de las investigaciones realizadas en el marco de sus programas de control de la Ley 12/2013, de 2 de agosto, por infracciones que corresponde sancionar a AICA, O.A. (36 del sector de frutas y hortalizas, 24 del sector lácteo, 14 sector cárnico, 12 sector vitivinícola, 8 del sector de los frutos secos, 3 del sector del aceite de oliva y 2 del sector girasol). Desde la creación de AICA, O.A. y hasta el 31 de diciembre de 2023, el número de expedientes trasladados ha sido de 314. En 2023, AICA, O.A. ha trasladado a las comunidades autónomas 36 expedientes, y desde su creación, ha trasladado un total de 161 expedientes.[15]

En Castilla y León se llevaron a cabo en 2023 un total de 324 inspecciones de oficio. Por eslabones de la cadena alimentaria, se sancionaron un total de 20 infracciones, todas ellas en el eslabón de la industria alimentaria: 11 infracciones del artículo 23.b) de la Ley 12/2013 -no se formalizaron por escrito los contratos alimentarios-; 3 infracciones del artículo 23.1.a) -no

---

tengan sus respectivas sedes sociales principales en diferentes comunidades autónomas. • El contrato afecte a un ámbito superior al de una comunidad autónoma en razón de la trazabilidad previsible de la mayor parte del producto objeto del contrato. • Cuando una de las partes del contrato no tenga su sede social principal en España. El artículo 26.2 de la Ley 12/2013, de 2 de agosto, establece que corresponderá a los órganos competentes de las Comunidades Autónomas ejercer la potestad sancionadora en los restantes supuestos.

15 Informe de la actividad inspectora y de control de AICA, O.A. en el ámbito de la cadena alimentaria, datos a 31 de diciembre de 2023.

incluir los extremos que como mínimo deben contener los contratos alimentarios- y 6 infracciones del 23.2.g) -incumplimiento de los plazos de pago-. La suma de relaciones comerciales de oficio controladas en Castilla y León fue de 972.[16].

Por sectores, las infracciones sancionadas se produjeron en el sector vinícola, el de las carnes y derivados, frutícola y hortofrutícola y sectores del chocolate, el cereal y las patatas.

IV. SOFT LAW: CÓDIGOS DE BUENAS PRÁCTICAS

La Ley 12/2013 regula en su Título III las buenas prácticas en la contratación alimentaria. El Capítulo I se centra en la regulación del Código de buenas prácticas mercantiles en la contratación alimentaria que impulsaría el Ministerio de Agricultura, Alimentación y Medio Ambiente, junto con el Ministerio de Economía y Competitividad, las Comunidades Autónomas y las organizaciones y asociaciones representativas de la producción, la transformación, la industria o distribución, de adhesión voluntaria por los operadores de la cadena. Se preveía además la creación de un Registro estatal, como instrumento público que agruparía a todos aquellos operadores de la cadena alimentaria que se adscriban al Código, además de que la inscripción de los operadores en el Registro se tenga en cuenta en la normativa reguladora de las ayudas y subvenciones promovidas por el Ministerio. En el Capítulo II se contempla la posibilidad de que existan otros códigos de buenas prácticas comerciales, en este caso impulsados por los propios

16 Informe de actividad autoridades de ejecución de las CCAA a 31 de diciembre de 2023, https://www.aica.gob.es/informes-comunidades/

operadores de la cadena, también inscribibles en el Registro[17]. Conforme queda descrito en el Apartado III de Adhesión y baja del mencionado Código[18], los operadores, así como sus asociaciones u organizaciones, tendrán que solicitarlo expresamente por escrito. Dicha solicitud deberá venir refrendada por aquellos órganos que, en cada caso, tengan capacidad y poder suficiente y acompañada de la documentación justificativa del cumplimiento de una serie de requisitos[19].

En virtud del Título IV de la Ley se creó el Observatorio de la Cadena Alimentaria, órgano colegiado adscrito al Ministerio de Agricultura, Alimentación y Medio Ambiente, para asumir nuevas funciones relacionadas con el funcionamiento de

---

17 AMAT LLOMBART pone de manifiesto los obstáculos jurídicos y económicos a los que se enfrenta la autorregulación (**Amat Llombart** , P.: Buenas prácticas mercantiles en la contratación alimentaria: códigos y autorregulación, en ***Temas Actuales de Derecho Agrario y Agroalimentario***, 2016, pp 15-36).

18 Resolución de 10 de diciembre de 2015, de la Dirección General de la Industria Alimentaria, por la que se publica el Código de Buenas Prácticas Mercantiles en la Contratación Alimentaria, BOE-A-2015-13856.

19 Debe señalarse el fomento por parte del legislador comunitario del sistema autonormativo, siendo consciente de la relevancia de los códigos de conducta en el ámbito del mercado y, al mismo tiempo, previendo la limitación de las prácticas comerciales desleales en relación con ellos, sin que sea preciso recurrir a acciones administrativas o judiciales para su adecuada atención pero instando a que en su elaboración se cuente con la participación de las organizaciones de consumidores y usuarios con objeto de alcanzar un nivel adecuado de tutela de los intereses de dicho colectivo. En este sentido, VÁZQUEZ RUANO, T., *La autorregulación como instrumento de mejora de la cadena agroalimentaria*, en CARBAJO CASCÓN, F. y JIMÉNEZ SERRANÍA, V: *Competencia, propiedad intelectual y tutela de consumidores en el sector agroalimentario*, 2022.

la cadena alimentaria y continuar ejerciendo las relacionadas con los precios de los alimentos. Con carácter general, las funciones del Observatorio de la Cadena Alimentaria engloban el seguimiento, asesoramiento, consulta, información y estudio del funcionamiento de la cadena alimentaria y de los precios de los alimentos, así como informar la propuesta de Código de Buenas Prácticas Mercantiles en la Contratación Alimentaria, facilitar su conocimiento entre los operadores de la cadena y promover su adhesión y conocer los resultados de la aplicación del mismo para proponer las medidas de mejora o actualización que sean necesarias, en su caso. Finalmente, podrá dar traslado a la autoridad competente de los incumplimientos de la ley que detecte en el ejercicio de sus funciones. La composición y funcionamiento se desarrollan reglamentariamente.

Los operadores adheridos tienen la obligación de declarar que conocen el Código de Buenas Prácticas Mercantiles en la Contratación Alimentaria y se comprometen al cumplimiento de sus Principios de Buenas Prácticas en todas sus relaciones mercantiles con el resto de operadores de la cadena alimentaria que operen en España. Además, deben aceptar el Sistema de Resolución de Conflictos propuesto en el Código. Por su parte las asociaciones u organizaciones representativas que se quieran adherir, deberán declarar que conocen igualmente el Código y comprometerse al cumplimiento de todos y cada uno de sus Principios de Buenas Prácticas que le sean de aplicación, así como a aceptar el Sistema de Resolución de Conflictos propuesto en el Código. Las empresas adheridas de tamaño superior al de PYME deberán diseñar y publicar un procedimiento interno de resolución de conflictos, independiente de los departamentos comerciales y que funcione como defensor del cliente y del proveedor. Las empresas que sean PYMES, a efectos de la Ley 12/2013, se verán excluidas de desarrollar el procedimiento interno de resolución de conflictos. En este caso, el operador que se considere perjudicado deberá solicitar a un nivel superior de la jerarquía comercial de la empresa supuestamente incumplidora que la cuestión se resuelva en un plazo máximo de 10 días hábiles desde la presentación de la solicitud[20].

Para el buen desarrollo de las relaciones comerciales, el Código debe ajustarse a los principios de equilibrio y justa reciprocidad entre las partes (distribución equitativa de riesgos y responsabilidades), libertad de pactos, buena fe, interés mutuo y cooperación, transparencia y respeto a la libre competencia en el mercado.

En Castilla y León, el **Defensor de la Cadena Alimentaria** se configura como un órgano de la Consejería de Agricultura y Ganadería para el estudio, observación, vigilancia y propuesta en lo relacionado con el equilibrio entre los diferentes agentes de la cadena alimentaria, en el marco de una competencia justa que redunde en beneficio del sector y de los consumidores[21]. Es una unidad administrativa de la Dirección General de la Industria y la Cadena Agroalimentarias, al cual puede dirigirse cualquier persona natural o jurídica que invoque un interés

---

20 Se trata de intentar de solucionar las discrepancias y cuestiones conflictivas relaciona- das con los contratos alimentarios, poniendo en práctica un sistema propio y específico que deberá ser más ágil, dinámico, económico y eficiente en comparación, por ejemplo, con el sistema judicial ordinario de resolución de conflictos (Amat, P.: Temas actuales de derecho agrario y agroalimentario, p. 26).

21 La Ley 1/2014, de 19 de marzo, Agraria de Castilla y León, en su artículo 172, señala que el Defensor de la cadena alimentaria tendrá entre sus funciones el control y denuncia de posibles prácticas abusivas y la emisión de dictámenes sobre cualquier cuestión relativa a las relaciones contractuales entre productores y compradores, cuyos contenidos podrán hacerse públicos. Asimismo, podrá elevar a los órganos que corresponda las recomendaciones que estime oportunas relacionadas con las materias objeto de su competencia.

legítimo, garantizándose la confidencialidad del titular de la denuncia en todas las actuaciones. Corresponde al Defensor de la Cadena Alimentaria de la Dirección General de la Cadena Alimentaria el seguimiento del funcionamiento del sistema de distribución alternativo "Campo de Encuentro", establecido por Acuerdo de la Consejería de Agricultura y las asociaciones profesionales agrarias como vía de distribución alternativa para contribuir a dar salida a los productos agrícolas y ganaderos y contener la pérdida de recursos del sector ocasionados por la pandemia. Por Decreto 47/2018, de 31 de octubre, se creó **la Junta de arbitraje y mediación para los contratos agrarios en Castilla y León** como órgano colegiado adscrito a la Consejería de Agricultura, Ganadería y Desarrollo Rural con determinadas funciones en materia de arbitraje y mediación. Por último, se prevé la creación del Observatorio de la cadena alimentaria de Castilla y León, un nuevo observatorio de precios que abarque toda la cadena alimentaria.

A modo de conclusión, puede decirse que la posibilidad de autorregulación ha venido a complementar a la actividad que realiza la Administración, tanto a través de la Agencia ministerial como de las diversas agencias que las Comunidades Autónomas implementaron en sus respectivos territorios, en el caso de las administraciones autonómicas, con el objetivo de hallar el complejo equilibrio entre regulación y libre competencia.

Los contratos alimentarios en la ley de medidas para mejorar el funcionamiento de la cadena alimentaria: ¿más sombras que luces?

MARÍA JOSÉ VAQUERO PINTO[1]
Profesora Titular de Derecho Civil
Universidad de Salamanca

[1] La presente aportación forma parte de los resultados del Proyecto de Investigación SA265P20 "Competencia e Innovación en el Sector Agroalimentario de Castilla y León" concedido por la Junta de Castilla y León y cofinanciado con fondos FEDER (Orden EDU/1192/2020, de 4 de noviembre) del cual es investigadora principal la Profª Drª Dª Pilar Martín Aresti.

BIBLIOGRAFÍA: ADAME MARTÍNEZ, M. Á. (2020), "Definición y elenco de prácticas comerciales desleales", en MUÑIZ ESPADA, E. (Coord.), *Cambios en la ley de cadena alimentaria: propuestas para la urgente transposición de la Directiva 2019/663*, Reus, Madrid, pp. 39-87; AMAT LLOMBART, P. (2022), *Relaciones comerciales entre operadores de la cadena alimentaria*, Reus, Madrid; AMAT LLOMBART, P. (2016), "Buenas prácticas mercantiles en la contratación alimentaria: códigos y autorregulación", en DOMÉNECH MARTÍNEZ, G./GONZÁLEZ BUTIJA, F./MILLÁN SALAS, F. (Edit.), *Temas actuales de Derecho agrario y agroalimentario*, Universitat Politécnica de València, pp. 15-35; ARNAU MOYA, F. (2020), "La necesaria ley estatal de compraventa de cosechas", *Revista Jurídica Valenciana*, nº 36, pp. 45-75; ARNAU MOYA, F. (2020), "El uso combinado de la Ley de cadena alimentaria y el Código Civil para combatir la venta a resultas", *Revista Boliviana de Derecho*, nº 30, pp. 328-363; ARPIO SANTACRUZ, J. (2022), "La determinación del precio en los contratos alimentarios", en CARBAJO CASCÓN, F., (Dir.), *Competencia, propiedad intelectual y tutela de consumidores en el sector agroalimentario*, Tirant lo Blanch, pp. 983-1040; BELTRÁN, E. (1989), "Sobre los contratos de integración vertical en la agricultura", *Anuario de Derecho Civil*, nº 2, pp. 445-468; CABALLERO LOZANO, J. M.ª (2020), "La protección del contratante débil: el caso del ganadero en el suministro de leche cruda", en MUÑIZ ESPADA, E. (Coord.), *Cambios en la ley de cadena alimentaria: propuestas para la urgente transposición de la Directiva 2019/663*, Reus, Madrid, pp. 261-304; CARBAJO CASCÓN, F. (2022), "Conductas colusorias y exenciones agrícolas", en CARBAJO CASCÓN, F., (Dir.), *Competencia, propiedad intelectual y tutela de consumidores en el sector agroalimentario*, Tirant lo Blanch, Valencia, pp. 927-961; CARBAJO CASCÓN, F. (2022), "Prácticas grises en la cadena agroalimentaria. El artículo 3.2 de la Directiva (UE) 2019/663 y el nuevo artículo 14.bis.2 (A, E, F) de la Ley 12/2013, de 2 de agosto, de medidas para mejorar el funcionamiento de la cadena agroalimentaria", en CARBAJO CASCÓN, F., (Dir.), *Competencia, propiedad intelectual y tutela de consumidores en el sector agroalimentario*, Tirant lo Blanch, Valencia, pp. 1351-1382; CARRASCO PERERA, Á. (2022), "Negociación contractual interminable", *GA_P*, enero, pp. 1-3; CARRASCO PERERA, Á. (2020), "Prácticas comerciales negras y grises en la comercialización alimentaria", *GA_P*, diciembre, pp. 1-4; CARRASCO PERERA, Á. (2020), "Derecho contractual y Derecho sancionador aplicables en la reforma de la ley de la cadena alimentaria", *GA_P*, noviembre, pp. 1-5; CAZORLA GONZÁLEZ, M.ª J. (2022), *Armonización europea de las prácticas comerciales desleales: nuevos modelos para equilibrar la negociación en la cadena alimentaria*, Dykinson, Madrid; DE LA CUESTA SAENZ, J. M.ª, (2019), "En torno a las prácticas desleales en las relaciones entre empresas en la cadena de suministro alimentario", *Revista de la Facultad de Derecho de México,* nº 273, pp. 130-154; DÍAZ-REGAÑÓN GARCÍA-ALCALÁ, C. (2013), "Contratos de integración agrícola y ganadera", en CARRASCO PERERA, Á., (Dir.), *Tratado de la compraventa. Homenaje al profesor Rodrigo Bercovitz,* Thomson Reuters, Cizur menor, pp. 177-187; DOMÈNECH MARTÍNEZ, G. (2012), "La comercialización de los productos agroalimentarios a través de los contratos tipo de productos agroalimentarios y la mediación en la resolución de controversias", *Revista de Derecho Agrario y Alimentario,* nº 60, pp. 47-64; DOMÍNGUEZ PÉREZ, E. (2022), "Prácticas grises en la cadena agroalimentaria: el artículo 3.2 de la Directiva (UE) 2019/663 y el nuevo artículo 14. bis.2 (B,C,D) de la Ley 12/2013, tras la reforma operada por la Ley 16/2021, de 14 de diciembre", en CARBAJO CASCÓN, F., (Dir.), *Competencia, propiedad intelectual y tutela de consumidores en el sector agroalimentario,* Tirant lo Blanch, Valencia, pp. 1315-1350; ESTEVAN QUESADA, C. (2017), *Explotación de la dependencia económica en las redes de distribución,* Thomson Reuters Aranzadi, Cizur Menor; FERNÁNDEZ-CARBALLO CALERO, P. (2022), "La lista negra de prácticas comerciales en la cadena de suministro agrícola y alimentario en la Directiva (UE) 2019/633 y su incorporación al ordenamiento jurídico español", en CARBAJO CASCÓN, F., (Dir.), *Competencia, propiedad intelectual y tutela de consumidores en el sector agroalimentario,* Tirant lo Blanch, Valencia, pp. 1247-1271; GONZÁLEZ-ORÚS CHARRO, M. (2022), "Contratos de suministro y aprovisionamiento entre el productor primario y el distribuidor de productos agroalimentarios", en CARBAJO CASCÓN, F., (Dir.), *Competencia, propiedad intelectual y tutela de consumidores en el sector agroalimentario,* Tirant lo Blanch, Valencia, pp. 753-793; GONZÁLEZ-ORÚS CHARRO, M. (2022), "La franquicia como nueva forma de distribución de productos agroalimentarios", en CARBAJO CASCÓN, F., (Dir.), *Competencia, propiedad intelectual y tutela de consumidores en el sector agroalimentario,* Tirant lo Blanch, Valencia, pp. 795-848; GUILLEM CARRAU, J. (2022), "La derogación funcional del Derecho de la competencia: el intercambio de información, la fijación de precios y de cantidades a la luz del asunto endivias", en CARBAJO CASCÓN, F., (Dir.), *Competencia, propiedad intelectual y tutela de consumidores en el sector agroalimentario,* Tirant lo Blanch, Valencia, pp. 963-982; GUILLEM CARRAU, J. (2020), "Venta a resultas y contrato escrito: la revisión de la Llei de contractes agraris", *Anuari de Dret Parlamentari,* nº 33, pp. 211-237; LÓPEZ AZCONA, A. (2011), "La experiencia aragonesa y catalana en materia de contratos de integración ganadera", *Revista de Derecho Aragonés,* nº 17, pp. 11-44; LOUREDO CASADO, S. (2022), "La lista negra de prácticas desleales en el sector agroalimentario de la Directiva 2019/663", en

CARBAJO CASCÓN, F., (Dir.), *Competencia, propiedad intelectual y tutela de consumidores en el sector agroalimentario*, Tirant lo Blanch, Valencia, pp. 1273-1313; MARTÍ MIRAVALLS, J. (2022), "La cadena de valor en la regulación del mercado agroalimentario: de la cláusula de reparto de valor a la prohibición de su destrucción", en CARBAJO CASCÓN, F., (Dir.), *Competencia, propiedad intelectual y tutela de consumidores en el sector agroalimentario*, Tirant lo Blanch, Valencia, pp. 1041-1062; MARTÍN ARESTI, P. (2022), "Los excesos regulatorios de la reforma de la Ley 12/2013 sobre el funcionamiento de la cadena alimentaria", *Actas de Derecho Industrial*, nº 42, pp. 149-173; MARTÍNEZ CAÑELLAS, A. (2016), "Contratos de integración de la producción y distribución de semillas transgénicas", en DOMÉNECH MARTÍNEZ, G./GONZÁLEZ BUTIJA, F./MILLÁN SALAS, F. (Edit.), *Temas actuales de Derecho agrario y agroalimentario*, Universidad Politécnica de Valencia, pp. 37-80; MONTORO MORENO. A. J.,/PAZ-ARES T. (2014), "Cuestiones clave de la ley de medidas para mejorar el funcionamiento de la cadena alimentaria", *Actualidad Jurídica Uría Menéndez*, nº 36, pp. 97-103; OLMEDO PERALTA, E. (2022), "Poder de mercado, poder de negociación y abusos explotativos en la cadena alimentaria", en CARBAJO CASCÓN, F., (Dir.), *Competencia, propiedad intelectual y tutela de consumidores en el sector agroalimentario*, Tirant lo Blanch, Valencia, pp.1137-1180; OLMEDO PERALTA, E. (2022), "Explotación de la situación de dependencia económica en la cadena alimentaria", en CARBAJO CASCÓN, F., (Dir.), *Competencia, propiedad intelectual y tutela de consumidores en el sector agroalimentario*, Tirant lo Blanch, Valencia, pp. 1181-1214; ORTEGA BURGOS, E. (2018), "La contratación en el sector de la distribución alimentaria: contratos de distribución", en ORTEGA BURGOS, E./MEDINA MARTÍN F. (Dir.), *El supermercado. Un modelo de proximidad equilibrada, accesible y circular*, Thomson Reuters Aranzadi, Cizur menor, pp. 525-557; ORTEGA BURGOS, E. (2018), "La contratación en el sector de la distribución alimentaria: contratos de suministro y franquicia", en ORTEGA BURGOS, E./MEDINA MARTÍN F. (Dir.), *El supermercado. Un modelo de proximidad equilibrada, accesible y circular*, Thomson Reuters Aranzadi, Cizur menor, pp. 559-583; PAZ-ARES,T./SAINZ DE AJA, B. (2022), "Cuestiones clave de la reforma de 2021 de la Ley de medidas para mejorar el funcionamiento de la cadena alimentaria", *Actualidad Jurídica Uría Menéndez*, nº 58, pp. 48-69; PETIT LAVALL, M.ª V. (2022), "El control de las condiciones generales de la contratación entre empresarios", en GONZÁLEZ CASTILLA, F./NIETO CAROL, U. (Dir.), *Retos de la contratación mercantil moderna*, Tirant lo Blanch, Valencia, pp. 246-266; RIVERA FERNÁNDEZ, M. (2020), "Normativa general y teoría general del contrato. Equilibrio contractual", en MUÑIZ ESPADA, E. (Coord.), *Cambios en la ley de cadena alimentaria: propuestas para la urgente transposición de la Directiva 2019/663*, Reus, Madrid, pp. 89-102; RODRÍGUEZ CACHÓN, T. (2020), *Relaciones contractuales de la cadena alimentaria: estudio desde el análisis económico del derecho*, Dykinson, Madrid; RODRÍGUEZ CACHÓN, T. (2020), "El soft law en la lucha contra las prácticas comerciales desleales en la cadena alimentaria", en MUÑIZ ESPADA, E. (Coord.), *Cambios en la Ley de cadena Alimentaria; propuesta para la urgente transposición de la Directiva 2019/633*, Reus Madrid, pp. 167-208; RODRÍGUEZ CACHÓN, T. (2018), "Relaciones contractuales en la cadena alimentaria: análisis a la luz de la nueva regulación", *Revista de Derecho Civil*, nº 1, pp. 191-227; SÁNCHEZ HERNÁNDEZ, A. (2022), "La contratación agroalimentaria tras las medidas de la nueva Ley 16/2021, de 14 de diciembre, para mejorar el funcionamiento de la cadena alimentaria", *PRZEGLAD PRAWA ROLNEGO*, nº 30, pp. 255-273; SÁNCHEZ HERNÁNDEZ, A. (2015), "Los contratos alimentarios en la Ley de cadena alimentaria", *Actualidad Civil* nº 3, pp. 1-37; VÁZQUEZ RUANO, T. (2022), "La autorregulación como instrumento de mejora de la cadena alimentaria", en CARBAJO CASCÓN, F., (Dir.), *Competencia, propiedad intelectual y tutela de consumidores en el sector agroalimentario*, Tirant lo Blanch, Valencia, pp. 1215-1246; VIEIRA GONZÁLEZ, J. (2019), "La morosidad como problema de aplicación e interpretación normativa", *Revista de Derecho Concursal y Paraconcursal*, nº 30, pp. 1-29; VILALTA NICUESA, A. E. (2007), "El fenómeno de la integración vertical: una aproximación al panorama normativo español, con especial referencia a la novedosa ley catalana 2/2005, de contratos de integración", en AMAT LLOMBART, P., (Coord.), *Derecho agrario y alimentario español y de la Unión Europea*, Tirant lo Blanch, pp. 403-424.

I. LAS RAZONES PARA LA REGULACIÓN SECTORIAL DE LOS CONTRATOS ALIMENTARIOS

1. El desequilibrio en el poder de negociación es fundamento de la regulación sectorial, pero no presupuesto para su aplicación

A estas alturas son bastantes los trabajos publicados sobre los contratos alimentarios regulados en la Ley 12/2013, de 2 de agosto, de medidas para mejorar el funcionamiento de la cadena alimentaria (LMMCA)[2]. El propósito particular que nosotros perseguimos es comprobar la utilidad de la regulación de tales contratos, atendidos los fines perseguidos por la norma.

Constituye una realidad incontestable la importancia económica y estratégica del sector agroalimentario en España que integra a una amplia diversidad de agentes de los sectores de la producción, la transformación y la distribución. Tampoco parece necesario incidir en la especial vulnerabilidad del sector en cuestión derivada de circunstancias como la atomización de los agentes que intervienen en las distintas fases productivas, la estacionalidad en el mercado, la volatibilidad de los costes de producción o el carácter perecedero de muchos de sus productos. Desde el año 2009 viene denunciándose en la Unión Europea la existencia de claras asimetrías en el poder de negociación entre los operadores de la cadena alimentaria que pueden derivar en una falta de transparencia en la formación de precios y en prácticas comerciales potencialmente desleales. Así, la Comunicación de la Comisión sobre mejorar el funcionamiento de la cadena alimentaria en Europa, de 28 de octubre de 2009 [COM (2009) 591, final] ya expresó la preocupación por la habitual existencia de desequilibrios considerables en el poder de negociación de las partes contratantes que podría dar lugar a mayores prácticas comerciales desleales, puesto

---

[2] Así, entre otros, cabe destacar, atendido el tratamiento extenso y general que hacen del asunto, los siguientes: AMAT LLOMBART, P. (2022), *Relaciones comerciales entre operadores de la cadena alimentaria*, Reus, Madrid; RODRÍGUEZ CACHÓN, T. (2018), "Relaciones contractuales en la cadena alimentaria: análisis a la luz de la nueva regulación", *Revista de Derecho Civil*, nº 1, pp. 191-227; y, desde otra perspectiva, RODRÍGUEZ CACHÓN, T. (2020), *Relaciones contractuales de la cadena alimentaria: estudio desde el análisis económico del Derecho*, Dykinson, Madrid.

que los operadores de mayor tamaño y más poderosos intentan imponer acuerdos contractuales que les favorezcan, ofreciendo mejores precios o imponiendo mejores cláusulas y condiciones. Como es sabido, los desequilibrios afectan fundamentalmente a la parte proveedora, pues, como señala el preámbulo de la LMMCA, el canal de venta organizado está muy concentrado en empresas con superficies de venta de mediano y gran tamaño que ofertan una amplia gama de productos que, normalmente, pertenecen a grandes grupos de distribución minorista que concentran la demanda de los distintos puntos de venta, lo que les confiere un gran poder de negociación frente a los proveedores[3].

El preámbulo de la Ley 16/2021, de 14 de diciembre, por la que se modifica la LMMCA incide también en la vulnerabilidad del sector, sujeto a una mayor dependencia coyuntural y a más desequilibrios que otras ramas de actividad, por lo que considera que una regulación sectorial resulta el modo más adecuado para hacer frente a sus necesidades y retos. El apartado III del preámbulo de la LMMCA, conforme a la redacción dada por la Ley 16/2021, expresa sus fines, con especial consideración al desequilibrio apuntado: *"La presente ley tiene como finalidad mejorar el funcionamiento y la vertebración de la cadena alimentaria de manera que aumente la eficacia y competitividad del sector agroalimentario español y se reduzca el desequilibrio en las relaciones comerciales entre los diferentes operadores de la cadena de valor, en el marco de una competencia justa que redunde en beneficio no solo del sector, sino también de la ciudadanía"*.

Sin embargo, es la Directiva (UE) 2019/633 del Parlamento Europeo y del Consejo, de 17 de abril de 2019, relativa a las

---

3 El preámbulo de la LMMCA se refiere a este canal de venta organizado para contraponerlo al canal de venta del comercio especializado, formado por empresas con superficies de venta al público de reducido tamaño de tipo familiar, ubicadas en mercados municipales, galerías comerciales o instalaciones de venta propias.

prácticas comerciales desleales en las relaciones entre empresas en la cadena de suministro agrícola y alimentario la que subraya en forma más clara la importancia del poder de negociación relativo de los compradores frente a los proveedores, como presupuesto justificador de una especial protección. Así, afirma en su considerando nº 14: "*La presente Directiva debe aplicarse a las conductas comerciales que practican los agentes de mayor tamaño frente a los agentes que tienen menor poder de negociación. Una aproximación adecuada al poder de negociación relativo es el volumen de negocios anual de los distintos agentes. Aun tratándose de una aproximación, este criterio proporciona a los agentes una previsibilidad con respecto a sus derechos y obligaciones en virtud de la presente Directiva. Un límite superior debe impedir que se conceda protección a agentes que no sean vulnerables, o que lo sean significativamente menos que sus homólogos o competidores más pequeños. Por ello, la presente Directiva establece categorías de operadores basadas en el volumen de negocios, conforme a las cuales se concede protección*" [cfr. art. 1 Directiva (UE) 2019/633].

Ahora bien, la Directiva (UE) 2019/633 incluye un planteamiento de armonización mínima que permitía a los estados miembros adoptar normas más estrictas para combatir las prácticas comerciales desleales [cfr. art. 9 Directiva (UE) 2019/633] y, en su incorporación al ordenamiento interno, a través de la Ley 16/2021, el legislador nacional hizo uso de esa facultad incurriendo, posiblemente, en algunos excesos regulatorios de los que da noticia en forma detallada MARTÍN ARESTI, en cuanto que no ciñe el ámbito de aplicación de la LMMCA a las relaciones comerciales de la cadena alimentaria en las que exista un desequilibrio relevante o una dependencia económica del proveedor respecto del comprador[4].

---

[4] MARTÍN ARESTI, P. (2022), "Los excesos regulatorios de la reforma de la Ley 12/2013 sobre el funcionamiento de la cadena alimentaria", *Actas de Derecho Industrial*, nº 42, pp. 149-173.

La LMMCA *"es de aplicación a las relaciones comerciales que se produzcan entre los operadores establecidos en España que intervienen en la cadena alimentaria*[5] *desde la producción a la distribución de productos agrícolas o alimentarios"* (art. 2.2.I LMMCA)[6], y se aplica con independencia del poder relativo de negociación de tales operadores; sin perjuicio de que las normas sobre contratos alimentarios estén sometidas a un ámbito de aplicación algo más específico al que haremos referencia más adelante (art. 2.4 LMMCA). Además, la protección dispensada por la norma puede beneficiar tanto al proveedor como al comprador. Ante la contradicción que deriva de la no exigencia del presupuesto que fundamenta la regulación sectorial -el desequilibrio en el poder de negociación- para que entre en juego su aplicación, la doctrina propone algún paliativo como el de entender que la existencia de la práctica comercial desleal evidencia la existencia de la dependencia económica de la parte que la sufre, o bien una interpretación correctora atendiendo a la *ratio* de la norma que conduciría a determinar la existencia de situación de dependencia conforme al art. 16.2 LCD[7].

---

5 Téngase en cuenta que el art. 2.3 LMMCA indica que serán también operaciones comerciales las que se realicen entre operadores de la cadena alimentaria en los procesos de envasado, transformación o acopio para su posterior comercialización y, en todo caso, las compras de animales vivos, los piensos y todas las materias primas e ingredientes utilizados para alimentación animal; y que se excluyen del concepto de "cadena alimentaria" las actividades mencionadas en el art. 5.a) LMMCA.

6 Ha de tenerse en cuenta la exclusión de las entregas a cooperativas y otras entidades asociativas (art. 2.2 LMMCA), sin perjuicio de que tales entregas queden sometidos a los requisitos de forma previstos en el art. 8.1 LMMCA.

7 MARTÍN ARESTI, P. (2022), *Los excesos regulatorios...*, cit., p. 164.

La LMMCA se refiere ahora a la norma que ha de regular los contratos transfronterizos. Sin embargo, como afirma CARRASCO PERERA, la ley española no puede modificar el RCE 593/2008, de 17 de junio de 2008, sobre la ley aplicable a las obligaciones contractuales (Roma I). En defecto de elección, la ley aplicable al contrato sería la ley del Estado de domicilio o residencia del vendedor (art. 4 Roma I). Conforme al art. 2.1.II LMMCA: "*Será de aplicación esta ley a las relaciones comerciales entre cualquiera de los operadores que intervienen en la cadena alimentaria cuando uno esté establecido en España y el otro en un Estado miembro, cuando no resulte de aplicación la legislación de otro Estado miembro*". A pesar del precepto, la LMMCA no se aplicará cuando las dos partes intracomunitarias hayan elegido la ley de un Estado no miembro y tampoco, salvo que la elijan los contratantes, cuando la parte española sea la compradora y la vendedora esté situada en un Estado fuera de la Unión Europea, porque la ley del comprador español no es la que tiene "vínculos más estrechos" con el contrato ni es la ley de la parte que lleva a cabo la "prestación característica" (cfr. arts. 3 y 4 Roma I)[8]. No obstante, cuando el juez español conozca del asunto, deberá aplicar las normas de

---

8 CARRASCO PERERA, Á. (2020), "Derecho contractual y Derecho sancionador aplicables en la reforma de la ley de la cadena alimentaria", *GA_P*, noviembre, pp. 1-5. Afirma el autor que también conculcan los artículos 3 y 4 del Reglamento Roma I lo dispuesto en el art. 2.1.II LMMCA: *"Cuando uno de los operadores esté establecido en España y el otro no, deberá indicarse expresamente en el contrato a qué legislación se sujeta la relación comercial"*. La forma de determinar convencionalmente la ley aplicable está prescrita con detalle por la norma y el legislador no la puede alterar; y, si la ley aplicable está determinada residualmente por alguno de los criterios del artículo 4 del reglamento y el resultado de ello es la no aplicación de la ley española, la ley así determinada regirá, aunque no se haga la mención expresa correspondiente.

policía y tienen esa consideración los artículos que prohíben las prácticas desleales previstas por la Directiva (UE) 2019/633 (cfr. 3.4 Directiva (UE) 2019/633, 9 Roma I y 14 bis LMMCA]; aunque el art. 2.1.IV LMMCA considera normas de policía todas las prohibiciones que contempla, así como el correspondiente régimen sancionador[9].

La LMMCA se dicta al amparo de lo dispuesto en el artículo 149.1.13.ª CE que atribuye al Estado competencia sobre bases y coordinación de la planificación general de la actividad económica, con excepción de lo dispuesto en las letras f) y g) del artículo 5, el Título II y la disposición transitoria primera, que se amparan en las reglas 6.ª y 8.ª del artículo 149.1 CE, que atribuyen al Estado la competencia exclusiva sobre legislación mercantil y legislación civil. Sin embargo, las comunidades autónomas pueden asumir, tal como han hecho en sus estatutos, competencia en materia de agricultura y ganadería, de acuerdo con la ordenación general de la economía (art. 148.1.7ª). Esta distribución de competencias explica que el control del cumplimiento de la LMMCA, así como la potestad para instruir los expedientes sancionadores por las infracciones establecidas en la misma, se encuentran encomendados a la Agencia de Información y Control Alimentarios O. A. (AICA) [10] [art 28 y

---

9 Con relación a esta previsión del art. 2.1.IV LMMCA, vid. Las interesantes reflexiones de CARRASCO PERERA, Á. (2022).

10 El Estatuto de la AICA se regula por el Real Decreto 227/2014, de 4 de abril, por el que se aprueba el Estatuto de la Agencia de Información y Control Alimentarios; y las actuaciones de la AICA por el Real Decreto 66/2015, de 6 de febrero, por el que se regula el régimen de controles a aplicar por la Agencia de Información y Control Alimentarios. Téngase en cuenta, que las referencias hechas a la Agencia deben entenderse hechas a la Agencia de Información y Control Alimentarios O. A., según establece la disposición adicional única del Real Decreto 368/2023, de 16 de mayo.

disposición adicional primera LMMCA; art. 4.2 Directiva (UE) 2019/633] o a los órganos equivalentes en las respectivas comunidades autónomas[11] (art. 26 LMMCA)[12]. En cualquier caso, las asociaciones y organizaciones representativas de operadores que intervienen en la cadena alimentaria se consideran interesados en el procedimiento administrativo (cfr. arts. 4.2 Ley

---

11 La distribución de competencias en esta materia no ha estado exenta de conflictos. De hecho, la STC nº 66/2017, de 25 de mayo declaró nulos algunos apartados de la disposición adicional primera LMMCA por invadir competencias de las comunidades autónomas. Sobre este asunto, DE LA CUESTA SAENZ, J. M.ª, (2019), "En torno a las prácticas desleales en las relaciones entre empresas en la cadena de suministro alimentario", *Revista de la Facultad de Derecho de México*, nº 273, pp. 130-154, pp. 138-144.

12 Dispone el art. 29 LMMCA: "1. Corresponde a la Administración General del Estado ejercer la potestad sancionadora prevista en esta ley, en los supuestos siguientes: a) Cuando las partes contratantes tengan sus respectivas sedes sociales principales en diferentes Comunidades Autónomas. b) Cuando el contrato afecte a un ámbito superior al de una Comunidad Autónoma en razón de la trazabilidad previsible de la mayor parte del alimento o producto alimenticio objeto del contrato. c) Cuando una de las partes del contrato alimentario no tenga su sede social principal en España. 2. Corresponderá a los órganos competentes de las Comunidades Autónomas ejercer la potestad sancionadora prevista en esta ley en los restantes supuestos, sin perjuicio de lo establecido en el apartado 2 bis del presente artículo. 2 bis. Cuando el órgano competente de una Comunidad Autónoma no haya actuado dentro de los plazos establecidos en los apartados 3 y 4 del artículo 29, el denunciante podrá acudir al órgano correspondiente de la Administración General del Estado. Si transcurrido un mes del requerimiento de la Administración General del Estado el órgano competente de la Comunidad Autónoma siguiera sin dar respuesta satisfactoria, a petición del denunciante la Administración General del Estado asumirá la competencia en su lugar (...).

39/2015, de 1 de octubre, del procedimiento administrativo común de las administraciones públicas y art. 22.7 LMMCA).

2. La perspectiva contractual como una de las varias vías para corregir el desequilibrio

2.1. El Derecho de defensa de la competencia

La protección de los operadores de la cadena alimentaria afectados por graves desequilibrios en la posición negociadora puede articularse a través de diversas vías, siendo la primera el Derecho de defensa de la competencia aplicable conforme al art. 7 LMMCA: *"El contenido de las relaciones reguladas por la presente Ley, así como la aplicabilidad de los principios rectores en la ejecución e interpretación de tales relaciones, quedará sometido a la normativa de defensa de la competencia, sin perjuicio de lo dispuesto en la normativa comunitaria".* A pesar de tal remisión, ha de recordarse la existencia de ciertas "exenciones agrícolas", como excepciones a la prohibición de conductas colusorias del art. 101 TFUE, para contemplar los objetivos de la Política Agraria Común (cfr. arts. 39.1 y 42 TFUE) reguladas en el RUE 1308/2013, de 17 de diciembre de 2013, por el que se crea la organización común de los mercados de los productos agrarios[13], en adelante ROCMA (cfr. arts. 206-210 bis ROCMA). Por

---

[13] Las exenciones se refieren a los acuerdos decisiones y prácticas concertadas de agricultores, asociaciones de agricultores o asociaciones de estas asociaciones, organizaciones de productores o asociaciones de organizaciones de productores, que se refieran a la producción o venta de productos agrícolas o a la utilización de instalaciones comunes de almacenamiento, tratamiento o transformación de productos agrarios, siempre que no pongan en

otro lado, las normas protectoras de la libre competencia (cfr. arts. 101, 102 TFUE; 1 y 2 LDC) juegan un papel residual en el sector agroalimentario, al encontrarse presentes posiciones de dominio relativas, más que absolutas, de modo que no proyectan sus efectos en el mercado[14]. No obstante, cuando concurran

---

peligro los objetivos del art. 39 TFUE. El ROCMA ha sido objeto de diversas modificaciones, siendo la última la llevada a cabo por el RUE 2021/2117, de 2 de diciembre de 2021. Sobre las exenciones agrícolas, vid. CARBAJO CASCÓN, F. (2022), "Conductas colusorias y exenciones agrícolas", en CARBAJO CASCÓN, F., (Dir.), *Competencia, propiedad intelectual y tutela de consumidores en el sector agroalimentario,* Tirant lo Blanch, Valencia, pp. 927-961; y GUILLEM CARRAU, J. (2022), "La derogación funcional del Derecho de la competencia: el intercambio de información, la fijación de precios y de cantidades a la luz del asunto endivias", en CARBAJO CASCÓN, F., (Dir.), *Competencia, propiedad intelectual y tutela de consumidores en el sector agroalimentario,* Tirant lo Blanch, Valencia, pp. 963-982. La exención no ha estado nunca exenta de críticas. Así, por ejemplo, según el Informe de la Comisión Nacional de la Competencia sobre competencia y sector agroalimentario, de 16 de junio de 2010, no concurren en el sector agrario con la suficiente intensidad las características estructurales que podrían justificar un tratamiento diferencial, en relación con otros sectores, en materia de aplicación de la normativa de defensa de la competencia; y no es necesario excluir de las normas de competencia las conductas que acarrean beneficios para los consumidores o para la eficiencia económica del sector, porque las propias leyes de competencia contemplan la no aplicación de sus normas cuando estas condiciones están suficientemente demostradas.

14 En este sentido, afirma OLMEDO PERALTA, E. (2022), ("Poder de mercado, poder de negociación y abusos explotativos en la cadena alimentaria", en CARBAJO CASCÓN, F., (Dir.), *Competencia, propiedad intelectual y tutela de consumidores en el sector agroalimentario,* Tirant lo Blanch, Valencia, pp.1137-1180, p. 1170) que

los presupuestos para su aplicación, la misma será preferente respecto de las infracciones previstas en la LMMCA referidas a prácticas comerciales desleales (arts. 22.2 y 4; 23.5 LMMCA).

2.2. El Derecho de la competencia desleal

En segundo término, para combatir la explotación de la dependencia económica que se produce manifiestamente en el sector agroalimentario[15] se muestra como instrumento más útil que el anterior el recurso al Derecho de la competencia desleal (cfr. art. 16 LCD[16]) y es la vía por la que se ha apostado decididamente

---

en la cadena alimentaria no se encuentran fallos de mercados relevantes que requieran una intervención desde la normativa de defensa de la competencia, y el foco para abordar la materia debe dirigirse al diferente poder negociador.

15 Como señala afirma OLMEDO PERALTA, E. (2022), ("Explotación de la situación de dependencia económica en la cadena alimentaria", en CARBAJO CASCÓN, F., (Dir.), *Competencia, propiedad intelectual y tutela de consumidores en el sector agroalimentario,* Tirant lo Blanch, Valencia, pp. 1181-1214, pp. 1184-1185), la explotación de la dependencia económica se encuentra a medio camino entre el Derecho de defensa de la competencia y el Derecho de competencia desleal, al tener como fundamentación última la posición de dominio. La primera se refiere a un poder de mercado absoluto; mientras que el poder de mercado considerado para para la explotación de la situación de dependencia es relativo, y solo puede ejercerse frente a determinados sujetos.

16 Indica ESTEVAN QUESADA, C. (2017), (*Explotación de la dependencia económica en las redes de distribución,* Thomson Reuters Aranzadi, Cizur Menor, p. 47), que la dependencia económica es uno de los factores centrales que influye en la existencia de un desequilibrio en el poder de negociación que puede dar lugar a conductas abusivas o desleales. En páginas posteriores (pp. 103-131), la autora analiza distintas modalidades de dependencia económica y, entre ellas,

en la Unión Europea. Con anterioridad a la incorporación de la Directiva (UE) 2019/633 ya se refería la LMMCA a ciertas prácticas comerciales abusivas, a pesar de que la Comisión Nacional de la Competencia se había pronunciado negando la necesidad de su incorporación, por estar ya contempladas en la LCD, afirmando, por otro lado, que algunas de las prácticas prohibidas podían resultar eficientes en ciertos casos[17].

Como la mayoría de los Estados miembros ya disponían de normas nacionales sobre prácticas comerciales desleales, aunque divergentes, la Directiva (UE) 2019/633 surgió con la finalidad de introducir un nivel mínimo de protección en el marco del Derecho de la Unión, dando respuesta a la Resolución del Parlamento Europeo sobre prácticas comerciales desleales en la cadena de suministro alimentario, de 7 de junio de 2016; resolución que es consecuencia de un notorio trabajo anterior en el marco de la Unión Europea[18]. Según el art. 1.1 de la Directiva (UE) 2019/633: *"Con el objetivo de luchar contra*

---

el poder relativo de la demanda que se encuentra en el origen de las normas sobre el asunto.

17 Informe de la Comisión Nacional de Competencia sobre el Anteproyecto de Ley de medidas para mejorar el funcionamiento de la cadena alimentaria (ALMMCA), de 19 de diciembre de 2012.

18 Así, son antecedentes de interés, en este asunto, además de la ya mencionada la Comunicación de la Comisión sobre mejorar el funcionamiento de la cadena alimentaria en Europa, de 28 de octubre de 2009 [COM (2009) 591, final]; el Libro verde sobre las prácticas comerciales desleales en la cadena de suministro alimentario y no alimentario entre empresas en Europa, de 31 de enero de 2013 [COM (2013) 37, final]; La Comunicación sobre hacer frente a las prácticas desleales en la cadena de suministro alimentario entre empresas, de 15 de julio de 2014 [COM (2014) 472, final]; y el Informe de la Comisión sobre las prácticas comerciales desleales en la cadena de suministro alimentario entre empresas, de 29 de enero de 2016 [COM (2016) 32, final].

las prácticas que se apartan manifiestamente de las buenas conductas comerciales, son contrarias a la buena fe y a la lealtad comercial y se imponen unilateralmente por una de las partes a la otra, la presente Directiva establece una lista mínima de prácticas comerciales desleales prohibidas en las relaciones entre compradores y proveedores en la cadena de suministro agrícola y alimentario y dispone normas mínimas en relación con el control del cumplimiento esas prohibiciones, así como disposiciones para la coordinación entre las autoridades encargadas de ese control del cumplimiento".

La Directiva (UE) 2019/633 establece una lista "negra" de prácticas comerciales desleales que lo serán en todo caso y una lista "gris" de prácticas comerciales desleales que solo lo serán si no se han acordado previamente de manera clara y sin ambigüedad en el contrato de suministro o en cualquier otro posterior entre proveedor y comprador [cfr. art. 3 Directica (UE) 2019/633][19]. La Ley 16/2021 incorpora las prácticas comerciales desleales contempladas por la Directiva añadiendo el art. 14 bis a la LMMCA si bien, como ya hemos apuntado, prescindiendo del presupuesto de la desigualdad en la posición negociadora o dependencia económica de los operadores, y proporcionando protección no solo al comprador, sino también al proveedor[20].

---

19 Sobre la los antecedentes de la Directiva (UE) 633/2019 y las decisiones que adopta, ADAME MARTÍNEZ, M. Á. (2020), "Definición y elenco de prácticas comerciales desleales", en MUÑIZ ESPADA, E. (Coord.), *Cambios en la ley de cadena alimentaria: propuestas para la urgente transposición de la Directiva 2019/663*, Reus, Madrid, pp. 39-87.

20 Con relación al análisis detallado de las distintas cláusulas, me remito a los siguientes trabajos incluidos en CARBAJO CASCÓN, F. (2022), (Dir.), *Competencia, propiedad intelectual y tutela de consumidores en el sector agroalimentario*, Tirant lo Blanch, Valencia: FERNÁNDEZ-CARBALLO CALERO, P. "La lista negra de prácticas comerciales en la cadena de suministro agrícola y alimentario en la Directiva (UE) 2019/633 y

La nueva regulación sectorial de las prácticas comerciales desleales en el sector agroalimentario cuya infracción da lugar al régimen sancionador previsto en la LMMCA, no ha estado exenta de críticas[21]. Así, entre otras, además de su aplicación a situaciones sin desequilibrio contractual[22], la posibilidad

su incorporación al ordenamiento jurídico español", pp. 1247-1271; LOUREDO CASADO, S., "La lista negra de prácticas desleales en el sector agroalimentario de la Directiva 2019/663", pp. 1273-1313. DOMÍNGUEZ PÉREZ, E., "Prácticas grises en la cadena agroalimentaria: el artículo 3.2 de la Directiva (UE) 2019/663 y el nuevo artículo 14.bis.2 (B, C, D) de la Ley 12/2013, tras la reforma operada por la Ley 16/2021, de 14 de diciembre", pp. 1315-1350; CARBAJO CASCÓN, F., "Prácticas grises en la cadena agroalimentaria. El artículo 3.2 de la Directiva (UE) 2019/663 y el nuevo artículo 14.bis.2 (A, E, F) de la Ley 12/2013, de 2 de agosto, de medidas para mejorar el funcionamiento de la cadena agroalimentaria", pp. 1351-1382.

21 Fueron importantes las críticas vertidas en el Informe de la Comisión Nacional de Competencia sobre el Anteproyecto de Ley de medidas para mejorar el funcionamiento de la cadena alimentaria, de 19 de diciembre de 2012 que no encontraba justificación al régimen sancionador que se introducía, teniendo en cuenta *"que se trata de relaciones contractuales mercantiles entre operadores económicos, ya sujetas a la normativa de obligaciones y contratos, a la legislación represora de la competencia desleal y a la legislación de propiedad industrial y, en la medida en que exista una afectación a la competencia efectiva, a la legislación Por todo lo anterior, la CNC considera que el APLMMCA debería prescindir de este régimen sancionador y reforzar, de acuerdo con el objetivo que anteriormente se ha establecido, la aplicación de los actuales mecanismos de respuesta a las infracciones sustantivas ya existentes".*

22 No obstante, entiende DOMÍNGUEZ PÉREZ, E. (2022), ("Prácticas grises en la cadena agroalimentaria…", cit., pp. 1336-1342) que el legislador considera que la conducta, para ser considerada desleal, es realizada por el operador de mayor dimensión empresarial, en relación a su contraparte, porque solo aquel está en posición de imponer una determinada conducta, debido a su posición de dependencia económica.

de que se blanqueen las prácticas comerciales desleales "grises", mediante la formalización del contrato, en perjuicio de los operadores más débiles que carecen de poder de negociación[23] o la falta de coordinación entre la LMMCA y la LCD; aunque parece razonable entender que, sin perjuicio del régimen sancionador establecido en la LMMCA, puedan los operadores afectados por prácticas comerciales desleales ejercer las acciones previstas en la LCD[24]. Cabe destacar que la AICA O. A. tiene legitimación para ejercer las acciones del art. 32.1 1ª a 4ª cuando resulten afectados los intereses de los operadores de la cadena alimentaria [disposición adicional primera 6.m) LMMCA] y esta previsión confirma de manera indudable la compatibilidad de las dos normas.

---

23 En este sentido, plantea CARBAJO CASCÓN, F. (2022), ("Prácticas grises...", cit., pp. 1378-1379) una posible interpretación finalista de acuerdo con los intereses que se pretenden proteger excluyendo la posibilidad de blanqueamiento cuando una de las partes sea un ganadero o agricultor titular de una explotación individual o una pequeña cooperativa.

24 Apunta MARTÍN ARESTI, P. (2022), ("Los excesos regulatorios...", cit., p. 170) que la principal duda que se suscita es si el operador afectado por una práctica desleal recogida en la LMMCA no subsumible en un acto de competencia desleal regulado en la LCD puede ejercer las acciones del art. 32.1 LCD, y se inclina por la solución favorable, recordando que la disposición adicional primera LMMCA reconoce legitimación a la AICA para ejercer algunas de esas acciones; y no tendría sentido que no pudiera hacerlo el operador afectado.

2.3. La postergación de la perspectiva jurídico-privada en la regulación de los contratos alimentarios

El Derecho de contratos como vía para remediar los desequilibrios manifestados entre los operadores de la cadena alimentaria se encuentra inevitablemente vinculado al de la competencia desleal, pues este último se aplica las relaciones comerciales contractuales entabladas entre tales operadores. Ahora bien, suele afirmarse que los remedios contractuales se muestran poco eficaces por razones como el "factor miedo" o el coste de los procedimientos judiciales, mostrándose más eficaz la tutela de tipo administrativo que dispensa la LMMCA ante los abusos de la parte más fuerte. En esta línea se manifiesta, por ejemplo, la Comunicación de la Comisión sobre hacer frente a las prácticas comerciales desleales en la cadena de suministro alimentario entre empresas, de 15 de julio de 2014: *"Toda parte en un contrato que se vea expuesta a PCD puede, en principio, tratar de obtener reparación interponiendo una demanda al amparo de las disposiciones generales de Derecho civil destinadas a combatir las cláusulas contractuales abusivas. Sin embargo, algunas partes interesadas, en particular las pymes, han hecho hincapié en que las demandas judiciales no son, en realidad, una forma eficaz de hacer frente a las PCD. En primer lugar, los pleitos suelen ser muy onerosos y dilatados en el tiempo. En segundo lugar, y lo que es quizás más importante, la parte más débil en una relación comercial en la cadena de suministro alimentario (en la mayoría de los casos, una pyme) suele tener el temor de que, al entablar un pleito, la parte más fuerte decida poner fin a la relación comercial (el "factor miedo"). Esto puede disuadir a las partes que sean objeto de PCD de emprender acciones judiciales, lo que a su vez puede limitar el efecto de disuasión sobre el socio comercial que ejerce dichas prácticas"*.

Lo cierto es que el legislador español recurrió hace ya bastante tiempo a la vía contractual para procurar mayor transparencia y evitar abusos en el ámbito de los contratos alimentarios, mediante el recurso a los contratos tipo, si bien desde un enfoque intervencionista, ignorando la perspectiva de las consecuencias jurídico-privadas derivadas del incumplimiento de los contratos o de la inclusión en los mismos de cláusulas abusivas. Aunque el Código de comercio excluyó de su ámbito de aplicación *"las ventas que hicieren los propietarios y los labradores y ganaderos de los frutos o productos de sus cosechas o ganados, o de las especies en que se les paguen las rentas"* (art. 326.2° Cco) y el Código civil no contempla normas dedicadas específicamente a la comercialización de productos agrarios, en las últimas décadas del S. XX el legislador estatal prestó especial atención al asunto desde un enfoque puramente administrativista.

La primera norma que se ocupó del tema fue la Ley 19/1982, de 26 de mayo, sobre contratación de productos agrarios, desarrollada por el RD 2707/1983, de 7 de septiembre. La Ley 19/1982 establecía los principios de economía contractual aplicables al tráfico de los productos agrarios con objeto de promover y ordenar las relaciones contractuales entre las empresas agrarias, por una parte, y las de industrialización, o, en su caso, las de comercialización, por otra. En realidad, lo que hacía, fundamentalmente, era establecer un régimen de estímulos económicos impulsando la autorregulación y el asociacionismo, respecto de una serie de productos agrarios determinados cada dos años por el Gobierno (art. 1.2 y 11 Ley 19/1982)[25]. Las relaciones contractuales a las que se refería la norma eran los acuerdos interprofesionales, los acuerdos colectivos y la compraventa de productos negociados, bien colectivamente, bien a título individual (art. 4 Ley 19/1982).

---

[25] Debía tratarse productos agrarios destinados total o parcialmente a su almacenamiento, conservación, acondicionamiento o transformación industrial y que permitieran establecer previsiones cuantitativas o cualitativas, durante varios años, para su comercialización (art. 2.1 Ley 19/1982).

Los acuerdos interprofesionales homologados por el Ministerio competente –u órgano correspondiente de la comunidad autónoma- funcionaban como convenios marco a cuyo amparo debían realizarse los contratos particulares que disfrutaban de las ayudas económicas celebrados mediante contratos tipo homologados (arts. 5.3, 5.4, 6 y 7 Ley 19/1982). En defecto de acuerdo interprofesional, también permitían acceder a incentivos económicos los acuerdos colectivos homologados, en los mismos términos y su aplicabilidad también dependía de la aprobación de contratos tipo homologados (art. 8 y 9 Ley 19/1982)[26]. En todo caso, los contratos tipo debían incorporar necesariamente las cláusulas mencionadas en el art. 12 RD 2707/1983. Con la adhesión de España a la CEE, se hizo precisa una norma que permitiera la correcta actuación en aquellos sectores cuyas organizaciones comunes de mercado disponían de mecanismos basados en la existencia de contratos. Surge, entonces, el RD 2556/1985, de 27 de diciembre, por el que se regulan los contratos de compraventa de productos agrarios contemplados en la Ley 19/1982, de 26 de mayo, que se refiere a los contratos tipo que pueden homologarse en defecto de acuerdo interprofesional o acuerdo colectivo. Tales contratos

---

[26] La norma definía los acuerdos interprofesionales como los compromisos de larga duración, como mínimo dos años, suscritos de una parte por las organizaciones profesionales agrarias, sindicatos agrarios y cooperativas del campo, y de otra por las empresas industriales o comerciales del mismo ámbito. Tales acuerdos debían concertarse para un sólo producto agrario, pudiendo establecerse uno o varios acuerdos interprofesionales en función de sus directos destinos industriales y/o comerciales (art. 5.1 Ley 19/1982). En defecto de acuerdo interprofesional, se consideraba acuerdo colectivo el conjunto de compromisos suscritos por varias empresas comerciales o sus organizaciones, cualquiera que fuera su ámbito o especialidad, de una parte, y los productores agrarios o sus organizaciones, de otra (art. 8 Ley 19/1982).

se beneficiaban de los incentivos de la Ley 19/1982, pero se prescindía del requisito de que los productos agrarios estuvieran incluidos en las listas aprobadas por el Gobierno. También se establecían una serie de cláusulas que debían contener los contratos (vid. art. 2 RD 2556/1985).

El método de la Ley 19/1982, basado en un sistema de contratos tipo homologados incluido en un nivel de concertación de acuerdo interprofesional o colectivo, perdió su razón de ser con la Ley 38/1994, de 30 de diciembre, reguladora de las organizaciones interprofesionales agroalimentarias[27] que atribuye a las mismas, entre otras funciones, la elaboración de contratos tipo agroalimentarios compatibles con la normativa de competencia nacional y comunitaria [art. 3.j) Ley 38/1994][28]. Por esa razón establece un sistema más simplificado la Ley 2/2000, de 7 de enero, reguladora de los contratos tipo de productos agroalimentarios, desarrollada por el RD 686/2000, de 12 de mayo.

La Ley 2/2000 regula el contrato agroalimentario de forma independiente a los acuerdos interprofesionales o colectivos, establece el procedimiento para su homologación (arts. 5-9 Ley 2/2000) y se refiere a las comisiones de seguimiento, entidades con personalidad jurídica y carácter representativo, a las que se encomienda el seguimiento, promoción, vigilancia y control de

---

27 La norma fue desarrollada por el RD 705/1997, de 16 de mayo, por el que se aprueba el Reglamento de la Ley 38/1994, de 30 de diciembre, reguladora de las Organizaciones Interprofesionales Agroalimentarias.

28 A los efectos de la ley, se define la organización interprofesional agroalimentaria en los siguientes términos: "aquélla, de ámbito estatal o superior al de una Comunidad Autónoma, que esté constituida por organizaciones representativas cualquiera que sea la naturaleza jurídica empresarial de sus representados, de la producción, de la transformación y en su caso de la comercialización y distribución agroalimentaria".

los contratos agroalimentarios homologados (art. 4 Ley 2/2000), así como la resolución de conflictos derivados de la interpretación y aplicación de los contratos tipo; aunque cabe acudir a la vía del arbitraje si no consiguen una solución aceptada por las partes (art. 10 Ley 2/2000). Atendida la competencia de las comunidades autónomas para regular la materia (art. 148.1.7ª CE), dispone el art. 1 Ley 2/2000: *"El objeto de la presente Ley es regular la homologación de los contratos tipo agroalimentarios cuyo ámbito de aplicación se extienda a más de una Comunidad Autónoma"*[29]. El contrato tipo agroalimentario aparece definido en el art. 2.1 de la Ley 2/2000: "(...) *aquel que se refiere a operaciones de tráfico comercial de productos en el sistema agroalimentario y obtiene la homologación del Ministerio de Agricultura, Pesca y Alimentación. Este contrato tipo homologado tendrá la consideración de modelo, al cual podrán ajustar sus contratos, sometidos al derecho privado, los operadores del sistema agroalimentario"*. El carácter simplificador de la nueva norma queda patente en el clausulado mínimo exigido en los contratos tipo para su homologación (art. 3 Ley 2/2000)[30].

La LMMCA se publica en 2013, como ya hemos indicado, para mejorar el funcionamiento y la vertebración de la cadena alimentaria y aumentar la eficacia y competitividad del sector agroalimentario español, reduciendo el desequilibrio en las relaciones comerciales entre los diferentes operadores de la cadena de valor. La LMMCA que deroga la Ley 19/1982 y sus normas de desarrollo, dedica su Título II al *"régimen de contratación y*

---

29 Pueden consultarse los contratos-tipo vigentes en cada momento en la página del Ministerio: https://www.mapa.gob.es/es/alimentacion/temas/integracion-asociativa/contratos-tipo/

30 Sobre esta forma de contratación, DOMÈNECH MARTÍNEZ, G. (2012), "La comercialización de los productos agroalimentarios a través de los contratos tipo de productos agroalimentarios y la mediación en la resolución de controversias", *Revista de Derecho Agrario y Alimentario*, nº 60, pp. 47-64.

prácticas comerciales abusivas". El Capítulo I de dicho título aborda el régimen especial de los *"contratos alimentarios"*, dedicando atención a los asuntos de la formalización del contrato, las condiciones contractuales mínimas, la realización de subastas electrónicas, y la obligación de conservación de documentos (arts. 8-12 LMMCA); quedando reservado el Capítulo II a las *"prácticas comerciales abusivas"*. En cuanto a las consecuencias del incumplimiento de las normas sobre contratación que incorporó la LCD en 2013, se reconducían a una infracción leve en materia de contratación alimentaria (art. 23 LMMCA).

La norma recurrió también a la autorregulación como medida para combatir las prácticas comerciales desleales[31] (cfr. arts. 5.2, 21 y 37-39 LCD). En particular, el Título III de la LMMCA, relativo a las *"buenas prácticas en la contratación alimentaria"* ordenó la elaboración de un Código de Buenas Prácticas Mercantiles en la Contratación Alimentaria (CBPMCA) que debían acordar el Ministerio de Agricultura y las asociaciones de ámbito superior al de una comunidad autónoma representativas de los operadores de la producción, la industria o la

---

[31] Sobre la autorregulación en el sector agroalimentario y la preocupación en la Unión Europea por este asunto, AMAT LLOMBART, P. (2016), "Buenas prácticas mercantiles en la contratación alimentaria: códigos y autorregulación", en DOMÉNECH MARTÍNEZ, G./ GONZÁLEZ BUTIJA, F./MILLÁN SALAS, F. (Edit.), *Temas actuales de Derecho agrario y agroalimentario*, Universitat Politécnica de València, pp. 15-35; RODRÍGUEZ CACHÓN, T. (2020), "El soft law en la lucha contra las prácticas comerciales desleales en la cadena alimentaria", en MUÑIZ ESPADA, E. (Coord.), *Cambios en la Ley de cadena Alimentaria; propuesta para la urgente transposición de la Directiva 2019/633*, Reus Madrid, pp. 167-208; y VÁZQUEZ RUANO, T. (2022), "La autorregulación como instrumento de mejora de la cadena alimentaria", en CARBAJO CASCÓN, F., (Dir.), *Competencia, propiedad intelectual y tutela de consumidores en el sector agroalimentario*, Tirant lo Blanch, Valencia, pp. 1215-1246.

distribución, con participación del Ministerio de Economía y Competitividad y las Comunidades Autónomas con el objetivo de promover un texto de aplicación uniforme en todo el territorio del Estado. Por otro lado, la LMMCA creó el Observatorio de la Cadena Alimentaria (art. 19 LMMCA[32]), atribuyéndole, entre otras funciones, la de informar la propuesta del CBPMCA y otras propuestas de códigos de buenas prácticas mercantiles (art. 20LMMCA). El CBPMCA se dio a conocer a través de la Resolución de 10 de diciembre de 2015, de la Dirección General de la Industria Alimentaria. Según la LMMCA la adhesión al CBPMCA es de carácter voluntario y, desde que se produce la misma, los operadores están obligados a ajustar sus relaciones comerciales a los principios y reglas que en el mismo se contengan y a la utilización de los sistemas de resolución de conflictos previstos (arts. 15 y 16 LMMCA); sin perjuicio de que los operadores de la cadena alimentaria puedan suscribir otros códigos más exigentes (art. 18 LMMCA).

Sin embargo, se trata de una voluntariedad relativa, pues el art. 17 LMMCA crea el Registro Estatal de Buenas Prácticas Mercantiles en la Contratación Alimentaria como instrumento público en el que constan todos los operadores que interviniendo en la cadena alimentaria se adhieran al Código[33] y, conforme al art. 17.5 LMMCA: *"La inscripción de los operadores en el Registro se tendrá en cuenta en la normativa reguladora de las ayudas y subvenciones que en relación con la alimentación y la cadena*

---

32 Con carácter general, son funciones del Observatorio de la Cadena Alimentaria el seguimiento, asesoramiento, consulta, información y estudio del funcionamiento de la cadena alimentaria y de los precios de los alimentos (art. 20.1 LMMCA).

33 Una vez inscritos los operadores en el Registro Estatal de Buenas Prácticas Mercantiles en la Contratación Alimentaria, podrán utilizar la mención de "Acogido al Código de Buenas Prácticas Mercantiles en la Contratación Alimentaria" (art. 17.2.II LMMCA).

alimentaria se promuevan por parte del Ministerio (...) ". En el mismo sentido se manifiesta el art. 7.2 del RD 64/2015, de 6 de febrero, por el que se desarrolla parcialmente la Ley 12/2013, de 2 de agosto, de medidas para mejorar el funcionamiento de la cadena alimentaria: "(...) *la inscripción de los operadores en el Registro se tendrá en cuenta en la normativa reguladora de las ayudas y subvenciones que en relación con la alimentación y la cadena alimentaria se promuevan por parte del Ministerio de Agricultura* (...) ".

Esta falta de voluntariedad ha sido insistentemente criticada por las autoridades de la competencia. Así, el Informe de la Comisión Nacional de Competencia sobre el ALMMCA, de 19 de diciembre de 2012, afirmaba que resulta un tanto extraño pretender compatibilizar la intervención pública mediante adopción de regulación legal para solucionar los problemas derivados de las prácticas de la cadena con la autorregulación de los operadores a este respecto, y señalaba que el proyecto condicionaba la libertad de los firmantes en cuanto al resultado de su negociación (cfr. art. 15.2 LMMCA)[34]. Por su parte, el Informe de la Comisión Nacional de los Mercados y la Competencia, sobre la propuesta de acuerdo sobre el código de buenas prácticas mercantiles en la contratación alimentaria, de 10 de septiembre de 2015, insistía en que lo anterior se agravaba por la especial consideración que la normativa prevé para los operadores adheridos al Código en la obtención de ayudas y subvenciones[35].

---

34 No obstante, la Comunicación sobre hacer frente a las prácticas desleales en la cadena de suministro alimentario entre empresas, de 15 de julio de 2014 [COM (2014) 472, final], alentaba a los operadores de la cadena alimentaria europea a participar en regímenes voluntarios, con vistas a fomentar las buenas prácticas y reducir las PCD.

35 El Informe recuerda, además, que "las ayudas o subvenciones han de ir dirigidas en principio preferentemente a corregir fallos de mercado, sin que la existencia de diferencias en cuanto al poder de

La LMMCA ha experimentado diversas modificaciones, siendo la más relevante la derivada de la incorporación de la Directiva (UE) 2019/633, a través de la Ley 16/2021[36]. No obstante, son también de interés las modificaciones incorporadas poco antes a la LMMCA por el RD-ley 5/2020, de 25 de febrero, por el que se adoptan determinadas medidas urgentes en materia de agricultura y alimentación, confirmadas por la Ley 8/2020, de 16 de diciembre. En particular, el RD-ley 5/2020 se refiere a los factores para determinar el precio, incluido el coste de producción (art. 9 LMMCA) e incorpora en el Capítulo sobre "prácticas comerciales abusivas" la regulación de las "actividades promocionales" (art, 12 bis LMMCA) y "la destrucción del valor de la cadena alimentaria", imponiendo a cada operador la obligación de pagar al operador inmediatamente anterior un precio igual o superior al coste efectivo de producción del producto; y prohibiendo que el operador que realice la venta al consumidor final pueda repercutir a los operadores anteriores el riesgo empresarial derivado de su política comercial en materia de precios ofertados al público (art. 12. ter LMMCA). Además, en el Título relativo a la potestad sancionadora, modi-

---

negociación entre compradores y vendedores pueda ser calificado de esta forma. En definitiva, debe respetarse la libre voluntariedad de suscripción del código sin que produzcan incentivos para su firma que son difícilmente renunciables para cualquier operador".

36 Con anterioridad, la norma fue modificada por la Ley 12/2014, de 9 de julio, por la que se regula el procedimiento para la determinación de la representatividad de las organizaciones profesionales agrarias y se crea el Consejo Agrario; por la Ley 6/2015, de 12 de mayo, de denominaciones de origen e indicaciones geográficas protegidas en el ámbito territorial supraautonómico; por la Ley 28/2015, de 30 de julio, para la defensa de la calidad alimentaria; y por el RD-ley 20/2018, de 7 de diciembre, de medidas urgentes para el impulso de la competitividad económica en el sector de la industria y el comercio en España.

fica el listado de infracciones (art. 23 LMMCA) adaptándolo a las nuevas normas e incorpora el art. 24 bis LMMCA para hacer obligatoria la publicación de las infracciones graves y muy graves en materia de contratación alimentaria.

Por su parte, Ley 16/2021 incorpora las modificaciones más relevantes[37]. Así, además de otras modificaciones de detalle, se amplía el ámbito de aplicación de las normas sobre contratos alimentarios (art. 2.3 LMMCA); se da nueva redacción al art. 3 LCD sobre los fines de la norma[38]; se matizan y amplían las definiciones proporcionadas por el art. 5 LMMCA; se transforman notablemente algunos de los preceptos relativos a los contratos alimentarios (arts. 8, 9 y 11 LMMCA) y se incorpora una nueva norma sobre negociación comercial (art. 9 bis LMMCA); se modifica la regulación de las prácticas comerciales abusivas que ya contemplaba la LMMCA en su redacción original y las incorporadas por el Real Decreto-ley 5/2020 (arts. 12-14 LMMCA); se regulan las nuevas prácticas comerciales desleales del art. 14 bis LMMCA, incorporando

---

37 Una exposición general de todas las modificaciones en PAZ-ARES, T./SAINZ DE AJA, B. (2022), "Cuestiones clave de la reforma de 2021 de la Ley de medidas para mejorar el funcionamiento de la cadena alimentaria", *Actualidad Jurídica Uría Menéndez*, nº 58, pp. 48-69.

38 Se suprime la referencia a los "consumidores" en lo que se refiere a algunos de los fines de la norma. En concreto, los de las dos primeras letras, atribuyendo un protagonismo más exclusivo a los operadores de la cadena alimentaria: "*a) Aumentar la eficacia y la competitividad del sector alimentario globalmente considerado, así como fomentar la creación o la mejora del empleo, dada su importancia para el conjunto de la sociedad, el medio rural y la economía nacional. b) Mejorar el funcionamiento y la vertebración de la cadena alimentaria, en beneficio de los operadores que intervienen en la misma, garantizando a la vez una distribución sostenible del valor añadido, a lo largo de los sectores que la integran*".

la Directiva (UE) 2019/633; se cambia profundamente el régimen sancionador derivado de la infracción de la LMMCA (arts. 23, 24 y 26 LMMCA); se designa a la AICA O.A. como autoridad de ejecución en el ámbito nacional, a los efectos de la Directiva (UE) 2019/633, ampliándose sus funciones (art. 28 y disposición adicional primera LMMCA); se afina la regulación de la publicidad de las resoluciones sancionadoras que incluye la identidad del infractor (art. 24 bis LMMCA); y se regulan las denuncias, garantizando la protección de la identidad de los denunciantes en todo momento (art. 29 LMMCA).

Finalmente, merece una breve reseña la incorporación del art. 11 bis LMMCA que crea el Registro de Contratos Alimentarios (RCA), previsión que fue objeto de desarrollo por el RD 1028/2022, de 20 de diciembre, por el que se desarrolla el Registro de Contratos Alimentarios[39]. En el RCA deben inscribirse los contratos alimentarios que se suscriban con los productores primarios y las agrupaciones de éstos, y sus modificaciones[40], y la

---

39 La STS nº 1770/2023, de 21 de diciembre (Sala de lo Contencioso-Administrativo, Sección 3ª) desestimó el recurso interpuesto contra el RD 1028/2022 por varias asociaciones.

40 Dispone el art. 11 bis LMMCA: "*1. El Ministerio de Agricultura, Pesca y Alimentación dispondrá de un registro digital en el que se inscribirán los contratos alimentarios que se suscriban con los productores primarios y las agrupaciones de éstos, y sus modificaciones. 2. El operador que compre a los productores primarios y las agrupaciones de éstos estará obligado a inscribir cada contrato alimentario que realice, y sus modificaciones, por los medios electrónicos que se dispongan reglamentariamente, antes de la entrega del producto objeto del contrato. 3. La Agencia de Información y Control Alimentarios, O.A., y las restantes autoridades competentes tendrán la potestad de acceder a dicho registro para realizar las comprobaciones pertinentes en el ámbito de sus competencias, con sujeción a la normativa en materia de protección de datos de carácter personal y de competencia*".

falta de inscripción constituye una infracción leve [art. 23.1.k) LMMCA]. La parte compradora es la obligada a practicar la inscripción (art. 4 RD 1028/2022[41]) que debe realizarse antes de la entrega del producto (art. 13 RD 1028/2022). Según el art. 8.2 RD 1028/2022, el RCA no es un registro de acceso público, sino un repositorio de contratos alimentarios inscritos. Ciertamente, los sujetos obligados solo pueden consultar los contratos alimentarios que hayan registrado, y el acceso al RCA corresponde en exclusiva a la AICA O.A., y a las autoridades de ejecución designadas por las comunidades autónomas encargadas del control del cumplimiento de la LMMCA (art. 15 RD 1028/2022).

En suma, el RCA tiene como exclusiva finalidad suministrar a las autoridades competentes la información necesaria para la comprobación del cumplimiento de la obligación de inscribir los contratos alimentarios y sus modificaciones, anexos e información complementaria, así como para realizar las comprobaciones pertinentes en el ámbito de sus competencias (art. 2 Real Decreto 1028/2022)[42].

---

41 No hay obligación de registrar los contratos alimentarios que se formalicen entre una entidad asociativa y sus socios en virtud del art. 8.1.II LMMCA y tampoco estarán obligados a registrar los contratos las cooperativas y las sociedades agrarias de transformación cuando recojan la leche cruda de sus socios según el ar. 8 LMMCA y la disposición adicional primera del Real Decreto 95/2019, de 1 de marzo, por el que se establecen las condiciones de contratación en el sector lácteo (art. 4.3 y 4 RD 1028/2022).

42 Es de interés destacar que, según el Informe de la Comisión Nacional de los mercados y la Competencia, sobre el Proyecto de RD por el que se desarrolla el registro de contratos alimentarios, de 26 de julio de 2022, el hecho de que la inscripción deba realizarse antes de la entrega del producto objeto del contrato puede plantear ciertas ineficiencias en la medida en que la tramitación puede retrasar la entrega del producto de naturaleza potencialmente perecedera.

Cabe concluir que, en lo que se refiere a los contratos alimentarios, contamos actualmente con una normativa dispersa y descoordinada. Así, por un lado, la relativa a los contratos tipo de uso voluntario, pero a los que debe recurrirse para poder acceder a ciertos incentivos económicos, tal como resulta de lo previsto en el art. 17.5 LMMCA y el art. 7.2 RD 64/2015 que condicionan el acceso a las ayudas y subvenciones del Gobierno a la adhesión de los operadores al CBPMCA; y de lo dispuesto por el art. 18 del CBPMCA: *"Si en un determinado sector existe un contrato-tipo homologado por la Administración competente, las empresas que suscriban el código deberán utilizarlo en sus relaciones comerciales sin perjuicio del cumplimiento del resto de disposiciones establecidas en éste Código en relación con la contratación"*. Por otro lado, se encuentra las normas sobre contratos alimentarios de la LMMCA, a las que vamos a referirnos en el siguiente epígrafe, conectadas a un régimen sancionador y cuya relación con la regulación sobre los contratos tipo omite el legislador, pues la LMMCA no los menciona en ningún momento, como tampoco lo hace el RD 1028/2022 cuando desarrolla el funcionamiento del RCA. Sin embargo, las remisiones que hace el CBPMCA a la LMMCA dejan claro que la aplicación de esta última no puede eludirse en ningún caso.

En la línea que ya hemos apuntado, la LMMCA parece ignorar las eventuales consecuencias jurídico-privadas derivadas del incumplimiento de la normativa sobre contratos alimentarios, salvo alguna excepción a la que luego haremos referencia (art. 9.3 LMMCA). En este sentido, se ha criticado en alguna ocasión la falta de remisiones de la LMMCA a la legislación civil para establecer un punto de conexión con la jurisdicción civil[43]. Ahora bien, ello no significa que no puedan entrar en

---

43 Afirma ARNAU MOYA, F. (2020), ("La necesaria ley estatal de compraventa de cosechas", *Revista Jurídica Valenciana*, nº 36, pp. 45-75, p. 51) que la LMMCA adolece de normas de remisión al ámbito civil y

juego en cualquier momento las previsiones del Derecho de contratos, por mucho que sean silenciadas por la LMMCA.

II. LOS CONTRATOS ALIMENTARIOS

1. El ámbito de aplicación del capítulo sobre contratos alimentarios y su falta de coordinación con el Registro de Contratos Alimentarios

El capítulo I del Título II de la LMMCA lleva por título *"Contratos alimentarios"* y, al igual que ocurre con el resto de la norma, actualmente su aplicación no depende de la existencia de un diverso poder de negociación de los operadores, si bien se precisa que el valor de los contratos exceda de cierto valor. Según el art. 2.4 LMMCA: *"El ámbito de aplicación del capítulo I del título II de esta ley se circunscribe a las relaciones comerciales de los operadores que realicen transacciones comerciales cuyo precio sea superior al importe fijado en el primer párrafo del artículo 7.1 de la Ley 7/2012, de 29 de octubre, de modificación de la normativa tributaria y presupuestaria y de adecuación de la normativa financiera para la intensificación de las actuaciones en la prevención y lucha contra el fraude"*. Según la norma a la que se hace la remisión: "*No podrán pagarse en efectivo las operaciones, en las que alguna de las partes intervinientes actúe en calidad de empresario o profesional, con un importe igual o superior a 1.000 euros o su contravalor en moneda extranjera*".

---

que, de haberse incluido estas, se habría dotado de un punto de conexión con la jurisdicción civil. Esta omisión –afirma- ha constituido un freno para el empleo de la LMMCA en los pleitos civiles sobre cosechas. Los operadores jurídicos no se terminan de creer la posibilidad del uso combinado de la ley de la cadena y del Código civil por lo tanto corresponde al legislador potenciar esa interconexión.

En la redacción original de la norma, la aplicación del Capítulo en cuestión se hacía depender de que la transacción comercial alcanzara los 2.500 euros y de la existencia de un desequilibrio entre los operadores determinado por las circunstancias concretas previstas por la ley (entonces, art. 2.3 LMMCA[44]). Sin embargo, tras la Ley 16/2021, el legislador olvida el presupuesto del desequilibrio y solo importa que la cuantía de la transacción exceda de 1.000 euros. Un ámbito de aplicación tan extenso resulta sorprendente, pues uno de los principios básicos del Derecho de contratos es la libertad contractual (art. 1255 CC), mencionada como uno de los principios rectores en esta materia (art. 4 LMMCA[45]), de manera que es necesario justificar cualquier límite impuesto a la autonomía privada; y es difícil hacerlo cuando no hay una a acusada necesidad de protección de la parte más débil del contrato. Además, se produce una falta de coordinación de la norma, pues la existencia de prácticas comerciales desleales no depende del valor de la operación comercial, pero la existencia de las

---

44 El art. 2.3 LMMCA definía las siguientes situaciones de desequilibrio: "a) Que uno de los operadores tenga la condición de PYME y el otro no. b) Que, en los casos de comercialización de productos agrarios no transformados, perecederos e insumos alimentarios, uno de los operadores tenga la condición de productor primario agrario, ganadero, pesquero o forestal o una agrupación de los mismos y el otro no la tenga. c) Que uno de los operadores tenga una situación de dependencia económica respecto del otro operador, entendiendo por tal dependencia, que la facturación del producto de aquel respecto de éste sea al menos un 30% de la facturación del producto del primero en el año precedente".

45 Dispone el art. 4 LMMCA: "Las relaciones comerciales sujetas a esta Ley se regirán por los principios de equilibrio y justa reciprocidad entre las partes, libertad de pactos, buena fe, interés mutuo, equitativa distribución de riesgos y responsabilidades, cooperación, transparencia y respeto a la libre competencia en el mercado".

mismas puede ser difícil de comprobar si el contrato no se ha formalizado. En cualquier caso, las partes pueden compelerse a hacer constar el contrato por escrito al amparo de los arts. 1279 y 1280 *in fine* CC, siempre que el valor de las prestaciones exceda de 1500 pesetas.

Por otro lado, cabe destacar que en el RCA solo cabe la inscripción de los contratos alimentarios que se suscriban con los productores primarios y las agrupaciones de éstos, y sus modificaciones, al buscarse la especial protección de los mismos, por ser habitual su situación de inferioridad en la negociación. Precisamente, la contratación entre un operador primario y otro que no lo fuera era inicialmente uno de los criterios que definían el desequilibrio contractual, determinante de la aplicación del Capítulo sobre contratos alimentarios (art. 2.3 LMMCA en su redacción original). El diferente ámbito de aplicación del capítulo sobre contratación y el de la norma sobre RCA –al requerirse el factor subjetivo apuntado: intervención de un productor primario- evidencia una falta más de coherencia del legislador en este tema.

A nuestro juicio, si se opta por proteger especialmente a los productores primarios, haciendo obligatoria la inscripción de los contratos que celebren, carece de sentido que se excluyan las operaciones por debajo de un valor determinado, pues la vulnerabilidad en estos casos es la misma o mayor. En este sentido, cabe destacar que la Ley 3/2013, de 26 de julio, de los Contratos y otras Relaciones Jurídicas Agrarias de Valencia que regula algunas modalidades de compraventa, a partir de la modificación llevada a cabo por la Ley 2/2019, prevé la inscripción obligatoria de todos los contratos regulados por la norma en el Registro de Operadores, Contratos y otras Relaciones Jurídicas Agrarias, sin establecer límite cuantitativo alguno. También merece ser tenida en cuenta la decisión adoptada últimamente por el art. 2.8 de la Directiva (UE) 2023/2225 del Parlamento Europeo y del Consejo, de 18 de octubre de 2023, relativa a los contratos de crédito al consumo y por la que se deroga la Directiva 2008/48/CE, que incluye en su ámbito de aplicación los contratos de crédito –hasta ahora excluidos- de valor inferior a los 200 euros, aunque permite que los Estados miembros excluyan la aplicación de algunas normas relativas a deberes de información precontractual. En suma, si hay una razón para dispensar una especial protección a una parte del contrato, la misma no queda diluida por razón del valor de la transacción comercial.

2. Concepto y modalidades

El art. 5.f) LMMCA define el contrato alimentario como *"Aquel en el que una de las partes se obliga frente a la otra a la venta de productos agrícolas o alimentarios*[46]*, y esta se obliga por un precio cierto, bien se trate de una compraventa o de un suministro de forma continuada. Se exceptúan aquellos que tengan lugar con consumidores finales"*. La ley aclara que se consideran operaciones comerciales las que se realicen entre operadores de la cadena alimentaria en los procesos de envasado, transformación o acopio para su posterior comercialización y, en todo caso, las compras de animales vivos, los piensos y todas las materias primas e ingredientes utilizados para alimentación animal (art. 2.3 LMMCA). Sin embargo, no se incluyen en el concepto de "cadena alimentaria" las actividades

---

[46] Los productos agrícolas o alimentarios se definen en el art. 5.e) LMMCA como *"Los productos enumerados en el anexo I del Tratado de Funcionamiento de la Unión Europea, así como cualquier otra sustancia o producto destinado a ser ingerido por los seres humanos o con probabilidad de serlo, tanto si han sido transformados, entera y parcialmente, como si no. Incluye las bebidas, la goma de mascar y cualquier sustancia, incluida el agua, incorporada voluntariamente al alimento durante su fabricación, preparación o tratamiento"*.

de transporte, y las empresas de hostelería y restauración con un volumen de facturación inferior a diez millones de euros, y se excluyen también las empresas en las actividades de servicios de alojamiento con un volumen de facturación inferior a 50 millones de euros [art. 5.a) LMMCA]; por tratarse actividades ajenas a la cadena alimentaria, aunque uno de los contratantes sea un operador de la misma[47]. En este asunto resulta especialmente llamativo que, con relación a las operaciones realizadas dentro de la cadena alimentaria, se ignore cualquier referencia al poder relativo de las partes en la negociación al establecer el ámbito de aplicación de la norma y que, sin embargo, se incluyan [art. 5.a) LMMCA *contrario sensu*] operaciones verificadas fuera del ámbito de la cadena, atendiendo al dato de su elevado volumen de facturación. Tampoco se consideran relaciones comerciales, a los efectos de la ley, las entregas de producto que se realicen a cooperativas y otras entidades asociativas, por parte de los socios de las mismas, siempre que, en virtud de sus estatutos, vengan obligados a su realización (art. 2.2 LMMCA)[48].

---

47 La cadena alimentaria se define como "Conjunto de actividades que llevan a cabo los distintos operadores que intervienen en la producción, transformación y distribución de productos agrícolas y alimentarios" [art. 5.a) LMMCA]; y el operador como "La persona física o jurídica del sector alimentario, incluyendo una agrupación, central o empresa conjunta de compra o de venta, que realiza alguna actividad económica en el ámbito de la cadena alimentaria. Los consumidores finales no tendrán la condición de operadores de la cadena alimentaria" [art. 5.c) LMMCA].

48 Afirma SÁNCHEZ HERNÁNDEZ, Á. (2015), ("Los contratos alimentarios en la Ley de Cadena Alimentaria", *Actualidad Civil*, nº 3, pp. 1-37, p. 7) que la ley prima la naturaleza asociativa de la relación entre el socio y la cooperativa. En sentido similar, señala AMAT LLOMBART. P (2022). (*Relaciones comerciales*..., cit., p. 141) que esta exclusión se justifica por la especial relación de pertenencia de los socios agricultores cooperativistas a la cooperativa en la que se integran orgánicamente.

Como hemos visto, el art. 5.f) LMMCA se refiere a la compraventa y al suministro como modalidades de contratos alimentarios, a las que habría que sumar el contrato de integración que no se menciona en dicho precepto, pero que sí aparece definido en el art. 5.g) LMMCA como modalidad de contrato alimentario. La LMMCA no contiene regulación específica sobre cada uno de los contratos que menciona y, para el análisis de los mismos, es necesario acudir a la regulación sustantiva. En esta línea, los trabajos doctrinales sobre contratos alimentarios suelen asumir como punto de partida los esquemas contractuales ya conocidos en torno a los contratos de compraventa y suministro e, incluso, a los contratos de distribución comercial, tomando en consideración las particularidades de los productos agrícolas o alimentarios[49].

---

[49] Cabe destacar los siguientes trabajos: GONZÁLEZ-ORÚS CHARRO, M. (2022), "Contratos de suministro y aprovisionamiento entre el productor primario y el distribuidor de productos agroalimentarios", en CARBAJO CASCÓN, F., (Dir.), *Competencia, propiedad intelectual y tutela de consumidores en el sector agroalimentario,* Tirant lo Blanch, Valencia, pp. 753-793; GONZÁLEZ-ORÚS CHARRO, M. (2022), "La franquicia como nueva forma de distribución de productos agroalimentarios", en CARBAJO CASCÓN, F., (Dir.), *Competencia, propiedad intelectual y tutela de consumidores en el sector agroalimentario,* Tirant lo Blanch, Valencia, pp. 795-848; CAZORLA GONZÁLEZ, M.ª J. (2022), *Armonización europea de las prácticas comerciales desleales: nuevos modelos para equilibrar la negociación en la cadena alimentaria,* Dykinson, Madrid, pp. 67-114; ORTEGA BURGOS, E. (2018), "La contratación en el sector de la distribución alimentaria: contratos de distribución", en ORTEGA BURGOS, E./MEDINA MARTÍN F. (Dir.), *El supermercado. Un modelo de proximidad equilibrada, accesible y circular,* Thomson Reuters Aranzadi, Cizur menor, pp. 525-557; ORTEGA BURGOS, E. (2018), "La contratación en el sector de la distribución alimentaria: contratos de suministro y franquicia", en ORTEGA BURGOS, E./MEDINA MARTÍN F. (Dir.), *El supermercado. Un modelo de proximidad equilibrada, accesible y circular,* Thomson Reuters Aranzadi, Cizur menor, pp. 559-583.

Sin embargo, la Ley -valenciana- 3/2013 contiene una regulación detallada de dos formas tradicionales de compraventa. Por un lado, la "venta a ojo o estimada" que tiene por objeto la totalidad estimada de la cosecha pendiente y no recogida, o simplemente en flor, existente en uno o varios campos al tiempo de ser convenida, por precio alzado y pagado al contado, o en el plazo estipulado, aunque también cabe la compra de la cosecha futura sobre semillas, ya las entregue quien compra o quien vende (arts. 1-12 Ley 3/2013). Por otro lado, la "venta al peso o per arrovat" que tiene por objeto la totalidad o parte de los frutos que finalmente haya al tiempo de la recolección de uno o varios campos, convenida mientras la cosecha se encuentra pendiente, a un precio fijado por unidad de peso o de cantidad (arts. 13-25 Ley 3/2013)[50]. En principio, se trata de figuras cuyos rasgos, atendida la regulación, pueden identificarse en cierta medida con las dos típicas formas de articulación de la compra de cosa futura (art. 1271 CC), la *emptio spei* y la *emptio rei speratae.*

Como hemos señalado, el contrato de integración, bastante extendido en la práctica[51], aparece definido en el art. 5.g) LMMCA: *"Es aquella modalidad de contrato alimentario en el que una de las partes, denominada integrador, se obliga frente a la otra*

---

50 En ambos casos puede intervenir un corredor o corredora, o alfarrassador o alfarrassadora que actúa como mandatario de la parte compradora (arts. 26-29 Ley 3/2013).

51 MARTÍNEZ CAÑELLAS, A. (2016), ("Contratos de integración de la producción y distribución de semillas transgénicas", en DOMÉNECH MARTÍNEZ, G./GONZÁLEZ BUTIJA, F./MILLÁN SALAS, F. (Edit.), *Temas actuales de Derecho agrario y agroalimentario*, Universidad Politécnica de Valencia, pp. 37-80) realiza un análisis exhaustivo del contrato de integración agrícola de producción de semillas modificadas genéticamente que celebran las empresas tecnológicas con los agricultores.

parte denominado integrado, a proporcionar todos o parte de los productos, materias primas e insumos necesarios para la producción objeto del contrato, así como, en su caso, a ejercer la dirección técnica y a hacerse cargo de la producción al concluir el ciclo productivo. Por su parte, el integrado se obliga frente al integrador, a aportar los terrenos, los espacios y las instalaciones, así como los medios y servicios complementarios que resulten necesarios para completar la producción y una vez obtenida ésta, a su entrega al integrador". Los contratos de integración representan una forma de coordinación o de colaboración en el ejercicio de la actividad económica entre productores primarios -integrados- y otro tipo de operadores –integradores- que persiguen conseguir una determinada calidad[52]. Por esa razón asumen un papel protagonista en la organización que implica una cierta injerencia en la actividad de los integrados, llegando a prestarles, incluso, la asistencia técnica necesaria. Se encuentra presente en esta forma de integración vertical una operación de compraventa, pero solo constituye una parte de un acuerdo mucho más complejo. El grado de integración puede llegar a ser muy elevado, pero el productor primario conserva su posición como empresario autónomo, y asume el riesgo empresarial, salvo que se medie una relación laboral entre integrado e integrador[53].

---

52 Afirma, BELTRÁN, E. (1989) ("Sobre los contratos de integración vertical en la agricultura", *Anuario de Derecho Civil*, nº 2, pp. 445-468, p. 458) que el empresario mercantil integrador no se limitará normalmente a celebrar uno o varios contratos de integración, sino que lo que realmente perseguirá será controlar una red de explotaciones agrícolas que le garantice más aún la adquisición regular y uniforme de productos.

53 Aunque el contrato de aparcería tiene una naturaleza diversa, pues no implica una auténtica integración, sino una forma peculiar de retribución de la cesión del uso de una explotación o de alguno de sus elementos, atendiendo a la proporción de las respectivas aportaciones,

Se trata de una modalidad contractual que carece de regulación en el Derecho común, pero que ha sido objeto de cierto tratamiento en algunos Derechos forales o autonómicos. Así, en el Código Civil de Cataluña (CCC) se regula en forma detallada el contrato de integración como modalidad de cooperación en la explotación ganadera (arts. 625-1 a 625-12 CCC); y en el Código del Derecho Foral de Aragón se hace una somera referencia a los contratos sobre ganadería para establecer las normas supletorias de aplicación (art. 299 CDFA)[54]. A su vez, las modalidades de contratos que regula la Ley -valenciana- 3/2013 pueden constituir contratos de integración en ciertos casos si se tiene en cuenta que la parte compradora puede aportar las semillas y hacerse cargo del cultivo; y puede

---

cabe traer a colación que el art. 28.2 LAR presume, salvo pacto en contrario, que el contrato de aparcería no comprende relación laboral alguna entre cedente y cesionario. Pero el art. 30 LAR excepciona de esa regla los contratos en los que el aparcero aporte únicamente su trabajo personal y, en su caso, una parte del capital de explotación y del capital circulante que no supere el 10 por ciento del valor total. En este supuesto, deberá serle garantizado al aparcero el salario mínimo que corresponda al tiempo de la actividad que dedique al cultivo de las fincas.

54 Sobre los antecedentes de estos contratos, VILALTA NICUESA, A. E. (2007), "El fenómeno de la integración vertical: una aproximación al panorama normativo español, con especial referencia a la novedosa ley catalana 2/2005, de contratos de integración", en AMAT LLOMBART, P., (Coord.), *Derecho agrario y alimentario español y de la Unión Europea*, Tirant lo Blanch, pp. 403-424; LÓPEZ AZCONA, A. (2011), "La experiencia aragonesa y catalana en materia de contratos de integración ganadera", *Revista de Derecho Aragonés*, nº 17 (2011), pp. 11-44; DÍAZ-REGAÑÓN GARCÍA-ALCALÁ, C. (2013), "Contratos de integración agrícola y ganadera", en CARRASCO PERERA, Á., (Dir.), *Tratado de la compraventa. Homenaje al profesor Rodrigo Bercovitz*, Thomson Reuters, Cizur menor, pp. 177-187.

pactarse que el vendedor cultive por cuenta del comprador en cuyo caso estará obligado u obligada a seguir sus instrucciones (cfr. arts. 1 y 11 Ley 3/2013).

Cabe concluir que resulta como poco llamativo que, a pesar de la atención dispensada por el legislador a los contratos de la cadena alimentaria desde la perspectiva de la represión de las prácticas comerciales desleales, no se haya abordado la regulación especial de los contratos celebrados por los productores primarios a los que se pretende proteger; sin perjuicio de que existan ciertas normas en sectores específicos que abordan algunas cuestiones sobre su reglamentación jurídico-privada[55]. En este sentido, apunta ARNAU MOYA la necesidad de que la LMMCA sea completada con una ley estatal sobre venta de cosechas, tomando como referencia la regulación valenciana sobre el asunto.

---

55 Destaca así, el RD 418/2015, de 29 de mayo, por el que se regula la primera venta de los productos pesqueros, que impone a los compradores que no paguen al contado la obligación de consignar en la lonja pesquera un aval o seguro de caución [art. 6.1.e) RD 418/2015]; y el RD 95/2019, de 1 de marzo, por el que se establecen las condiciones de contratación en el sector lácteo y se regula el reconocimiento de las organizaciones de productores y de las organizaciones interprofesionales en el sector, que regula, por ejemplo, la prórroga del contrato o el plazo de preaviso para dar por terminado un contrato prorrogable o indefinido (art. 4.6 y 7 RD 95/2019).

3. Formalización de los contratos

3.1. Forma escrita

El ROCMA impone ciertos requisitos formales a los acuerdos en el sector del azúcar (art. 125 ROCMA)[56]. Por lo demás, cuando se refiere a los sistemas contractuales, deja libertad a los Estados miembros para exigir una forma determinada a los contratos, o para imponer a los primeros compradores del productor que hagan una oferta de contrato por escrito, pudiendo establecer una duración mínima, al menos de seis meses, que puede rechazar el productor. Además, se refiere al contenido que han de tener los contratos y las ofertas (cfr. art. 168 ROCMA); aunque para el sector de la leche y productos lácteos se prevén algunas particularidades (art. 148 ROCMA)[57].

A la formalización de los contratos alimentarios se refiere el art. 8 LMMCA, modificado por la Ley 16/2021. La norma indica que los contratos alimentarios deberán formalizarse por escrito, con la firma de ambas partes que quedarán en poder de

---

56 Las condiciones de compra de remolacha azucarera y caña de azúcar, incluidos los contratos de suministro previos a la siembra se rigen por acuerdos escritos interprofesionales entre, por una parte, los productores de la Unión de remolacha azucarera y caña de azúcar o, en su nombre, las organizaciones a las que pertenecen y, por la otra, las empresas azucareras de la Unión o, en su nombre, las organizaciones a las que pertenecen.

57 Cabe destacar que, conforme al RD 95/2019, la oferta de contrato debe presentarse dos meses antes de la finalización del contrato anterior y si es una relación contractual nueva, dos meses antes del inicio de las entregas de leche [arts. 4.1.a) RD 95/2019], y en los contratos automáticamente prorrogables debe hacerse oferta del contrato al productor antes de cada prórroga o renovación [art. 4.7 RD 95/2019].

una copia, y su redacción se basará en los principios de transparencia, claridad, concreción y sencillez (art. 8.1 LMMCA). Esta previsión recuerda, sin duda, a las exigencias establecidas por la Ley 7/1998, de 13 de abril, sobre condiciones generales de la contratación (LCGC) que será aplicable cuando se trate de un contrato incluido en su ámbito de aplicación (cfr. art. 5.4 LCGC). Resultará, por tanto, que, tratándose de una condición general de la contratación, el incumplimiento de los requisitos señalados –especialmente transparencia y claridad- determinará la no incorporación de la misma al contrato [art. 7.b) LCGC]; mientras que, habiéndose negociado las condiciones contractuales, no podrá producirse ese efecto, sino que habrá de procederse a la interpretación de la cláusula que no resulte clara, adquiriendo relevancia entre los diversos criterios interpretativos (arts. 1281-1289 CC) la regla de la interpretación *contra stipulatorem* (art. 1288 CC) y la de la resolución de la duda en favor de la mayor reciprocidad de intereses (art. 1289 CC). En consecuencia, podrá darse el caso de que el operador más fuerte en la negociación prescinda del recurso a las condiciones generales de la contratación para proceder a la formalización del contrato –aparentemente negociado- y conseguir, en perjuicio de la parte más débil, la subsistencia de las prácticas comerciales "grises", pues estas no resultan prohibidas si las partes las acuerdan previamente de manera clara y sin ambigüedad, y la única consecuencia en caso de ambigüedad será la necesidad de proceder a su interpretación si se produce discrepancia (art. 14 bis 2 LMMCA)[58]. Aparentemente, intenta remediar esta cuestión el art. 25 Ley –valenciana-3/2013: *"Las menciones contractuales distintas de las fijadas*

---

[58] En este sentido, vid. CARRASCO PERERA, Á. (2020), "Prácticas comerciales negras y grises en la comercialización alimentaria", *GA_P*, diciembre, pp. 1-4, p. 4.

reglamentariamente que aparezcan en el contrato, se entienden puestas unilateralmente por la parte compradora y sujetas al régimen de condiciones generales, salvo aceptación expresa e individualizada o prueba de su carácter negociado".

La LMMCA aclara que, en ningún caso, el requisito de forma lo es de existencia o validez del contrato (cfr. arts. 8.2 LMMCA y 1278 CC). Es decir, la forma exigida es *ad probationem* y no esencial, cumpliendo las funciones propias de la misma y, especialmente, la de dotar de certeza las relaciones jurídicas. La no formalización del contrato alimentario, cuando la misma sea obligatoria, constituye una infracción grave y da lugar a la correspondiente sanción administrativa [art. 23.2.b) LMMCA]. Se ha debatido sobre la corrección de la opción del legislador de no atribuir a la forma carácter esencial y se ha justificado alegando que la nulidad –consecuencia de la contravención de la forma esencial- sería una solución que no favorecería al contratante débil –especialmente, el productor primario-, atendida la necesidad de restitución de las prestaciones y el carácter perecedero de los productos[59].

Ahora bien, lo cierto es que cuando se establece la forma con la finalidad de proteger a la parte contractual necesitada de especial protección, la consecuencia que se articula habitualmente es la de la anulabilidad (cfr. p. ej., arts. 100 TRLCU

---

59 En esta línea, por ejemplo, RODRÍGUEZ CACHÓN, T. (2018), "Relaciones contractuales en la cadena alimentaria: análisis a la luz de la nueva regulación", *Revista de Derecho Civil,* nº 1, pp. 191-227, p. 209; y AMAT LLOMBART, P. (2022), *Relaciones comerciales...*, cit. p. 203; y SÁNCHEZ HERNÁNDEZ, A. (2015), "Los contratos alimentarios en la Ley de cadena alimentaria", *Actualidad Civil* nº 3, pp. 1-37, pp. 12-13. Sin embargo, entiende que sería mejor sanción la anulabilidad ARNAU MOYA, F. (2020), "El uso combinado de la Ley de cadena alimentaria y el Código Civil para combatir la venta a resultas", *Revista Boliviana de Derecho,* nº 30, pp. 328-363, p. 347.

y 21.1 Ley 16/2011, de 24 de junio, de contratos de crédito al consumo); que legitima para el ejercicio de la acción exclusivamente a la parte protegida por la norma, de manera que no se ve privada de la posibilidad de decidir sobre el destino del contrato. Debe tenerse en cuenta que la formalización del contrato alimentario debe realizarse antes del inicio de las prestaciones [arts. 168.4.a) ROCMA y 8.1 LMMCA] y no cabe descartar en todos los casos opciones alternativas de contratación. En esta línea, la Ley –valenciana- 3/2013 solo entiende perfeccionado el contrato cuando consta el consentimiento por escrito, aunque considera vinculante la oferta del comprador o corredor en la venta estimada (cfr. arts. 3.2, 6.2 y 15 Ley 3/2013). En cualquier caso, es probable que el –generoso- ámbito de aplicación de la LMMCA que no exige la constatación de un desequilibrio en la posición negociadora dificulte el establecimiento de una forma esencial que no encajaría bien con el principio espiritualista que rige en nuestro ordenamiento. Otra cosa sería quizá que, de manera más coordinada con el RCA se impusiera la forma escrita como esencial en los contratos celebrados con los productores primarios que son los únicos que acceden a dicho registro.

Cabe destacar una cierta contradicción en la LMMCA en el tema de la formalización del contrato por iniciativa de una de las partes. El art. 1279 CC permite a los contratantes compelerse recíprocamente a llenar la forma exigida por el legislador y el art. 14 bis f) LMMCA considera como una práctica desleal "negra" que "*una de las partes del contrato alimentario se niegue a confirmar por escrito los términos de un contrato de compraventa o suministro que fueron acordados entre el comprador y el proveedor y cuya confirmación por escrito le haya solicitado la otra parte*", a pesar de que la Directiva solo considera práctica desleal la negativa por parte del comprador [art. 3.1.f) Directiva (UE) 2019/633]. Sin embargo, el art. 23.1.i) LMMCA solo considera infracción –leve- la negativa por parte del comprador. Ahora bien, el hecho de que solo se sancione la negativa de la parte compradora no impide que pueda esta compeler a la parte vendedora a formalizar el contrato por escrito (art. 1279 CC).

Existen una serie de supuestos en los que no se exige la forma escrita porque, según la exposición de motivos de la ley 16/2021, la idiosincrasia de la relación hace innecesario adicionar especiales garantías a la conformación de la voluntad. En primer término, se encuentra el supuesto de pago contado contra la entrega de productos alimenticios, aunque el art. 8.3 LMMCA impone a las partes la obligación de identificarse como operadores y de documentar las relaciones comerciales mediante expedición de factura en la forma prevista por el RD 1619/2012, de 30 de noviembre, por el que se aprueba el Reglamento por el que se regulan las obligaciones de facturación[60]. No se alcanza a comprender bien esta exclusión ya que parece darse a entender que el único asunto problemático es el del pago del precio, cuando lo cierto es que esa forma de pago no impide la existencia de prácticas comerciales desleales que son más fáciles de encubrir cuando el contrato no consta por escrito.

En segundo lugar, se encuentran las entregas de productos a cooperativas o entidades asociativas por partes de los socios que están obligados a su realización en virtud de los estatutos. En principio, tales entregas no se consideran operaciones comerciales a los efectos de la ley (art. 2.2 LMMCA que es trasunto del art. 168.5 ROCMA). Pero, a modo de excepción, dispone el art. 8.1.II LMMCA que en este caso será

---

60 Téngase en cuenta que, a efectos tributarios, existe el régimen especial de la agricultura, ganadería y pesca que será de aplicación a los titulares de explotaciones agrícolas, forestales, ganaderas o pesquera que cumplan ciertos requisitos (cfr. arts. 3, 16, 26 RD 1619/2012; y arts. 124-134 bis Ley 37/1992, de 28 de diciembre, del Impuesto sobre el Valor Añadido).

necesaria la formalización por escrito de un contrato alimentario individualizado, con los elementos mínimos del art. 9 LMMCA, salvo que los estatutos o acuerdos de la cooperativa o de la entidad asociativa establezcan, antes de que se realice la entrega, el procedimiento de determinación del valor del producto entregado por sus socios y el calendario de liquidación y éstos sean conocidos por los socios. En este supuesto debe existir una comunicación fehaciente a los interesados, que será incluida en el acuerdo y será aprobado por el órgano de gobierno correspondiente (cfr. art. 168.5 ROCMA). Si al amparo de este artículo se evita la formalización del contrato, constituirá una infracción leve que la cooperativa o la entidad asociativa no cumplan las condiciones y requisitos previstos en el art. 8.1.II LMMCA [art. 23.1.f) LMMCA]) y constituirá una infracción grave que no se haya establecido el procedimiento de determinación del valor del producto antes de que se realice la entrega [art. 23.2.i) LMMCA]. Finalmente, se considera infracción grave la no formalización del contrato si no se cumplen los requisitos para que las entregas no tengan la consideración de operaciones comerciales [art. 23.2.o) LMMCA].

Por otro lado, se encuentran las excepciones derivadas de la existencia de regímenes especiales. Así, conforme al art. 2.5 LMMCA, la obligación de contar con un contrato formalizado por escrito en el caso de operaciones de primera venta de productos del sector pesquero y acuícola realizada en lonjas o establecimientos autorizados mediante subasta a la baja, se entenderá cumplida con las obligaciones derivada de RD 1619/2012, sobre obligaciones de facturación y la cumplimentación de la documentación prevista en la normativa europea y en el RD 418/2015, de 29 de mayo, por el que se regula la primera venta de los productos pesqueros. El art. 59 del RUE 1224/2009, de 20 de noviembre de 2009 por el que se establece un régimen comunitario de control para garantizar el cumplimiento de las normas de la política pesquera común[61], señala que los Estados miembros velarán por que todos los productos de la pesca se registren o se vendan por primera vez en una lonja, o a compradores autorizados u organizaciones de productores. A su vez, el RD 418/2015 prevé que las lonjas, u otros establecimientos autorizados por las comunidades autónomas, serán las únicas entidades facultadas para registrar la primera venta de todos los productos pesqueros, así como para la cumplimentación del resto de los documentos (nota de venta, documento de trazabilidad, declaración de recogida, documento de transporte) a que se refiere la norma que establece importantes requisitos formales (cfr. arts. 7-12 RD 418/2015).

Finalmente, ha de hacerse una mínima mención al sector lácteo sometido a regulación específica que prevalece sobre la LMMCA que actúa como supletoria (disposición adicional quinta LMMCA). Para este supuesto, el RD 95/2019 exige forma escrita en todas las etapas de venta, e impone a los primeros compradores la obligación de presentar una oferta por escrito antes de la firma del contrato con una duración mínima de un año –que puede rechazar el productor-. También establece el contenido mínimo del contrato y de la oferta, además de regular diversas cuestiones como las referidas a la modificación del contrato o la subrogación en el mismo en caso de cambio de titular de la explotación productora (cfr. arts. 3-10, Anexo I y I bis RD 95/2019). Se ha afirmado que la forma tampoco es esencial en este caso, pues debe aplicarse supletoriamente

---

61 En este caso resultan de aplicación el RUE 1379/2013 del Parlamento europeo y del Consejo, de 11 de diciembre de 2013 por el que se establece la organización común de mercados en el sector de los productos de la pesca y de la acuicultura y el RUE 1380/2013, del Parlamento europeo y del Consejo, de 11 de diciembre de 2013 sobre la Política Pesquera Común.

la LMMCA[62]. Sin embargo, existe algún argumento que podría abonar la posición contraria, pues según el art. 7.4 RD 95/2019: *"No se considerarán válidos a los efectos de este real decreto los contratos que incluyan enmiendas o tachaduras"*.

El art. 8 RD 95/2019 excluye de la necesidad de formalización del contrato –o de oferta en caso de primer comprador– el supuesto en el que un productor entregue la leche a una cooperativa en términos bastante similares a los previstos en el art. 8.1.II LMMCA, y la disposición adicional primera del RD 95/2019 equipara las cooperativas a las sociedades agrarias de transformación (SAT). Si con fundamento en esta excepción se evita la formalización del contrato, constituirá infracción leve que la cooperativa o la SAT no cumpla las condiciones y requisitos previstos en la normativa de contratación láctea para los estatutos o acuerdos cooperativos reguladores de tales entregas [art. 23.1.g) LMMCA]; y constituirá infracción grave que la cooperativa o la SAT no incorpore en los estatutos o acuerdos cooperativos el precio que se pagará por el suministro lácteo [art. 23.2.j) LMMCA].

3.2. Subasta electrónica

Un asunto relacionado con la formalización del contrato es el relativo a las subastas electrónicas reguladas en el art. 10 LMMCA. *"1. Los operadores de la cadena alimentaria podrán celebrar ofertas públicas de contratación para la compra o venta de productos alimentarios, en los términos establecidos por las normas sobre la sociedad*

---

62 CABALLERO LOZANO, J. M.ª (2020), "La protección del contratante débil: el caso del ganadero en el suministro de leche cruda", en MUÑIZ ESPADA, E. (coord.), *Cambios en la ley de cadena alimentaria: propuestas para la urgente transposición de la Directiva 2019/663*, Reus, Madrid, pp. 261-304, p. 293.

de la información entre sus participantes. La organización de subastas electrónicas se someterá a los principios de transparencia, libre acceso y discriminación. 2. Los organizadores de las subastas harán públicas las condiciones generales de acceso a la misma, los posibles costes de participación y los mecanismos de adjudicación. 3. Los organizadores de cada subasta harán pública, tras la adjudicación, la razón social del adjudicatario. Existirá la obligación de compra o venta por parte del organizador y de venta o compra por parte del que resulte adjudicatario de la totalidad del producto adjudicado, según las condiciones generales de acceso y salvo que exista en el pliego de condiciones la mención a un precio de reserva, por debajo del cual no se realizaría la compra o venta".

Probablemente, la razón por la que se incorporó el precepto a la LMMCA es la frecuencia con la que se recurre a la subasta como vía para la primera adquisición de ciertos productos, especialmente, los pesqueros. De hecho, antes de la entrada en vigor de la Ley 3/2001, de 26 de marzo, de Pesca Marítima del Estado[63], la subasta era el único medio de realización de la primera venta, y sigue siendo el medio preferentemente utilizado. Actualmente, señala el art. 4.1 RD 418/2015: *"Los productores podrán comercializar sus productos por cualquier método admitido en Derecho, sin que sea obligatoria la subasta, debiendo pasar obligatoriamente por la lonja o establecimiento autorizado para el pesaje y control de los lotes"*[64]*;* y, conforme al art. 4.5 RD 418/2015: *"Las comunidades autónomas podrán regular la realización de subastas electrónicas en*

---

63 Buena parte de la norma fue derogada por la Ley 5/2023, de 17 de marzo, de pesca sostenible e investigación pesquera.

64 Las lonjas adquieren un papel fundamental mejorando la transparencia en las relaciones comerciales en el primer eslabón de la cadena, tal como expresa la exposición de motivos del RD 427/2020, de 3 de marzo, por el que se establecen los requisitos y el procedimiento para el reconocimiento de las lonjas de productos agropecuarios como "Lonjas de referencia", y de sus asociaciones, y se crea el Registro Nacional de Lonjas de Referencia y sus Asociaciones.

aquellas lonjas o establecimientos autorizados que cuenten con la infraestructura adecuada, según lo dispuesto en el artículo 10 de la Ley 12/2013, de 2 de agosto".

En su momento, el Informe de la Comisión Nacional de Competencia sobre el ALMMCA, de 19 de diciembre de 2012, recomendó que se reconsiderara la pertinencia de regular la figura, pues se incorporaban una serie de disposiciones que podrían obstaculizar el funcionamiento eficiente de las subastas y dificultar su utilización como mecanismo de aprovisionamiento; aunque según la doctrina no se contemplan obligaciones más gravosas que las previstas en la regulación sobre servicios de la sociedad de la información[65]. Téngase en cuenta que el art. 3 de la Ley 56/2007, de 28 de diciembre, de Medidas de Impulso de la Sociedad de la Información ya regula las ofertas públicas de contratación electrónica entre empresas[66] (B2B) para aportar un marco

---

65 AMAT LLOMBART, P. (2022), *Relaciones comerciales*..., cit., p. 246.

66 Según el art. 3.1 Ley 56/2007: "A los efectos de este precepto se entiende por oferta pública de contratación electrónica entre empresas, aquel servicio de la sociedad de la información que consiste en un proceso enteramente electrónico abierto y limitado en el tiempo, por el que una empresa ofrece la posibilidad de comprar o vender un determinado tipo de productos a otras empresas de manera que la contratación final se adjudique a la propuesta mejor valorada". Téngase en cuenta, igualmente, el concepto de subasta pública de la Ley 7/1996, de 15 de enero, de ordenación del comercio minorista (LOCM) que contempla, tanto la subasta al alza y la subasta a la baja -modalidad frecuente en las lonjas-. Conforme al art. 56.1.I LOCM: "La celebración de una pública subasta consiste en ofertar, pública e irrevocablemente, la venta de un bien o servicio a favor de quien ofrezca, mediante el sistema de pujas y dentro del plazo concedido al efecto, el precio más alto por encima de un mínimo, ya se fije éste inicialmente o mediante ofertas descendentes realizadas en el curso del propio acto, que estará obligado a comprarlo".

jurídico que proporcione seguridad jurídica y transparencia a las operaciones. Las ofertas pueden adquirir la condición de "ofertas públicas de contratación electrónica de transparencia garantizada" si se cumplen una serie de requisitos: anuncio de la licitación en la página de la empresa adjudicadora, información detallada sobre los elementos a los que se refiere la oferta, el desarrollo de la misma y las condiciones de puja, comunicación en todo a momento a los licitadores de su clasificación, cierre de la oferta en fecha y hora fijadas e información a los participantes de la decisión adoptada (art. 3.2 y 3 Ley 56/2007).

La celebración del contrato por vía electrónica parece garantizar la existencia de la forma escrita que es requerida por el art. 8 LMMCA (cfr. art. 11 LMMCA), aunque podría decirse que el procedimiento de contratación a través de subasta excluye por sí solo la existencia de particulares situaciones de dependencia que requieran de una especial forma de protección. En cualquier caso, el art. 23.1.l) LMMCA considera infracción leve *"no cumplir las condiciones y requisitos establecidos para la realización de subastas electrónicas"*.

3.3. Conservación de documentos

El objetivo de alcanzar una mayor transparencia en la contratación se realiza también a través de la obligación impuesta por el art. 11 LMMCA: *"1. Los operadores de la cadena alimentaria deberán conservar toda la correspondencia, documentación y justificantes, en soporte electrónico o en papel, relacionados con los contratos alimentarios que celebren en el marco de lo dispuesto en esta ley, durante un período de cuatro años. 2. Los organizadores de subastas electrónicas quedarán obligados a mantener durante cuatro años un archivo documental o electrónico de todas las subastas realizadas, incluyendo información sobre la identidad de los concursantes, sus ofertas y la formalización del contrato alimentario"*.

El Informe de la Comisión Nacional de Competencia sobre el ALMMCA, de 19 de diciembre de 2012, entendió que la obligación de conservación de los documentos resultaba idónea y proporcional para una aplicación efectiva en el ámbito de la cadena alimentaria de los instrumentos jurídicos disponibles para perseguir las prácticas comerciales nocivas. En contra se manifestó algún sector doctrinal que consideró que la conservación durante tanto tiempo suponía una obligación muy gravosa en términos de gestión jurídico-administrativa[67]. Tal afirmación se hacía respecto de la versión original del art. 11 LMMCA que solo imponía la obligación de conservación de la documentación durante un período de dos años, que pasó a ser de cuatro tras la Ley 16/2021.

Sin embargo, no parece una obligación excesiva teniendo en cuenta que el art. 30 del Código de Comercio impone a los empresarios la obligación de conservar los libros, correspondencia, documentación y justificantes concernientes a su negocio, debidamente ordenados, durante seis años. En realidad, la crítica que cabría hacer al art. 11 LMMCA es la de su falta de coordinación con el régimen sancionador previsto en la LMMCA. Si la conservación de la documentación se ordena los efectos de poder comprobar el cumplimiento de la legalidad no se entiende muy bien que el plazo de conservación de la documentación (4 años) sea más breve que el plazo de prescripción de las infracciones muy graves (5 años *ex* art. 23.7 LMMCA).

El incumplimiento de la obligación de conservar la documentación constituye infracción leve [art. 23.1.c) LMMCA]. Pero es infracción grave la resistencia, obstrucción, excusa o negativa a las actuaciones de la Administración y, entre otras conductas, se consideran como tales: *"No facilitar el examen de documentos, informes,*

---

67 MONTORO MORENO. A. J./PAZ-ARES T. (2014), "Cuestiones clave de la ley de medidas para mejorar el funcionamiento de la cadena alimentaria", *Actualidad Jurídica Uría Menéndez*, nº 36, pp. 97-103.

antecedentes, libros, registros, ficheros, facturas, justificantes y asientos de contabilidad principal o auxiliar, programas y archivos informáticos, sistemas operativos y de control y cualquier otro dato con trascendencia a los efectos de la ley, así como no presentar el contrato alimentario en el momento de la inspección o dentro del término conferido" [art. 23.2. h) LMMCA].

4. Negociación comercial

La Ley 16/2021 incorporó el art. 9 bis LMMCA: *"Las negociaciones comerciales anuales se cerrarán y firmarán por las empresas intervinientes en el marco de unos plazos razonables, no superiores a los tres meses desde su inicio, para la organización de actividades, sin que la dilación indebida de las mismas imputable a una parte pueda utilizarse para debilitar la posición de la otra en dicha negociación. A tal fin, se considerará suficiente para documentar la fecha de inicio un correo electrónico con constancia de recepción por parte del otro operador. En caso de que esté prevista la renovación del contrato alimentario, se negociarán las nuevas condiciones comerciales antes del vencimiento del contrato en vigor o en el plazo de los dos meses posteriores a su vencimiento. Durante este tiempo, seguirá vigente el contrato anterior, pero se podrá pactar que las nuevas condiciones comerciales retrotraigan su efecto hasta el vencimiento de las anteriores condiciones"*.

Se ha afirmado que el precepto en cuestión constituye una norma muy singular del sistema, pues no existe otra que imponga a las partes privadas un deber de negociar y concluir la negociación en un plazo determinado por la ley. Además, no aparece en la norma ninguna infracción derivada del incumplimiento de la obligación de negociar, de manera que la consecuencia debe provenir del Derecho privado[68].

---

68 CARRASCO PERERA, Á. (2022), "Negociación contractual interminable", *GA_P*, enero, pp. 1-3.

La primera parte del art. 9 bis LMMCA se refiere a las negociaciones comerciales anuales y parece partir del presupuesto de unas relaciones previas entre las partes, más o menos estables, si bien los contratos deben celebrarse campaña tras campaña, atendidas las diferentes circunstancias que pueden producirse en cada una de ellas. En la segunda parte, se hace referencia al caso en el que se ha previsto la renovación del contrato alimentario, pero en realidad no hay un compromiso firme con relación a esa renovación, pues como indica en propio título de la norma (*"negociación comercial"*) nos encontramos en la fase de preparación de un contrato que no se ha perfeccionado. Por tanto, no es absolutamente diáfana la diferencia entre uno y otro supuesto. Cabe destacar que en algunos contratos tipo homologados suele incluirse la previsión de que la *"renovación y modificación del contrato se harán de mutuo acuerdo"*, en consonancia con el principio de libertad contractual; mientras que, en otros, se indica que *"el contrato no será objeto de renovación"*. No obstante lo dicho antes, cabría también mantener que el primer supuesto que se regula es una regla general de negociación, es decir, que entra en juego, aunque no exista una previa relación comercial entre las partes y quizá esta interpretación sería más coherente.

En el intento de dar algún sentido al precepto, cabe proponer una interpretación ajustada al Derecho de contratos. En principio, cada una de las partes puede apartarse libremente de la negociación, si bien procede indemnización por culpa *in contrahendo* (art. 1902 CC) en el caso de que la parte que se aparta haya incumplido el deber de lealtad que debe estar presente en los tratos preliminares (diligencia *in contrahendo*). La ruptura de la negociación dará lugar a consecuencias indemnizatorias (interés de confianza) cuando se haya creado una expectativa razonable en la celebración del contrato y no haya causa que la justifique –ocasión de celebrar mejor negocio-. Así, por ejemplo, cuando a sabiendas de que no se celebrará el contrato, se mantiene la negociación con fines espurios. Desde esta perspectiva, puede interpretarse que los tres meses son el plazo máximo para la negociación -evitando tratos extemporáneas- en el sentido de que, transcurrido el mismo, si la negociación continúa y no se celebra el contrato puede presumirse la falta de diligencia en la negociación de quien se aparta, a los efectos de reclamar como indemnización el interés de confianza. Ahora bien, ello no descarta la posibilidad de exigir indemnización por culpa *in contrahendo* si se acredita la mala fe de la parte que se aparta de la negociación antes de los tres meses, ni impide que el contrato se celebre después de transcurridos los mismos.

En cuanto a la renovación del contrato alimentario, la norma establece un plazo determinado para la negociación de las nuevas condiciones –dos meses después del vencimiento-, entendiendo que continúa vigente el contrato anterior durante ese plazo, pudiendo pactar las partes que las nuevas condiciones se apliquen retroactivamente. En este caso cabe entender que se limita el plazo de negociación a dos meses porque la renovación ya estaba prevista y no debería presentar demasiadas dificultades –aunque no haya acuerdo vinculante- y para no perjudicar a la parte interesada en la continuación de la relación comercial se entiende prolongado el contrato por ese tiempo. Sin embargo, no puede concluirse que haya una obligación de llegar a un acuerdo sobre la renovación, ni puede impedirse que el contrato se renueve más allá de los dos meses si hay acuerdo entre las partes; y, lo que es más importante, no puede descartarse la posibilidad de reclamar una indemnización por culpa *in contrahendo* si concurren circunstancias que avalen un incumplimiento de los deberes de lealtad en la negociación por parte de uno de los operadores que se aparta de la negociación, antes o después de los dos meses.

5. Condiciones contractuales mínimas

5.1. La libertad contractual como punto de partida

El art. 9 LMMCA se refiere al contenido mínimo que debe incorporarse al contrato alimentario que fue notablemente ampliado tras la ley 16/2021, si bien el apartado relativo al precio había sido ya objeto de modificación a través del RD-ley 5/2020. Es importante señalar que, en principio, la reglamentación de la relación contractual se encomienda a las partes que tienen libertad para configurarla (cfr. arts. 9.3, 4 LMMCA y 1255 CC); de modo que, aparentemente, la norma se limita a indicar los asuntos que deben incorporarse al contrato, si bien acaba imponiendo determinados límites a la libertad contractual en algunos asuntos.

También parece claro que, a pesar del propósito de la ley de proteger a las dos partes de la relación contractual, pues ambas pueden encontrarse en situación de inferioridad, acaba aflorando la "convicción" de que la parte proveedora -especialmente, el productor primario- es la más necesitada de protección. Así resulta de la presunción contemplada en el art. 23.4 LMMCA, conforme a la cual, se entiende, salvo prueba en contrario, que el comprador es el autor de las infracciones consistentes en no incluir los extremos mínimos que deben contener los contratos o no formalizar por escrito los contratos cuando ello sea obligatorio [cfr. arts. 23.1.a) y 23.2.b) y c) LMMCA]. A poco que se reflexione, será fácil concluir que tal presunción carece de sentido cuando no haya desequilibrio en la posición negociadora de las partes, y absurdo cuando la parte proveedora tenga una posición mucho más fuerte. Constituye infracción leve en materia de contratación alimentaria no incluir los extremos mencionados en el art. 9 LMMCA [art. 23.1.a) LMMCA], si bien la omisión del precio se considera infracción grave [art. 23.2.c) LMMCA].

La mayoría de los extremos a los que se refiere la norma deberían constar en cualquier contrato, aun cuando no lo impusiera la norma, y la necesidad de incluirlos en todos, conforme al art. 9 LMMCA contribuye a proporcionar una reglamentación completa de la relación contractual: la identificación de las partes; el objeto del contrato indicando, en su caso, las categorías y referencias contratadas[69]; el precio del contrato; las condiciones de pago; las condiciones de entrega y puesta a disposición de los productos; los derechos y obligaciones de las partes; la información que debe proporcionarse para el cumplimiento de las respectivas obligaciones contractuales; la duración del contrato y las condiciones de renovación o modificación; las causas, formalización y extinción del contrato; el procedimiento para resolver diferencias en la interpretación o ejecución de los contratos, así como la corte de arbitraje o el tribunal ante los que se someterán las controversias; las penalizaciones contractuales; y las excepciones por causa de fuerza mayor, asunto que adquiere especial relevancia atendida la influencia de los eventos climáticos en la producción.

De la importancia de la fuerza mayor en este ámbito da noticia la Comunicación C (88) 1696 de la Comisión relativa a "la fuerza mayor" en el derecho agrario europeo [(88/C 259/07), mencionada en el art. 9.1.j) LMMCA. Este precepto también hace referencia al art. 1105 CC que contempla la regla de la irresponsabilidad por caso fortuito o fuerza mayor, salvo pacto o previsión legal en contrario. La comunicación surge para clarificar qué debe considerarse como fuerza mayor, atendidas las

---

69 Según el art. 9.b) LMMCA puede preverse que las categorías o preferencias se concreten con la orden de pedido, pero lo mismo podrían prever si nada dijera la norma (art. 1255 CC). En caso de ausencia de pacto, entraría en juego la regla de la calidad media (art. 1167 CC).

numerosas disposiciones en que se imponen obligaciones "salvo caso de fuera mayor". Sin embargo, básicamente se limita a sugerir que la prueba de la fuerza mayor corresponde a quien la alegue y a proporcionar un concepto bastante flexible: *"La noción de fuerza mayor no se limita a la imposibilidad absoluta, sino que debe entenderse en el sentido de circunstancias anormales, extrañas al operador, y cuyas consecuencias sólo podrían haberse evitado al precio de sacrificios excesivos, a pesar de todas las diligencias empleadas"*[70].

5.2. Limitaciones a la autonomía de la voluntad que influyen en la reglamentación contractual

A pesar de que el punto de partida es la libertad contractual en la configuración de la relación negocial, lo cierto es que la LMMCA incorpora, directa (art. 9 LMMCA), o indirectamente -al establecer el listado de las prácticas comerciales desleales- algunas limitaciones a la autonomía privada, si bien la mayoría son superfluas, bien porque ya las contempla el Derecho general de contratos, ya porque solo contienen remisiones a otras normas de carácter imperativo. Además, se limita a establecer el régimen sancionador en caso de infracción, omitiendo las eventuales consecuencias jurídico-privadas, con alguna excepción (art. 9.3 LMMCA). Haremos a continuación una breve exposición de las principales limitaciones, aunque sea en forma breve, pues no es este trabajo el lugar adecuado para el análisis exhaustivo de todas.

---

[70] Vid. Las interesantes referencias que hacen a la fuerza mayor los arts. 24.2 y 23.4 de la Ley -valenciana- 3/2013.

5.2.1 Remisión a normas o principios de obligado cumplimiento

El art. 9.1.d) LMMCA al referirse a las condiciones de pago que han de constar en el contrato, se remite a la disposición adicional primera de la Ley 15/2010, de 5 de julio, de modificación de la Ley 3/2004, de 29 de diciembre, por la que se establecen medidas de lucha contra la morosidad en las operaciones comerciales, y al régimen de pagos a los proveedores contemplado en el art. 17 y disposición adicional sexta LOCM[71]. En estas normas se establece un régimen especial para productos agroalimentarios en lo relativo a aplazamientos de pagos que no pueden exceder de 30 días, en el caso de productos de alimentación frescos o perecederos[72], ni de 60 días para los demás productos de alimentación[73]. En cualquier

---

71 Sobre los problemas de interpretación de las distintas normas en juego, VIEIRA GONZÁLEZ, J. (2019), "La morosidad como problema de aplicación e interpretación normativa", *Revista de Derecho Concursal y Paraconcursal*, nº 30, pp. 1-29.

72 Según la disposición adicional primera LOCM: "Se entenderá por productos de alimentación frescos y perecederos aquéllos que por sus características naturales conservan sus cualidades aptas para comercialización y consumo durante un plazo inferior a treinta días o que precisan de condiciones de temperatura regulada de comercialización y transporte". En el mismo sentido art. 17.3.II LOCM y art. 2.1 RD 367/2005, de 8 de abril, por el que se desarrolla el art. 17.3 LOCM y se definen los productos de alimentación frescos y perecederos y los productos de gran consumo.

73 Ha de tenerse en cuenta que el art. 147 bis ROCMA permite a los Estados miembros, a petición de una organización interprofesional que opere en el sector vitivinícola, excepcionar los límites al aplazamiento de los pagos en contratos de suministro entre productores o revendedores de vino y sus compradores directos para transacciones de venta de vino a granel, siempre que se e incluyan cláusulas específicas que permitan efectuar pagos a más de sesenta días en los contratos tipo para las transacciones de venta de vino a granel

caso, cuando se incorpore en el contrato una cláusula de reparto de valor, incluidos los beneficios o las pérdidas comerciales no se aplican las reglas especiales de aplazamiento, sino las generales de la Ley 3/2004 [cfr. art. 172 bis ROCMA, art. 3 Directiva (UE) 633/2019 y art. 27.1) RD 95/2019] porque la cláusula valor no es el precio de la venta, sino una condición comercial y el devengo de la obligación es independiente y posterior a la relativa al pago del precio[74].

El art. 14 bis LMMCA considera práctica desleal los aplazamientos de pago no permitidos por las normas indicadas, así como infracción grave conforme al art. 23.2.g) LMMCA, pero la consecuencia jurídico-privada es igualmente aplicable. La mora se produce automáticamente, sin necesidad de intimación, y en defecto de pacto el interés de demora será el previsto en el art. 7 de la Ley 3/2004[75] (cfr. arts. 1100 CC; arts. 5-8 LMOC; art. 17.5 LOCM). Es decir, los aplazamientos no permitidos por la norma no producen efecto alguno. Por otro lado, señala el art. art. 9.1.d) in fine LMMCA que el deudor no podrá recibir ningún tipo de compensación, ventaja o descuento por cumplir lo dispuesto en el contrato o la normativa aplicable, ni establecer condicionalidad alguna en el pago, lo cual es lógico, pues la retribución del cumplimiento de una norma imperativa carece de causa.

---

que hayan sido declaradas vinculantes por el Estado miembro de conformidad. Por otro lado, el art. 8 Ley -valenciana- 3/2013 limita los aplazamientos de pagos a 30 días.

74 MARTI MIRAVALLS, J. (2022), "La cadena de valor en la regulación del mercado agroalimentario…", pp. 1041-1062, pp. 1055-1058.

75 Será el interés pactado y, en defecto de pacto, será la suma del tipo de interés aplicado por el Banco Central Europeo a su más reciente operación principal de financiación efectuada antes del primer día del semestre natural de que se trate más ocho puntos porcentuales.

Los problemas particulares que plantean los productos perecederos no se refieren solo al pago, pues también se encuentra el asunto de la dificultad de comercialización de los mismos. En este sentido, se considera práctica desleal la cancelación de pedidos de productos agrarios y alimentarios dentro de los 30 días previos al momento señalado para su entrega al vendedor [art. 14.bis b) LMMCA]. Además, cancelar por cualquiera de las partes un pedido dentro de los 30 días previos al momento pactado para la entrega constituye infracción leve [art. 23.1.e) LMMCA], pero es infracción grave si la cancelación se produce dentro de los 10 días previos a la entrega, la infracción será grave [art. 23.2.m) LMMCA]. Sin perjuicio de que puedan entrar en juego las consecuencias propias de los actos desleales si concurren los requisitos necesarios (cfr. arts. 16 y 32 LCD), podría obtenerse una indemnización por razón de la cancelación extemporánea del pedido recurriendo al Derecho de contratos. Aun cuando se haya previsto en el contrato la posibilidad de cancelación de pedidos, puede esta asimilarse al desistimiento -pactado- que solo puede llevarse a cabo mediante el preaviso razonable que exige la buena fe para que las partes puedan adaptar su estrategia comercial, y el plazo de 30 días parece bastante prudente, siendo la indemnización consecuencia no de un incumplimiento -pues se ha previsto la posible cancelación-, sino de la infracción del deber de preaviso (arts. 7 y 1258 CC).

También se refiere el art. 9.1.g) LMMCA como contenido mínimo del contrato a la información que deben suministrarse las partes para hacer efectivo el cumplimiento de las respectivas obligaciones contractuales a las que se refiere el art. 13.1 LMMCA[76]. Pues bien, la omisión de tal información

[76] La utilización o divulgación de secretos empresariales se considera práctica desleal [art. 14 bis 1.g) LMMCA] y constituye una infracción grave [art. 23.2.l) LMMCA]. Pero, la violación de secretos

puede considerarse como falta de colaboración del acreedor que excluye la mora del deudor, y que puede dar lugar a la resolución del contrato y a la indemnización correspondiente (arts. 1124 y 1101 CC).

El art. 9.h) LMMCA hace referencia a las condiciones de modificación del contrato y esta previsión debe ponerse en relación con otras de la ley que no son sino la confirmación del principio de obligatoriedad del contrato que impone el respeto al contenido pactado y, consecuentemente, la imposibilidad de que una de las partes realice modificaciones unilaterales que no se hayan previsto al contratar. En la LMMCA las modificaciones unilaterales no previstas en el contrato constituyen una infracción grave [cfr. arts. 12, 14 bis.1.c), 23.1.b) y 23.2.d) y k) LMMCA]. Sin embargo, ha de recordarse que, desde la perspectiva del Derecho de contratos, tales modificaciones no producen efecto alguno, pues no existe el consentimiento recíproco que legitimaría la modificación (cfr. arts. 1091, 1254, 1256, 1261, 1593 CC y 85.3 TRLCU); y si se trata de modificaciones unilaterales previstas en el contrato, pero que reflejan puro arbitrio, tampoco serán vinculantes (cfr. arts. 4 y 12.1 LMMCA; arts. 1115 y 1256 CC).

El art. 9.1.h) LMMCA impone como contenido mínimo del contrato la duración del contrato y las condiciones de su renovación y el art. 9.1.i) LMMCA se refiere a las causas y efectos de la extinción del contrato. Sin embargo, no se relacionan estos contenidos con prácticas comerciales desleales u otra infracción que no sea la falta de su inclusión en el contrato [cfr. art. 23.1.a) LMMCA y art. 16.3.a) LCD]. Cabe

---

empresariales conlleva también la aplicación de los arts. 8-11 Ley 1/2019, de 20 de febrero, de secretos empresariales que establecen consecuencias sustantivas.

recordar, como ya vimos, que el ROCA permite a los Estados miembros imponer en los contratos celebrados entre el productor y el primer comprador una duración mínima del contrato -que podrá rechazar el productor- de, al menos seis meses; aunque el legislador español solo ha hecho uso de esta facultad en el sector lácteo al regular la oferta del comprador estableciendo el plazo de un año (cfr. arts. 148 y 168.6 ROCMA; art. 4.1.d) RD 95/2019).

Desde el punto de vista del Derecho sustantivo se echa de menos una previsión imperativa, que sí contiene el RD 95/2019, sobre el plazo de preaviso para poner término a los contratos de duración indefinida o automáticamente renovables, salvo denuncia de una de las partes (dos meses de antelación, salvo causa de fuerza mayor *ex* art. 4.6 RD 95/2019). En cualquier caso, y a pesar del silencio del legislador, constituye un principio general la posibilidad de desistimiento en los contratos de duración indefinida del que solo puede derivarse obligación de indemnización por infracción del deber de preaviso conforme a la buena fe, y el plazo de dos meses puede servir como referencia (cfr. art. 9 bis que también menciona ese plazo para el supuesto de renovación); aunque el plazo de seis meses que menciona el art. 16.3.a) LCD constituye otro modelo alternativo. Sin embargo, llevar a cabo la interrupción del suministro o compra de productos agrícolas o alimentarios en un contrato continuado, ante el ejercicio de los derechos contractuales o legales de la otra parte, además de práctica desleal [arts. 14 bis 1.h) y 23.1.n.I) LMMCA] supone incumplimiento del contrato y dará lugar a las consecuencias propias del mismo (arts. 1124 y 1101 CC).

Finalmente, hay contenidos mínimos no mencionados en el art. 9 LMMCA, pero que deben ser incorporados al contrato de manera clara y sin ambigüedad para que no constituyan prácticas comerciales desleales. Se trata de las prácticas "grises" mencionadas en el art. 14 bis.2 LMMCA[77]; aunque ya hemos advertido sobre el peligro de que tales cláusulas se hayan impuesto a la parte débil del contrato. Cabe destacar que la cláusula "gris" relativa a que el comprador devuelva productos agrícolas y alimentarios no vendidos al proveedor sin pagar por estos productos no vendidos, o su eliminación, o ambas cosas [art. 14 bis 2.f) LMMCA] hace referencia, en realidad, a la incorporación de un contrato estimatorio al que expresamente hace referencia el art. 17.6 LOCM.

5.2.2 Nuevos límites a la libertad contractual

Existen algunos límites a la autonomía contractual aparentemente novedosos, con influencia en la reglamentación contractual. En primer término, vamos a referirnos al art. 9.1.k) LMMCA que obliga a incorporar en el contrato las penalizaciones

---

77 "a) Que se cargue a una de las partes un pago como condición por el almacenamiento, la exposición o la inclusión en una lista con las referencias de sus productos agrícolas y alimentarios, o su puesta a disposición en el mercado. b) Que una de las partes exija a la otra que asuma total o parcialmente el coste de aquellos descuentos de los productos agrícolas y alimentarios vendidos como parte de una promoción, a menos que, antes de una promoción iniciada, se especifique la duración de la misma y la cantidad prevista de los productos agrícolas y alimentarios que vayan a encargarse a precio con descuento en los términos pactados. c) Que una de las partes exija a la otra que pague por la publicidad de productos agrícolas y alimentarios realizada por aquélla. d) Que una de las partes exija a la otra que pague por la comercialización de productos agrícolas y alimentarios. e) Que una de las partes cobre a la otra por el personal de acondicionamiento de los locales utilizados para la venta de los productos. f) Que el comprador devuelva productos agrícolas y alimentarios no vendidos al proveedor sin pagar por estos productos no vendidos, o su eliminación, o ambas cosas".

contractuales por *"no conformidades, incidencias o cualquier otra circunstancia debidamente documentada, que habrán de ser proporcionadas y equilibradas para ambas partes"*. Parece un contenido sorprendente, pues el Derecho de contratos es en principio suficiente para establecer las consecuencias del incumplimiento, aunque la omisión de una cláusula como la exigida no es demasiado relevante en el ámbito sancionador [art. 23.1.a) LMMCA]. Ni siquiera la normativa de protección de los consumidores obliga a incorporar cláusulas penales en favor del consumidor, especialmente necesitado de protección. Se limita a considerar como cláusula abusiva la que imponga una indemnización desproporcionadamente alta al consumidor que no cumpla sus obligaciones (art. 85.6 TRLCU) o la que establece una garantía desproporcionada al riesgo asumido (art. 88.1 TRLCU). En cualquier caso, la exigencia de que las penalidades sean proporcionadas y equilibradas para ambas partes no constituye una auténtica novedad para el Derecho de contratos que siempre procura la mayor reciprocidad de intereses en los contratos onerosos (cfr. art. 1289 CC) y permite la moderación de las cláusulas penales bajo ciertas circunstancias (art 1154 CC).

En segundo lugar, conviene hacer una mención al asunto de la distribución del riesgo derivado de la pérdida fortuita de la cosa (arts. 1096.II,1182, 1183, 1452 CC; art. 66 ter TRLCU) para plantear si la LMMCA está introduciendo alguna regla al respecto cuando define como práctica desleal "negra" que el comprador exija al proveedor que pague por el deterioro o la pérdida, o por ambos motivos, de productos agrícolas y alimentarios, ocurridos en los locales del comprador o cuando la propiedad ya ha sido transferida al comprador, sin que dicho deterioro o pérdida se deban a negligencia o culpa del proveedor [cfr. arts. 14 bis.e) y 23.1.h) LMMCA]. Lo cierto es que no cabe deducir que se haya incorporado una prohibición de la traslación de los riesgos, admisible al amparo de la libertad contractual y tampoco tendría mucho sentido teniendo en cuenta que el desequilibrio en la negociación no es presupuesto para la aplicación de la LMMCA. Una prohibición de esa naturaleza debería establecerse en forma muy clara, al modo, por ejemplo, del art. 24.3 Ley -valenciana- 3/2013: *"Si quien vende es persona física, es nulo el pacto que modifique en su perjuicio el régimen de los riesgos"*.

La limitación a la libertad contractual auténticamente destacable es la que se refiere al precio de los contratos alimentarios, a la que haremos solo una breve reseña, por ser el asunto objeto de tratamiento específico en otro capítulo de esta obra. Como ya indicamos, el RD-ley 5/2020 incorporó la prohibición de la destrucción del valor de la cadena que, en la práctica, supone la imposición de un precio mínimo de venta, y obliga a cada operador abonar al anterior un precio igual o superior al coste efectivo de producción[78]. Tratándose del operador que realiza la venta al consumidor final, se prohíbe que repercuta a los operadores anteriores el riesgo empresarial derivado de su política comercial en materia de precios ofertados al público[79]. Además,

---

78 Para no incurrir en infracción, el art. 6.6 RD 95/2019 prevé que puedan los productores de leche –o sus organizaciones- en los contratos a precio fijo, de duración igual o superior a seis meses, que constaten un aumento sostenido de los costes durante tres meses, solicitar al comprador que haga una nueva oferta.

79 La norma sobre destrucción del valor de la cadena plantea ciertos problemas. Según el Informe de la Comisión Nacional de los Mercados y la Competencia sobre el Anteproyecto de Ley por la que se modifica la ley 12/2013, de 2 de agosto, la obligación de que los precios de los contratos alimentarios cubran los costes de producción – concepto que no se define con precisión en la norma – puede provocar una mayor complejidad en los contratos por la necesidad de concretar el cálculo de costes, y favorecer la utilización de índices comunes como referencia sobre los costes, lo cual puede provocar alineamientos de precios. Además,

tras la Ley 16/2021, y para proteger la capacidad de comercialización de los productores primarios se considera práctica desleal que los operadores que realicen ventas a los consumidores finales apliquen un precio de venta al público inferior al precio real de adquisición, salvo que se trate de productos alimenticios perecederos que se encuentren en una fecha próxima a su inutilización siempre que se proporcione información clara de esta circunstancia a los consumidores [cfr. arts. 12 ter LMMCA, 14.1 LOCM y 17 LCD], consagrando así una prohibición casi absoluta de la venta a pérdida.

Por su parte, el art. 9.1.c) LMMCA se refiere como contenido mínimo del contrato al *"precio con expresa indicación de todos los pagos, incluidos los descuentos aplicables"*, respecto del cual formula

---

supone de facto una prohibición de venta a pérdida en toda la cadena alimentaria y para todos los operadores que intervienen en la misma. En este sentido, recuerda que ni la Directiva (UE) 2019/633 ni la Directiva 2005/29/CE del Parlamento Europeo y del Consejo, de 11 de mayo de 2005, relativa a las prácticas comerciales desleales de las empresas en sus relaciones con los consumidores en el mercado interior, contemplan como práctica abusiva en cualquier circunstancia la realización de ventas a pérdida. Por otro lado, la venta a consumidores, que no son operadores de la cadena alimentaria (art. 5.f) LMMCA) se somete a la LOCM que solo prohíbe la venta a pérdida si se dan las circunstancias que contempla el art. 14. Sin embargo, apunta MARTÍ MIRAVALLS, J. (2022), ("La cadena de valor en la regulación del mercado agroalimentario…", cit., pp. 1060-1061) que la norma no prohíbe la venta a pérdida, lo cual plantearía problemas de Derecho de la competencia, sino, simplemente, una prohibición de compra por debajo del coste efectivo manifestado por el vendedor al adquirente, siendo el adquirente el sujeto obligado por la norma, y el coste efectivo el mínimo al que un operador de la cadena puede adquirir un producto alimentario.

varias reglas. En primer término, apunta la posibilidad de que el precio sea fijo o variable[80] y, en este último caso, indica que los criterios de determinación deben ser factores objetivos, verificables, no manipulables y expresamente establecidos en el contrato, que en ningún caso puedan ser manipulables por el propio operador u otros operadores del sector o hacer referencia a precios participados (cfr. arts. 1261, 1273, 1449 y 1259 CC). En segundo lugar, de acuerdo con la prohibición de destruir el valor de la cadena (art. 12 ter LMMCA) señala que el precio que tenga que percibir un productor primario o una agrupación deberá ser superior al total de costes asumidos por el productor o coste efectivo de producción[81]. Añade que la determinación

---

80 El art. 172 bis ROCMA incorporado por el RUE 2021/2117 admite con carácter general la cláusula de reparto valor: "Los agricultores, incluidas las asociaciones de agricultores, podrán acordar con los operadores de las fases posteriores cláusulas de reparto de valor, incluidos los beneficios y las pérdidas comerciales, que determinen la manera en que se repar-ten entre ellos la evolución de los precios de mercado pertinentes de los productos afectados u otros mercados de materias primas" [cfr. arts. 5.4 y 27.l) RD 95/2019]. Una figura afín es la venta a resultas que resulta prohibida por la disposición adicional segunda de la Ley –valenciana-3/2013. En contra de esta figura por los abusos que puede implicar para los agricultores, ARNAU MOYA, F. (2020), "El uso combinado de la Ley de cadena alimentaria y el Código Civil para combatir la venta a resultas", Revista Boliviana de Derecho, nº 30, pp. 328-363; y GUILLEM CARRAU, J. (2020), "Venta a resultas y contrato escrito: la revisión de la Llei de contractes agraris", Anuari de Dret Parlamentari, nº 33, pp. 211-237.

81 Aclara el precepto que el coste efectivo incluirá todos los costes asumidos para desarrollar su actividad, entre otros, el coste de semillas y plantas de vivero, fertilizantes, fitosanitarios, pesticidas, combustibles y energía, maquinaria, reparaciones, costes de riego, alimentos para los animales, gastos veterinarios, amortizaciones, intereses de los préstamos y productos financieros, trabajos contratados y mano de obra asalariada o aportada por el propio productor o por miembros de su unidad familiar.

del coste efectivo habrá de realizarse tomando como referencia el conjunto de la producción comercializada para la totalidad o parte del ciclo económico o productivo, que se imputará en la forma en que el proveedor considere que mejor se ajusta a la calidad y características de los productos objeto de cada contrato. El incumplimiento de las obligaciones previstas en el art 12 ter o la destrucción del valor de la cadena constituye infracción grave [art. 23.2,f) LMMCA] y la no incorporación del precio en el contrato tiene la misma consideración [art. 23.2.c) LMMCA].

5.3. Un guiño a la nulidad de cláusulas abusivas en la contratación entre empresarios

Dispone el art. 9.3 LMMCA: *"Serán nulas las cláusulas y estipulaciones que incumplan lo señalado en el artículo 9.1.c), por lo que sin perjuicio de las sanciones administrativas que procedan, el productor primario podrá exigir resarcimiento por daños y perjuicios en sede judicial"*[82]. Se trata del único supuesto en el que la norma establece de manera directa una –sustancial- consecuencia jurídico-privada y parece obedecer a la finalidad de proporcionar protección adicional a la parte débil del contrato. El art. 9.1.c) se refiere, tanto a los criterios admisibles de determinación del precio, como a la necesidad de que el precio del contrato alimentario que deba recibir el productor primario -o una agrupación de productores primarios- sea superior al coste efectivo de producción. Sin embargo, la nulidad no se

---

82 Indemnización compatible con las sanciones administrativas que procedan, como afirma SÁNCHEZ HERNÁNDEZ, A. (2022), "La contratación agroalimentaria tras las medidas de la nueva Ley 16/2021, de 14 de diciembre, para mejorar el funcionamiento de la cadena alimentaria", *PRZEGLAD PRAWA ROLNEGO,* nº 30, pp. 1-19, p. 255-273, p. 261.

declara para otros supuestos en los que se produzca la destrucción del valor de la cadena, sin intervención del productor. La finalidad –protección de la parte débil- y la naturaleza del remedio –nulidad parcial- evocan la figura de la cláusula abusiva aplicable a las relaciones entre empresarios y consumidores (arts. 82-91 TRLCU).

En realidad, conforme a la concepción tradicional, una omisión absoluta del precio del contrato, o la ausencia de criterios de determinación admisibles (cfr. arts. 1447 y 1148 CC) situarían al contrato en un escenario de indeterminación absoluta del objeto que daría lugar a su nulidad (cfr. arts. 1261, 1273, 1445, 1449, 1451 y 1256 CC). No obstante, cabe recordar que, con relación a las vías de determinación del precio, los tribunales y la doctrina se muestran cada vez más flexibles, pues siempre puede integrarse el contrato aplicando el precio de mercado[83]. Resulta particularmente expresiva la disposición adicional segunda de la Ley –valenciana- 3/2013 sobre la nulidad de los pactos con cláusulas de indeterminación del precio: *"Se tendrá por precio cierto del contrato el que se recoja en el Observatorio de Precios de los Productos Agroalimentarios de la Comunitat Valenciana para la variedad objeto de contrato en la semana en que se produce la recolección o la media de éstas si fueran varias"*. En esta línea, el art. 9.9 LMMCA opta, como hemos dicho, por declarar exclusivamente la nulidad de la cláusula relativa al precio y no la de todo el contrato. No obstante, lo hace con una falta de precisión técnica, pues se limita a declarar la posibilidad de

---

83 El art. 525-4.3 de la Propuesta de Código Civil de la Asociación de profesores de Derecho Civil es suficientemente expresivo: *"Salvo voluntad contraria de alguna de las partes, la falta de determinación de algún término no impide la perfección del contrato, siempre que sea inequívoca la voluntad de tenerlo por celebrado (...) En particular, no es impedimento la falta de expresión del precio ni del medio para su determinación, entendiéndose implícitamente convenido el precio generalmente practicado en el mercado"*.

solicitar indemnización ante los tribunales, sin mayor detalle. Habría sido más adecuado hacer una llamada a la integración del contrato para el establecimiento del precio, al modo de la ley valenciana, pues la indemnización es un asunto distinto y procederá cuando la nulidad sea consecuencia de la culpa *in contrahendo* (cfr. arts. 1270.II CC y 1902 CC). Además, habría sido razonable limitar la legitimación al operador más débil en cuyo interés se declara la nulidad (cfr. art. 9.1 LCGC).

Como es sabido, son exclusivamente los consumidores quienes pueden beneficiarse de la regulación sobre cláusulas abusivas del TRLCU –que no procede respecto del precio, al ser elemento esencial del contrato- y del control de transparencia material respecto de las cláusulas relativas al precio (arts. 5.5 LCGC y 83.II TRLCU); aunque exista un debate doctrinal en torno a la posibilidad de controlar las cláusulas abusivas en los contratos celebrados entre empresarios con fundamento en expedientes como la buena fe (arts. 7 y 1258 CC)[84]. Sin embargo, el legislador nacional tiene libertad para articular la protección del empresario sometido a cláusulas abusivas. Así, por poner un ejemplo, es el caso de la Ley 3/2004 que, en materia de morosidad en operaciones comerciales, opta por establecer una cláusula general sobre cláusulas y prácticas abusivas –nulas-, así como una enumeración de supuestos sobre el particular (art. 9.1 Ley 3/2004). Además, hace una llamada a

---

84 Vid., por ejemplo, PETIT LAVALL, M.ª V. (2022), "El control de las condiciones generales de la contratación entre empresarios", en GONZÁLEZ CASTILLA, F./NIETO CAROL, U. (Dir.), *Retos de la contratación mercantil moderna*, Tirant lo Blanch, Valencia, pp. 246-266; y RIVERA FERNÁNDEZ, M. (2020), "Normativa general y teoría general del contrato. Equilibrio contractual", en MUÑIZ ESPADA, E. (Coord.), *Cambios en la ley de cadena alimentaria: propuestas para la urgente transposición de la Directiva 2019/663*, Reus, Madrid, pp. 89-102.

la integración del contrato por parte del juzgador, con arreglo a lo dispuesto en el artículo 1.258 del Código Civil, atribuyéndole facultades moderadoras respecto de los derechos y obligaciones de las partes y de las consecuencias de su ineficacia (art. 9.2 Ley 3/2004).

Curiosamente, la LMMCA opta por declarar la nulidad de la cláusula relativa al precio –elemento esencial del contrato- y no da ese mismo paso con otras cláusulas consideradas prácticas desleales que guardan una indudable relación con el listado de cláusulas abusivas del TRLCU. El legislador podría haber optado por declarar abusivas las cláusulas no negociadas que suponen un desequilibrio entre los derechos y obligaciones de los operadores, contrarias a las exigencias de la buena fe, evitando cualquier efecto contractual de las mismas, sin perjuicio de su consideración como prácticas desleales, susceptibles de ser sancionadas administrativamente. Así, por ejemplo, las cláusulas por las que se exigen a una parte pagos que no están relacionados con la venta de productos agrícolas o alimentarios [art. 14 bis 1.d) LMMCA]; se altera la regla sobre riesgos [art. 14 bis 1.e) LMMCA]; se transfieren al proveedor los gastos derivados de estudiar las reclamaciones de los clientes no debidas a negligencia del deudor [art. 14 bis 1.i) LMMCA]; y, en general, todas las cláusulas que incluyen las prácticas "grises" mencionadas en el art. 14 bis 2 LMMCA.

III. CONCLUSIONES

La regulación sobre los contratos alimentarios de la LMMCA consigue un mayor nivel de transparencia en la contratación entre operadores de la cadena mediante mecanismos como la formalización del contrato y la inscripción de los contratos celebrados por los productores primarios, incentivándose ambos instrumentos mediante un sistema sancionador, aunque el mismo puede parecer insuficiente para impulsar a los contratantes a formalizar o inscribir, atendida la cuantía de las sanciones que no parece demasiado gravosa para los grandes operadores. Cabe concluir que la norma muestra una evidente falta de coordinación que impide la consecución total de sus objetivos debido, en buena medida, a los distintos ámbitos de aplicación que contempla. La LMMCA se aplica a todos los operadores de la cadena alimentaria -prescindiendo de su poder de negociación- porque se entiende -en principio con buen criterio- que los abusos pueden proceder tanto de la parte proveedora, como de la parte compradora. Sin embargo, un ámbito de aplicación tan amplio genera luego muchas disfunciones porque son los productores primarios los más necesitados de protección, y esta circunstancia no resulta ignorada por el legislador, si bien, a mi juicio, no acaba de encontrar la fórmula para dispensarles la protección que merecen.

Así, a modo de ejemplo, cabe destacar como elementos contradictorios que se presuma en ciertos supuestos que el infractor es el comprador, con independencia del poder relativo en la negociación. Las normas sobre contratos alimentarios se aplican solo a los que superen un determinado valor -1000 euros, aunque la existencia de una práctica desleal no depende del valor de la transacción. Además, se excluyen de la necesidad de formalización los contratos en los que se paga al contado, aunque esta forma de pago no excluye la existencia de prácticas indeseables, de difícil comprobación en los contratos verbales. Por otro lado, solo acceden al RCA los contratos celebrados por los productores primarios -especialmente necesitados de protección- pero las transacciones que se encuentran excluidas de la necesidad de formalización no merecen esta vía de protección para el legislador. La no formalización del contrato no impide su validez, aunque una buena respuesta podría haber sido la de atribuir a la parte débil la posibilidad de su anulación. Salvo que deba aplicarse la LCGC, las prácticas desleales "grises" -aparentemente negociadas- no perjudican al operador que las lleva a cabo si el contrato se formaliza, pues no se opta por declarar su no incorporación en caso de falta de claridad de las mismas, cuando exista una parte con un poder de negociación destacado.

La LMMCA incorpora normas de difícil interpretación, como la que impone un deber de negociación. Al mismo tiempo, sigue silenciando, como regla, las consecuencias jurídico-privadas de la infracción de muchas de sus normas, aunque se remite a algunas leyes que sí las contemplan y su silencio no impide la aplicación del Derecho de contratos. Contiene la LMMCA una norma -algo confusa- que establece la nulidad como sanción en caso de incumplimiento de ciertos requisitos relacionados con el precio y como sanción las consecuencias propias de las cláusulas abusivas. Sin embargo, prescinde de extender dichas consecuencias a diversas prácticas desleales que implican un abuso en la contratación, quizá por el obstáculo que supone el ámbito de aplicación de la ley que se aplica a muchas transacciones, incluidas las que no suponen un particular desequilibrio en la posición de las partes. Finalmente, cabe recordar que existe ya alguna petición en punto a la articulación de una regulación de los contratos celebrados por los agricultores, conforme al modelo de la Ley valenciana que quizá debería considerarse.

La intervención legislativa en la fijación del precio en los contratos agroalimentarios

JUAN PABLO APARICIO VAQUERO[1]
Profesor Titular de Derecho Civil
Universidad de Salamanca
juanpa@usal.es

Sumario: I. INTRODUCCIÓN; II. EL ART. 9.1.*C)* LMFCA EN EL CONTEXTO DE LA PROHIBICIÓN DE DESTRUCCIÓN DE VALOR EN LA CADENA ALIMENTARIA; 1. La determinación del precio en los contratos agroalimentarios como herramienta de política legislativa; 2. El art. 9.1.*c)* LMFCA entre la libertad contractual y la prohibición de venta a pérdidas; III. LA DETERMINACIÓN DEL PRECIO CONFORME A CRITERIOS OBJETIVOS; IV. LA NOCIÓN DE "COSTE EFECTIVO" Y LOS PROBLEMAS DE SU DETERMINACIÓN; V. VALIDEZ DEL CONTRATO PERO NULIDAD DE CLÁUSULAS Y CONDUCTAS CONTRARIAS AL ART. 9.1.*C)* LMFCA; VI. A MODO DE CONCLUSIÓN.

Bibliografía: AMAT LLOMBART, P., "Contratación de productos agrarios en la cadena alimentaria y prácticas comerciales desleales a propósito de la transposición de la Directiva 2019/633", *Revista de Derecho Agrario y Alimentario,* nº 77, jul.-dic. 2020, pp. 7-68. ARPIO SANTACRUZ, J., "La determinación del precio en los contratos alimentarios", en Carbajo Cascón, F. (dir.) y Jiménez Serranía, V. (coord.), *Competencia, Propiedad Intelectual y tutela de*

1 Trabajo realizado en el marco Proyecto de Investigación "Competencia e Innovación en el Sector Agroalimentario de Castilla y León" (SA265P20), concedido por la Junta de Castilla y León y cofinanciado con fondos FEDER (Orden EDU/1192/2020, de 4 de noviembre), del que es Investigadora Principal la Prof.ª Pilar Martín Aresti.

consumidores en el sector agroalimentario, Tirant Lo Blanch, Valencia, 2022, pp. 983-1040. FERIA ÁLVAREZ DE TOLEDO, A., "La posible repercusión del coste efectivo de producción en la inflación padecida en la cesta de la compra", *Actualidad Jurídica Aranzadi*, nº 993/2023. GARCÍA AZCÁRATE, T., "Cadena alimentaria y derecho de la competencia", *Distribución y consumo*, 2021, vol. 1, pp. 34-41. GARCÍA VIDAL, A., "La fijación de precios en la cadena alimentaria", en Palau Ramírez. F. y Martí Miravalls, J. (dirs.), *Retos en el sector agroalimentario: regulación, competencia y Propiedad Industrial*, Tirant Lo Blanch, Valencia, 2022, pp. 61-76. GONZÁLEZ ORÚS-CHARRO, M., "Contratos de suministro y aprovisionamiento entre el productor primario y el distribuidor de productos agroalimentarios", en Carbajo Cascón, C. (dir.) y Jiménez Serranía, S. (coord.), *Competencia, Propiedad Intelectual y tutela de consumidores en el sector agroalimentario*, Tirant Lo Blanch, Valencia, 2022, pp. 753-793. MARTÍ MIRAVALLS, J., "La cadena de valor en la regulación del mercado agroalimentario: de la cláusula de reparto valor a la prohibición de su destrucción", en Carbajo Cascón, F. (dir.) y Jiménez Serranía, V. (coord.), *Competencia, Propiedad Intelectual y tutela de consumidores en el sector agroalimentario*, Tirant Lo Blanch, Valencia, 2022, pp. 1041- 1062. OLMEDO PERALTA, E., "Poder de mercado, poder de negociación y abusos explotativos en la cadena alimentaria", en Carbajo Cascón, F. (dir.) y Jiménez Serranía, V. (coord.), *Competencia, Propiedad Intelectual y tutela de consumidores en el sector agroalimentario*, Tirant Lo Blanch, Valencia, 2022, pp. 1137-1180. PALMA FERNÁNDEZ, J. L., *Derecho Agroalimentario*, AEBOE, Madrid, 2021. PITSCH, J., "La prohibición española de la venta a pérdidas apenas afectará a la exportación de alimentos a Alemania", *Diario La Ley*, nº 10039, Sección Tribuna, 29 de marzo de 2022 (La Ley 2427/2022). RESA LÓPEZ, S., "Mujeres en la cadena alimentaria", *Distribución y Consumo*, 2020, vol. 1, pp. 90-99; SÁNCHEZ HERNÁNDEZ, A., "La contratación agroalimentaria tras las medidas de la nueva Ley 16/2021 de 14 de diciembre para mejorar el funcionamiento de la cadena alimentaria", *Przegląd Prawa Rolnego*, nº 1 (30) – 2022, pp. 255-273. SERRANO ARGÜELLO, N., "Medidas de trabajo y Seguridad Social en el RD-Ley 5/2020, su posible incidencia en la cadena de valor agroalimentaria", en Muñiz Espada, E. (coord.), *Cambios en la Ley de Cadena Alimentaria: propuestas para la urgente transposición de la Directiva 2019/633*, Reus Editorial, Madrid, 2020, pp. 335-355.

I. INTRODUCCIÓN.

El presente estudio aborda la cuestión de la determinación contractual de los precios en la cadena alimentaria[2], con atención particular al que reciben los productores primarios, en cuanto herramienta de política legislativa al servicio de unos intereses más allá de la defensa de la competencia en el sector.

Tras diversos documentos e Informes de la UE y organismos españoles sobre la cuestión de la regulación de la cadena alimentaria[3], el legislador español aprobó en 2013 la *Ley*

---

2 La LMFCA define la "cadena alimentaria" regulada en la norma como el "conjunto de actividades que llevan a cabo los distintos operadores que intervienen en la producción, transformación y distribución de productos agrícolas y alimentarios, excluyendo las actividades de transporte, y las empresas de hostelería y restauración con un volumen de facturación inferior a diez millones de euros, excluyéndose también las empresas en las actividades de servicios de alojamiento con un volumen de facturación inferior a 50 millones de euros". Más allá de las acotaciones en función de la facturación, se trata de un concepto vertebrador de una serie de mercados, sectores e industrias muy diversos entre sí; al respecto, vid. PALMA FERNÁNDEZ, J. L., *Derecho Agroalimentario,* AEBOE, Madrid, 2021, pp. 385-395 (capt. XXV, "La cadena alimentaria como nuevo concepto jurídico integrador de la actividad agroalimentaria").

3 A nivel europeo, son varios los documentos de la Comisión sobre la cuestión que fueron manejados en los debates de la época, pudiendo destacarse, entre otros, sus Comunicaciones *"Los precios de los productos alimenticios en Europa"*, de 9 de diciembre de 2008 [COM(2008) 821 final], y *"Mejorar el funcionamiento de la cadena alimentaria en Europa"*, de 28 de octubre de 2009 [COM(2009) 591 final], así como el Informe *"Hacia un mercado interior del comercio y de la distribución más justo y eficaz en la perspectiva de 2020"*, de 5 de julio de 2010, COM(2010) 355 final. También sobre los precios agroalimentarios e ingresos de los productores primarios se había pronunciado el Parlamento Europeo, en sus Resoluciones de 26

12/2013, de 2 de agosto, de medidas para mejorar el funcionamiento de la cadena alimentaria (en adelante, LMFCA), que, por lo que ahora nos interesa, en relación con los precios de los productos, tenía por finalidad fomentar la *transparencia en su formación* como medio para luchar contra las prácticas desleales y asegurar la competitividad, eficiencia y el equilibrio en el mercado[4].

---

de marzo de 2009 (*"Sobre los precios de los productos alimenticios en Europa"*, 2008/2175(INI)) y de 7 de septiembre de 2010 (*"Sobre unos ingresos justos para los agricultores: mejorar el funcionamiento de la cadena de suministro de alimentos en Europa"*, 2009/2237(INI)). Además, en 2010 (aunque la EM de la LMFCA diga que es de finales de 2011), la Comisión había constituido el Foro de Alto Nivel sobre la Mejora del Funcionamiento de la Cadena Alimentaria (Decisión de la Comisión de 30 de julio; se renovó luego por Decisión de 1 de junio de 2015; el Informe de su labor hasta 2014 puede verse en su *Report* de octubre de 2014, disponible en <https://www.3tres3.com/3tres3_common/art/3tres3/34373/fitxers/Forum%20Food%20Final%20Report%202014.pdf>). El legislador contó igualmente con un par de Informes de la Comisión Nacional de Mercados y Competencia (CNMC) sobre la situación y regulación eficiente de estos mercados: *"Informe sobre Competencia y Sector Agroalimentario"* (2010, disponible en <https://www.cnmc.es/sites/default/files/1185937_7.pdf>) y el *"Informe sobre las relaciones entre fabricantes y distribuidores en el sector alimentario"* (2011, accesible en línea en <https://www.cnmc.es/sites/default/files/1186011_7.pdf> [consulta de todos los documentos en línea citados: 31/01/2024]. Ya en el año 2000 se había creado el Observatorio de Precio de los Alimentos (Real Decreto 509/2000, de 14 de abril; hoy derogado y sustituido por el Observatorio de la Cadena Alimentaria, creado por la propia LMFCA).

4 En la EM de la LMFCA, no alterada por las posteriores reformas, las menciones a los precios son neutras en cuanto a su papel en la protección de los productores. Las referencias a su volatilidad y falta de transparencia en su formación se vinculan a la consecuente merma de la competitividad y la eficiencia del mercado, junto con las prácticas desleales. Solo hay una referencia a un

La expresa regulación de los precios como modo de asegurar unos ingresos *justos* para los diferentes intervinientes en la cadena y, en particular, para los productores primarios[5], llegaría como consecuencia de las posteriores reformas de 2020 y 2021.

"*adecuado* nivel de precios" (cursivas mías) en relación con los objetivos de las iniciativas europeas, que, según interpreta el legislador español, pretenden alcanzar equilibrio y competencia justa y leal atendiendo también a dicha adecuación. Es por ello que el objetivo fundamental del art. 9.1.*c)* que comentamos era, en su versión original, el de establecer criterios de fijación de precios "objetivos", más que "justos". La intervención vía RD-L y posterior Ley en 2020 ya se justificó en el desequilibrio de los precios (primer párrafo de la EM de ambos textos) y en la necesidad de proteger a las explotaciones agrarias y a los operadores primarios como "eslabones menos protegidos y más vulnerables" de la cadena (EM II, primer párrafo). Para ello, y de forma destacada, se interviene de forma directa en la formación de los precios, más allá de asegura su mera transparencia: "*[l]a principal novedad en el ámbito de la cadena alimentaria consiste en obligar a que cada operador abone al inmediatamente anterior un precio igual o superior al coste de producción de tal producto en que haya incurrido dicho operador, de modo que se preserve ese valor agregado creciente que fundamenta uno de los ejes vertebradores de la acción pública en este sector, que contribuya a aumentar su competitividad global a través del valor añadido y que, en último término, revierta en beneficio de toda la sociedad*" (EM II, párrafo quinto del RD-L 5/2020 y de la Ley 8/2020).

5 Se entiende por "productor primario" la "*persona física o jurídica cuya actividad la ejerce en la producción agrícola, ganadera, forestal o en la pesca*" (art. 5.*d* LMFCA). En definitiva, quien da comienzo a la cadena del producto alimentario considerado ya como tal.

II. EL ART. 9.1.*C)* LMFCA EN EL CONTEXTO DE LA PROHIBICIÓN DE DESTRUCCIÓN DE VALOR EN LA CADENA ALIMENTARIA.

1. La determinación del precio en los contratos agroalimentarios como herramienta de política legislativa.

En su redacción original (2013), el art. 9 LMFCA, en su apartado 1.*c*, establecía la obligación de los contratos alimentarios[6] de contener el precio del contrato y, si fuera determinado en cuantía variable, la obligación de hacerlo conforme a factores objetivos, verificables, no manipulables y expresamente recogidos en el contrato.

Obsérvese que el precepto respondía a dos objetivos: de un lado, en apariencia, insistir (innecesariamente, si ese fuera su entendimiento) en la consideración del precio como elemen-

---

6 Se entiende por "contratos alimentarios" aquellos en los que "*una de las partes se obliga frente a la otra a la venta de productos agrícolas o alimentarios, y esta se obliga por un precio cierto, bien se trate de una compraventa o de un suministro de forma continuada*" (art. 5.f LMFCA); aunque se exceptúan los contratos con consumidores finales, la prohibición de la destrucción de valor en la cadena sí los incluye (vid. más adelante). Puede encontrarse una clasificación y calificación jurídica de los mismos en GONZÁLEZ ORÚS-CHARRO, M., "Contratos de suministro y aprovisionamiento entre el productor primario y el distribuidor de productos agroalimentarios", en Carbajo Cascón, C. (dir.) y Jiménez Serranía, S. (coord.), *Competencia, Propiedad Intelectual y tutela de consumidores en el sector agroalimentario,* Tirant Lo Blanch, Valencia, 2022, pp. 774 y ss; vid. también AMAT LLOMBART, P., "Contratación de productos agrarios en la cadena alimentaria y prácticas comerciales desleales a propósito de la transposición de la Directiva 2019/633", *Revista de Derecho Agrario y Alimentario,* nº 77, jul.-dic. 2020, pp. 33-36.

to del contrato alimentario, pues va de suyo que lo es[7] y que su falta originaría la nulidad del mismo. En realidad, hay que poner en relación este inciso, como el resto del artículo, con el artículo anterior, el 8, referido a la *forma* del contrato[8], y enten-

---

7 Arts. 1261 y 1445 CC. El precio es la contraprestación a cargo del comprador frente a la obligación de entrega de la cosa por parte del vendedor, expresada en una suma o cantidad de dinero *"o en signo que lo represente"* (letras, cheques, pagarés...). La calificación del precio como elemento esencial del contrato de compraventa es unánime entre doctrina y jurisprudencia. Y ello, sin importar que no esté determinado, siempre que pueda serlo sin un nuevo acuerdo entre las partes; vid., p. ej., STS 24/06/2003 (ECLI:ES:TS:2003:4395; TOL4.926.619): "no puede existir un contrato de compraventa si no hay un precio cierto, de conformidad con los arts. 1445 y 1450 CC. Cabe la posibilidad de que el precio no esté determinado, siempre que sea determinable (arts. 1447 y 1448 CC) sin necesidad de un nuevo convenio entre los contratantes". De hecho, y al hilo del tema que nos ocupa, para la existencia de un contrato de compraventa ni siquiera es necesario, en Derecho común, que el precio ("-elemento del mismo-") sea *justo,* pudiéndose prescindir del valor real de la cosa en virtud del principio de autonomía de la voluntad (vid., recogiendo una amplia jurisprudencia anterior, la STS 16/09/2010, ECLI:ES:TS:2010:5145; TOL1.973.146); que finalmente la compraventa o concretas cláusulas de la misma pudieran ser nulas en función de vicios del consentimiento u otras causas, incluidas las relativas a la fijación de este elemento contenidas en leyes como la LMFCA, es cuestión distinta.

8 La redacción original del art. 8 era más sencilla que la actual: Aunque no era requisito de validez y existencia (*ad solemnitatem,* art. 8.2), la forma sí era requisito a*d probationem ex* art. 8.1, salvo en el caso de la entrega del precio al contado contra la entrega de los productos, en que bastaba con documentar la operación mediante la factura. Manteniéndose los apartados 2 y 3, la redacción vigente del art. 8.1 es más detallada: exige que dicha redacción se sujete a los principios de transparencia, claridad, concreción y sencillez, cabe firma electrónica en su formalización, y se establece un régimen especial para el caso de entrega de la producción por parte de un socio a la cooperativa.

der así que *lo que pretendía el legislador es que en el contrato escrito figurara expresamente el precio pactado.*

Por otra parte, y trascendiendo lo puramente formal, el inciso recogía algunos parámetros para la fijación de dicho precio. Este no era prefijado por el legislador (se mantenía la operativa del principio de libertad contractual, como expresamente recogía el segundo apartado del precepto[9]), pero sí obligaba a que se concretara conforme a elementos que tendencialmente pretenden la protección del contratante débil en la cadena, y de los cuales también hay que dejar constancia.

Ambas perspectivas continúan presentes en el vigente art. 9.1.*c)* LMFCA, tras las reformas operadas por el *Real Decreto-Ley 5/2020*[10] y la posterior *Ley 8/2020*[11], que introducen un texto mucho más detallado, y la última, por la *Ley 16/2021, de 14 de diciembre, por la que se modifica la Ley 12/2013, de 2 de agosto, de medidas para mejorar el funcionamiento de la cadena alimentaria,* que modifica, suprime y añade apartados y letras al art. 9, y deja la letra c del apartado uno como está vigente hoy, con mucho más contenido[12].

---

9 "*El contenido y alcance de los términos y condiciones del contrato serán libremente pactados por las partes, teniendo en cuenta los principios rectores recogidos en el artículo 4 de la presente Ley*".

10 *Real Decreto-ley 5/2020, de 25 de febrero, por el que se adoptan determinadas medidas urgentes en materia de agricultura y alimentación.* Convalidado por Resolución del Congreso de los Diputados de 25 de marzo de 2020.

11 *Ley 8/2020, de 16 de diciembre, por la que se adoptan determinadas medidas urgentes en materia de agricultura y alimentación.* Supone el resultado de la tramitación como Proyecto de Ley del anterior RDL 5/2020, al que derogó. En este punto mantienen la misma redacción.

12 Art. 9: "*Condiciones contractuales: 1. Los contratos alimentarios regulados en este Capítulo, contendrán como mínimo los siguientes extremos: (...)*

En relación con el precio de los productos en la cadena agroalimentaria hay, por lo tanto, una significativa diferencia de planteamiento entre la versión original de la LMFCA y la vigente, tras las reformas de 2020 y 2021, fácilmente apreciable en sus justificaciones y articulado. En la actualidad, la intervención legislativa en la determinación del precio es concebida como una decisiva herramienta de política legislativa al servicio, no tanto de la eficiencia del mercado, cuanto de la protección de los distintos intervinientes en la cadena, singularmente, los productores primarios, considerados el eslabón más débil de la misma: un instrumento más para conseguir una cadena agroalimentaria sostenible, equilibrada, transparente y eficiente, que permita, a su vez, alcanzar otros fines de política socioeconómica: el mantenimiento de una cierta clase productora nacional, el desarrollo rural y

---

c) Precio del contrato alimentario, con expresa indicación de todos los pagos, incluidos los descuentos aplicables, que se determinará en cuantía fija y/o variable, en función únicamente de factores objetivos, verificables, no manipulables y expresamente establecidos en el contrato, que en ningún caso puedan ser manipulables por el propio operador u otros operadores del sector o hacer referencia a precios participados.

El precio del contrato alimentario que tenga que percibir un productor primario o una agrupación de estos deberá ser, en todo caso, superior al total de costes asumidos por el productor o coste efectivo de producción, que incluirá todos los costes asumidos para desarrollar su actividad, entre otros, el coste de semillas y plantas de vivero, fertilizantes, fitosanitarios, pesticidas, combustibles y energía, maquinaria, reparaciones, costes de riego, alimentos para los animales, gastos veterinarios, amortizaciones, intereses de los préstamos y productos financieros, trabajos contratados y mano de obra asalariada o aportada por el propio productor o por miembros de su unidad familiar.

La determinación del coste efectivo habrá de realizarse tomando como referencia el conjunto de la producción comercializada para la totalidad o parte del ciclo económico o productivo, que se imputará en la forma en que el proveedor considere que mejor se ajusta a la calidad y características de los productos objeto de cada contrato".

evitar despoblación de territorios e, incluso, objetivos transversales de género[13].

En la EM de la LMFCA[14], las menciones a los precios son neutras en cuanto a su papel en la protección de los diferentes eslabones. Las referencias a la volatilidad y falta de transparencia en su formación se vinculan a la consecuente merma de la competitividad y la eficiencia del mercado, junto con las prácticas desleales. Solo hay una referencia a un "adecuado nivel de precios" en relación con los objetivos de las iniciativas europeas, que, según interpreta el legislador español, pretenden alcanzar equilibrio y competencia justa y leal atendiendo también a dicha adecuación. Es por ello que

---

13 La incorporación de la mujer a las explotaciones agrarias es el objetivo principal de la *Ley 35/2011, de 4 de octubre, sobre titularidad compartida de las explotaciones agrarias*. Más allá de la intervención legal directa, el propio mantenimiento de explotaciones rurales y que estas sean rentables, objetivo declarado de la LMFCA (creación de empleo vinculado también al medio rural, art. 3.*a*), favorece el emprendimiento femenino, más allá de su trabajo en explotaciones familiares. Vid. el último censo agrario, de 2020 (INE, disponible en <https://www.ine.es/censoagrario2020/presentacion/index.htm>), que destaca el cada vez mayor acceso de las mujeres a puestos de jefe de explotación, concepto que, en general, coincide con el del titular de la explotación. No obstante, sigue siendo notablemente inferior al de los hombres a nivel nacional y en la mayoría de comunidades autónomas: en Castilla y León se sitúa en un 23 % frente al 48 % en Galicia; la media nacional está en el 28,6 %, habiéndose incrementado un 15,8 % respecto del anterior censo, de 2009. Vid. también el reportaje de RESA LÓPEZ, S., "Mujeres en la cadena alimentaria", *Distribución y Consumo*, 2020, vol. 1, en particular, pp. 98-99; disponible en <https://www.mercasa.es/wp-content/uploads/2023/02/18_Mujeres-en-la-cadena-alimentaria.pdf> [consulta 31/01/2024].

14 Que sigue tal cual en la versión vigente de la norma, al no haber sufrido modificaciones.

el objetivo fundamental del art. 9.1.*c)* que comentamos era, en su versión original, el de establecer criterios de fijación de precios "objetivos", más que "justos" (en el sentido de plenamente remuneratorios de las inversiones realizadas).

Por el contrario, la intervención vía RD-L y posterior Ley en 2020 ya se justificó en el desequilibrio de los precios en el mercado (primer párrafo de la EM de ambos textos) y en la necesidad de proteger las explotaciones agrarias y a los operadores primarios como "eslabones menos protegidos y más vulnerables" de la cadena (EM II, primer párrafo). Para ello, y de forma destacada, se interviene ahora de forma directa en la formación de los precios, más allá de asegurar su mera transparencia: *"[l]a principal novedad en el ámbito de la cadena alimentaria consiste en obligar a que cada operador abone al inmediatamente anterior un precio igual o superior al coste de producción de tal producto en que haya incurrido dicho operador, de modo que se preserve ese valor agregado creciente que fundamenta uno de los ejes vertebradores de la acción pública en este sector, que contribuya a aumentar su competitividad global a través del valor añadido y que, en último término, revierta en beneficio de toda la sociedad"* (EM II, párrafo quinto del RD-L 5/2020 y de la Ley 8/2020).

Esa prohibición de destrucción de valor se introdujo de manera general (para toda la cadena) mediante un nuevo art. 12 *ter*, pero no se incluyó disposición similar en el art. 9.1.*c)*, en el que la contemplación (por primera vez) del coste efectivo de producción era, sin más, uno de los factores a considerar en la fijación del precio, bastando con la indicación expresa de que el precio de la primera venta cubría dicho coste (art. 9.1.*j*). Es la Ley 16/2021 la que ha llevado explícitamente al art. 9.1.*c)* la prohibición introducida en 2020 en el art. 12 *ter*, reiterándola para el concreto caso de los productores primarios en el marco de la propia negociación contractual[15].

---

15 La extraordinaria y urgente necesidad que justifica un RD-L como el de 2020 impide conocer en detalle las razones de la redacción

Por consiguiente, lo más relevante del precepto, más allá de la obligatoriedad de la constancia por escrito del precio, es lo relativo a *cómo se fija la cuantía del mismo* y a la idea fuerza que

---

del art. 9.1.*c)*, reiterada sin mayor explicación por la posterior Ley 8/2020. No constaba modificación alguna en el Proyecto de Ley 16/2021, y fue durante su posterior tramitación parlamentaria que se discutió en torno al mismo y sus límites. Así, el Grupo Parlamentario (GP) del Partido Popular proponía simplemente que el precio debía "establecerse por mutuo acuerdo entre las partes" (respetando, justificaban, "el principio básico de que los precios deben fijarse mediante acuerdo entre las partes y como contraposición entre la oferta y la demanda"), sin mención a mínimo alguno, aunque entre las indicaciones expresas debía figurar que dicho precio se había fijado teniendo en cuenta, entre otros factores, los costes de producción (enmiendas núms. 199 y 201); además, proponían una redacción simple del art. 12 *ter* para considerar la venta a pérdidas como una práctica desleal, con remisión a la Ley de Ordenación del Comercio Minorista" (enmienda nº 209), pero sin prohibición absoluta de la misma, que estimaban contraproducente. Por el contrario, el GP Confederal de Unidas Podemos planteó la reforma expresa del art. 9.1.*c)* con la redacción que, a la postre, aprobó la Ponencia como segundo párrafo del mismo (enmienda nº 112). La enmienda se justificó "para que esta ley sea realmente efectiva y se aplique de una forma real la prohibición de prácticas abusivas como la venta a pérdidas, que el RD-Ley 5/2020 incluyó, estableciendo el concepto de «costes de producción» como parámetro a respetar en el precio de los contratos. Así, se dota de operatividad real a la ley, atendiendo a su espíritu tuitivo del eslabón más débil y se ampara al productor mediante la generación de índices de referencia públicos". Otra enmienda rechazada del GP Plural proponía la indicación contractual de que los precios no podían ser inferiores a los costos de producción "por imposición abusiva del comprador" (propuesta letra *j* del art. 9.1, según su enmienda nº 133), lo que en la práctica dejaba abierto el pacto de precios inferiores al coste de producción *por mutuo acuerdo*. Pueden consultarse estas y otras enmiendas al PL 16/2021 citadas en el presente estudio en el BOCG-Congreso de los Diputados, nº 36-2, de 07/05/2021.

inspira las reformas de la LMFCA de 2020 y 2021 en lo que a dicho elemento esencial respecta: que, *en cada eslabón de la cadena alimentaria, el precio del producto sea* (*igual o*) *superior al pagado por él en el anterior*[16], evitando así la destrucción de valor en la cadena mediante las ventas a pérdidas (art. 12 *ter*). La concreta materialización de dicho principio en relación con el productor primario se explicita ahora en el nuevo art. 9.1.*c*,2º párrafo, según el cual, el precio ("en todo caso", fijo o variable) al que venda su producto debe ser *"superior al total de costes asumidos por el productor o coste efectivo de producción"*.

En definitiva, en una norma supuestamente dedicada a una regulación puramente "formal" del contrato (enumeración de los extremos que deben figurar por escrito en el mismo), se contiene una auténtica intervención legislativa en su contenido, en virtud de la cual se establece un criterio de "precios mínimos" de los productos agroalimentarios en beneficio (en principio, pero no solo) del productor primario, aunque, *aparentemente* (arts. 4 y 9.2), se mantenga la libertad contractual.

---

16 El único matiz es que, tratándose de un productor primario, el precio ha de ser necesariamente superior, no igual (art. 9.1.*c*, segundo párrafo). Explica SÁNCHEZ HERNÁNDEZ que "[e]l precio que se pacte entre el productor agrario y el operador comprador ha de ser superior el coste efectivo de producción, para que no resulte insuficiente para además de cubrir el coste de producción, proporcionar el beneficio preciso al productor primario para alcanzar una renta –ingresos de su rendimiento profesional–, que por ser equiparable a la de otros rendimientos de otras personas ocupadas en distintos sectores económicos, le permita continuar con su actividad agraria" (SÁNCHEZ HERNÁNDEZ, A., "La contratación agroalimentaria tras las medidas de la nueva Ley 16/2021 de 14 de diciembre para mejorar el funcionamiento de la cadena alimentaria", *Przegląd Prawa Rolnego,* nº 1 (30) – 2022, p. 266; disponible en línea en <https://cejsh.icm.edu.pl/cejsh/element/bwmeta1.element.ojs-doi-10_14746_ppr_2022_30_1_15> [consulta: 31/01/2024]).

2. El art. 9.1.c) LMFCA entre la libertad contractual y la prohibición de venta a pérdidas.

A pesar de la clara intención del legislador en orden a esta intervención formal o "suave" de precios, el art. 9.2 LMFCA consagra el aparente pleno respeto de la norma a la libertad de pactos[17]. De hecho, entre los propios principios que rigen, conforme al art. 4 LMFCA, los contratos alimentarios, están la libertad de pactos y el respeto a la libre competencia en el mercado[18]. Dicha autonomía de la voluntad, sin embargo, no es tal, pues si lo fuera, conforme a su entendimiento general, *pactar* un precio por debajo de su coste o valor real del producto sería plenamente admisible[19]; en cambio, tanto el art. 9.1 como el 12 *ter* lo prohíben expresamente en todos los pasos de la cadena agroalimentaria, incluso en el final de venta al consumidor.

Ciertamente, tampoco como principio general, la libertad de pactos es absoluta. El art. 1255 CC la admite siempre que los acuerdos alcanzados no sean contrarios a la moral, al orden

---

17 Art. 9.2. "*El contenido y alcance de los términos y condiciones del contrato serán libremente pactados por las partes, teniendo en cuenta los principios rectores recogidos en el artículo 4 de la presente Ley*".

18 El art. 4, por su parte, señala: "*Las relaciones comerciales sujetas a esta Ley se regirán por los principios de equilibrio y justa reciprocidad entre las partes, libertad de pactos, buena fe, interés mutuo, equitativa distribución de riesgos y responsabilidades, cooperación, transparencia y respeto a la libre competencia en el mercado*". Compárense dichos principios con los de la autonomía de la voluntad contenidos en los arts. 1255, 1256 y 1258 CC, así como con los relativos a los vicios del consentimiento (error, dolo e intimidación, por lo que más puede interesar; arts. 1265-1267 CC) y la interpretación del contrato y sus cláusulas oscuras (art. 1288).

19 Vid. la STS 16/09/2010, ya citada *supra*.

público *ni a las leyes*. Es claro así que dicha libertad opera en un concreto marco jurídico, cuya determinación corresponde al legislador mediante normas imperativas y/o prohibitivas, pudiendo ser los arts. 9.1 y 12 *ter* LMFCA ejemplos respectivos de ambas. La antinomia derivada del tenor literal de los arts. 4 y 9 encuentra así su posible solución: como en tantos otros casos (p. ej., protección de los consumidores), pareciendo consustancial al sector agroalimentario el desequilibrio entre los distintos eslabones de la cadena (y, por lo tanto, la ausencia de justa reciprocidad, buena fe o búsqueda del interés mutuo, la falta de cooperación y transparencia, y una inequitativa distribución de riesgos y responsabilidades), al legislador se le antoja necesaria e imprescindible su intervención, incluso a nivel de formación del contrato y la determinación de los precios, de forma absoluta (sin excepciones), con el fin de salvar todas esas deficiencias y proteger, a los eslabones débiles de la cadena (en particular, al productor primario)[20]. El art. 12 *ter* es muy indicativo al respecto: *"Con el fin de evitar la destrucción del valor en la cadena alimentaria, cada operador de la misma deberá pagar al operador inmediatamente anterior un precio igual o superior al coste de producción de tal producto en que efectivamente haya incurrido o asumido dicho operador"*. Se establece así la llamada "prohibición de destrucción del valor en la cadena agroalimentaria", aunque se hace de forma, cuando menos, *extraña*, para evitar la expresión "venta a pérdidas": se establece, en lugar de una prohibición como tal, una obligación para el comprador (pagar más de lo que el producto costó al operador anterior producirlo o ad-

---

20 Vid. lo dicho *supra* en las EEMM de las Leyes de 2020 y 2021, así como en la justificación de la enmienda que da origen a la redacción vigente del art. 9.1, y el tenor del propio art. 12 *ter* LMFCA.

quirirlo[21]) justificada en un enunciado que contiene la propia *ratio* de la misma[22].

Ha de entenderse, en definitiva, que la operativa de la autonomía de la voluntad proclamada por los arts. 4 y 9.2 LMFCA habría de darse solo *dentro* de esa limitación básica (general y absoluta) establecida *ahora* (a partir de 2020, que no propiamente antes[23]). El problema es que el pacto objeto de la intervención legislativa recae sobre el objeto mismo del contrato, sobre una de las contraprestaciones definidoras del mismo: la fijación de la *cuantía* del precio. La cuestión es, por lo tanto, si esa obligación (arts. 9 y 12 *ter.*1)-prohibición (art. 12 *ter.2*) en torno al precio ha de considerarse admisible desde otras perspectivas del ordenamiento, singularmente, la defensa de la competencia. De hecho, la decisión

---

21 Como criticaba GARCÍA VIDAL al Proyecto de Ley 8/2020, técnicamente deficiente (lo es también la versión vigente actual, al afectar la norma a todos los eslabones de la cadena (cursivas mías) "lo procedente sería referirse al precio que, como mínimo, cubra el coste de producción *o de adquisición* en el que hubiese incurrido el operador inmediatamente anterior" (GARCÍA VIDAL, A., "La fijación de precios en la cadena alimentaria", en Palau Ramírez. F. y Martí Miravalls, J. (dirs.), *Retos en el sector agroalimentario: regulación, competencia y Propiedad Industrial*, Tirant Lo Blanch, Valencia, 2022, p. 70).

22 Lo cual no es, en absoluto, habitual en la redacción de artículos en textos legales (para eso están las Exposiciones de Motivos) y que, a pesar de ello, repite el art. 12 *ter.*2.

23 Con anterioridad, la referencia a valores objetivos, verificables, etc. que hubieran de mencionarse en el contrato, tenía como finalidad "desincentivar" la prácticas abusivas, pero no propiamente imponer obligaciones a las partes en cuanto al precio en sí. Entre las infracciones de la ley original de 2013 no figuraba ninguna expresamente relativa a la fijación del precio en sí (solo la exigencia de pagos añadidos al inicialmente pactado), a diferencia de lo que ocurre en la actualidad (vid. apdo. V del presente estudio).

legislativa de intervenir los precios ha sido objeto de crítica por parte de la doctrina y la propia CNMC, cuestionando su legalidad.

La prohibición de destrucción del valor de la cadena no es sino manifestación de la interdicción de la llamada "venta a pérdidas". Aunque se introdujo por el RD-L, durante la tramitación parlamentaria de la Ley 8/2020, que la "ratificó", algunos grupos llegaron a proponer incluso la referencia literal a esta expresión[24]; más allá de las cuestiones meramente políticas, quizá se evitó conscientemente, dada la polémica que, se sabía, iba a suscitar desde el punto de vista jurídico.

Efectivamente, en su *Informe* al Anteproyecto[25], la CNMC ya había criticado claramente la postura del prelegislador en su propuesta de reforma del art. 9 y de adición del 12 *ter* a la LMFCA, apuntando algunos problemas que podrían derivarse de las mismas; así, p. ej., en relación con el art. 9[26], señaló que introducía una mayor complejidad contractual y podía llevar al alineamiento de precios al favorecer el uso de índices comunes, al tiempo que no concretaba a quién corresponde (comprador/vendedor) verificar el cumplimiento de la venta por encima del coste de producción. Y respecto del art. 12 *ter*,

---

24 Así, los GGPP Popular, Vasco o Republicano, sin éxito. Ninguno, por cierto, planteó su supresión.

25 IPN/CNMC/015/20, *Informe sobre el Anteproyecto de Ley por la que se modifica la Ley 12/2013, de 2 de agosto, de Medidas para Mejorar el Funcionamiento de la Cadena Alimentaria*, de 2 de septiembre de 2020, pp. 11-13. Disponible en línea en <https://www.cnmc.es/sites/default/files/3127002_3.pdf> [consulta: 31/01/2024].

26 Vid. *Informe* de la CNMC, cit., p. 11. No se olvide que, en esa reforma del art. 9, solo se introdujo la referencia al coste efectivo como baremo de fijación de precios, sin la obligación de venta por encima del mismo, la cual fue añadida en 2021. Evidentemente, el productor primario y su comprador ya quedaban obligados por la prohibición que se estableció en el nuevo art. 12 *ter*, que ocasionaba dicho efecto igualmente.

decía que *"supone de facto una prohibición de venta a pérdida en toda la cadena alimentaria y para todos los operadores que intervienen en la misma"*; justamente, se aplica a todos los intervinientes en la cadena, por lo que ni siquiera aparece modalizada por el desequilibrio contractual: ni aún en situación de pleno equilibrio y auténtica negociación podrían las partes pactar un precio inferior, siquiera fuera para que el vendedor, en ausencia de oferta, pudiera recuperar al menos una parte de lo invertido[27]. Obsérvese que ello lo apuntaba la CNMC en relación con el Anteproyecto de Ley de 2020; sin embargo, la posterior reforma de 2021 fue *aún más allá*: durante su tramitación parlamentaria (1) se incluyó la obligación de venta por encima de costes en el propio art. 9, y (2) se extendió la prohibición de destrucción de valor incluso a las ventas a consumidores (art. 12 *ter*.2 LMFCA)[28].

---

[27] Es cuestión sensible para los productores de plátano de la IGP Canaria, como ponían de manifiesto en febrero de 2021 sus reivindicaciones recogidas en prensa frente a las importaciones de bananas (<https://www.canarias7.es/politica/plataneros-insisten-asumible-20210222152620-nt.html>), así como durante la propia tramitación de la Ley 16/2021 (vid. más adelante): aunque no consiguieron excepcionar la aplicación de los arts. 9.1.*c)* y 12 *ter*, sí obtuvieron concretas adaptaciones en la forma de determinarlos en su caso. No obstante, la situación no es pacífica: la mala tendencia del mercado ha hecho a los plataneros reivindicar una plena aplicación de la LMFCA, al considerarse excluidos de la misma (técnicamente, no lo están) y reivindican que se haga valer la prohibición de venta a pérdidas también en la cadena del plátano: noticia de septiembre de 2023, de Europa Press: <https://www.europapress.es/islas-canarias/noticia-plataneros-exigen-aplicacion-ley-cadena-alimentaria-miserables-ingresos-campo-20230915185732.html> [ambas referencias, con consulta el 31/01/2024].

[28] El Anteproyecto y posterior Proyecto llevados a las Cortes en 2021 no contemplaban ninguna de estas modificaciones de la Ley de 2013, por lo que la CNMC no tuvo ocasión de repetir sus conclusiones al respecto.

Los problemas de compatibilidad con el Derecho de la Unión ya habían sido anticipados por el CNMC en relación con el Anteproyecto de 2020 y pueden ser aún más graves tras la reforma de 2021.

La Ley 16/2021 sirve de trasposición de la *Directiva (UE) 2019/633 del Parlamento Europeo y del Consejo, de 17 de abril de 2019, relativa a las prácticas comerciales desleales en las relaciones entre empresas en la cadena de suministro agrícola y alimentario,* en cuya relación de prácticas desleales no figura ninguna relativa a la venta a pérdidas o destrucción de valor en la cadena. Ciertamente, se

---

La extensión a las ventas a consumidores resulta sorprendente, en una norma de la que, en principio, están excluidas (arts. 2 y 5.*c*). La *ratio* se expone en el propio precepto: "*proteger la capacidad de comercialización de los productores primarios*" (art. 12 *ter*.2). Con los textos de 2020 cabía la venta al consumidor con pérdida, aunque se había pretendido desincentivar dicha práctica impidiendo el traslado de riesgos de la política de bajos precios del vendedor final a los operadores anteriores (el art. 12 *ter*.3, que se mantiene) de manera que habría de ser dicho vendedor el que asumiera la pérdida; en 2021 el legislador estimó que no era suficiente, y optó por esta extensión *ad hoc* del ámbito de aplicación de la norma. Las justificaciones de las enmiendas 44 (GP EH Bildu), 114 (GP Unidas Podemos), 260 (GP Republicano) y 326 (GP Plural) razonan (incluso repitiendo párrafos literalmente) cómo la determinación del precio de venta al consumidor por el vendedor final influye en toda la cadena previa generando importantes distorsiones: el precio de venta al público actúa como referencia para el resto de operadores, que ajustan los suyos "en cascada" para no perder cuota de mercado, hasta llegar al eslabón más débil y perjudicado, el de los productores primarios. La redacción final es fruto del acuerdo de los GGPP Socialista y Unidas Podemos, rechazándose las otras alternativas, con el añadido por la Ponencia del inciso explicativo inicial.
Para evitar cualquier duda, además, los arts. 9.1.*c)* y 12 *ter* son de expresa aplicación desde su inclusión en la Ley, también al sector lácteo, aun con regulación propia (DA 5ª LMFCA).

trata de una Directiva de mínimos (art. 9), por lo que los Estados podrían incrementar la protección de los eslabones débiles protegiéndolos frente a otras prácticas desleales; más ello solo en la medida en que *"las normas nacionales normas nacionales sean compatibles con las normas sobre el funcionamiento del mercado interior"*. Al respecto, la propia Directiva, en su Considerando 22 insiste en que "*[l]os proveedores y los compradores de productos agrícolas y alimentarios deben poder negociar libremente las transacciones comerciales, incluido el precio*". Esto es, hay una *deliberada voluntad del legislador europeo de no intervenir de ninguna manera en la fijación de los precios en los distintos contratos de la cadena*, por lo que es muy probable que el legislador español se haya excedido dictando una norma contraria al Derecho comunitario[29].

Pero hay aún más: en relación con la normativa del comercio minorista[30], el Tribunal de Justicia de la Unión Europea (TJUE) ya ha tenido ocasión de pronunciarse sobre la ilegalidad de la prohibición general de venta a pérdidas. Para el Tribunal, la normativa comunitaria relativa a prácticas comercia-

---

29 El legislador español se complace en afirmar (EM Ley 16/2021) que el comunitario de 2019 se inspiró, entre otras, en la LMFCA de 2013. Esta aún no había sido modificada en el sentido que comentamos, pero dado el rechazo expreso de la Directiva, parece que alejarse del tenor original de la ley nacional contradice la voluntad de la europea, aun cuando se intente justificar en el amplio margen que deja a los Estados. En la EM solo hay un par de menciones rápidas al objetivo de la norma de ser *"garantía de la cadena de valor"* y *"luchar contra la pérdida de valor en la cadena"*, pero sin aludir a cómo se ha materializado en su articulado vía regulación de la fijación de precios, a pesar de la importancia de este instrumento normativo tras las reformas de 2020 y 2021.

30 *Ley 7/1996, de 15 de enero, de Ordenación del Comercio Minorista.*

les desleales[31] *"debe interpretarse en el sentido de que se opone a una disposición nacional, como la controvertida en el litigio principal, que contiene una prohibición general de ofertar o realizar ventas de bienes con pérdida y que establece excepciones a dicha prohibición basadas en criterios que no figuran en la propia Directiva"*[32]. La disposición nacional era (es) el art. 14 LOCM, que regula la venta a pérdidas que, de darse determinadas circunstancias, puede ser desleal. Llegados a este punto, podría aducirse que la normativa comunitaria sobre prácticas desleales es de armonización plena, a diferencia de la que regula la cadena agroalimentaria, y que su ámbito es el de las ventas de consumo; más aun admitiendo tales argumentos, resultaría que el art. 12 *ter* LMFCA sigue siendo contrario al Derecho comunitario, al menos, en lo que respecta a su extensión a las ventas de productos alimentarios a los consumidores. Que la Directiva 2019/633 no las contemple es normal, puesto que no forman parte de la cadena agroalimentaria regulada (art. 1.2 *in fine*), de manera que lo que hace el legislador nacional en el citado art. 12 *ter* LMFCA es justamente lo que el Tribunal le dijo que no puede: crear un nuevo supuesto de práctica desleal, con sus requisitos y excepciones. Y, en relación con el último apartado del art. 12 *ter* LMFCA, lo que en principio (tras la reforma de 2020) era técnicamente más correcto en relación con la no repercusión a los eslabones

---

31 *Directiva 2005/29/CE del Parlamento Europeo y del Consejo, de 11 de mayo de 2005, relativa a las prácticas comerciales desleales de las empresas en sus relaciones con los consumidores en el mercado interior, que modifica la Directiva 84/450/CEE del Consejo, las Directivas 97/7/CE, 98/27/CE y 2002/65/CE del Parlamento Europeo y del Consejo y el Reglamento (CE) n.º 2006/2004 del Parlamento Europeo y del Consejo* ("Directiva sobre las prácticas comerciales desleales").

32 STJUE, de 19 de octubre de 2017, asunto C-295/16, Europamur Alimentación, S.A c. Dirección General de Comercio y Protección del Consumidor de la Comunidad Autónoma de la Región de Murcia.

anteriores de la venta a pérdidas a consumidores (como forma de desincentivarla), resulta ahora contrario al Derecho europeo, y lo hace innecesario[33]: no puede repercutirse lo que no está permitido hacer.

A todo lo expuesto, se añade un problema en relación con las *relaciones comerciales entre un operador español y otro comunitario.* La Ley 12/2003 es aplicable "*a las relaciones comerciales entre cualquiera de los operadores que intervienen en la cadena alimentaria cuando uno esté establecido en España y el otro en un Estado miembro, cuando no resulte de aplicación la legislación de otro Estado miembro*" (art. 2.1, segundo párrafo)[34], de lo que se deduce que las partes pueden libremente someter los contratos a normas de otros Estados[35],

---

33 Art. 12 *ter*.5: "*El operador que realice la venta final del producto al consumidor en ningún caso podrá repercutir a ninguno de los operadores anteriores su riesgo empresarial derivado de su política comercial en materia de precios ofertados al público*". Puede interpretarse que sigue teniendo sentido en relación con cualquier otra política de precios o para el caso de la venta a pérdida admitida (productos perecederos cerca de su caducidad), pero lo cierto es que en tales casos o bien no existe venta a pérdidas y, por lo tanto, nada que repercutir, o no es una práctica desleal y, realmente, el precio de venta al consumidor no es el original o primero que ya tuvo que ser superior al coste efectivo del proveedor, sino otro posterior dado el tiempo que el producto haya estado a la venta y lo que le falte para caducar.

34 La EM de la Ley 16/2021 lo justifica de la siguiente manera aludiendo a que, respecto de 2013, se amplía el ámbito de aplicación de la norma aunque respetando la posible aplicación de la normativa de otro Estado: "*Con este añadido se inicia un camino de cooperación multilateral entre los Estados miembros europeos que asegure no sólo la consecución de los fines de la directiva, sino el equilibrio entre las diferentes normativas y tradiciones administrativas de los Estados miembros*". En lo que nos ocupa, difícilmente se dará esa cooperación si el ordenamiento aplicable respeta lo establecido en la Directiva y no prohíbe la venta a pérdida.

35 PITSCH interpreta que queda así "en manos de las partes decidir qué legislación nacional debe determinar si ciertas prácticas comer-

como el alemán, en el que se admiten las ventas a pérdidas. Sin embargo, el párrafo cuarto de ese mismo art. 2.1 señala que *si una de las partes* (cualquiera, vendedor o comprador) está establecida en España, las prohibiciones contenidas en la ley se aplican *"siempre"*. Si bien este inciso podría considerarse trasposición del art. 3.4 de la Directiva 2019/633, que dispone que siempre deberán observarse las prohibiciones de las conductas desleales contenidas en la propia Directiva independientemente de la ley aplicable al contrato, lo cierto es que en dicha norma comunitaria no solo no hay prohibición de la venta a pérdidas, sino que, por el contrario se parte de la libre fijación de precio por las partes. El legislador nacional adopta y extiende una prohibición interna no contemplada en la legislación comunitaria.

Más allá de lo puramente jurídico, de estimarse la LMFCA conforme al Derecho europeo en estos puntos, resulta que la sujeción a una norma de un tercer Estado comunitario que no contemple la venta a pérdida no puede impedir la protección del vendedor español, de manera que el precio deberá ser superior al coste efectivo del mismo en iguales términos que entre operadores nacionales. Habrá que ver si ello no es obstáculo en sí mismo a las exportaciones de productos españoles, que podrían verse perjudicados frente a los de otros Estados miembros, dado su menor poder *legal* de negociación.

---

ciales son abusivas". De este modo, "la prudencia del legislador español acerca de la vigencia territorial de su derecho podría resultar de un motivo concreto: evadir la pregunta de si la prohibición de la venta a pérdidas es conforme al derecho europeo" (PITSCH, J., "La prohibición española de la venta a pérdidas apenas afectará a la exportación de alimentos a Alemania", *Diario La Ley*, nº 10039, Sección Tribuna, 29 de marzo de 2022; La Ley 2427/2022). No aclara, no obstante, el alcance del párrafo cuarto del art. 2.1 LMFCA que, en mi opinión, hace inútil dicha "prudencia" legislativa previa.

Y, por cierto, aplicándose "siempre" la prohibición estando establecido en España uno cualquiera de los operadores intervinientes en el contrato, tampoco los importadores españoles podrían adquirir a pérdidas productos comunitarios, aunque la normativa del Estado exportador lo permitiera. El legislador español acaba protegiendo *ad extra*, allá donde carece de soberanía y competencias.

En definitiva, a mi juicio, habiéndose establecido la obligación-prohibición que nos ocupa, la mera *afirmación normativa* de que se mantiene la libertad contractual de las partes no resulta suficiente para considerar el Derecho nacional conforme con el Derecho comunitario. Aun sin entrar en la discusión de la pertinencia o, incluso, eficacia de la opción legislativa en orden a la protección de los eslabones débiles de la cadena alimentaria (y, en particular, del productor primario)[36], dicha opción se enfrenta a serios inconvenientes desde el punto de vista exclusi-

---

36 Se han apuntado otros mecanismos más eficaces. Así, p. ej., OLMEDO PERALTA no estima adecuado intervenir la cadena vía contractual, por cuanto la norma que obliga a que los contratos alimentarios cubran los costes de producción es "de difícil concreción cuantitativa y más compleja aplicación concreta": no se establece cuáles sean dichos costes, puede obstaculizar la celebración de contratos al dificultar el uso de índices comúnmente utilizados e impone obligaciones desproporcionadas en algunos casos, al aplicarse haya o no desequilibrio. Precisamente, explica, aunque en este mercado no hay una situación de *trust*, sí hay asimetrías negociales, las cuales están en el origen de las prácticas desleales; su abordaje ha de ser desde el Derecho de la competencia desleal, enfrentando la disparidad de poder de negociación de forma directa, favoreciendo un mayor tamaño de los agentes y eliminando barreras de entrada, para que haya más agentes mayoristas y minoristas; vid. OLMEDO PERALTA, E., "Poder de mercado, poder de negociación y abusos explotativos en la cadena alimentaria", en Carbajo Cascón, F. (dir.) y Jiménez Serranía, V. (coord.), *Competencia, Propiedad Intelectual…*, cit., pp. 1169-1170, y 1176-1179.

vamente jurídico, en relación con la deficiente técnica empleada así como con la normativa de competencia[37] y la propia de armonización (aun de mínimos) de la cadena a nivel europeo.

Se critica, además, la existencia de externalidades negativas derivadas de esta intervención legislativa de los precios, como puede ser un alza de la inflación y el mantenimiento de procesos productivos ineficaces, toda vez que queda instituido una suerte de "derecho a no sufrir pérdidas" por cuanto sean cuales sean los costes estos podrán ("deberán", *de iure*) ser repercutidos al siguiente eslabón de la cadena y, así, reflejarse en un considerable incremento del precio de venta final; vid. al respecto FERIA ÁLVAREZ DE TOLEDO, A., "La posible repercusión del coste efectivo de producción en la inflación padecida en la cesta de la compra", *Actualidad Jurídica Aranzadi*, nº 993/2023. A la pregunta sobre el alto precio del aceite en estos momentos en España, incluso en origen, tras explicar otras circunstancias, el director general de Asoliva, la patronal de los mayores exportadores del mundo, señala a la LMFCA: "Para mí es una ley inflacionista totalmente. Tienes que repercutir en toda la cadena todos los costes de producción, supone un encarecimiento del producto y yo tengo que competir con otros que no tienen esta ley, que no digo que sea buena o mala, digo que es inflacionista" (noticia publicada en diciembre de 2023 en El Español: "2023, el año en que el aceite de oliva necesitó cadenas antirrobo: "No hemos visto en la vida estos precios"", <https://www.elespanol.com/invertia/economia/20231223/ano-aceite-oliva-necesito-cadenas-antirrobo-no-visto-vida-precios/816418486_0.html> [consulta: 31/01/2024].

37 SÁNCHEZ HERNÁNDEZ, sin embargo, considera que la forma de fijar los precios establecida por la LMFCA tras la Ley 16/2021 no es contraria al Derecho de la competencia, pues los precios serán diferentes en función del tipo de productos agroalimentarios o las producciones de cada operador primario, "con lo que no se está estableciendo un precio mínimo de venta, ni tampoco una uniformidad de precios que incida en detrimento de la competencia. En suma, actuando como establece la Ley a la hora de determinar el precio del contrato alimentario, no se está fijando un suelo en los precios de venta de los productos agrarios por lo que no estamos

III. LA DETERMINACIÓN DEL PRECIO CONFORME A CRITERIOS OBJETIVOS.

En relación con el precio, y para asegurar el equilibrio y justicia en su fijación, el legislador obliga a las partes a concretarlo únicamente en base a factores objetivos, verificables, no manipulables y expresamente establecidos en el contrato, los cuales no pueden depender tampoco de una de las partes[38]. Tras la Ley 16/2021, ello es de aplicación sea cual fuere la forma de determinación del precio (fija o variable) y con el límite mínimo de su carácter remuneratorio: ha de ser (igual o) superior a los costes efectivos en que haya incurrido el vendedor.

---

ante un *modus operandi* contrario al Derecho de la competencia ya que no se atenta contra la libre fijación de los precios en el juego entre la oferta y la demanda en el marco de los artículos 101 y 102 del TFUE" (SÁNCHEZ HERNÁNDEZ, A., ob. cit., p. 267).

38 Aunque han desaparecido del tenor del precepto, son factores objetivos que pueden ser tenidos en cuenta los que, a título de ejemplo, daban la redacción original de la LMFCA (la evolución de la situación del mercado, el volumen entregado y la calidad o composición del producto) o los textos de 2020 (*"imparciales, fijados con independencia de las partes y que tengan como referencia datos de consulta pública. En el caso de las explotaciones agrarias, éstos serán tales como los datos relativos a los costes efectivos de las explotaciones publicados por el Ministerio de Agricultura, Pesca y Alimentación"*).

IV. LA NOCIÓN DE "COSTE EFECTIVO" Y LOS PROBLEMAS DE SU DETERMINACIÓN.

El art. 5.*o)* LMFCA define el "coste efectivo de producción" como el *"coste de producción o total de costes asumidos por el proveedor, conforme a lo señalado en el artículo 9.1.c)"*. El art. 9.1.*c)* parece referirse en exclusiva al coste efectivo del productor primario, para el cual desarrolla la enumeración de insumos[39], pero, como pone de manifiesto el citado art. 5.*o)*, se trata de un concepto general al que se recurre en relación con cualquier operador de la cadena (así, en el propio art. 12 *ter*)[40] y tipo de producción y distribución[41]. Además, es una enumeración

---

39 En relación sobre todo con los productores primarios, el coste efectivo de producción incluirá "el coste de semillas y plantas de vivero, fertilizantes, fitosanitarios, pesticidas, combustibles y energía, maquinaria, reparaciones, costes de riego, alimentos para los animales, gastos veterinarios, amortizaciones, intereses de los préstamos y productos financieros, trabajos contratados y mano de obra asalariada o aportada por el propio productor o por miembros de su unidad familiar" (art. 9.1.*c* LMFCA).

40 La enmienda 110 del GP Confederal de Unidas Podemos proponía su inclusión tal cual en el art. 5.*o)*, lo cual resultaba técnicamente más correcto. Lo incongruente era luego repetir la definición en el art. 9.1.*c)* como proponía el mismo Grupo en su enmienda 112, con idéntica justificación literal (con el añadido de que ello se hacía "en consonancia" con la otra enmienda).

41 Con los únicos matices, más que excepciones, contemplados en la DA 7ª LMFCA para los operadores de la cadena alimentaria del Plátano de Canarias (IGP del plátano cultivado en el archipiélago de las Islas Canarias). Su particular situación fue puesta sobre la mesa durante la tramitación de la Ley 16/2021 por el GP Mixto, cuyas enmiendas 25 y 188 proponían que, dada la especialidad de este mercado, no fueran de aplicación al mismo los arts. 9.1.*c)* y 12 *ter*. Finalmente, una se retiró y otra se mantuvo, pero se alcanzó una transaccional en el sentido finalmente vigente.

no exhaustiva, cerrada ni excluyente; es decir, cabe tomar en consideración solo algunos de ellos, si no se ha incurrido en el resto, u otros distintos no contemplados, si fuera el caso.

Sobre el texto de las reformas de 2020, la Ley 16/2021 añadió los fitosanitarios, las amortizaciones e intereses de préstamos y productos financieros, y el coste de la *"mano de obra aportada por el propio productor o por miembros de su unidad familiar"*. Lo cierto es que cuando el legislador hace una enumeración detallada (de cualquier tipo en cualquier norma), aunque parezca claro su carácter ejemplificativo (*"factores tales como"*, decía en 2020), siempre puede haber interpretaciones interesadas que pretendan la exclusión de los elementos no mencionados expresamente; en el caso que nos ocupa, algunos de los ahora añadidos eran de contemplación evidente. Así, dentro de los costes laborales[42], parece clara la voluntad del legislador ya de origen de abarcar los de todo tipo, pero la toma en consideración del trabajo familiar de forma expresa pone en

---

42 Afirma acertadamente SERRANO ARGÜELLO que "sin duda, el trabajo también aporta valor a la cadena agroalimentaria". Puesto que los beneficios no revierten en el trabajo ni de los autónomos ni de los asalariados, los bajos precios de los productos alimentarios son seña de una alta precariedad del trabajo en el campo; se trata, explica, de una forma de *dumping social.* "La competitividad y el acatamiento más elemental a las normas del trabajo (salarios, jornadas, condiciones laborales y también de Seguridad Social como las cotizaciones sociales) exige el respeto de un precio mínimo" (SERRANO ARGÜELLO, N., "Medidas de trabajo y Seguridad Social en el RD-Ley 5/2020, su posible incidencia en la cadena de valor agroalimentaria", en Muñiz Espada, E. (coord.), *Cambios en la Ley de Cadena Alimentaria: propuestas para la urgente transposición de la Directiva 2019/633,* Reus Editorial, Madrid, 2020, p. 340.

valor una de las señas de identidad de las pequeñas y medianas explotaciones agrarias[43].

---

43 A pesar de la mecanización, incremento de volumen de las empresas agrarias y el descenso del trabajo en el campo, "más del 90% de las explotaciones siguen siendo de carácter familiar", según declaraciones de Lorenzo Ramos Silva, Secretario general de la Unión de Pequeños Agricultores y Ganaderos en *Ecocomercio Agrario* (disponible en <https://upapv.org/upa-agricultura-familiar-para-el-futuro/>. Como ponen de manifiesto los datos del censo agrario de 2020, (cit.), el trabajo total en las explotaciones agrícolas disminuyó un 7,7% desde 2009, aumentando la contratación regular de personal en detrimento de la mano de obra familiar: la mano de obra del titular bajó un 3,7% y la referida a los familiares del titular un 49,8%, aumentando, por el contrario, la mano de obra contratada un 16,3% y la subcontratada un 13,9%. En la actualidad, el Ministerio está preparando una Ley de Agricultura Familiar (<https://www.mapa.gob.es/gl/prensa/231213lplanasinterpelacionalimentos_tcm37-669029.pdf>), largamente demandada por el sector; y entre el decálogo de medidas fijadas por el Comité Español del Decenio de las Naciones Unidas de la Agricultura Familiar (CEDAF) figura la "implementación efectiva" de la LMFCA y el desarrollo y fomento de relaciones comerciales leales y estables para garantizar la sostenibilidad de todos los eslabones de la cadena (*Bases para un Plan de Acción 2023-2028,* Resultado 6.2, p. 25; disponible en <https://www.upa.es/notas_prensa/CEDAF_PAN_EspanaDNUAF.pdf> [consulta: 31/01/2024]). En el RD-L 5/2020 se introdujo de manera general, junto al resto de factores del coste efectivo enumerados, referencia a *"los trabajos contratados o mano de obra asalariada"*. Durante la tramitación parlamentaria de la Ley 16/2021 se añadió la referencia a la mano de obra familiar (como proponían diferentes grupos) en la versión propuesta por el GP de Unidas Podemos (enmienda nº 112). Ya en relación con las reformas de 2020, afirmaba GARCÍA AZCÁRATE que "la incorporación de la mano de obra familiar en los costes de producción tiene mucho sentido, sobre todo para las explotaciones pequeñas y medianas en las que el trabajo de apoyo, a veces de parte de la familia, conforma lo esencial del trabajo realizado en la finca. Una manera de abordarlo es valorar la mano de obra familiar al coste medio salarial de la zona en la que nos encontremos" (GARCÍA AZCÁRATE, T., "Cadena alimentaria y derecho de la competencia", *Distribución y consumo,* 2021, vol. 1, p. 39).

En definitiva, el "coste efectivo" es la suma de todos los costes (lo invertido o pagado en recursos de todo tipo para poder producir o intervenir en la cadena) en los que incurre cualquier operador de la misma.

Mas los problemas en torno al concepto de "coste efectivo de producción" no se agotan en su definición, sino que incluyen otros relativos a su determinación (cuantificación por referencia) y acreditación (a quién corresponde probar que, en el marco de un contrato agroalimentario, el precio pactado es superior a los costes de producción).

Por lo que respecta a la primera cuestión, ya la CNMC en su *Informe* sobre el Anteproyecto de la Ley 8/2020 consideraba que el recurso al coste efectivo generaba inseguridad, al no señalarse expresamente cómo se calculaba, cuáles se tenían en cuenta (totales, variables, de corto o largo plazo, contables o de oportunidad...) ni cómo se imputaban los costes comunes de cada operador en el contrato[44]. En el texto definitivo solo se señaló que dicho coste habría de ser *"calculado teniendo en cuenta los costes de producción del operador efectivamente incurridos, asumidos o similares"*. También esta redacción fue objeto de crítica, por imprecisa y no permitir una correcta valoración de los costes, por lo que finalmente el art. 9.1 señala, tras su reforma por Ley 16/2021, que *"la determinación del coste efectivo habrá de realizarse tomando como referencia el conjunto de la producción comercializada para la totalidad o parte del ciclo económico o productivo*[45]*, que se imputará en la forma en que el proveedor considere que mejor se ajusta a la calidad y características de los productos objeto de cada contrato*".

---

44 *Informe IPN/CNMC/015/20*, cit., p. 11, nota 19.

45 Se facilita así la labor del productor, que no ha de referirse a todas y cada una de las operaciones.

No es difícil ver que la formulación sigue siendo vaga y generadora de inseguridad jurídica. Y más cuando sigue sin cumplirse la DA3ª de la Ley 16/2021, que obliga al Ministerio de Agricultura, Pesca y Alimentación a publicar los *"criterios sobre los diferentes factores que intervienen en la determinación del coste de producción"* de los productos agroalimentarios[46]. Es evidente que dichos criterios habrán de ayudar a objetivar la cuestión. En todo caso, hay que tener presente que no se llevó a la norma

---

[46] En principio, el tiempo para hacerlo, derivado del marcado como plazo de entrada en vigor "de la totalidad" de la norma, habría expirado, a más tardar, el 31 de diciembre de 2023. Efectivamente, la DF8ª de la Ley 16/2021 hacía depender su plena entrada en vigor del pleno funcionamiento del Registro de Contratos Alimentarios, el cual, en virtud de lo establecido en el RD 1028/2022, habría de estar plenamente operativo el 30 de junio de 2023. A partir de ahí, el Ministerio tenía un plazo máximo de seis meses para publicar los referidos criterios. A principios de septiembre de 2023, la Unión de Uniones de Agricultores y Ganaderos denunciaba que gran parte de la uva para vinificación se estaba pagando por debajo del coste, debido a la presión de las bodegas por las circunstancias de mercado, acusando al Ministerio de ser cómplice de estas prácticas por no haber procedido a la publicación de los criterios sobre los factores para determinar los costes de producción (vid. noticia de la denuncia en medios en Europa Press, <https://www.europapress.es/economia/noticia-union-uniones-alerta-vende-uva-precios-debajo-costes-presion-bodegas-20230901102519.html> [consulta 31/01/2024]).
En todo caso, obsérvese, habrán de publicarse (1) "criterios" (2) "sobre factores" (3) "que intervienen" en la determinación de los costes de producción. Sea lo que sea lo que eso signifique, no es una "fijación de los costes de producción" en sí, que sería una intervención aún mayor o más directa en el precio y en la autonomía de las partes. Según respuesta del Gobierno en el Congreso, nunca tuvo intención de hacer tal cosa (BOCG-Congreso de los Diputados, nº D-172, de 03/11/2020).

presunción alguna en torno a la relación entre el precio de venta, el coste efectivo y los índices publicados[47].

En relación con lo expuesto, también la CNMC denunciaba que no queda claro a quién (comprador/vendedor) corresponde "verificar" que el precio de venta es superior al coste efectivo de producción. Ni, ya puestos, ante quién[48]. La cuestión sigue sin resolverse hoy en día[49]. Dada la redacción del precepto (como he apuntado, pretende prohibir un resultado, la destrucción de

---

[47] Nuevamente, la citada enmienda nº 112 proponía presumir que la venta se había hecho a pérdidas para el caso de que el precio de venta fuera inferior a los índices publicados, punto que no llegó a la transaccional finalmente alcanzada.
Sobre esta relación entre precios e índices, *vid.*, además, lo dicho por la propia CNMC ya recogido *supra* (cit., p. 11).

[48] GARCÍA VIDAL, A., ob. cit., p. 72.

[49] Entre la doctrina, MARTÍ MIRAVALLS dice que corresponde al comprador, pero ello dada su muy concreta interpretación: no hay propiamente una prohibición de la venta a pérdidas, que estaría prohibido por el ordenamiento comunitario (STJUE, citado *caso Europamur*), sino (cursivas mías) una "prohibición de compra por debajo del coste efectivo *manifestado* por el vendedor al adquirente"; este comprador sería el eventual infractor por destrucción del valor de la cadena, en su interpretación (MARTÍ MIRAVALLS, J., "La cadena de valor en la regulación del mercado agroalimentario: de la cláusula de reparto valor a la prohibición de su destrucción", en Carbajo Cascón, F. (dir.) y Jiménez Serranía, V. (coord.), *Competencia, Propiedad Intelectual...*, cit., pp. 1060-1062). GARCÍA VIDAL desarrolla varias posibles interpretaciones y sus problemas: en el marco de la relación entre las partes, si bastan las meras declaraciones del vendedor puede llegar a vaciarse de sentido el precepto; y la exhaustividad puede chocar con la protección de sus secretos empresariales (GARCÍA VIDAL, A, ob. cit., pp. 72-74). En sede administrativa (incoado un procedimiento inspector o sancionador), quedando abierta en 2020 la posibilidad de exigírselo a cualquiera de las partes, según las circunstancias, parece que, de demostrarse la infracción, la presunción de culpa establecida

valor en la cadena, mediante el recurso técnico de *imponer una obligación* al comprador), parece que es a este, en cuanto obligado, a quien corresponde "acreditar" (terminología del art. 12 *ter*.1, que podemos interpretar como verificar, o comprobar en el marco del contrato, y/o probar ante la instancia correspondiente en un proceso inspector o sancionador) su cumplimiento; desde luego, sería el mayor interesado, dado que, además, en caso de infracción se presumirá que es por su culpa, salvo que pruebe lo contrario[50]. Pero esta opción no está exenta de inconvenientes, pues parece que sería el vendedor quien estaría en mejor posición probatoria, dado que conoce sus propios costes y la forma (la que él ha creído mejor)[51] en que los ha imputado al precio de los productos objeto del contrato[52]. Quizá la precisión

---

tras la Ley 16/201 obliga al comprador a su prueba (que los costes manifestados por la contraparte han incurrido en error).

50 Vid. más adelante.

51 Extremo que choca con la objetivación pretendida...

52 Puede *no ser tarea fácil* para el comprador demostrar los costes de la contraparte, pues no bastará en muchos casos con la referencia a índices públicos, aunque puedan constituir un importante indicio, ya que precio y coste han de ser referidos al concreto contrato y a las circunstancias propias de la explotación del vendedor. A pesar de la pretendida objetividad que busca el legislador en la fijación del precio, el último párrafo pone de manifiesto cómo la valoración del coste efectivo tiene un muy importante componente subjetivo por parte del vendedor. En este sentido, y a pesar de la tutela de los secretos empresariales, no se olvide que el art. 13.2 LMFCA impide a los operadores exigirse mutuamente información sensible ni documentos que permitan verificarla... *"salvo que así conste en el contrato escrito"*. También en relación con el art. 13.1, obligado el comprador a comprar por encima del coste de producción, parece *"proporcionado y justificado en razones objetivas relacionadas con el objeto del contrato"* que se proporcione información suficiente sobre los costes en que ha incurrido su contraparte, haciéndose incluso constar por escrito a los efectos de ambos apartados. En todo caso,

que hace el art. 12 *ter*.1, inútil en lo relativo al recurso a *"los medios de prueba admitidos en Derecho"* (faltaría más), pueda dar una pista interpretativa, precisamente por la vaguedad (consciente)[53] de

---

los acuerdos alcanzados o en curso de hacerlo por las partes y su documentación también es información "sensible", que no puede trascender a terceros sin consentimiento de *ambas* partes, incluso aunque fuera para fines lícitos y bajo compromiso de confidencialidad, salvo que fuera exclusivamente para asistencia técnica en el curso de la negociación o ejecución del contrato (STS de 20/12/2021, ECLI:ES:TS:2021:4899; TOL8.751.268).

Por otra parte, no debe considerarse suficiente la mención expresa en el contrato de que el precio cubre los costes de producción: en consonancia con la reforma del art. 9.1.*c*, la letra *j* (la indicación expresa de que el precio de venta del productor primario cubre el coste efectivo de producción) se suprimió. Lo justificó en la necesidad de proteger a agricultores y ganaderos la enmienda nº 112 del GP Confederal de Unidas Podemos: "evitando que se vean obligados a firmar un contrato que contenga una estipulación genérica en la que se afirma que el precio percibido sí cubre el coste de producción, cuando no es cierto, vedando con ello el ejercicio de cualquier acción futura para reclamar un precio justo". Si bien el argumento no es correcto (estando prohibida la venta a pérdida, la afirmación contractual de que el precio es superior al coste no tendría validez si no responde a la verdad) sí puede resultar disuasorio para el productor, en particular pequeño agricultor, reclamar su derecho si en el contrato ve escrita otra cosa, dado el valor que en ocasiones se da al papel firmado, por lo que la supresión del apartado merece un juicio positivo. La normativa debe dar estímulos para que la parte débil imponga acciones en protección de sus derechos, para hacerla efectiva (OLMEDO PERALTA, E., ob. cit., p. 1144).

53 Se rechazó en el Congreso la enmienda nº 171, del GP Ciudadanos, que establecía la no exigencia de los operadores de verificar los costes efectivos de producción indicados por los anteriores de la cadena, puesto que no podían ser conocidos por aquellos. También la nº 160 de Vox, mucho más dirigida: la responsabilidad de verificar el cumplimiento de la obligación en torno al precio y el coste sería del vendedor, y la AICA podría comprobarlo. Pero no se incluyó

su formulación (*"la acreditación se realizará..."*): cualquiera de las partes podrá acreditarlo, en función de cuáles sean las circunstancias, dada la bidireccionalidad de la regulación[54] y que la conducta prohibida le parece al legislador igual de grave la haga (o imponga) quien la haga (a pesar de lo cual se la imputará, vía presunción, al comprador, de demostrarse la infracción)[55].

---

ninguna mención expresa de que tal obligación correspondiera al comprador, con lo cual tampoco cabe deducir que la voluntad del legislador sea atribuírsela a él. Y no resulta definitiva la respuesta que da el Gobierno en sede parlamentaria a la pregunta de si iba a fijar el Ministerio los costes de producción en función del tipo de cultivo: dice que no, y que "cada operador debe conocerlo, y será el encargado de determinar sus costes efectivos del producto, y será capaz de demostrarlo en caso de ser inspeccionado por la autoridad competente" (BOCG-Congreso de los Diputados, nº D-172, de 03/11/2020). Lo único que se deduce de dicha respuesta es lo evidente: que el operador sabe sus costes y que, si se le pide demostrarlo, podrá hacerlo en consecuencia... pero no que sea quien *necesaria o únicamente* deba hacerlo en el contexto que nos ocupa.

54 Decisión expresa del legislador, como explica en la EM de la Ley 16/2021, que considera las conductas de forma "bidireccional" (también la imposición del vendedor al comprador), a diferencia de la Directiva, que "consciente de la realidad del sector" protege desde la perspectiva del productor primario y sucesivos vendedores frente a los abusos de los compradores. Pero siendo de mínimos, y aun expresamente consciente de la estadística, el legislador estima que la cumple protegiendo a ambas partes frente a conductas desleales, *"en la conciencia de que su gravedad es idéntica cualquiera que sea el autor material de la misma, y que, con independencia de la prevalencia material en cada caso de la autoría, ambas partes de las relaciones son igualmente merecedoras de amparo por los Poderes públicos en el aseguramiento de una leal y equilibrada relación mercantil"*.

55 El art. 23.4 LMFCA señala que "se presume, salvo prueba en contrario, que el comprador es autor", entre otras, de la infracción consistente en "no incorporar en el contrato el precio recogido en el art. 9.1.c)". Entiendo (vid. más adelante) que incorporar el precio recogido en el art.

Efectivamente, una cosa es la *prueba* de la adecuación del precio al coste de producción y otra la *responsabilidad* por su inadecuación, que puede imputarse al comprador, al vendedor o a ambos. Lo cierto es que si el precio es fijado por la concurrencia de consentimientos libres, se supone que el finalmente alcanzado responde a la voluntad de ambos; en este escenario, normalmente el respeto de esta obligación implica que el vendedor haya dado a conocer al comprador el coste, o que éste asuma que el precio alcanzado es superior a dicho coste, puesto que es propuesto o aceptado por el vendedor. De esta forma, si hubo engaño, el responsable de la infracción habría de ser el vendedor[56]. Y si no lo hubo,

---

9.1.*c*) implica no solo incluir la cantidad en el contrato, sino que ésta sea conforme a los criterios establecidos y, por lo tanto, superior al coste de producción. Mas de ello no se deduce necesariamente que la prueba de tal circunstancia corresponda al comprador, pues la presunción de su culpa si no ha sido así opera, precisamente, una vez comprobado que el coste de producción es inferior al precio. Y ello, en el marco de una actuación inspectora o sancionadora, supone la cuantificación previa de ambos elementos conforme a... he ahí la cuestión ¿qué pruebas o documentos acreditativos? ¿Los aportados en el contrato o en el procedimiento, por parte del vendedor y/o del comprador de forma voluntaria o a requerimiento? ¿O es que basta la mera alegación de la (presunta) infracción para que la AICA obligue a demostrar al comprador el cumplimiento de la obligación (o, al menos, la concurrencia de culpas) en una cuestionable interpretación del citado art. 23.4?

56 Conducta igualmente grave, a juicio del legislador (vid. lo dicho sobre la bidireccionalidad normativa) por lo que puede suponer de repercusión en el resto de la cadena, incluidos los insumos para los productores primarios. El vendedor puede ocultar el coste real y vender por debajo del mismo, por circunstancias que a lo mejor no obedecen al mercado no concebibles por el comprador (habría así "imposición" del precio por el vendedor vía ocultación de sus costes), con la esperanza de recuperar al menos una parte de lo invertido. El legislador no tiene en cuenta (no contempla excepciones), que tales

y el precio a pérdida es pactado libremente, la responsabilidad habría de ser de los dos. Aunque, en ambos casos, correspondiera al comprador demostrar también, como parte de la prueba en contra, tales circunstancias, para evitar que se le imputara la infracción.

No obstante, si hay imposición en el precio dada la dinámica del mercado, en ese caso el responsable es el comprador que lo fija y que, aun resultando más bajo que el coste, el vendedor se ve obligado a aceptar, so pena de no dar salida a sus productos.

Ambos, por lo tanto, simultáneamente o de forma independiente, pueden incurrir en la conducta prohibida y sancionada, resultando responsables únicos o concurrentes. Y según las circunstancias, aunque habitualmente el comprador pueda ser el mayor concernido, puede llegar a interesar a cualquiera de ellos (incluso a ambos simultáneamente) la acreditación de la licitud del precio.

En definitiva, no es una deficiente técnica, en este caso, la que ocasiona la duda interpretativa en relación con la acreditación del cumplimiento de las obligaciones establecidas en los arts. 9.1.*c)* y 12 *ter* LMFCA: es voluntad del legislador, con su consciente ausencia de pronunciamiento al respecto, que corresponda a ambas o cualquiera de las partes, según la forma, momento y autoridad ante la que haya de acreditarse.

---

conductas, incluso consensuadas con el comprador, pueden suponer a veces una ventaja para el vendedor (vid. ARPIO SANTACRUZ, J., "La determinación del precio en los contratos alimentarios", en Carbajo Cascón, F. (dir.) y Jiménez Serranía, V. (coord.), *Competencia, Propiedad Intelectual*..., cit., pp. 1022-1023).

V. VALIDEZ DEL CONTRATO PERO NULIDAD DE CLÁUSULAS Y CONDUCTAS CONTRARIAS AL ART. 9.1.*C)* LMFCA.

Como primera medida de protección del contratante débil en la cadena (y, en particular, del productor primario), la *ausencia de indicación escrita del precio* no acarrea la nulidad o inexistencia del contrato de compraventa, consecuencia de índole civil que dejaría al vendedor sin percibir remuneración alguna, aun cuando, dada la nulidad, se le devolviera la contraprestación (la producción, que, en muchos casos ya podría haberse echado a perder) y se le indemnizara, en su caso. Al contrario, el contrato seguirá siendo válido (art. 8.2) y, por lo tanto, de obligado cumplimiento, pero será objeto de sanción administrativa como *infracción grave* (art. 23.2.*c*) El vendedor podría, además, exigir los oportunos daños y perjuicios.

En una cadena en la que los sucesivos compradores parecen detentar el poder de negociación frente a sus respectivos vendedores, la amenaza de sanción por la simple no incorporación del precio al contrato escrito (sea cual fuere dicho precio y con independencia de cómo se haya fijado) pretende disuadirlos de una conducta que supone un primer estadio en la ocultación de eventuales prácticas de abuso de su posición.

Mas constando el precio en el contrato escrito, pudiera suceder que *la fijación del mismo se hubiera realizado contra lo prevenido en el art. 9.1.c) LMFCA*, lo cual puede suceder en un doble sentido: tanto con un precio por debajo del coste efectivo de producción como, aun resultando superior, no expresando o no atendiendo adecuadamente a sus elementos de fijación, recurriendo a factores no objetivos, no verificables o manipulables por el operador, o haciendo referencia a precios participados. En ambos casos, el contrato seguirá siendo válido, pero no la cláusula o estipulación concreta que incumpla el precepto, que será reputada nula, permitiendo que el productor primario obtenga judicialmente el resarcimiento oportuno (art. 9.3 LMFCA). Este incluiría la diferencia entre el precio de venta real y el que hubiera debido pactarse, como mínimo, para hacer frente al coste de producción o resultar conforme con los elementos legales de fijación[57], así como cualesquiera otros daños y perjuicios causados. Y ello, nuevamente, sin perjuicio de las sanciones administrativas en las que pudiera incurrir el causante de la infracción (art. 9.3 LMFCA, en relación con el art. 23.2.*c*)[58].

---

57 La norma no dice nada de cómo reconstruir el contrato, siendo el precio una de sus contraprestaciones esenciales. Ante la falta de nuevo acuerdo una vez declarado nulo el precio por debajo del coste efectivo, habría de ser el juez quien fijara el nuevo precio, conforme a los criterios del art. 9.1.*c)* LMFCA.

58 Desde el punto de vista administrativo, ha de entenderse que tanto la no inclusión del precio en sí misma, como la no fijación de este conforme a los principios y elementos que establece el art. 9.1.*c)*, son calificables de *infracción grave*, con presunción *iuris tantum* de que tales conductas son imputables al comprador (art. 23.2.*c* y 23.4). Ello incluye, creo, no solo la no contemplación en el contrato escrito del precio, sino también "no incorporar en el contrato alimentario" un precio fijado "conforme" a lo establecido en el art. 9.1.*c)*, aunque sí se haya indicado "un" precio. Como puse de manifiesto, este precepto mezcla aspectos formales (la simple inclusión del precio en el contrato escrito) y de contenido (regula expresamente los elementos de fijación del mismo, tanto su inclusión como cuáles son, con el mandato expreso de que los mismos deben llevar a fijar un precio superior al del "coste efectivo de producción" que el propio precepto define) y no tiene sentido que se sancionara como grave, con la concurrente presunción, la "simple" falta de forma (no expresión del precio) y se diera un trato menos firme a la infracción en lo relativo a la fijación de dicho precio. De hecho, el incumplimiento del art. 12 *ter* también es calificado de infracción grave (art. 23.2.*f*), y aunque respecto de este *parezca* no operar la presunción de culpa del comprador (no se contempla en el art. 23.4), lo cierto es que toda infracción del art. 12 *ter*.1 lo es *también* del 9.1.*c)*, que, como se explicó (por la remisión del art. 5.*o*), no solo se aplica a los productores primarios.

VI. A MODO DE CONCLUSIÓN.

Evidentemente, un mercado en el que la igualdad real existiera sí podría auto regularse, de forma que el principio de libertad contractual no sufriera restricción alguna; sin embargo, no es el caso. El mero hecho de haber llegado a adoptarse normas como las que nos ocupan demuestra que la cadena agroalimentaria no es capaz de regularse sola con un mínimo de eficiencia y sostenibilidad. Otro tipo de intervenciones legislativas, como las de permitir las agrupaciones de productores (primera versión de la LMFCA y otras anteriores, incluida la normativa comunitaria) no se mostraron suficientes, y el legislador español no

---

O, dicho de otra forma: la ausencia de mención del precio en el contrato alimentario, pero también, aun haciéndose constar por escrito dicho precio, toda fijación de este que no cumpla con lo prevenido en el art. 9.1.*c)*, como puede ser una venta a pérdida por parte del productor primario, supone realmente que *no se ha incorporado* a dicho contrato "el precio *recogido* en el art. 9.1.*c)*", lo cual constituye una infracción grave que se presume, salvo prueba en contrario, imputable al comprador (quien podrá demostrar, en su caso, que es fruto de una conducta concurrente de ambas partes o imputable exclusivamente al vendedor, que, por ejemplo, le ocultó el coste efectivo de producción o lo calculó de forma errónea). La referencia expresa al art. 9.1.*c)* cobra así todo su valor: si se hubiera querido otra cosa habría bastado con decir que se infringía la norma con la no incorporación "del precio", sin más, fuera como fuese este fijado.

Por la publicidad que da la AICA a las sanciones y actuaciones de control, conocemos que, en el primer semestre de 2023, hubo 591 actuaciones por destrucción de valor en la cadena (art. 12 *ter*.1), y 9 más por venta a pérdidas a consumidores. Sin embargo, no se informa de ninguna sanción por infracción del art. 12 *ter*, y solo se referencian, en dicho período, 13 sanciones por no incorporación del precio según el art. 9.1.*c* (sobre un total de 17 en todo 2023, la mayoría por un montante de 1.800,60 €). No se da más información. Vid. <https://www.aica.gob.es/ley-de-la-cadena/#publicidad-sanciones> [consulta 31/01/2024]

tiene competencias para adoptar medidas (tales como prohibiciones o las llamadas "cláusulas espejo") en el marco de las importaciones desde fuera de la UE, frente a países con menores estándares de protección de productores, consumidores y medio ambiente (lo que repercute en precios más bajos de sus productos vendidos en nuestro mercado, con el consiguiente perjuicio para los operadores nacionales).

La cuestión es hasta qué punto debe intervenir el legislador, y si la limitación de la autonomía contractual puede llegar al extremo de impedir a las partes fijar libremente el precio de los productos agroalimentarios. No lo parece desde las normas europeas de la cadena alimentaria, la libre competencia y la prevención de prácticas desleales, y aunque podría argüirse que las mismas razones de protección del contratante débil que justifican la intervención protectora en otros mercados, como el de consumo, son alegables para la protección de, al menos, los productores primarios en la cadena de valor agroalimentaria, quizá quepa concluir más fundadamente que el legislador español se ha excedido en sus funciones.

Efectivamente, en lo que ahora nos ocupa, la intervención legislativa en la fijación de precios ligándolos imperativamente a los costes efectivos de producción con el fin de evitar la destrucción de valor en la cadena (en definitiva, la prohibición de venta a pérdidas), lo es con carácter general (a lo largo de toda la cadena, con independencia del volumen y poder negociador de los operadores, o del tipo de producción), y absoluto, sin admitir excepciones que permitieran al proveedor y, en particular, al primer productor, vender por debajo del coste de producción para recuperar al menos parte de la inversión cuando se dieran determinadas circunstancias de mercado (p. ej., malas cosechas, poca demanda sobrevenida...).

La alternativa, en la línea de la redacción original de la LMFCA –aunque más agresiva, con añadidos de las reformas del art. 9.1.*c)* de 2020 y 2021 en lo relativo a los costes efectivos como "referente" y no como mínimo impuesto (prescindiendo, por lo tanto, del art. 12 *ter*)–, sería una política de *incentivación* de precios, más que de fijación (aun por referencia) de los mismos, a través de herramientas de política legislativa que no afectaran a la autonomía de la voluntad en punto a la propia determinación de la contraprestación principal del contrato, respetando así en mayor medida los propios principios rectores de la norma, entre los que se incluye expresamente la "libertad de pactos" (art. 4), y la normativa comunitaria.

El registro de contratos alimentarios y su función tuitiva para los productores primarios

MARTÍN GONZÁLEZ-ORÚS CHARRO
Profesor Ayudante Doctor de Derecho Mercantil
Universidad de Salamanca
martingorus@usal.es

BIBLIOGRAFÍA: AMAT LLOMBART, P., "Contratación de productos agrarios en la cadena alimentaria y prácticas comerciales desleales. A propósito de la trasposición de la Directiva 2019/633", *Revista de Derecho Agrario y Alimentario,* n.º 77, 2020, pp. 7-67. ARPIO SANTACRUZ, J., "La determinación del precio en los contratos alimentarios", en CARBAJO CASCÓN (Dir.), *Competencia, propiedad intelectual y tutela de consumidores en el sector agroalimentario,* Tirant lo Blanch, Valencia, 2022, pp. 983-1040. BERCOVITZ ÁLVAREZ, R., ("El contrato de suministro", en BERCOVITZ RODRÍGUEZ-CANO, Alberto (Dir.), *Contratos mercantiles,* tomo I, Aranzadi, Pamplona, 2017, pp. 522-557. BERCOVITZ ÁLVAREZ, R., "El contrato estimatorio", en CARRASCO PERERA, Á. (Dir.), *Tratado de la compraventa: Homenaje a Rodrigo Bercovitz,* vol. I, 2013, Aranzadi, Cizur Menor, 2013, pp. 151-163. CABALLERO LOZANO, J. M., "La protección del contratante débil: el caso del ganadero en el suministro de leche cruda", en MUÑIZ ESPADA, E. (Dir.), *Cambios en la Ley de Cadena Alimentaria: propuestas para la urgente transposición de la Directiva 2019/633*, Reus, Madrid, 2020, pp. 261-304. pp. 276-285. CARBAJO CASCÓN, F., "Practicas grises en la cadena agroalimentaria: el artículo 3.2 de la directiva (UE) 2019/633 y el nuevo artículo 14. bis. 2 (A, E, F) de la ley 12/2013, de 2 de agosto, de medidas para mejorar el funcionamiento de la cadena agroalimentaria", en CARBAJO CASCÓN (Dir.), *Competencia, propiedad intelectual y tutela de consumidores en el sector agroalimentario*, Tirant lo Blanch, Valencia, 2022, pp. 1351-1382. CAZORLA GONZÁLEZ, M. J., ("Relaciones contractuales en la cadena alimentaria y su incidencia en la competitividad de los mercados", *Revista de Derecho Agrario y Alimentario*, n.º 62, 2013, pp. 9-32. DÍEZ-PICAZO Y PONCE DE LEÓN, L, *Fundamentos de Derecho Civil Patrimonial IV. Las particulares relaciones obligatorias*, Civitas, Madrid, 2010. DOMÍNGUEZ PÉREZ, E. M., "Contrato estimatorio. Calificación jurídica del contrato: contrato estimatorio o contrato de compraventa", *Revista Crítica de Derecho Inmobiliario*, n.º 690, 2005, pp. 1478-1486. DOMÍNGUEZ PÉREZ, E. M., "Practicas grises en la cadena agroalimentaria: el artículo 3.2 de la directiva (UE) 2019/633 y el nuevo artículo 14. bis. 2. (B, C, D) de la ley 12/2013, tras la reforma operada por la Ley 16/2021, de 14 de diciembre", en CARBAJO CASCÓN (Dir.), *Competencia, propiedad intelectual y tutela de consumidores en el sector agroalimentario*, Tirant lo Blanch, Valencia, 2022, pp. 1315-150. FERNÁNDEZ DEL MORAL DOMÍNGUEZ, L., *El contrato de suministro. El incumplimiento*, Montecorvo, Madrid, 1992. GONZÁLEZ CASTILLA, F., "El contrato estimatorio", en RUIZ PERIS, J. I. (Dir.); y MARTÍ MIRAVALLS, J. (Dir.), *Contratos de distribución: agencia, distribución, concesión, franquicia, suministro y estimatorio*, ATELIER, Barcelona, 2018, pp. 289-334. GONZÁLEZ-ORÚS CHARRO, M., "Contratos de suministro y aprovisionamiento entre el productor primario y el distribuidor de productos alimentarios", en CARBAJO CASCÓN (Dir.), *Competencia, propiedad intelectual y tutela de consumidores en el sector agroalimentario*, Tirant lo Blanch, Valencia, 2022, pp. 753-793. MUÑOZ DEL CAZ, E., "El contrato de suministro en la distribución alimentaria", en ORTEGA BURGOS, E. (Dir.); y MUÑOZ DEL CAZ, E. (Dir.), *Distribución comercial. Todas las claves de la Distribución desveladas por las grandes compañías del sector*, Aranzadi, Cizur Menor, 2017, pp. 371-388. LOUREDO CASADO, S., "La lista negra de prácticas desleales en el sector agroalimentario de la directiva 2019/633", en CARBAJO CASCÓN (Dir.), *Competencia, propiedad intelectual y tutela de consumidores en el sector agroalimentario*, Tirant lo Blanch, Valencia, 2022, pp. 1273-1313. OLMEDO PERALTA, E., ["Poder de mercado, poder de negociación, y abusos explotativos en la cadena alimentaria", en CARBAJO CASCÓN (Dir.), *Competencia, propiedad intelectual y tutela de consumidores en el sector agroalimentario*, Tirant lo Blanch, Valencia, 2022, pp. 1137-1180. RODRÍGUEZ CACHÓN, T., "Relaciones contractuales en la cadena alimentaria: análisis a la luz de la nueva regulación", *Revista de Derecho Civil*, n.º 1, 2018, pp. 191-217. SÁNCHEZ HERNÁNDEZ, Á., "Los contratos alimentarios en la Ley de la cadena alimentaria. (Referencia a la normativa y doctrina italiana «dei contratti di cessione dei prodotti agrícola e agroalimentari»)", *Actualidad Civil*, n.º 3, 2015 (consultado en: LA LEY 2606/2015). VAQUERO PINTO, M. J., "El contrato estimatorio", en AVENTOSA DEL RÍO, J. (Coord.), *Estudios jurídicos en homenaje al profesor Enrique Lalaguna Domínguez*, vol. II, 2008, Universidad de Valencia, Valencia, 2008, pp. 1705-1726.

I. EL PRODUCTOR PRIMARIO: NECESIDAD DE TUTELA

El sector agroalimentario desempeña una función básica y esencial en la sociedad: la producción, tratamiento y distribución de productos alimentarios. Estos últimos son entendidos como un conjunto variado de productos comestibles emanados de producciones de muy distinto tipo: agrícola, ganadera, forestal y pesquera, así como las relativas a la transformación y distribución de sus alimentos. La primera fase del proceso se encuentra en la producción, pasando después por diversos intermediarios hasta llegar al consumidor final. Todo este entorno de desarrollo, conocido como "cadena alimentaria", tiene una regulación legal específica, que ha sido desarrollada en los últimos años. En este sentido, el art. 5 a) de la Ley 12/2013, de 2 de agosto, de medidas para mejorar el funcionamiento de la cadena alimentaria (LMMFCA)[1] define la cadena alimentaria como el: *"Conjunto de*

[1] Esta norma sustituye a su predecesora: la Ley 19/1982, de 26 de mayo, sobre contratación de productos agrarios (BOE de 9 de junio de 1982); y modifica la Ley 2/2000, de 7 de enero, reguladora de los contratos

actividades que llevan a cabo los distintos operadores que intervienen en la producción, transformación y distribución de productos agrícolas y alimentarios, excluyendo las actividades de transporte, y las empresas de hostelería y restauración con un volumen de facturación inferior a diez millones de euros, excluyéndose también las empresas en las actividades de servicios de alojamiento con un volumen de facturación inferior a 50 millones de euros". Considerando todos los operadores que interactúan en la cadena, uno de ellos copa nuestra atención por ser el más necesitado de una tutela: el productor primario, definido como la *"Persona física o jurídica cuya actividad principal la ejerce en la producción agrícola, ganadera, forestal o en la pesca"* [art. 5 d) LMMFCA].

Es evidente que la situación de estos operadores -productor primario- atraviesa una situación muy crítica por motivos de distinta naturaleza, y que han llevado al sector al borde del colapso[2].

---

tipo de productos agroalimentarios (BOE de 10 de enero de 2000). Fue parcialmente desarrollada por el Real Decreto 64/2015, de 6 de febrero, por el que se desarrolla parcialmente la Ley 12/2013, de 2 de agosto, de medidas para mejorar el funcionamiento de la cadena alimentaria, y se modifica el Reglamento de la Ley 38/1994, de 30 de diciembre, reguladora de las organizaciones interprofesionales agroalimentarias, aprobado por Real Decreto 705/1997, de 16 de mayo (BOE de 7 de febrero de 2015) (RDMMFCA).

2 No hay más que observar las últimas movilizaciones del sector primario alrededor de nuestro país y de otros del entorno. El ejemplo más significativo es la denominada "tractorada", una movilización que forma parte del calendario de protestas esbozado por las organizaciones UPA, COAG y ASAJA, y cuyo eslogan circula bajo el título: *"El campo exige apoyo, respeto y reconocimiento".* Todo ello se ha desarrollado en numerosas ciudades para ofrecer conciencia de los muchos problemas que afectan al sector agrario. Consúltese las diversas noticias de la prensa digital y en papel publicadas recientemente; por ejemplo: la siguiente: https://www.elmundo.es/como/2024/02/26/65dc552afdddff2f9e8b4576.html (última visita: 27 de febrero de 2024).

La cadena alimentaria presenta importantes asimetrías en el poder de negociación entre los distintos agentes que intervienen en ella, especialmente la que sufren los productores primarios respecto de los eslabones superiores[3]. En primer lugar, sufren prácticas de fuerte desequilibrio en sus relaciones contractuales con los compradores de sus productos. Uno de ellos es la ausencia de precios justos en las transacciones comerciales para el intercambio de sus productos, pues actualmente el margen que queda para el productor primario no permite alcanzar una rentabilidad razonable. La escasa fuerza negociadora de este sector frente a los distribuidores o primeros adquirentes de los productos alimentarios, así como los siguientes eslabones del proceso productivo-distributivo, ha ocasionado que muchos de estos productores primarios abandonen su profesión, sin que

---

[3] Así, manifiesta OLMEDO PERALTA, E., ["Poder de mercado, poder de negociación, y abusos explotativos en la cadena alimentaria", en CARBAJO CASCÓN (Dir.), *Competencia, propiedad intelectual y tutela de consumidores en el sector agroalimentario,* Tirant lo Blanch, Valencia, 2022, pp. 1137-1180, p. 1145-1147] la clara existencia de un poder de mercado de determinados miembros de la cadena que la ostentan sobre otros, una situación que, no necesariamente, desemboca en un abuso de tal posición en perjuicio de los productores; esta circunstancia habrá de ser analizada en cada caso. Por su parte, CAZORLA GONZÁLEZ, M. J., ("Relaciones contractuales en la cadena alimentaria y su incidencia en la competitividad de los mercados", *Revista de Derecho Agrario y Alimentario,* n.° 62, 2013, pp. 9-32, p. 29) habla de un desequilibrio que afecta negativamente en la fase de producción de origen. Tales consideraciones han sido expuestas en el preámbulo de la LMMFCA: *"Un análisis de la situación actual de la cadena de valor evidencia la existencia de claras asimetrías en el poder de negociación que pueden derivar, y en ocasiones derivan, en una falta de transparencia en la formación de precios y en prácticas comerciales potencialmente desleales y con prácticas contrarias a la competencia que distorsionan el mercado y tienen un efecto negativo sobre la competitividad de todo el sector agroalimentario".*

exista una continuidad generacional ante este gran desincentivo, o bien decidan modificar su producción en favor de otros alimentos que arrojen una mayor rentabilidad.

Otras de las prácticas contractuales nocivas que experimentan están relacionadas con las cancelaciones injustificadas de productos solicitados (muchas veces de naturaleza perecedera, sin posibilidad de darles salida rápida en el mercado), exigencias de abastecimiento en condiciones económicas poco favorables para el productor, la imputación a este último de la mayor parte de los costes y riesgos de la transacción, plazos de cobro excesivamente largos tras la entrega, entre otros. Todo parece apuntar que el sector primario sufre una "explotación de su situación de dependencia económica" que, en ausencia de una respuesta eficaz por parte de las instituciones, terminará provocando importantes consecuencias negativas para el bienestar social. Entre ellas: la disminución continuada de la oferta de alimentos ante la desaparición de los productores, progresiva pérdida de calidad del alimento por reducción de la inversión de ante la disminución progresiva del margen de beneficio (casi inexistente) del productor, encarecimiento del precio de venta al público ante la paulatina desaparición de productores, entre otros.

Para poner coto final a estas situaciones y reestablecer -o, al menos, aproximar-, en la medida de lo posible, el equilibrio de posiciones entre las partes, han surgido múltiples disposiciones normativas y otras iniciativas por parte de los sectores afectados. Haremos mención a aquéllas que consideramos más relevantes. La primera norma de interés data del año 2013, es la citada LMMFCA. En torno a su principal finalidad, indica la Exposición de Motivos: *"la presente ley tiene como finalidad mejorar el funcionamiento y la vertebración de la cadena alimentaria de manera que aumente la eficacia y competitividad del sector agroalimentario español y se reduzca el desequilibrio en las relaciones comerciales entre los diferentes operadores de la cadena de valor"*. Una ley de gran interés para la materia que abordamos porque incorpora aspectos básicos en materia de contratos alimentarios; será, por tanto, norma de referencia a lo largo del trabajo. Concretamente, se centra en los aspectos relativos a la forma y contenido de los contratos alimentarios formalizados entre el productor primario y el primer comprador. Aquí, la ley dispone la existencia de un contenido mínimo obligatorio, al objeto de reflejar los aspectos más sustanciales de estas operaciones; además, establece la prohibición de incorporar ciertas cláusulas que implican prácticas comerciales desleales en el sector.

La LMMFCA fue parcialmente desarrollada por el Real Decreto 64/2015, de 6 de febrero, de medidas para mejorar el funcionamiento de la cadena alimentaria (RDMMFCA). Junto con ésta, procede hacer buena mención al Código de Buenas Prácticas Mercantiles en la Contratación Alimentaria, aprobado mediante acuerdo el 24 de noviembre de 2015 (CPMA 2015)[4]; todo ellos fruto de un acuerdo formalizado entre la entonces Ministra de Agricultura, Alimentación y Medio Ambiente, Isabel García Tejerina, y las distintas asociaciones de productores alimentarios[5]. El código propugna como uno de sus principios básicos, el de lealtad entre los distintos operado-

---

4 El código de buenas prácticas fue publicado en el BOE de 18 de diciembre de 2015.

5 Concretamente, participaron en la elaboración del citado código, la Asociación Española de Distribuidores, Autoservicios y Supermercados (ASEDAS), la Asociación Agraria-Jóvenes Agricultores (ASAJA), la Unión de Pequeños Agricultores y Ganaderos (UPA), la Coordinadora de Organizaciones de Agricultores y Ganaderos (COAG), Cooperativas Agro-alimentarias de España y la Federación Española de Industrias de la Alimentación y Bebidas (FIAB). En la actualidad, están adheridos al código más de 230 entidades, casi todas ellas bajo la forma de sociedades limitadas, cooperativas y asociaciones relacionadas con el sector de la producción agroalimentaria.

res de la cadena alimentaria, materializado en "*el compromiso de tratarse entre sí de manera responsable, de buena fe y con diligencia profesional*". Adicionalmente, proclama otros de naturaleza similar: principios de interés mutuo, equidad, distribución equitativa de riesgos y responsabilidades, compromiso y confianza. Sin duda, esta iniciativa supuso un compromisos firme y casi unánime por parte de los productores primarios y de sus asociaciones de manifestar la existencia de un grave problema de desequilibrio contractual entre éstos y los distribuidores de productos alimentarios.

Por otro lado, resulta de gran importancia la Directiva (UE) 2019/633 del Parlamento Europeo y del Consejo, de 17 de abril de 2019, relativa a las prácticas comerciales desleales en las relaciones entre empresas en la cadena de suministro agrícola y alimentario (en adelante: Directiva 2019/633). Esta norma incorpora en su art. 3 un listado muy extenso y pormenorizado de prácticas comerciales desleales en el sector alimentario[6]. Fue traspuesta a nuestro ordenamiento en dos fases: la primera, la Ley 8/2020, de 16 de diciembre, por la que se adoptan determinadas medidas urgentes en materia de agricultura y alimentación. Esta norma incorpora una serie de medidas sobre precios de suministro entre el productor primario y su primer comprador, medidas sobre actividades promocionales y en materia de protección de la cadena de valor. Otra norma de interés fue la Ley 16/2021, de 14 de diciembre, por la que se modifica la Ley 12/2013, de 2 de agosto, de medidas para mejorar el funcionamiento de la cadena alimentaria (en adelante (Ley 16/2021). Una ley que ha traspuesto, en parte, la Directiva 2019/633, para lo cual reformó, entre otros preceptos, arts. 12 y siguientes de la LMMFCA.

---

6 Vid. Artículo 3 Directiva 2019/633.

II. TIPOLOGÍA DE CONTRATOS ALIMENTARIOS

Antes de pasar al examen de las diversas categorías contractuales más comunes de sector, procede indicar que el legislador de la LMMFCA ha optado por incorporar un concepto genérico de contrato alimentario en el art. art. 5 f) LMMFCA, considerándolo como *"Aquel en el que una de las partes se obliga frente a la otra a la venta de productos agrícolas o alimentarios, y esta se obliga por un precio cierto, bien se trate de una compraventa o de un suministro de forma continuada. Se exceptúan aquellos que tengan lugar con consumidores finales"*. La nota básica y común del contrato alimentario reside en el intercambio de productos; lógicamente, el legislador no desconoce las modalidades contractuales más habituales, especialmente las formalizadas entre un distribuidor y un productor primario, motivo por el que hace expresa referencia a ellas: contrato de compraventa y suministro. Sin embargo, lejos de arrojar un contenido rígido, el precepto enunciado no se agota en estas dos categorías, parece que queda abierto a otras que persigan una finalidad similar. La única exclusión que realiza la LMMFCA es la que deja fuera los contratos de intercambio de productos alimentarios formalizados entre un distribuidor y el cliente final de aquéllos. Las razones son obvias, pues ésta última se rige por las disposiciones del Derecho de consumo, y no tiene la calificación de contrato mercantil o civil entre particulares.

Por otra parte, los contratos alimentarios ostentan una naturaleza civil. Procede recordar la vetusta -pero vigente- disposición del art. 326 2.º del Código de comercio por el rechazo a la consideración de agricultores y ganaderos como comerciantes (empresarios): *"No se reputarán mercantiles: Las ventas que hicieren los propietarios y los labradores o ganaderos, de los frutos o productos de sus cosechas o ganados, o de las especies en que se les paguen las rentas"*. Considerando el contexto histórico y social en que el legislador incorporó esta previsión en el CCom, la actividad agraria ha sido tradicionalmente una profesión excluida del Derecho mercantil; en consecuencia, se han reconducido al ámbito civil, cuyo régimen queda supeditado al Código civil[7].

Expuestas las consideraciones anteriores, enunciaré las categorías contractuales más empleadas dentro del sector agroalimentario.

---

[7] AMAT LLOMBART, P., "Contratación de productos agrarios en la cadena alimentaria y prácticas comerciales desleales. A propósito de la trasposición de la Directiva 2019/633", *Revista de Derecho Agrario y Alimentario*, n.º 77, 2020, pp. 7-67, p. 35; y CABALLERO LOZANO, J. M., "La protección del contratante débil: el caso del ganadero en el suministro de leche cruda", en MUÑIZ ESPADA, E. (Dir.), *Cambios en la Ley de Cadena Alimentaria: propuestas para la urgente transposición de la Directiva 2019/633*, Reus, Madrid, 2020, pp. 261-304, pp. 276-285. En su día ya expuse una crítica respecto de esta materia en mi obra "Contratos de suministro y aprovisionamiento entre el productor primario y el distribuidor de productos alimentarios", en CARBAJO CASCÓN (Dir.), *Competencia, propiedad intelectual y tutela de consumidores en el sector agroalimentario*, Tirant lo Blanch, Valencia, 2022, pp. 753-793, p. 779. Concretamente, afronté con valoración crítica el régimen de exclusión de los agricultores, ganaderos y artesanos de la actividad mercantil. Defendí una reforma encaminada a corregir esta deficiencia histórica y anacrónica. En esta línea, puse como ejemplo el cambio de postura que incorporaba en la Propuesta de la Sección Segunda de Derecho Mercantil del Anteproyecto de Ley de Código Mercantil del año 2018 (tras el dictamen del Consejo de Estado) (PROCOMER 2018). El art. 001-2.2 a) PROCOMER 2018 otorga la consideración de empresarios a: *"a) Las personas físicas que ejerzan o en cuyo nombre se ejerza profesionalmente una actividad económica organizada de producción o cambio de bienes o de prestación de servicios para el mercado, incluidas la actividad agraria y la artesanal"*.

1. Contrato de compraventa

En primer lugar, el precepto menciona a la compraventa (arts. 1445 y ss. CC). Una modalidad muy empleada, por su naturaleza de tracto único, para transacciones esporádicas, idónea para operaciones mantenidas con productores primarios que abastecen por primera vez de sus productos al comprador. Un modelo de intercambio que se agota con la ejecución de una única prestación: esto permite al distribuidor-adquirente cerrar la puerta a futuras relaciones con ese productor si no queda satisfecho con la transacción. No obstante, es práctica habitual de los compradores emplear esta modalidad de forma abusiva, mediante el mecanismo de la encadenación de contratos; así, proporciona al productor primario una falsa seguridad de estabilidad, firmando sucesivas compraventas (una por cada pedido); sin embargo, el comprador puede desvincularse de aquél tras ejecutar cada operación, sin un deber de formalizar la siguiente. Con el uso de esta técnica, el comprador asume un control sobre las sucesivas compras; tiene asegurado un abastecimiento regular de alimentos porque es consciente de la situación de dependencia económica del vendedor, quien se aferra a su comprador ante la escasa probabilidad de encontrar un mejor adquirente. Situación que se produce, no por la falta de demanda, sino por la rigidez de condiciones que arroja su mercado (sustituir un comprador por otro que le imponga iguales o peores condiciones).

2. Contrato de suministro

El contrato de suministro, como una modalidad derivada de la compraventa, es otra vía frecuentemente utilizada para disciplinar las relaciones comerciales entre el productor primario y el primer distribuidor de productos agroalimentarios. A diferencia de la compraventa, el suministro tiene una naturaleza duradera, lo cual implica la existencia de una serie de prestaciones periódicas y autónomas[8] que se van devengando en los plazos y términos establecidos por las partes. Es una relación de duración, definida como de "tracto sucesivo"; por tanto, influye decisivamente la nota de la temporalidad, que manifiesta la intención de los contratantes de generar y preservar una colaboración mutua y estable[9]. En este sentido, los distribuidores buscan abastecerse de los mejores productores del sector en su especialidad (productos alimentarios concretos), de manera que crean sus redes de suministro concertando con ellos relaciones duraderas, pues los compradores tienen interés de preservar en el tiempo la vinculación con aquéllos. Generalmente, este tipo de contratos disponen de una reglamentación más detallada que otros contratos alimentarios[10].

---

8 Por todos: FERNÁNDEZ DEL MORAL DOMÍNGUEZ, L., El contrato de suministro. El incumplimiento, Montecorvo, Madrid, 1992, pp. 235 y ss.; y DÍEZ-PICAZO Y PONCE DE LEÓN, L, (Fundamentos de Derecho Civil Patrimonial IV. Las particulares relaciones obligatorias, Civitas, Madrid, 2010, p. 175.

9 Sobre este punto, expone BERCOVITZ ÁLVAREZ, R. ("El contrato de suministro", en BERCOVITZ RODRÍGUEZ-CANO, Alberto (Dir.), *Contratos mercantiles,* tomo I, Aranzadi, Pamplona, 2017, pp. 522-557, p. 534) que la duración en el suministro se manifiesta desde distintas perspectivas: la primera, el tiempo de vigencia del contrato; y, la segunda, el momento en que deben realizarse todas y cada una de las entregas (regulares o puntualmente solicitadas).

10 Sobre las estipulaciones más habituales en el contrato de suministro de productos alimentarios, consúltese: MUÑOZ DEL CAZ, E., "El contrato de suministro en la distribución alimentaria", en ORTEGA BURGOS, E. (Dir.); y MUÑOZ DEL CAZ, E. (Dir.), *Distribución comercial. Todas las claves de la Distribución desveladas por las grandes compañías del sector,* Aranzadi, Cizur Menor, 2017, pp. 371-388, pp. 374-379.

3. Contrato estimatorio

Es una modalidad afín a la compraventa definido como un acuerdo por el que una de las partes, *tradens*, entrega a otra, *accipiens*, determinadas cosas muebles cuyo valor se estima en una cantidad cierta, obligándose ésta a procurar la reventa de dichas cosas dentro de un plazo y a abonar el valor estimado de las cosas que vende, así como a devolver los productos no vendidos. Pese a que este contrato es típico de sectores comerciales cuya actividad comercial arroja fuertes rotaciones de stocks -como el mercado editorial y de publicaciones periódicas-, lo cierto es que se ha empezado a presentar como una opción adecuada para los compradores de productos alimentarios.

La razón descansa en la naturaleza y mecánica de la relación: el *accipiens* (comprador-distribuidor alimentario) se abastece de productos sin necesidad de desembolsar el precio, porquc no los adquiere en firme al tiempo de recibir la posesión. En caso de los que venda, obtendrá un beneficio de la reventa (diferencia entre el precio de venta y el valor inicialmente estimado; si no logra la reventa, asume una obligación alternativa, optando entre adquirirlos para sí pagando el precio estimado, o devolverlos al *tradens* (productor primario). Mientras las mercancías estén en poder del accipiens, soportará la posible pérdida fortuita de las mismas; si esto sucede, quedará obligado a pagar el precio estimado por ellas, aunque esta previsión se puede eludir por pacto en contrario[11].

---

[11] Entorno a la naturaleza y contenido de contrato estimatorio, consúltese: GONZÁLEZ CASTILLA, F., "El contrato estimatorio", en RUIZ PERIS, J. I. (Dir.); y MARTÍ MIRAVALLS, J. (Dir.), *Contratos de distribución: agencia, distribución, concesión, franquicia, suministro y estimatorio*, ATELIER, Barcelona, 2018, pp. 289-334; BERCOVITZ ÁLVAREZ, R., "El contrato estimatorio", en CARRASCO PERERA, Á. (Dir.), *Tratado de la compraventa: Homenaje a Rodrigo Bercovitz*, vol. I, 2013, Aranzadi, Cizur Menor, 2013, pp. 151-163; VAQUERO PINTO, M. J., "El contrato estimatorio", en AVENTOSA DEL

No obstante, cabe mencionar la dudosa legalidad de utilizar el contrato estimatorio con los productores primarios, pues considerando la funcionalidad del negocio, éste puede suponer la existencia de una práctica comercial desleal en el sector agroalimentario, como por ejemplo la que proscribe el art. 14 bis 2 f) LMMFCA. Según este precepto, queda prohibido pactar "*Que el comprador devuelva productos agrícolas y alimentarios no vendidos al proveedor sin pagar por estos productos no vendidos, o su eliminación, o ambas cosas*". De este modo, el tenor del contrato estimatorio constituirá un motivo de impugnación ante las autoridades pertinentes

III. MEDIDAS DE PROTECCIÓN CONTRACTUAL PARA EL PRODUCTOR PRIMARIO EN LA LEY DE LA CADENA ALIMENTARIA

Como acabamos de observar, los contratos alimentarios -especialmente los pactados entre compradores y productores primarios- son categorías del Derecho privado que tienen ciertas especialidades en virtud de la legislación específica del sector. Las razones que motivan la especialidad radican en la esencialidad de proporcionar seguridad jurídica a la cadena alimentaria. Sobre los contratos celebrados con productores primarios, la importancia de respetar ciertas exigencias de forma y contenido se hace patente ante el escaso poder de negociación de éstos respecto de los adquirentes de sus productos. Así, la ley incorpora una serie de requisitos que debe reunir todo contrato alimentario., y que ahora pasamos a mencionar.

RÍO, J. (Coord.), *Estudios jurídicos en homenaje al profesor Enrique Lalaguna Domínguez*, vol. II, 2008, Universidad de Valencia, Valencia, 2008, pp. 1705-1726; DOMÍNGUEZ PÉREZ, E. M., "Contrato estimatorio. Calificación jurídica del contrato: contrato estimatorio o contrato de compraventa", *Revista Crítica de Derecho Inmobiliario*, n.º 690, 2005, pp. 1478-1486.

En virtud del art. 8 LMMFCA, el contrato alimentario debe quedar formalizado por escrito, una prescripción exigida en favor de productor con el objeto de facilitarle un medio de prueba para demostrar la existencia de la relación[12], y todo ello ha de producirse antes del inicio de las prestaciones[13]. Con este deber se evita una práctica muy habitual del sector, como era la de establecer relaciones comerciales verbales con productores primarios, donde en ausencia de un documento probatorio de la relación, el comprador

---

12 Sobre este punto, procede señalar que la forma escrita queda establecida como un requisito *ad probacionem*, y no como una exigencia necesaria para su existencia y validez (*ad solemnitatem*) (art. 8.2 LMMFCA). Tal medida resulta coherente con el principio tuitivo del productor primario como parte débil del contrato. Vid.: AMAT LLOMBART, P., "Contratación de productos agrarios en la cadena alimentaria y prácticas comerciales desleales. A propósito de la trasposición de la Directiva 2019/633", cit., p. 41; y, también, RODRÍGUEZ CACHÓN, T., "Relaciones contractuales en la cadena alimentaria: análisis a la luz de la nueva regulación", *Revista de Derecho Civil*, n.° 1, 2018, pp. 191-217, p. 209; y SÁNCHEZ HERNÁNDEZ, Á., "Los contratos alimentarios en la Ley de la cadena alimentaria. (Referencia a la normativa y doctrina italiana «dei contratti di cessione dei prodotti agrícola e agroalimentari»)", *Actualidad Civil*, n.° 3, 2015 (consultado en: LA LEY 2606/2015). El art. 8.3 LMMFCA incorpora una excepción al deber de formalizar el contrato alimentario por escrito: "*en las relaciones entre operadores de la cadena alimentaria cuando el pago del precio se realice al contado contra la entrega de los productos alimenticios, no será necesario suscribir un contrato alimentario, teniendo las partes la obligación de identificarse como operadores y documentar dichas relaciones comerciales mediante la expedición de la correspondiente factura con los requisitos establecidos en el Real Decreto 1619/2012, de 30 de noviembre, por el que se aprueba el Reglamento por el que se regulan las obligaciones de facturación*". Sobre el particular, vid.: ARPIO SANTACRUZ, J., "La determinación del precio en los contratos alimentarios", en CARBAJO CASCÓN (Dir.), *Competencia, propiedad intelectual y tutela de consumidores en el sector agroalimentario*, Tirant lo Blanch, Valencia, 2022, pp. 983-1040, pp. 1000-1003.

13 STSJ de Navarra (Sala de lo Contencioso-Administrativo, Sección 1.ª) de 27 de julio de 2023 (ECLI:ES:TSJNA:2023:508).

tenía cierta facilidad para desvincularse de ella o modificar los pactos a su criterio, aprovechando la dependencia del proveedor. En torno al contenido, el art. 9 LMMFCA exige unas menciones mínimas que deben reflejar el documento: entre ellas, la identificación de las partes; su objeto precio, señalando todos los pagos realizados y los descuentos aplicados; las condiciones de pago, entrega y puesta a disposición de los productos; derechos y obligaciones de las partes; la información que deban suministrarse por ser de interés para el negocio formalizado; y la duración y extinción del contrato.

Además, la normativa establece unas previsiones de carácter negativo; en efecto, la efectiva tutela del productor primario pasa por establecer ciertas prohibiciones de conductas por suponer ilícitos desleales contra la cadena alimentaria. Estos ilícitos pueden tener la consideración de "cláusulas negras", y, por tanto, su inclusión hace nulo todo el contrato [Modificaciones unilaterales y pagos comerciales no previstos -art. 12 LMMFCA-; aplazamientos de pago excesivos -art. 14 1 bis a) LMMFCA-; cancelaciones de pedidos -art. 14 bis 1 b) LMMFCA; exigencia de pagos adicionales no relacionados o previsto con la operación formalizada -art. 14 1 bis d) LMMFCA; entre otras]; o pueden tratarse de "cláusulas grises", limitando la nulidad a la cláusula prohibida, salvo que haya sido aceptada de muto acuerdo por ambas partes [pagos no pactados por prestación de almacenaje o puesta a disposición en el mercado de los productos agrícolas suministrados -art. 14 bis 2 a) LMMFCA-; cláusulas que descargan sobre el productor primario el coste de las campañas publicitarias realizadas por el comprador para la venta de productos; o la exigencia del pago a una parte por el personal de acondicionamiento de los locales utilizados para la venta de los productos -art. 14 bis 2 e) LMMFCA-][14].

---

14 Para una información más desarrollada, consúltese las obras que examinan en mayor detalle y profundidad la cuestión. Entre ellas: LOU-

IV. EL REGISTRO DE CONTRATOS ALIMENTARIOS COMO INSTRUMENTO DE VERIFICACIÓN DEL CUMPLIMIENTO DE LAS MEDIDAS LEGALES

1. Finalidad y naturaleza del registro: objeto de la inscripción

El Registro de contratos alimentarios es una novedad que trajo la reforma operada en la LMMFCA año 2021 -por medio de la Ley 16/2021- cuya creación y gestión quedó encomendada al Ministerio de Agricultura, Pesca y Alimentación por mandato del art. 11 bis 1 LMMFCA: *"El Ministerio de Agricultura, Pesca y Alimentación dispondrá de un registro digital en el que se inscribirán los contratos alimentarios que se suscriban con los productores primarios y las agrupaciones de éstos, y sus modificaciones"*. Por tanto, se trata de un registro administrativo y administrado por el citado organismo, que conecta -en su vertiente jurídica- la actividad de intercambio de productos agroalimentarios realizada entre productores primarios y

REDO CASADO, S., "La lista negra de prácticas desleales en el sector agroalimentario de la directiva 2019/633", en CARBAJO CASCÓN (Dir.), *Competencia, propiedad intelectual y tutela de consumidores en el sector agroalimentario,* Tirant lo Blanch, Valencia, 2022, pp. 1273-1313; DOMÍNGUEZ PÉREZ, E. M., "Practicas grises en la cadena agroalimentaria: el artículo 3.2 de la directiva (UE) 2019/633 y el nuevo artículo 14. bis. 2. (B, C, D) de la ley 12/2013, tras la reforma operada por la Ley 16/2021, de 14 de diciembre", en CARBAJO CASCÓN (Dir.), *Competencia, propiedad intelectual y tutela de consumidores en el sector agroalimentario,* Tirant lo Blanch, Valencia, 2022, pp. 1315-150; CARBAJO CASCÓN, F., "Practicas grises en la cadena agroalimentaria: el artículo 3.2 de la directiva (UE) 2019/633 y el nuevo artículo 14. bis. 2 (A, E, F) de la ley 12/2013, de 2 de agosto, de medidas para mejorar el funcionamiento de la cadena agroalimentaria", en CARBAJO CASCÓN (Dir.), *Competencia, propiedad intelectual y tutela de consumidores en el sector agroalimentario,* Tirant lo Blanch, Valencia, 2022, pp. 1351-1382.

los primeros compradores de sus productos, con las autoridades competentes a los efectos de verificar el cumplimiento de la ley sobre el contenido de los contratos alimentarios. Goza de un de una regulación general en el art. 11 bis LMMFCA, y detallada en el Real Decreto 1028/2022, de 20 de diciembre, por el que se desarrolla el Registro de Contratos Alimentarios (RRCA)[15].

Este registro tiene, además, una naturaleza enteramente digital. Todos los trámites de inscripción y restantes se realizan de forma telemática; así, quiénes interactúen en sus relaciones con aquél, deberán estar en posesión y uso certificado digital o DNI electrónico a través de la pasarela Cl@ve (personas físicas: art. 10.3 II RRCA) o del certificado electrónico de representación a través de la citada pasarela (cuando el obligado sea una persona jurídica o entidad sin personalidad: art. 10.3 I RRCA). Además, dichos sujetos deben estar dados de alta previamente en el registro para realizar cualquier gestión (art. 10.1 RRCA); a tal efecto, el alta se efectuará mediante el enlace «Registro de Contratos Alimentarios» habilitado en el portal de internet de la Agencia de Información y Control Alimentarios, O.A. (www.aica.gob.es) (art. 10.2 RRCA)[16]. De hecho, la dirección web establece tres casillas: la

---

15 Esta norma es fruto de la Disposición Adicional Sexta de la Ley 16/2021, de 14 de diciembre, por la que se modifica la Ley 12/2013, de 2 de agosto, de medidas para mejorar el funcionamiento de la cadena alimentaria. Recuérdese que dicha disposición habilitaba al Ministro de Agricultura, Pesca y Alimentación *"(…) a dictar cuantas disposiciones sean precisas para el desarrollo normativo y puesta en marcha del registro de contratos alimentarios previsto en el artículo 11 bis de la Ley 12/2013, de 2 de agosto, de medidas para mejorar el funcionamiento de la cadena alimentaria, para el 1 de enero de 2023"*.

16 De conformidad a lo previsto en el art. 10.4 RRCA, para efectuar el alta, el Anexo I RRCA exige facilitar ciertos datos personales del sujeto obligado a la inscripción del contrato alimentario -o de su representante legal-, del productor primario o asociación en la que se encuentre integrado y,

primera para realizar altas de compradores, autorizados o representantes legales y, posteriormente, otras dos para la inscripción y consulta de los contratos, sus anexos y modificaciones; así, la aplicación no permite el acceso a las casillas ulteriores sin haber procedido previamente a realizar el trámite de la primera ("Altas")[17].

No es un registro de acceso público, sino un repositorio de contratos alimentarios inscritos, sujetos a confidencialidad; de este modo, la información de los contratos alimentarios inscritos no será objeto de explotación y estará prohibida su divulgación (art. 8.2 RRCA). Fruto de su carácter reservado, únicamente tienen acceso al registro quienes ostentan la obligación de inscribir los contratos, así como la Agencia de Información y Control Alimentarios (AICA) -como organismo clave de control en el mercado agroalimentario[18]- y otras autoridades de ejecución designadas por las comunidades autónomas[19]; estas

---

en su caso, de las personas autorizadas; datos sencillos que permitan su adecuada identificación, tales como el NIF/DNI/NIE, Nombre y apellidos o razón social, y una dirección o correo electrónico, según el caso.

17 En esta casilla, el primer trámite de alta es el del comprador, cuya única consideración posible a efectos del registro -si se accede como persona física- es la de profesional autónomo o empresario individual, quienes, desde ahí, pueden dar de alta a los potenciales autorizados o representantes legales.

18 Expone SÁNCHEZ HERNÁNDEZ, Á., ["Los contratos alimentarios en la Ley de la cadena alimentaria. (Referencia a la normativa y doctrina italiana «dei contratti di cessione dei prodotti agrícola e agroalimentari»)", cit. (consultado en: LA LEY 2606/2015)] la importancia de este organismo cuyo objeto es establecer y desarrollar el régimen de control necesario para comprobar el cumplimiento de lo dispuesto en la Ley 12/2013; además, compete a aquél iniciar de oficio el procedimiento sancionador que corresponda por las irregularidades que supongan el incumplimiento de lo dispuesto en dicha ley.

19 Así lo deja claro el art. 8.2 RRAC: "(...) Únicamente podrán acceder a la información de dicho registro la Agencia de Información y

últimas recibirán de la AICA las credenciales oportunas de la aplicación electrónica para obtener el acceso y consulta de su contenido (art. 15.3 RRCA).

Sobre este aspecto, cabe indicar que la legalidad del registro, concretamente la de su normativa reguladora -del RRCA-, ha sido puesta en entredicho por considerarla contraria a la legislación en materia de protección de datos. Sin embargo, nuestro Alto Tribunal, en su sentencia de 21 de diciembre de 2023, ha desestimado íntegramente un recurso interpuesto contra la norma cuestionada por entender que cumple sobradamente todas las prescripciones y exigencias en materia de protección de datos[20]. Cabe recordar, en este punto, lo dispuesto en el art. 11

Control Alimentarios, O.A., y las restantes autoridades competentes para realizar las comprobaciones pertinentes en el ámbito de sus competencias, con sujeción a la normativa en materia de protección de datos de carácter personal y de competencia, así como los sujetos obligados a la inscripción exclusivamente en cuanto a la información relativa a los contratos que hayan registrado".

[20] El asunto abordado en la STS de 21 de diciembre de 2023 (ECLI:ES:TS:2023:5969) es un recurso contra el RRCA que plantean, bajo una misma representación procesal y dirección letrada, sucesivas entidades: la Asociación Española de la Industria y Comercio Exportador de Aceites de Oliva y Aceites de Orujo ("ASOLIVA"), la Asociación Nacional de Empresas de Aceite de Orujo ("NEO"), la Asociación Española de Exportadores e Industriales de Aceitunas de Mesa ("ASEMESA"), la Federación Española de Industriales Fabricantes de Aceite de Oliva ("INFAOLIVA"), la Asociación Nacional de Industriales Envasadores y Refinadores de Aceites Comestibles ("ANIERAC"), y la Federación Almazaras Federadas de España. El grueso de la concretamente en los siguientes motivos: 1) el RRCA infringe el artículo 3, apartados 1 y 2, del Real Decreto 311/2022, de 3 de mayo, por el que se regula el Esquema Nacional de Seguridad, que regula los sistemas de información que traten datos personales y 2) que el Real Decreto impugnado vulnera el principio de proporcionalidad, ya que la regulación reglamentaria supone una injerencia en el derecho fundamental de protección de

bis 3 LMMFCA: *"La Agencia de Información y Control Alimentarios, O.A., y las restantes autoridades competentes tendrán la potestad de acceder a dicho registro para realizar las comprobaciones pertinentes en el*

---

datos personales, que ha de establecerse por ley. Sobre estos extremos, la sentencia indicada concluyó: *"consideramos que la observación efectuada por la Agencia Española de Protección de Datos, en su informe de 10 de octubre de 2022 al proyecto del Real Decreto, referida a la falta de un análisis de riesgos, conforme al artículo 24 del Reglamento General de Protección de Datos, que evalúe el impacto en la protección de datos personales, no tiene carácter invalidante de la disposición reglamentaria, en cuanto que dicha prescripción de la reglamentación europea se refiere a la responsabilidad del responsable del tratamiento de datos, al que se le impone la obligación de adoptar las medidas técnicas y organizativas que garanticen la protección de los datos personales, ya que cabe tener en cuenta que, en el supuesto que enjuiciamos, el responsable del tratamiento de datos no es una persona física o jurídica sino la Administración Púbica, que tiene encomendada la fijación de los fines y medios del tratamiento conforme al mandato establecido por el legislador, y que el acceso a los datos se encuentra restringido a determinadas autoridades administrativas, que se encuentran sujetos a respetar estrictamente toda la regulación sobre protección de datos, y cuyas facultades de comprobación están limitadas a los datos económicos sensibles para asegurar el regular funcionamiento de la cadena alimentaria. El motivo de impugnación formulado contra el Real Decreto 1028/2022, sustentado en el argumento de que la regulación de la inscripción, tratamiento de datos y el acceso al Registro de Contratos Alimentarios necesariamente ha de hacerse por medio de una norma con rango de ley, y no por norma de carácter reglamentaria, debe ser desestimado. Al respecto, procede tomar en consideración que la disposición general impugnada se dicta al amparo de la habilitación al desarrollo reglamentario contenida en la disposición final sexta de la Ley 16/2021, de 14 de diciembre, que faculta al Ministro de Agricultura, Pesca y Alimentación a dictar "cuantas disposiciones sean precisas para el desarrollo normativo y puesta en marcha del registro de contratos alimentarios previsto en el artículo 11 bis de la Ley 12/2013, de 2 de agosto, de medidas para mejorar el fundamento de la cadena alimentaria", que establece, específicamente, los rasgos configuradores de la creación, organización y funcionamiento de este Registro digital, sin que la circunstancia de que el desarrollo reglamentario se haya realizado por el Consejo de Ministros sea determinante de su invalidez".*

ámbito de sus competencias, con sujeción a la normativa en materia de protección de datos de carácter personal y de competencia".

En torno a su aspecto objetivo, son objeto de inscripción en el registro los contratos alimentarios formalizados, exclusivamente, entre un comprador y un productor primario o las agrupaciones de éstos (art. 5.1 RRCA). Esta delimitación pone de manifiesto una de las principales finalidades del registro: proteger al productor primario como parte débil, o que sufre el desequilibrio contractual ante una falta de poder de negociación sobre el contenido del contrato. Quedan excluidos otros contratos de intercambio y prestación de servicios entre otros operadores distintos de la cadena alimentaria como, por ejemplo, los adquirentes mayoristas de alimentos y los distribuidores minoristas de aquéllos.

A tal efecto, procede el depósito de una copia digital del contrato en el registro y de sus modificaciones, lo que permite a la autoridad competente verificar si dichos acuerdos reúnen los requisitos de forma y contenidos mínimos legales establecidos en los arts. 8-9 LMMFCA. Por ejemplo, la documentación del contrato por escrito (art. 8 LMMFCA) o la legalidad de su contenido: que sus cláusulas no incorporen prácticas comerciales desleales, como por ejemplo en materia de precios, cancelación intempestiva de pedidos, modificación unilateral de los términos del contrato en favor del comprador, etc. Además, el registro cumple una función de garantía parcial del deber de conservación documental que asumen, en este caso, los compradores directos de alimentos al productor agroalimentario[21].

---

21 Establece el art. 11.1 LMMFCA: "Los operadores de la cadena alimentaria deberán conservar toda la correspondencia, documentación y justificantes, en soporte electrónico o en papel, relacionados con los contratos alimentarios que celebren en el marco de lo dispuesto en esta ley, durante un período de cuatro años". Evidentemente, el

A mi juicio, el registro de contratos alimentarios supone un buen incentivo para que el comprador tienda a formalizar contratos de suministro. Al ser acuerdos de duración, el obligado a su inscripción habrá de cumplir con tal deber una sola vez, lo cual favorece al productor primario porque estabiliza en el tiempo su posición (especialmente si el contrato tiene una duración prefijada amplia), mientras que en el caso de sucesivos contratos de compraventa, procederá una inscripción por cada operación, lo que genera un embrollo por un mayor número de gestiones que debe realizar con el registro. A parte de ello, la inscripción de un número elevado de contratos -o de modificaciones sobre ellos- puede poner en alerta a las autoridades oportunas al constituir un hecho indiciario de un potencial abuso que esté realizando el comprador frente al productor primario (por alteración sustancial y continua de las condiciones contractuales o encadenamiento abusivo de contratos).

Por otro lado, también serán objeto de inscripción las modificaciones que se practiquen sobre dichos contratos, así como sus anexos e información complementaria (art. 5.1 RRCA). A tal efecto, el inscriptor procederá a adjuntar las adendas al contrato alimentario o de integración, sus anexos, ya la información complementaria que, en su caso, proceda comunicar (art. 5.3 RRCA).

Igualmente será obligatorio inscribir los denominados "contratos de integración", definido por el art. 5 g) LMMFCA como *"(...) aquella modalidad de contrato alimentario en el que una*

---

registro de contratos alimentarios no subsana el incumplimiento de este deber, sino sólo parte y respecto de determinados sujetos. En un sentido objetivo, no permite inscribir la correspondencia ni los justificantes propios de la actividad de cada operador de la cadena; sólo es objeto de custodia de copias digitales de documentos que integran los acuerdos de colaboración y sus modificaciones entre productores primarios y primeros compradores de sus productos.

de las partes, denominada integrador, se obliga frente a la otra parte denominado integrado, a proporcionar todos o parte de los productos, materias primas e insumos necesarios para la producción objeto del contrato, así como, en su caso, a ejercer la dirección técnica y a hacerse cargo de la producción al concluir el ciclo productivo. Por su parte, el integrado se obliga frente al integrador, a aportar los terrenos, los espacios y las instalaciones, así como los medios y servicios complementarios que resulten necesarios para completar la producción y una vez obtenida ésta, a su entrega al integrador". La inscripción de tales contratos, que procederá, también antes del intercambio de las prestaciones, exigirá adjuntar los anexos e informaciones complementarias (art. 5.2 RRCA).

2. Deber de inscripción

2.1. Sujetos obligados a promover la inscripción

En cuanto a los obligados a promover la inscripción del contrato alimentario, el art. 4 del RRCA alude a los que mencionamos a continuación. No obstante, procede indicar que éstos disponen de la facultad de contar con la ayuda de personal autorizado, quienes podrán colaborar en las tareas de gestión y tramitación documental en el registro[22].

En primer lugar, el art. 4.1 a) RRCA menciona, como primeros sujetos obligados a la inscripción, a los establecidos en el art. 5 l) LMMFCA: compradores -sean personas físicas o

---

[22] A tal efecto, dispone el art. 11 RRCA que el responsable de tramitar las altas o bajas del personal autorizado corresponde al representante legal de la persona jurídica o entidad sin personalidad obligada a dar trámite a la inscripción del contrato; en caso de ser una persona física, será ella misma la que proceda a la designación y cese de sus autorizados.

jurídicas- de productos agrícolas y alimentarios que los adquieran de productores primarios o de agrupaciones de éstos, y que, naturalmente, no tengan la condición de consumidores. Este primer caso es el más habitual en la práctica, pues constituye una cláusula general que abarca a todo adquirente que se abastezca de productores primarios de cualquier tipo de alimento -a excepción de los compradores de leche cruda o de un integrador, supuestos que contemplan los apartados b) y c) del art. 4 RRCA-. De este modo, deberá promover la inscripción del contrato la parte compradora, a quien compete tal deber por razones de protección al vendedor (productor primario), pues el legislador le libra de esta carga a raíz de la tutela que procura la norma, o así parece desprenderse de la misma.

En el mercado del producto lácteo, también resultan obligados a procurar la inscripción del contrato los primeros compradores de leche cruda [art. 4.1 b) RRCA]. Un colectivo que, por el tipo de producto, dispone de su propia reglamentación con condiciones específicas para la contratación en el sector lácteo. Especialmente por las exigencias higiénico-sanitarias que requiere tal producto, pues desde el momento de su elaboración, queda sometido a un control exhaustivo, incluso antes de cargarlo en la cisterna del primer transporte. Todo ello al objeto de comprobar que reúne las cualidades necesarias, así como una calidad adecuada. Se desprende, así, del art. 12.1 del Real Decreto 989/2022, de 29 de noviembre, por el que se establecen normas básicas para el registro de los agentes del sector lácteo, movimientos de la leche y el control en el ámbito de la producción primaria y hasta la primera descarga. Igualmente, procede señalar una excepción respecto de este sector: cuando el productor primario -de leche cruda- sea socio del primer comprador de su producto, y éste sea una sociedad cooperativa o una sociedad agraria de transformación (SAT), no existirá obligación de registrar el contrato alimentario (art. 4.3 RRCA)[23]. El motivo reside en que ambas formas asociativas -distantes de las clásicas compañías mercantiles- asocian directamente a los titulares de las explotaciones agrícolas o ganaderas (Disp. Ad. Primera Real Decreto 95/2019, de 1 de marzo, por el que se establecen las condiciones de contratación en el sector lácteo).

Y, en último lugar, queda obligado a practicar la inscripción del contrato el integrador [art. 4.1 c) RRCA], cuando el contrato alimentario sea de integración, muy habitual en el caso de las producciones de engorde del sector avícola.

De los participantes en la relación contractual, los compradores son los únicos que pueden proceder a la inscripción de los contratos alimentarios, así como acceder al contenido del registro (incluidos los organismos públicos ya mencionados). A mi juicio, no debería haber problema en facilitar el acceso al productor primario, al ser parte interesada en hacer constar el documento en el registro. Es más, si no es el obligado, al menos debería resultar legitimado, especialmente al objeto de verificar si el contrato ha quedado inscrito, o si el que consta coincide en su contenido con el que firmó o tiene en su poder el productor primario. Sería una

---

23 Procede recordar que la Directiva (UE) 2019/633 en su art. 3.1 f) no considera desleal la negativa del comprador de formalizar por escrito el contrato alimentario *"(...) cuando el contrato de suministro se refiera a productos que deban ser entregados por un miembro de una organización de productores, incluida una cooperativa, a la organización de productores de la que es miembro el proveedor, cuando los estatutos de dicha organización de productores o las normas y decisiones estipuladas en ellos o derivados de los mismos incluyan disposiciones que tengan un efecto similar a los términos del contrato de suministro"*. Apunta LOUREDO CASADO, S., ("La lista negra de prácticas desleales en el sector agroalimentario de la directiva 2019/633", cit., p.1297) que la eximente tiene su razón de ser en la finalidad solidaria y democrática que buscan las cooperativas agrícolas.

forma lograr un control más adecuado del cumplimiento de la obligación de inscripción que reposa sobre el comprador de productos alimentarios. Sobre este punto, entiendo posible, aunque poco probable, que el comprador puede designar al productor primario como sujeto autorizado para el acceso al registro; no obstante, esta vía puede arrojar una connotación negativa, pues puede servir de pretexto para descarga sobre éste la obligación de inscripción que pesa sobre el comprador.

En último lugar, el art. 4.2 RRCA establece una excepción general al deber de inscribir los contratos alimentarios (muy conectada al art. 4.3 RRCA que ya hemos señalado): *"No estarán obligados a registrar los contratos alimentarios que se formalicen entre una entidad asociativa y sus socios en virtud del segundo párrafo del artículo 8.1 de la Ley 12/2013, de 2 de agosto"*[24]. Resulta evidente que cuando el comprador y un vendedor mantienen, a la vez, una conexión adicional de tipo asociativa socio-cooperativa o SAT, existen intereses paralelos que, por su propia naturaleza-resultan inocuos para los intereses individuales de las partes (por ausencia de colisión entre ellos); más aún, puede decirse que los intereses de ambas partes circulan en paralelo. Luego no existirán razones objetivas para incentivar un abuso de po-

---

24 Recuerde lo indicado en el art. 8.1 II LMMFCA: "No obstante, en el caso de que un socio entregue la producción a una cooperativa, o a otra entidad asociativa, será necesaria la formalización por escrito de un contrato alimentario individualizado, con los mismos elementos mínimos recogidos en el artículo 9, salvo que los estatutos o acuerdos de la cooperativa o de la entidad asociativa establezcan, antes de que se realice la entrega, el procedimiento de determinación del valor del producto entregado por sus socios y el calendario de liquidación y éstos sean conocidos por los socios. A tal efecto, deberá existir una comunicación fehaciente a los interesados, que será incluida en el acuerdo y será aprobado por el órgano de gobierno correspondiente".

der de mercado de la parte compradora, ni, por tanto, endurecer la protección en estos casos.

2.2. Plazos

En torno al plazo de cumplimiento de la obligación, dispone el art. 6 RRCA –en consonancia con su art. 11 bis-: *"la inscripción en el Registro de Contratos Alimentarios de cada contrato alimentario y de cada contrato de integración, sus anexos e información complementaria, deberá producirse antes de la entrega del producto objeto del contrato. En el caso de sus modificaciones, la inscripción en el Registro de Contratos Alimentarios deberá producirse antes de la entrega del producto afectado por dichas modificaciones"*. El deber de inscripción se activa con la perfección del contrato, y debe cumplirse antes de ejecutar la prestación de entrega por parte del productor primario.

Por otra parte, la Disp. Transitoria 1 del RRCA dispone que deberán inscribirse *"los contratos alimentarios formalizados desde el 31 de enero de 2023, y sus modificaciones, anexos e información complementaria, sin que hasta el 30 de junio de 2023 exista obligación de inscripción"*. Por otro lado, los contratos formalizados con anterioridad al 31 de enero de 2023 no son objeto de inscripción, sino únicamente las modificaciones, anexos o información adicional generados con posterioridad a esa fecha sin que hasta el 30 de junio de 2023 exista obligación de inscribirlos. Respecto de esta última cuestión mencionada, procede efectuar una crítica: si no existe obligación de procurar su acceso al registro, ¿cómo será posible verificar el cumplimiento de su legalidad si no constan inscritos ni tampoco experimenta alguna modificación? A mi juicio, hubiera sido más recomendable instaurar la obligación de inscribir el contrato vigente al 31 de enero de 2023, aunque se hubiera perfeccionado con anterioridad. En el caso de ser una compraventa o acuerdo de intercambio único de productos, el deber de inscripción del contrato ya formalizado sólo debería ser exigible si a la citada fecha no se hubiera ejecutado en su integridad alguna de las prestaciones.

2.3. Incumplimiento: régimen disciplinario

Procede ahora observar los distintos incumplimientos derivados de la obligación de inscribir los contratos alimentarios. El art. 16 RRCA estipula: *"En caso de incumplimiento de las obligaciones establecidas en el presente real decreto será de aplicación el régimen sancionador establecido en la Ley 12/2013, de 2 de agosto"*. Acudiendo a la norma de referencia, la inobservancia del deber de inscripción, o su cumplimiento tardío -posterior a la entrega por parte del productor primario de los productos objeto del contrato-, es una conducta clasificada como infracción leve [art. 23.1 k) LMMFCA], que lleva aparejada una sanción pecuniaria de entre 250 a 3.000 euros [art. 24.1 a) LMMFCA]; igual intensidad arroja el incumplimiento del deber de conservación documental [arts. 23.1 c) y 24.1 a) LMMFCA]. Ahora bien, si la falta de inscripción es consecuencia correlativa del incumplimiento de dejar constancia escrita de un contrato que, por ley, debiera estar formalizado en esa modalidad, se imputará, además, una infracción grave, cuya multa asciende entre 3.001 a 100.000 euros [arts. 23.2 b) y 24 c) LMMFCA].

En torno a las infracciones relacionadas con el contenido del contrato, son de carácter leve aquéllas a las que la ley atribuye tal calificación y se producen de forma aislada o esporádica [no incluir en el contrato alguno de los extremos obligatorios -art. 23.1 a) LMMFCA-; realizar modificaciones contractuales no pactadas por ambas partes -art. 23.1 b) LMMFCA-; u obligar al proveedor a pagar por el deterioro o pérdida de un producto ocurrido en los locales del comprador o cuando la propiedad ya ha sido transferida al comprador, sin que dicho deterioro o pérdida se deban a negligencia o culpa del proveedor -art. 23.1 h) LMMFCA-]. Por otro lado, la infracción será grave, y sancionada con multa de entre 3.001 euros y 100.000 euros [art. 24.1 b) LMMFCA], en casos de reincidencia [cuando se observen dos o más incumplimientos leves en un periodo de dos años desde la sanción administrativa que condene su comisión -art. 23.2 a) LMMFCA-]; igualmente por no incorporar el precio al contrato [art. 23.2 c) LMMFCA]; por establecer alguna modificación que haya sido unilateralmente impuesta en contra de los intereses del otro contratante (débil) [art. 23.2 d) LMMFCA]; provocar la destrucción de la cadena de valor [art. 23.2 f) LMMFCA]; o incumplir los plazos de pago en los términos del art. 14 bis [art. 23.2 g) LMMFCA]; entre otras. En último lugar, constituye infracción muy grave la reiteración de dos o más infracciones graves en un período de dos años; éstas están castigadas con una sanción de entre 100.001 y 1.000.000 euros [24.1 c) LMMFCA].

Respecto de la prescripción de las infracciones, las muy graves perecen a los cinco años, las graves a los tres y las leves al año (art. 23.7 LMMFCA). Sobre el *dies a quo*: *"(...) El inicio de la prescripción se computará desde el día en que la infracción se hubiera cometido o, si se trata de infracciones relativas a la formalización y extremos que han de contener los contratos alimentarios, desde el momento de la finalización de las prestaciones que tengan su origen en los mismos. En el caso de infracciones continuadas, se computará desde el día que hayan cesado. En el caso de que los hechos o actividades constitutivos de infracción fueran desconocidos por carecer de signos externos, dicho plazo se computará desde que estos se manifiesten".*

En nuestra opinión, la levedad de un incumplimiento tan principal, como es la ausencia de inscripción, pone de relieve el escaso impacto e incentivo que provocará sobre determinados operadores adquirentes de los productores primarios desatender su obligación. La contravención de dicho deber debería estar clasificada como una conducta grave, como mínimo, pues la ausencia de inscripción desincentiva el cumplimiento de la norma y contribuye imposibilitar la protección al productor primario ante la imposibilidad de verificar el contenido de un documento no inscrito. En muchos casos se mantendrán activas y constantes las infracciones de contenido en los contratos, pues algunos compradores obligados a la inscripción optarán por asumir el riesgo derivado de su infracción, que no en todos los casos será descubierta.

La inscripción del documento contractual es un aspecto esencial para su control por la AICA -o por alguno de sus organismos delegados-. Sólo de esta manera pueden comprobar las autoridades competentes la existencia de alguna infracción de contenido, para así proceder a declararla como tal y, posteriormente, imputar la sanción oportuna. Sin embargo, el legislador ha optado por establecer presunciones de infracción *iuris tantum*, en aras de motivar la inscripción. El art. 23.4 LMMFCA presume culpable al primer comprador de productos alimentarios de incumplir su deber de formalizar por escrito el contrato alimentario, así como de no incorporar el contenido mínimo legal, especialmente la determinación del precio[25]. De este modo, la destrucción de la presunción pasa por la inscripción del contrato en el registro. El problema está, a mi juicio, en la relativa facilidad existente para ocultar las operaciones del mercado alimentario. Si el contrato no consta por escrito, es sencillo presumir que hay incumplimiento de dicho deber formal; sin embargo, en ausencia de forma escrita, también

---

[25] Expone ARPIO SANTACRUZ, J., ("La determinación del precio en los contratos alimentarios", cit., p. 1027-1028) que la importancia de la adecuada determinación del precio en los contratos alimentarios -circunstancias que, en muchos casos, ha sido el detonante de la crisis del productor primario- es aspecto esencial. Además, justifica el amplio abanico de infracciones relacionadas en materia de precio, así como la presunción de culpabilidad del comprador respecto de algunos incumplimientos que recoge el art. 23.4 LMMFCA.

será fácil alegar la inexistencia del acuerdo, situación en que la presunción de infracción resultaría inoperativa.

3. El procedimiento de registro de los contratos y sus modificaciones

El art. 12 RRCA menciona el procedimiento que debe ejecutar el obligado a inscribir los contrato; sin embargo, resulta sorprendente la parquedad del precepto, así como su casi exclusivo contenido redundante y remitente a otras partes de la norma. Así, dispone el art. 12.1 RRCA: *"Se deberán inscribir por el sujeto que resulte obligado según lo dispuesto en el artículo 4 los contratos alimentarios y sus modificaciones, anexos e información complementaria conforme a lo establecido en el artículo 5, de acuerdo con el procedimiento de inscripción regulado en real decreto. Los datos obligatorios a cumplimentar serán los establecidos en el anexo II"*. Este precepto emite pronunciamientos obvios e innecesarios en su mayor parte. En primer término, porque es evidente que los sujetos a quienes corresponde promover la inscripción de los contratos alimentarios son los obligados o, al menos, legitimados para ello; aspecto al que ya da contestación el art. 4 RRCA, a cuyo examen hemos procedido. Y lo mismo ocurre con el objeto de la inscripción (contratos, anexos y sus modificaciones), donde el art. 5 RRCA da respuesta.

Lo poco que aporta el resto del art. 12 RRCA es de sentido común y básico. En primer término, el último inciso del apartado primero alude a los datos obligatorios a cumplimentar para la inscripción, para lo que nos remite al anexo II de la ley. Y dicho anexo menciona simplemente la identificación de los sujetos que son partes en el contrato inscrito: *"Datos del sujeto obligado: NIF/DNI/NIE. Datos del productor primario/ agrupación de productores primarios con quien se suscribe el contrato: NIF/DNI/NIE"*. De lo que se desprende una conclusión adicional: el legislador agiliza contenido y trámites al objeto de que los sujetos obligados puedan dar cumplimiento a su deber de inscripción de manera rápida y efectiva, que es, a fin de cuentas, lo que busca la norma.

En segundo lugar, los apartados 2-4 del art. 12 RRCA no ofrecen tampoco un contenido excesivamente útil. Por un lado, reflejan el carácter individual de la inscripción, pues por cada contrato alimentario el obligado deberá completar una inscripción autónoma (art. 12.2 RRCA). Por otra parte, el resto de apartados se limitan a indicar que el trámite de inscripción sólo puede ser completado por el propio obligado o por la persona designada como autorizado (art. 12.3 y 4 RRCA).

En último término, la inscripción de los contratos alimentarios deberá realizarse por medio de la aplicación electrónica, que lleva por nombre el homónimo al del registro y viene regulada en el art. 9 RRCA, a cuya lectura nos remitimos.

Esquemas contractuales de tipo estimatorio en la distribución agroalimentaria y su encaje en la ley de cadena alimentaria

MARCOS CRUZ GONZÁLEZ
Doctor en Derecho. Profesor sustituto
Universidad de Salamanca
macrugo@usal.es

SUMARIO: I. CONTRATO ESTIMATORIO EN LA DISTRIBUCIÓN DE ALIMENTOS; II. CARACTERIZACIÓN SOMERA DEL CONTRATO ESTIMATORIO; 1. Perfil evolutivo del contrato estimatorio; 2. El contrato estimatorio en la actualidad; 3. Elementos esenciales y naturaleza del contrato: ¿Verdadero contrato con entidad propia o cláusula contractual encaminada a modular el contenido obligacional de otros contratos?; 4. La naturaleza de la facultad solutoria del *tradens*; III. COMPATIBILIDAD DEL CONTRATO ESTIMATORIO CON LA NUEVA LEY DE CADENA ALIMENTARIA; 1. El contrato estimatorio como contrato (no) alimentario; 2. Compatibilidad general o en abstracto de la fórmula estimatoria a la luz de la Ley de Cadena Alimentaria. (Especial referencia al art. 14 bis, apartado 1, literal e y art. 14 bis, apartado 2 literal f); 3. Compatibilidad de la fórmula estimatoria como mecanismo de desplazamiento del riesgo empresarial (Art. 12 ter apartado 5 LCA); IV. CONCLUSIONES SOBRE LA ADMISIBILIDAD DEL SISTEMA ESTIMATORIO EN LA LEY DE CADENA ALIMENTARIA.

BIBLIOGRAFÍA: ALEMÁN MONTERREAL A., *El contrato estimatorio. Desde el Derecho Romano a su regulación actual*, Dykinson, Madrid, 2002; BADENES GASSET R., *El contrato de Compraventa*, Vol. 1, Bosch, Barcelona, 1995; BERCÓVITZ ÁLVAREZ R., "El contrato estimatorio" en CARRASCO PERERA A., *Tratado de Compraventa. Homenaje al profesor Rodrigo Bercovitz*, Vol. 1, Thomson Reuters Aranzadi, Navarra, 2013, pp. 151-163; BROSETA PONT M. y MARTÍNEZ SANZ F., *Manual de Derecho Mercantil*, Vol. II, Vigésimo novena edición, Tecnos,

Madrid, 2022; CAFAGI F. y IAMICELLI P., *Unfair Trading Practices in Food Supply Chains. Regulatory Responses and Institutional Alternatives in the Light of New EU Directive*, JRC- UE, 2018; CARBAJO CASCÓN F., "«Prácticas Grises» en la cadena agroalimentaria: el art. 3.2 de la Directiva (UE) 2019/633 y el nuevo artículo 14 bis. 2 (a,e,f) de la Ley 12/2013, de 2 de agosto, de medidas para mejorar el funcionamiento de la cadena agroalimentaria", en CARBAJO CASCÓN F., *Competencia, Propiedad Intelectual y Tutela de los Consumidores en el Sector Agroalimentario*, Tirant-lo-Blanch, Valencia, 2022, pp. 1351-1382; CARBAJO CASCÓN F., "Las exenciones agrícolas en el difícil equilibrio entre la política agraria común y Derecho de la Competencia en la Unión Europea", *Actas de Derecho Industrial*, Tomo XL, 2019-2020, pp. 31-54; CASADO NAVARRO A., "Conexiones axiológicas, funcionales y normativas entre el derecho de los contratos y la normativa represora de la competencia desleal en las relaciones de consumo", en MIRANDA SERRANO L.Mª. y PAGADOR LÓPEZ J., *Desafíos del Regulador Mercantil en Materia de contratación y Competencia Empresarial*, Marcial Pons, Madrid, 2021, pp. 427-442; CASTRESANA HERRERO, A., *Derecho Romano. El arte de lo bueno y de lo justo*, Tecnos, Madrid, 2013; CASTRESANA HERRERO, A., "Anotaciones críticas al contrato estimatorio: la historia silenciada de un pacto de garantía", en HERRERO GARCÍA M.ª J., *La contratación en el sector de la distribución Comercial*, Thomson Reuters Aranzadi, Navarra, 2010; COSTAS COMESAÑA J., "La aplicación del Derecho de la competencia en los mercados agroalimentarios", CACHAFEIRO GARCÍA F., GARCÍA PÉREZ R. y LÓPEZ SUÁREZ M.A. (coords), *Derecho de la Competencia y Gran* Distribución, Aranzadi, Navarra, 2016, pp. 193- 230; DIEZ PICAZO L. y GULLÓN A., *Sistema de Derecho Civil*, Vol. II, Madrid, 1980; DOMÍNGUEZ PÉREZ E. Mª., "Prácticas grises en la cadena agroalimentaria: el artículo 3.2 de la directiva (UE) 2019/633 y el nuevo artículo 14.bis.2 (b, c y d) de la Ley 12/2013, tras la reforma operada por la Ley 16/2021, de 14 de diciembre" en CARBAJO CASCÓN F., *Competencia, Propiedad Intelectual y Tutela de los Consumidores en el Sector Agroalimentario*, Tirant-lo-Blanch, Valencia, 2022, pp. 1315-1350; DOMÍNGUEZ PÉREZ, E. Mª., "Contrato estimatorio. Calificación jurídica del contrato: contrato estimatorio o contrato de compraventa. Consecuencias: pago del precio o rendición de cuentas. (Sentencia de la Audiencia Provincial de Murcia de 4 de octubre de 2000)", *Revista Crítica de Derecho Inmobiliario*, Vol. 81, núm. 690, 2005, pp. 1478-1486; ESTEVAN DE QUESADA C., "La explotación de la dependencia económica debida al poder relativo de la demanda en la cadena alimentaria", en GONZÁLEZ CASTILLA F. y RUIZ PERIS J.I., *Estudios sobre el régimen jurídico de la cadena de distribución agroalimentaria*, Marcial Pons, Madrid, 2016, pp. 114- 139; FALKOWSKI J., "The economic aspects of unfair trading practices: measurement and indicators", en AA.VV., *Unfair Trading Practices in the Food Supply Chain. A Literature Review on Methodologies, Impacts and Regulatory Aspects*, Oficina de Publicaciones de la UE, Luxemburgo, 2017, pp. 20-38; FERNÁNDEZ CARBALLO-CALERO P.I., "La lista negra de prácticas comerciales desleales en la cadena de suministro agrícola y alimentario en la directiva (UE) 2019/633 y su incorporación al ordenamiento jurídico español", en CARBAJO CASCÓN F., *Competencia, Propiedad Intelectual y Tutela de los Consumidores en el Sector Agroalimentario*, Tirant-lo-Blanch, Valencia, 2022, pp. 1247-1271; GARCÍA MAGARZO I. y MEDINA MARTÍN F., "La visión de la distribución alimentaria. Una cadena agroalimentaria de valor compartido", *Revista Mediterráneo Económico*, N.º 28, 2015, pp. 137-155; GARRIGUES J., *Curso de Derecho Mercantil*, Tomo II, Madrid, 1983; GONZÁLEZ CASTILLA, F., "El contrato estimatorio", en RUIZ PERIS J.I. y MARTÍ MIRAVALLS J., *Contratos de distribución. Agencia, distribución, concesión, franquicia, suministro y estimatorio*, Atelier, Barcelona, 2018, pp. 289-334; GONZÁLEZ-ORÚS CHARRO M., "Contratos de suministro y aprovisionamiento entre el productor primario y el distribuidor de productos agroalimentarios" en CARBAJO CASCÓN F., *Competencia, Propiedad Intelectual y Tutela de los Consumidores en el Sector Agroalimentario*, Tirant-lo-Blanch, Valencia, 2022, pp. 755-788; HERNÁNDEZ RODRÍGUEZ F., "La aplicación del Derecho de la competencia al sector agroalimentario ante los retos del nuevo modelo de distribución" CACHAFEIRO GARCÍA F., GARCÍA PÉREZ F., y LÓPEZ SUÁREZ M.A., *Derecho de la Competencia y Gran Distribución*, Aranzadi, Navarra, 2016, pp. 231-247; JARNE MUÑOZ P., "¿Hacia un suministro en régimen estimatorio en los contratos de distribución integrada?", *Revista de Derecho de la Competencia y la Distribución*, N.º 17, 2015, formato digitalizado, pp. 1-12; LANGLE Y RUBIO E., *El contrato de Compraventa Mercantil*, Bosch, Barcelona 1958; LANGREO NAVARRO A., "Nuevas formas de distribución de alimentos", *Revista Mediterráneo Económico*, N.º 2, 2002, pp. 103-123; LÁZARO SÁNCHEZ E., *Contrato Estimatorio (Depósito en comisión de venta, venta condicional...)*, Tecnos, Madrid, 1997; LOUREDO CASADO S., "La lista negra de prácticas desleales en el sector agroalimentario de la directiva 2019/633 en CARBAJO CASCÓN F., *Competencia, Propiedad Intelectual y Tutela de los Consumidores en el Sector Agroalimentario*, Tirant-lo-Blanch, Valencia, 2022, pp. 1273-1313; MARTÍ MIRAVALLS. J., "La Cadena de Valor en la Regulación del Mercado Agroalimentario: de la Cláusula de Reparto Valor a la Prohibición de su Destrucción", en CARBAJO CASCÓN F., *Competencia, Propiedad Intelectual y Tutela de los Consumidores en el Sector Agroalimentario*, Tirant-lo-Blanch, Valencia, 2022, pp. 1041-1062; MARTÍN ARESTI P., "Los Excesos Regulatorios de la Reforma de la Ley 12/2013 sobre el Funcionamiento de la Cadena Alimentaria", *Actas de Derecho Industrial*, Tomo XLII, 2022, pp. 149-174; MARTÍNEZ-PEREDA RODRÍGUEZ J.M., "Las Obligaciones facultativas en el Derecho Español", *Anuario de Derecho Civil*, Vol. 25, N.º 2, pp. 475-538; MORALEJO MENÉNDEZ I., "El Contrato Estimatorio", en BERCOVITZ RODRIGUEZ-CANO A., *Contratos Mercantiles*, Vol. 1, Tomo I, 2007, pp. 417-432; MUÑOZ PLANAS J.M., "El Contrato Estimatorio", *Revista de Derecho Privado*, 1963, Madrid; MURILLO VILLAR H., "El contrato estimatorio y su proyectada codificación", *Revista Crítica de Derecho Inmobiliario*, N.º 784, pp. 779-815; OLMEDO PERALTA E., "Poder de mercado, poder de negociación y abusos explotativos en la cadena alimentaria", en CARBAJO CASCÓN F., *Competencia, Propiedad Intelectual y Tutela de Consumidores en el Sector Agroalimentario*, Tirant-lo-Blanch, Valencia, 2022, pp. 1137-1180; OLMEDO PERALTA E., "Explotación de la situación de dependencia económica en la cadena alimentaria", en CARBAJO CASCÓN F., *Competencia, Propiedad Intelectual y Tutela de Consumidores en el Sector Agroalimentario*, Tirant-lo-Blanch, Valencia, 2022, pp. 1181-1214; ORTEGA MEDIERO F., "Retos y oportunidades de la agroalimentación en 2023", *Perspectivas del Gran Consumo 2023*, N.º 1, 2022, pp. 41- 44; PALMA FERNÁNDEZ J.L., "La noción de cadena alimentaria como concepto jurídico integrador de la actividad agroalimentaria", *Diario LaLey*, N.º 8548, 2015; PETIT LAVALL M.ª V., "Una aproximación al régimen jurídico de las centrales de compra", *Revista de Derecho de la Competencia y la Distribución*, N. 124, 2019, 39 pp; RODRÍGUEZ MARTÍNEZ Mª E., El contrato estimatorio y la transmisión de la propiedad, Thomson Civitas, Navarra, 2008; RUIZ PERIS J.I., "Asimetría y abuso en la cadena de Distribución" en MIRANDA SERRANO L. Mª y PAGADOR LÓPEZ J., *Retos y Tendencias del Derecho de la Contratación Mercantil*, Marcial Pons, Madrid, 2017, pp. 233-244; SÁNCHEZ CALERO F. y SÁNCHEZ-CALERO GUILARTE J., *Instituciones de Derecho Mercantil*, Vol. II, 37ª Edición, Aranzadi, Navarra, 2015; SEGRELLES SERRANO J.A., "La distribución agroalimentaria y su influencia en la pobreza campesina", *Scripta Nova. Revista electrónica de geografía y ciencias sociales*, Vol. XIV, N.º 325, 26 pp; SEXTON R., "Unfair trading practices in the food supply chain: defining the problem and the policy issues" en AA.VV., *Unfair Trading Practices in the Food Supply Chain. A Literature Review on Methodologies, Impacts and Regulatory Aspects*, Oficina de Publicaciones de la UE, Luxemburgo, 2017, pp. 6-19; VICIANO PASTOR J., "Algunas reflexiones críticas sobre la ley de cadena alimentaria", en GONZÁLEZ CASTILLA F. y RUIZ PERIS J.I., *Estudios sobre el régimen jurídico de la cadena de distribución agroalimentaria*, Marcial Pons, Madrid, 2016, pp. 171-182; ZABALETA DÍAZ M., "El abuso de una situación de dependencia económica ¿Ilícito Antitrust o ilícito desleal?, *Actas de Derecho Industrial*, Tomo XXVI, 2005-2006, pp. 339-380; ZIHUI W. y DONGYAN C., "New Optimal-Control-Based advertising strategies and coordination of a supply chain with differentiated products under consignment contract" *IEEE Access*, vol. 7, pp. 170703-170714, 2019.

I. CONTRATO ESTIMATORIO EN LA DISTRIBUCIÓN DE ALIMENTOS

Las prácticas contractuales y comerciales en la cadena alimentaria han recibido una especial atención por parte del legislador europeo. Así, el proceso en cascada iniciado con la Directiva (UE) 2019/633, sobre prácticas comerciales Desleales en la cadena agroalimentaria, fue incorporado en España mediante la reforma introducida en la Ley 12/2013, de 2 de agosto, de medidas para mejorar el funcionamiento de la cadena alimentaria (en adelante Ley de Cadena Alimentaria o LCA), por la Ley 16/2021, de 14 de diciembre, de modificación de la Ley 12/2013[1/2].

1 Una valoración crítica sobre la transposición puede encontrarse en MARTÍN ARESTI P., "Los excesos regulatorios de la reforma de la ley 12/2013, sobre el funcionamiento de la cadena alimentaria", *Actas de Derecho Industrial*, Tomo XLII,2022, pp. 149-174; también FERNÁNDEZ CARBALLO-CALERO P., "La lista negra de prácticas comerciales desleales en la cadena de suministro agrícola y alimentario en la directiva (UE) 2019/633 y su incorporación al ordenamiento jurídico español", en CARBAJO CASCÓN F., *Competencia, Propiedad Intelectual y Tutela de los Consumidores en el Sector Agroalimentario*, Tirant-lo-Blanch, Valencia, 2022, pp. 1247-1271, pp. 1268 y 1269, indica que a la hora de fijar el ámbito de aplicación la LCA reformada ignora por completo el cuidado sistema de umbrales fijado por la directiva y en los cuales se expresaba de modo objetivo la situación de dependencia económica.

2 De acuerdo con HERNÁNDEZ RODRÍGUEZ F., "La aplicación del Derecho de la competencia al sector agroalimentario ante los retos del

La perspectiva estructural introducida por dicha norma sobre los mercados de alimentos, a través de la noción de cadena alimentaria, es clave para entender la operatividad de la distribución de productos agroalimentarios[3]; tomando como punto de arranque el foco en el consumidor[4], se organiza una compleja cadena logística garante del abastecimiento de alimentos en condiciones de aptitud para el consumo humano. La estructura de la cadena de distribución exhibe, sin embargo, una acusada tendencia al desequilibrio, inducida por la propia idiosincrasia de los mercados que integra[5], de modo que puede apreciarse una excesiva dependencia de los operadores "aguas arriba" – productores – respecto de aquellos eslabones

---

nuevo modelo de distribución" CACHAFEIRO GARCÍA F., GARCÍA PÉREZ F., y LÓPEZ SUÁREZ M.A., *Derecho de la Competencia y Gran Distribución*, Aranzadi, Navarra, 2016, pp. 231-247, p. 235, la estructura de la norma sería esencialmente tripartita, contando con un primer bloque relativo a los contratos alimentarios, un segundo bloque relativo a las prácticas comerciales abusivas y un tercer componente conectado con las buenas prácticas en la contratación. Del mismo modo, la normativa estaría marcada por una idea de desconfianza hacia el mercado para autorregularse (cfr. p. 244).

3 PALMA FERNÁNDEZ J.L., "La noción de cadena alimentaria como concepto jurídico integrador de la actividad agroalimentaria", *Diario LaLey*, N.° 8548, 2015, pp.1 y 2 (consultada versión online).

4 GARCÍA MAGARZO I. y MEDINA MARTÍN F., "La visión de la distribución alimentaria. Una cadena agroalimentaria de valor compartido", *Revista Mediterráneo Económico*, N.° 28, 2015, pp. 137-155, p. 139.

5 MARTÍN ARESTI P., "Los Excesos Regulatorios de la Reforma de la Ley 12/2013 sobre el Funcionamiento de la Cadena Alimentaria", *Actas de Derecho Industrial*, cit., p. 152.

que controlan la distribución[6] y operan como cuellos de botella, consiguiendo que el proceso de fijación de precios se invierta y se haga partiendo del precio final, ajustando hacia arriba el precio en origen[7].

Los desequilibrios en la cadena arrancan esencialmente de un proceso de concentración del eslabón de la distribución minorista[8], a través de las grandes superficies comerciales, cuya importancia en el abastecimiento urbano les ha permitido impactar sobre el entero sector agroalimentario[9]. Un poder que no ha hecho sino crecer en los últimos años a través de

---

6 OLMEDO PERALTA E., "Explotación de la situación de dependencia económica en la cadena alimentaria", en CARBAJO CASCÓN F. y JIMÉNEZ SERRANÍA V., *Competencia, Propiedad Intelectual y Tutela de los Consumidores en el Sector Agroalimentario,* Tirant-lo-Blanch, Valencia, 2022, pp. 1183-1214, p. 1183.

7 MARTÍ MIRAVALLS J., "La Cadena de Valor en la Regulación del Mercado Agroalimentario: de la Cláusula de Reparto Valor a la Prohibición de su Destrucción", en CARBAJO CASCÓN F., *Competencia, Propiedad Intelectual y Tutela de los Consumidores en el Sector Agroalimentario,* Tirant-lo-Blanch, Valencia, 2022, pp. 1041-1062, p. 1059; en la misma línea HERNÁNDEZ RODRÍGUEZ F., "La aplicación del Derecho de la competencia al sector agroalimentario ante los retos del nuevo modelo de distribución" CACHAFEIRO GARCÍA, GARCÍA PÉREZ y LÓPEZ SUÁREZ., *Derecho de la Competencia y Gran Distribución,* cit., pág. 237.

8 COSTAS COMESAÑA J., "La aplicación del Derecho de la competencia en los mercados agroalimentarios", CACHAFEIRO GARCÍA F., GARCÍA PÉREZ R. y LÓPEZ SUÁREZ M.A. (coords*), Derecho de la Competencia y Gran Distribución,* Aranzadi, Navarra 2016, pp. 193- 230, p. 198; también SEGRELLES SERRANO J.A., "La distribución agroalimentaria y su influencia en la pobreza campesina", *Scripta Nova. Revista electrónica de geografía y ciencias sociales,* Vol. XIV, N.° 325, 26 pp., p. 6,

9 LANGREO NAVARRO A., "Nuevas formas de distribución de alimentos", *Revista Mediterráneo Económico,* N.° 2, 2002, pp. 103-123, p. 104.

las figuras de las centrales de compra[10], nacidas inicialmente para agrupar los pequeños operadores y equilibrar su poder de compra ante las grandes superficies comerciales[11], estas estructuras habrían sido empleadas posteriormente por las propias grandes superficies como medio para reforzar su posición[12].

De contrario, el nivel de la producción se encuentra fuertemente atomizado[13], con un elevado número de productores de pequeño tamaño, incapaces de negociar individualmente las condiciones de los contratos de venta y suministro alimentarios y a los que las asociaciones de productores no consiguen aglutinar de forma efectiva y beneficiarse con ello de la capacidad para acordar precios de cara a la negociación con operadores más fuertes[14].

---

10 Para una aproximación jurídica a las mismas vid. PETIT LAVALL M.ª V., "Una aproximación al régimen jurídico de las centrales de compra", *Revista de Derecho de la Competencia y la Distribución*, N.1 24, 2019, 39 pp.

11 ROMERO J. y CRUZ ROCHE I., "Las Centrales de Compra en España y su impacto en la competencia en los mercados regionales", *Distribución y Consumo*, Vol. 3, 2021, pp. 27-35, p. 29

12 La creación de una central de compra entre Día y Eroski habría llevado a la CNMC a incoar un expediente sancionador S/DC/0570/15, Aprovisionamiento Día/Eroski, que finalmente sería archivado.

13 CARBAJO CASCÓN F., "Conductas colusorias y exenciones agrícolas", CARBAJO CASCÓN F., *Competencia , Propiedad Intelectual y Tutela de Consumidores en el Sector Agroalimentario*, Tirant-lo-Blanch, 2022, pp. 927-961,p. 930; también COSTAS COMESAÑA J., "La aplicación del Derecho de la competencia en los mercados agroalimentarios", CACHAFEIRO, GARCÍA y LÓPEZ, *Derecho de la Competencia y Gran Distribución*, cit., p.197.

14 Cfr. CARBAJO CASCÓN F., "Las exenciones agrícolas en el difícil equilibrio, *Actas de Derecho Industrial*, Tomo XL, 2020, págs. 31-54, pág. 45, limitado eso sí a las Organizaciones de Productores y Asociaciones de Organizadores de Productores reconocidas.

Estos desequilibrios negociales desencadenan una serie de distorsiones funcionales derivadas de la existencia de poder de mercado relativo[15], generador de conductas desleales[16] de abuso del poder negocial, cuya intensidad se refuerza a medida que se propagan por la cadena[17] – llegando a los extremos con una intensidad reforzada[18] – y que han sido atajadas habitualmente a través de ilícito de abuso de dependencia económica[19]. Esta figura ha tenido un desarrollo normativo complicado, a caballo entre la Ley de Competencia Desleal (art. 16.2

---

15 ESTEVAN DE QUESADA C., "La explotación de la dependencia económica debida al poder relativo de la demanda en la cadena alimentaria", en GONZÁLEZ CASTILLA F. y RUIZ PERIS J.I., *Estudios sobre el régimen jurídico de la cadena de distribución agroalimentaria,* Marcial Pons, Madrid, 2016, pp. 114- 139, p. 118.

16 OLMEDO PERALTA E., "Explotación de la situación de dependencia económica en la cadena alimentaria", cit., p. 1184.

17 HERNÁNDEZ RODRÍGUEZ F., "La aplicación del Derecho de la competencia al sector agroalimentario ante los retos del nuevo modelo de distribución" CACHAFEIRO GARCÍA, GARCÍA PÉREZ y LÓPEZ SUÁREZ., *Derecho de la Competencia y Gran Distribución,* cit., pág. 236.

18 CAFAGI F. y IAMICELLI P., *Unfair Trading Practices in Food Supply Chains. Regulatory Responses and Institutional Alternatives in the Light of New EU Directive,* JRC- UE, p. 2.

19 ESTEVAN DE QUESADA C., "La explotación de la dependencia económica debida al poder relativo de la demanda en la cadena alimentaria", en GONZÁLEZ CASTILLA F. y RUIZ PERIS J.I., *Estudios sobre el régimen jurídico de la cadena de distribución agroalimentaria,* cit., p. 115.

LCD) y la Ley de Defensa de la Competencia[20], sin que acabe de encontrar acomodo en ninguna de las dos[21].

El "cortoplacismo y la rapacidad"[22] de los grandes operadores minoristas les conduce, en fin, a imponer condiciones contractuales abusivas a la parte débil, contrarias probablemente no sólo a la lealtad sino a la propia competencia en el mercado[23/24].

---

20 Y es que estando vigente la anterior ley de Defensa de la Competencia (Ley 16/1989), se modificó su artículo 6 por medio de la Ley 52/1999 de 28 de diciembre, para introducir un apartado 1, literal b) que proscribía la explotación abusiva de la situación de dependencia económica de clientes o proveedores, generando un problema de doble tipificación, al estar el abuso tipificado específicamente en dicho art. 6.1.b LDC y art. 16.2 LCD, con la problematicidad adicional de que el ilícito desleal podía ser tratado como un ilícito antitrust por mediación del art. 7 LDC. Hoy en día, con la Ley 15/2007 estos problemas han desaparecido, de modo que únicamente se plantea un problema de grado, en el sentido de determinar si la conducta es únicamente desleal o, a mayores, genera un efecto restrictivo de la competencia.

21 ZABALETA DÍAZ M., "El abuso de una situación de dependencia económica ¿Ilícito Antitrust o ilícito desleal?, *ADI*, Tomo 26, 2005-2006, pp. 339-380, p. 341.

22 RUIZ PERIS J.I., "Asimetría y abuso en la cadena de Distribución" en MIRANDA SERRANO L. Mª y PAGADOR LÓPEZ J., *Retos y Tendencias del Derecho de la Contratación Mercantil*, Marcial Pons, Madrid, 2017, pp. 233-244, p. 234.

23 MARTÍN ARESTI P., "Los Excesos Regulatorios de la Reforma de la Ley 12/2013 sobre el Funcionamiento de la Cadena Alimentaria", *Actas de Derecho Industrial*, cit., p. 153; también COSTAS COMESAÑA J., "La aplicación del Derecho de la competencia en los mercados agroalimentarios", CACHAFEIRO, GARCÍA y LÓPEZ, *Derecho de la Competencia y Gran Distribución*, cit., pp. 202 y 218.

24 Y es que, medir el efecto económico de las prácticas desleales resulta extremedamente dificil, cfr. SEXTOR R., "Unfair trading

La generalización de este tipo de conductas y cláusulas abusivas puede conducir a disfunciones graves en la cadena[25], siendo un germen potencial de un eventual fallo de mercado[26], que demande la intervención normativa para su correcta solución.

Pues bien, con la atención puesta en la deslealtad por abusivas de determinadas cláusulas contractuales, se ha identificado en el art. 14 bis, apartado 2, letra f de la LCA una cláusula que parece íntimamente relacionada con la fórmula estimatoria[27] y que prohíbe "*la devolución de productos agrícolas y alimentarios*

---

practices in the food supply chain: defining the problem and the policy issues" y FALKOWSKI J., "The economic aspects of unfair trading practices: measurement and indicators", ambos en AA.VV., *Unfair Trading Practices in the Food Supply Chain. A Literature Review on Methodologies, Impacts and Regulatory Aspects,* Oficina de Publicaciones de la UE, Luxemburgo, 2017, pp. 6-19 y 20-38, respectivamente.

25 OLMEDO PERALTA E., "Explotación de la situación de dependencia económica en la cadena alimentaria", cit., p. 1193.

26 VICIANO PASTOR J., "Algunas reflexiones críticas sobre la ley de cadena alimentaria", en GONZÁLEZ CASTILLA F. y RUIZ PERIS J.I., *Estudios sobre el régimen jurídico de la cadena de distribución agroalimentaria,* Marcial Pons, Madrid, 2016, pp. 171-182, p. 175; parcialmente en contra, COSTAS COMESAÑA J., "La aplicación del Derecho de la competencia en los mercados agroalimentarios", CACHAFEIRO, GARCÍA y LÓPEZ, *Derecho de la Competencia y Gran Distribución,* cit., p. 221, no considera que las disfunciones de la cadena sean encuadrables como fallo de mercado, si bien no se opone a la intervención correctora de las disfuncionalidades.

27 CARBAJO CASCÓN F., "«Prácticas Grises» en la cadena agroalimentaria: el art. 3.2 de la Directiva (UE) 2019/633 y el nuevo artículo 14 bis. 2 (a,e,f) de la Ley 12/2013, de 2 de agosto, de medidas para mejorar el funcionamiento de la cadena agroalimentaria", en CARBAJO CASCÓN F., *Competencia, Propiedad Intelectual y Tutela de los Consumidores en el Sector Agroalimentario,* Tirant-lo-Blanch, Valencia, 2022, pp. 1351-1382, p. 1372.

no vendidos, sin pagar por ellos, o por su eliminación, o por ambas cosas". Toda vez que el contenido prohibitivo parece incidir de lleno sobre esta tipología de contrato, caracterizado por la facultad de devolver el "*stock*" invendido a la contraparte[28] surgen dudas de la compatibilidad de esta fórmula contractual con la nueva LCA.

Lo cierto es que, para quien se encuentre relativamente familiarizado con la práctica y gestión de inventarios en las grandes superficies comerciales, la devolución de artículos cuya colocación no ha sido posible una vez expirado el plazo para su consumo es una actividad absolutamente rutinaria[29]. La cuestión, por consiguiente, será determinar si dicha facultad de devolver el invendido constituye verdaderamente la esencia de un contrato estimatorio (Ep. II) y, por tanto, verificar si la vigencia del mismo se puede haber visto derogada por la nueva Ley de Cadena Alimentaria (Ep. III).

---

28 RODRÍGUEZ MARTÍNEZ Mª E., *El contrato estimatorio y la transmisión de la propiedad,* Thomson Civitas, Navarra, 2008, p. 75.

29 En este sentido vid. SAP Zaragoza de 2 de febrero de 1994, donde ya nos encontramos con el uso de la estructura contractual comentada en el sector de la alimentación.

II. CARACTERIZACIÓN SOMERA DEL CONTRATO ESTIMATORIO

1. Perfil evolutivo del contrato estimatorio

La caracterización actual del contrato estimatorio como "*sui generis*" y atípico[30], a cuyo remedio se dispuso – sin éxito – el Anteproyecto de Código Mercantil[31], es imputable a la propia naturaleza y caracterización de la figura en su origen romano[32], contrato innominado clásico reconocido mediante

---

30 Vid. BERCÓVITZ ÁLVAREZ R., "El contrato estimatorio" en CARRASCO PERERA Á., *Tratado de Compraventa. Homenaje al profesor Rodrigo Bercovitz*, Vol. 1, Thomson Reuters Aranzadi, Navarra, 2013, pp. 151-163, p. 152; MURILLO VILLAR H., "El contrato estimatorio y su proyectada codificación", *Revista Crítica de Derecho Inmobiliario*, N.º 784, pp. 779-815, p. 788; o incluso BROSETA PONT M. y MARTÍNEZ SANZ F., *Manual de Derecho Mercantil*, Vol. II, Vigésimo novena edición, Tecnos, Madrid, 2022, p. 107, coinciden en darle este mismo perfil.

31 Propuesta de la sección segunda, de Derecho Mercantil, del Anteproyecto de Ley de Código Mercantil tras el Dictamen del Consejo de Estado", presentado en marzo de 2018 y rescatado de la web del Ministerio de Justicia: https://www.mjusticia.gob.es/es/AreaTematica/ActividadLegislativa/Documents/1292430803661-Propuesta de la Seccion Segunda de Derecho Mercantil del Anteproyecto de Ley de Codigo Mercantil .PDF [Consulta: 13/02/2024], que contaba con un Capítulo III, intitulado "Del Contrato Estimatorio", incluido dentro del Título IV, "Sobre los contratos de Colaboración", integrado en el Libro Quinto, dedicado a los "Contratos Mercantiles en Particular".

32 Que como expone ALEMÁN MONTERREAL A., *El contrato estimatorio. Desde el Derecho Romano a su regulación actual*, Dykinson, Madrid, 2002, p. 10, la *sedes materiae* de la figura en cuestión debe buscarse en el Título III, del Libro XIX de los *Digesta*, intitulado "*de aestimatio*", si bien, como la misma autora posteriormente ex-

el Edicto del Pretor[33], ejercitable a través de la fórmula judicial de *actio praescriptis verbis*[34], y que habría llegado a nuestros días solamente en forma de una visión parcial e interpolada a través de ciertos fragmentos atribuidos a ULPIANO en el Digesto[35]. De este modo, los romanistas discuten las notas esenciales de la *aestimatio* original[36], si bien hay cierto consenso en torno a dos elementos: por un lado, la entrega de la cosa a precio estimado o fijado de antemano; por el otro, la opción del denominado *accipiens* de cumplir el contrato entregando el precio estimado o devolver las mercancías tal y como fueron entregadas.

La figura sobrevive a la transición al Derecho Medieval[37] y llega hasta nuestros días, si bien su constante evolución ha marcado la existencia de una pluralidad de opiniones y posibilidades interpretativas.

---

pone, su origen ha de retrotraerse al periodo clásico y, por tanto, anterior a la codificación del Digesto.

33 Corpus de tutela electiva elaborador por cada *Paretor* donde el mismo "*dare actio*" sobre la base de la equidad en casos que escapaban al Derecho Romano vigente, cfr. CASTRESANA HERRERO A., *Derecho Romano. El arte de lo bueno y de lo justo, Tecnos*, Madrid, 2013, págs. 62 a 65.

34 MURILLO VILLAR H., "El contrato estimatorio y su proyectada codificación", *Revista Crítica de Derecho Inmobiliario*, cit., p. 782; ALEMÁN MONTERREAL A., *El contrato estimatorio. Desde el Derecho romano hasta su regulación actual*, cit., pp. 19 y 20 y, con mayor amplitud, pp. 81-95, indica que este tratamiento procesal es objeto de interesantes debates en la doctrina especializada.

35 Cfr. D.17,2,44 (Ulp. 31 ad ed.); D.19,3,1 pr.-1 (Ulp. 32 ad ed.); D.19,5,13 pr. (Ulp. 30 ad Sab.); y D.19,5,17,1 (Ulp. 28 ad ed.).

36 Compárese , ALEMÁN MONTERREAL A., *El contrato estimatorio. Desde el Derecho romano hasta su regulación actual*, cit., p. 23, con RODRÍGUEZ MARTÍNEZ Mª E., *El contrato estimatorio y la transmisión de la propiedad*, Thomson Civitas, Navarra, 2008, p. 10.

37 De este modo, no solo podemos hablar de contrato estimatorio, sino también de *Trödelvertrag* en Alemania, *contratto estimatorio* en Italia e incluso en el *common law* existiría una figura similar: el *consignment*

2. El contrato estimatorio en la actualidad

Desde un prisma contemporáneo se impone indicar que la atipicidad jurídica de la figura no ha causado en absoluto una atipicidad social[38], siendo un contrato de uso muy habitual, aunque tradicionalmente limitado a sectores concretos, tales como la distribución de publicaciones periódicas y libros[39], ciertos ámbitos del sector de la moda[40] o respecto de bienes de importante valor y poco mercado[41].

Su falta de tipicidad genera en la figura unos contornos muy difusos, siendo habitual una variabilidad importante del *nomen iuris* con el que aparece en la práctica; se habla así de depósito

---

*contract.*Fue la Pandectística alemana quien desarrolló una mayor labor de recuperación y afianzamiento de la figura.

38 MORALEJO MENÉNDEZ I., "El Contrato Estimatorio", en BERCOVITZ RODRIGUEZ-CANO A., *Contratos Mercantiles*, Sexta edición, Vol. 1, Tomo I, 2016, pp. 557-572, p. 559; también DOMÍNGUEZ PÉREZ, E. Mª., "Contrato estimatorio. Calificación jurídica del contrato: contrato estimatorio o contrato de compraventa. Consecuencias: pago del precio o rendición de cuentas. (Sentencia de la Audiencia Provincial de Murcia de 4 de octubre de 2000)", *Revista Crítica de Derecho Inmobiliario*, año 2005, Vol. 81, núm. 690, pp. 1478-1486, p. 1480; en este mismo sentido RODRÍGUEZ MARTÍNEZ Mª E., *El contrato estimatorio y la transmisión de la propiedad*, cit. p. 9.

39 Cfr. Apartado VI-78 de la EM del Anteproyecto de Ley de Código Mercantil, de marzo de 2018.

40 Cfr. Precisamente la SAP de Murcia de 4 de octubre de 2000, comentada *supra* en esta misma página por DOMÍNGUEZ PÉREZ E.Mª.

41 RODRÍGUEZ MARTÍNEZ Mª E., *El contrato estimatorio y la transmisión de la propiedad*, cit. p. 10.

de venta, depósito-distribución-venta, etc.[42] Ello obliga a la reinterpretación judicial del contrato[43] en torno a las características típicas de la figura, a saber: la posibilidad de retrocesión de la mercancía no vendida transcurrido un plazo de colocación pactado (o, en algunos casos, implícito) o el pago – veremos si alternativo o sustitutivo – del precio estimado[44].

Aunque es cuestión muy debatida, otros elementos distintos a la retrocesión y/o pago de las mercancías se deben considerar accidentales dada la enorme variabilidad de la figura[45].

---

42 Cfr. STS 926/2004 de 30 de septiembre de 2004.

43 Siguiendo lo establecido en . SSTS 765/2010, de 20 de noviembre; 335/2013, de 7 de mayo; o, más recientemente, la 693/2019, de 18 de diciembre.

44 A estas dos características GONZÁLEZ CASTILLA, F., "El contrato estimatorio", en RUIZ PERIS, J.I. y MARTÍ MIRAVALLS, J., *Contratos de distribución. Agencia, distribución, concesión, franquicia, suministro y estimatorio*, Atelier, Barcelona, 2018, pp. 289-334, p. 290 añadiría una tercera: la preservación de la propiedad sobre las mercancías en el *tradens*, estando el *accipiens* únicamente facultado para su venta. Precisamente, la facultad de venta que adquiere el accipiens en el contrato hace que, en general, la figura no encaje adecuadamente dentro de los perfiles del depósito tal y como aparece configurado en los arts. 306 CCom y 1766. CC, al aparecer fijado claramente un deber de custodia y devolución que impediría la venta. En este sentido, el art. 1768 CC se muestra aún más restrictivo al imponer la transformación contractual de depósito a comodato cuando el depositario se reserve un derecho a usar o servirse la cosa dada en depósito. Si el simple uso autorizado ya supone una expulsión del contrato respecto del ámbito del depósito, a mayor razón habrá de quedar fuera de dicha figura el "depósito" para venta o distribución, aunque el contenido obligacional pueda coincidir en dicha parte en punto a la conservación de la cosa dada para su venta.

45 En contra RODRÍGUEZ MARTÍNEZ, Mª E., *El contrato estimatorio y la transmisión de la propiedad*, cit. pp. 74 y 75, considera el aplazamiento del pago como el elemento central; DOMÍNGUEZ PÉ-

De este modo, el momento de pago del precio, no debe ser tomado como elemento determinante de la naturaleza del contrato, pues la realidad práctica impone la realización de pagos provisionales como forma de compensar al *tradens* por el periodo de distribución o como mecanismo de financiación de la actividad productiva – especialmente cuando goza aquél de mayor poder negocial. Del mismo modo, es habitual que se impongan límites a la facultad del *accipiens* de devolver el invendido, cumpliendo la doble función de incentivar al consignatario a la venta del material entregado a cuenta y de equilibrar las posiciones de las partes en punto al riesgo inherente a la actividad de colocación.

Se aprecia en este sentido el tránsito desde una figura para la distribución como es la compraventa, marcada por la clásica configuración bilateral de contraposición de intereses *inter-partes*, a una fórmula cooperativa relativamente más próxima en su lógica a los contratos de distribución[46], con un alineamien-

---

REZ, E. Mª., "Contrato estimatorio. Calificación jurídica del contrato: contrato estimatorio o contrato de compraventa…", cit., p. 1482, pone el énfasis en la rendición de cuentas *ex post*; MUÑOZ PLANAS, J.M., *Contrato estimatorio*, cit., pp. 263-268, sostiene que lo relevante es el encargo que subyace a la finalidad de cuentas; para BADENES GASSET, R., *El contrato de Compraventa*, Vol. 1, Bosch, Barcelona, 1995, p. 105, el centro de gravedad estaría en una obligación de procurar la venta.

46 Faltaría, no obstante, la nota de la integración del *accipiens* en la red o estructura de distribución del *tradens*. Cfr. GONZÁLEZ CASTILLA, F., "El contrato estimatorio", en RUIZ PERIS, J.I. y MARTÍ MIRAVALLS, J., *Contratos de distribución...*, cit., p. 292 y pp. 304-305, lo que le otorgaría en opinión del autor el carácter de contrato de distribución no integrada o una suerte de *status* a medio camino entre los contratos de colaboración y los de distribución en sentido estricto.

to – si quiera parcial – de los intereses de las partes en punto a la venta de la mercancía entregada[47]. Desde un punto de vista práctico, sin embargo, la razón de ser y de la vigencia de esta fórmula contractual debe buscarse en el ahorro del coste del *stock* en el consignatario o *accipiens*, que aloja de esta manera el riesgo de invendido en el *tradens*[48], algo especialmente útil en productos de alta rotación[49] – como los agroalimentarios precisamente.

Siendo claro el interés del consignatario en emplear esta fórmula y no la simple compraventa, el sacrificio que asume el *tradens* o consignante con esta modalidad contractual se explicaría en dos posibles razones: la primera, sería su utilización como cláusula o parte de un contrato de distribución de cara a centralizar la gestión de *stocks*[50]; la segunda, se atribuye esta decisión perjudicial a una situación de debilidad negocial del *tradens*, que, bien coyunturalmente (caso de la

---

47 En este sentido RODRÍGUEZ MARTÍNEZ, Mª E., *El contrato estimatorio y la transmisión de la propiedad*, Thomson Civitas, Navarra, 2008, p. 10, considera que el propósito o finalidad de venta del contrato es un elemento integral del mismo.

48 GONZÁLEZ CASTILLA, F., "El contrato estimatorio", en J RUIZ PERIS, J.I. y MARTÍ MIRAVALLS, J., *Contratos de distribución. Agencia, distribución, concesión, franquicia, suministro y estimatorio.* Atelier, Barcelona, 2018, pp. 289-334, p. 290; misma idea expresa también MUÑOZ PLANAS, J.M., "El Contrato Estimatorio", *Revista de Derecho Privado,* 1963, pp. 263-268.

49 MORALEJO MENÉNDEZ, I., "El Contrato Estimatorio", en BERCOVITZ RODRIGUEZ-CANO A., *Contratos Mercantiles,* cit., p. 558.

50 JARNE MUÑOZ, P., "¿Hacia un suministro en régimen estimatorio en los contratos de distribución integrada?", *Revista de Derecho de la Competencia y la Distribución,* N.° 17, 2015, formato digitalizado, pp. 1-12, pp. 4 y 5.

penetración de un nuevo producto en el mercado[51]), bien estructuralmente[52] (en productos que tienen escaso mercado), se ve obligado a aceptar un régimen de distribución que le impone mayor riesgo[53].

De este modo, puede concluirse que el moderno contrato estimatorio vendría definido por dos grandes elementos característicos: 1) la estimación anticipada del precio; y 2) la posibilidad de cumplimiento dual por parte del *accipiens*, sea restituyendo las mercancías no vendidas o entregando por ellas el

---

51 Cfr. apartado VI-78 de la EM. Del Anteproyecto de Código Mercantil de 2018.

52 Pone de relieve CASADO NAVARRO, A., "Conexiones axiológicas, funcionales y normativas entre el derecho de los contratos y la normativa represora de la competencia desleal en las relaciones de consumo", en MIRANDA SERRANO, L.Mª. y PAGADOR LÓPEZ, J., *Desafíos del Regulador Mercantil en Materia de contratación y Competencia Empresarial,* Marcial Pons, Madrid, 2021, pp. 427-442, que la debilidad estructural o en el mercado a menudo va a tener una traducción en la perspectiva negocial y, por tanto contractual. Un ejemplo de debilidad estructural pueda ser la corta vida comercial de los productos en un contexto de venta que impone una alta rotación para obtener beneficios (alimentación, ropa de vestir, etc).

53 Idea que encaja con la descripción estructural y funcional del mercado agroalimentario hecha por OLMEDO PERALTA, E., "Poder de mercado, poder de negociación y abusos explotativos en la cadena alimentaria" y "Explotación de la situación de dependencia económica en la cadena alimentaria", ambos en CARBAJO CASCÓN, F., *Competencia, Propiedad Intelectual y Tutela de Consumidores en el Sector Agroalimentario,* Tirant-lo-Blanch, Valencia, 2022, respectivamente pp. 1137-1180 y pp. 1181-1214, y en la que nos basamos en nuestro análisis.

precio estimado al término del contrato o del plazo de liquidación de la operación pactado[54].

3. Elementos esenciales y naturaleza del contrato: ¿Verdadero contrato con entidad propia o cláusula contractual encaminada a modular el contenido obligacional de otros contratos?

Los elementos esenciales que acabamos de identificar como propios del contrato estimatorio nos ponen ante la disquisición de determinar si dicha figura ha de entenderse como una fórmula con entidad propia o como un esquema contractual que se aplicaría sobre un contrato autónomo y típico. En este sentido, la doctrina tradicional habría aproximado la fórmula estimatoria a dos tipologías de contrato: la compraventa[55] y la comisión mercantil[56].

---

54 La obligación en el *accipiens* de procurar la venta de la mercancía entregada en la que – como ya se vio – hace énfasis parte de la doctrina especialista, no constituiría un elemento esencial o característico del contrato estimatorio por cuanto en realidad la misma derivaría de la lectura integradora que importe el art. 1258 CC a los contratos. Y es que, bajo nuestro punto de vista, el *deber de procurar la venta* vendría impuesto por el *deber de lealtad* en la *colaboración* que impone la buena fe contractual y que aparece explícitamente incluida como elemento hermenéutico corrector de la letra del contrato.

55 Entre quienes sostienen la afinidad del contrato con la compraventa destacan LANGLE Y RUBIO, E., *El contrato de Compraventa Mercantil*, Bosch, Barcelona 1958, pp. 205 y 206; GARRIGUES, J., *Curso de Derecho Mercantil*, 1983, Madrid, Tomo II, p. 97.

56 Este sector doctrinal estaría encabezado por MUÑOZ PLANAS, J.M., *El contrato estimatorio*, cit., *passim.*, en especial pp. 263-268; también SÁNCHEZ CALERO, F. y SÁNCHEZ-CALERO GUILARTE, J., *Instituciones de Derecho Mercantil*, Vol. II, 37ª Edición, Aranzadi, Navarra, 2015, p. 291.

En cambio, ninguna de estas posturas habría atajado la duda de autonomía contractual que subyace a la figura. En este sentido, LÁZARO SÁNCHEZ y CASTRESANA HERRERO entienden que el contrato estimatorio tendría su origen en la inserción en ciertos contratos típicos de lo que denominan una "cláusula estimatoria"[57], lo que permite una modulación causal del contrato base (normalmente compraventa) dotándolo de una estructura más cooperativa[58]. Este posicionamiento permitiría hablar de "compraventa en régimen estimatorio", pero, de modo más relevante, de suministro en dicho régimen y su aplicación también posible en el ámbito de la distribución integrada[59] y que permite solucionar algunos problemas de encaje en el régimen de los contratos alimentarios de la LCA[60].

---

57 LÁZARO SÁNCHEZ, E., *Contrato Estimatorio (Depósito en comisión de venta, venta condicional...)*, Tecnos, Madrid, 1997, p. 32, rescatado a través de ALEMÁN MONTERREAL, A., *El contrato estimatorio. Desde el Derecho Romano a su regulación actual,* cit., p. 35; en la misma vena CASTRESANA HERRERO, A., "Anotaciones críticas al contrato estimatorio: la historia silenciada de un pacto de garantía", en HERRERO GARCÍA, M.ª J.,*La contratación en el sector de la distribución Comercial,* Thomson Reuters Aranzadi, Navarra, 2010, pp. 369-404, incide en el carácter accesorio o adosado del pacto estimatorio.

58 Acogemos, por tanto, una postura afín a la mantenida por GONZÁLEZ CASTILLA, F., "El contrato estimatorio", en RUIZ PERIS, J.I. y MARTÍ MIRAVALLS, J., *Contratos de distribución...*, cit., pp. 305 y 305.

59 Postura, por tanto, coherente con la realidad comercial que nos relata JARNE MUÑOZ, P., "¿Hacia un suministro en régimen estimatorio en los contratos de distribución integrada?", *Revista de Derecho de la Competencia y la Distribución,* cit., *passim.*

60 Sobre esta cuestión se volverá *infra.*

De esta forma, el régimen estimatorio abandona la categorización contractual estanca a la que se habría venido resistiendo históricamente para convertirse en una fórmula o esquema contractual fluido[61] que genera una enorme variabilidad negocial, permitiendo a las partes elegir un contenido contractual adaptado a sus circunstancias de producción y distribución, transitando de la simple compraventa especulativa como medio para la distribución a modelos más cercanos a la colaboración empresarial.

La base de la fórmula estimatoria, caracterizada por la fijación anticipada del precio *inter-partes* y la facultad de devolver lo no vendido y/o pagar el precio acordado, se aplica sobre un contrato sinalagmático[62] de naturaleza traslativa pero reversible o limitada[63], que tiene como contrapartida una rendición de cuentas sobre el negocio una vez transcurrido el plazo pac-

---

61 En una línea similar, GONZÁLEZ CASTILLA, F., "El contrato estimatorio", en RUIZ PERIS, J.I. y MARTÍ MIRAVALLS, J., Contratos de distribución..., cit., pág.305, *in fine*, lo califica como "modaliza[dor]" de las condiciones de [un contrato de] suministro.

62 MURILLO VILLAR, H., "El contrato estimatorio y su proyectada codificación", *Revista Crítica de Derecho Inmobiliario*, cit., p. 786

63 La obligación esencial del tradens es la *traditio rei* (Cfr. ALEMÁN MONTERREAL, A., *El contrato estimatorio. Desde el Derecho Romano a su regulación actual*, cit., p. 45), aunque limitada por la posibilidad de devolver el invendido, respecto del cual no hay pacto de adquisición en firme, por lo que la transmisión dominical quedaría en el caso del contrato estimatorio fuera de la contemplación causal que las partes hacen del contrato, de forma que sería una transmisión de posesión limitada para venta (Cfr. RODRÍGUEZ MARTÍNEZ, Mª E., *El contrato estimatorio y la transmisión de la propiedad*, cit., pp. 54-56).

tado o implícito[64], cerrándose la operación con una compensación del crédito estimado mediante el pago de lo pactado y/o la devolución de la mercancía.

Aunque la fórmula es compleja, supone que las partes acordarían en el momento de perfección contractual un programa de prestación cerrado[65/66] sobre el que adquieren un compromiso provisional a la espera de que, transcurrido el plazo correspondiente, se actualice el programa de prestación pactado con respecto al que ha podido ser realmente ejecutado[67].

---

64 DOMÍNGUEZ PÉREZ, E. Mª., "Contrato estimatorio. Calificación jurídica del contrato: contrato estimatorio o contrato de compraventa…", cit., p. 1482.

65 En este mismo sentido, RODRÍGUEZ MARTÍNEZ, Mª E., *El contrato estimatorio y la transmisión de la propiedad*, cit., p. 77.

66 Integrado el programa por esencialmente la determinación anticipada del precio de la operación y la cantidad de lo adquirido, así como la concesión de una doble facultad solutoria al consignatario: pagar el precio o devolver el producto no vendido.

67 De esta dilación temporal pacto-ejecución-compensación, surge indefectiblemente un derecho de crédito (MORALEJO MENÉNDEZ, I., "El Contrato Estimatorio", en BERCOVITZ RODRIGUEZ-CANO, A., *Contratos Mercantiles*, cit., pág. 558) que deberá asignarse a una de las partes, sin que pueda admitirse que el crédito se atribuya siempre y en todo caso al *accipiens*, por cuanto la práctica habitual es testigo de inversiones en la gestión del crédito mediante pactos de pago condicionados. Siendo, en particular, en el sector de la distribución editorial absolutamente habitual este proceder, llegando incluso a crearse una "bolsa de crédito", es decir, un importe máximo a devolver respecto de todos los artículos adquiridos para su colocación en el tiempo predeterminado del contrato. Parcialmente en contra RODRÍGUEZ MARTÍNEZ, Mª E., *El contrato estimatorio y la transmisión de la propiedad*, cit., p. 61 considera que en el pacto estimatorio el pago de la prestación se aplaza indefectiblemente en beneficio

De este modo, se deduce la puesta de la fórmula estimatoria en la órbita del contrato de compraventa con elementos de colaboración empresarial, sin que la obligación *ex fide bona* de procurar la venta sea lo suficientemente intensa como para modular la naturaleza del contrato hacia el ámbito de la comisión mercantil[68].

4. La naturaleza de la facultad solutoria del accipiens

Un problema que plantea el régimen estimatorio y que no se debe eludir llegados a este punto es la asignación de riesgo de pérdida de las mercancías, algo de vital importancia en el sector alimentario. Se trata de una cuestión que está, sin embargo, íntimamente ligada a un problema jurídico de gran complejidad: la naturaleza jurídica de las facultades solutorias del *tradens* y, específicamente, a su interrelación.

La doctrina tradicional en este punto había venido considerando que la obligación de retrocesión y/o pago que

---

del *accipiens*; sin embargo, la misma autora unas pocas páginas después (P. 75) considera que el rasgo diferencial del contrato o fórmula contractual estimatoria será precisamente la potencial devolución de las mercancías; en la misma línea JARNE MUÑOZ, P., "¿Hacia un suministro en régimen estimatorio en los contratos de distribución integrada?", *Revista de Derecho de la Competencia y la Distribución*, cit., p. 2/12 (versión en línea).

68 MUÑOZ PLANAS, J.M., *El contrato Estimatorio*, cit., pp. 268-287, resuelve el problema indicando que las órdenes dadas por el comitente al comisionista no son necesarias, siendo el elemento que debe primarse el aspecto de ajenidad del negocio respecto al *accipiens*.

asume el *accipiens* es de naturaleza alternativa[69]. En cambio, los planteamientos actuales consideran que se trata de una obligación facultativa[70] la que asume dicho sujeto[71]. De este modo, al *accipiens* se le otorga la "facultad" de, llegado el momento de cumplimiento, sustituir el contenido obligacional inicialmente pactado por la final devolución de lo entregado, mutando con ello la prestación pactada, normalmente en beneficio de ambas partes[72]. De este modo, el riesgo de pérdida

---

69 Postura que parece estar repelida implícitamente en la actualidad por cuanto el art. 543-1 del Anteproyecto de Código Mercantil del año 2018 no recurre a la conjunción disyuntiva "o", sino a la conjunción copulativa "y", de modo que el *accipiens* realmente no tiene capacidad de decisión, debiendo restituir la mercancía y pagar el precio estimado por la que no pueda o no quiera restituir.

70 Para un análisis en profundidad de la obligación facultativa vid. MARTÍNEZ-PEREDA RODRÍGUEZ, J.M., "Las Obligaciones facultativas en el Derecho Español", *Anuario de Derecho Civil*, Vol. 25, N.º 2, 1972, pp. 475-538

71 ALEMÁN MONTERREAL, A., *El contrato estimatorio. Desde el Derecho Romano a su regulación actual*, cit., p. 57; en contra, RODRÍGUEZ MARTÍNEZ, Mª E., *El contrato estimatorio y la transmisión de la propiedad*, cit., pp. 77 y 78, considera que no hay facultad de elección en el *accipiens*, siendo la restitución el fenómeno resultante de la falta de pago del precio y no el fin económico del contrato.

72 Cfr. DIEZ PICAZO, L. y GULLÓN, A., *Sistema de Derecho Civil*, Vol. II, Madrid, 1980, p. 178, que indican a mayores que la facultad solutoria no es, en rigor, una facultad de elección, pues lo debido será siempre una única prestación, totalmente enmarcada y determinada en el contrato. De este modo, la facultad solutoria operaría como mecanismo para modificar al momento de pago la configuración primitiva de la relación obligatoria. Con este planteamiento se resolvería la crítica mencionada en la nota al pie anterior, pues facultad de cumplimiento alternativo y facul-

de las mercancías queda coherentemente alojado en el *accipiens*, quien deberá soportar el precio estimado de los artículos que no pueda devolver por pérdida de la cosa[73].

Queda, eso sí, abierta la duda sobre qué ocurre en caso de deterioro de la mercancía, algo de vital trascendencia en el caso de los productos agroalimentarios dada su generalmente breve aptitud alimenticia y, por tanto, la comercial de ella dependiente. En este sentido, el art. 543-2 del Anteproyecto de Código Mercantil de 2018 establece una pauta interesante a la que podría igualmente llegarse en el sistema actual integrando el contrato *ex* art. 1258 CC: la obligación de devolución se impone respecto del "estado en que (...) recibió" la mercancía. Quizá podría pensarse en una oportuna moderación del rigor del precepto, máxime en la interpretación posible a día de hoy, de modo que la devolución debe valorarse atendiendo a dos circunstancias esenciales: por un lado, analizando la utilidad comercial que conserva el producto para el *tradens* al momento de la retrocesión; por el otro, siendo conscientes de que el riesgo de deterioro de las mercancías era conocido al momento de contratar y que, por tanto, un plazo de ejecución del contrato superior a la vida comercial del producto debe

---

tad de elección se presentan como elementos diferenciados y separables. Aparece el carácter facultativo de la obligación del *accipiens* como la anticipación contractualizada de la frustración del fin del contrato, pero no del incumplimiento contractual, pues, técnicamente, el *accipiens* adquiere una obligación de procurar la venta y no de conseguir el fin del contrato.

73 MORALEJO MENÉNDEZ, I., "El Contrato Estimatorio", en BERCOVITZ RODRIGUEZ-CANO, A., *Contratos Mercantiles*, cit., pág. 558 hace referencia en este sentido a que la *stimatio* sirve para valorar los daños derivados de la pérdida o deterioro de la cosa para el *tradens*.

interpretarse en perjuicio del *tradens*, quien, a sabiendas, admitió un plazo de devolución más amplio que la vida comercial útil del producto[74/75].

III. COMPATIBILIDAD DEL CONTRATO ESTIMATORIO CON LA NUEVA LEY DE CADENA ALIMENTARIA.

1. El contrato estimatorio como contrato (no) alimentario.

Ver la cláusula estimatoria como abusiva en todo caso en la distribución de alimentos sería, sin embargo, un error. Y es que puede operar como mecanismo equilibrador en aquellos casos en los que el consignante tiene especial interés en controlar férreamente la distribución[76] y, en particular, ante la limitación de la capacidad del distribuidor de rebajar el precio por debajo de un mínimo[77], contribuyendo a una mejor gestión de la ca-

---

74 La corta vida comercial puede tener como efecto una moderación del periodo máximo de devolución coincidente con la temporada en la que se interesa la devolución del producto. Cfr. DOMÍNGUEZ PÉREZ, E. Mª., "Contrato estimatorio. Calificación jurídica del contrato: contrato estimatorio o contrato de compraventa…", cit., p. 1484.

75 A salvo, naturalmente, su consideración como una cláusula abusiva o desleal por abusiva de conformidad con la legislación aplicable.

76 JARNE MUÑOZ, P., "¿Hacia un suministro en régimen estimatorio en los contratos de distribución integrada?", *Revista de Derecho de la Competencia y la Distribución*, cit., pp. 2/12 y 7/12.

77 Y es que el precio es uno de los elementos más importantes para el consumidor de alimentos a la hora de tomar una decisión de compra (Cfr. LOTTA F., y BOGUE, J., "Defining Food Fraud in

dena que permita una mayor sostenibilidad del sector[78]. *Sensu contrario,* el recurso a este tipo de fórmulas contractuales se utiliza asiduamente con el fin de retener el riesgo de inventario en el suministrador[79], demostrando una ambivalencia que impone una aproximación casuística a la cuestión de la deslealtad y/o abusividad de la cláusula. El tamaño relativo de las partes y el poder negociador ejercido en cada caso se tornan claves en un control necesariamente atento al caso concreto[80].

---

the Modern Supply Chain", *European Food and Feed Law Review,* Vol.10, Nº 2 (2015), pág. 114.), siendo que, además, calidad y precio aparecen muy vinculados, un precio inferior al usual puede conducir al consumidor a pensar en la peor calidad del producto o su proximidad a la fecha de caducidad, frenando, en lugar de impulsando la demanda del producto rebajado.

78 Y es que la sostenibilidad del sector se presenta como uno de los retos y claves del sector a medio largo plazo, Cfr. ORTEGA MEDIERO, F., "Retos y oportunidades de la agroalimentación en 2023", *Perspectivas del Gran Consumo 2023,* N.º 1, 2022, pp. 41-44, p. 43; y el informe de *Fruit Logistica* realizado por Oliver Wyman "Disruption in fruit and vegetable distribution. Fruit Logistica trend report 2018", Messe Berlin, 2018, p. 24.

79 Vid. ZIHUI, W. y DONGYAN, C., "New Optimal-Control-Based advertising strategies and coordination of a supply chain with differentiated products under consignment contract", disponible en IEEE xplore (https://ieeexplore.ieee.org/document/8915842) [Consulta: 13/02/2024].

80 De ahí que la eliminación de los umbrales resulte tan criticable, pues únicamente se podrá considerar desleal el contrato estimatorio como fórmula para la distribución de alimentos cuando su recurso no responda a razón alguna distinta de la decisión unilateral del *accipiens* con poder de compra. Cfr. en MARTÍN ARESTI, P., "Los excesos regulatorios de la reforma de la ley 12/2013, sobre el funcionamiento de la cadena alimentaria", *Actas de Derecho Industrial,* Tomo XLII,2022, pp. 149-174; también FERNÁNDEZ CARBALLO-CALERO, P., "La lista negra de prácticas comerciales desleales en

Entrando ya propiamente en el régimen de la LCA, conviene saber que la norma presentaría un ámbito de aplicación dual, de modo que encontramos, por un lado, el régimen contractual del Capítulo I del Título II (arts. 8 y ss. LCA), que en principio es aplicable a los "contratos alimentarios" (cfr. art. 8 LCA) definidos (art. 5 LCA) como "*aquel en el que una de las partes se obliga frente a la otra a la venta de productos agrícolas o alimentarios, y esta se obliga a pagar un precio cierto, bien se trate de una compraventa o de un suministro de forma continuada*"; por otro lado, encontramos las prácticas desleales bajo el Capítulo II, donde el régimen a su vez se partiría en el régimen de modificaciones unilaterales de los contratos alimentarios (art. 12.1 LCA) y secretos empresariales (art. 13 LCA), cuyo ámbito de aplicación se refiere a los contratos alimentarios, y el resto de preceptos del capítulo aplicables a todo tipo de contrato y conducta que tengan lugar en el contexto de cadena alimentaria (Cfr. art. 12.2, 12 bis, 12 ter, 14 y 14 bis LCA).

La distinción que hacemos no es baladí, pues si consideramos al contrato estimatorio como un contrato con entidad propia y no como una cláusula contractual modificativa del contenido típico de la compraventa o del suministro, dado que únicamente son aquellos dos los tipos contractuales contemplados en la definición de contrato alimentario, escaparía de las normas formales en materia de contratación, como la obligatoriedad de la forma escrita *ad probationem* o su publicación en el registro de contratos alimentarios establecido en el art.

---

la cadena de suministro agrícola y alimentario en la directiva (UE) 2019/633 y su incorporación al ordenamiento jurídico español", en CARBAJO CASCÓN F., *Competencia, Propiedad Intelectual y Tutela de los Consumidores en el Sector Agroalimentario,* Tirant-lo-Blanch, Valencia, 2022, pp. 1247-1271, pp. 1268 y 1269.

11 bis LCA[81]. Se trata de una omisión absurda y fácilmente salvable que no hace sino exhibir una cierta ceguera por parte del legislador en este punto.

En cambio, el régimen de prácticas comerciales desleales sí que resulta aplicable, precisamente, al prescindir del elemento delimitador del contrato alimentario, estando plenamente vigentes, por tanto, las listas de cláusulas negras (ilícitas *per se*) y grises (ilícitas solo si la redacción del contrato no ha permitido a la parte débil conocer y asumir con conocimiento de causa lo pactado[82]) que contiene la Directiva (UE) 2019/633 y que se habrían transpuesto a lo largo de los dos apartados del art. 14 bis LCA.

2. Compatibilidad general o en abstracto de la fórmula estimatoria a la luz de la Ley de Cadena Alimentaria. (Especial referencia al art. 14 bis, apartado 1, literal e y art. 14 bis, apartado 2 literal f).

Dado que un examen pormenorizado de la conexión de la fórmula estimatoria en relación con todas y cada una de las conductas prohibidas está fuera de todo orden, trataremos de centrar el análisis en algunos aspectos escogidos que se presentan como especialmente problemáticos.

---

81 Cfr. GONZÁLEZ-ORÚS CHARRO, M., "Contratos de suministro y aprovisionamiento entre el productos primario y el distribuidor de productos agroalimentarios" en CARBAJO CASCÓN, F., *Competencia, Propiedad Intelectual y Tutela de los Consumidores en el Sector Agroalimentario*, Tirant-lo-Blanch, Valencia, 2022, pp. 755-788, pp. 768 y 773, respectivamente.

82 CARBAJO CASCÓN, F., "«Prácticas Grises» en la cadena agroalimentaria: el art. 3.2 de la Directiva (UE) 2019/633 y el nuevo artículo 14 bis. 2 (a,e,f) de la Ley 12/2013, de 2 de agosto, de medidas para mejorar el funcionamiento de la cadena agroalimentaria", cit., p. 1362.

Así, en primer lugar debe centrarse la exégesis en el apartado 2.e del art. 14 bis LCA, por incluir como cláusula negra que el comprador exija al proveedor que pague por el deterioro o pérdida de los productos, cuando esta tenga lugar en locales del comprador o cuando la propiedad haya sido transferida al comprador, no mediando culpa ni negligencia de aquél[83].

Con buen criterio[84], la transposición se ha hecho incorporando el tenor literal del precepto que habla de comprador como sujeto reclamante y proveedor como obligado al pago, lo que, en principio hace admisible que el *tradens* (proveedor en el esquema) reclame al *accipiens* (comprador en la letra de la norma) el precio de las mercancías no entregadas. Establece a un mismo tiempo dicho precepto un límite a la libertad de pacto inter-partes que condiciona el contenido del contrato estimatorio a la inexigibilidad de indemnizaciones por deterioro no culpable de la mercancía consignada para la venta[85].

---

83 Para una exégesis pormenorizada vid. LOUREDO CASADO, S., "La lista negra de prácticas desleales en el sector agroalimentario de la directiva 2019/633 en CARBAJO CASCÓN, F., *Competencia, Propiedad Intelectual y Tutela de los Consumidores en el Sector Agroalimentario,* Tirant-lo-Blanch, Valencia, 2022, pp. 1273-1313, pp.1291-1295

84 Separándose de la bilateralidad con la que se han redactado la mayoría de prohibiciones, cfr. DOMÍNGUEZ PÉREZ, E. Mª., "Prácticas grises en la cadena agroalimentaria: el artículo 3.2 de la directiva (UE) 2019/633 y el nuevo artículo 14.bis.2 (b, c y d) de la Ley 12/2013, tras la reforma operada por la Ley 16/2021, de 14 de diciembre" en CARBAJO CASCÓN, F., *Competencia, Propiedad Intelectual y Tutela de los Consumidores en el Sector Agroalimentario,* Tirant-lo-Blanch, Valencia, 2022, pp. 1315-1350, p.1337.

85 O quizá no, por cuanto la doctrina mayoritaria coincide en indicar que la *traditio rei* que se produce entre consignante y consignatario no lo es a título de propiedad, sino de posesión *ad ven-*

Sensu contrario, es posible deducir la licitud de pagos exigidos por otros conceptos como por espacio de lineal, almacenamiento o gestión, siempre que su pago se exija en todo caso y no únicamente en supuesto de invendido[86], porque, si se hiciera en ese caso, se trataría de la exigencia de un pago derivado del deterioro o pérdida de los productos y queda, por tanto, prohibido. El efecto al que conduce, por tanto, es evidentemente paradójico y dudoso que fuera lo deseado.

Más problemática se presentaba la prohibición establecida en el art. 14 bis apartado 2, letra f, que, ya lo vimos, proscribe que el comprador (*accipiens*) devuelva los productos agrícolas y alimentarios al proveedor (*tradens*) sin pagar por los mismos, su eliminación, o ambas cosas. Siendo la facultad de devolución del invendido el aspecto central en el régimen estimatorio[87], el golpe a la línea de flotación de esta fórmula contractual en la cadena agroalimentaria parece decisivo. No obstante, en la medida en que se encuentra en el apartado 2 se configura como una cláusula gris que, por tanto, es lícita si se incluye en un contrato con una redacción clara y concisa[88]. El problema

---

dendam, teniendo lugar el traspaso dominical directamente de *tradens* a cliente del *accipiens* y el precepto de la LCA hace referencia a "cuando la propiedad se haya transferido al comprador".

86 Las mismas son, de conformidad con el art. 14 bis apartado 2 letra a LCA cláusulas grises y, por tanto, válidas siempre que se hayan redactado con la suficiente claridad.

87 RODRÍGUEZ MARTÍNEZ, Mª E., El contrato estimatorio y la transmisión de la propiedad, cit., p. 75.

88 Las cláusulas grises como estructura normativa se orientan a lograr que el contenido contractual se encuentre predispuesto con suficiente grado de antelación y claridad como para que pueda ser conocido por la empresa en posición débil. Esto es algo que en los mercados agroalimentarios no se produce de forma natural por contar con una natural tendencia a la opacidad. Cfr.

se encuentra en este punto en que, no siendo el contrato estimatorio ni uno de suministro ni uno de compraventa, no se impone un deber de redacción por escrito (art. 8.1 LCA) ni de publicidad en el Registro de Contratos Alimentarios (art. 11 bis LCA), pues no pertenecería a dicha categoría contractual, disminuyendo enormemente el efecto útil de la prohibición[89].

Al margen del régimen de la LCA, debe seguir siendo aplicable la LCD y, por tanto, se podrá sujetar el recurso a la fórmula estimatoria, aun cumpliendo las condiciones de la Ley de la Cadena, cuando sea posible subsumir la conducta bajo el tipo del art. 16.2 LCD, precepto que impone valorar en términos de razonabilidad y suficiencia la existencia o no de un canal de suministro alternativo para el *tradens*[90], cuestión compleja dada la existencia de multiplicidad de canales de distribución sustitutivos en el ámbito de los mercados agroalimentarios.

---

también COSTAS COMESAÑA, J., "La aplicación del Derecho de la competencia en los mercados agroalimentarios", CACHAFEIRO, GARCÍA y LÓPEZ, *Derecho de la Competencia y Gran Distribución,* cit., p. 209.

89 Como forma de superar lo anterior, cabría razonarse que el tenor literal del art. 5.f LCA implícitamente o por analogía recoge el contrato de suministro o bien, bajo la lectura expuesta anteriormente, es posible considerar la fórmula estimatoria como un contrato de compraventa o de suministro con una cláusula particular, de modo que se hable de compraventa o suministro en régimen estimatorio, dejando su contenido sujeto a los requisitos de forma y publicidad sobre los que parecen descansar las prohibiciones del art. 14 bis LCA.

90 ESTEVAN DE QUESADA, C., "La explotación de la dependencia económica debida al poder relativo de la demanda en la cadena alimentaria", cit., pp. 118-121; en el mismo sentido OLMEDO PERALTA, E., "Explotación de la situación de dependencia económica en la cadena alimentaria", cit., pp. 1201-1203.

3. Compatibilidad de la fórmula estimatoria como mecanismo de desplazamiento del riesgo empresarial (Art. 12 ter apartado 5 LCA).

Otro torpedo a la línea de flotación de la fórmula estimatoria en la distribución de alimentos se puede plantear precisamente desde la prohibición de destrucción de valor consagrada en el art. 12 ter LCA. Se trata de una novedad introducida por el legislador español que no aparece en la Directiva 2019/633, aplicable a toda la cadena salvo en el último eslabón (consumo)[91] imponiendo no solo la obligación de pagar un precio por encima del coste de producción del producto (apartado 1), sino también una prohibición de revender por debajo del precio de adquisición[92] (apartado 2), salvo que se trate de productos perecederos en una fecha próxima a su inutilización (demarca) (apartado 3). De interés para el contrato estimatorio será, sin embargo, el apartado 5, que prohíbe a la sazón la repercusión del riesgo empresarial derivado de la política de precios por parte del último vendedor de la cadena y que, nuevamente contraviene frontalmente la lógica del esquema estimatorio.

El origen de esta prohibición puede rastrearse al Libro Verde sobre prácticas comerciales en la cadena de suministro alimentario y no alimentario entre empresas en Europa[93], si bien aparece en un contexto distinto, valorando la permisibilidad de cláusulas que impongan pagos adicionales por riesgos tales como robo o la pérdida sufrida. No parece, empero, coherente

91 MARTÍ MIRAVALLS, J., "La Cadena de Valor en la Regulación del Mercado Agroalimentario: de la Cláusula de Reparto Valor a la Prohibición de su Destrucción", cit., p. 1059.

92 Medida criticable por excesiva siguiendo a MARTÍN ARESTI, P., "Los Excesos Regulatorios de la Reforma de la Ley 12/2013 sobre el Funcionamiento de la Cadena Alimentaria", *ADI*, cit., p. 168.

93 COM (2013) 35 final, p. 21

interpretar dicho art. 12 ter apartado 5 conforme a su tenor literal – absolutamente indeterminado – para suscribir una prohibición general del pacto estimatorio que no opera en ningún momento la Directiva 2019/633, que, en todo caso, confiere a este tipo de pactos el carácter de cláusula gris y no negra.

Nuevamente se impone una valoración casuística sobre la aplicabilidad de esta prohibición, que, si bien no cabe con carácter general sobre el contrato estimatorio, debe poder considerarse en aquellos casos donde el *accipiens*, sabedor del traslado del riesgo comercial a su contraparte, actúa de forma contraria a la buena fe *ex* art. 1258 CC y no procura la venta como viene obligado a hacer[94] y es que la facultad de sustituir la prestación no implica que la retrotracción de las mercancías constituya una forma de cumplimiento del contrato querida por las partes ni buscada por la causa del contrato[95]. En ese supuesto sí puede apreciarse una repercusión del riesgo empresarial propio.

IV. CONCLUSIONES SOBRE LA ADMISIBILIDAD DEL SISTEMA ESTIMATORIO EN LA LEY DE CADENA ALIMENTARIA.

Aunque habría otros problemas que tratar, como la desconexión del contrato estimatorio respecto del régimen de plazos de pago al que remite el art. 14 bis, apartado 1, literal a de la LCA[96], resulta imposible abarcarlos todos de manera cabal en la extensión propuesta.

---

94 BADENES GASSET, R., *El contrato de Compraventa*, Vol. 1, cit., p. 105.

95 RODRÍGUEZ MARTÍNEZ, Mª E., *El contrato estimatorio y la transmisión de la propiedad*, cit., pp. 81-82.

96 Precepto que remite a la DA 1ª de la Ley 15/2010, de 5 de julio, que a su vez acaba remitiendo a la Ley 3/2004, de 29 de diciembre, de

En todo caso, con desajustes o sin ellos, la Ley de Cadena Alimentaria no puede repeler siempre y en todo caso el recurso a la fórmula estimatoria como figura contractual a disposición de las partes, sino solamente allí donde el reparto del riesgo responda exclusivamente a la superior capacidad negocial de *accipiens* sobre *tradens*[97], lo contrario supondría admitir una limitación excesiva a la libertad de pacto de las partes que excedería con creces los confines de la Directiva 2019/633, algo

Morosidad en las operaciones comerciales (LLCM), con la salvedad establecida por la Ley 7/1996, de 15 de enero, de Ordenación del Comercio minorista en su art. 17. En fin, plazos de 30 días en productos frescos y perecederos y 60 días para el resto de productos alimentarios. La LLCM establece en su artículo 4.1 la fecha de recepción de las mercancías como *dies a quo*, mientras que la Directiva 2019/633 permite la fijación alternativa de plazos de idéntica duración a contar bien desde la fecha de entrega o bien desde la fecha en que se fije el importe pagadero, la que tenga lugar en último lugar. De este modo, dado que el importe pagadero no se fija hasta que se hayan liquidado las operaciones de venta una vez cerrado el periodo de ejecución correspondiente, el plazo de pago (de 30 o 60 días) empieza a computar desde la rendición de cuentas y devolución de lo invendido. En cambio, en el sistema español el *dies a quo* arranca con la entrega de las mercancías, planteando nuevas dificultades en punto al contrato estimatorio, por cuanto se tendría que satisfacer el importe estimado, aun cuando este no sea completamente líquido ni exigible, so pena de infringir las normas de morosidad nacionales. En este sentido, GONZÁLEZ CASTILLA, F., "El contrato estimatorio", en RUIZ PERIS, J.I. y MARTÍ MIRAVALLS, J., *Contratos de distribución...*, cit., pág. 307, considera que los plazos de pago serían fáciles de sortear atendiendo a que la efectiva adquisición de las mercancías no se produciría sino en el momento en que ésta es vendida al comprador por el *accipiens*.

97 CARBAJO CASCÓN, F., "«Prácticas Grises» en la cadena agroalimentaria: el art. 3.2 de la Directiva (UE) 2019/633 y el nuevo artículo 14 bis. 2 (a,e,f) de la Ley 12/2013, de 2 de agosto, de medidas para mejorar el funcionamiento de la cadena agroalimentaria", cit., p. 1373.

que, si bien no es ya extraño a dicha norma[98], supondrá claramente una contravención de su régimen normativo, poniendo a España en una posición claramente incumplidora – por exceso – de la directiva.

Si se quiere evitar una eventual sanción por incumplimiento de la transposición de la normativa sería deseable una nueva modificación de la Ley de Cadena Alimentaria, especialmente para introducir los necesarios umbrales cuantitativos, pero, en particular, para incorporar la fórmula estimatoria a la definición de contrato alimentario, en la medida en que es precondición material de aplicabilidad de las obligaciones del art. 14 bis LCA, así como ajustar la lógica de la norma a las particularidades introducidas con la posibilidad de actualización del programa de prestación típicas del modelo estimatorio.

De igual forma, una moderación del problemático e impráctico artículo 12 ter LCA se impone si se pretende que la Ley realmente mejore el funcionamiento de la cadena alimentaria. No parece, sin embargo, que el clima actual del campo español permita un necesario recorte del bienintencionado aunque poco técnico precepto.

---

98 MARTÍN ARESTI, P., "Los Excesos Regulatorios de la Reforma de la Ley 12/2013 sobre el Funcionamiento de la Cadena Alimentaria", *ADI*, cit., *passim*.

Prácticas desleales en la ley de cadena alimentaria[1]

JAUME MARTÍ MIRAVALLS
Departamento de Derecho Mercantil "Manuel Broseta Pont" de la Universidad de Valencia

SUMARIO: I. INTRODUCCIÓN. II. EL DIFERENTE ÁMBITO DE APLICACIÓN DE LA DIRECTIVA Y LA LCA. III. PRÁCTICAS DESLEALES DE LA LCA. 1. Cuestiones terminológicas. 2. Comportamientos desleales: lista negra y lista gris. 3. Otros comportamientos desleales en la LCA. IV. ALGUNAS CUESTIONES SISTEMÁTICAS Y CONCLUSIONES.

BIBLIOGRAFÍA: AA.VV., *Competencia, propiedad intelectual y tutela de consumidores en el sector agroalimentario*, Tirant, 2022; AA.VV., *Estudios sobre el régimen jurídico de la cadena de distribución agroalimentaria,* Marcial Pons, 2016; AA.VV., *Retos en el sector agroalimentario: Regulación, competencia y propiedad industrial*, Tirant, 2022; CARBAJO CASCÓN, F., "Incentivos a la agregación de la oferta agrícola desde el derecho de la competencia", *Competencia, propiedad intelectual y tutela de consumidores en el sector agroalimentario*, Tirant, 2022; CARBAJO CASCÓN, F., "Practicas grises" en la cadena agroalimentaria: el artículo 3.2 de la directiva (UE) 2019/633 y el nuevo artículo 14. bis. 2 (a, E, f) de la ley 12/2013, de 2 de agosto, de medidas para mejorar el funcionamiento de la cadena agroalimentaria", *Competencia, propiedad intelectual y tutela de consumidores en el sector agroalimentario, Tirant, 2022*; DOMÍNGUEZ PÉREZ, E.M., "Practicas grises" en la cadena agroalimentaria:

---

[1] Trabajo elaborado en el marco del Proyecto para Grupos de Excelencia PROMETEO/2021/013 "Responsabilidad social de la empresa: hacia un sistema financiero socialmente responsable" de la Generalitat Valenciana.

el artículo 3.2 de la directiva (UE) 2019/633 y el nuevo artículo 14. bis. 2. (B, C, D) de la ley 12/2013, tras la reforma operada por la Ley 16/2021, de 14 de diciembre", *Competencia, propiedad intelectual y tutela de consumidores en el sector agroalimentario, Tirant, 2022*; ESTEVAN DE QUESADA, C., "La doble regulación del abuso de una situación de dependencia económica", *Revista de Derecho Mercantil,* n. 257, 2005; ESTEVAN DE QUESADA, C., "La explotación de la dependencia económica debida al poder relativo de la demanda en la cadena alimentaria", *Estudios sobre el régimen jurídico de la cadena de distribución agroalimentaria,* Marcial Pons, 2016; FERNÁNDEZ CARBALLO-CALERO, P., "La lista negra de prácticas comerciales desleales en la cadena de suministro agrícola y alimentario en la directiva (UE) 2019/633 y su incorporación al ordenamiento jurídico español", *Competencia, propiedad intelectual y tutela de consumidores en el sector agroalimentario,* Tirant, 2022; GARCÍA VIDAL, A., "La fijación de precios en la cadena alimentaria", *Competencia, propiedad intelectual y tutela de consumidores en el sector agroalimentario,* Tirant, 2022; GARCÍA VIDAL, A., "Prácticas comerciales desleales en la cadena de suministro agrícola y alimentario: impacto de la Directiva (UE) 2019/633 en el derecho español", *Comunicaciones en propiedad industrial y derecho de la competencia,* N. 88, 2019; GONZÁLEZ CASTILLA, F., "La cadena alimentaria como objeto de regulación: reflexiones sobre la confluencia de competencias y el ámbito de aplicación de la Ley 12/2013", *Retos en el sector agroalimentario valenciano en el siglo XXI: a propósito de la Ley 12/2013,* Tirant-lo-Blanch, 2019; GUILLEM CARRAU, J., "La competencia desleal y la cadena alimentaria en la Unión Europea", *Política agraria común,* Wolters Kluwer España, 2019; LOUREDO CASADO, S., "La lista negra de prácticas desleales en el sector", *Competencia, propiedad intelectual y tutela de consumidores en el sector agroalimentario,* Tirant, 2022; MARTÍN ARESTI, P., "Los excesos regulatorios de la reforma de la ley 12/2013 sobre el funcionamiento de la cadena alimentaria", *Actas de derecho industrial y derecho de autor,* Tomo 42, 2022; OLMEDO PERALTA, E., "Explotación de la situación de dependencia económica en la cadena alimentaria", *Competencia, propiedad intelectual y tutela de consumidores en el sector agroalimentario,* Tirant, 2022; OLMEDO PERALTA, E., "Poder de mercado, poder de negociación y abusos explotativos en la cadena alimentaria", *Competencia, propiedad intelectual y tutela de consumidores en el sector agroalimentario,* Tirant, 2022; PALAU RAMÍREZ, F., "El ocaso de la prohibición de la venta a pérdida en la Ley de Ordenación del Comercio Minorista: la relevancia de la sentencia del Tribunal de Justicia de la Unión Europea de 19 de octubre de 2017, Europamur Alimentación, S.A.", *Derecho de la competencia, desafíos y cuestiones de actualidad*, Marcial Pons, 2018; PALAU RAMIREZ, F., "Íter legislativo de la Ley para mejorar el funcionamiento de la cadena alimentaria, excepcionalidad de su régimen en Derecho Comparado y referencia a la prohibición de la venta bajo coste en la Unión Europea", *Ley de la Cadena Alimentaria, cooperativas y otras entidades asociativas agrarias*, Tirant, 2022; PALAU RAMÍREZ, F., "La venta a pérdida en la nueva ley de ordenación del comercio minorista: ¿hacia una nueva etapa en su aplicación?", *Derecho de la competencia y gran distribución*, Thomson-Aranzadi, 2016 ; PEÑAS MOYANO, B., "La venta a pérdida como acto de competencia desleal: nuevas reflexiones sobre la cuestión", *Derecho de la competencia y gran distribución*, Thomson-Aranzadi, 2016; RODRÍGUEZ CACHÓN, T., *Relaciones contractuales de la cadena alimentaria: estudio desde el análisis económico del derecho*, Dykinson, 2020; RODRÍGUEZ MARTÍNEZ, I., "Claros y no tanto de la reforma para la transparencia en la formación y formalización del contrato alimentario", *Retos en el sector agroalimentario: Regulación, competencia y propiedad industrial*, Tirant, 2022; RODRÍGUEZ MARTÍNEZ, I., "Claros y no tanto de la reforma para la transparencia en la formación y formalización del contrato alimentario", *Retos en el sector agroalimentario: Regulación, competencia y propiedad industrial*, Tirant, 2022; RODRÍGUEZ MARTÍNEZ, I., "Los contratos alimentarios o de la cadena alimentaria", *Retos en el sector agroalimentario valenciano en el siglo XXI: a propósito de la Ley 12/2013*, Tirant-lo-Blanch, 2019; RUIZ PERIS, J.I., "El sector agroalimentario a la búsqueda de equilibrios de mercado", *Retos en el sector agroalimentario: Regulación, competencia y propiedad industrial*, Tirant, 2022; RUIZ PERIS, J.I., "La Unión Europea y el mercado agroalimentario: una perspectiva jurídica", *Estudios sobre el régimen jurídico de la cadena de distribución agroalimentaria*, Marcial Pons, 201; VÁZQUEZ RUANO, T., "Enfoques normativos sobre las prácticas desleales en la cadena agroalimentaria. Atención a las empresas de economía social. Prácticas desleales y empresas de economía social", *CIRIEC–España. Revista jurídica de economía social y cooperativa, ISSN 1577-4430, Nº. 39, 2021*; VICIANO PASTOR, J., "La regulación de las prácticas comerciales desleales en el sector agroalimentario: apropósito de la Directiva (UE) 2019/633", *Derecho de la Unión Europea e integración regional: liber amicorum al profesor Dr. Carlos Francisco Molina del Pozo*, Tirant, 2019; VICIANO PASTOR, J., La regulación de las prácticas comerciales desleales en el sector agroalimentario: a propósito de la directiva (UE) 2019/633, *Retos en el sector agroalimentario: Regulación, competencia y propiedad industrial*, Tirant, 2022

I. INTRODUCCIÓN

El presente trabajo empieza con una crítica, que pretende ser un impulso o estímulo, a los miles de operadores del sector primario que se sienten perjudicados como consecuencia de la estructura y funcionamiento de la cadena de alimentaria. Como hemos sostenido en alguna publicación previa, ni el BOE ni el DOUE hacen magia. El legislador –bienintencionado– puede ayudar, tratando de reordenar el mercado en supuestos en los que, como el alimentario, existen grandes desequilibrios de poder de negociación e información entre los distintos operadores económicos. Pero la mera intervención nunca es la solución[2]. Y dejar la solución en manos de la aplicación pública de la normativa –sanciones– tampoco. Se requiere que los operadores afectados defiendan sus derechos ante los tribunales, utilizando las herramientas jurídicas puestas a su disposición[3].

---

2 Como concluía el prof. RUIZ PERIS: "Los problemas derivados de la simetría de poder de negociación en el mercado agroalimentario y de la falta de utilización por parte de las asociaciones de productores de los instrumentos legales a su alcance, continúan siendo los mismos que hace diez años. La situación ha mejorado escasamente en este periodo". Así, RUIZ PERIS, J.I., "El sector agroalimentario a la búsqueda de equilibrios de mercado", *Retos en el sector agroalimentario: Regulación, competencia y propiedad industrial,* Tirant, 2022, pág. 40.

3 Como recordaba el célebre jurista Von Ihering, en su conocida obra "La lucha por el Derecho": "Todo derecho en el mundo debió ser adquirido mediante la lucha; todos los principios de derecho que están hoy en vigor han tenido que ser impuestos mediante la lucha frente a quienes no los aceptaban, por lo que todo derecho, tanto el derecho de un pueblo como el de un individuo, depende de que estemos dispuestos a defenderlo".

La Ley 12/2013, de 2 de agosto, de medidas para mejorar el funcionamiento de la cadena alimentaria[4] –LCA–, previó mecanismos de aplicación publica y mecanismos de aplicación privada. Los primeros se han aplicado de manera constante, pero con escaso éxito en cuanto a su función de erradicar comportamientos. Los segundos, que dependen del impulso de los perjudicados, no han tenido aplicación. No hay ni una sentencia de un Juzgado de lo mercantil sobre la materia en ninguna base de datos nacional. Ninguna. El legislador puede intervenir en la configuración de los ilícitos, es decir, puede ampliar el número de comportamientos desleales, pero si no se ofrecen al sector verdaderos mecanismos de "*enforcement*" que atiendan a las singularidades de este sector, parece que la solución a los muchos problemas que se plantean –como vemos periódicamente en los medios de comunicación – sigue lejos. Sólo la defensa de los derechos por parte de los perjudicados y las reclamaciones de los daños sufridos podrá eliminar conductas, no la imposición de sanciones[5].

En todo caso, mientras el enfoque regulatorio se centre fundamentalmente en la mera bilateralidad de las relaciones en la cadena alimentaria, sin atender a su singularidad, estructu-

---

4 Sobre la cadena alimentaria, véase, AA.VV. *Competencia, propiedad intelectual y tutela de consumidores en el sector agroalimentario*, Tirant, 2022; AA.VV. *Retos en el sector agroalimentario: Regulación, competencia y propiedad industrial*, Tirant, 2022; y AA.VV., *Estudios sobre el régimen jurídico de la cadena de distribución agroalimentaria*, Marcial Pons, 2016.

5 Ello se observa en el estudio de las últimas resoluciones de la AICA en las que la inmensa mayoría de expedientes sancionadores son sobre no cumplimiento de obligaciones de pago y, en cambio, como ya se ha dicho, no se tiene constancia de haberse iniciado ningún procedimiento judicial por parte de los perjudicados.

ra y funcionamiento, la solución y erradicación de conductas unilaterales y desleales se antoja complicada. En efecto, en un mercado que funciona correctamente la lógica económica es que el precio de los productos se configure de abajo hacia arriba, hasta llegar al consumidor. Pero en el mercado alimentario, por el poder de la gran distribución, el procedimiento es justo el inverso: el de arriba, con el hasta ahora inatacable argumento de la protección del interés del consumidor –basado únicamente en precio–, informa a qué precio quiere colocar en el lineal el producto y de ahí hacia abajo va configurándose el precio del producto. No se trata, por tanto, de repercutir el riesgo empresarial propio sino de poder, de poder de mercado[6]. El modelo de negocio de la gran distribución es claro: un porcentaje pequeño de muchos productos es mucho para un operador; pero en un mercado en el que él configura el precio final, el resultado es que el sector primario tiene que asumir dicha estrategia, lo que conlleva que aguas abajo el escaso margen tiene que repartirse entre muchos y, por tanto, poco para muchos es muy poco para todos ellos.

En este sentido, el legislador, los operadores económicos e incluso los investigadores podemos darles tantas vueltas como queramos, pero hasta que no entendamos que la actual configuración de la cadena alimentaria ha atribuido a la gran distribución la condición de "gatekeeper" o "guardián de acceso", y se exploren soluciones por esta vía, no empezaremos a vislumbrar una solución real. Como guardianes de acceso la gran distribución tiene una influencia decisiva en el mercado agroalimentario, dado que proporciona "las puertas de acceso" a prácticamente todos

---

6 Ver, OLMEDO PERALTA, E., "Poder de mercado, poder de negociación y abusos explotativos en la cadena alimentaria", *Competencia, propiedad intelectual y tutela de consumidores en el sector agroalimentario*, Tirant, 2022.

los operadores de la cadena para que sus productos lleguen a los usuarios finales en cualquier lugar y en cualquier mercado alimentario. No significa que sea la única vía de acceso a los usuarios finales, pero si la principal –y más desde la irrupción de la digitalización y el auge del comercio electrónico. Y, por tanto, su influencia se expande más allá del mero comportamiento unilateral y sus efectos se propagan por todo el mercado. Eso es consecuencia, como ya hemos apuntado, de su posición: quizá no de dominio en sentido técnico, pero sí de poder, de poder de mercado y, por extensión, poder de negociación.

No siendo un problema sencillo y, por tanto, requiriendo de soluciones complejas, para el estudioso de la materia no deja de ser llamativo que, pese a las múltiples reformas a las que se ha sometido la LCA, el artículo 4 sobre los principios rectores –principal precepto de la norma a efectos interpretativos de las conductas– no haya sido objeto de modificación alguna: "*Las relaciones comerciales sujetas a esta Ley se regirán por los principios de equilibrio y justa reciprocidad entre las partes, libertad de pactos, buena fe, interés mutuo, equitativa distribución de riesgos y responsabilidades, cooperación, transparencia y respeto a la libre competencia en el mercado*".

Entender la cadena alimentaria desde una configuración clásica de relaciones bilaterales es la principal fuente de poder de quién lo ostenta. La condición de guardián de acceso en un mercado tiene como consecuencia que su posición le impute estándares de comportamiento que sobrepasan la mera bilateralidad de los contratos y se expandan a todo el mercado. Y ello le obliga a que su comportamiento esté basado en la regla –ya generalizada en el mercado e incorporada a alguna legislación en supuestos de asimetría de poder– FRAND:" "*Fair, Reasonable and Non-Discriminatory*". En efecto, resulta llamativo que en un contexto de asimetría de poder y de información, pese a la regulación y reformas del sistema, la LCA siga sin hacer referencia al trato FRAND como principio rector de la gran distribución. Sólo una vez utiliza la LCA el término “no discriminación” y es en un contexto irrelevante a efectos de interpretación del comportamiento general requerido[7]. Y ello, por ejemplo, contrasta fuertemente con el principal problema que denuncia el sector y que está llenando las calles de manifestaciones en este 2024 basado en el trato no igualitario: si un producto fitosanitario está prohibido en la UE, no debe permitirse –fundamentalmente a la gran distribución– la importación de alimentos de terceros países a los que se les ha aplicado. Este comportamiento, que está ocurriendo y que rompe el principio de reciprocidad, no tiene encaje sencillo en la regulación actual de la LCA; pero, en cambio, lo tendría plenamente si se estableciera la regla FRAND, superándose la mera bilateralidad de los contratos y obligando a los guardianes de acceso a contratar con terceros en términos justos, razonables y, sobre todo, no discriminatorios.

Con todo, ni esta propuesta, ni el Derecho en sentido estricto, son la panacea. Ofrecen herramientas, pero recuerden que el BOE no hace magia: sólo la defensa de los derechos por parte de los perjudicados puede erradicar comportamientos, sólo eso –que no es poco. La solución sólo puede pasar por reformas estructurales. En realidad, como ha apuntado la doctrina[8], la principal causa de los desequilibrios en las relaciones comerciales en la cadena alimentaria reside en la desigual estructura de los sectores que integran los distintos eslabones de

---

7 Artículo 10, en sede de subasta: “...*La organización de subastas electrónicas se someterá a los principios de transparencia, libre acceso y no discriminación...*”.

8 MARTÍN ARESTI, P., “Los excesos regulatorios de la reforma de la ley 12/2013 sobre el funcionamiento de la cadena alimentaria”, *Actas de derecho industrial y derecho de autor*, Tomo 42, 2022, pág. 152.

la cadena en la que los operadores integrados en cada uno de ellos (productores, transformadores, distribuidores mayoristas y minoristas) se relacionan entre sí a través de relaciones de naturaleza vertical. En efecto, siendo cierto que el sector primario agrícola es un sector estratégico para el modelo económico, social y territorial de cualquier país o región, también lo es que son las propias características del sector las que dificultan el mantenimiento en el tiempo de una adecuada rentabilidad para éste. Como ya se ha dicho, la distribución se caracteriza por elevados índices de concentración, con tendencia al alza; el segmento de producción, es un sector extremadamente atomizado, con producciones muy estacionales, en muchos casos perecederas, con una elevada inelasticidad y en el que el denominado "factor miedo" incide en la baja litigiosidad; y, por último, respecto de la cadena, la volatilidad de los mercados, el incremento de costes en los *inputs*, y las crecientes exigencias en calidad, seguridad alimentaria y requisitos medioambientales inciden en su comportamiento no sólo económico. Todos estos ingredientes se mezclan originando un "*cocktail*" de crisis permanente de bajos precios y falta de rentabilidad, que ha exigido que las Administraciones, a distintos niveles (europeo, nacional y autonómico), se unan en la búsqueda de un mayor equilibrio entre los operadores de la cadena, de forma que no sea el margen de beneficio de los productores el que absorba los incrementos de costes a lo largo de la misma[9].

---

[9] Sobre la problemática jurídica, por todos, RUIZ PERIS, J.I., "La Unión Europea y el mercado agroalimentario: una perspectiva jurídica", *Estudios sobre el régimen jurídico de la cadena de distribución agroalimentaria*, Marcial Pons, 2016, p. 13 y ss. Por su parte, respecto de las competencias regulatorias en el ámbito de la cadena, GONZÁLEZ CASTILLA, F., "La cadena alimentaria como objeto de regulación: reflexiones sobre la confluencia de competencias y el ámbito de aplicación de la Ley 12/2013", *Retos en*

Entre los instrumentos que pueden contribuir a solventar o mitigar el problema se encuentran el Derecho regulatorio, el Derecho de la competencia desleal y el Derecho de Defensa de la competencia. La forma de atacar dicha situación, en la Unión Europea y más particularmente en España, se ha realizado en dos frentes. Por un lado, creando una legislación *ad hoc* que permita la eliminación de las prácticas comerciales desleales en la cadena alimentaria: a ello responde la Ley 12/2013, que fue pionera a nivel mundial, y la Directiva (UE) 2019/633[10] –en adelante, la Directiva; y por otra parte creando estímulos jurídicos y económicos que favorezcan cambios estructurales mediante el fomento del asociacionismo, la concentración y la integración vertical de los productores agrarios: a ello responde la Ley 13/2013[11].

En este contexto, la finalidad del presente trabajo es analizar los comportamientos declarados desleales en la LCA, lo que nos llevará a adentrarnos en la conocida lista negra y lista gris, proveniente de la Directiva, pero también en otras conductas propias de la normativa nacional. Puesto que la Directiva (UE) 2019/633 es una directiva de mínimos y el legislador

---

el sector agroalimentario valenciano en el siglo XXI: a propósito de la Ley 12/2013, Tirant-lo-blanch, 2019, p. 19 y ss.

10 Directiva (UE) 2019/633 del Parlamento Europeo y del Consejo, de 17 de abril de 2019, relativa a las prácticas comerciales desleales en las relaciones entre empresas en la cadena de suministro agrícola y alimentario.

11 Ley 13/2013, de 2 de agosto, de fomento de la integración de cooperativas y de otras entidades asociativas de carácter agroalimentario («BOE» núm. 185, de 3 de agosto de 2013). Sobre la agregación de la oferta, véase, CARBAJO CASCÓN, F., "Incentivos a la agregación de la oferta agrícola desde el derecho de la competencia", *Competencia, propiedad intelectual y tutela de consumidores en el sector agroalimentario*, Tirant, 2022.

español, incluso antes de la trasposición de la Directiva ya recogía unos comportamientos calificados como desleales que no tenían su reflejo en la normativa europea. Y es que, como recuerda la doctrina, la situación estructural descrita propicia la imposición unilateral de prácticas comerciales por la parte fuerte de la relación contrarias a la equidad, a la buena fe y a los parámetros de una correcta actuación en el tráfico económico[12]. A ello dedicaremos las siguientes páginas[13].

---

12 MARTÍN ARESTI, P., *Los excesos regulatorios de la reforma de la ley 12/2013...*, op. cit., pág. 153.

13 Sobre las prácticas desleales en la cadena alimentaria, MARTÍN ARESTI, P., *Los excesos regulatorios de la reforma de la ley 12/2013...*, op. cit.; FERNÁNDEZ CARBALLO-CALERO, P., "La lista negra de prácticas comerciales desleales en la cadena de suministro agrícola y alimentario en la directiva (UE) 2019/633 y su incorporación al ordenamiento jurídico español", *Competencia, propiedad intelectual y tutela de consumidores en el sector agroalimentario,* Tirant, 2022; LOUREDO CASADO, S., "La lista negra de prácticas desleales en el sector", *Competencia, propiedad intelectual y tutela de consumidores en el sector agroalimentario,* Tirant, 2022; DOMÍNGUEZ PÉREZ, E.M., "Practicas grises" en la cadena agroalimentaria: el artículo 3.2 de la directiva (UE) 2019/633 y el nuevo artículo 14. bis. 2. (B, C, D) de la ley 12/2013, tras la reforma operada por la Ley 16/2021, de 14 de diciembre", *Competencia, propiedad intelectual y tutela de consumidores en el sector agroalimentario,* Tirant, 2022; CARBAJO CASCÓN, F., "Practicas grises" en la cadena agroalimentaria: el artículo 3.2 de la directiva (UE) 2019/633 y el nuevo artículo 14. bis. 2 (a, E, f) de la ley 12/2013, de 2 de agosto, de medidas para mejorar el funcionamiento de la cadena agroalimentaria", *Competencia, propiedad intelectual y tutela de consumidores en el sector agroalimentario,* Tirant, 2022; VÁZQUEZ RUANO, T., "Enfoques normativos sobre las prácticas desleales en la cadena agroalimentaria. Atención a las empresas de economía social. Prácticas desleales y empresas de economía social",

II. EL DIFERENTE ÁMBITO DE APLICACIÓN DE LA DIRECTIVA Y LA LCA

Como punto de partida para el estudio de las prácticas desleales en la LCA se debe advertir del diferente posicionamiento del legislador nacional respecto del ámbito de aplicación de la normativa. Mientras que la Directiva parte de una aplicación a situaciones en las que es probable que exista una situación de dependencia económica[14], cuando establece en su Considerando 9º que: "El número y el tamaño de los agentes varían en las distintas etapas de la cadena de suministro agrícola y alimentario. Las diferencias en el poder de negociación, que se corresponden con la dependencia económica del proveedor respecto del comprador, y es probable que conduzcan a

---

CIRIEC–España. Revista jurídica de economía social y cooperativa, Nº. 39, 2021; VICIANO PASTOR, J., La regulación de las prácticas comerciales desleales en el sector agroalimentario: a propósito de la directiva (UE) 2019/633, *Retos en el sector agroalimentario: Regulación, competencia y propiedad industrial,* Tirant, 2022; GUILLEM CARRAU, J., "La competencia desleal y la cadena alimentaria en la Unión Europea", *Política agraria común,* Wolters Kluwer España, 2019; y GARCÍA VIDAL, A., "Prácticas comerciales desleales en la cadena de suministro agrícola y alimentario: impacto de la Directiva (UE) 2019/633 en el derecho español", *Comunicaciones en propiedad industrial y derecho de la competencia,* N. 88, 2019.

14 Véase, ESTEVAN DE QUESADA, C., "La doble regulación del abuso de una situación de dependencia económica", *Revista de Derecho Mercantil,* N. 257, 2005; ídem., "La explotación de la dependencia económica debida al poder relativo de la demanda en la cadena alimentaria", *Estudios sobre el régimen jurídico de la cadena de distribución agroalimentaria,* Marcial Pons, 2016; y OLMEDO PERALTA, E., "Explotación de la situación de dependencia económica en la cadena alimentaria", *Competencia, propiedad intelectual y tutela de consumidores en el sector agroalimentario,* Tirant, 2022.

que los agentes más grandes impongan prácticas comerciales desleales a los agentes más pequeños. Un planteamiento dinámico, basado en el tamaño relativo del proveedor y del comprador en términos de volumen de negocios anual, debe facilitar una mejor protección contra las prácticas comerciales desleales a aquellos agentes que más la necesitan. Las prácticas comerciales desleales son perjudiciales, en particular para las pequeñas y medianas empresas (PYMES), de la cadena de suministro agrícola y alimentario. Las empresas más grandes que las PYMES pero con una volumen de negocios anual inferior a 350 000 000 EUR, también deben ser protegidas contra las prácticas comerciales desleales, para evitar que el coste de dichas prácticas se traslade a los productores agrícolas. Las consecuencias en cascada sobre los productores agrícolas parecen ser particularmente significativas para las empresas con un volumen de negocios anual de hasta 350 000 000 EUR. La protección de los proveedores intermedios de productos agrícolas y alimentarios, incluidos los productos transformados, pueden también servir para evitar la desviación del comercio desde los productores agropecuarios y sus asociaciones, que producen productos transformados, hacia proveedores no protegidos"; lo que se traduce en el artículo 1.2 de la Directiva[15]. En cambio,

---

15 "La presente Directiva se aplicará a determinadas prácticas comerciales desleales que se producen en relación con las ventas de productos agrícolas y alimentarios por: a) un proveedor que tenga un volumen de negocios anual de menos de 2 000 000 EUR a un comprador que tenga un volumen de negocios anual de más de 2 000 000 EUR; b) un proveedor que tenga un volumen de negocios anual de más de 2 000 000 y menos de 10 000 000 EUR a un comprador que tenga un volumen de negocios anual de más de 10 000 000 EUR; c) un proveedor que tenga un volumen de negocios anual de más de 10 000 000 EUR y menos de 50 000 000 EUR a un comprador que tenga un volumen de

el legislador español no restringe su ámbito de aplicación y sujeta a la LCA y su acción tuitiva todas las relaciones contractuales de la cadena, aunque se trate de dos PYMES o no exista especial dependencia. Así, proclama el artículo 2.1 LCA, tras la importante modificación operada por la Ley 16/2021, de 14 de diciembre[16], que: "1. La presente ley es de aplicación

negocios anual de más de 50 000 000 EUR; d) un proveedor que tenga un volumen de negocios anual de más de 50 000 000 EUR y menos de 150 000 000 EUR a un comprador que tenga un volumen de negocios anual de más de 150 000 000 EUR; e) un proveedor que tenga un volumen de negocios anual de más de 150 000 000 EUR y menos de 350 000 000 EUR a un comprador que tenga un volumen de negocios anual de más de 350 000 000 EUR. El volumen de negocios anual de los proveedores y los compradores a que se hace referencia en las letras a) a e) del primer párrafo se determinará de conformidad con las partes correspondientes del anexo de la Recomendación 2003/361/CE de la Comisión (8) y en particular con sus artículos 3, 4 y 6, incluidas las definiciones de «empresa autónoma», «empresa asociada» y «empresa vinculada», así como otros aspectos relativos al volumen de negocio anual. Como excepción al primer párrafo, la presente Directiva se aplicará a las ventas de productos agrícolas y alimentarios de proveedores que tengan un volumen de negocios anual de menos de 350 000 000 EUR a compradores que sean autoridades públicas. La presente Directiva se aplicará a las ventas entre un proveedor y un comprador cuando uno de los dos, o ambos, estén establecidos en la Unión. La presente Directiva se aplicará también a los servicios, en la medida a la que se hace referencia explícita a ellos en el artículo 3, prestados por un comprador al proveedor. La presente Directiva no se aplicará a los acuerdos suscritos entre proveedores y consumidores".

16 Sobre esta relevante reforma, por todos, MARTÍN ARESTI, P., *Los excesos regulatorios de la reforma de la ley 12/2013...*, op. cit., págs. 149 a 174.

a las relaciones comerciales que se produzcan entre los operadores establecidos en España que intervienen en la cadena alimentaria desde la producción a la distribución de productos agrícolas o alimentarios. También será de aplicación esta ley a las relaciones comerciales entre cualquiera de los operadores que intervienen en la cadena alimentaria cuando uno esté establecido en España y el otro en un Estado miembro, cuando no resulte de aplicación la legislación de otro Estado miembro (...)". Ello ha sido calificado por la doctrina como la decisión fundamental que adopta la Ley 16/2021[17].

---

17 En este sentido, FERNÁNDEZ CARBALLO-CALERO, P., *La lista negra de prácticas comerciales desleales en la cadena de suministro agrícola y alimentario en la directiva (UE) 2019/633...*, op.cit: quién indica que: "la norma nacional (y, en consecuencia, la prohibición de las prácticas negras que siempre y en todo caso se califican como desleales) se aplica a "operadores que intervienen en la cadena alimentaria desde la producción a la distribución de productos agrícolas o alimentarios". No se ciñe, por tanto, a las relaciones entre proveedores y compradores que se encuentren en uno de los cinco tramos identificados en el artículo 1.2 de la Directiva y que -recordemos- se establecían en atención al volumen de negocios. A mayor abundamiento, la Ley 16/2021 apuesta por la bidireccionalidad en las conductas en la medida en que se tipifican como desleales las prácticas incluidas en el artículo 14 bis con independencia de que el sujeto infractor sea el comprador o el proveedor. En este sentido, la norma nacional razona lo siguiente: "La directiva, consciente de la realidad del sector, parte de la asunción de que el catálogo de actividades reputadas desleales ha de verse desde la perspectiva del vendedor, que suele ser el primer productor, de modo que esta orientación es el elemento mínimo a incorporar en las legislaciones nacionales. Nada obsta, antes al contrario, para extender su aplicación en la otra dirección, esto es, la imposición de tales conductas por parte del vendedor al comprador, puesto que la realidad

III. PRÁCTICAS DESLEALES DE LA LCA

1. Cuestiones terminológicas

Lo primero que debe advertirse es que la mayoría de comportamientos desleales establecidos en la LCA se recogen en el Capítulo II del Título II de la LCA. Y aquí debe indicarse que mientras que el Capítulo II lleva por rúbrica "Prácticas comerciales abusivas", el Título II lleva por nombre, hasta la reforma de 2021, "Régimen de contratación y prácticas comerciales abusivas", pasando a denominarse tras la reforma: "Régimen de contratación y prácticas comerciales desleales". La cuestión no es baladí. Antes de la reforma se venía considerando que la calificación como abusivas o desleales de estas prácticas no expresaba realidades distintas[18], puesto que desde ambas perspectivas se trata de prácticas impuestas de forma unilateral e injustificada por quién ostenta un superior poder negociador en perjuicio de la parte que las sufre. Ahora, tras la última reforma y la incorporación de las prácticas desleales

---

compleja del sector permite que las circunstancias concretas de cada transacción puedan ser muy variadas —por la estructura productiva, el sector, la localización o las condiciones personales de los intervinientes—. En consecuencia, se considera preferible que la ley ampare la posibilidad de aplicar en ambas direcciones tales conductas, en la conciencia de que su gravedad es idéntica cualquiera sea el autor material de la misma, y que, con independencia de la prevalencia material" (vid. Exposición de Motivos)".

18 VICIANO PASTOR, J., "La regulación de las prácticas comerciales desleales en el sector agroalimentario: apropósito de la Directiva (UE) 2019/633", *Derecho de la Unión Europea e integración regional: liber amicorum al profesor Dr. Carlos Francisco Molina del Pozo*, Tirant, 2019, pág. 1305.

de la Directiva, parece que hay que concluir, para evitar duplicidades, que una misma conducta puede constituir, al tiempo, una conducta abusiva desde la perspectiva contractual y una conducta desleal desde la perspectiva del Derecho de la Competencia. Así, por ejemplo, una modificación unilateral del contenido de un contrato agroalimentario[19] podrá ser un acto de competencia desleal, si se analiza desde la perspectiva concurrencial, y habrá que estar al contenido del nuevo artículo 14 bis, que transpone con práctica identidad, el artículo 3 de la Directiva; pero, al mismo tiempo, podrá ser una conducta abusiva, desde la perspectiva contractual y habrá que estar al contenido del artículo 12 LCA.

Las consecuencias jurídicas de una u otra calificación no son las mismas. Con independencia de que su incumplimiento conlleve las consecuencias que el Derecho regulatorio ha previsto, esto es, sanciones del Título V de la LCA; desde una perspectiva de Derecho privado sí hay consecuencias jurídicas relevantes por la calificación: mientras que desde la perspectiva contractual el carácter abusivo por infracción de norma prohibitiva e imperativa nos sitúa en el ámbito de la nulidad de pleno derecho, *ex* artículo 6.3 Cc; la calificación como desleal, por su parte, nos sitúa –como luego veremos– en el régimen previsto para las acciones en el Capítulo IV de la Ley 3/1991, de 10 de enero, de Competencia Desleal –LCD.

---

[19] Sobre los contratos alimentario, ver, RODRÍGUEZ MARTÍNEZ, I., "Claros y no tanto de la reforma para la transparencia en la formación y formalización del contrato alimentario", *Retos en el sector agroalimentario: Regulación, competencia y propiedad industrial*, Tirant, 2022.

2. Comportamientos desleales: lista negra y lista gris

Con la actual regulación, el precepto clave en materia de comportamientos desleales en el ámbito de la LCA es el artículo 14 bis, introducido tras la reforma de 2021, y que siguiendo la estela de la Directiva requiere diferenciar entre la lista negra –artículo 14bis.1 LCA y 3.1 Directiva– y la lista gris artículo 14bis.2 LCA y 3.2 Directiva. Y que, como ha resumido la doctrina[20], la lista negra contempla una serie de prácticas (nueve) que siempre y en todo caso deben calificarse como desleales, al considerarse conductas que merecen un reproche de deslealtad automático (sin que sea necesario, por tanto, un análisis de las circunstancias del caso concreto) y que resultan inmunes a una eventual validación de las partes por vía contractual; mientras que en la lista gris no opera este automatismo y se proclama la deslealtad de la práctica (seis), a menos que se haya acordado previamente de manera clara y sin ambigüedad en el contrato.

La sistemática de la norma, desde una perspectiva de coherencia, deja bastante que desear, puesto que la rúbrica del principal precepto sobre la materia es "Otras prácticas comerciales desleales", cuando, en realidad, recoge la casi totalidad de los comportamientos desleales, como ahora veremos.

Respecto de la **lista negra**[21], quedan prohibidas las siguientes prácticas comerciales desleales: a) Los **aplazamientos de pago** de productos agrícolas o alimentarios que excedan el tiempo establecido en la disposición adicional primera de la

---

20 Así, FERNÁNDEZ CARBALLO-CALERO, P., *La lista negra de prácticas comerciales desleales en la cadena de suministro agrícola y alimentario en la directiva (UE) 2019/633...*, op.cit.

21 Por todos, véase el magnífico trabajo de LOUREDO CASADO, S., *La lista negra de prácticas desleales en el sector...*, op. cit.

Ley 15/2010, de 5 de julio, de modificación de la Ley 3/2004, de 29 de diciembre, por la que se establecen medidas de lucha contra la morosidad en las operaciones comerciales, y respecto a lo específicamente referido al comercio minorista, en la disposición adicional primera de la Ley 3/2004, de 29 de diciembre, o de la norma que la sustituya. Todo ello sin perjuicio del régimen específico para las operaciones entre mayorista y minorista establecido por el artículo 17 de la Ley 7/1996, de 15 de enero, de Ordenación del Comercio Minorista, en relación con su disposición adicional sexta; b) Que una de las partes de la relación comercial **cancele un pedido** de productos agrícolas y alimentarios perecederos dentro de los 30 días previos al momento señalado para su entrega por el vendedor; c) Que una de las partes del contrato alimentario **modifique unilateralmente los términos del contrato** de suministro de productos agrícolas y alimentarios, en lo que se refiere a la frecuencia, método, lugar, calendario o volumen del suministro o la entrega de los productos agrícolas y alimentarios, las normas de calidad, las condiciones de pago o los precios; d) Que una de las partes de la relación comercial exija a la otra **pagos que no están relacionados** con la venta de los productos agrícolas o alimentarios del proveedor; e) Que el comprador exija al proveedor que **pague por el deterioro o la pérdida**, o por ambos motivos, de productos agrícolas y alimentarios, ocurridos en los locales del comprador o cuando la propiedad ya ha sido transferida al comprador, sin que dicho deterioro o pérdida se deban a negligencia o culpa del proveedor; f) Que una de las partes del contrato alimentario **se niegue a confirmar por escrito** los términos de un contrato de compraventa o suministro que fueron acordados entre el comprador y el proveedor y cuya confirmación por escrito le haya solicitado la otra parte; g) Que una de las partes de la relación comercial **adquiera, utilice o divulgue secretos empresariales** de la otra parte ilícitamente, en el sentido de la Ley 1/2019, de 20 de febrero, de Secretos Empresariales; h) Que una de las partes de la relación comercial **amenace** con llevar a cabo, o lleve a cabo, actos de **represalia comercial** contra la otra parte cuando esta ejerza sus derechos de negociación, contractuales o legales, incluidos la presentación de una denuncia o la cooperación con las autoridades de ejecución durante una investigación; e i) Que el comprador **transfiera al proveedor los gastos derivados de estudiar las reclamaciones** de los clientes relativas a la venta de los productos del proveedor, cuando la causa de las mismas no haya sido por negligencia o culpa del proveedor.

Por su parte, respecto de la **lista gris**[22], quedan igualmente **prohibidas** las siguientes prácticas comerciales, **a menos que** las partes hayan **acordado previamente** de manera **clara y sin ambigüedad** en el contrato alimentario de compraventa o suministro o en cualquier contrato posterior entre el proveedor y el comprador, incluyendo la determinación de los pagos que deban realizarse con motivo de los servicios prestados por el comprador: a) Que se cargue a una de las partes un **pago como condición por el almacenamiento, la exposición** o la inclusión en una lista con las referencias de sus productos agrícolas y alimentarios, o su puesta a disposición en el mercado; b) Que una de las partes **exija** a la otra que asuma total o parcialmente el coste de aquellos **descuentos** de los productos agrícolas y alimentarios vendidos como parte de una promoción, a menos que, antes de una promoción iniciada, se especifique la duración de la misma y la cantidad prevista de los productos agrícolas y alimentarios que vayan a encargarse a precio con descuento en los términos pactados; c) Que una de las partes exija a la otra que pague por la **publicidad** de productos agrícolas y alimentarios realizada por aquélla; d) Que una de las

---

22 Véanse, DOMÍNGUEZ PÉREZ, E.M., *Practicas grises en la cadena agroalimentaria...*, op. cit.; y CARBAJO CASCÓN, F., *Practicas grises en la cadena agroalimentaria...*, op. cit.

partes exija a la otra que pague por la **comercialización** de productos agrícolas y alimentarios; e) Que una de las partes cobre a la otra por el personal de **acondicionamiento** de los locales utilizados para la venta de los productos; y, f) Que el comprador **devuelva productos** agrícolas y alimentarios **no vendidos** al proveedor sin pagar por estos productos no vendidos, o su eliminación, o ambas cosas.

En este sentido, como puede observarse, el legislador –europeo y nacional– prohíben seis comportamientos que considera desleales, en el sentido de contrarios a la buena fe objetiva. Pero todos ellos pueden quedar autorizados, levantando la prohibición, así como la calificación de desleal, simplemente mediante la previsión contractual previa, clara y sin ambigüedades.

3. Otros comportamientos desleales en la LCA

Junto a estos comportamientos del artículo 14 bis, que derivan de la transposición de la Directiva (UE) 2019/633, la LCA prevé una serie de comportamientos que también se califican como desleales y que, algunos de ellos, tienen su origen en regulación nacional anterior a la trasposición.

En primer lugar, encontramos **la prohibición de compra por debajo del precio de coste de producción**, previsto en el artículo 12 ter LCA titulado "Destrucción de valor en la cadena", e introducido con la reforma operada por el Real Decreto-ley 5/2020, de 25 de febrero[23]. Aunque no es hasta la reforma de

---

[23] Real Decreto derogado, aunque manteniendo el artículo 12 ter LCA, en virtud de la Ley 8/2020, de 16 de diciembre, por la que se adoptan determinadas medidas urgentes en materia de agricultura y alimentación. Sobre los problemas del precepto, véase, GARCÍA VIDAL, A., "La fijación de precios en la cadena alimen-

2021 cuando su incumplimiento recibe el calificativo de "venta desleal" en su apartado tercero: "*El incumplimiento de lo dispuesto en el apartado anterior tendrá la consideración de venta desleal...*". Nuevamente, el precepto no es ejemplo de la mejor técnica legislativa. Obviamente, la referencia al concepto "venta desleal" podría llevarnos a situar la cuestión en el artículo 17 LCD, que regula la "venta a pérdida" en el sentido de permitirla salvo en los tres supuestos del precepto, cuando en realidad el artículo 12 ter LCA no prohíbe la venta, sino que sanciona como desleal la compra, como ahora veremos. Por ello sería recomendable que, para futuras reformas que seguro las habrá, se modifique la expresión "venta desleal" por la de "compra desleal".

En efecto, el párrafo primero del artículo establece que: "*Con el fin de evitar la destrucción del valor en la cadena alimentaria, cada operador de la misma deberá pagar al operador inmediatamente anterior un precio igual o superior al coste efectivo de producción de tal producto en que efectivamente haya incurrido o asumido dicho operador*". Y, como hemos sostenido en otros trabajos, el artículo 12 ter LCA merece un detenido análisis. Primero, su ámbito de aplicación. Se aplica a toda la cadena, pero con la excepción de aquellos que venden a consumidores. Esto es, desde el productor, pasando por comprador, el transformador y hasta la distribución minorista, quién, en su relación con los consumidores ya no queda sometido a la obligación. Y ello porque del concepto de "contrato alimentario", que es el que regula

taria", *Competencia, propiedad intelectual y tutela de consumidores en el sector agroalimentario,* Tirant, 2022; y PALAU RAMIREZ, F., "Íter legislativo de la Ley para mejorar el funcionamiento de la cadena alimentaria, excepcionalidad de su régimen en Derecho Comparado y referencia a la prohibición de la venta bajo coste en la Unión Europea", *Ley de la Cadena Alimentaria, cooperativas y otras entidades asociativas agrarias,* Tirant, 2022.

la ley de la cadena, se excluyen expresamente "los contratos con consumidores". Es decir, quién venda a los consumidores podrá hacerlo por debajo de su coste efectivo. Esto es, podrá vender a pérdidas con los únicos límites impuestos por los artículos 17 y 14 de la LCD y LOCM, respectivamente[24]. Ahora bien, consciente de ello, el legislador, en el apartado segundo del precepto establece que: "*El operador que realice la venta final del producto al consumidor en ningún caso podrá repercutir a ninguno de los operadores anteriores su riesgo empresarial derivado de su política comercial en materia de precios ofertados al público*". Sin duda, se trata de una buena medida de tuición, pero dicho con el debido respeto, se trata de una medida "cándida" o ingenua. Si se conoce como se gesta la configuración del precio en la gran distribución, esta medida no merece otro calificativo[25].

---

24 Sobre la venta a pérdida, entre otros, PALAU RAMÍREZ, F., "La venta a pérdida en la nueva ley de ordenación del comercio minorista: ¿hacia una nueva etapa en su aplicación?", *Derecho de la competencia y gran distribución*, Thomson-Aranzadi, 2016, p. 93 y ss; y PEÑAS MOYANO, B., "La venta a pérdida como acto de competencia desleal: nuevas reflexiones sobre la cuestión", *Derecho de la competencia y gran distribución*, Thomson-Aranzadi, 2016, p. 125 y ss.

25 Como ya hemos señalado, pero no es ocioso repetir, en un mercado que funciona correctamente la lógica económica es que el precio se configura de abajo hacia arriba, hasta llegar al consumidor. Pero en el mercado alimentario, por el poder de la gran distribución, el procedimiento es justo el inverso: el de arriba, con el hasta ahora inatacable argumento de la protección del interés del consumidor –basado únicamente en precio-, informa a qué precio quiere colocar en el lineal el producto y de ahí hacia abajo va configurándose el precio del producto. No se trata, por tanto, de repercutir el riesgo empresarial propio sino de poder, de poder de mercado y de negociación.

Pero, sobre todo, a efectos de la naturaleza jurídica de la conducta es importante detenerse en el sujeto obligado de la norma para comprender la naturaleza jurídica de la prohibición. En una primera impresión, como se ha indicado, se suele llegar a creer que la norma establece una excepción a la posibilidad de venta a pérdida. Nadie en la cadena puede vender a pérdidas, es lo que puede entenderse de una lectura rápida de la norma. Pero, en realidad, no es eso lo que dice la norma. La ley de cadena, tras la reforma de 2020, exige al productor y a todos los operadores de la cadena "saber" y "revelar" en contrato su coste de producción –artículo 9 LCA[26]. Pero no

---

[26] Artículo 9 LCA, tras las reformas de 2020, titulado "Condiciones contractuales": "1. Los contratos alimentarios regulados en este Capítulo, contendrán como mínimo los siguientes extremos: (…) c) Precio del contrato alimentario, con expresa indicación de todos los pagos, incluidos los descuentos aplicables, que se determinará en cuantía fija o variable. En este último caso, se determinará en función únicamente de factores objetivos, verificables, no manipulables y expresamente establecidos en el contrato. En ningún caso se utilizarán factores que hagan referencia a precios participados por otros operadores o por el propio operador. Los factores a emplear podrán ser, entre otros, la evolución de la situación del mercado, el volumen entregado y la calidad o composición del producto. En todo caso, uno de los factores deberá ser el coste efectivo de producción del producto objeto del contrato, calculado teniendo en cuenta los costes de producción del operador efectivamente incurridos, asumidos o similares. En el caso de las explotaciones agrarias se tendrán en cuenta factores tales como las semillas y plantas de vivero, fertilizantes, pesticidas, combustibles y energía, maquinaria, reparaciones, costes de riego, alimentos para los animales, gastos veterinarios, trabajos contratados o mano de obra asalariada. Se entenderá por factores objetivos aquellos que sean imparciales, fijados con independencia de las partes y que tengan como referencia datos

impone una prohibición de venta a pérdida, lo cual plantearía problemas de Derecho de la competencia no sólo en el ámbito nacional, sino también en el europeo[27]. Lo que la norma

---

de consulta pública. En el caso de las explotaciones agrarias, éstos serán tales como los datos relativos a los costes efectivos de las explotaciones publicados por el Ministerio de Agricultura, Pesca y Alimentación". Sobre las cuestiones contractuales, por todos, RODRÍGUEZ CACHÓN, T., *Relaciones contractuales de la cadena alimentaria: estudio desde el análisis económico del derecho,* Dykinson, 2020; y RODRÍGUEZ MARTÍNEZ, I, "Claros y no tanto de la reforma para la transparencia en la formación y formalización del contrato alimentario", *Retos en el sector agroalimentario: Regulación, competencia y propiedad industrial,* Tirant, 2022; ídem., "Los contratos alimentarios o de la cadena alimentaria", *Retos en el sector agroalimentario valenciano en el siglo XXI: a propósito de la Ley 12/2013,* Tirant-lo-blanch, 2019, p. 47 y ss.

27 Recuérdese la doctrina sentada por el Tribunal de Justicia en su Sentencia de 19 de octubre del 2017, asunto Europamur, C-295/16, en la que consideró contrario a la directiva de prácticas comerciales desleales el establecimiento de una prohibición general de ofertar o realizar ventas de bienes con pérdida. En efecto, el asunto Europamur tiene su origen en la multa impuesta por la Dirección General de Comercio y Protección del Consumidor de la Comunidad Autónoma de la Región de Murcia a un mayorista de productos domésticos y de alimentación, Europamur Alimentación, SA, por vender por debajo del precio de fábrica. El fundamento de la sanción era el artículo 14 de la Ley 7/1996, de 15 de enero, de ordenación del comercio minorista. Recurrida la resolución, el Juzgado de lo Contencioso-Administrativo número 4 de Murcia formuló dos cuestiones prejudiciales en las que preguntó si una norma que imponía una sanción administrativa por vender a pérdida era conforme con el Derecho de la Unión Europea. En particular, con la Directiva 2005/29/CE del Parlamento Europeo y del Consejo, de 11 de marzo de 2005, relativa a las prácticas comerciales desleales de las empresas en sus relaciones con

impone es una prohibición de compra por debajo del coste efectivo manifestado por el vendedor al adquirente. El sujeto obligado por la norma no es el vendedor sino al adquiriente, a quién obliga a conocer el coste efectivo del producto de a quién le va a comprar y le prohíbe pagar menos que dicho coste. La norma es clara: "*cada operador de la cadena «deberá pagar» al inmediatamente anterior*". Aunque, obviamente, no debe confundirse coste efectivo con precio de venta. En un mercado que funcione correctamente el coste efectivo no debería ser el precio de venta (nos "cargamos" el Derecho mercantil, si el lec-

---

los consumidores en el mercado interior. El TJUE se pronuncia en sentido afirmativo, argumentando que la Directiva 2005/29/CE realiza una armonización completa de las normas relativas a las prácticas comerciales desleales entre empresas y consumidores. Por lo tanto, los Estados miembros no pueden establecer un régimen más restrictivo, "*ni siquiera para garantizar un grado más elevado de protección de los consumidores*". Y explica que ya se había pronunciado en ese sentido en la sentencia de 14 de enero de 2010 (C-304/08), Zentrale zur Bekämpfung unlauteren Wettbewerbs eV y Plus Warenhandelsgesellschaft GmbH y en el auto de 30 de junio de 2011 (C-288/10), Wamo BVBA y JBC NV, Modemakers Fashion NV. Concluyendo que: "*En tales circunstancias, procede responder a la cuestión planteada que la Directiva sobre las prácticas comerciales desleales debe interpretarse en el sentido de que se opone a una disposición nacional, como la controvertida en el litigio principal, que contiene una prohibición general de ofertar o realizar ventas de bienes con pérdida y que establece excepciones a dicha prohibición basadas en criterios que no figuran en la propia Directiva*". Sobre ello, PALAU RAMÍREZ, F., "El ocaso de la prohibición de la venta a pérdida en la Ley de Ordenación del Comercio Minorista: la relevancia de la sentencia del Tribunal de Justicia de la Unión Europea de 19 de octubre de 2017, Europamur Alimentación, S.A.", *Derecho de la competencia, desafíos y cuestiones de actualidad,* Marcial Pons, 2018, págs. 107-125

tor me permite la broma), sino el mínimo al que un operador de la cadena puede adquirir un producto alimentario[28].

En este contexto, la prohibición de compra por debajo del coste de producción es una medida bienintencionada, sin duda; y constitutiva de un comportamiento desleal, no de venta sino de compra, y específico de la LCA; pero también es un caballo de Troya para muchos pequeños productores –a los que probablemente se pretende proteger–, porque bajo la apariencia de tuición se impone una regla de mercado muy dura y eficientista. El coste de producción –el legislador así lo ha configurado, y probablemente no podría hacerse de otra manera si no se quiere infringir el Derecho de la competencia– es individualizado de cada operador. Ello no es una cuestión menor, pues los grandes productores, que pueden utilizar economías de escala, y por tanto conseguir mejores costes de producción, serán mucho más competitivos en precio que los productores pequeños, que tienen una serie de gastos que no pueden reducir por economías de escala. Y si el adquiriente tiene prohibido comprar por debajo de coste de producción, pues no es difícil intuir de quien se comprará y a quién le dirá que no se le puede comprar. No digo que esté mal. Desde una perspectiva de lógica concurrencial es perfecto: el operador ineficiente tenderá a la desaparición. Y es coherente con las políticas que se llevan tiempo trabajando de fomento de la integración del

---

28 Por tanto, si el sujeto obligado es el comprador sobre él recae la calificación jurídica de infractor a efectos del artículo 23 LCA, titulado *"infracciones en materia de contratación alimentaria"*, en cuyo apartado segundo párrafo tercero se establece que: "*Del mismo modo, será infracción grave: (...) la destrucción de valor en la cadena alimentaria conforme al artículo 12 ter...*"; por lo que, a efectos administrativos de la LCA, el vendedor no es el sujeto obligado y, por tanto, no podría ser objeto de sanción.

sector primario[29]. Pero el problema es que, en este sector, ello significa que una buena parte del sector primario hiperatomizado –que es a quién se quiere proteger por el legislador– podrá tener serios problemas de subsistencia a medio plazo.

En segundo lugar, el artículo 14 LCA, bajo la rúbrica "gestión de marcas" regula otro comportamiento desleal propio de la LCA. No en el apartado primero, que se refiere propiamente a la gestión de marcas y en la que el legislador se limita a proclamar que se "**evitarán**" comportamientos desleales: "*Los criterios para la gestión de categorías habrán de ser predeterminados y **evitarán** tratamientos **desleales, como** la explotación por parte de una empresa de la situación de **dependencia económica** en la que puedan encontrarse sus empresas clientes o proveedores, como dispone el artículo 16 de la Ley 3/1991, de 10 de enero, de Competencia Desleal. Los operadores **gestionarán** las marcas de productos alimentarios que ofrezcan al consumidor, **tanto las propias como de otros operadores, evitando** prácticas contrarias a la libre competencia **o que constituyan actos de competencia desleal** de acuerdo con lo previsto en la Ley 15/2007, de 3 de julio, de Defensa de la Competencia, y en la Ley 3/1991, de 10 de enero, de Competencia Desleal, así como actos de publicidad ilícitos de conformidad con la Ley 34/1988, de 11 de noviembre, General de Publicidad. Asimismo, los operadores actuarán de buena fe en la comercialización de las **innovaciones relevantes** de los*

---

29 Medidas que, sin duda, son necesarias e, incluso, efectivas. Pero igual que parece que la política de fomento de la concentración de la oferta es una medida efectiva, estoy totalmente convencido de que es imposible. Quién conoce la realidad de la agricultura española, totalmente atomizada, sabe que la solución real no puede pasar por la concentración. Su fomento debe ser una política económica, pero no parece ser una solución real ni siquiera a largo plazo. Las medidas deben ser otras y, a nuestro juicio, pasan por ofrecer una mayor tutela al perjudicado por el incumplimiento de la normativa de cadena alimentaria.

productos alimentarios de sus proveedores"; sino en el segundo, que proclama como ilícito desleal propio de la LCA el aprovechamiento indebido de la iniciativa empresarial ajena: "*Se* ***prohíbe*** *el* ***aprovechamiento indebido*** *por parte de un operador y en beneficio propio de la* ***iniciativa empresarial ajena****, así como las que constituyan publicidad ilícita por reputarse desleal mediante la utilización,* ***ya sea en los envases, en la presentación o en la publicidad*** *del producto o servicio de cualesquiera elementos distintivos* ***que provoquen riesgo de asociación o confusión*** *con los de otro operador o con marcas o nombres comerciales de otro operador en los términos definidos en la Ley 17/2001, de 7 de diciembre de Marcas y* ***sin perjuicio de*** *lo dispuesto en los artículos 11 y 12 de la Ley de Competencia Desleal*". A nuestro juicio, lo que el precepto proclama es un supuesto de deslealtad específico para el sector agroalimentario, pensado para la gran distribución, consecuencia de la eclosión y explosión de las denominadas "marcas blancas" o "marcas del distribuidor". Como en alguna ocasión se ha sostenido, los "sin perjuicio" en el Derecho mercantil podría dar para alguna tesis doctoral; y, en este caso, lo que conlleva es precisamente la reafirmación de que estamos ante un comportamiento desleal "*sui generis*" propio de la LCA y que, en cierta manera, y como siempre no de manera clara, trata de crear un "*tertium genus*" específico, esto es, un concepto distinto a otros dos clásicos de la LCD, como son los actos de imitación del artículo 11 y los de explotación de la reputación ajena del artículo 12[30].

---

30 Sobre ello se ha dicho que: "se trata, de una parte, de una normativa muy limitada, al estar centrada exclusivamente en el uso indebido, por un operador de la cadena agroalimentaria, de una marca ajena, o bien tratarse de un supuesto de imitación de signo distintivo (art. 11. 1. LCD), o un supuesto de aprovechamiento indebido de marca ajena realizado a través de la publicidad, en un envase de un producto o en la presentación del mismo (art. 14. 2. Ley 12/2013). Y, de otra parte, se trata de una

Por último, y aunque a nuestro juicio no se trata de un comportamiento desleal propio de la LCA, sino por remisión a la LCD, encontramos la Disposición adicional cuarta LCA, bajo la rúbrica "*Realización y difusión de estudios y análisis comparativos*" establece, en su apartado primero, que: "*Cuando a iniciativa de cualquier persona física o jurídica se realicen estudios y análisis comparativos en productos alimenticios dispuestos para su venta al consumidor final, y cuyos resultados se destinen a su difusión se deberán observar los principios de veracidad, rigor técnico y analítico y cum-*

---

normativa poco correcta técnicamente, en cuanto que vincula la deslealtad de la conducta (así, uso de marca ajena) a la competencia desleal. Y es que, es ya una idea pacífica entre la doctrina y los tribunales, que la infracción de un derecho de propiedad industrial no es por sí mismo un acto de competencia desleal regulado en la LCD, por mucho que sea cierto que el uso de una marca ajena sin autorización del titular lleve implícito en sí mismo un reproche de deslealtad, de actuación incorrecta en el mercado. Cobra pleno sentido la doctrina propuesta hace ya algún tiempo por A. BERCOVITZ RODRÍGUEZ-CANO, sobre la forma de coordinarse la normativa de Marcas y la de Competencia desleal, que lo hace en una suerte de "círculos concéntricos", de forma que el interior estaría formado por la LM y otras leyes que conceden derechos de exclusiva, y por ello una tutela jurídica más fuerte y reforzada, mientras que el círculo más exterior estaría integrado por aquellas normas más generales. En definitiva, se trata de dos sectores de Derecho de la Competencia que se relacionan entre ellos en clave de "complementariedad". Con todo, se añade: "Realmente, el art. 14 de la Ley 12/2013, pese a sus deficiencias técnicas y reducido ámbito de aplicación, puede considerarse la primera apuesta de calado del legislador español por reprimir las prácticas desleales realizadas en el marco del sector agroalimentario". Así, DOMÍNGUEZ PÉREZ, E.M., "*Practicas grises" en la cadena agroalimentaria: el artículo 3.2 de la directiva (UE) 2019/63...*, op.cit.

plir con todas las garantías contempladas en la normativa nacional o comunitaria en materia de análisis"; declarando en el apartado cuarto que: "L*os estudios, informes y análisis no deberán inducir a error al consumidor respecto a la seguridad, calidad de los productos o al cumplimiento de la legislación alimentaria que le sea de aplicación*"; y concluyendo en el apartado quinto que: "*El incumplimiento de los principios y requisitos aplicables a los estudios, informes y análisis llevados a cabo por entidades de carácter público o privado destinados a su difusión pública, contenidos en esta Disposición* ***podrá*** *ser considerado como* ***un comportamiento objetivamente contrario a las exigencias de la buena fe,*** *de acuerdo con lo dispuesto en el Capítulo II de la Ley 3/1991, de 10 de enero, de Competencia Desleal*".

En su línea, la redacción de la Disposición no es modelo de buena técnica jurídica. El uso del término "podrá" resulta inaudito y la remisión al Capítulo II genera más dudas que certidumbres. Hay que recordar que la cláusula general del artículo 4 LCD es un tipo en sí mismo para comportamientos contrarios a la buena fe objetiva, pero no parece que deba ser éste su encaje sistemático, a la hora de enjuiciar el comportamiento. Y ello por el uso de término "podrá" y la remisión al Capítulo II, que no al artículo 4. La disposición adicional segunda recoge, como mínimo, dos comportamientos que pueden ser desleales: actos de comparación, cuya regulación está en el Capítulo II, artículo 10 LCD; y actos de engaño, cuya regulación está en el capítulo II, artículo 5 LCD. Por ello, parece que lo que el legislador pretende es remitirse al cumplimiento de los requisitos específicos de cada una de estas conductas en la LCD para que se califique el comportamiento como desleal. Solo así puede entenderse, a nuestro juicio, el término "podrá" realizado por el legislador. Si lo que se pretendía era crear un ilícito desleal propio de la LCA, pero con remisión a la cláusula general, podía haber dicho que el incumplimiento sería considerado un comportamiento objetivamente contrario a las exigencias de la buena fe. Pero no es eso lo que dice. Y, por tanto, parece que el podrá solo puede ser consecuencia de la remisión a los distintos comportamientos tipificados, con sus propios requisitos, en los ilícitos de los artículos 5 y 10 LCD.

IV. ALGUNAS CUESTIONES SISTEMÁTICAS Y CONCLUSIONES

A nuestro juicio, hasta la reforma de 2021 y la incorporación de a nuestro ordenamiento de la Directiva (UE) 2019/633 podía ser discutible el encuadre sistemático de los comportamientos calificados como desleales en la LCA y su relación con la LCD[31]. Una posición pragmática nos permitía solventar el problema de la conexión por la vía del artículo 15.2 LCD, en la medida en que no hay duda de que la LCA es una norma jurídica que tiene "por objeto la regulación de la actividad concurrencial". Pero tras la reforma de 2021 y la incorporación de los comportamientos desleales de la Directiva a la LCA parece que puede sostenerse que estamos en presencia de comportamientos desleales en sí mismos, que se añaden a los del Capítulos II y III de la LCD. Y, por tanto, son fundamento suficiente para el ejercicio de una acción de competencia desleal ante los Juzgados de lo Mercantil y acudir, tras la acreditación de que se cumplen los requisitos del ámbito objetivo y subjetivo de los artículos 2 y 3 LCD, al régimen jurídico de las acciones de competencia desleal previsto en el Capítulo IV LCD, concretamente a las acciones del artículo 32 LCD.

Pero la pregunta que emerge al interesado, tras la descripción del régimen de prácticas desleales previstas en la LCA, es si, en realidad, se trata de lo que el sector necesita para de-

---

[31] Sobre ello, MARTÍN ARESTI, P., *Los excesos regulatorios de la reforma de la ley 12/2013…*, op. cit., págs. 169 a 171.

fender sus derechos. Como ha podido observarse nos encontramos ante el reconocimiento legal de conductas desleales propias de la LCA, pero respecto la mayoría de las cuales ya podría defenderse judicialmente su reconocimiento con sólida fundamentación jurídica antes del reconocimiento legal expreso. Por ello, a nuestro juicio, la solución debe venir por otra vía: concretamente, por facilitar o simplificar el ejercicio de acciones legales. No es un dato baladí el hecho de que no haya una sola resolución judicial aplicando en los juzgados la LCA, pese a las continuas quejas y manifestaciones del sector que motivan o general cambios legislativos que luego no son utilizados por los operadores. Por tanto, parece que esta no es la vía correcta. A nuestro juicio, es necesario adoptar medidas que contribuyan a eliminar el conocido "factor miedo" y que simplifiquen el ejercicio de acciones y reclamaciones de daños. El Derecho de la competencia desleal no es precisamente una rama del ordenamiento jurídico sencilla. Y el sector agroalimentario, particularmente el primario, no dispone del tiempo y, en ocasiones, de los medios necesarios para embarcarse en este tipo de procedimientos. Por ello, en la medida en que estamos en sede de Derecho regulatorio hay varias posibilidades a explorar, como, por ejemplo, podría ser la posibilidad de articular acciones *follow-on* o de seguimiento, tras la firmeza de las resoluciones administrativas que declaren la infracción de la LCA; o la creación de un sistema de arbitraje obligatorio para determinadas empresas de la cadena. En definitiva, parece más necesario avanzar en mecanismos para estimular la defensa –individual o colectiva– de los derechos de los operadores perjudicados que en tipificación de ilícitos que luego, aunque puedan ser sancionados, no son reclamados en la vía privada. Y esa naturaleza privada, y no otra, es a la que responde la lógica de la prohibición de prácticas desleales.

Con todo, en el ámbito de las prácticas desleales en Europa que afectan a la cadena alimentaria todavía queda camino por recorrer. Así, recientemente se ha aprobado la Directiva (UE) 2024/825 del Parlamento Europeo y del Consejo, de 28 de febrero de 2024, por la que se modifican las Directivas 2005/29/CE y 2011/83/UE en lo que respecta al empoderamiento de los consumidores para la transición ecológica mediante una mejor protección contra las prácticas desleales y mediante una mejor información. En ella se introducen nuevas normas para combatir el blanqueo ecológico, es decir, las afirmaciones engañosas o no verificadas sobre el impacto medioambiental o social de los productos o servicios. Entre otras medidas, se añaden nuevas prácticas comerciales al listado de aquellas que ya se consideran desleales en cualquier circunstancia. Por ejemplo, se prohíben las afirmaciones medioambientales genéricas sin un comportamiento medioambiental excelente reconocido, las afirmaciones sobre la totalidad de un producto o de una empresa cuando, sin embargo, se refieran solo a un aspecto del producto o de la empresa, o la exhibición de distintivos de sostenibilidad que no se basen en un sistema de certificación o que no hayan sido establecidos por las autoridades públicas. De esta forma, la Directiva aspira a contribuir al objetivo del Pacto Verde Europeo de permitir a los consumidores tomar decisiones más sostenibles y reducir el riesgo de blanqueo ecológico mediante información fiable, comparable y verificable. Sin duda, este tipo de medidas tienen un impacto directo sobre los diferentes eslabones de la cadena alimentaria. Esperemos que cuando se transponga tenga una aplicación efectiva y que no quede, como en otros casos, en una mera norma bienintencionada. Aquí, nuevamente, tendrán mucho que decir los operadores económicos. Por tanto, no desenfoquemos el problema. No es necesaria más regulación, sino simplificar los mecanismos para el ejercicio de las acciones en la espera privada.

Los controles de cumplimiento de la prohibición de prácticas desleales en la contratación alimentaria

PILAR MARTÍN ARESTI[1]
Catedrática de Derecho Mercantil
Universidad de Salamanca
pimar@usal.es

SUMARIO: I. LAS PRÁCTICAS ABUSIVAS EN LA CONTRATACIÓN ALIMENTARIA Y SU TRATAMIENTO POR LA COMPETENCIA DESLEAL- 1. El reequilibrio de poder en las relaciones de la cadena alimentaria como objetivo de la política agraria de la Unión Europea; 2. El tratamiento de los desequilibrios en la contratación alimentaria desde el prisma de la competencia desleal; 3. La incorporación de la Directiva 2019/633 a la Ley 12/2013 y el reforzamiento de la posición de la Agencia de Información y Control Alimentarios, O.A.(AICA); 4. El régimen sobre contratación alimentaria de la Ley 12/2013; II. EL EJERCICIO DEL CONTROL DE CUMPLIMIENTO DE LA LEY 12/2013; III. LAS RELACIONES DE LA LEY 12/2013 CON LAS NORMAS GENERALES DE COMPETENCIA; 1. La concurrencia de la aplicación pública y privada de las normas sobre competencia desleal en la contratación agroalimentaria; 2. La aplicación de la normativa de la libre competencia a las prácticas comerciales desleales en la contratación agroalimentaria.

---

1 La presente aportación forma parte de los resultados del Proyecto de Investigación SA265P20 "Competencia e Innovación en el Sector Agroalimentario de Castilla y León" concedido por la Junta de Castilla y León y cofinanciado con fondos FEDER (Orden EDU/1192/2020, de 4 de noviembre) del cual es investigadora principal la Profª Drª Dª Pilar Martín Aresti.

BIBLIOGRAFÍA: ALONSO MAS, M.J., "El régimen sancionador", *Retos en el sector agroalimentario valenciano en el siglo XXI (A propósito de la Ley 13/2013, de 2 de agosto, de medidas para mejorar el funcionamiento de la cadena alimentaria),* Viciano Pastor, J. (Dir.), Tirant lo Blanch, Valencia 2019, págs. 255-313; BAKHOUM, M., "Abuse without dominance in competition law: abuse of economic dependence and its interface with abuse of dominance", en Di Porto, F. y Podszun, R. (Eds.), *Abusive Practices in Competition Law, Di Porto,F. y Podszun, R. (Eds.), Edward* Elgar Publishing, UK, 2018, págs.157-184; CARRASCO PERERA, Á., "Negociación contractual interminable" (Artículo 9 bis de la ley de la cadena alimentaria), *Análisis GA_P,* Enero 2022, págs. 1-3; CARBAJO CASCÓN, F., "Conductas colusorias y exenciones agrícolas", *Competencia, propiedad intelectual y tutela de consumidores en el sector agroalimentario,* Carbajo Cascón, F. (Dir.) Tirant lo Blanch, Valencia 2022, págs. 927-961; CORBERÁ MARTÍNEZ, J.M., "Gestión de marcas y prohibición de aprovechamiento indebido ("copycat") en el sector alimentario", *Retos en el sector agroalimentario valenciano en el siglo XXI (A propósito de la Ley 13/2013, de 2 de agosto, de medidas para mejorar el funcionamiento de la cadena alimentaria),* Viciano Pastor, J. (Dir.), Tirant lo Blanch, Valencia 2019, págs. 189-226; COSTAS COMESAÑA, J., «La aplicación del derecho de la competencia en los mercados agroalimentarios", Derecho de la Competencia y gran Distribución, Cachafeiro García, F.; López Suárez, M. y García Pérez, R, (Coords.), Thomson Reuters Aranzadi, Cizur Menor, 2016, págs. 197-230; DE LA CUESTA SÁENZ, J.M., "Ejecución, control y sanciones", *Cambios en la Ley de cadena alimentaria. Propuestas para la urgente transposición de la Directiva 2019/633,* Muñiz Espada, E. (Coord.) Reus, 2020, págs. 209-228; DOMÍNGUEZ PÉREZ, E., "Practicas grises" en la cadena agroalimentaria: el artículo 3.2 de la directiva (UE) 2019/633 y el nuevo artículo 14. bis. 2. (B, C, D) de la ley 12/2013, tras la reforma operada por la Ley 16/2021, de 14 de diciembre" *Competencia, propiedad intelectual y tutela de consumidores en el sector agroalimentario,* Carbajo Cascón, F. (Dir.), Tirant lo Blanch, Valencia 2022, págs. 1315-1350; FERNÁNDEZ RAMOS, S., "El acceso a la información relativa a los procedimientos administrativos", *Revista Española de la Transparencia* (RET), N. ° 12, enero junio 2021, págs. 25-46; GARCÍA VIDAL, Á., "Secretos empresariales, gestión de marcas y prácticas comerciales desleales en la reforma de la ley de la cadena alimentaria", diciembre 2021, disponible en https://www.ga-p.com/publicaciones/analisis-de-la-nueva-ley-16-2021-de-14-de-diciembre-de-reforma-de-la-cadena-alimentaria/; GARCÍA VIDAL, Á., "La fijación de precios en la cadena alimentaria", *Retos en el sector agroalimentario. Regulación, competencia y propiedad industrial,* Palau Ramírez F. (Dir.), Tirant lo Blanch, Valencia 2022, págs. 61-76; GONZÁLEZ CASTILLA, F., "La cadena alimentaria como objeto de regulación: reflexiones sobre la confluencia de competencias y el ámbito de aplicación de la Ley 12/2013", *Retos en el sector agroalimentario valenciano en el siglo XXI (A propósito de la Ley 13/2013, de 2 de agosto, de medidas para mejorar el funcionamiento de la cadena alimentaria),* Viciano Pastor, J. (Dir.) Tirant lo Blanch, Valencia 2019, págs. 19-45; LÓPEZ BENÍTEZ, M., "La transposición al ordenamiento español de la Directiva 2019/633/UE, de 17 de abril, sobre prácticas comerciales desleales en las relaciones entre empresas en la cadena de suministro agrícola y alimentario", *Revista Vasca de Administración Pública*, núm. 123, mayo-agosto, 2022, págs. 135-178; MAUDES GUTIÉRREZ, A./SILOS RIBAS, M., "En defensa de un marco normativo que fomente la competencia efectiva y la eficiencia económica en la cadena alimentaria", en González Castilla, F. y Ruiz Peris, J.I. (Dirs.), *Estudios sobre el régimen jurídico de la cadena de distribución agroalimentaria,* Marcial Pons, Madrid, 2016, págs. 97-112; MARTÍ MIRAVALLS, J., «Problemas concurrenciales en la cadena alimentaria", en Miranda Serrano, L.M. y Pagador López, J. (Dirs.), *Desafíos del regulador mercantil en materia de contratación y competencia empresarial,* Marcial Pons, Madrid, 2021, págs. 317-340; MARTÍ MIRAVALLS, J., "Cuestiones sustantivas sobre las reclamaciones de daños en el marco del cártel de los fabricantes de automóviles", *Nuevos horizontes del Derecho a la competencia,* Ruíz Peris, J.I. y Martí Miravalls, J., (Dirs.), Atelier, 2021, págs. 31-82; MARTÍN ARESTI, P., "Los excesos regulatorios de la reforma de la ley 12/2013 sobre el funcionamiento de la cadena alimentaria", *Actas de derecho industrial y derecho de autor,* Tomo 42, 2022, págs. 149-174; MUÑIZ ESPADA, E., "El Pacto Verde de la Unión Europea 2020. Consecuencias jurídico privadas", *Transición ecológica y desarrollo rural. Algunas propuestas integradoras en el camino hacia una sinergia necesaria y mutuamente beneficiosa de ambas políticas públicas,* García-Moreno Rodríguez, F. (Dir.), Aranzadi, 2021, págs. 311-359; OLMEDO PERALTA, E., "Poder de mercado, poder de negociación y abusos explotativos en la cadena alimentaria" *Competencia, propiedad intelectual y tutela de consumidores en el sector agroalimentario,* Carbajo Cascón, F. (Dir.), Tirant lo Blanch, Valencia 2022, págs.1137-1180; REIG., E., "La agroalimentación europea en un contexto global", *Papeles de Economía Española,* n.º 177, 2023. págs. 66-86; RODRÍGUEZ MARTÍNEZ, I, "Los contratos alimentarios o de la cadena alimentaria", *Retos en el sector agroalimentario valenciano en el siglo XXI (A propósito de la Ley 13/2013, de 2 de agosto, de medidas para mejorar el funcionamiento de la cadena alimentaria),* Viciano Pastor, J. (Dir.), Tirant lo Blanch, Valencia 2019, págs. 47-77; RUIZ PERIS, J.I., "El abuso de dependencia económica en el derecho de defensa de la competencia en el marco de la lucha contra las conductas abusivas", Derecho de la Competencia y gran Distribución, Cachafeiro García, F.; López Suárez, M. y García Pérez, R, (Coords.), Thomson Reuters Aranzadi, Cizur Menor, 2016, págs. 31-55; RUIZ PERIS, J.I., "El sector agroalimentario a la búsqueda de equilibrios de mercado", *Retos en el sector agroalimentario. Regulación, competencia y propiedad industrial*, PALAU RAMÍREZ, F. (Dir.), Tirant lo Blanch, Valencia 2022, págs. 29-42; VICIANO PASTOR, J., "La regulación de las prácticas comerciales desleales en el sector agroalimentario: a propósito de la directiva (UE) 2019/633", *Retos en el sector agroalimentario. Regulación, competencia y propiedad industrial*, Palau Ramírez, F. (Dir.), Tirant lo Blanch, Valencia 2022, págs. 107-126.

I. LAS PRÁCTICAS ABUSIVAS EN LA CONTRATACIÓN ALIMENTARIA Y SU TRATAMIENTO POR LA COMPETENCIA DESLEAL

1. El reequilibrio de poder en las relaciones de la cadena alimentaria como objetivo de la política agraria de la Unión Europea

La cadena alimentaria ha sido objeto en los últimos años de un desarrollo normativo particularmente dinámico desde diferentes frentes. Las líneas de actuación más recientes en el tiempo y ambiciosas en cuanto a sus objetivos son las recogidas en la estrategia *De la Granja a la Mesa* surgida al amparo del *Pacto Verde Europeo,* con la que se aspira a alcanzar un «sistema alimentario justo, saludable y respetuoso con el medio ambiente"[2]. Conseguir estos objetivos requiere importantes medidas de adaptación que implican profundos cambios en las

---

[2] Ambos documentos pueden consultarse en https://commission.europa.eu/strategy-and-policy/priorities-2019-2024/european-green-deal_es y https://food.ec.europa.eu/horizontal-topics/farm-fork-strategy_en.

actividades que llevan a cabo los distintos operadores agroalimentarios que intervienen en la producción, transformación y distribución de alimentos, en especial los del sector primario[3]. Estas medidas han quedado integradas en la nueva PAC 2023-2027, que basa las ayudas a los beneficiarios en el rendimiento y la efectiva contribución a los objetivos climáticos de la Unión[4], por lo que su implantación no solo requiere un importante esfuerzo de los Estados miembros[5], sino que también concierne muy directamente a los operadores agroalimentarios.

Debe convenirse en que el éxito de estas iniciativas, tal vez en exceso ambiciosas, exige como presupuesto un correcto funcionamiento de la cadena alimentaria desde una perspecti-

---

3 Entre las medidas previstas se incluyen, entre otras, el incremento de la agricultura y la ganadería orgánica para la reducción de pesticidas, la incorporación de técnicas de innovación agrícola, o la mejora del bienestar animal.

4 Vid. los arts. 5 y 6 (*objetivos generales y específicos*) y los arts. 12 y 13 (*sistema de condicionalidad*) del Reglamento (UE) 2021/2115 del Parlamento Europeo y del Consejo de 2 de diciembre de 2021 por el que se establecen normas en relación con la ayuda a los planes estratégicos que deben elaborar los Estados miembros en el marco de la política agrícola común (planes estratégicos de la PAC), financiada con cargo al Fondo Europeo Agrícola de Garantía (FEAGA) y al Fondo Europeo Agrícola de Desarrollo Rural (FEADER), y por el que se derogan los Reglamentos (UE) nº 1305/2013 y (UE) nº1307/2013.

5 Vid., en relación con la obligación de los Estados Miembros de elaborar planes estratégicos para la aplicación de la nueva PAC, MUÑIZ ESPADA, E., "Pacto verde y consecuencias jurídico privadas", *Transición ecológica y desarrollo rural. Algunas propuestas integradoras en el camino hacia una sinergia necesaria y mutuamente beneficiosa de ambas políticas públicas*, García Moreno Rodríguez (dir.) Aranzadi, 2021, págs. 323-331.

va mercantil -esto es, la que afecta a las relaciones comerciales entre los operadores de la cadena- que ofrezca a sus participantes incentivos o, al menos, los sitúe en disposición de abordar las transformaciones exigidas por los objetivos de sostenibilidad socioeconómica y medioambiental. Sin embargo, también es sabido que el funcionamiento de la cadena en lo que atañe a las relaciones jurídicas establecidas entre los operadores alimentarios que actúan en sus distintos niveles (productores primarios, transformadores, distribuidores) presenta importantes desequilibrios[6] que responden a razones tanto estructurales como coyunturales y que favorecen la imposición de prácticas comerciales no equitativas a la parte con menor poder negociador -normalmente, el proveedor de productos primarios – restando transparencia y competitividad al sistema agroalimentario y perjudicando el adecuado reparto de valor entre los miembros de la cadena. Estos desequilibrios no son un fenómeno nuevo, como tampoco lo es el empeño de combatirlos. Sin embargo, sí es novedoso que la PAC incorpore como nuevo objetivo (O3) el de *requilibrar el poder en la cadena alimentaria,*

---

6 Las causas de las asimetrías de la cadena alimentaria son complejas, y se explican desde los distintos factores que conforman la actual estructura de la distribución alimentaria (crecimiento y progresiva concentración) por contraposición a otros que son inherentes a las actividades del sector primario que se caracteriza, además, por la atomización de la oferta. Vid así, OLMEDO PERALTA, E., "Poder de mercado, poder de negociación y abusos explotativos en la cadena alimentaria", en *Competencia, propiedad intelectual y tutela de consumidores en el sector agroalimentario,* Carbajo Cascón, F. (Dir.) Tirant lo Blanch, Valencia 2022, págs.1151-1155; Ello no obstante, estas estas asimetrías no son exclusivas de las relaciones entre los proveedores primarios y sus compradores, sino que pueden producirse igualmente en las relaciones entre distribuidores. Vid. REIG E., "La agroalimentación europea en un contexto global", *Papeles de Economía Española,* N.° 177, 2023, págs. 74-76.

lo que supone asumir que el encauzamiento de este resistente problema constituye un *prius* para el éxito de las recientes políticas europeas en su aplicación al sector agroalimentario.

2. El tratamiento de los desequilibrios en la contratación alimentaria desde el prisma de la competencia desleal

El problema de los desequilibrios en las relaciones jurídicas establecidas en la cadena alimentaria fue afrontado tempranamente en España desde la consideración como abusivas de las cláusulas que resultan impuestas por la parte que ostenta mayor poder negociador en la relación comercial, tal y como regulaba la primera versión de la Ley 12/2013 de 2 de agosto, de medidas para mejorar el funcionamiento de la cadena alimentaria. La necesidad de abordar este problema de manera uniforme en toda la Unión Europea[7] culminó con la promulgación de la Directiva 2019/633 que enfoca esta misma realidad desde el prisma de la competencia desleal. Esta regulación se puede considerar complementaria de la contribución que, si bien desde una perspectiva distinta, realiza del Derecho *antitrust* al restablecimiento del equilibrio en el seno de la cadena. Así, el Derecho *antitrust* fomenta ese equilibrio mediante la creación de espacios específicos para la cooperación entre los agricultores o sus asociaciones que

---

[7] Con anterioridad a la promulgación de la Directiva 2019/633 las asimetrías en la cadena alimentaria eran combatidas por los Estados miembros desde enfoques diversos, como el Derecho de contratos o el Derecho de la competencia. Vid. una panorámica de la situación en RUIZ PERIS, J.I., "El abuso de dependencia económica en el derecho de defensa de la competencia en el marco de la lucha contra las conductas abusivas", en Cachafeiro García, F., López Suárez, M. y García Pérez, R. (coords.), *Derecho de la Competencia y gran distribución*, Thomson Reuters Aranzadi, Cizur Menor, 2016, págs. 31-55.

permita fortalecer su poder negociador sobre materias incluidas en los objetivos de la PAC que quedan exentos de la aplicación del art. 101 TFUE bajo la llamada *excepción agraria*[8]. En cambio, la Directiva 2019/633, partiendo igualmente de la existencia de desequilibrios en las relaciones comerciales en el seno de la cadena, prohíbe que en dichas relaciones se lleven a cabo ciertas prácticas comerciales[9]. Esta prohibición se aplica a aquellas relaciones jurídicas establecidas entre un proveedor de productos alimentarios y su comprador que, de acuerdo con un criterio objetivo establecido *ex ante* basado en las diferencias en su respectivo volumen de negocios anual, son consideradas por la citada Directiva relaciones en las que

---

8 Vid. la concreción de esta aplicación en el art. 210 del Reglamento (UE) nº 1308/2013, por el que se crea la organización común de mercados de los productos agrarios, ampliada por la modificación introducida por el Reglamento (UE) 2021/2117 de 2 de diciembre de 2021 que introduce un nuevo art. 210 *bis* al Reglamentos (UE) nº 1308/2013 para ampliar la excepción a las prácticas de productores de productos *agrarios relacionadas con la producción o el comercio de productos agrarios y cuyo objetivo sea aplicar una norma de sostenibilidad superior a la exigida por el Derecho de la Unión o el nacional, siempre que dichos acuerdos, decisiones y prácticas concertadas impongan a la competencia únicamente las restricciones que sean indispensables para la consecución de dicha norma.* Sobre la cuestión vid. CARBAJO CASCÓN, F., "Conductas colusorias y exenciones agrícolas", *Competencia, propiedad intelectual y tutela de consumidores en el sector agroalimentario,* Carbajo Cascón (director), Tirant lo Blanch, Valencia 2022, págs. 927-961.

9 Cfr. Art. 3 de la Directiva 201/633 y las prácticas prohibidas allí recogidas referidas, entre otras, al incumplimiento de plazos máximos de pago, a la exigencia de pagos adicionales, a las modificaciones unilaterales del contrato, al acceso, uso o divulgación ilícitos de secretos empresariales y a cancelaciones injustificadas de los pedidos realizados al proveedor.

existe un desequilibrio en el poder negociador de las partes desde el que se explica la presencia de las mencionadas prácticas y se justifica su prohibición[10].

La decisión de la Directiva 2019/633 y, antes, de la Ley 12/2013, de implementar medidas correctoras del desequilibrio contractual ha recibido una valoración desigual. Por un lado, se ha defendido que el menor poder negociador que normalmente ostentan los proveedores responde a razones estructurales y que su superación debe lograrse a través de la mejora de su competitividad fomentando el mayor tamaño de estos operadores y su nivel de innovación[11]. Frente a esta posición, se ha justificado la intervención pública para corregir estos desequilibrios cuando se acredite la existencia de un fallo de mercado[12]. Otras posturas más eclécticas reconocen que, aunque las asimetrías existentes en la cadena alimentaria no sean indicativas de un fallo de mercado, la

---

10 Vid. el art. 12.1 de la Directiva 2019/633.

11 En esta línea, COSTAS COMESAÑA, J., «La aplicación del derecho de la competencia en los mercados agroalimentarios», en Cachafeiro García, F.; López Suárez, M.,y García Pérez, R. (coords.), *Derecho de la Competencia y gran distribución,* Thomson Reuters Aranzadi, Cizur Menor, 2016, págs.195-196; En la misma obra, MAUDES GUTIÉRREZ, A. y SILOS RIBAS, M., «En defensa de un marco normativo que fomente la competencia efectiva y la eficiencia económica en la cadena alimentaria», pág.110; OLMEDO PERALTA, "Poder de mercado,..."cit. págs. 1147 y1170.

12 GONZÁLEZ CASTILLA, F., "La cadena alimentaria como objeto de regulación: reflexiones sobre la confluencia de competencias y el ámbito de aplicación de la Ley 12/2013", *Retos en el sector agroalimentario valenciano en el siglo XXI (A propósito de la Ley 13/2013, de 2 de agosto, de medidas para mejorar el funcionamiento de la cadena alimentaria)*, (dir), Tirant lo Blanch, Valencia 2019, pág. 21.

intervención se justifica para combatir los abusos causados por la desigualdad de las partes.[13]

3. La incorporación de la Directiva 2019/633 a la Ley 12/2013 y el reforzamiento de la posición de la Agencia de Información y Control Alimentarios, O.A. (AICA)

La calificación de las prácticas comerciales prohibidas por la Directiva 2019/633 como prácticas desleales tiene un primer efecto armonizador, como es reconducir su tratamiento por los Estados miembros al ámbito de la competencia desleal. Este mismo efecto se extiende a su *enforcement.* Desde este segundo aspecto, hay que resaltar la importancia del art. 4 de la Directiva 2019/633 que obliga a los Estados miembros a arbitrar un sistema de aplicación administrativa que garantice la efectiva observancia de las prohibiciones que recoge la norma europea y que pivota en torno a la llamada *autoridad nacional de ejecución.* La autoridad de ejecución se erige así en la autoridad responsable en cada Estado miembro del control de cumplimiento de la Directiva 2019/633.

En el caso de España, la autoridad de ejecución designada para velar por el cumplimiento de la Directiva 2019/633 es, de acuerdo con el art. 28 LCA, la *Agencia de Información y Control Alimentarios, O.A.* (en adelante, AICA). La AICA adopta la forma de un organismo autónomo adscrito al MAPA con personalidad jurídica pública diferenciada, patrimonio y te-

---

[13] VICIANO PASTOR, J., "La regulación de las prácticas comerciales desleales en el sector agroalimentario: a propósito de la directiva (UE) 2019/633", *Retos en el sector agroalimentario. Regulación, competencia y propiedad industrial,* Palau Ramírez (dir) Tirant lo Blanch, Valencia 2022, págs. 115-116.

sorería propios y plena capacidad jurídica y de obrar para el ejercicio de sus competencias[14]. En realidad, aunque bajo otra denominación,[15] la AICA ya detentaba las competencias de vigilancia y control de cumplimiento de la regulación en materia de contratación alimentaria que en su redacción original recogía la Ley 12/2013, referida a la prohibición de prácticas abusivas y otras obligaciones aplicables a los contratos alimentarios. La posterior incorporación de la Directiva 2019/633 a dicha Ley ha traído consigo cambios no menores a los que, como resulta lógico, tampoco se sustrae dicho organismo. Así, en primer lugar, sus potestades administrativas para el ejercicio de la vigilancia y control de cumplimiento han quedado fortalecidas, tal y como también refleja el reformado Real Decreto 227/2014, de 4 de abril, por el que se aprueba el Estatuto de la Agencia de Información y Control Alimentarios[16]. En segundo lugar, sus competencias han resultado ampliadas extendiéndose al control de las prácticas comerciales desleales incorporadas a

---

14 Cfr. Art. 1 del Real Decreto 227/2014, de 4 de abril, por el que se aprueba el Estatuto de la Agencia de Información y Control Alimentarios modificado por el Real Decreto 368/2023, de 16 de mayo. La AICA tiene encomendada, además, la gestión de los sistemas de información y control de los mercados oleícolas, lácteos y la de aquellos otros que se determinen reglamentariamente de acuerdo con la *Disposición adicional primera 5* de la Ley 12/2013.

15 La AICA procede de la modificación del organismo autónomo *Agencia para el Aceite de Oliva*, de la de la que la AICA es su sucesora legal de acuerdo con la *Disposición adicional primera 1* de la Ley 12/2013.

16 Vid. la *Disposición adicional primera 6* de la Ley 12/2013 y el art. 3 a) a h) del *Real Decreto 227/2014, de 4 de abril, por el que se aprueba el Estatuto de la Agencia de Información y Control Alimentarios*, en su última versión modificada por Real Decreto 368/2023, de 16 de mayo.

la Ley 12/2013 por efecto de la Directiva 2019/633 y también a otras que, con idéntica calificación, se han incluido en dicha Ley aprovechando que el art. 9.2 de la Directiva 2019/633 reconoce a los Estados miembros la posibilidad de incorporar en el Derecho nacional prohibiciones adicionales a las que impone dicha Directiva, siempre que con ello no se perjudique el buen funcionamiento del mercado interior.

La decisión del legislador español de aprovechar la estructura orgánica anteriormente existente para el control y cumplimiento de las normas de contratación en la cadena alimentaria es una opción adecuada y eficiente. El reforzamiento de las atribuciones de la AICA ha permitido dar respuesta sin excesivo coste a las obligaciones de transposición de la Directiva 2019/633 referidas a la autoridad nacional de ejecución. En su proyección externa, la AICA es el punto de contacto para la cooperación entre las autoridades de ejecución de los Estados Miembros, así como con la Comisión Europea (art. 28.1 LCA). En el plano interno, y además de coordinar su actuación con las autoridades de las Comunidades Autónomas que ejercen las funciones de vigilancia y control de cumplimiento en cada respectivo territorio autonómico en los términos del art. 26.1 a 2 bis LCA[17], la AICA ostenta sus propias competencias para el

[17] La competencia de las Comunidades Autónomas para la aplicación en sus respectivos territorios de la Ley 12/2013 está regida por los criterios de conexión del art. 26.1 LCA que atribuye al Estado la competencia (*a) Cuando las partes contratantes tengan sus respectivas sedes sociales principales en diferentes Comunidades Autónomas b) Cuando el contrato afecte a un ámbito superior al de una Comunidad Autónoma en razón de la trazabilidad previsible de la mayor parte del alimento o producto alimenticio objeto del contrato y, c) Cuando una de las partes del contrato alimentario no tenga su sede social principal en España*). Excepto en canales cortos de comercialización que limitan la extensión de la cadena a un entorno local, lo más probable es que el criterio recogido en la letra

control y vigilancia de cumplimiento de la Ley 12/2013 y para el ejercicio de la potestad sancionadora, pudiendo tramitar las denuncias o actuar de oficio por incumplimientos de lo dispuesto en dicha Ley, instruir el correspondiente procedimiento sancionador y formular la propuesta de resolución que proceda a la autoridad competente del Ministerio de Agricultura, Alimentación y Medio Ambiente, o, en su caso, imponer a través de su Director las sanciones por el incumplimiento de la Ley 12/2013 que no superen el importe de 100000€ (art. 26.3 a) LCA).[18]

---

b) del art. 26.1 LCA decante la competencia en favor de la AICA, habida cuenta de que dicho criterio debe tener en cuenta el ámbito de comercialización del producto (vid así las Sentencias del Juzgado Central de lo Contencioso de 4 de mayo de 2017, ES:AN:2017:4035, y del Tribunal Superior de Justicia de Extremadura 28 de noviembre de 2017, ES:TSJEXT:2017:1454) siendo deseable, como ya apuntó GONZÁLEZ CASTILLA ("La cadena alimentaria...", cit.. pág. 26) que se hubiera modulado esta atribución competencial con el criterio de la autoridad mejor situada que rige en el Derecho *antitrust* para el reparto de asuntos entre las distintas autoridades nacionales. A estos criterios de conexión se añade el del nuevo art. 26.2 bis LCA, que establece una suerte de competencia de sustitución señalando que el denunciante podrá acudir al órgano correspondiente de la Administración General del Estado *Cuando el órgano competente de una Comunidad Autónoma no haya actuado dentro de los plazos establecidos en los apartados 3 y 4 del artículo 29.* Vid. la crítica de este criterio, que solo actúa a favor del Estado, de LÓPEZ BENÍTEZ, M., "La transposición al ordenamiento español de la Directiva 2019/633/UE, de 17 de abril, sobre prácticas comerciales desleales en las relaciones entre empresas en la cadena de suministro agrícola y alimentario", *Revista Vasca de Administración Pública*, núm. 123. Mayo-Agosto 2022, pág. 171.

18 Vid. la Disposición adicional primera, 6, apartados f y g) de la Ley 12/2013 y el *Real Decreto 66/2015, de 6 de febrero, por el que se regula el régimen de controles a aplicar por la Agencia de Información y Control Alimentarios, previstos en la Ley 12/2013, de 2 de agosto, de me-*

La AICA puede acceder al conocimiento de las prácticas comerciales sometidas a su control bien a través de la actividad planificada que se desarrolla a través de los Planes Anuales de Control y, dentro de estos, mediante las amplias facultades de inspección que puede llevar a cabo ya sea a través del Programa General de Vigilancia o de los Programas de Indicios y de Comprobación de Denuncias. La confidencialidad del denunciante, tanto en el procedimiento administrativo como judicial, es una medida exigida por la Directiva 2019/633 que resulta fundamental para conjurar el llamado factor miedo[19], al igual que lo es, para vencer la habitual resistencia a la formulación de una denuncia individual, la legitimación colectiva que corresponde a las asociaciones y organizaciones representativas de operadores que intervienen en la cadena alimentaria mencionadas en el art. 22.7 LCA. La detección de prácticas prohibidas queda también facilitada por la nueva regulación, en este caso por iniciativa nacional, del Registro de Contratos Alimentarios previsto en el art. 11 bis LCA y desarrollado por el Real Decreto 1028/2022, de 20 de diciembre que, además de cumplir una función preventiva y disuasoria de la incorporación de prácticas desleales, procura a la AICA una valiosa información sobre el contenido de los contratos alimentarios celebrados con proveedores primarios.

---

didas para mejorar el funcionamiento de la cadena alimentaria, en su versión modificada por el Real Decreto 368/2023 de 16 de mayo.

19 Vid. sin embargo las consideraciones de M.J. ALONSO MAS ("El régimen sancionador", *Retos en el sector agroalimentario valenciano en el siglo XXI (A propósito de la Ley 13/2013, de 2 de agosto, de medidas para mejorar el funcionamiento de la cadena alimentaria),* Viciano Pastor (dir), Tirant lo Blanch, Valencia 2019, págs. 309-310) sobre las situaciones en las que el derecho al mantenimiento de la confidencialidad del denunciante tiene que ser ponderado (y, en su caso, exceptuado) con el derecho a la defensa del denunciado.

Puesto que las prácticas comerciales prohibidas por la vigente Ley 12/2013 se califican como desleales, la AICA debería considerarse, al menos formalmente y por lo que afecta su competencia de control de cumplimiento de la prohibición de dichas prácticas, como una *autoridad pública de competencia de ámbito sectorial*, y ello en razón de las amplias potestades administrativas reconocidas a este organismo (inspectoras, instructoras, sancionadoras) para la lucha contra las prácticas desleales en el sector de la contratación alimentaria.[20] Tal equiparación, sin poder ser negada desde un punto de vista formal, no debe llevar a desconocer las diferencias entre el control de cumplimiento de la Ley 12/2013 ejercido por la AICA y el que llevan a cabo otras autoridades administrativas de competencia (CNMC) o los tribunales civiles con motivo de la aplicación de la LDC o de otras leyes que regulan conductas desleales (LSE, LGPu). En efecto, como se tendrá ocasión de exponer más adelante, la actuación de la AICA es la propia de un organismo supervisor y garante del cumplimiento de la regulación ad-

20 En relación con esta cuestión, debe notarse sin embargo que la Directiva 2019/633 evita equiparar a las autoridades nacionales de ejecución con autoridades de competencia, Apelando a los principios de efectividad y autonomía institucional de los Estados miembros, la Directiva 2019/633 solo exige otorgar las facultades necesarias para garantizar la efectividad de las prohibiciones reguladas, sin prejuzgar el estatus de la autoridad nacional que resulte designada para ello. Vid. la diversidad que existe entre las autoridades encargadas del control de las prácticas en la contratación alimentaria de cada Derecho nacional en *Commission staff working document impact assessment initiative to improve the food supply chain (unfair trading practices) accompanying the document proposal for a Directive of the european Parliament and of the Council on unfair trading practices in business-to-business relationships in the food supply chain* {COM(2018) 173 final}–{SWD(2018) 91 final}–{SWD(2018) 93 final} págs. 240-240.

ministrativa en materia de contratación alimentaria y no la de una autoridad de competencia en sentido genuino que, al margen del plano público o privado en el que actúe, enjuicia las condutas en su contexto competitivo atendiendo a los efectos que estas producen en el mercado o a las circunstancias comerciales bajo las que tienen lugar.

4. El régimen sobre contratación alimentaria de la Ley 12/2013

Sentada la suficiencia de los instrumentos jurídicos para el control de cumplimiento de la Ley 12/2013, interesa fijarse brevemente en el ámbito al que se extiende ese control y la perspectiva que adopta.

La función de control del cumplimiento de lo dispuesto en la Ley 12/2013 atribuida a la AICA [21] se proyecta sobre el régimen imperativo aplicable a la contratación alimentaria contenido en dicha Ley. Este régimen se asienta en dos pilares. Por un lado, en la obligación de dotar a los contratos alimentarios de un contenido mínimo y, por otro, en la prohibición de que dichos contratos amparen ciertas prácticas antes calificadas como y abusivas y ahora, tras la incorporación dela Directiva 2019/633, como desleales.

Las sucesivas reformas de la Ley 12/2013, la última operada por la Ley 16/2021, de 14 de diciembre, han introducido modificaciones relevantes en este régimen.

En primer lugar, estas reformas han afectado a las normas sobre los contratos alimentarios de los arts. 8 a 11 bis LCA. Su contenido mínimo ha resultado ampliado previéndose la incorporación de determinadas cláusulas, como la recogida

---

21 Cfr. Disposición adicional primera, 5 c) LCA.

en el art. 9.1 c) LCA sobre el precio del contrato alimentario que tiene que percibir un productor primario o una agrupación de estos y que deberá ser, en todo caso, superior al coste de producción. Esta disposición guarda estrecha relación con la obligación del art. 12 ter 1 LCA que obliga a cada operador de la cadena a pagar al operador inmediatamente anterior un precio igual o superior al coste de producción. Además, se ha facilitado y asegurado el acceso de la AICA a la información sobre el contenido del contrato y sus modificaciones mediante la obligación de formalizarlo por escrito y de inscribir los contratos con los productores primarios en el Registro de contratos alimentarios (arts. 8.1 y 11 bis 2 LCA)[22]. El incumplimiento de estas medidas no parece tener consecuencias en el plano civil, pero su tipificación como infracción administrativa resulta extremadamente eficaz para el control del cumplimiento de la Ley.[23] En segundo lugar, se ha

---

22 Vid. la STS (Sala Tercera) 1770/2023 de 21 de diciembre, ES:TS:2023:5969, que desestima el recurso presentado por diversas asociaciones del sector del aceite de oliva contra el Real Decreto 1028/2022 por infracción de la normativa sobre protección de datos, basando la conformidad de la citada norma en la suficiencia de garantías sobre la protección de los datos y en el acceso restringido a dicho registro.

23 Vid. RODRÍGUEZ MARTÍNEZ, I., "Los contratos alimentarios o de la cadena alimentaria", *Retos en el sector agroalimentario valenciano en el siglo XXI (A propósito de la Ley 13/2013, de 2 de agosto, de medidas para mejorar el funcionamiento de la cadena alimentaria),* Viciano Pastor (dir), Tirant lo Blanch, Valencia 2019, págs. 67-70. También se han introducido disposiciones sobre negociación comercial (art. 9 bis LCA) que, sin embargo, han quedado fuera de la materia sancionable del art. 23 LCA, y cuya contravención tampoco parece tener apenas consecuencias en el plano civil. Vid. las observaciones de CARRASCO PERERA, Á., "Negocia-

ampliado el elenco de prácticas prohibidas. Por un lado, con la inclusión de las prácticas comerciales desleales reguladas en la Directiva 2019/633 que, unidas a las que ya recogía la Ley 12/2013, quedan referidas a la prohibición de rebasar determinados plazos máximos de pago, de exigir pagos adicionales, de modificar unilateralmente el contrato (arts. 9.1 d), 12 y 12 bis LCA) y a determinados pactos sobre actividades promocionales (art. 12 bis LCA). Por otro, con la incorporación de otras prácticas prohibidas al amparo del art. 9.2 de la citada Directiva 2019/633. En uso de esa facultad, la vigente Ley 12/2013 incorpora un art. 12 ter LCA que incide en la regulación del precio de los productos alimentarios con el fin de impedir la "ruptura del valor de la cadena".[24]

Este régimen imperativo mantiene la prohibición de otras prácticas que ya están tipificadas como desleales en otras leyes mercantiles. Así sucede con la prohibición de conductas que giran en torno a la gestión de marcas[25], a la comunicación y di-

---

ción contractual interminable» (Artículo 9 bis de la ley de la cadena alimentaria), *Análisis GA_P*, enero 2022, págs. 1-3.

24 Vid. *infra* III.

25 El alcance exacto de la expresión "gestión de marcas" y de las conductas que comprende apenas se aclara en la Exposición de Motivos de la Ley 12/2013, que solo advierte que versan en torno a *la obligación de los operadores de gestionar las marcas de productos alimentarios que ofrezcan al consumidor, tanto las propias como las de otros operadores, evitando prácticas contrarias a la libre competencia o que constituyan actos de competencia desleal así como actos de publicidad ilícitos.* Sobre estas conductas vid. CORBERÁ MARTÍNEZ, J.M., "Gestión de marcas y prohibición de aprovechamiento indebido ("copycat") en el sector alimentario", *Retos en el sector agroalimentario valenciano en el siglo XXI (A propósito de la Ley 13/2013, de 2 de agosto, de medidas para mejorar el funcionamiento de la cadena alimentaria),* Viciano Pastor (dir), Tirant lo Blanch, Valencia 2019, págs. 201-202) que las reconduce a supuestos de discriminación de la marca del fabricante en beneficio

vulgación de secretos empresariales, al abuso de dependencia económica o a la prohibición de la publicidad ilícita. La prohibición por los artículos 13 y 14 LCA de estas conductas cuya deslealtad ya está contemplada en la LCD, en la LGPu o en la LSE no es redundante, pues mientras que estas últimas leyes atribuyen a la deslealtad de estos actos consecuencias exclusivamente civiles, su inclusión en la Ley 12/2013 supone que su comisión constituye también una infracción administrativa que conlleva la correspondiente sanción en función de la gravedad de la infracción[26]. De este modo, su tipificación como infracciones en la Ley 12/2013 amplía el espacio de los actos de competencia desleal que, en el ámbito de la contratación agroalimentaria, son objeto de control por normas de Derecho administrativo sancionador.

Una cuestión de mucho interés es determinar a qué contratos alimentarios se extiende el control o, dicho de otro modo, qué contratos alimentarios están sujetos al cumplimiento de la Ley 12/2013.

De acuerdo con el art. 2.4 LCA las normas sobre contratos alimentarios de los arts. 8 a 11 bis LCA se aplican a los contratos de importe superiores a 1000€ (ello en en virtud de la remisión que realiza el art. 2.4 de la Ley 12/2013). En cambio, la prohibición de las prácticas comerciales desleales recogidas

---

de la del distribuidor a través, por ejemplo, de la exigencia de información comercial al proveedor, imposición de precios de productos de marca al fabricante, la colocación de la marca del distribuidor en lugares preferentes o la sustitución de los productos de marca del fabricante ("desreferenciación").

26 Cfr. GARCÍA VIDAL, Á., "Secretos empresariales, gestión de marcas y prácticas comerciales desleales en la reforma de la ley de la cadena alimentaria", *GA_P. Diciembre 2021* (disponible en https://www.ga-p.com/publicaciones/analisis-de-la-nueva-ley-16-2021-de-14-de-diciembre-de-reforma-de-la-cadena-alimentaria/).

en la Ley 12/2013 afecta a todos los contratos alimentarios. En efecto, la vigente LCA no incorpora, al menos no con carácter general, criterios delimitadores–ni los aplicados por la Directiva 2019/633, ni otros- que hubieran podido orientar la aplicación de la Ley a las relaciones en las que exista un desequilibrio relevante entre las partes. La aplicación de la Ley cualquiera que sea el tamaño del proveedor respecto de su comprador se combina con otro factor que también amplía su alcance, ya que tras la última modificación de la Ley 12/2013 la prohibición de las prácticas comerciales desleales se impone tanto al comprador como al proveedor[27].

Como consecuencia de esta ampliación del ámbito de aplicación de la Ley 12/2013, la prohibición de las prácticas comerciales desleales que establece dicha Ley rige, al menos formalmente, en cualquier contrato alimentario y no solo en aquellos en los que la presencia de estas prácticas es consecuencia de una imposición de la parte que ostenta mayor poder negociador. Sin embargo, hay que tener en cuenta que la *ratio* de la intervención del legislador europeo en la Directiva 2019/633 descansa en

---

[27] Vid. la Exposición de Motivos de la Ley 16/2021, de 14 de diciembre, por la que se modifica la Ley 12/2013, de 2 de agosto, de medidas para mejorar el funcionamiento de la cadena alimentaria según la cual *(...) Nada obsta, antes al contrario, para extender su aplicación en la otra dirección, esto es, la imposición de tales conductas por parte del vendedor al comprador, puesto que la realidad compleja del sector permite que las circunstancias concretas de cada transacción puedan ser muy variadas –por la estructura productiva, el sector, la localización o las condiciones personales de los intervinientes-. En consecuencia, se considera preferible que la ley ampare la posibilidad de aplicar en ambas direcciones tales conductas, en la conciencia de que su gravedad es idéntica cualquiera que sea el autor material de la misma, y que, con independencia de la prevalencia material en cada caso de la autoría, ambas partes de las relaciones son igualmente merecedoras de amparo por los Poderes públicos en el aseguramiento de una leal y equilibrada relación mercantil.*

la necesidad de corregir los desequilibrios en la contratación alimentaria[28], lo que lleva a dudar de que, si tal desequilibrio no existe,este justificada la aplicación de las prohibiciones de la Ley 12/2013.[29]. En estos casos, el contenido del contrato debería quedar sustraído a la intervención del legislador y, el control de su contenido, a los remedios propios del Derecho de contratos, a las normas generales de competencia desleal o, en su caso, del Derecho de defensa de la competencia.[30]

---

28 Como ya señaló la CNMC en su *Informe sobre el Anteproyecto de Ley por la que se modifica la ley 12/2013, de 2 de agosto, de medidas para mejorar el funcionamiento de la cadena alimentaria,* IPN/CNMC/015/20 (págs. 13-15) y ha observado la doctrina. Vid. así MARTÍN ARESTI, "Los excesos regulatorios...", cit. págs. 162-163; VICIANO PASTOR, "La regulación...", cit. pág. 115; OLMEDO PERALTA, "Poder de mercado...", cit. pág.1165; LÓPEZ BENÍTEZ, "La transposición..." pág. 164.

29 Vid. en este punto la crítica de la CNMC en su *Informe. sobre el Anteproyecto de Ley por la que se modifica la ley 12/2013, de 2 de agosto, de medidas para mejorar el funcionamiento de la cadena alimentaria* (IPN/CNMC/015/20). De acuerdo con esta opinión, (...) *extender esta intervención regulatoria a situaciones en las que puede presumirse que, a priori, no se produce esta situación de desigualdad (por ejemplo, una transacción comercial entre grandes empresas) supone una restricción a la libertad comercial de los propios operadores, en cuanto atributo de la libertad de empresa constitucionalmente reconocida* (págs. 13 y 14).

30 Ciertamente, a lo largo de la Ley 12/2013 existen algunos indicadores de sentido inverso, que orientan la aplicación de la Ley a la protección del proveedor primario, al que suele suponer una posición de debilidad frente a la contraparte. Así se refleja, por ejemplo, en la obligación de registrar los contratos, que solo afecta a los celebrados con proveedores primarios e incumbe al comprador, o en las obligaciones del art. 9.1 c) LCA relativas al precio, que incluye, entre otras, que el pagado al proveedor primario sea, en todo caso, superior al coste de producción, o en las presunciones recogidas en el art. 23.4

II. EL EJERCICIO DEL CONTROL DE CUMPLIMIENTO DE LA LEY 12/2013

A la vista de lo hasta ahora dicho, resulta de lógico interés atender al modo en el que la AICA y, en su caso, los órganos judiciales que conocen de los recursos contra sus resoluciones, ejercen su competencia de vigilancia y control de cumplimiento de la Ley 12/2013.

En el caso de la AICA, hay que advertir que este análisis viene dificultado por la escasa publicidad de la que goza el ejercicio de la potestad sancionadora por parte de este organismo. Bien es cierto que en sus memorias anuales la AICA proporciona información agregada sobre las inspecciones

---

LCA que, consideran al comprador responsable *iuris tantum* del incumplimiento de formalizar el contrato por escrito y de reflejar en él el contenido mínimo obligatorio. Una disposición, la del 23.4 LCA, ya de por sí criticable que, además, puede resultar contraproducente para la protección de la parte más débil cuando, atendida la aplicación bidireccional de la Ley 12/2013, sea el comprador quien se encuentre en una posición negociadora inferior a la de su proveedor (vid. también en sentido muy crítico, ALONSO MAS, M.J., "El régimen sancionador", *Retos en el sector agroalimentario valenciano en el siglo XXI (A propósito de la Ley 13/2013, de 2 de agosto, de medidas para mejorar el funcionamiento de la cadena alimentaria)*, Viciano Pastor (dir), Tirant lo Blanch, Valencia 2019, págs. 289-291). También es verdad que la AICA es libre de programar su actuación focalizando el control en ámbitos en los que cabe entender que existen situaciones de desequilibrio, y que la aplicación de la Ley 12/2013 para proteger a la parte más vulnerable puede favorecerse presumiendo la dependencia económica de la parte que resulta perjudicada por el incumplimiento de las obligaciones legales sobre los contratos alimentarios. Ahora bien, todo lo anterior no desmiente la regla general ya anticipada de que las prohibiciones de la Ley 12/2013 son potencialmente aplicables a los contratos alimentarios, al margen de la relación de fuerzas que exista en el seno del contrato.

realizadas, las infracciones detectadas y las sanciones impuestas[31], y que el art. 24 bis de la Ley 12/2013, que en casos de sanciones graves o muy graves obliga a publicar la identificación del infractor, la sanción impuesta y la infracción sancionada, es objeto de puntual cumplimiento mediante la publicación de informes trimestrales[32]. Se trata sin embargo de una información que no incluye la de los expedientes instruidos, lo que dificulta un acercamiento a los hechos enjuiciados y a su valoración jurídica[33]. Esta situación contrasta abiertamente, tanto con la publicidad de las Resoluciones de la CNMC

---

31 Las memorias de la AICA están disponibles en https://www.aica.gob.es/memorias-anuales/.

32 Pueden consultarse en https://www.aica.gob.es/ley-de-la-cadena/#publicidad-sanciones.

33 Estas limitaciones han sido cuestionadas por el Consejo de Transparencia y Buen Gobierno que, sin perjuicio de la disociación de los datos personales y, en su caso, de la valoración de un acceso parcial para proteger intereses comerciales (arts. 14.1 y 16 LTBG) ha declarado de aplicación preferente la Ley 19/2013, de 9 de diciembre, de transparencia, acceso a la información pública y buen gobierno frente a Ley 39/2015, de 1 de octubre, del Procedimiento Administrativo Común de las Administraciones Públicas, que, junto a la Ley 40/2015 del Procedimiento Administrativo Común es declarada·" en todo caso" subsidiariamente aplicable por el art. 4.2 del Real Decreto 66/2015, de 6 de febrero, por el que se regula el régimen de controles a aplicar por la AICA. Vid. en el sentido indicado la Resolución CTGB 445/2020 de 19 de octubre de 2020 que se apoya en este punto en la Sentencia del Tribunal Supremo nº 748/2020, de 11 de junio de 2020. En la doctrina, sobre el acceso al expediente de interesados y terceros a la luz de las Resoluciones del CTBG, FERNÁNDEZ RAMOS, S., "El acceso a la información relativa a los procedimientos administrativos", *Revista Española de la Transparencia* (RET), nº 12, enero-junio 2021, págs. 25-46.

sobre las infracciones de la Ley de defensa de la competencia, como con la de las sentencias del orden contencioso que conocen de los recursos de las resoluciones de la AICA y de la CNMC, así como de las sentencias del orden civil que aplican las normas de competencia desleal.

A pesar de estas limitaciones, las líneas generales de la actividad sancionadora de la AICA son *grosso modo* deducibles de la información que arrojan las memorias e informes publicados por este organismo sobre los operadores sancionados y las infracciones cometidas.

La información que resume y desglosa la actividad de la AICA desde su creación en 2014 hasta el 30 de junio de 2023[34] muestra la intensa actividad de este organismo que, sin embargo, destaca más por el alto número de sanciones (3510) que por la variedad de su objeto. En este sentido, cabe observar que un 41% de las sanciones impuestas por la AICA en el citado período se han debido al incumplimiento de las normas obligatorias sobre los contratos alimentarios y al incumplimiento de los deberes de colaboración con la AICA (esto es, a faltas y retrasos en el suministro de la información requerida, a su comunicación incompleta o a la infracción de la obligación de conservación y custodia de documentos) de modo que solo un 59% de las intervenciones ha tenido por objeto la prohibición de prácticas comerciales.

Las infracciones por prácticas comerciales desleales han afectado sobre todo al sector de la distribución. En cuanto al tipo de prácticas sancionadas, un 87% se han referido al incumplimiento de los plazos máximos de pago, seguidas, aunque muy de lejos, por las que exigen pagos adicionales,

---

[34] Disponible en https://www.aica.gob.es/informes-de-la-actividad-de-aica/

que representaron un 3,5% de las prácticas sancionadas, a modificaciones unilaterales no pactadas, que representan un 3,8%, y a la revelación de información comercial sensible, que han supuesto un 4.2% [35]. No se infieren resultados distintos de los informes trimestrales sobre la actividad sancionadora de la AICA durante los dos últimos trimestres del año 2023 y el primero de 2024, en los que las prácticas sancionadas han consistido, de nuevo, en el incumplimiento de los plazos de pago, en la falta de formalización por escrito de los contratos alimentarios o de incorporación del precio recogido en el artículo 9.1.c) LCA, en la realización de modificaciones del precio incluido en el contrato no expresamente pactadas por las partes y en la resistencia, obstrucción, excusa o negativa a las actuaciones de la Administración.[36]

Cabe observar que para acreditar la existencia de la práctica que mayoritariamente ha sido objeto de sanción -el incumplimiento de los plazos de pago- es suficiente el acceso al contenido del contrato alimentario, lo que a su vez viene facilitado por la obligación impuesta por la Ley 12/2013 de

---

35 Hay que precisar que un número relevante de prácticas consistentes en la revelación de información comercial sensible, la exigencia de pagos adicionales y la modificación unilateral del contrato que aparecen contabilizadas por la información de la AICA como infracciones independientes, se corresponden con las incluidas en el procedimiento sancionador seguido contra DIA al que se refiere la Resolución de 25 de julio de 2017, en el que no se trataron como una infracción continuada en el tiempo, sino como prácticas infractoras independientes entre sí, tal y comose deduce de la SAN (Sala de lo Contencioso) de 15 de abril de 2020, es:an: 2020:1000, que conoció del recurso contra la mencionada resolución.

36 La información puede consultarse en https://www.aica.gob.es/ley-de-la-cadena/#publicidad-sanciones.

formalizarlo por escrito e inscribirlo en el Registro de Contratos Alimentarios (art. 8 y 11 bis LCA[37]). Otras prácticas prohibidas, como las modificaciones unilaterales no pactadas o la exigencia de pagos adicionales, se asientan igualmente en el contrato, pues se refieren a conductas que constituyen desviaciones de lo acordado, de forma que basta que resulten acreditadas por el testimonio y pruebas aportados por un denunciante o recabados por la AICA en ejercicio de su facultad inspectora para que pueda declararse la infracción de la Ley 12/2003. Por lo que se refiere a la infracción consistente en la ausencia de contrato, la dificultad de probar un hecho negativo se neutraliza considerando acreditada tal ausencia por la falta de respuesta al requerimiento realizado a las empresas de entrega del contrato escrito[38].

En cambio, apenas constan actuaciones en relación con otras prácticas cuya prohibición debe venir precedida de una valoración de los efectos o de las circunstancias en las que se celebran. Por ejemplo, las del art. 12 ter LCA, cuya constatación requiere la determinación del coste de producción y un análisis de las relaciones establecidas entre los sucesivos integrantes de la cadena a fin de comparar el precio pagado por cada comprador del producto[39] con la concreta contribución que el vendedor que lo recibe ha

---

37 Vid. el art. 17.1 en sus letras i) y j) del Real Decreto 2015 que reconoce a la AICA en el ejercicio de sus facultades inspectoras el acceso a los contratos celebrados en el ámbito de la Ley 12/2013 y al Registro de contratos alimentarios

38 Vid. en tal sentido la SAN (Sala de lo Contenciosos) de 20 de marzo de 2019, ECLI:ES:AN:2019:5315.

39 La dificultad de este análisis, que requeriría de una estrecha colaboración con el *Observatorio de la Cadena Alimentaria,* corre pareja a la propia complejidad de la cadena de valor de cuyo

realizado a su valor. Y algo similar sucede con la aplicación del art. 14.2 LCA que regula las llamadas "prácticas grises" (sobre las que no consta que haya habido alguna actuación) cuyo enjuiciamiento, que exige valorar si el consentimiento sobre su inclusión respondió a la voluntad efectiva de quien lo prestó, debe partir de la eficiencia que este tipo de prácticas pueden producir en el mercado[40].

Resulta más accesible la aplicación de las prohibiciones de la Ley 12/2013 que lleva a cabo la jurisdicción contencioso-administrativa con motivo de la resolución de los recursos contra las Resoluciones de la AICA, que habitualmente son desestimados,[41].

El asunto de mayor interés de los tratados por la jurisdicción contenciosa en relación con la Ley 12/2013 es, sin

---

funcionamiento da cuenta de forma clara y resumida OLMEDO PERALTA, "Poder de mercado, …", cit. págs.1157-1159.

40 Cfr. DOMÍNGUEZ PÉREZ, E., "Practicas grises" en la cadena agroalimentaria: el artículo 3.2 de la directiva (UE) 2019/633 y el nuevo artículo 14. bis. 2. (B, C, D) de la ley 12/2013, tras la reforma operada por la Ley 16/2021, de 14 de diciembre" *Competencia, propiedad intelectual y tutela de consumidores en el sector agroalimentario, Carbajo Cascón (Dir.)* Tirant lo Blanch, Valencia 2022, pág. 1332.

41 Excepto en algunos casos en los que se ha corregido a la baja el importe de la multa por vulneración del principio de proporcionalidad de las sanciones (Sentencia del TSJ de Extremadura 407/2017 de 28 de noviembre, ES:TSJEXT:2017:1454) o que plantearon dudas sobre la existencia de una conducta sancionable (Sentencia del TSJ de Madrid N.º 60/2019 de 31 de enero, ES:TSJM:2019:872).

duda, el resuelto por la SAN de 15 de abril de 2020[42]. Dicha sentencia resolvió el recurso contra la Resolución de 25 de julio de 2017 que declaró incumplida la Ley 12/2013 por determinadas prácticas llevadas a cabo por el distribuidor DIA en el marco de las relaciones comerciales con varios fabricantes[43]. La citada sentencia confirmó la posición de la AICA según la cual la infracción consistente en *exigir pagos adicionales sobre el precio pactado en el contrato, salvo los casos previstos en la Ley* (art.23.1 f) LCA[44] no precisa la obtención de ningún resultado, de modo que la acción típica se perfecciona con el acto de pedir o exigir y no requiere que dichos pagos se hayan realizado, sino que basta con que hayan sido exigidos[45]. Esta aplicación, ceñida a la conducta tipificada y no al concreto contexto comercial en el que se produjo, no permitió tener en cuenta que el vínculo entre algunos de los fabricantes que se negaron a efectuar los pagos por considerarlos abusivos y sin contrapartida y el distribuidor peticionario, era plenamente paritario y equilibrado[46]. La

---

[42] Sentencia de la Audiencia Nacional (Sala de lo Contenciosos de lo Contencioso administrativo, Sección 1ª) de 15 de abril de 2020, rec. 0000559/2017, ES:AN:2020:1000.

[43] El interés de DIA por alterar las condiciones de los contratos celebrados con los fabricantes se explica desde los acuerdos previamente alcanzados entre los distribuidores DIA y EROSKI para unificar las condiciones de compra a sus suministradores (fabricantes y otros proveedores). La compatibilidad de estos acuerdos con la normativa *antitrust* fue analizada en la Resolución de la CNMC de 29 de septiembre de 2016 en el asunto DIA/EROSKI (EXP. S/DC/0570/15 APROVISIONAMIENTO DIA/EROSKI).

[44] Actualmente recogida en el art. 23. 2 k) LCA.

[45] SAN 15 de abril de 2020, cit. FJ 7.

[46] Y no parece que este dato pasara desapercibido al Tribunal. Puede leerse en la mencionada Sentencia que (...) *El hecho de que una*

misma sentencia respaldó la apreciación por la AICA de varias infracciones consistentes en *realizar modificaciones unilaterales no expresamente pactadas por las partes* (actual 23.1 b) LCA basándose en la "desreferenciación" por el distribuidor de productos de determinados fabricantes que estaban incluidos en el contrato.[47] En la misma línea, la citada sentencia declaró infringido el art. 13 LCA en relación con el art. 23.2 l) LCA) por la comunicación del distribuidor a un tercero, de forma no consentida por el proveedor titular de la información y parte del contrato, de información confidencial relativa a las condiciones del contrato, sin que se considerara necesario valorar si el carácter reservado con el que el abogado del comunicante y receptor de la comunica-

---

determinada persona no se sintiera presionada no contradice la certeza de que se le hayan exigido unas cantidades que él mismo califica como " imposición", y reconoce carecían de explicación por lo que se negaron a negociar y a firmar. El sentirse o no presionado, es un elemento subjetivo que depende de otros factores, como la entidad de la empresa que representa, la propia personalidad de la persona, su situación de poder en la empresa, etc., pero no es un elemento exigido por la conducta típica, que se perfecciona por la mera acción de exigir. En similar sentido, vid. la SAN de 28 de junio de 2023 (confirmatoria de la Resolución de la CNMC de 29 de septiembre de 2016 en el asunto DIA/EROSKI) que afirmó que los clientes de DIA y EROSKI (fabricantes y proveedores) tenían suficiente poder de negociación como para contrarrestar el refuerzo del poder de compra que pudiera derivar de los acuerdos celebrados por parte de DIA y Eroski para establecer condiciones conjuntas de compras a sus clientes.

47 SAN 15 de abril de 2020, cit. FJ 8. En el supuesto planteado, la "desreferenciación" de los productos se consideró una medida de presión de DIA para obtener la firma por los fabricantes de las nuevas condiciones contractuales recogidas del acuerdo celebrado entre Día y EROSKI

ción manejaría esa información ofrecía garantía suficiente de que su contenido no trascendiera a otros terceros[48].

De lo anteriormente expuesto puede deducirse que la aplicación de la Ley 12/2013 está en consonancia con su naturaleza híbrida, que se sitúa a caballo entre lo regulatorio y lo competitivo. El principio de tipicidad de las infracciones y sanciones (art. 25.1 CE) propio del ejercicio de la potestad sancionadora[49] y que exige la predeterminación normativa de las prácticas prohibidas, encuentra en este caso reflejo en el alto grado de concreción de las conductas que son objeto de prohibición. Ello contrasta con el método de enjuiciamiento que rige la aplicación de las prohibiciones de la normativa sobre libre competencia, que se basa en la valoración *ex post* del objeto o de los efectos de las conductas examinadas para medir su impacto en el mercado, o de la aplicación de las normas generales de competencia desleal, que incorpora al juicio de deslealtad las concretas circunstancias comerciales que han rodeado las conductas enjuiciadas. Las consecuencias prácticas de una y otra aproximación no serían tan relevantes si la Ley 12/2013 hubiera delimitado previamente el tipo de relaciones en las que la presencia de las prácticas reguladas resulta desleal (a saber, situaciones de desequilibrio de las que pueda deducirse que se trata de prácticas impuestas y, por ello inequitativas y contrarias a la buena fe objetiva). Al no exigir como condición de la prohibición que las prácticas figuren en relaciones en las que existen diferencias relevantes en el poder negociador, la aplicación de las prohibiciones de la Ley 12/2013 puede extenderse a casos en los que, *a priori*, no existe fundamento para afirmar la existencia de una situación de deslealtad.

---

48 Cfr. SAN 15 de abril de 2020, cit. FJ 6.

49 Vid., entre otras las SSTC 25/2002, de 11 de febrero y 100/2003, de 2 de junio.

III. LAS RELACIONES DE LA LEY 12/2013 CON LAS NORMAS GENERALES DE COMPETENCIA

En el caso de que la comisión de prácticas desleales prohibidas por la Ley 12/2013 implique la infracción de otras normas de competencia de alcance general la aplicación de estas últimas no queda excluida. Los términos concretos de esta aplicación plantean diversas cuestiones que deben ser resueltas atendiendo a distintos criterios, como los que resultan de la distinta perspectiva de enjuiciamiento de las prácticas cuestionadas en función de la norma aplicada, del alcance de las reglas de la prejudicialidad y de la cosa juzgada y, en el caso de la aplicación concurrente de las normas sobre defensa de la competencia y la Ley 12/2013, de la aplicación del principio *non bis in idem.*

1. La concurrencia de la aplicación pública y privada de las normas sobre competencia desleal en la contratación agroalimentaria

De acuerdo con el art. 86 bis LOPJ, el orden jurisdiccional civil es competente para el conocimiento de los actos de competencia desleal, sin hacer distinciones según la Ley en la que estén regulados. En consecuencia, la tipificación como infracciones administrativas de la comisión de las prácticas desleales reguladas por la Ley 12/2013 en el sector de la contratación alimentaria sujeta dichas prácticas a un sistema de aplicación pública que concurre con la aplicación privada que, en relación con esas mismas prácticas, pueden realizar los tribunales del orden civil.

La AICA puede sancionar como infracciones administrativas todas las prácticas desleales recogidas en la Ley

12/2013, incluidas las señaladas en los arts. 13 y 14 LCA[50], que reproducen actos de competencia desleal ya tipificados en la LCD, en la LSE o en la LGPu. La declaración de estas infraccionesno exige un pronunciamiento previo sobre su deslealtad en sede judicial. Dado que el art. 22.1 de la LCA solo establece la prejudicialidad penal y no la civil, cabe entender que la aplicación de la Ley12/2013 en el plano administrativo[51] puede discurrir en paralelo al proceso judicial civil que, en su caso, esté conociendo en este ámbito

---

50 Vid. su consideración como infracciones en los arts. 23.2, letras l) y p) LCA, que sancionan el incumplimiento del art. 13 LCA sobre adquisición, revelación y uso ilícito de secretos *comerciales de la otra parte en el sentido de la Ley 1/2019, de 20 de febrero, de Secretos Empresariales, alimentario y del art. 14 LCA sobre las obligaciones en materia de gestión de marcas,* que incluye la prohibición de la explotación por parte de una empresa de la situación de dependencia económica en el sentido del art. 16 LCD, así como actos de publicidad ilícitos de conformidad con la LGPu, aludiendo incluso, a la prohibición del riesgo de asociación o confusión con los de otro operador o con marcas o nombres comerciales de otro operador en los términos de la Ley 17/2001, de Marcas.

51 Esta aplicación paralela supone que la AICA podrá calificar la deslealtad de conductas reguladas en la LCD, como, por otra parte, sucede cuando la CNMC se pronuncia sobre la deslealtad de determinados actos con motivo de la aplicación del art. 3 LDC que sanciona los que sanciona como ilícitos antitrust los actos de competencia desleal que pueden producir efectos especialmente graves sobre el interés público, y que en el orden jurisdiccional civil están.sujetos a una valoración independiente y a sanciones compatibles con las del Derecho *antitrust.* Vid. MASSAGUER, J., *Comentario a la ley de defensa de la competencia y a los preceptos sobre organización y procedimientos de la Ley de creación de la Comisión Nacional de los Mercados y la Competencia,* Civitas Thomson Reuters, 6ª edic. 2020, págs. 393-395.

de la deslealtad de la misma práctica. En consecuencia, los tribunales del orden jurisdiccional civil pueden declarar la deslealtad de las prácticas prohibidas por la Ley 12/2013 y extraer las consecuencias civiles de la infracción ya sea con fundamento en su calificación como concretos actos de competencia desleal regulados en la LCD, la LSE o en la LGPu, o, mediante su inclusión en el art. 4 LCD[52].

Esta aplicación concurrente puede dar lugar a resoluciones contradictorias. En efecto, no existe en la Ley 12/2013 ninguna disposición como la incorporada al art. 20 bis de la TRLGCU, que para el ejercicio de las acciones contempladas en el artículo 32.1, 1.ª a 4.ª de la LCD considera acreditado, salvo prueba en contrario, "el uso de prácticas comerciales desleales contra los consumidores y usuarios que haya sido constatado en una resolución firme de una autoridad competente o de un órgano jurisdiccional". Tampoco rige en este ámbito la regla aplicable en el Derecho *antitrust* (art. 75.1 LDC) que considera que "las resoluciones firmes de una autoridad de competencia española o de un órgano jurisdiccional español se considerará irrefutable a los efectos de una acción por daños ejercitada ante un órgano jurisdiccional español". En el primer caso, se trata de una norma diseñada para la protección de los consumidores de cuya aplicación, no obstante su posición de mayor debilidad en la relación comercial, los operadores afectados

---

52 Vid. COBERÁ MARTÍNEZ, "Gestión de marcas...", cit. pág. 203; GONZÁLEZ GASTILLA," La cadena alimentaria...", cit. págs. 43-45; GARCÍA VIDAL, Á., "Secretos empresariales, gestión de marcas y prácticas comerciales desleales en la reforma de la ley de la cadena alimentaria", Diciembre 2021, pág.6, disponible en https://www.ga-p.com/publicaciones/analisis-de-la-nueva-ley-16-2021-de-14-de-diciembre-de-reforma-de-la-cadena-alimentaria/. MARTÍN ARESTI," Los excesos regulatorios...", cit. pág.170

por las prácticas desleales de la Ley 12/2013 quedan excluidos por su condición profesional. En el segundo, la regla del Derecho *antitrust*, derivada de la armonización operada por la Directiva 2014/104/UE, [53] se explica, sin perjuicio de su claro efecto de mejora de la tutela del interés privado del perjudicado a la restitución del daño, por su función disuasoria que la convierte en un instrumento de refuerzo de la eficacia de las prohibiciones *antitrust*[54]

Con todo, la vinculación de los tribunales civiles a las resoluciones sobre infracciones a la Ley 12/2013 que hayan devenido firmes en la jurisdicción contencioso-administrativa opera, aunque de forma limitada, de acuerdo con la jurisprudencia constitucional. De acuerdo condicha jurisprudencia, una resolución judicial firme en una jurisdicción produce efectos respecto de los hechos declarados probados en una jurisdicción distinta, salvo que el juez motive adecuadamente su desviación respecto de esos hechos [55] Esta misma doctrina añade que

---

[53] Aunque la vinculación del juez civil a las resoluciones nacionales firmes que hubieran declarado la infracción de la normativa *antitrust* ya fue reconocida por la STS nº 651/2013 de 7 de noviembre.

[54] Vid. MARTÍ MIRAVALLS, J., "Cuestiones sustantivas sobre las reclamaciones de daños en el marco del cártel de los fabricantes de automóviles", *Nuevos horizontes del Derecho a la competencia,* Ruíz Peris y Martí Miravalls (dirs), Atelier, 2021, págs. 33-36.

[55] Vid. la STS nº 301/2016, de 5 de mayo ES:TS:2016:1904, y la STS (Sala de lo Civil, Sección 1ª) 601/2021 de 14 de septiembre, ES:TS:2021:3311. Esta jurisprudencia se apoya, entre otras, en la STC 77/1983, de 3 de octubre y 34/2003, de 25 de febrero. De acuerdo con esta última es admisible que, *cuando el ordenamiento permite una dualidad de procedimientos, y en cada uno de ellos ha de producirse un enjuiciamiento y una calificación de unos mismos hechos, el enjuiciamiento y la calificación que en el plano jurídico puedan producirse, se hagan con independencia, si resultan de la aplicación de nor-*

este efecto limitado de la cosa juzgada derivado de sentencias dictadas en otros órdenes jurisdiccionales no impide que en cada jurisdicción haya de producirse un enjuiciamiento y una calificación en el plano jurídico de forma independiente y con resultados distintos si ello resulta de la aplicación de normativas diferentes[56]. Desde este punto de vista, las prácticas comerciales que en el marco de la aplicación del Derecho administrativo sancionador hayan sido declaradas infracciones de la Ley 12/2003, podrían merecer otra calificación cuando conoce de ellas un tribunal del orden civil que adopta su propia perspectiva de enjuiciamiento y que en la valoración de la deslealtad de dichas prácticas debe tener en cuenta las circunstancias comerciales y de mercado en las que han tenido lugar.

La legitimación para el ejercicio de las acciones de competencia desleal en relación con las prácticas incluidas en la Ley 12/2013 es reconocida a la AICA en la Disposición adicional primera, 6 m) LCA. Este reconocimiento favorece el correcto funcionamiento competitivo del mercado agroalimentario evitando la interposición de demandas individuales en el caso de prácticas que afectan a una pluralidad de sujetos[57]. La misma legitimación corresponde, por aplicación del art. 33.2 LCD, a las asociaciones a las que el art. 22.7 LCA reconoce la condición de titulares de intereses legítimos colectivos en los términos del artículo 4 de la Ley 39/2015. En ambos casos esta legitimación se limita al ejercicio de las acciones recogidas en los números 1 a 4 del art. 32 LCD con exclusión, por tanto, de la acción de daños y perjuicios del art. 32.5 LCD. Estos daños

---

mativa diferente, pero (...) *no puede ocurrir lo mismo en lo que se refiere a la apreciación de los hechos, pues es claro que unos mismos hechos no pueden existir y dejar de existir para los órganos del Estado.*

56 Vid. en el mismo sentido, la STS N. º 601/2021, FJ 3.

57 OLMEDO PERALTA, "Poder de mercado, ...", cit. pág. 1175.

podrán ser reclamados por el perjudicado ejerciendo su legitimación individual (art. 33.1 LCD) aunque es probable que el factor *miedo* desincentive su ejercicio, más aún en este caso en el que la acción de daños y perjuicios debe partir de un reproche de culpa o dolo de demandado.

Como se deduce de lo anteriormente expuesto sobre el efecto de cosa juzgada de las resoluciones judiciales del orden contencioso sobre la jurisdicción civil, el ejercicio de la acción indemnizatoria del art. 32.5 LEC requiere la previa declaración de la deslealtad del acto en el que dicha acción se fundamenta. El tribunal civil ante el que se ejercite la acción de daños queda vinculado por los hechos declarados probados por una resolución judicial firme anterior en el orden contencioso, pero no necesariamente por su calificación, que puede estar condicionada por circunstancias comerciales y de mercado.

2. *La aplicación de la normativa de la libre competencia a las prácticas comerciales desleales en la contratación agroalimentaria*

El art. 7 LCA declara sujetas las relaciones comerciales reguladas en la Ley 12/2013 a la normativa de defensa de la competencia, cuya aplicación preferente se establece en el art. 22.2 LCA y, sobre todo, en el art. 23.5 LCA. Esta prelación resulta necesaria, dado que la aplicación concurrente del Derecho *antitrust* – al menos en su dimensión pública, que es a la que se refieren las normas citadas – y la de la Ley 12/2013 implica el ejercicio de la potestad sancionadora por dos instancias administrativas que, lógicamente, exige ser objeto de ordenación por sus implicaciones con el principio *non bis in idem*.

Va de suyo que las prácticas prohibidas por la Ley 12/2013 no conllevan *per se* una infracción del Derecho *antitrust*. La lucha contra el abuso del mayor poder de negociación que subyace (o debería subyacer) a la prohibición de las prácticas reguladas en la Ley 12/2013 se ciñe a la relación bilateral o a un conjunto de ellas. Para que entre en juego la aplicación de Derecho *antitrust* es necesario que el operador que ejerce ese mayor poder negociador ostente además un poder de mercado que, sin tener que llegar a ser absoluto e indicativo de una posición de dominio, sea lo suficientemente significativo como para que su conducta transcienda dichas relaciones y afecte a los intercambios de una parte relevante del mercado[58].

En el caso de que las prácticas reguladas en la Ley 12/2013 infrinjan las normas *antitrust,* es más probable que dicha infracción se refiera al art. 1 LDC que al art. 2 LDC, ya que la estructura del mercado agroalimentario dificulta la adquisición de un poder de mercado absoluto como el que requiere la posición de dominio.[59] Por su parte, la restricción del art. 1 LDC por prácticas incluidas en la Ley 12/2013 puede tener origen en relaciones comerciales verticales u horizontales[60]

---

58 Vid. MARTÍN ARESTI "Los excesos regulatorios…", cit. págs. 156-158; BAKHOUM, M. ("Abuse without dominance in competition law: abuse of economic dependence and its interface with abuse of dominance", Di Porto, F. y Podszun, R. (eds.), *Abusive Practices in Competition Law,* Edward Elgar Publishing, UK, 2018, págs.161-163; OLMEDO PERALTA, "Poder de mercado, …", cit. págs. 1161-1163. págs. 1161-1163.

59 Vid. MARTÍN ARESTI, "Los excesos regulatorios…", cit. pág. 159; OLMEDO PERALTA, "Poder de mercado, …", cit. págs. 1145-1151.

60 Por ejemplo, la derivada del efecto acumulado de condiciones negociales idénticas impuestas por un comprador con poder de mercado a sus proveedores exclusivos con los que está vinculado por contratos de larga duración, como apunta BAKHOUM (*ibidem,* pág. 163) o el acuerdo entre competidores sobre las condiciones comerciales aplicables a los clientes comunes que, por

La CNMC puede actuar de oficio para aplicar las normas de defensa de la competencia a las relaciones comerciales de la cadena agroalimentaria,[61] aunque debe reconocerse que la actividad de control planificado que ejerce la AICA sobre la contratación alimentaria facilita la detección de prácticas que, siendo contrarias a la Ley 12/2013, también contravienen las normas *antitrust,* en caso, por ejemplo, de que sean imputables a operadores con poder de mercado o de que sean prácticas comerciales de efectos sistémicos y no meramente limitados a un número reducido de contratos[62].

Como ya se ha indicado, en caso de que las prácticas prohibidas por la Ley 12/2013 afecten la libre competencia el Art. 23.5 LCA advierte de la aplicación preferente del Derecho *an-*

---

el poder de mercado de quienes las imponen sea susceptible de afectar a la oferta o reducir la competencia en precios.

61 Aunque los asuntos tramitados por la CNMC rara vez se refieren a materia agroalimentaria, es conocida la Resolución de 11 de julio de 2019 INDUSTRIAS LÁCTEAS 2 (S/0425/12) que declaró la infracción del art. 1 LDC y del art. 101 TFUE por los intercambios de información de diversas empresas transformadoras de leche cruda de vaca que permitieron coordinar las estrategias de compra de leche a los productores. Vid. también la Resolución de la CNMC de 29 de septiembre de 2016 en el asunto DIA/EROSKI (EXP. S/DC/0570/15 APROVISIONAMIENTO DIA/EROSKI) que analizó intercambio de información entre distribuidores para acordar condiciones conjuntas de compra aplicables a sus respectivos fabricantes y proveedores, así como la Resolución de 6 de octubre de 2011 [VINOS FINOS DE JEREZ (S/0091/08)] sobre la adopción de acuerdos continuados de fijación de precios de la uva y el mosto de Jerez celebrados entre distintas bodegas entre los años 1991 a 2009 que fueron declarados contrarios a los arts. 1 LDC y 101 TFUE.

62 DE LA CUESTA SÁENZ, pág.221.

titrust. En coherencia con ello, si la AICA ya hubiera iniciado un expediente sancionador por esas mismas prácticas el art. 22.2 LCA ordena la suspensión del expediente y la remisión de las actuaciones a la CNMC.

La cuestión central que plantea la intervención de la CNMC en relación con prácticas que están prohibidas por la Ley 12/2013 es si dicha intervención determina la avocación definitiva de la competencia de la AICA. A diferencia de lo que sucede cuando las prácticas desleales se enjuician por los tribunales civiles, la aplicación concurrente del Derecho *antitrust* y de la Ley 12/2013 podría implicar un doble ejercicio de la potestad sancionadora sobre la misma conducta incompatible con el principio *non bis in idem.* El art. 22.4 LCA se refiere a esta situación cuando señala que *en ningún caso se podrán imponer dos o más sanciones por los mismos hechos y en función de los mismos intereses públicos protegidos*[63].

---

[63] El TJUE ha declarado aplicable el principio *non bis in idem* a la aplicación paralela del Derecho de defensa de la competencia de la Unión Europea y del Derecho nacional. En el citado contexto, y partiendo de que ambos ordenamientos protegen idéntico bien jurídico (la competencia en el mercado interior), el TJUE ha señalado que el principio *non bis in idem* se opone a que se inicie *un nuevo procedimiento sancionador contra una empresa por un comportamiento por hechos por los que ya ha sido sancionada o por los que se le ha declarado no responsable mediante una decisión anterior que ha resuelto sobre el fondo del asunto y que ya no puede ser objeto de recurso* Vid. la STJUE de 14 de febrero de 2012, *Toshiba Corporation y otros,*C-17/10, EU:C:2012:72, apdo. 94 y la STJUE de 3 abril de 2019, *Powszechny Zakład Ubezpieczeń na* Życie *S.A.*, C-617/17, apdo. 28, ECLI:EU:C:2019:283. Sin embargo, esta jurisprudencia también afirma que el citado principio no queda conculcado cuando uno y otro procedimiento tengan objetivos complementarios y se refieran a distintos aspectos del mismo comportamiento

Se ha afirmado que la declaración de la CNMC de infracción de la normativa *antitrust* por prácticas contempladas en la Ley 12/2013 impide la intervención de la AICA en relación con esas mismas prácticas[64]. Debe coincidirse con esta opinión, pues si una práctica prohibida por la Ley 12/2013 contribuye a la infracción de las normas de la libre competencia por proyectar sus efectos sobre el mercado, debe entenderse que la infracción *antitrust* subsume la que reprocha esa misma conducta desde la perspectiva de su efecto en la relación comercial. Bajo estas condiciones, la intervención posterior de la AICA sancionando el mismo hecho conculcaría el principio *non bis in idem* [65]. En cambio, si la CNMC no aprecia indicios de infracción en la conducta enjuiciada parece que la AICA debería acordar el levantamiento de la suspensión y reanudar el procedimiento de aplicación de la Ley 12/2013 a dichas prácticas.[66]

La posibilidad de que la AICA continúe o inicie un procedimiento por prácticas presuntamente contrarias a la Ley 12/2013 existiendo ya un pronunciamiento que ha descartado sus efectos sobre las normas de defensa de la competencia ha sido admitida por la ya citada Sentencia de la Audiencia Nacional de 15 de abril de 2020. De acuerdo con dicho pronunciamiento, que una práctica prohibida por la Ley 12/2013 carezca de relevancia para el Derecho de defensa de la competencia no impide que esa misma práctica deba ser declarada

---

(vid. la STJUE 22 marzo 2022, *Bundeswettbewerbsbehörde y Nordzucker AG*, C 151/20, apdos. 56 y 57, EU:C: 2022:203).

64 Cfr. ALONSO MAS, "El régimen sancionador", cit. págs. 264-265.

65 Cfr. ALONSO MAS, "El régimen sancionador", cit. pág. 266.

66 De otra opinión, ALONSO MAS, pág. 266-267, que otorga relevancia al hecho de que ya ha habido un enjuiciamiento previo de la conducta que ha terminado sin sanción. y podría neutralizarse el efecto de la exención de la multa que deriva del art. 65 LDC.

prohibida y resultar sancionada para proteger otro bien jurídico distinto[67]. En el caso aquí contemplado, la irrelevancia de la práctica para el Derecho *antitrust* deja subsistente la necesidad de tutelar el bien jurídico específicamente protegido por la Ley 12/2013, como es la protección de los operadores agroalimentarios frente al uso abusivo del poder negociador en las relaciones comerciales.

Por último, debe repararse en que la distinta perspectiva de enjuiciamiento que adopta el Derecho *antitrust* y la Ley 12/2013 puede llevar a que una misma práctica comercial reciba calificaciones distintas en uno y otro ámbito.

Es posible, en primer lugar y como ya se ha señalado, que una práctica resulte prohibida por la Ley 12/2013 sin que merezca reproche alguno por el Derecho de defensa de la competencia. Así, en la Resolución de 29 de septiembre de 2016 DIA/Eroski, luego confirmada por la SAN de 28 de junio de 2023[68], la CNMC enjuició los efectos de la comunicación de información estratégica entre los distribuidores DIA y EROSKI sobre el precio y otras condiciones comerciales aplicadas a sus respectivos proveedores con vistas a la celebración de un acuerdo para fijar condiciones de compra conjuntas. La CNMC centró su valoración en si ese intercambio de información podía constituir un acuerdo horizontal contrario al art. 1 LDC, y descartó este efecto considerando que, aunque la información había sido facilitada por las partes del acuerdo al consultor y abogado común, se había acompañado de los mecanismos necesarios para garantizar su estanqueidad e impedir el trasvase de informa-

---

67 Vid. la Sentencia de la Audiencia Nacional (Sala de lo Contencioso-Administrativo, Sección 1ª) de 15 abril 2020, FJ 5.

68 Sentencia de la Audiencia Nacional (Sala de lo contenciosos) de 28 de junio de 2023, Rec. N. º 0000570 /2016, ES:AN:2023:3458.

ción entre las partes[69]. Sin embargo, idéntica conducta fue calificada, tanto por la Resolución de la AICA como por la SAN de 15 de abril de 2020, como una práctica prohibida por el art. 13 de la Ley 12/2013, que exige – en consonancia con la protección de la que goza el secreto empresarial en la Ley 1/2019 de Secretos Empresariales – que los secretos empresariales que se obtengan en el proceso de negociación o ejecución de un contrato alimentario se destinen exclusivamente a los fines para los que le fueron facilitados y que se respete en todo momento la confidencialidad de la información transmitida[70].

A la inversa, puede suceder que prácticas amparadas por la Ley 12/2013 sean consideradas, desde la perspectiva *antitrust*, como prácticas potencialmente restrictivas de la competencia. Esto es lo que sucede con las disposiciones incluidas en el art. 12 ter 1, 2 y 5 LCA que establecen la obligación de cada operador de la cadena de pagar al operador inmediatamente anterior un precio igual o superior al coste de producción del producto

---

69 Vid. la Resolución de la CNMC (EXP. S/DC/0570/15 APROVISIONAMIENTO DIA/EROSKI) cit. pág.10, confirmada por la Sentencia de la Audiencia Nacional de 28 de junio de 2023, FJ 9.

70 Vid. la SAN de 15 de abril de 2020, FJ 3. La Sentencia del Tribunal Supremo Sala de lo Contencioso) N.º 1529/2021 de 20 de diciembre (ECLI:ES:TS:2021:4899) respaldó esta calificación, aclarando además que, si bien la comunicación a terceros por parte de un distribuidor de la información referida a las condiciones contractuales con sus proveedores está prohibida si no existe consentimiento del proveedor, debe exceptuarse de la prohibición el caso de que esa comunicación se realice al abogado o consultor con el fin de obtener la asistencia técnica de este último en el curso de la negociación o ejecución del contrato alimentario del que fuera parte y siempre que la información no se utilice para fines distintos de los pactados expresamente en el contrato.

(art. 12 ter 1 LCA), la prohibición de ofertar un precio de venta al público inferior al precio real de adquisición del mismo (art. 12 ter 2 LCA) o la de repercutir a los operadores anteriores el riesgo empresarial derivado de su política comercial en materia de precios ofertados al público (art. 12 ter 5 LCA)[71]. La valoración de la CNMC sobre los efectos en la competencia de la aplicación del art. 12 ter 1 y 5 LCA – únicas cuestiones a la que dicho organismo tuvo oportunidad de referirse – mereció el claro rechazo de este organismo por considerar que implicaba una prohibición de las ventas a pérdida y una limitación de los precios de venta al consumidor final incompatible con el Derecho de la competencia[72]. En todo caso, y a pesar de que el Considerando 22 de la Directiva 2019/633 también

---

71 Para una visión crítica de esta disposición, vid. RUIZ PERIS, J.I., "El sector agroalimentario a la búsqueda de equilibrios de mercado", *Retos en el sector agroalimentario. Regulación, competencia y propiedad industrial*, Palau Ramírez (Dir) Tirant lo Blanch, Valencia 2022, págs. 36-38; MARTÍN ARESTI, "Los excesos regulatorios…", cit. págs. 166-169; GARCÍA VIDAL, Á., "La fijación de precios en la cadena alimentaria", *Retos en el sector agroalimentario. Regulación, competencia y propiedad industrial*, Palau Ramírez (Dir) Tirant lo Blanch, Valencia 2022, págs.61-76.

72 Vid. el *Informe sobre el Anteproyecto de ley por la que se modifica la Ley 12/2013, de 2 de agosto, de medidas para mejorar el funcionamiento de la cadena alimentaria* de 2 de septiembre de 2020 (IPN/CNMC/015/20) págs. 11-13. Con otra interpretación, que sin embargo no parece neutralizar los efectos sobre la competencia, MARTÍ MIRAVALLS ("Problemas concurrenciales en la cadena alimentaria", en Miranda Serrano, L. M., y Pagador López, J. (dirs.), *Desafíos del regulador mercantil en materia de contratación y competencia empresarial*, Marcial Pons, Madrid, 2021, págs. 308-309) que considera que la obligación del 12 ter 1 LCA incumbe al comprador y consiste en no comprar por debajo del coste de producción.

advierte de que los precios en la cadena alimentaria deben poder negociarse libremente, la jurisprudencia del TJUE no ha descartado que puedan justificarse medidas regulatorias nacionales en materia de precios de los productos alimentarios que queden sustraídas al control del Derecho *antitrust* cuando estas medidas sean necesarias para el cumplimiento de los fines del art. 39.1 TFUE y del Reglamento 1308/2013[73]. Debe tratarse, sin embargo, de medidas concretas, necesarias y proporcionadas al objetivo perseguido que en ningún caso deben afectar a la libertad de precios al consumidor final[74]. No parece que ninguna de estas condiciones concurra en el amplio art. 12 ter LCA salvo, tal vez, por lo que se refiere a la aplicación del art. 12 ter 1 LCA a los proveedores primarios.

---

73 Vid. las Sentencias del TJUE de 13 de noviembre de 2019, *Lietuvos Respublikos Seimo narių grupė*, C-2/18, EU:C:2019:962, apdos. 30 y 56, y de 11 de marzo de 2021, C-400/19, *Comisión contra Hungría*, EU:C:2021:194, apdo.37.

74 Vid. la STJUE de 19 de octubre de 2017, C-295/16, *Europamur Alimentación, S.A.*, EU:C:2017:782, apdos. 38 a 41.

Aplicación pública y aplicación privada del derecho sobre las prácticas comerciales desleales en la cadena de suministro agrícola y alimentario

FERNANDO CARBAJO CASCÓN[1]

Catedrático de Derecho Mercantil

Universidad de Salamanca

nano@usal.es

SUMARIO: I. OBJETIVOS DE LA REGULACIÓN DE LAS PRÁCTICAS COMERCIALES DESLEALES EN LA UE. II. MODELO DE APLICACIÓN PÚBLICA QUE NO DESCARTA RECURRIR A OTRO COMPLEMENTARIO DE APLICACIÓN PRIVADA. III. EL MODELO DE APLICACIÓN PÚBLICA MEDIANTE AUTORIDADES DE EJECUCIÓN EN LA DIRECTIVA 2019/633. IV. EL SISTEMA DE APLICACIÓN PÚBLICA DEL DERECHO DE PRÁCTICAS COMERCIALES AGROALIMENTARIAS DESLEALES EN EL DERECHO ESPAÑOL: 1. La implementación del sistema de tutela frente a prácticas comerciales desleales dentro de la Ley de Mejora del Funcionamiento de la cadena agroalimentaria. 2. La aplicación pública del Derecho de prácticas comerciales desleales dentro del sistema administrativo de control, inspección y sanción de la Ley de mejora del funcionamiento de la cadena alimentaria. V. SOBRE LA APLICACIÓN PRIVADA DEL DERECHO REPRESOR DE LAS PRÁCTICAS COMERCIALES DESLEALES EN EL SECTOR AGROALIMENTARIO: 1. Consideraciones previas sobre un modelo de aplicación privada, específico o inespecífico, complementario al de

[1] La presente aportación forma parte de los resultados del Proyecto de Investigación SA265P20 “Competencia e Innovación en el Sector Agroalimentario de Castilla y León” concedido por la Junta de Castilla y León y cofinanciado con fondos FEDER (Orden EDU/1192/2020, de 4 de noviembre) del cual es investigadora principal la Profª Drª Dª Pilar Martín Aresti.

aplicación pública. 2. La aplicación privada del Derecho de las prácticas comerciales desleales agroalimentarias en el ordenamiento jurídico español.

BIBLIOGRAFÍA: AMAT LLOMBART, P./LÓPEZ TORRES, J.M., "Antecedentes de la Directiva (UE) 2019/633 del Parlamento Europeo y del Consejo, de 17 de abril de 2019, relativa a las prácticas comerciales desleales en las relaciones entre empresas en la cadena de suministro agrícola y alimentario", en Muñiz Espada, E. (Coord.) *Cambios en la Ley de la Cadena Alimentaria: propuestas para la urgente transposición de la Directiva 2019/633*, Reus, Barcelona, 2020, pp. 11-37. ARAUJO, M. y FERRER VIEYRA, E., "La ley de medidas para mejorar el funcionamiento de la cadena alimentaria. Una visión desde el Derecho de la Competencia", Gaceta Jurídica de la Unión Europea y de la Competencia, nº 35, 2013, pp. 16-21. CARBAJO CASCÓN, F., "Las exenciones agrarias en el difícil equilibrio entre política agraria común y derecho de la competencia en la Unión Europea", Actas de Derecho Industrial (ADI), Vol. 40, 2019-2020, pp. 31-54. CARBAJO CASCÓN, F., "Incentivos a la agregación de la oferta agrícola desde el derecho de la competencia", en Palau Ramírez, F., y Martí Miravalls, J. (Dirs.), Regulación, competencia y propiedad intelectual, Tirant lo Blanch, Valencia, 2022, pp. 43-60. CARBAJO CASCÓN, F., "Prácticas grises en la cadena agroalimentaria: el artículo 3.2 de la Directiva (UE) 2019/633 y el nuevo artículo 14.bis.2 (a, e, f) de la Ley 12/2013, de 2 de agosto, para mejorar el funcionamiento de la cadena agroalimentaria", en Carbajo Cascón, F. (Dir.), *Competencia, Propiedad Intelectual y Tutela de Consumidores en el Sector Agroalimentario,* Tirant lo blanch, Valencia, 2022, pp. 1351 y ss. FERNÁNDEZ-CARBALLO CALERO, P., "La lista negra de prácticas comerciales desleales en la cadena de suministro agrícola y alimentario en la directiva (UE) 2019/633 y su incorporación al ordenamiento jurídico español", en Carbajo Cascón, F. (Dir.), *Competencia, Propiedad Intelectual y Tutela de Consumidores en el Sector Agroalimentario,* Tirant lo blanch, Valencia, 2022, pp.1247-1271. GARCÍA VIDAL, A., "Prácticas comerciales desleales en la cadena de suministro agrícola y alimentario. Impacto de la Directiva (UE) 2019/633 en el Derecho español", en Comunicaciones Gómez-Acebo & Pombo, 2019, accesible en https://www.ga-p.com/wp-content/uploads/2019/06/Pr%C3%A1cticas-comerciales-desleales-en-la-cadena-de-suministro-agr%C3%ADcola-y-alimentario.pdf. JORNADA BUTICAZ DE POZAS, J.,, "El sector agroalimentario y el derecho a una competencia leal", en González Castilla, F. y Ruiz Peris, J.I. (Dirs.), *Estudios sobre el* *régimen jurídico de la cadena de distribución agroalimentaria*, Marcial Pons, Madrid, 2016, pp. 157-170. MARTÍ MIRAVALLS, J., "Prescripción de las acciones de daños por infracción del derecho de la competencia", en García-Cruces González, J.A. (Coord.), *De iure Mercatus. Libro homenaje al Prof. Alberto Bercovitz Rodríguez-Cano*, Tirant lo blanch, Valencia, 2023, pp. 1157 y ss. PAZ-ARES, T. y SAINZ DE AJA, B., "Cuestiones clave de la reforma de 2021 de la Ley de Medidas para mejorar el funcionamiento de la cadena alimentaria", en Actualidad Jurídica Uría Menéndez, nº 58, 2022, pp. 48-69. RUIZ PERIS, J.I., "El abuso de dependencia económica en el Derecho de defensa de la competencia en el marco de la lucha contra las conductas abusivas", en Cachafeiro García, F., García Pérez, R. y López Suárez, M.A., *Derecho de la competencia y gran distribución*, Aranzadi, Cizur Menor, 2016, pp. 31-55. TORRALBA MENDIOLA, E.C., "La aplicación de las leyes de policía contenidas en Directivas de la Unión Europea. El ejemplo de la regulación de la cadena alimentaria", REDI, vol. 75, 2023 I, pp. 137-160. ZABALETA DÍAZ, M., *La explotación de una situación de dependencia económica como supuesto de competencia desleal*, Marcial Pons, Madrid, 2002. ZABALETA DÍAZ, M, "La dependencia económica del proveedor de la gran distribución", en Cachafeiro García, F., García Pérez, R. y López Suárez, M.A., *Derecho de la competencia y gran distribución*, Aranzadi, Cizur Menor, 2016, pp. 57-89.

I. OBJETIVOS DE LA REGULACIÓN DE LAS PRÁCTICAS COMERCIALES DESLEALES EN LA UE

Con la intención de superar el acusado desequilibrio entre la oferta y la demanda en la cadena de producción y suministro de productos agroalimentarios y tras un laborioso proceso prelegislativo[2], se promulgó la Directiva (UE) 2019/633 del

---

2 Vid. AMAT LLOMBART, P./LÓPEZ TORRES, J.M., "Antecedentes de la Directiva (UE) 2019/633 del Parlamento Europeo y del Consejo, de 17 de abril de 2019, relativa a las prácticas comerciales desleales en las relaciones entre empresas en la cadena de suministro

Parlamento Europeo y del Consejo, de 17 de abril de 2019, relativa a las prácticas comerciales desleales en las relaciones entre empresas en la cadena de suministro agrícola y alimentario. Con esta Directiva el legislador de la UE centra su atención en la tutela de los pequeños y medianos empresarios del sector agroalimentario frente a prácticas frecuentes de las empresas de transformación y distribución susceptibles de calificarse como abusos de dependencia económica desde la perspectiva del Derecho de la competencia desleal tradicional[3].

Efectivamente, en la cadena de valor agroalimentaria la fragmentación o atomización del sector productivo agrario, el carácter perecedero de la mayoría de los productos y la falta habitual de alternativas para colocar la producción han contribuido a fortalecer la capacidad de negociación del resto de agentes que participan en dicho mercado: las empresas de transformación y distribución agroalimentarias. Los productores agrícolas se ven expuestos, así, a una doble marginalización

---

agrícola y alimentario", en Muñiz Espada, E. (Coord.) *Cambios en la Ley de la Cadena Alimentaria: propuestas para la urgente transposición de la Directiva 2019/633*, Reus, Barcelona, 2020, pp. 11-37. También, FERNÁNDEZ-CARBALLO CALERO, P., "La lista negra de prácticas comerciales desleales en la cadena de suministro agrícola y alimentario en la directiva (UE) 2019/633 y su incorporación al ordenamiento jurídico español", en Carbajo Cascón, F. (Dir.), *Competencia, Propiedad Intelectual y Tutela de Consumidores en el Sector Agroalimentario,* Tirant lo blanch, Valencia, 2022, pp.1247-1271. (pp. 1247-1255).

3 Vid. GARCÍA VIDAL, A., "Prácticas comerciales desleales en la cadena de suministro agrícola y alimentario. Impacto de la Directiva (UE) 2019/633 en el Derecho español", en Comunicaciones Gómez-Acebo & Pombo, 2019, accesible en https://www.ga-p.com/wp-content/uploads/2019/06/Pr%C3%A1cticas-comerciales-desleales-en-la-cadena-de-suministro-agr%C3%ADcola-y-alimentario.pdf (última consulta, 31/03/2024).

que pone en riesgo la subsistencia de los agricultores y organizaciones de productores más débiles. De una parte, aguas abajo, están normalmente subordinados a transformadores y distribuidores, viéndose obligados a aceptar precios y otras condiciones comerciales (cantidades de compra, descuentos, aplazamientos en el pago, financiación de actividades promocionales, etc.) sin apenas margen para la negociación, lo cual facilita asimetrías en la fijación de precios y prácticas comerciales desleales en los contratos de suministro. De otra parte, aguas arriba, los productores se ven condicionados por el incremento progresivo de precios en insumos imprescindibles para el desarrollo de su actividad (energía, fertilizantes, pesticidas, etc.) que no se ven compensados por los precios a los que consiguen vender sus productos. Se produce así un entorno de "doble presión inversa" para los productores agroalimentarios que pone en riesgo la subsistencia misma de muchos de ellos y, a la postre, el aprovisionamiento del mercado.

Los objetivos de la Directiva se expresan con un elevado grado de detalle en los Considerandos de su Preámbulo, donde el legislador de la Unión explica la justificación, los fines y la metodología empleada para combatir el desequilibrio en la cadena agroalimentaria, provocado por la imposición de prácticas comerciales desleales desde la demanda.

Refiere el legislador de la UE, que en el marco de la cadena de suministro agrícola y alimentario se producen con frecuencia desequilibrios importantes en cuanto a poder de negociación entre proveedores y compradores que pueden dar lugar a prácticas comerciales desleales si los socios comerciales de mayor tamaño y poder tratan de imponer unilateralmente determinadas prácticas o disposiciones contractuales que les benefician en relación con una transacción de venta, imponiendo transferencias desproporcionadas e injustificadas de riesgo económico de una de las partes a otra aun cuando tales prácticas sean aceptadas por ambas (Considerando 1°). En un contexto en el que la política agrícola está claramente más orientada al mercado que en el pasado, el legislador de la Unión entiende que la protección contra las prácticas comerciales desleales resulta cada vez más importante para los agentes que intervienen en la cadena de suministro agroalimentario (Considerando 6º), pues tales prácticas pueden tener un impacto negativo en el nivel de vida de la comunidad agraria; sea directo, en lo que se refiere a los productores agrícolas y sus organizaciones, o sea indirecto, a través de las consecuencias en cascada que provocan las prácticas desleales en la cadena de suministro y que afectan negativamente a los productores primarios (Considerando 7º). En este contexto, aunque es posible recurrir al derecho contractual o a iniciativas de autorregulación para resolver los conflictos entre las partes, el temor a represalias comerciales por parte de los productores así como los riesgos financieros que supone el desafiar las prácticas impuestas por los grandes grupos de transformación y distribución limitan el valor práctico de esas vías de recurso (Considerando 8º).

El legislador de la UE alude, implícitamente, al denominado "factor miedo", característico de las relaciones comerciales entre productores agrícolas y empresas de transformación y distribución agroalimentaria. Superar ese factor miedo a denunciar prácticas comerciales desleales impuestas por la parte más fuerte de la relación comercial es crucial para poder combatirlas eficazmente y conseguir un equilibrio real entre las distintas partes de la cadena de suministro agroalimentario[4]; y a ello se dedica fundamentalmente la Directiva 2019/633, pri-

---

[4] Vid. RUIZ PERIS, J.I., "El abuso de dependencia económica en el Derecho de defensa de la competencia en el marco de la lucha contra las conductas abusivas", en Cachafeiro García, F., García Pérez, R. y López Suárez, M.A., *Derecho de la competencia y gran distribución*, Aranzadi, Cizur Menor, 2016, pp. 31-55 (P. 43).

mero definiendo las prácticas comerciales más comunes que deben considerarse desleales, y segundo obligando a los Estados miembros a implementar un sistema de aplicación pública mediante denuncias y sanciones administrativas canalizado por Autoridades de Ejecución.

El sector de la producción agrícola se caracteriza por una elevada atomización y por el carácter perecedero de la mayoría de sus productos, de modo que, aunque se venga fomentando desde hace tiempo por las autoridades de la UE y de los Estados miembros la agregación en organizaciones y asociaciones de productores, resulta muy complejo para los productores y para las organizaciones de productores más débiles interponer demandas contra los transformadores y distribuidores agroalimentarios denunciando abusos derivados de su situación de dependencia económica, ante el elevado coste financiero del proceso, la incertidumbre del resultado y la facilidad que tienen los grandes grupos de transformación y distribución para encontrar productos alternativos en un mercado global[5]. Es por eso que la Directiva 2019/633 manifiesta claramente que la protección establecida en la misma debería beneficiar a los productores agrícolas y a las personas físicas o jurídicas que son proveedores de productos agrícolas y alimentarios, incluidas las organizaciones de productores, reconocidas o no, y las asociaciones de organizaciones de productores, reconocidas o no, en función de su poder de negociación relativo, pues son especialmente vulnerables a las prácticas comerciales desleales

---

5 Vid. CARBAJO CASCÓN, F., "Prácticas grises en la cadena agroalimentaria: el artículo 3.2 de la Directiva (UE) 2019/633 y el nuevo artículo 14.bis.2 (a, e, f) de la Ley 12/2013, de 2 de agosto, para mejorar el funcionamiento de la cadena agroalimentaria", en Carbajo Cascón, F. (Dir.), *Competencia, Propiedad Intelectual y Tutela de Consumidores en el Sector Agroalimentario,* Tirant lo blanch, Valencia, 2022, pp. 1351 y ss. (p. 1355 y la bibliografía allí citada).

y menos capaces de hacerles frente sin repercusiones negativas para su viabilidad económica (Considerando 10°).

La protección de los proveedores más débiles frente a prácticas comerciales desleales, impuestas por agentes con mayor poder de negociación en cualquier fase de la comercialización de un producto agrícola o alimentario, debe tener lugar no solo frente a los compradores (empresas de transformación y distribución agroalimentarias) establecidos en el mismo Estado miembro que el proveedor, sino también frente a los establecidos en otros Estados miembros y en Estados ajenos a la UE; del mismo modo que los proveedores establecidos fuera de la Unión deben también disfrutar de protección contra las prácticas comerciales desleales impuestas por compradores establecidos en algún Estado miembro; todo ello, a fin de evitar consecuencias no deseadas como la elección del lugar de establecimiento en función de las normas aplicables ("*forum shopping*"; Considerandos 12°, 14° y 15°).

Para que esta tutela resulte eficaz, es preciso que los proveedores dispongan de mecanismos ágiles para interponer denuncias evitando las represalias de los compradores, como la supresión de sus productos de las listas de precios, la reducción de cantidades de productos encargados o la interrupción de servicios de promoción de determinados productos (Considerando 25°). Por ello se obliga a los Estados miembros a designar Autoridades de Ejecución que garanticen el cumplimiento efectivo de las prohibiciones establecidas en la Directiva, actuando por propia iniciativa o en virtud de denuncias formuladas por las partes afectadas por prácticas desleales, por denunciantes internos o por denunciantes anónimos, facilitando la confidencialidad de la identidad del denunciante (Considerando 28°). Puede que resulte más fácil a los proveedores presentar una denuncia ante la Autoridad de Ejecución de su propio Estado miembro, sin embargo puede resultar más efectivo en términos de ejecución presentar la denuncia ante la Autoridad del control del Estado miembro del comprador, pudiendo elegir libremente el afectado dónde interponer su denuncia (Considerando 30º). La posibilidad del establecimiento de sanciones pecuniarias u otras sanciones igualmente eficaces por las Autoridades públicas de Ejecución, así como la publicación de los resultados de las investigaciones que estas lleven a cabo y la publicación de información sobre compradores que hayan cometido infracciones, servirá -según el legislador de la Unión- como elemento o factor disuasorio que contribuya a un cambio de comportamiento y a soluciones precontenciosas entre las partes (Considerando 34º).

La Directiva 2019/633 tiene carácter o naturaleza "*de minimis*", de modo que los Estados miembros podrán mantener normas que ya tuvieran o introducir otras más estrictas que las previstas en la Directiva para conseguir el objetivo perseguido de combatir las prácticas comerciales desleales en el sector agroalimentario, siempre que sean compatibles con las normas sobre el funcionamiento del mercado interior y resulten proporcionadas (Considerando 39º y artículo 9). Pero en todo caso deben preservar el contenido mínimo obligatorio de protección establecido en la Directiva contra las prácticas desleales. Desde este punto de vista se dispone que los Estados miembros asegurarán que las prohibiciones establecidas en las llamadas lista negra (prácticas prohibidas en todo caso) y lista gris (prácticas que estarán prohibidas salvo que las partes lo pacten expresamente en el contrato de suministro) de prácticas desleales definidas en los apartados 1 y 2 del artículo 3, constituyan "leyes de policía" aplicables a cualquier situación que entre en su ámbito de aplicación, cualquiera que sea la normativa aplicable al contrato de suministro entre las partes (cfr. artículo 3.4).

Se declara así el carácter de Derecho regulatorio de la Directiva 2019/633, aplicable a un sector del mercado que se estructura y funciona tradicionalmente a partir de prácticas contractuales muy específicas, teniendo como finalidad última la protección del interés general en el funcionamiento del mercado en términos de libre y leal competencia, así como la preservación del modo de vida de los productores agrícolas en cuanto primer eslabón de la cadena de producción y distribución agroalimentaria. Con todo, al tratarse de una norma de naturaleza regulatoria que interfiere en las prácticas de un sector fuertemente contractualizado, tiene una proyección doble sobre la esfera pública y la privada[6]: la calificación de determinadas prácticas contractuales como desleales afectará a la relación "*inter partes*" de los agentes del mercado, pero resulta de interés público al afectar real o potencialmente a la estructura misma del mercado y a la propia subsistencia de los pequeños productores agroalimentarios. De ahí su consideración como normas de policía -y por lo tanto de "*ius cogens*"- aplicables independientemente del país de la Unión o tercero en el que estén establecidas las partes siempre y cuando una de ella (comprador o proveedor) lo esté en algún Estado miembro de la UE, a fin de evitar que se puedan incluir en el contrato de suministro pactos de sumisión a un foro judicial y legislativo que no contemple normas de esta naturaleza[7]. Y de ahí también la apuesta preferente por un modelo o sistema de aplicación pública para garantizar el efectivo cumplimiento de las normas y de los objetivos perseguidos con las mismas. Aunque la prohibición legal de ese tipo de prácticas tendrá también consecuencias en las relaciones entre los agentes del mercado implicados; en

---

6 Vid. al respecto PAZ-ARES, T. y SAINZ DE AJA, B., "Cuestiones clave de la reforma de 2021 de la Ley de Medidas para mejorar el funcionamiento de la cadena alimentaria", en Actualidad Jurídica Uría Menéndez, nº 58, 2022, pp. 48-69 (p. 57). También TORRALBA MENDIOLA, E.C., "La aplicación de las leyes de policía contenidas en Directivas de la Unión Europea. El ejemplo de la regulación de la cadena alimentaria", en REDI, vol. 75, 2023 I, pp. 137-160 (p. 147).

7 TORRALBA MENDIOLA, "La aplicación de las leyes de policía contenidas en Directivas de la Unión Europea…", cit., p. 148.

el plano estrictamente contractual, determinando la nulidad de las cláusulas que contengan esos pactos prohibidos y la integración del contrato en la forma que establezcan los correspondientes Derechos nacionales[8]; y en el plano de la relación comercial entre las partes, pudiendo dar lugar a indemnizaciones por los daños y perjuicios que en su caso pudieran causar a la parte afectada la imposición de tales prácticas ilícitas por las partes con mayor poder negociador.

II. MODELO DE APLICACIÓN PÚBLICA QUE NO DESCARTA RECURRIR A OTRO COMPLEMENTARIO DE APLICACIÓN PRIVADA

Este doble impacto o área de influencia del Derecho sobre las prácticas comerciales desleales en el sector agroalimentario justifica asimismo que la respuesta para garantizar su efectiva aplicación y eficacia práctica pueda tener una doble respuesta pública y privada, por más que el legislador de la Unión priorice la respuesta pública a la privada como mayor garantía de protección de los intereses en juego y ante la dificultad contrastada que tienen los proveedores más débiles para enfrentarse a los compradores con mayor poder de mercado y por tanto de negociación.

Para garantizar la aplicación efectiva del sistema en su conjunto la Directiva 2019/633 obliga a los Estados miembros a crear una o más Autoridades de ejecución que, aunque no se definen en cuanto a su naturaleza, se deduce que serán auto-

8 TORRALBA MENDIOLA, "La aplicación de las leyes de policía contenidas en Directivas de la Unión Europea…", cit., p. 148.

ridades públicas[9], toda vez que las autoridades judiciales no tienen competencia para iniciar procedimientos y llevar a cabo investigaciones por propia iniciativa ni, en rigor, para instruir "denuncias" o decidir no instruirlas por falta de motivos suficientes o por "prioridades administrativas" (cfr. Considerando 28º). Se apuesta entonces, claramente, por el establecimiento obligatorio de un sistema de aplicación pública del derecho represor de las prácticas comerciales desleales en el sector agroalimentario, el cual se considera más eficaz para superar factores endémicos que han contribuido históricamente al desequilibrio del sector: la atomización de los productores, el todavía escaso poder negociador de muchas de las organizaciones y asociaciones de productores (incluidas las cooperativas), el poder de negociación creciente de las empresas y grupos de transformación y distribución agroalimentaria, la globalización de los mercados que ofrece múltiples alternativas para la compra con costes de transporte cada vez más reducidos y, como colofón, la sumisión y el miedo de muchos proveedores a denunciar prácticas comerciales abusivas que llegan a poner en peligro a la propia comunidad agrícola.

Ninguna referencia explícita contiene la Directiva 2019/633 a la posible aplicación privada del Derecho de las prácticas comerciales desleales en el sector agroalimentario establecido de forma armonizada para la Unión Europea. Únicamente, el artículo 7 señala que los Estados miembros podrán igualmente fomentar el uso voluntario de mecanismos alternativos de resolución de conflictos eficaces e independientes, tales como la mediación, con vistas a la resolución de litigios entre proveedores y compradores sobre el uso de prácticas

---

9 Vid. GARCÍA VIDAL, A., "Prácticas comerciales desleales en la cadena de suministro agrícola y alimentario. Impacto de la Directiva (UE) 2019/633 en el Derecho español", cit., p. 7.

comerciales desleales por el comprador. Pero no se descarta el recurso a los tribunales de justicia por parte de los afectados por esas prácticas desleales en el sector agroalimentario, aplicando las normativas nacionales en materia de competencia desleal. Ni tampoco se prohíbe a los Estados miembros la facultad de abrir la puerta a la aplicación de la legislación de competencia desleal o a crear normas "*ad hoc*" para la represión privada de este tipo de prácticas. Con lo cual, conocido el carácter "*de minimis*" de la Directiva, los Estados miembros tendrían la posibilidad de establecer normas específicas de aplicación privada de las prácticas comerciales desleales en el sector agroalimentario o remitirse directamente a la aplicación de la normativa nacional en materia de nulidad y de competencia desleal. Esto es, hay margen en la Directiva para establecer un sistema mixto de protección pública y privada de las prácticas comerciales desleales en el sector agroalimentario, de manera similar a lo que se hizo en el ordenamiento español al incorporar la Directiva 2005/29/CE del Parlamento Europeo y del Consejo, de 11 de mayo de 2005, relativa a las prácticas comerciales desleales de las empresas en sus relaciones con los consumidores en el mercado interior, "*cuya realización permite a los consumidores afectados el ejercicio de las acciones judiciales civiles y la sanción por las autoridades administrativas de defensa de los consumidores y usuarios (de acuerdo con el Texto Refundido de la Ley General de Defensa de los Consumidores y Usuarios)*"[10]. Y aunque nada se hubiera hecho al respecto en el proceso de incorporación de la Directiva al ordenamiento interno, nada parece impedir que las partes afectadas por prácticas calificadas como desleales y expresamente prohibidas en los ordenamientos nacionales de

---

[10] GARCÍA VIDAL, "Prácticas comerciales desleales en la cadena de suministro agrícola y alimentario. Impacto de la Directiva (UE) 2019/633 en el Derecho español", cit., p. 8.

los Estados miembros puedan recurrir a los tribunales de justicia además o en lugar de denunciar ante las Autoridades públicas establecidas al efecto.

Por lo tanto, los Estados miembros tienen la obligación de implementar un modelo de aplicación pública del Derecho regulador de las prácticas comerciales desleales en el sector agroalimentario, en el que las Autoridades (públicas) de ejecución deben actuar a instancia de parte o "*motu proprio*" para investigar, incoar procedimientos, realizar inspecciones por sorpresa, adoptar decisiones por las que se constante una infracción, imponer multas u otras sanciones, y publicar periódicamente sus decisiones (cfr. artículos 5 y 6). No obstante, los afectados por las prácticas agroalimentarias desleales podrán legítimamente interponer denuncias ante una Autoridad pública de ejecución y/o interponer demandas de nulidad y por competencia desleal ante los juzgados y tribunales de lo mercantil competentes en la materia (cfr. artículo 86bis LOPJ); bien de forma directa, sin recurrir o esperar previamente la actuación de la Autoridad de ejecución ("*stand alone actions*"), o bien de forma indirecta o consecutiva, una vez obtenido un pronunciamiento administrativo firme de la Autoridad pública competente o del tribunal contencioso-administrativo correspondiente ("*follow on actions*"). En el primer caso para conseguir una declaración de nulidad de la práctica o prácticas en cuestión y la cesación de las mismas, además de una posible indemnización de daños y perjuicios; y en el segundo para reclamar una indemnización por los daños y perjuicios causados por una concreta práctica comercial desleal declarada nula y sancionada por la Autoridad pública competente.

Lógicamente, al no existir un desarrollo específico de las acciones de nulidad y de daños derivadas de prácticas comerciales desleales en el sector agroalimentario habrá que estar a las normas generales sobre contravención de normas imperativas en el capítulo de nulidad (artículo 6.3 CC) y a la legislación sobre competencia desleal (Ley 3/1991, de 10 de enero, de Competencia Desleal; LCD), prestando especial atención a los problemas que puedan presentarse en materia de legitimación activa y pasiva y de prescripción de acciones.

III. EL MODELO DE APLICACIÓN PÚBLICA MEDIANTE AUTORIDADES DE EJECUCIÓN EN LA DIRECTIVA 2019/633

Como venimos diciendo, la Directiva 2019/633 configura un modelo de aplicación pública del Derecho represor de las prácticas comerciales desleales en el sector agrícola y alimentario. A tal fin, el artículo 4 de la Directiva obliga a los Estados miembros a designar una o más Autoridades de ejecución encargadas de controlar a nivel nacional el cumplimiento de las prohibiciones establecidas en los apartados 1 y 2 del artículo 3, e informar a la Comisión de la autoridad o autoridades designadas, fijando un único punto de contacto nacional para la cooperación entre autoridades de ejecución en caso de ser varias las designadas. Aunque no lo diga expresamente, del contenido de los artículos 5 y 6 de la Directiva se deduce -de acuerdo con el modelo establecido anteriormente por algunos Estados miembros- que las Autoridades de ejecución y el procedimiento de control de las prácticas comerciales desleales han de tener naturaleza pública.

El artículo 5 de la Directiva se ocupa del régimen de denuncias y confidencialidad, disponiendo que los proveedores agroalimentarios afectados por prácticas desleales podrán cursar una denuncia bien ante una autoridad de ejecución de su propio Estado miembro o bien ante la autoridad de ejecución del Estado miembro en el que esté establecido el comprador. Denuncias que podrán presentar también las organizaciones de productores y las asociaciones de tales organizaciones a instancia de uno o más de sus miembros o, en su caso, a instancia de dos o más de los miembros de sus organizaciones que se consideren afectados por una o varias prácticas comerciales prohibidas. También podrán presentar denuncias otras organizaciones que ostenten un interés legítimo en la representación de los proveedores, a instancia y en interés de un proveedor, siempre que sean personas jurídicas independientes sin ánimo de lucro (vgr. asociaciones empresariales, asociaciones de agricultores, etc.). Para combatir el "factor miedo" de los proveedores, se establece que, cuando sea solicitado expresamente por el denunciante, los Estados miembros deberán tomar todas las medidas necesarias para la protección de la identidad del denunciante o de los miembros o proveedores en cuyo interés se denuncie, así como para la adecuada protección de cualquier otra información cuya divulgación sea considerada por el denunciante perjudicial para sus intereses o para los miembros o proveedores en cuyo interés denuncie. Por lo demás, los Estados miembros se asegurarán de que la Autoridad de ejecución que reciba la denuncia informe al denunciante sobre el modo en que tiene intención de dar curso a la denuncia, debiendo iniciar y concluir la investigación de la reclamación en un tiempo razonable en caso de que decida cursarla (obligando a poner término a la práctica desleal) o informar al denunciante en caso de que no encuentre motivos suficientes para instruirla. En el caso de que la Autoridad de ejecución considere que un comprador ha infringido alguna de las prohibiciones de prácticas desleales, pedirá que ponga término

El artículo 6 determina cuáles son las facultades que se deben atribuir a las Autoridades de ejecución, disponiendo que los Estados miembros velarán por que todas sus respetivas Autoridades cuenten con los recursos y pericia necesarios para iniciar y llevar a cabo investigaciones por propia iniciativa o con base en una denuncia; exigir a compradores y proveedores que faciliten toda la información necesaria para efectuar investigaciones sobre prácticas comerciales prohibidas; llevar a cabo inspecciones "*in situ*" por sorpresa en el desempeño de sus investigaciones; adoptar decisiones por las que se constate la existencia de una infracción de las prácticas prohibidas y se exija al infractor poner término a la misma; abstenerse de adoptar estas decisiones si con ello pudiera revelar la identidad de un denunciante o constituir una divulgación de cualquier otra información que el denunciante especifique y considere perjudicial para sus intereses; iniciar procedimientos con vistas a la imposición de multas y otras sanciones igualmente eficaces al autor de la infracción, incluyendo la adopción de medidas provisionales, velando por que resulten efectivas, proporcionadas y disuasorias teniendo en cuenta la naturaleza, duración, reiteración y gravedad de las conductas infractoras; publicar de forma periódica sus decisiones. Asimismo, los Estados miembros deberán velar por que en el ejercicio de estas competencias por las Autoridades de ejecución se establezcan las salvaguardas apropiadas en relación con el derecho de defensa, de conformidad con los principios generales del Derecho de la Unión y de la Carta de los Derechos Fundamentales de la UE, incluidos aquellos casos en que el denunciante solicite el tratamiento confidencial de la información aportada.

Para un mejor seguimiento y eficacia del sistema en su conjunto, el artículo 8 de la Directiva establece un procedimiento de cooperación entre las Autoridades de ejecución nacionales, señalando que los Estados miembros deberán asegurarse de que sus respectivas Autoridades cooperen entre sí y con la Comisión Europea de manera eficaz, prestándose asistencia mutua en las investigaciones que tengan una dimensión transfronteriza. A tal fin, las Autoridades de ejecución de cada Estado miembro se reunirán al menos una vez al año en sesiones organizadas por la Comisión para examinar la aplicación de la Directiva sobre la base de informes anuales que deberán emitir las Autoridades nacionales sobre sus respectivas actuaciones (cfr. artículo 10.1), intercambiando información en particular sobre las prácticas existentes en cada Estado y las medidas adoptadas para combatirlas, pudiendo adoptar recomendaciones para promover una aplicación coherente de las normas de la Directiva y mejorar su ejecución. Para facilitar este objetivo de cooperación la Comisión creará y gestionará un sitio web con la información de contacto de las Autoridades de ejecución designadas en los Estados miembros que incluya información sobre las medidas nacionales de transposición de la Directiva (cfr. artículo 13.1).

IV. EL SISTEMA DE APLICACIÓN PÚBLICA DEL DERECHO DE PRÁCTICAS COMERCIALES AGROALIMENTARIAS DESLEALES EN EL DERECHO ESPAÑOL

1. *La implementación del sistema de tutela frente a prácticas comerciales desleales dentro de la Ley de Mejora del Funcionamiento de la cadena agroalimentaria*

La Ley 12/2013, de 2 de agosto, de medidas para la mejora del funcionamiento de la cadena agroalimentaria (en adelante LMFCA), promulgada con la intención de asegurar el correcto funcionamiento de la cadena alimentaria y, con ello, garantizar un valor añadido sostenible para todos los operadores del sector que contribuyera a aumentar su competitividad global en beneficio último de los consumidores, resultó modificada por el Real Decreto-ley 5/2020, de 25 de febrero, ratificado a su vez por la Ley 8/2020, de 16 de diciembre, por la que se adoptan determinadas medidas urgentes en materia de agricultura y alimentación, para incorporar en el Capítulo II de la LMFCA, artículos 12 a 14, un catálogo de lo que denomina "prácticas comerciales abusivas"; prohibiendo las modificaciones contractuales unilaterales y la imposición de pagos comerciales no previstos (cfr. artículo 12), regulando los pactos contractuales sobre actividades promocionales (cfr. artículo 12bis, introducido por la Ley 8/2020, de 16 de diciembre), disponiendo reglas para evitar la destrucción de valor en la cadena agroalimentaria (cfr. artículo 12ter, introducido por la Ley 8/2020), estableciendo reglas para el suministro y confidencialidad de información comercial sensible en las relaciones contractuales (cfr. artículo 13), y prohibiendo las prácticas comerciales contrarias a la libre competencia, a la competencia desleal y a las reglas sobre publicidad comercial en la gestión (utilización) de marcas propias y de otros operadores (cfr. artículo 14)[11]. Posteriormente, la LMFCA fue completada con la promulgación de la Ley 16/2021, de 14 de diciembre, por la que se modifica la Ley 12/2013, de 2 de agosto, de medidas para mejorar el funcionamiento de la cadena alimentaria, que incorporó al ordenamiento español las normas de la Directiva 2019/633 adaptadas a las particularidades de la cadena agroalimentaria de nuestro país, aprovechando el amplio margen que la Directiva otorga a los Estados miembros -al tratarse de una Directiva de mínimos- para adoptar normativa adicional que profundice en los objetivos fundamentales de la misma, lo cual ha tenido lugar en el proceso de transposición fundamentalmente en los artículos 2 ("Ámbito de aplicación"), 14bis ("Otras prácticas comerciales

---

[11] Vid. ARAUJO, M. y FERRER VIEYRA, E., "La ley de medidas para mejorar el funcionamiento de la cadena alimentaria. Una visión desde el Derecho de la Competencia", Gaceta Jurídica de la Unión Europea y de la Competencia, nº 35, 2013, pp. 16-21. También, JORNADA BUTICAZ DE POZAS, J.,, "El sector agroalimentario y el derecho a una competencia leal", en González Castilla, F. y Ruiz Peris, J.I. (Dirs.), *Estudios sobre el régimen jurídico de la cadena de distribución agroalimentaria,* Marcial Pons, Madrid, 2016, pp. 157-170.

desleales") y en el nuevo Título VII, artículos 28 y 29 ("Autoridades de ejecución").

La Ley 16/2021 tiene como finalidad mejorar el funcionamiento y la vertebración de la cadena alimentaria de manera que aumente la eficacia y competitividad del sector agroalimentario español y se reduzca el desequilibrio en las relaciones comerciales entre los diferentes operadores de la cadena de valor, en el marco de una competencia justa que redunde en beneficio no solo del sector, sino también de la ciudadanía[12]. Entre las normas adicionales que se incorporan más allá de las exigencias de la Directiva, destaca la aplicación de toda la normativa -incluyendo la prohibición de las prácticas comerciales desleales- a todos los operadores de la cadena agroalimentaria,

---

[12] En la Exposición de Motivos de la Ley 16/2021 se destacan los males endémicos del sector primario (agricultura, ganadería y pesca), como son la limitación individual de los propios operadores por su idiosincrasia, la atomización del sector productivo, el carácter perecedero de los productos, la rigidez de la demanda, la estacionalidad en el mercado, la heterogeneidad y asimetría en sus características internas, la constante elevación de los costes de producción fijos y variables provocada por el creciente coste de los insumos energéticos, las mayores exigencias en la producción, así como la caída de los precios percibidos por los agricultores y ganaderos, derivados de la volatilidad del coste de las materias primas y de la falta de equilibrio en la fijación de precios de la cadena agroalimentaria en su conjunto. Factores, todos ellos, que implican una exposición mayor de los operadores más débiles de la cadena a ciertas prácticas comerciales, sujetos a una mayor dependencia que en otros ramos de actividad, y que obligan a adoptar medidas para mitigar las dificultades en que se encuentran los productores, con el fin de evitar el abandono de las explotaciones, asegurar un reparto equitativo de los costes sociales, ambientales, de competitividad y sostenibilidad, garantizando la transparencia de la cadena alimentaria en general.

independientemente de su volumen de negocio, dejando de lado así la estratificación establecida en el artículo 1.2 de la Directiva y anteriormente en la propia Ley 12/2013[13].

La Ley incorpora las prácticas comerciales desleales negras y grises de la Directiva 2019/633 -algunas de las cuales ya estaban recogidas en la Ley 12/2013- en el artículo 14bis, dentro del Capítulo II relativo a las prácticas comerciales abusivas[14], otorgando a la regulación un carácter "bidireccional" *en la conciencia -según reza su Exposición de Motivos- de que su gravedad es*

---

[13] Entiende el legislador nacional que hacer depender la aplicación de la norma del volumen de negocio de los operadores implicados en las relaciones contractuales puede restar eficacia a la norma y, por tanto, al correcto funcionamiento de la cadena agroalimentaria, ya que las situaciones de desequilibrio no se limitan a las relaciones entre productores (o proveedores) y transformadores y distribuidores (o compradores), sino que se extienden a otras operaciones de la cadena como las relaciones entre transformadores y distribuidores y, dentro de éstos, entre mayoristas y entre éstos y los minoristas.

[14] Se ha criticado que el término "abusivas" no aparece correctamente delimitado, y no parece acertado seguir utilizándolo cuando claramente las principales características de todas las prácticas reguladas en dicho Capítulo II apuntan a la mala fe y a la deslealtad comercial de operadores que imponen unilateralmente ciertas prácticas a los socios comerciales que se encuentran en situación de dependencia o inferioridad. Sería positivo, entonces, encabezar el Capítulo II con la denominación de "Prácticas Desleales" y comenzar con una norma general que definiera las prácticas comerciales desleales (reproduciendo, si se quiere con matices, el artículo 1.1 de la Directiva). Vid. AMAT LLOMBART, P., "Contratación de productos agrarios en la cadena alimentaria y prácticas comerciales desleales. A propósito de la Transposición de la Directiva 2019/633", Revista de Derecho Agrario y Alimentario, nº 77, año XXXVI, 2020, pp. 7-67 (pp. 50-51).

idéntica al margen de quién sea el autor material de la misma, y que, con independencia de la prevalencia material en cada caso de la autoría, ambas partes de las relaciones son igualmente merecedoras de amparo por los Poderes públicos en el aseguramiento de la leal y equilibrada relación mercantil.

Quedaría así abierta la aplicación de la normativa a todas las relaciones contractuales, pensando quizás en un progresivo reequilibrio o reajuste entre las posiciones de la oferta y la demanda dentro de la cadena agroalimentaria con el fortalecimiento de la oferta en torno a las organizaciones de productores y sus asociaciones por medio del derecho "*antitrust*"[15]; y pensando también en los posibles desequilibrios que pueden darse en la práctica en las relaciones entre transformadores y grandes grupos de distribución y, dentro de la distribución, entre mayoristas o entre estos y grupos de distribución al por menor. Aunque, obviamente, el objetivo principal de la Directiva y de la propia Ley 16/2021 de incorporación de la misma al ordenamiento interno en la Ley 12/2013 sea la tutela del sector más débil y desprotegido de la cadena agrícola y alimentaria, como son los pequeños agricultores y ganaderos, así como las organizaciones de productores y sus asociaciones, reconocidas o no, al menos hasta el momento en que los incentivos a la agregación de la oferta incrementen el poder de negociación

---

[15] Vid. CARBAJO CASCÓN, F., "Las exenciones agrarias en el difícil equilibrio entre política agraria común y derecho de la competencia en la Unión Europea", Actas de Derecho Industrial (ADI), Vol. 40, 2019-2020, pp. 31-54. También, CARBAJO CASCÓN, F., "Incentivos a la agregación de la oferta agrícola desde el derecho de la competencia", en Palau Ramírez, F., y Martí Miravalls, J. (Dirs.), *Regulación, competencia y propiedad intelectual*, Tirant lo Blanch, Valencia, 2022, pp. 43-60.

de éstas respecto al de los grandes grupos de transformadores y distribuidores[16].

Por lo demás, la Ley 16/2021 lleva a cabo una remodelación del capítulo sancionador, en el entendimiento de que la protección desde la perspectiva punitiva es esencial para asegurar la plena virtualidad de la norma y su efectiva protección de los valores públicos que hallan cobijo en su seno. Se refuerza con ello el modelo de aplicación pública del Derecho regulador de la cadena agroalimentaria creado con la Ley 12/2013, que incluye ahora la aplicación del Derecho de las prácticas comerciales desleales en el sector agrario y alimentario establecido en la Directiva 2019/633. A tal fin se incluyen mejoras procedimentales para potenciar la eficacia en la gestión y la seguridad jurídica de los administrados, así como cambios en las competencias decisorias sancionadoras, se lleva a cabo una separación funcional entre la parte instructora y la parte resolutoria en los procedimientos sancionadores, regulándose las Autoridades de ejecución nacionales (estatal y autonómicas) como órganos de investigación e instrucción de expedientes sancionadores conforme al reparto competencial existente en el Reino de España.

2. La aplicación pública del Derecho de prácticas comerciales desleales dentro del sistema administrativo de control, inspección y sanción de la Ley de mejora del funcionamiento de la cadena alimentaria

La Ley 16/2021 introduce la regulación de las prácticas comerciales desleales dentro del sistema de aplicación pública de control del cumplimiento de las normas sobre la cadena

---

16 Vid. CARBAJO CASCÓN, "Prácticas grises en la cadena agroalimentaria...", cit., pp. 1360-1362.

alimentaria que ya se había establecido desde la Ley 12/2013, de 2 de agosto, en torno a la Agencia de Información y Control Alimentarios, Organismo Autónomo (AICA, O.A)[17], dentro del Ministerio de Agricultura, Alimentación y Medio Ambiente, incorporando al mismo las competencias de las Autoridades de ejecución estatal y autonómicas, tal como venía exigido por la Directiva 2019/633.

El Título V de la Ley 12/2013 se ocupa de la potestad sancionadora distinguiendo entre infracciones leves, graves y muy graves, que se aplicarán de acuerdo con las reglas y principios sancionadores de la Ley 39/2015, de 1 de octubre de Procedimiento Administrativo Común de las Administraciones Públicas, aclarando que la instrucción de causa penal ante los Tribunales de Justicia o la incoación de expediente de infracción de las normas de defensa de la competencia suspenderá la tramitación del expediente administrativo sancionador que hubiera sido incoado por los mismos hechos (artículo 22.2). Se establece una obligación general de colaboración de las personas de cualquier naturaleza jurídica que dispongan de información o documentación que pueda contribuir al esclarecimiento de la comisión de posibles infracciones tipificadas en la LMFCA, así como la posibilidad de la Autoridad competente para acordar y ejecutar medidas provisiones para asegurar la eficacia de la resolución que pudiera recaer en caso de que detecte indicios claros de vulneración de algunos de los preceptos reguladores de la misma Ley (artículo 22.5 y 6).

La infracción de las prohibiciones de prácticas negras y grises se califican, según cada caso, como infracciones leves o graves o muy graves en el artículo 23, apartados 1, 2 y 3 LMFCA, aclarando el apartado 5 que cuando como consecuencia del

---

17 https://www.aica.gob.es/

incumplimiento de las obligaciones de la LMFCA se afecte a la competencia en los mercados resultarán de aplicación preferente las disposiciones contenidas en la Ley 15/2007, de 3 de julio, de Defensa de la Competencia.

El artículo 24 recoge las sanciones aplicables a cada una de las infracciones, señalando que, con independencia de las multas previstas, la Autoridad que resuelva el expediente administrativo sancionador podrá acordar también que se ponga término a la práctica comercial prohibida y que, en todo caso, la comisión de las infracciones tipificadas no podrá resultar más beneficiosa para el infractor que el cumplimiento de las normas infringidas, de modo que el montante final de las sanciones pecuniarias impuestas no podrá ser inferior al beneficio económico obtenido por el infractor. Según el artículo 25, apartado 1, las sanciones se graduarán especialmente en función del grado de intencionalidad o la naturaleza del perjuicio causado y atendiendo a la trascendencia económica y social de las infracciones cometidas, al ánimo de prevalerse de ventajas competitivas frente a otro sujeto del sector, al lucro obtenido con la acción infractora y a la previa comisión de una o más infracción cuando no sea aplicable la reincidencia, de acuerdo con una serie de criterios prestablecidos; matizando no obstante el apartado 2 del mismo precepto que para guardar la debida proporcionalidad en el caso de sanciones pecuniarias, estas no superarán un importe equivalente al 5 o al 10 por 100 de los ingresos brutos del operador sancionado en el año anterior, según se trate, respectivamente, de infracciones graves o muy graves, y siempre que se respete el mínimo legal establecido para cada caso.

Corresponde a la Administración General del Estado ejercer la potestad sancionadora cuando las partes contratantes tengan sus respectivas sedes sociales principales en diferentes Comunidades Autónomas, cuando el contrato afecte a un ámbito superior al de una Comunidad Autónoma en razón de la trazabilidad previsible de la mayor parte del alimento o producto alimenticio objeto del contrato, o cuando una de las partes del contrato no tenga su sede social principal en España (artículo 26.1). En el resto de los casos la competencia sancionadora corresponderá a los órganos competentes de las Comunidades Autónomas, pero cuando no actúen dentro de los plazos establecidos (cfr. artículo 29.3 y 4) el denunciante podrá acudir al órgano correspondiente de la Administración General del Estado (artículo 26.2 y 26.2bis).

De acuerdo con el artículo 26, apartado 3, la competencia para la imposición de las sanciones en materia de contratación alimentaria en el ámbito de la Administración General del Estado se atribuye: *i)* al Director de la Agencia de Información y Control Alimentarios, O.A., cuando la cuantía total de la sanción propuesta por el instructor del expediente no supere los 100.000 €; *ii)* al Secretario General de Agricultura y Alimentación cuando la cuantía exceda de 100.000 € y no supere los 300.000 €; *iii)* al Ministro de Agricultura, Alimentación y Medio Ambiente cuando la cuantía de la sanción exceda de 300.000 € y no supere los 600.000, y; *iv)* al Consejo de Ministros cuando la cuantía exceda de 600.000 €. Según el artículo 24bis LMFCA la Administración pública competente para la imposición de sanciones publicará, con carácter trimestral, las sanciones impuestas por infracciones graves y muy graves en materia de contratación alimentaria que hayan adquirido firmeza administrativa o, en su caso, en vía judicial, identificando al infractor, la sanción impuesta y la infracción sancionada. En el caso de las sanciones impuestas por la Administración General del Estado esta publicidad se realizará por medio de la página web de la AICA, O.A[18].

[18] Información disponible en https://www.aica.gob.es/ley-de-la-cadena/

La AICA, O.A. ejercerá el papel de Autoridad de ejecución de la Administración General del Estado, entre cuyas funciones, compartidas con las Autoridades de ejecución designadas por las Comunidades Autónomas (*ex* artículo 28.2)[19], está la de controlar el cumplimiento de lo dispuesto en la LMFCA (cfr. Disposición adicional primera, apartado 5, letra c.), para lo cual deberán realizar las comprobaciones que corresponda de las denuncias por incumplimientos de lo dispuesto en la LMFCA que les sean presentadas[20] e instruir el correspondiente sancionador para formular la propuesta de resolución que proceda a la Autoridad nacional o autonómica sancionadora competente o, en su caso, trasladar las denuncias a la CNMC, así como la de iniciar de oficio el procedimiento sancionador que corresponda por las irregularidades que constate en el ejercicio de sus funciones que supongan incumplimientos de lo dispuesto en la LMFCA y, tras la correspondiente instrucción, proponer a la autoridad competente la resolución que proceda o, en su caso, formular denuncia ante la CNMC debidamente documentada (cfr. artículo 29.1 y Disposición adicional primera, apartado 6, letras f. y g.).

De esta manera, se desdobla la labor de instrucción y decisión de expedientes sancionadores por infracción de las obligaciones y prohibiciones contenidas en la LMFCA, entre las que cuentan las prohibiciones de prácticas comerciales desleales incluidas en la lista negra y gris del artículo 3, apartados 1 y 2, correspon-

---

19 El listado de Autoridades de ejecución de las Comunidades Autónomas está disponible en el sitio chrome-extension://efaidnbmnnnibpcajpcglclefindmkaj/https://www.aica.gob.es/wp-content/uploads/2024/02/02-AAEE-CORREOS-E-CON-AICA-08-02-2024.pdf

20 Para la denuncia y comunicación de incumplimientos, véase https://www.aica.gob.es/ley-de-la-cadena/#como-denunciar-incumplimientos

diendo las labores de instrucción a las Autoridades nacional y autonómicas de ejecución. Para comprobar el cumplimiento o incumplimiento de las prohibiciones u obligaciones contenidas en la LMFCA, tanto la AICA, O.A. como las Autoridades de ejecución autonómicas tendrán la potestad de acceder al Registro digital de contratos alimentarios que llevará el Ministerio de Agricultura, Pesca y Alimentación para realizar las comprobaciones pertinentes en el ámbito de sus competencias de investigación e instrucción de denuncias, con sujeción en todo caso a la normativa en materia de protección de datos de carácter personal y de competencia (cfr. artículo 11.bis.3 LMFCA).

Será la Agencia de Información y Control Alimentarios, O.A. quien, como Autoridad de ejecución de la Administración General del Estado, ejercerá de punto de contacto para la cooperación con las Autoridades de ejecución del resto de Estados miembros y con la Comisión Europea (artículo 28.1 y 3 LMFCA).

Las autoridades de ejecución nacional y autonómicas se reunirán al menos una vez al año para examinar la aplicación de la Ley en el seno del Comité de cooperación de las autoridades de ejecución, intercambiando información sobre las medidas aplicadas y las mejores prácticas en el ámbito de las prácticas comerciales desleales, pudiendo adoptar recomendaciones al respecto. Asimismo la AICA, O.A. publicará un informe anual con las actividades que hayan realizado las Autoridades de ejecución del Reino de España en el ámbito de aplicación de la LMFCA, conteniendo el dato de las denuncias recibidas y el número de investigaciones iniciadas o concluidas durante el año precedente, describiendo en su caso el objeto, el resultado de la investigación y la decisión adoptada en su caso, con sujeción a los requisitos de confidencialidad establecidos en el artículo 29[21].

---

21 Pueden consultarse los informes publicados por la AICA, O.A en el sitio https://www.aica.gob.es/informes-de-la-actividad-de-aica/

V. SOBRE LA APLICACIÓN PRIVADA DEL DERECHO REPRESOR DE LAS PRÁCTICAS COMERCIALES DESLEALES EN EL SECTOR AGROALIMENTARIO

1. *Consideraciones previas sobre un modelo de aplicación privada, específico o inespecífico, complementario al de aplicación pública*

La lógica de la Directiva 2019/633 es la de un Derecho regulador, represor de prácticas desleales en un sector concreto del mercado, creado con la finalidad prioritaria de satisfacer intereses públicos; de ahí que se califique como "ley de policía" y que apueste por un régimen de aplicación pública mediante Autoridades de ejecución nacionales. Pero, como dijimos antes[22], junto a la persecución de intereses públicos cabe también satisfacer los intereses privados de los perjudicados por este tipo de prácticas desleales en el sector agroalimentario; y aunque la Directiva no contemple la posibilidad de ejercer acciones jurídico-privadas de nulidad o por competencia desleal tampoco lo descarta, obviamente, desde el momento en que se están regulando prácticas de competencia desleal y pueden verse afectados intereses particulares. Ahora bien, al no existir como tal un Derecho de la competencia desleal de la UE (si no, únicamente, una regulación parcial en forma de derecho represor de prácticas comerciales desleales contra los consumidores[23] y en el sector agroalimentario[24]), se deja libertad

---

22 Supra, I.

23 Directiva 2005/29/CE del Parlamento Europeo y del Consejo, de 11 de mayo de 2005, relativa a las prácticas comerciales desleales de las empresas en sus relaciones con los consumidores en el mercado interior.

24 Directiva (UE) 2019/633 del Parlamento Europeo y del Consejo, de 17 de abril de 2019, relativa a las prácticas comerciales desleales en las relaciones entre empresas en la cadena de suministro agrícola y alimentario.

a los Estados miembros para establecer los mecanismos que considere más adecuados para una correcta aplicación de esa normativa a fin de satisfacer los distintos intereses en juego.

Dispone el artículo 9.1 de la Directiva 2019/633 que, con el fin de garantizar un nivel adecuado de protección más elevado, los Estados miembros podrán mantener o introducir normas más estrictas que las previstas en la presente Directiva para combatir las prácticas comerciales desleales, siempre que dichas normas nacionales sean compatibles con las normas sobre el funcionamiento del mercado interior. Muy probablemente el legislador de la Unión estaba pensando en normas nacionales más severas de naturaleza jurídico-pública, en orden con el modelo de aplicación pública del Derecho regulado por el que claramente se apuesta, siguiendo el trayecto marcado anteriormente por algunos Estados miembros (como el Reino de España desde la aprobación de la Ley 12/2013). Sin embargo, entiendo que esas normas más estrictas podrían también consistir en un diseño mixto de aplicación pública y aplicación privada complementaria, mediante la tipificación explícita y específica de acciones civiles a ejercitar ante la jurisdicción ordinaria, independientes o de seguimiento, previendo reglas concretas en materia de solidaridad en la responsabilidad, legitimación activa y pasiva y prescripción, entre otras[25]. Diseño

---

[25] De manera similar a lo que en su día se hizo al incorporar la Directiva 2005/29/CE, de 11 de mayo, del Parlamento Europeo y del Consejo, relativa a las prácticas comerciales desleales de las empresas con los consumidores, por medio de la Ley 29/2009, de 30 de diciembre, por la que se modifica el régimen legal de la competencia desleal y de la publicidad para la mejora de la protección de consumidores y usuarios; la cual, además de dejar abierta la posibilidad de interponer acciones por competencia desleal contra los ilícitos de la "lista negra" de prácticas comerciales contra consumidores (la mayoría de ellos ilícitos "*per se*"),

este que tendría un efecto disuasorio relevante que contribuiría sin duda a lograr con mayor eficacia los objetivos de interés público perseguidos, al tiempo que serviría para aportar mecanismos de compensación, más seguros y eficientes, para la defensa de los intereses privados de los afectados. En este sentido, entiendo que resultan trasladables al terreno del Derecho represor de las prácticas comerciales desleales en el sector agroalimentario, las siguientes ideas expresadas en relación con el modelo de aplicación privada (acciones de daños) del derecho "*antitrust*": "*(...) la responsabilidad civil por infracción del Derecho de la competencia, por su configuración jurisprudencial y legal, está llamada a ser el catalizador del carácter disuasorio de las prohibiciones establecidas en los artículos 101 y 102 TFUE. Esta función disuasoria incide directamente en la configuración de la responsabilidad civil por infracción del Derecho de la competencia y le dota de singularidad propia (...) El riesgo de estar expuesto a reclamaciones de daños y perjuicios en un sistema eficaz de aplicación privada del Derecho de la competencia tiene, por tanto, un nada desdeñable componente disuasorio del ilícito y constituye un medio efectivo para asegurar el respeto de las normas sobre competencia (...) Este Derecho no pretende solo resarcir, sino también disuadir a las empresas de infringir el Derecho de la competencia, a través de un complejo sistema de responsabilidad*

---

modificó el Texto Refundido de la Ley General para la Defensa de Consumidores y Usuarios de 2007 para declarar que las autoridades competentes en materia de consumo sancionarán las prácticas comerciales desleales con los consumidores y usuarios (cfr. el vigente artículo 47.1 letra m. TRLGDCU), que como tales infracciones en materia de consumo serán objeto de las sanciones administrativas correspondientes, previa instrucción del oportuno expediente, sin perjuicio de las responsabilidades civiles, penales o de otro orden que pudieran corresponder (cfr. el vigente artículo 6.1 TRLGDCU). Vid. CARBAJO CASCÓN, "Prácticas grises en la cadena agroalimentaria...", cit., p. 1381.

civil propio y distinto al general, no solo en conceptos sino también en medidas y operativa"[26].

Con todo, a falta de esa regulación específica de una aplicación privada complementaria a la pública en el Derecho represor de las prácticas comerciales desleales en el sector agroalimentario, el artículo 9.2 de la Directiva 2019/633 apunta que las reglas de la Directiva se entenderán sin perjuicio de las normas nacionales destinadas a combatir las prácticas comerciales desleales que no estén dentro del ámbito de aplicación de la presente Directiva, siempre que dichas normas sean compatibles con las normas sobre el funcionamiento del mercado interior. Con ello se recuerda, en primer lugar, que estamos ante un Derecho regulatorio de cuño propio, y en segundo lugar, que queda abierta la puerta para que los afectados por prácticas comerciales desleales en el sector agroalimentario puedan recurrir a las legislaciones nacionales para satisfacer sus intereses particulares, siempre que no supongan un obstáculo para el funcionamiento del mercado interior. Podría decirse, entonces, que la implementación de un Derecho regulador de un sector del mercado con un modelo de aplicación pública susceptible de complementarse con otro de aplicación privada (normativa de nulidad y de competencia desleal) existente en los ordenamientos nacionales, aunque no sea específico de la materia, recuerda de alguna manera al diseño establecido por el legislador de la UE para la aplicación del Derecho de defensa de la competencia, en el que la aplicación privada mediante el posible ejercicio de acciones indemnizatorias va más

---

26 MARTÍ MIRAVALLS, J., "Prescripción de las acciones de daños por infracción del derecho de la competencia", en García-Cruces González, J.A. (Coord.), *De iure Mercatus. Libro homenaje al Prof. Alberto Bercovitz Rodríguez-Cano,* Tirant lo blanch, Valencia, 2023, pp. 1157 y ss. (p. 1159-1160).

allá del derecho de daños y determina que el principio de efectividad del Derecho de la UE permita considerar determinadas normas nacionales (por ejemplo en materia de prescripción) contrarias al TFUE[27].

En definitiva, a falta de un modelo específico de aplicación privada complementario al modelo de aplicación pública del Derecho represor de las prácticas comerciales desleales en el sector agroalimentario, cabe acudir a la legislación nacional en materia de competencia desleal (Ley 3/1991, de 10 de enero, de Competencia Desleal; LCD) y de nulidad por contravención de normas imperativas (artículo 6.3 CC), interpretando algunas de sus normas (por ejemplo en materia de prescripción) para permitir a los afectados por esas prácticas un ejercicio de tales acciones con mayores garantías para sus intereses y contribuyendo de ese modo también a la consecución de los objetivos de interés público perseguidos por la normativa, por el doble efecto disuasorio que contribuye a la postre al mayor respeto de las normas sobre competencia.

2. *La aplicación privada del Derecho de las prácticas comerciales desleales agroalimentarias en el ordenamiento jurídico español*

La Ley 12/2013, de 2 de agosto, de medidas para la mejora de funcionamiento de la cadena alimentaria no establece un régimen específico de aplicación privada ni tampoco una remisión a la normativa general de competencia desleal para prever la posibilidad de que los afectados por prácticas comerciales desleales incluidas en la lista de prácticas

---

27 Vid. para el derecho "*antitrust*", MARTÍ MIRAVALLS, "Prescripción de las acciones de daños por infracción del derecho de la competencia", cit., pp. 1158-1159.

negras y grises recogidas en los apartados 1 y 2 del artículo puedan interponer demandas por competencia nulidad o por competencia desleal ante los tribunales del orden jurisdiccional civil.

Sin embargo, cabe entender -en mi opinión- que cuando el inciso final del artículo 4 ("Principios rectores") dice que las relaciones comerciales sujetas a esta Ley se regirán por el respeto a la libre competencia en el mercado, deberá incluirse asimismo el respeto a la competencia leal, honesta o de buena fe en el mercado, toda vez que el principio de corrección en el tráfico que informa la normativa sobre competencia desleal ha de entenderse subsumido de forma implícita en el principio de libre competencia, implícito a su vez cómo límite propio de la cláusula del Estado social en el Derecho constitucional a la libertad de empresa (artículo 38 CE). Del mismo modo, cuando el artículo 7 ("Defensa de la competencia") señala que el contenido de las relaciones reguladas por la presente Ley, así como la aplicabilidad de los principios rectores en la ejecución e interpretación de tales relaciones, quedará sometido a la normativa de defensa de la competencia, sin perjuicio de lo dispuesto en la normativa comunitaria, cabe -a mi juicio- realizar una lectura extensiva e integradora para afirmar, con mayor razón aún si cabe, que las relaciones reguladas en la LMFCA quedarán sometidas a la normativa sobre competencia desleal; máxime si se tiene en cuenta que muchas de esas relaciones comerciales darán lugar a prácticas unilaterales desleales de empresas sin poder de mercado pero susceptibles de falsear la libre competencia en la totalidad o parte del mercado nacional, aplicándose por tanto el artículo 3 LDC 2015.

De hecho, en algunos casos de lo que genéricamente denomina prácticas abusivas (Título II, Capítulo II, artículos 12 a 14bis LMFCA), sí que contiene la Ley referencias explícitas o implícitas al Derecho sobre competencia desleal, sugiriendo de alguna manera la posibilidad de recurrir a esa normativa para defender los intereses de los afectados por ese tipo de prácticas. Así, los artículos 12bis ("Pactos sobre prácticas promocionales"), 12ter ("Destrucción de valor en la cadena") y 13 ("Secretos empresariales") rezuman prácticas de competencia desleal por los cuatro costados (por las relaciones entre la legislación de ordenación de comercio minorista y de secretos empresariales con la de competencia desleal), y el artículo 14 ("Gestión de marcas") hace referencia expresa a la prohibición de tratamientos desleales en la gestión de categorías de productos, "como la explotación por parte de una empresa de la situación de dependencia económica en la que puedan encontrarse sus empresas clientes o proveedores, como dispone el artículo 16 de la Ley 3/1991, de 10 de enero, de Competencia Desleal", añadiendo la obligación que tienen los operadores de gestionar las marcas de productos alimentarios que ofrezcan al consumidor "*evitando prácticas contrarias a la libre competencia o que constituyan actos de competencia desleal de acuerdo con lo previsto en la Ley 15/2007, de 3 de julio, de Defensa de la Competencia, y en la Ley 3/1991, de 10 de enero, de Competencia Desleal, así como actos de publicidad ilícitos de conformidad con la Ley 34/1988, de 11 de noviembre, General de Publicidad*"; todo ello con el mandato de que los operadores "actuarán de buena fe en la comercialización de las innovaciones relevantes de los productos alimentarios de sus proveedores"; y termina prohibiendo "*el aprovechamiento indebido por parte de un operador y en beneficio propio de la iniciativa empresarial ajena, así como las que constituyan publicidad ilícita por reputarse desleal mediante la utilización (...) de cualesquiera elementos distintivos que provoquen riesgo de asociación o confusión con los de otro operador o con marcas o nombres comerciales de otro operador en los términos definidos en la Ley 17/2001, de 7 de diciembre, de Marcas y sin perjuicio de lo dispuesto en los artículos 11 y 12 de la Ley de Competencia Desleal*".

Sorprende sobremanera, por tanto, que no se haga mención alguna a la Ley de Competencia Desleal cuando se regulan las prácticas prohibidas, negras y grises, en el artículo 14bis por el que se incorpora el artículo 3.1 y 3.2 de la Directiva 2019/633. Como sorprende, igualmente, que no se prevea de forma expresa la posibilidad que tendrán los afectados por prácticas desleales o abusivas en la contratación agroalimentaria de ejercitar acciones de competencia desleal o, si se quiere, las acciones que correspondan ante los tribunales del orden jurisdiccional civil. Sorprende, en fin, la falta de "ciencia de la legislación" y de rigor sistemático-normativo interno y externo de una Ley que se presenta como revolucionaria para restructurar las relaciones del sector agrícola y alimentario. Más aún cuando en la incorporación de la Directiva 2005/29/CE del Parlamento Europeo y del Consejo, de 11 de mayo de 2005, relativa a las prácticas comerciales desleales de las empresas en sus relaciones con los consumidores en el mercado interior, que tuvo lugar por medio de la Ley 29/2009, de 30 de diciembre, el legislador optó ya por un sistema mixto de protección, mediante una lista negra de conductas desleales "*per se*" en la Ley de Competencia Desleal (artículos 21 a 31 LCD), acompañado de una tutela administrativa específica contra tales prácticas en el Texto Refundido de la Ley General de Consumidores y Usuarios, el cual, además de considerar infracciones administrativas sancionables por las autoridades competentes las prácticas comerciales desleales con consumidores (cfr. artículo 47.1.m., 48.2 y 3 y 52bis TRLDGCU), señala expresamente que tales prácticas desleales con los consumidores estarán sujetas también a lo dispuesto en la Ley 3/1991, de 10 de enero, de Competencia Desleal y en la Ley 7/1996, de 15 de enero, de Ordenación del Comercio Minorista (artículo 19.2 TRLGDCU), pudiendo los afectados recurrir a las acciones de competencia desleal previstas en el artículo 32.1, 1ª a 4ª LCD a cuyo fin se considerará acreditado, salvo prueba en contrario, el uso de prácticas comerciales desleales contra los consumidores y usuarios que haya sido constatado en una resolución firme de una autoridad competente o de un órgano jurisdiccional (cfr. artículo 20bis.1 TRLGDCU).

Ninguna referencia, entonces, contiene la LMFCA a la posibilidad de acudir a tribunales de justicia por la vulneración de prácticas desleales o abusivas prohibidas. Aun así, parece claro que tratándose de prácticas contractuales o de mercado en general entre sujetos privados, en caso de que los contratos de suministro o de otra naturaleza celebrados entre productores o sus organizaciones, transformadores y distribuidores mayoristas o minoristas infrinjan algunas de las expresas prohibiciones contenidas en la LMFCA, y entre ellas particularmente las referidas a fijación de precios y prácticas abusivas (y dentro de estas las desleales), los perjudicados podrán acudir a la Justicia ordinaria para solicitar la nulidad de las cláusulas contractuales infractoras por contravención de normas imperativas, *ex* artículo 6.3 CC ("*Los actos contrarios a las normas imperativas y a las prohibitivas son nulos de pleno derecho, salvo que en ellas se establezca un efecto distinto para el caso de contravención*") y/o para ejercitar las acciones contra actos de competencia desleal previstas en el artículo 32 LCD 1991[28].

Por más que se confíe la aplicación del Derecho represor de las prácticas comerciales desleales en el sector agroalimentario (las exigidas por la Directiva 2019/633 y otras tipificadas por el legislador nacional como desleales o abusivas) a un sistema de

---

[28] La expresa previsión de acciones de resarcimiento de daños y perjuicios en la legislación de competencia desleal, hace innecesario el recurso a la cláusula general del Derecho de daños del artículo 1902 CC, debiendo aplicarse la primera cuando se trata de solicitar indemnizaciones (además de la declaración de deslealtad, la cesación o prohibición de la práctica antes o después de haberse realizado).

aplicación pública sujeto a un procedimiento administrativo sancionador, no puede cerrarse la puerta al recurso directo o indirecto de los perjudicados a los tribunales ordinarios, máxime cuando esas prácticas desleales o abusivas tienen carácter de "*ius cogens*" en atención a los fines de interés público perseguidos, actuando la posibilidad de la jurisdicción como un elemento disuasorio adicional al sistema de aplicación pública[29]. Además, ha de tenerse en cuenta que la Autoridad de ejecución competente para instruir el expediente puede decidir motivadamente no tramitar determinadas denuncias, no intervenir de oficio o incluso puede llegar a no prohibir expresamente una práctica (por más que pudiera resultar anormal si se sanciona). El caso es que intervenga o no -sancionando y prohibiendo en su caso la práctica desleal o abusiva- el órgano con competencias decisorias para sancionar administrativamente, muchas de esas prácticas desleales o abusivas son susceptibles de provocar daños y perjuicios a los afectados, los cuales tendrán entonces el derecho de acudir directamente a los tribunales de justicia para solicitar su nulidad, cesación, prohibición y una indemnización de daños y perjuicios ("*stand alone actions*") o, con mayores garantías atendiendo al tantas veces mencionado factor miedo, ejercitar acciones de reclamación de daños y perjuicios una vez exista una resolución sancionadora firme en la vía administrativa o judicial contencioso-administrativa

---

[29] Aunque las prohibiciones contenidas en la LMFCA se refieren a prácticas contractuales, si las prácticas prohibidas formasen parte de negociaciones previas o resultasen de los usos del sector, o incluso tuvieran lugar "*de facto*", sin acuerdo contractual previo, impuestas por una de las partes, se podría recurrir igualmente a la LCD toda vez que ésta "será de aplicación a cualesquiera actos de competencia desleal, realizados antes, durante o después de una operación comercial o contrato, independientemente de que éste llegue a celebrarse o no" (artículo 2.3 LCD).

(e incluso solicitar su cesación y prohibición si no lo hubiera hecho ya la Administración o el tribunal de lo contencioso, así como la remoción de los efectos producidos por la conducta desleal), *ex* artículo 32 LCD ("*follow on actions*").

En definitiva, las prácticas comerciales desleales agroalimentarias contenidas en el artículo 14bis LMFCA, tanto las que se incluyen en la lista negra del artículo 14bis.1, como las incluidas en la lista gris del artículo 14bis.2 que no resulten correctamente "blanqueadas" por contratos con términos verdaderamente claros y no ambiguos, podrán ser objeto de acciones por competencia desleal directas ("*stand alone*") o de continuación ("*follow on*") para reclamar su declaración de deslealtad, cesación y prohibición y, cuando proceda, el resarcimiento de los daños y perjuicios causados[30]. Prácticas estas que, en principio, encajarían en el ilícito de abuso de dependencia económica entre empresarios previsto en el artículo 16, apartados 2 y 3 LCD[31] y en todo caso en la cláusula general del artículo 4.1 LCD, sin descartar, no obstante, el artículo 8 sobre prácticas agresivas del artículo 8 LCD. Otras prácticas desleales o abusivas del Título II, Capítulo II LMFCA podrían corresponder a los ilícitos de imitación (artículo 11 LCD), aprovechamiento

---

30 Vid. CARBAJO CASCÓN, "Prácticas grises en la cadena agroalimentaria...", cit., pp. 1380-1381.

31 Vid. RUIZ PERIS, J.I., "El abuso de dependencia económica en el Derecho de defensa de la competencia en el marco de la lucha contra las conductas abusivas", en Cachafeiro García, F., García Pérez, R. y López Suárez, M.A., *Derecho de la competencia y gran distribución*, Aranzadi, Cizur Menor, 2016, pp. 31-55. ZABALETA DÍAZ, M., *La explotación de una situación de dependencia económica como supuesto de competencia desleal*, Marcial Pons, Madrid, 2002. ZABALETA DÍAZ, M, "La dependencia económica del proveedor de la gran distribución", en en Cachafeiro García, F., García Pérez, R. y López Suárez, M.A., *Derecho de la competencia y gran distribución*, Aranzadi, Cizur Menor, 2016, pp. 57-89.

de la reputación ajena (artículo 12), violación de secretos empresariales (artículo 13 LCD) y venta a pérdida (artículo 17.1 LCD, sin perjuicio de lo dispuesto en el artículo 14.1 LOCM). Y todo ello, sin ignorar la posibilidad, contemplada en el artículo 7 LMFCA, de que los contratos impuestos unilateralmente por una parte con mayor poder de negociación o acordadas libremente entre las dos partes del contrato puedan dar lugar a ilícitos contra la libre competencia (artículos 1, 2 y 3 LDC).

En materia de legitimación activa y pasiva se aplicarán las reglas previstas en los artículos 33 y 34 LCD, tanto para las acciones directas como para las de continuidad, si bien en este caso, al tratarse de prácticas comerciales desleales entre comerciantes o empresarios del sector agroalimentario, el círculo de las personas físicas o jurídicas que participan en el mercado y cuyos intereses económicos resulten directamente perjudicados o amenazados por la conducta desleal tipificada en la LMFCA serán únicamente las partes del contrato de suministro o de otra naturaleza afectadas por las mismas, aunque no puede descartarse que las prácticas desleales surjan al hilo de las negociaciones previas o se impongan unilateralmente por una de las partes tras haberse celebrado el contrato sin pacto expreso y como fruto de presiones.

Tendrán legitimación activa los agentes del mercado agroalimentario, que, por el contenido de las prácticas prohibidas, serán por lo general productores personas naturales o jurídicas (a pesar de la declarada bidireccionalidad de las prácticas desleales en la LMFCA), así como las organizaciones de productores o asociaciones de organizaciones de productores que contraten directamente en nombre propio o de sus miembros con transformadores o distribuidores[32]. La legitimación pasiva

---

[32] El artículo 5 de la Directiva 2019/633 otorga legitimación para presentar denuncias ante las Autoridades de ejecución a las organizaciones de productores y las asociaciones de tales organizaciones a

corresponderá a la persona que haya realizado la práctica desleal o a quien la haya ordenado o cooperado en su realización, que será normalmente la parte contractual con mayor poder de negociación, aunque no puede descartarse dirigir una demanda por deslealtad contra una asociación de empresarios del sector agroalimentario que haya impulsado, decidido o recomendado determinadas prácticas comerciales o clausulados contractuales seguidas por sus miembros (sin perjuicio además de la aplicación del artículo 1.1 LDC).

Por lo que se refiere a la prueba de la conducta desleal, cabe entender que, aunque no se regule así expresamente[33], la existencia previa de una resolución administrativa o judicial firme declarando la ilicitud de una determinada práctica, debería eximir al demandante de daños y perjuicios por competencia desleal ante los tribunales civiles de la prueba de la deslealtad de la conducta cuyos daños se reclaman, pues solo así se lograría el principio de efectividad del Derecho de la UE regulador de las prácticas comerciales desleales en cuanto a la tutela de los derechos e intereses individuales de las partes afectadas por la práctica desleal se refiere.

Finalmente, en relación con la prescripción, dispone el artículo 35 LCD que las acciones de competencia desleal previstas en el artículo 32 prescriben por el transcurso de

---

instancia de uno o más de sus miembros o, en su caso, a instancia de dos o más de los miembros de sus organizaciones que se consideren afectados por una o varias prácticas comerciales prohibidas. Para legitimar activamente a tales organizaciones para interponer demandas por competencia desleal ante tribunales civiles en interés de sus miembros habría que realizar una modificación expresa en el artículo 33 LCD.

33 A diferencia de lo previsto en materia de prácticas comerciales desleales con consumidores en el artículo 20bis.1 TRLGDCU.

un año desde el momento en que pudieron ejercitarse y el legitimado tuvo conocimiento de la persona que realizó el acto de competencia desleal; y en cualquier caso, por el transcurso de tres años desde el momento de la finalización de la conducta.

La norma es clara en el caso de ejercer acciones "*stand alone*" por los perjudicados por una práctica comercial desleal en el sector agroalimentario, comenzando a correr el plazo ("*dies a quo*") cuando se constante la doble condición objetiva del momento en que se conoce la infracción ("*actio nata*") y subjetiva del conocimiento concreto del infractor. Pero el problema reside -en la práctica- en la posible dificultad para conocer (sobre todo por parte de empresarios débiles con escaso poder de negociación y poca capacidad financiera para asesorarse) cuándo una práctica determinada puede calificarse como desleal y por lo tanto prohibida según las normas de la LMFCA. Por eso, junto al tantas veces citado factor miedo, lo habitual será esperar a tener una resolución firme administrativa o judicial (en caso de impugnación ante los tribunales contencioso-administrativos) para decidir interponer acciones ante los tribunales ordinarios en reclamación de indemnizaciones por daños y perjuicios fundamentalmente (acciones de continuidad o "*follow on*"); si bien en estos casos surgirá el debate sobre el "*dies a quo*" para el comienzo del plazo de la prescripción.

Entiendo que en estos casos el plazo comenzaría a correr, por conocerse la infracción y el infractor, cuando existiera una resolución administrativa o sentencia contencioso-administrativa firme resultante de un expediente abierto de oficio por una Autoridad de ejecución como resultado de sus competencias de control e investigación. ¿Pero cómo debería interpretarse el comienzo del cómputo del plazo prescriptivo en el caso de que la resolución administrativa o judicial firme resultara de un procedimiento abierto a instancia de un agente del mercado afectado por la práctica denunciada que luego decidiera interponer la acción judicial? Quizás podría interpretarse que ya conocía la infracción y al infractor al tiempo de interponer la denuncia ante la Autoridad pública, comenzando así desde ese momento a correr el plazo de prescripción previsto en la LCD. Aunque la intervención de la Autoridad pública podría justificar una suspensión del plazo prescriptivo, en sentido similar a lo previsto en el artículo 10.2 de la Directiva 2014/104, de 14 de noviembre, en materia de acciones de daños por ilícitos contra la libre competencia. No obstante, también se podría entender que, ante las dudas para saber si era infractora una determinada práctica, se recurrió a la Autoridad competente especializada designada por la legislación especial, de manera que el perjudicado no tendría la posibilidad de accionar ante los tribunales civiles hasta conocer el resultado final del procedimiento administrativo mediante una resolución administrativa o judicial firme. En contra se puede argüir que la facilitad que otorga nuestro ordenamiento jurídico para interrumpir la prescripción (con una simple reclamación extrajudicial, artículo 1973 CC) justifica que no sea necesario esperar a una resolución administrativa o judicial firme ni tampoco invocar la suspensión del plazo prescriptivo en caso de activarse un procedimiento administrativo.

En mi opinión, la especialidad del Derecho de prácticas comerciales desleales en el sector agroalimentario, concebido como normativa de policía que ampara intereses públicos y privados, sirve para justificar que el plazo de prescripción comience a partir de una resolución administrativa o judicial firme que declare la ilicitud de una determinada práctica del sector agroalimentario, conocido el esfuerzo disuasorio adicional que puede procurar una aplicación privada de dicho Derecho. Con todo, la posibilidad de interponer denuncias preservando la identidad del denunciante prevista en el artículo

29.6 LMFCA[34], puede contribuir a resolver el problema, pues el demandado no podría saber si el demandante instó o no previamente el procedimiento administrativo sancionador y, por lo tanto, tenía conocimiento de la posible práctica desleal prohibida y de la identidad del supuesto infractor.

En suma, considero que el establecimiento por el legislador de la UE de un modelo de aplicación pública prioritario del Derecho regulador de las prácticas comerciales desleales, debería servir por sí solo para justificar el ejercicio de acciones de indemnización de daños y perjuicios por competencia desleal a partir de la determinación de la ilicitud de una práctica en cuestión por la Autoridad pública competente, sirviendo la resolución administrativa o judicial firme que sancione la ilicitud de una determinada práctica como prueba irrefutable de su existencia y día de inicio del plazo de prescripción de las acciones civiles de daños; y ello a pesar de la inexistencia de una regulación específica de esas acciones de daños en el Derecho de las prácticas comerciales desleales (a diferencia de lo que sucede en las acciones de daños por ilícitos contra la libre competencia)[35].

---

34 La protección de la identidad del denunciante deberá garantizarse tanto en el transcurso de la vía administrativa como, en su caso, la vía judicial. En este último caso, la Agencia de Información y Control Alimentarios o el órgano autonómico equivalente, en su caso, actuará en su nombre y representación, de ser necesario para proteger la identidad del denunciante y siempre y cuando esta representación no suponga indefensión ni quebranto del principio de igualdad de armas".

35 Directiva 2014/104/UE del Parlamento Europeo y del Consejo, de 26 de noviembre de 2014 que establece determinadas normas por las que se rigen, en virtud del Derecho nacional, las acciones de daños resultantes de las infracciones del Derecho de la competencia de los Estados miembros y de la Unión Europea, incorporada al ordena-

Estas consideraciones sobre la prueba de la conducta desleal en el mercado agroalimentario y el plazo de prescripción de las acciones de daños y perjuicios encuentran una respuesta racional, en la línea de lo que se viene exponiendo, en la doctrina establecida por el TJUE en materia de acciones de daños "*antitrust*".

En materia de acciones de daños por ilícitos contra la libre competencia la STJUE de 22 de junio de 2022 (Asunto C-267/20, Volvo) considera que el artículo 10 de la Directiva 2014/104 (por el que se regula el plazo de prescripción de las acciones de daños) no es aplicable "*ratione temporis*" a conductas anticompetitivas finalizadas antes de la incorporación de la Directiva al Derecho nacional, observando con todo que la norma nacional que fija la fecha a partir de la cual se inicia el plazo de prescripción, la duración y las condiciones de la suspensión o de la interrupción de este debe adaptarse a las particularidades del Derecho de la competencia y a los objetivos de la aplicación de las normas de este Derecho por las personas afectadas a fin de no socavar la plena efectividad de los artículos 101 y 102 TFUE (cfr. STJUE de 28 de marzo de 2019, Asunto C-637/17, Cogeco Communications, ap. 47), pues el ejercicio de las acciones de daños por infracción del Derecho de la Unión en materia de competencia, exige, en principio, que se realice un análisis fáctico y económico complejo (cfr. apartados 53 y 54). Añade el Tribunal que este tipo de litigios relativos a infracciones del Derecho de la competencia se caracterizan, en principio, por una asimetría de información en detrimento de la persona perjudicada por la infracción, lo que hace que sea para el perjudicado más difícil obtener la información imprescindible para ejercitar

miento nacional por el artículo tercero del Real Decreto-ley 9/2017, de 26 de mayo, que incorpora un nuevo Título VI a la Ley 15/2007, de 3 de julio, de Defensa de la Competencia (artículos 71 a 81).

una acción por daños que para las autoridades de competencia recabar la información necesaria para ejercitar sus prerrogativas de aplicación del Derecho de la competencia (apartado 55). En consecuencia, concluye afirmando que "*procede considerar que, a diferencia de la norma aplicable a la Comisión, que figura en el artículo 25, apartado 2, del Reglamento nº 1/2003, según la cual el plazo de prescripción para la imposición de sanciones comenzará a contar a partir del día en que se haya cometido la infracción o, respecto de las infracciones continuas o continuadas, a partir del día en que haya finalizado la infracción, los plazos de prescripción aplicables a las acciones por daños por infracciones del Derecho de la competencia de los Estados miembros y de la Unión no pueden empezar a correr antes de que haya cesado la infracción y de que la persona perjudicada tenga conocimiento o haya podido razonablemente tener conocimiento de la información indispensable para ejercitar su acción por daños*" (apartado 56)[36].

Por otra parte, la STJUE de 20 de abril de 2023 (Asunto C-25/21, Repsol) concluye que el artículo 9 de la Directiva 2014/104 (por el que se establece una presunción irrefutable en cuanto a la existencia de una infracción del Derecho de la competencia a los efectos de una acción civil de daños y perjuicios) constituye una disposición sustantiva que no puede aplicarse "*ratione temporis*" si las resoluciones sancionadoras de una Autoridad de competencia devinieron firmes con anterioridad a la fecha de expiración del plazo de trasposición de la Directiva. No obstante, entiende el Tribunal que en un contexto donde existen resoluciones firmes de autoridades nacionales de la competencia, el principio de efectividad y la exigencia de garantizar la plena eficacia del artículo 101 TFUE deberían obligar al juez civil a atribuir a esa constatación un valor de prueba "*prima facie*", pues de lo contrario,

36 Vid. MARTÍ MIRAVALLS, "Prescripción de las acciones de daños por infracción del derecho de la competencia", cit., pp. 1166 y ss.

si no se reconociera a las resoluciones firmes de una autoridad de la competencia ni el más mínimo efecto, el ejercicio del derecho a ser reparado por infracciones del artículo 101 TFUE se haría excesivamente difícil, tanto en las acciones civiles por daños como en las acciones dirigidas a que se declare la nulidad de acuerdos o decisiones expresamente prohibidos en dicho artículo[37]. Concluye así señalando que "*El artículo 101 TFUE, tal como lo desarrolla el artículo 2 del Reglamento (CE) nº 1/2003 del Consejo, de 16 de diciembre de 2002, relativo a la aplicación de las normas sobre competencia previstas en los artículos 101 y 102 TFUE, y en relación con el principio de efectividad, debe interpretarse en el sentido de que la infracción del Derecho de la competencia constatada en una resolución de una autoridad nacional de la competencia que se ha impugnado ante los órganos jurisdiccionales competentes, pero que ha adquirido firmeza tras haber sido confirmada por estos órganos jurisdiccionales, ha de reputarse acreditada -en el marco tanto de una acción de nulidad al amparo del artículo 101 TFUE, apartado 2, como de una acción por daños por infracción del artículo 101 TFUE- por la parte demandante, salvo prueba en contrario, trasladándose así a la parte demandada la carga de la prueba fijadas en ese artículo 2, siempre que*

[37] De manera que, según el TJUE, la existencia de una infracción del Derecho de la competencia constatada en una resolución firme de una Autoridad nacional de la competencia "*ha de reputarse acreditada por la parte demandante salvo prueba en contrario, trasladándose así a la parte demandada la carga de la prueba fijada en el artículo 2 del Reglamento 1/2003, siempre que la naturaleza y el alcance material, personal, temporal y territorial de las presuntas infracciones objeto de las acciones ejercitadas por la parte demandante se correspondan con los de la infracción constatada en dicha resolución*". Y añade que si la coincidencia fuera parcial, las resoluciones firmes constituirán un indicio de la existencia de los hechos a los que se refieren y se les deberá atribuir el valor de principio de prueba.

la naturaleza de la presunta infracción objeto de esas acciones y su alcance material, personal, temporal y territorial coincidan con los de la infracción constatada en dicha resolución". Añadiendo que "*El artículo 101 TFUE debe interpretarse en el sentido de que, en tanto en cuanto una parte demandante consiga demostrar la existencia de una infracción de este artículo objeto de su acción de nulidad ejercitada al amparo del artículo 101 TFUE, apartado 2, y de su acción por daños por esa infracción, el juez nacional habrá de extraer todas las consecuencias y deducir, en particular en virtud del artículo 101 TFUE, apartado 2, la nulidad de pleno derecho de todas las estipulaciones contractuales incompatibles con el artículo 101, apartado 1, entendiéndose que el acuerdo en cuestión solo se encontrará viciado de tal nulidad en su integridad si esos elementos no parecen poderse separar del propio acuerdo*".

Asimismo, la STJUE de 27 de octubre de 2022 (Asunto C-721/20, DB Station & Service AG), dictada en el contexto de un procedimiento iniciado por una empresa ferroviaria alemana frente a la operara ferroviaria tradicional del mismo país en relación con la normativa nacional de incorporación del artículo 30 de la Directiva 2011/14 del Parlamento Europeo y del Consejo, de 26 de febrero de 2001, relativa a la adjudicación de la capacidad de infraestructura ferroviaria y la aplicación de cánones por su utilización, modificada por la Directiva 2007758/CE de 23 de octubre de 2007, resolvió que los tribunales nacionales podrán aplicar el artículo 102 TFUE y el Derecho nacional en materia de competencia a fin de conocer de una solicitud de reembolso de los cánones por utilización de infraestructuras ferroviarias, "*a condición, no obstante, de que el organismo regulador competente se haya pronunciado previamente sobre la legalidad de los cánones en cuestión*", *incumbiendo un deber de cooperación leal a los tribunales*, "*que están obligados a tener en cuenta las decisiones adoptadas por ese organismo como factor de apreciación y a motivar sus propias resoluciones atendiendo a las apreciaciones tanto fácticas como jurídicas que esos mismos organismos efectuaron sobre el litigio que se les sometió*".

Pues bien, como se ha dicho, esta doctrina del TJUE en materia de acciones de daños por competencia o por infracción de normativa de infraestructuras ferroviarias es trasladable al terreno del Derecho regulador de las prácticas comerciales desleales en el sector agrario y alimentario, en el que se impone por la Directiva 2019/633 un modelo de aplicación pública, de modo que, aun faltando una regulación específica de las acciones de daños derivadas de la infracción de las prácticas desleales prohibidas, el principio de efectividad del Derecho de la Unión debería avalar una interpretación del Derecho nacional en materia de daños en el sentido de: *i)* considerar irrefutables las decisiones del organismo público sancionador competente en materia de prácticas agroalimentarias desleales o, en su caso, las sentencias de los tribunales competentes del orden contencioso-administrativo, y; *ii)* de considerar como día de inicio del plazo de prescripción el de la resolución administrativa o, en su caso, judicial firme sancionando la ilicitud de un determinada práctica comercial en dicho sector ("*follow on actions*").

Lo anterior, claro está, salvo que el operador perjudicado decidiera acudir directamente a los tribunales civiles solicitando la declaración de nulidad, deslealtad, prohibición e indemnización de una determinada práctica tipificada como prohibida ("*stand alone actions*"), en cuyo caso se aplicarán los criterios propios de la legislación sobre competencia desleal y del Código Civil.